COMPRAS PÚBLICAS CENTRALIZADAS NO BRASIL

TEORIA, PRÁTICA E PERSPECTIVAS

VIRGÍNIA BRACARENSE LOPES
FELIPPE VILAÇA LOUREIRO SANTOS
Coordenadores

Antonio Augusto Junho Anastasia
Prefácio

COMPRAS PÚBLICAS CENTRALIZADAS NO BRASIL

TEORIA, PRÁTICA E PERSPECTIVAS

Belo Horizonte

2023

© 2023 Editora Fórum Ltda.

É proibida a reprodução total ou parcial desta obra, por qualquer meio eletrônico, inclusive por processos xerográficos, sem autorização expressa do Editor.

Conselho Editorial

Adilson Abreu Dallari
Alécia Paolucci Nogueira Bicalho
Alexandre Coutinho Pagliarini
André Ramos Tavares
Carlos Ayres Britto
Carlos Mário da Silva Velloso
Cármen Lúcia Antunes Rocha
Cesar Augusto Guimarães Pereira
Clovis Beznos
Cristiana Fortini
Dinorá Adelaide Musetti Grotti
Diogo de Figueiredo Moreira Neto (*in memoriam*)
Egon Bockmann Moreira
Emerson Gabardo
Fabrício Motta
Fernando Rossi
Flávio Henrique Unes Pereira

Floriano de Azevedo Marques Neto
Gustavo Justino de Oliveira
Inês Virgínia Prado Soares
Jorge Ulisses Jacoby Fernandes
Juarez Freitas
Luciano Ferraz
Lúcio Delfino
Marcia Carla Pereira Ribeiro
Márcio Cammarosano
Marcos Ehrhardt Jr.
Maria Sylvia Zanella Di Pietro
Ney José de Freitas
Oswaldo Othon de Pontes Saraiva Filho
Paulo Modesto
Romeu Felipe Bacellar Filho
Sérgio Guerra
Walber de Moura Agra

Luís Cláudio Rodrigues Ferreira
Presidente e Editor

Coordenação editorial: Leonardo Eustáquio Siqueira Araújo
Aline Sobreira de Oliveira

Rua Paulo Ribeiro Bastos, 211 – Jardim Atlântico – CEP 31710-430
Belo Horizonte – Minas Gerais – Tel.: (31) 99412.0131
www.editoraforum.com.br – editoraforum@editoraforum.com.br

Técnica. Empenho. Zelo. Esses foram alguns dos cuidados aplicados na edição desta obra. No entanto, podem ocorrer erros de impressão, digitação ou mesmo restar alguma dúvida conceitual. Caso se constate algo assim, solicitamos a gentileza de nos comunicar através do *e-mail* editorial@editoraforum.com.br para que possamos esclarecer, no que couber. A sua contribuição é muito importante para mantermos a excelência editorial. A Editora Fórum agradece a sua contribuição.

Dados Internacionais de Catalogação na Publicação (CIP) de acordo com ISBD

C737	Compras públicas centralizadas no Brasil: teoria, prática e perspectivas / coordenado por Virgínia Bracarense Lopes, Felippe Vilaça Loureiro Santos. - Belo Horizonte : Fórum, 2023. 476p. ; 17cm x 24cm. Inclui bibliografia. ISBN: 978-65-5518-463-1 1. Licitações e Contratos. 2. Compras Públicas. 3. Centralização de Compras. 4. Gestão Pública. I. Lopes, Virgínia Bracarense. II. Santos, Felippe Vilaça Loureiro. III. Título. CDD 341 CDU 342
2022-2182	

Elaborado por Odilio Hilario Moreira Junior - CRB-8/9949

Informação bibliográfica deste livro, conforme a NBR 6023:2018 da Associação Brasileira de Normas Técnicas (ABNT):

LOPES, Virgínia Bracarense; SANTOS, Felippe Vilaça Loureiro (coord.). *Compras públicas centralizadas no Brasil*: teoria, prática e perspectivas. Belo Horizonte: Fórum, 2023. 476p. ISBN 978-65-5518-463-1.

Virgínia

À minha família, especialmente minha mãe Mara Rúbia e meu companheiro Josias, pelo apoio e compreensão quanto às ausências na realização deste projeto; aos parceiros de trajetória, que se dedicam ao tema e acreditam no seu poder de transformação; aos meus mestres e alunos, que inspiram e motivam a prosseguir nos sonhos, tornando-os realidade.

Felippe

À minha família, pela eterna fonte inspiração. E aos companheiros de serviço público e do mundo acadêmico, cujas reflexões sempre me motivaram a descobrir mais e a compartilhar o que aprendemos para que possamos, juntos, transformar a realidade.

AGRADECIMENTOS

Agradeço, primeiramente, ao meu amigo Felippe, que desde nosso encontro no Governo Federal é uma inspiração no tema de compras públicas, especialmente sobre a centralização. Obrigada por toda sua humildade em compartilhar seus conhecimentos e, principalmente, por aceitar o desafio de coordenar esta obra que exigiu grande dedicação.

Agradecimentos especiais a cada um dos autores dos capítulos desta grande obra, sem os quais não chegaríamos a essa junção de reflexões, inquietudes e registros que se tornam um marco na literatura sobre compras públicas, mostrando a riqueza de nossas experiências e trazendo subsídios ímpares para a evolução de nossa administração. À querida Gabriela Pércio, por todo o apoio na realização desse sonho. E ao Ministro Antonio Anastasia, que, ao aceitar o convite para prefaciar esta obra, oferece um presente para mim, a quem ele é um exemplo de gestor, político, profissional e sempre professor e mestre.

A cada um dos colegas que pude conhecer ao longo de minha trajetória profissional. Exemplos de profissionais que me deram oportunidade de aprender e explorar as possibilidades do tema de centralização de compras públicas. Em especial, agradeço àqueles que me confiaram a coordenação do projeto de criação da Central de Compras do Governo Federal, que foi o marco do início do amor pelo assunto, em que pude fazer parte do time de grandes profissionais, dentre os quais muitos se tornaram amigos.

Obrigada também aos companheiros da Secretaria de Estado de Planejamento e Gestão de Minas Gerais, onde iniciei minha carreira e para onde retornei em 2019, quando me provocaram a rever conceitos, aprender novas perspectivas e ampliar a visão sobre a centralização de compras.

A cada um dos colegas, professores, profissionais, amigos, alunos, todos se tornando elos em uma grande rede, que me ensinam, provocam, duvidam (às vezes, pois algumas ideias iniciais parecem loucura) e inspiram, me fazendo aprender e reaprender sempre.

E logicamente agradeço à minha família, base de minha vida e formação como ser humano, cidadã, mulher. Em especial, à minha mãe Mara Rúbia, pelo exemplo de responsabilidade, fortaleza e persistência e por tudo o que me proveu ao longo da vida, sem o que não teria condições de chegar até aqui. E ao meu companheiro de vida Josias, que compreendeu as ausências, noites e finais de semana de dedicação, e foi o apoio quando parecia que não conseguiria chegar até esse momento de publicação de uma obra que marca uma etapa da vida.

Obrigada a cada um de vocês!

Virgínia

Agradeço à minha amiga Virgínia pela parceria, pela fonte de inspiração em um tema tão instigante como a centralização das compras públicas e, em especial, pelo seu dom de substituir inércias por inovações. Este livro é resultado de muitas energias positivas, mas principalmente da capacidade dela de agregar, motivar e realizar.

Aos estimados autores que, dedicando sua expertise, tempo e dedicação, colaboraram com este livro para desbravar terrenos pouco explorados nas compras públicas. Eles sabem tanto quanto nós que caminho difícil significa hora de se aventurar, e suas reflexões foram fundamentais para entregarmos valor com esta obra. E ao Ministro Antonio Anastasia pela generosidade ao prefaciar este livro, trazendo experiência e saberes únicos de quem conhece o peso de diversas e importantes canetas (e assinaturas eletrônicas).

Aos colegas das compras públicas, seja por onde trabalhei ou com os quais tive a oportunidade de aprender país afora, que conhecem a importância de incorporar o espírito público e contribuir, ao se mesclar com a máquina estatal, com o desenvolvimento de uma sociedade mais próspera, justa e sustentável.

Às minhas escolas de centralização de compras públicas, a Defensoria Pública da União e a Empresa Brasileira de Serviços Hospitalares, cujos impactos positivos na sociedade brasileira são inquestionáveis, assim como seus propósitos motivadores.

Aos colegas de estudos, no Brasil e agora mundo afora, por trilharmos juntos a jornada de buscar mais conhecimentos e de usar a ciência em prol da sociedade. E, claro, aos nossos professores por serem inspiradores e nos fazerem acreditar no poder transformador da ciência.

Agradeço, por fim, à minha família, por ter me ensinado, entre muitas outras coisas: o que realmente importa (meus pais Manoel e Fátima), a olhar para a frente (meu irmão Francis), a compartilhar uma vida (minha esposa Bárbara), o valor de estarmos juntos (minha filha Nicole), a nunca desistir (meu afilhado Enzo) e a nunca parar de sorrir (nossa cachorrinha Bela).

Felippe

As pessoas têm medo das mudanças. Eu tenho medo que as coisas nunca mudem.
(Chico Buarque)

SUMÁRIO

PREFÁCIO
Antonio Augusto Junho Anastasia 19

APRESENTAÇÃO
DE ONDE VIEMOS E PARA ONDE VAMOS? 23

PARTE I
CONCEITOS E EXPERIÊNCIAS INTERNACIONAIS

MODELOS DE CENTRALIZAÇÃO DE COMPRAS NA ADMINISTRAÇÃO PÚBLICA BRASILEIRA
Felippe Vilaça Loureiro Santos, Ciro Campos Christo Fernandes 29
1 Introdução 29
2 Oportunidades e desafios 31
3 Trajetória da centralização 34
4 Modelos e sua aplicação 39
4.1 Elementos dos modelos 39
4.2 Tipologia dos modelos 49
5 Conclusões e recomendações 52
Referências 53

EXPERIÊNCIAS INTERNACIONAIS DE CENTRALIZAÇÃO DE COMPRAS PÚBLICAS
Eduardo Pedral Sampaio Fiuza, Eduardo Grossi Franco Neto, Daniel Mol Marcolino 59
1 Introdução 59
2 Dimensões de análise 60
3 Aplicação do arcabouço aos países estudados 63
3.1 Colômbia 64
3.2 Chile 65
3.3 México 66
3.4 Estados Unidos 67
3.5 Canadá 68
3.6 Países africanos 69
3.7 Índia 72
3.8 Coreia do Sul 74
3.9 Países do Sudeste Asiático 75
3.10 Países da Oceania (Austrália e Nova Zelândia) 78
3.11 Portugal 79
3.12 Dinamarca 81
3.13 Reino Unido 82
3.14 Itália 84
3.15 Finlândia 85
3.16 França 86
3.17 Alemanha 87
4 Os efeitos da centralização de compras encontrados na experiência internacional 88

4.1	Sobre os efeitos da centralização/coordenação em preços	89
4.2	Sobre efeitos da centralização/coordenação em despesas	91
4.3	Sobre efeitos da centralização/coordenação em disponibilidade de estoques	91
4.4	Sobre efeitos da centralização/coordenação em dimensões de qualidade e ou satisfação das empresas contratantes	91
4.5	Outros achados quantitativos	92
4.6	Achados qualitativos	92
5	Conclusões	93
	Referências	94
	Apêndice	97

GOVERNANÇA EM COMPRAS PÚBLICAS: UM GUIA DE MENSURAÇÃO DA MATURIDADE COMO APOIO AO PROCESSO DE CENTRALIZAÇÃO DE COMPRAS PÚBLICAS
Ana Lúcia Paiva Dezolt, Gilberto Porto 99

1	Introdução	99
2	Contextualização	101
3	Avaliação da maturidade em compras dos Estados brasileiros	104
4	Plano de ação para melhoria da maturidade em governança de compras públicas	107
5	Conclusão	114
	Referências	115

PARTE II
EXPERIÊNCIAS BRASILEIRAS DE CENTRALIZAÇÃO DE COMPRAS

A CENTRALIZAÇÃO DAS COMPRAS NO ESTADO DO RIO GRANDE DO SUL
Marina Fassini Dacroce, Viviane Mafissoni 121

Introdução	121
Do processo histórico e gradativo	122
Do atual contexto	128
Do aprendizado	130
Conclusão	131
Referências	132

AS EXPERIÊNCIAS DE CENTRALIZAÇÃO DE COMPRAS NO ESTADO DE MINAS GERAIS
Andréa Heloisa da Silva Soares, Michele Mie Rocha Kinoshita 135

1	Introdução	135
2	A implantação da Gestão Estratégica de Suprimentos – GES em Minas Gerais	137
3	Da concepção, implantação e desmobilização do Centro de Serviços Compartilhados, como unidade prestadora de serviço, à centralização de compras de itens estratégicos e desenvolvimento do modelo de contrato corporativo	140
4	Conclusões	146
	Referências	147

A CENTRALIZAÇÃO DE COMPRAS NO ESTADO DO RIO DE JANEIRO
Marta Sampaio de Freitas, Mohana Rangel dos Santos Reis, Nathalia Rodrigues Cordeiro, Mario Tinoco da Silva Filho 149

Introdução	149

Novo paradigma das compras públicas no Rio de Janeiro 151
Compras centralizadas e governança 153
Benefícios concretos 155
Fatores críticos 156
Conclusões 157
Referências 159

A CENTRALIZAÇÃO DE COMPRAS PÚBLICAS NO ESTADO DE SERGIPE
Bruno Rosceli Oliveira dos Santos, Marcos Antonio Santana dos Santos 163
1 Introdução 163
2 Evolução legislativa 164
3 A Superintendência Geral de Compras Centralizadas 166
4 Contratações centralizadas 168
5 Portal de Compras do Estado de Sergipe 170
6 Conclusão 172
Referências 172

ESTUDOS DE CASO DAS EXPERIÊNCIAS EM COMPRAS CENTRALIZADAS NOS CONSÓRCIOS PÚBLICOS INTERMUNICIPAIS DE SAÚDE: CISVI E CISTM
**Alexandre Ferreira da Silva Paiva, Alexandro de Souza Paiva,
Giuliano Antonio da Silva** 175
1 Introdução 175
2 Da criação do CISVI e CISTM 178
3 Do processo de centralização das contratações realizadas no CISVI E no CISTM 179
3.1 Da implantação e desafios para manutenção do Sistema Estadual de Transporte em Saúde (SETS) 183
4 Dos desafios impostos ao CISVI e CISTM 184
5 Conclusão 186
Referências 187

A CENTRALIZAÇÃO DAS COMPRAS PÚBLICAS COMO FERRAMENTA DE GESTÃO: UM ESTUDO DE CASO NO INSTITUTO FEDERAL DE SERGIPE
**Adriana Sodré Dória, Jéssyka Pereira de Lima, Erika Monteiro Mesquita de Almeida,
Valdemar Alves da Costa Neto, Gisella Maria Quaresma Leitão, Camila Madeiro Frota** ... 189
Introdução 189
Relato da experiência 190
Considerações finais 199
Referências 200

A CENTRAL DE COMPRAS DO GOVERNO FEDERAL
**Virgínia Bracarense Lopes, Isabela Gomes Gebrim, Nina Gonçalves,
Wolmar Vieira de Aguiar, Valnei Batista Alves, Lara Brainer, Silvio Lima** 203
1 Introdução 203
2 A Central de Compras e Contratações: do diagnóstico do problema ao modelo proposto e principais resultados 205
3 A evolução para o Centro de Serviços Compartilhados, o fortalecimento da governança e os próximos passos 209
4 Conclusões 212
Referências 213

CENTRALIZAÇÃO DAS COMPRAS PÚBLICAS NA EMPRESA BRASILEIRA DE SERVIÇOS HOSPITALARES
Felippe Vilaça Loureiro Santos, Ciro Campos Christo Fernandes 215
1   Introdução 215
2   A experiência da centralização e sua dinâmica 217
2.1   Antecedentes: a criação da empresa e a oportunidade de utilização do poder de compra da rede hospitalar 217
2.2   Fase 1: o ensaio de introdução das compras centralizadas e a adoção de um modelo 218
2.3   Fase 2: a alavancagem e expansão do modelo 219
2.4   Fase 3: a interrupção da experiência e a crítica do modelo 220
2.5   Perspectivas: experimentação e preparação para um novo modelo 220
3   Recomendações para o aprimoramento da centralização de compras 221
    Referências 223

PARTE III
CAMINHOS A SEREM PERCORRIDOS

GESTÃO DA OCUPAÇÃO: EM BUSCA DE EFICIÊNCIA NO CUSTEIO ADMINISTRATIVO DO SETOR PÚBLICO
Franklin Brasil Santos 227
    Introdução 227
    Por que tratar da gestão da ocupação 230
    Referencial teórico 232
    Modelos centralizados de gestão da ocupação 237
    Considerações finais 238
    Referências 239

PROFISSIONALIZAÇÃO DAS COMPRAS PÚBLICAS: UM CAMINHO INESCAPÁVEL
Franklin Brasil Santos, Gabriela Pércio 243
    Introdução 243
    Compras 4.0: do burocrático ao estratégico 245
    O impacto da profissionalização nas compras 247
    O desenvolvimento de competências de compradores: experiências internacionais 249
    A realidade brasileira: riscos e oportunidades 256
    Conclusão 259
    Referências 260

O SISTEMA DE REGISTRO DE PREÇOS BRASILEIRO COMO INSTRUMENTO DE CENTRALIZAÇÃO
Renila Lacerda Bragagnoli 265
    Introdução 265
1   Conceito e operação do Sistema de Registro de Preços 266
1.1   Os Sistemas de Registro de Preços 270
2   SRP como instrumento de centralização de compras 272
3   Oportunidades e pontos de atenção 274
4   SRP na NLLC e a centralização 277
    Conclusão 280
    Referências 280

O PROCEDIMENTO AUXILIAR DO CREDENCIAMENTO: SUA RELAÇÃO COM A CENTRALIZAÇÃO DE COMPRAS E SUA FORMATAÇÃO NA NOVA LEI DE LICITAÇÕES E CONTRATOS ADMINISTRATIVOS
Michelle Marry Marques da Silva, Virgínia Bracarense Lopes 283
I   Introdução 283
II   Credenciamento na Nova Lei de Licitações e Contratos Administrativos: de hipótese de inexigibilidade a procedimento auxiliar das licitações e contratações públicas 285
III   Credenciamento em mercados fluidos: da necessidade de criação do modelo de compra direta de passagens aéreas 289
III.1   Da estruturação do modelo jurídico de compra direta de passagens áreas pela Administração Pública Federal utilizado como hipótese de credenciamento e sua metamorfose para a contratação em mercados fluidos 292
IV   Considerações finais 297
     Referências 301

A EXPERIÊNCIA DA CENTRAL DE COMPRAS NA GOVERNANÇA DE CONTRATOS CENTRALIZADOS
Isabela Gomes Gebrim, Lara Brainer 305
1   Introdução 305
2   Estabelecimento de mecanismos de governança na Central de Compras 307
3   A experiência da Central de Compras na gestão de contratos centralizados 308
4   Breve panorama sobre o tema pela Nova Lei de Licitações 313
5   Conclusão 314
     Referências 315

A CENTRALIZAÇÃO DAS COMPRAS PÚBLICAS POR MEIO DOS CONSÓRCIOS PÚBLICOS: REGIME JURÍDICO ATUAL E NOVA LEI DE LICITAÇÕES
Felipe José Ansaloni Barbosa, Leonardo de Oliveira Thebit 317
1   Introdução 317
2   Os consórcios públicos 319
2.1   Nova Lei de Licitações e o papel dos consórcios na centralização das compras 320
2.2   Omissões da nova legislação 323
2.3   Caminhos a serem percorridos na Nova Lei de Licitações pelos consórcios públicos 323
2.3.1   Sistema de Registro de Preços 324
2.3.2   Credenciamento 324
2.3.3   Elaboração de artefatos da fase preparatória da licitação 325
2.3.4   Governança 327
2.3.5   Certificação dos compradores 329
3   Considerações finais 329
     Referências 331

CENTRALIZAÇÃO DE COMPRAS PÚBLICAS E SUSTENTABILIDADE: BENEFÍCIOS E DESAFIOS
Teresa Villac, Renato Cader da Silva 333
1   Introdução 333
2   Compras públicas sustentáveis: contextualização 334
2.1   Compras sustentáveis: direito, gestão pública e sociedade 336
3   Compras compartilhadas sustentáveis: contextualização, benefícios e desafios 340
3.1   Benefícios das compras compartilhadas sustentáveis 342
3.2   Desafios das compras compartilhadas sustentáveis 346

4	Considerações finais	346
	Referências	347

GOVERNANÇA DE AQUISIÇÕES E MODELOS DE CENTRALIZAÇÃO DE COMPRAS
Tatiana Martins da Costa Camarão 351

I	*Mens legis* da Lei nº 14.133/21: governança das aquisições	351
II	Mecanismos da governança das contratações	353
III	A centralização dos procedimentos de aquisição como estratégia de aperfeiçoamento da gestão das contratações	354
IV	Central de compras como instrumento de gestão	356
V	A central de compras e suas modulagens	358
VI	A centralização das compras pelos Municípios e os modais a serem adotados	360
VII	Mecanismos da governança são vitais para excelência da central de compras	361
VIII	Central de compras, sustentabilidade e governança das organizações	362
IX	Conclusão	363
	Referências	364

A CENTRALIZAÇÃO DE COMPRAS NA PERSPECTIVA DOS ÓRGÃOS DE CONTROLE
Tânia Lopes Pimenta Chioato, Caroline Vieira Barroso Sulz Gonsalves 367

1	Introdução	367
2	Um novo olhar dos órgãos de controle para as contratações	369
3	Casos emblemáticos	380
	Aquisição de passagens aéreas	381
	TáxiGov	383
	Grandes fornecedores de *softwares*	386
	Aquisições de insumos hospitalares – a experiência do DGH-RJ	390
	Equipamentos de tecnologia educacional	393
	Conclusões quanto aos casos emblemáticos	396
	Considerações finais	396
	Referências	399

PARTE IV
HORIZONTES A SEREM DESBRAVADOS

O "NOVO SEMPRE VEM"? ACORDOS-QUADRO E SISTEMA DE AQUISIÇÃO DINÂMICO: CARACTERÍSTICAS E DIÁLOGO COM A LEGISLAÇÃO BRASILEIRA
Bernardo Abreu de Medeiros, Lucas Montenegro, Thiago C. Araújo 405

	Introdução	405
1	Acordos-quadro: elementos, classificações e possibilidades	407
2	Transposições dos acordos-quadro para a realidade brasileira	411
3	Considerações para um futuro próximo	417
	Referências	418

CONTRATAÇÕES PÚBLICAS ATRAVÉS DE *E-MARKETPLACE*
Bradson Camelo, Marcos Nóbrega, Ronny Charles L. de Torres 421

1	Introdução	421
2	As contratações públicas	423
3	*E-marketplace* público: Administração Pública e a seleção de fornecedores	425

4	O Direito Comparado do *e-marketplace* para a contratação pública	428
5	Benefícios econômicos de *e-marketplace*	431
6	Conclusões	434

EMPRESA BRASILEIRA DE COMPRAS PÚBLICAS: UM CAMINHO POSSÍVEL?
Felippe Vilaça Loureiro Santos, Daniel Mol Marcolino, Virgínia Bracarense Lopes 435

1	Introdução	435
2	Modelos jurídico-administrativos brasileiros para estruturação de órgãos e entidades e suas potencialidades	437
3	Experiências internacionais de centralização de compras por meio de empresa pública	443
3.1	Portugal – eSPap	445
3.2	Finlândia – Hansel Ltd	446
3.3	Itália – Consip	448
3.4	Dinamarca – SKI	449
3.5	França – UGAP	450
3.6	Síntese das experiências internacionais	451
4	Uma Empresa Brasileira de Compras Públicas	452
4.1	Temas e estrutura organizacional	452
4.2	Conselhos e estrutura de governança	456
4.3	Política de pessoal	457
4.4	Regulamento de contratações	459
4.5	Receitas e despesas	460
5	Conclusão	460
	Referências	462

SOBRE OS COORDENADORES 465

SOBRE OS AUTORES E COAUTORES 467

PREFÁCIO

Muito me honra prefaciar a presente obra organizada por Virgínia Bracarense Lopes e Felippe Vilaça Loureiro Santos, que trata de maneira ambiciosa o complexo e importante tema das compras públicas.

Esse assunto das compras públicas permeou a minha carreira em todos os cargos que tive oportunidade ocupar, seja no Poder Executivo Federal, seja no Poder Executivo Estadual. Acompanhei de perto os desafios enfrentados pelos gestores públicos no âmbito das contratações. Chamou-me atenção o fato de que os autores e os organizadores deste livro demonstram sensibilidade e experiência na vida prática da administração pública. Somente com essas duas qualidades é que poderiam – como o fazem – associar as compras públicas à implementação e ao custeio das políticas públicas. Muitas vezes o debate público que cerca o assunto é eivado de preconceito e tem como pressuposto único e exclusivo a economicidade e o pressuposto de que o Estado gasta muito. No entanto – e é digno de elogio que a obra reconheça isso – não existe política pública sem compra pública. Cabe ao Estado realizar investimento e despender recursos para aprimorar sua atuação nos mais diferentes setores.

Evidentemente que aqui estamos fazendo uma distinção entre despesas acessórias e despesas finalísticas. Não podemos tratar da mesma maneira a construção de uma escola pública e a compra de mesas e cadeiras para os funcionários de uma repartição pública se sentarem. De um lado, as despesas acessórias referem-se ao custeio do próprio aparato estatal e devem ser simplificadas e devem seguir a lógica da economicidade, não sendo recomendável gastar mais do que o necessário para o exercício ótimo da atividade. Do outro, as despesas finalísticas dizem respeito à essência da atividade do Estado, a educação, a saúde, a segurança, entre outros. As compras públicas referentes às atividades finalísticas devem ser fortalecidas e devem seguir uma lógica diferente, a da qualidade da prestação estatal, pois servem a um propósito coletivo, definido em uma política pública cuja implementação depende de investimento.

Mas não foi apenas no Poder Executivo que lidei de perto com o tema das compras públicas. Enquanto Senador, coube-me a tarefa de relatar o projeto de lei que deu origem à Lei de Licitações e Contratos Administrativos (Lei nº 14.133, de 1º de abril de 2021). Eu costumo afirmar que construir um projeto de lei demanda um trabalho coletivo que não envolve apenas Senadores e Deputados, mas também a sociedade civil. No caso desse projeto, foi exatamente o que aconteceu. A proposição foi apensada a diversos outros projetos e foram recebidas centenas de emendas ao longo da tramitação, tanto no Senado quanto na Câmara, de modo que muitas das sugestões foram sendo incorporadas ao longo da tramitação do projeto de lei. A diretriz que permeou todo o trabalho de reformulação da Lei de Licitações foi potencializar eficiência e promover mais integridade nas contratações públicas. Assim, diminuir a burocracia e os custos de transação foi uma das nossas prioridades em geral. Especificamente quanto à Centralidade das Compras Públicas – tema da presente obra –, isso pode ser exemplificado pelas disposições sobre o Sistema de Registro de Preços.

As disposições da Lei de Licitações e Contratos Administrativos sobre o Sistema de Registro de Preços constam em capítulo próprio, nos arts. 82 a 85. Seu texto final foi estruturado na Comissão Especial da Câmara dos Deputados, sob a relatoria do Deputado João Arruda. Originalmente, o Senado havia feito pequenas modificações em relação ao texto do art. 15 da Lei nº 8.666/1993, sistematizando melhor a redação e incluindo experiências práticas positivas. O trabalho da Comissão Especial da Câmara dos Deputados foi importante para ampliar o escopo das disposições legais do Sistema de Registro de Preços. Notadamente, o primeiro texto do relator espelhava grande parte do Decreto nº 7.892, de 23 de janeiro de 2013, que regulamenta o Sistema de Registro de Preços na Administração Pública federal. O Decreto, por sua vez, formaliza julgados do Tribunal de Contas da União sobre o tema. Naquele momento do processo legislativo houve um diálogo institucional entre os Deputados Federais, o Poder Executivo e o Tribunal de Contas da União – que pode ser exemplificado em três pontos que se tornaram Lei.

Primeiro, o relatório inicial da Comissão foi apresentado em maio de 2018, um mês após o TCU prolatar o Acórdão nº 828, de 2018, que reafirmou a jurisprudência do Tribunal sobre a excepcionalidade da contração pelo menor preço global nas atas de registro de preço. O substitutivo apresentado incorpora essa regra (que hoje consta dos §§ 1º e 2º do art. 82 da LLCA e que reproduz o entendimento do Tribunal de Contas da União).

Segundo, poucos meses após a publicação do relatório, o Presidente da República editou o Decreto nº 9.488, de 30 de agosto de 2018, que modificou o Decreto nº 7.892/2013 na parte em que trata dos limites de contratação por ata de registro de preço. Por isso, o substitutivo publicado em maio de 2018 e aprovado em dezembro do mesmo ano divergia da novel regulamentação do Poder Executivo. No entanto, durante os debates no Plenário da Câmara dos Deputados, chamou-se atenção para o novo decreto e a redação do projeto passou a convergir com o regulamento (o que hoje são os §§4º e 5º do art. 85 da LLCA).

Terceiro, por iniciativa da área técnica da Câmara dos Deputados, encampada pelo relator, foram criadas duas exceções para as regras definidas nos §§ 4º e 5º do art. 85 da LLCA. Trata-se do disposto nos §§6º e 7º do art. 86 da LLCA, que excepciona os limites de utilização da ata de registro de preços nos casos de: transferências voluntárias a órgãos e entidades da Administração Pública estadual destinada à execução descentralizada de programa ou projeto federal; e aquisição emergencial de medicamentos e material de consumo médico-hospitalar por órgãos e entidades da Administração Pública federal, estadual, distrital e municipal. Essas duas exceções contaram com o apoio de representantes do Tribunal de Contas da União e do Poder Executivo Federal e foram avançando até a aprovação final do projeto pelo Congresso Nacional.

Além desses três pontos, podemos destacar duas mudanças que resultaram do diálogo entre Câmara, Executivo e TCU, mas que não se basearam necessariamente em julgados ou atos normativos: a autorização legal para a Administração realizar contratação direta utilizando-se do Sistema de Registro de Preços (art. 82, §6º); e a previsão expressa e os respectivos requisitos para a utilização do Sistema de Registro de Preços na execução de obras e serviços de engenharia (art. 85).

Fiz esse histórico do processo legislativo para tentar demonstrar o quão é relevante o tema da Centralidade das Compras Públicas. Não são todos os capítulos da LLCA que possuem uma evolução como esta, em que diversos atores se envolveram ativamente para aperfeiçoar o arcabouço normativo.

Com efeito, o desenho legislativo do Sistema de Registro de Preços decorre de um debate no qual o Congresso Nacional reconheceu o papel essencial que o Poder Executivo e o Tribunal de Contas da União têm na práxis das leis, por isso é natural – e positivo – que a nova lei tenha sido influenciada em grande medida pela experiência prática da Administração e pela jurisprudência do TCU.

Poderia trazer aqui considerações sobre diversos outros instrumentos que se referem à Centralidade das Compras Públicas, como a figura do carona, o credenciamento e o Portal Nacional de Contratações Públicas, mas fico por aqui e encerro justificando o motivo da opção legislativa sobre uma maior centralidade no âmbito das compras públicas no Brasil. Nós que trabalhamos diretamente na elaboração na nova lei concordamos que existe uma grande assimetria de informação entre os níveis federativos. Enquanto os Estados e os Municípios detêm a capacidade de identificar as necessidades da população e o que deve ser feito em termos de políticas públicas, é a União que detém os recursos e as informações sobre os custos e os preços praticados. Assim, essa escolha pela centralidade foi uma opção para concretizar uma união (com o perdão do jogo de palavras) entre os entes federados dentro da realidade do federalismo brasileiro. Pretendemos institucionalizar a compra centralizada, agregada em um ponto focal, em uma união, em que são reunidas informações e expertises, em busca da satisfação do interesse coletivo.

A opção legislativa, contudo, não encerra o debate, pelo contrário, deve estimulá-lo. Nesse contexto, é muito bem-vinda a publicação do livro "Compras Públicas Centralizadas no Brasil: teoria, prática e perspectivas" por autores e organizadores brilhantes como os amigos Felippe Vilaça Loureiro Santos e Virgínia Bracarense Lopes. O compilado de diversos trabalhos práticos e teóricos, aliado aos relatos de experiências locais, regionais e estrangeiras relacionadas à implementação de modelos de centralização de compras públicas certamente contribuirá muito para novas pesquisas em âmbito acadêmico e novas reflexões na prática da Administração Pública, em futuras legislações do Congresso Nacional e em decisões dos Tribunais de Contas. Boa leitura!

Belo Horizonte, maio de 2022.

Antonio Augusto Junho Anastasia
Bacharel e mestre em Direito pela Faculdade de Direito da Universidade Federal de Minas Gerais (UFMG). Servidor de carreira aposentado da Fundação João Pinheiro, instituição da qual foi presidente em 1991. Foi assessor especial do Relator da IV Assembleia Constituinte do Estado de Minas Gerais, entre 1988 e 1989. No Governo de Minas, entre os anos de 1991 e 1994, exerceu os cargos de Secretário Adjunto de Estado de Planejamento e Coordenação Geral, Secretário de Estado de Cultura e Secretário de Estado de Recursos Humanos e Administração. Na esfera federal, entre os anos de 1995 a 2001, foi Secretário-Executivo do Ministério do Trabalho e Secretário-Executivo do Ministério da Justiça. Formulador e coordenador do Programa Choque de Gestão, no Governo de Minas, entre 2003 e 2006, exerceu os cargos de Secretário de Estado de Planejamento e Gestão e de Secretário de Estado de Defesa Social. Vice-Governador de Minas Gerais (2006-2010), Governador de Minas Gerais (2010-2014). Senador da República (2014-2022), onde foi vice-presidente da Comissão de Constituição, Justiça e Cidadania (CCJ), entre 2017 e 2019;

e vice-presidente do Senado Federal, de 2019 a 2021. Foi autor e relator de mais de 350 matérias, especialmente nas áreas da gestão pública, segurança jurídica, desburocratização, segurança pública e combate à corrupção e à ineficiência. Ministro do Tribunal de Contas da União desde fevereiro de 2022.

APRESENTAÇÃO

DE ONDE VIEMOS E PARA ONDE VAMOS?

As compras públicas representam tema de grande relevância, não só por significarem boa parcela das despesas governamentais na viabilização de políticas públicas, como por serem elas próprias políticas públicas, que fomentam comportamentos e práticas como inovação tecnológica, desenvolvimento sustentável, estímulo à produção local, circulação de riquezas, geração de empregos, proteção ao meio ambiente e preocupação com questões sociais, entre outros.

Diante da constante demanda aos governos por medidas que garantam mais eficiência e qualidade dos gastos públicos, além de desburocratização e transparência, o que na verdade é um dever, desafios, oportunidades, avanços e retrocessos marcam a história das compras públicas no Brasil.

A evolução das demandas e expectativas públicas vem implicando o crescimento de questões que orbitam as compras públicas, como a sustentabilidade, o papel estratégico das compras públicas e o reconhecimento de seu impacto direto no alcance das políticas públicas, bem como vem fundamentando, para não dizer exigindo e pressionando, a experimentação de modos de gestão alternativos.

Esse cenário contrasta com os desafios enfrentados pelas instituições, pelos gestores e pelos demais atores envolvidos nas contratações, que lidam com a baixa estruturação das áreas, o que torna a função de aquisições públicas uma peça frágil no conjunto da máquina estatal, a despeito do vasto volume de recursos financeiros transacionados. Dessa forma, o desenvolvimento de novos modos de organização das compras públicas se torna ainda mais oportuno, sendo capaz de romper com o ciclo de fragilidade nessa função administrativa e alavancar os resultados promovidos pela ação estatal.

Dentre os instrumentos disponíveis para essa revisão do modelo de gestão está a centralização das compras públicas, que na construção histórica da função de aquisições no território nacional parece seguir o movimento de um pêndulo: há registros interessantes desde o período colonial, quando a administração brasileira obteve inicialmente algum grau de descentralização nas compras, posteriormente seguido por um movimento centralizador capitaneado pela metrópole portuguesa. Depois, passa-se por uma descentralização, que será substituída por uma tentativa de estrutura centralizada na década de 1930; a qual perde forças a partir de 1945, reiniciando o ciclo de descentralização.

No cenário atual, de administração pública digital, era da informação e uma complexidade crescente permeando a função das compras públicas, verifica-se que o pêndulo continua se movimentando: dessa vez, saindo de um cenário descentralizado, ou com iniciativas isoladas de centralização (há movimentos de centralização de compras iniciados na década de 2000 no governo federal e antes disso em esferas subnacionais), para um movimento orgânico de centralização, especialmente pela incorporação, no cenário legislativo brasileiro, de dispositivos na Lei nº 14.133, de 1º de abril de 2021, denominada Lei de Licitações e Contratos Administrativos, que prevê instrumentos e práticas de centralização de compras públicas em todos os níveis federativos.

Toda essa história, e em especial o potencial da centralização de compras na implementação de políticas públicas, é muitas vezes desconhecida de boa parte da sociedade e, em destaque, dos agentes públicos, inclusive daqueles atuantes na função de compras. Devem ser incluídos nesse grupo até mesmo os organizadores deste livro, cujas trajetórias atuaram em unidades centralizadoras, mas também se depararam com a lacuna de informações sobre o tema; ou, é possível dizer, com a fragmentação ou falta de sistematização de registros sobre as compras públicas centralizadas no Brasil. Assim, esta obra surgiu dessa reflexão: seus organizadores acreditaram na necessidade e na importância da troca de conhecimentos sobre esse modo de gestão de compras.

Com isso, este livro se propõe a apresentar um compilado de debates, fundamentos teóricos, relatos técnicos sobre experiências práticas, desafios a serem considerados e prescrições sobre oportunidades a serem exploradas: todos relacionados à implementação de modelos de centralização de compras públicas.

O crescimento do tema da centralização de compras públicas leva a questionamentos fundamentais na aplicação desse modo de organização, certamente reverberados nos gabinetes, corredores e *home offices* repletos de gestores e compradores públicos.

Quais seriam os modelos disponíveis de centralização de compras públicas no Brasil? Quais são os instrumentos de centralização de compras públicas passíveis de serem utilizados pelas centrais de compras?

Há experiências internacionais sólidas de centralização de compras capazes de fornecer *insights* ou eventualmente serem contatadas para formação de parcerias ou *roadshows*? Quais são os parâmetros ou evidências a serem levados em consideração nas tomadas de decisão sobre implantação de um modelo de centralização de compras?

As centrais de compras atuantes no Brasil, em níveis federal, estadual e intermunicipal, podem fornecer subsídios para implantar ou aperfeiçoar outras experiências? Essas centrais de compras existentes foram criadas com quais motivações? Sua trajetória indica barreiras a serem consideradas por outras centrais de compras? Seria possível listar fatores críticos de sucesso dessas experiências?

Quais são os desafios e oportunidades que aguardam as experiências de centralização de compras, com base nos modelos e instrumentos atualmente disponíveis?

Como as recentes evoluções na maturidade de governança das aquisições públicas, especialmente com as diretrizes programáticas da Nova Lei de Licitações e Contratos Administrativos, podem amplificar a prática da centralização de compras?

Há modelos e instrumentos de centralização de compras ainda não disponíveis no ordenamento jurídico ou na prática atuais, mas que poderiam ser alavancados para aprimorar o alcance e a efetividade das centrais de compras? Como se espera enxergar a centralização de compras públicas no Brasil daqui a 10 anos?

Para tentar responder a essas questões, este livro reuniu diversos especialistas, seja da academia, seja da vivência da gestão pública ou privada, com vivências nacionais ou internacionais, que registraram seus conhecimentos, olhares e experiências em 23 capítulos, organizados em quatro partes.

A primeira parte dedica-se a um apanhado tanto teórico quanto prático, trazendo um debate conceitual sobre a centralização de compras e seus modelos, a apresentação de experiências internacionais bem-sucedidas e a disponibilização de metodologia para a tomada de decisão sobre a implementação de uma centralização.

A segunda parte consolida os relatos técnicos de experiências de centralização de compras nos níveis federal, estadual e intermunicipal, como um compêndio de suor, lágrimas e sorrisos decorrentes dos esforços e das trajetórias apresentadas.

A terceira parte discute os caminhos a serem trilhados pela centralização de compras, considerando as discussões atuais e vindouras sobre os desafios e oportunidades desse modo de gestão das compras, em um tom inspirador. Pretende lançar um olhar sobre instrumentos disponíveis, no âmbito legal, doutrinário, jurisprudencial, incluindo as perspectivas trazidas com a Nova Lei de Licitações e Contratos Administrativos, que podem contribuir para o aprimoramento dos atuais arranjos de centralização e sua ampliação.

Por fim, a quarta e última parte encerra a fase inspiradora do livro, apresentando instrumentos e modelos de centralização de compras ainda não disponíveis no Brasil, mas que habitam o imaginário e os suspiros dos gestores e compradores públicos (e/ou habitarão nos próximos anos).

Registra-se que nem todos os temas ou experiências puderam ser tratados ou relatados nesta obra. Há potenciais relevantes na centralização de compras públicas para endereçar temas como: impacto da centralização na maturidade das organizações públicas e na implementação de políticas públicas; riscos e potenciais da centralização sobre as políticas de desenvolvimento de pequenas e médias empresas; desafios das dinâmicas de colaboração entre organizações públicas em cenários de centralização de compras etc. No entanto, essa limitação abre linhas de pesquisa e de prática relevantes, sobre as quais há espaço para experimentação, assim como sobre as demais temáticas apresentadas neste livro, diante das quais as compras públicas brasileiras devem se inspirar para desenvolver suas formas de contribuir com as políticas públicas e, em última instância, atender aos anseios dos cidadãos. E já deixam uma expectativa e uma provocação para uma futura edição ou volume do livro.

Para nós, organizadores, foi um trabalho árduo, mas muito gratificante, assim como temos certeza de que o foi para os autores, aos quais agradecemos profundamente. Foi uma oportunidade única de tentar organizar e consolidar o tema, na perspectiva de vê-lo sendo expandido. Gratificação tão grande quanto foi ter a obra prefaciada pelo Ministro do Tribunal de Contas da União, e sempre professor, Antonio Augusto Junho

Anastasia, que tem em sua trajetória momentos vividos na evolução das compras e da gestão pública, sendo um grande inspirador e patrocinador das ideias registradas nesta obra.

Desejamos a todas e todos uma excelente leitura!

Os coordenadores

PARTE I

CONCEITOS E EXPERIÊNCIAS INTERNACIONAIS

MODELOS DE CENTRALIZAÇÃO DE COMPRAS NA ADMINISTRAÇÃO PÚBLICA BRASILEIRA

FELIPPE VILAÇA LOUREIRO SANTOS

CIRO CAMPOS CHRISTO FERNANDES

1 Introdução

A centralização de compras públicas é uma tendência relevante no setor estatal, responsável por racionalizar processos e custos relacionados à aquisição de bens e serviços, além de promover economia, transparência, profissionalização e sustentabilidade, contribuindo para o alcance dos objetivos das organizações públicas e, por consequência, das políticas públicas.

As experiências de compras públicas centralizadas estão em curso, desde o início do século XX, em países como Estados Unidos e Canadá, buscando eficiência e economia de recursos por meio da reorganização da máquina administrativa estatal. As práticas adotadas desde o final da I Guerra Mundial, inspiradas nas instituições militares, levaram grandes corporações privadas a adotarem também a centralização de compras (CONOVER, 1925). Nos tempos atuais, a condução das compras públicas de forma centralizada é prática comum na Alemanha, Dinamarca, França, Itália, Noruega, Reino Unido, Suíça e Estados Unidos (FIUZA, 2015).

As contratações realizadas pelas organizações públicas podem ser encaradas como um instrumento de implementação das políticas públicas (OLLAIK; MEDEIROS, 2011): o Estado atua por gestão indireta, firmando contratos entre particulares e órgãos da Administração Pública para o fornecimento de bens e serviços com contrapartida financeira. Com isso, entende-se como compra ou contratação pública o dispêndio de recursos orçamentários com a prestação de serviços ou fornecimento de materiais visando atender a uma demanda definida pela organização contratante, necessária ao atendimento da sua missão institucional e, necessariamente, voltada ao interesse público.

A compra ou contratação é instruída por meio de requisições de caráter finalístico ou acessório: no primeiro caso, ela está diretamente relacionada com a entrega de bens e serviços aos cidadãos; no segundo, ela objetiva criar ou manter capacidade de suporte operacional à organização pública. A centralização das compras tem sido um modo de organização e gestão adotado pelos governos para melhorar o desempenho da função administrativa de compras, num cenário de atenção crescente ao aprimoramento da governança para a implementação das políticas públicas.

No Brasil as compras públicas padecem da herança histórica de uma deficiente estruturação como função administrativa do Estado, tornando-se um elo frágil da máquina estatal, a despeito do expressivo volume de recursos financeiros que movimenta e do seu evidente impacto sistêmico (FERNANDES, 2016). Ainda assim, as áreas-meio das organizações públicas estão sendo chamadas a assumir um papel mais ativo na melhoria dos serviços prestados aos cidadãos, atuando na logística integrada e no gerenciamento da cadeia de suprimentos (VAZ; LOTTA, 2011). As decisões logísticas afetam o desenho e a implementação das políticas públicas, colocando em destaque as estruturas administrativas e abrindo espaço na agenda governamental para o diagnóstico das suas fragilidades e oportunidades de mudança, inclusive pelo aproveitamento do poder de compra do Estado.

O poder de compra estatal, representando 12,5% do PIB, no Brasil (RIBEIRO; INÁCIO JÚNIOR, 2019), pode ser mobilizado para a redução dos preços, valendo-se de economias de escala, com estimativa de ganhos de 10 a 25%, graças à centralização das compras, além do aproveitamento das sinergias decorrentes da concentração da informação e do aprendizado em torno das práticas de contratação (TEIXEIRA; PRADO FILHO; NASCIMENTO, 2015).

Nesse cenário, a consolidação de experiências como as das centrais de compras está promovendo a aglutinação das demandas acessórias, explorando o poder de compra estatal e liberando equipes, em cada organização, para focalizarem as compras finalísticas e a sua integração com a implementação das políticas públicas. A centralização possibilita a concentração das atividades de compra e contratação em substituição a iniciativas e decisões isoladas e desconexas, tomadas em cada departamento ou organização (SIMPSON, 1954).

A compra centralizada é precedida da agregação, em um ponto focal, de informações, *expertise*, recursos e demandas provenientes de organizações (ou unidades) autônomas, visando melhorar o desempenho do conjunto (WALKER *et al.*, 2007). Dessa forma, a premissa básica é a ação conjunta, consistindo em um acordo colaborativo entre duas ou mais organizações, de forma voluntária ou compulsória, para concentrar recursos financeiros e organizacionais em um agente comprador, buscando como resultado a satisfação dos interesses dos cidadãos, a quem as organizações públicas servem, em última instância (McCUE; PRIER, 2008).

Dentre as dificuldades de operacionalização da centralização destaca-se a dinâmica da interação entre diferentes organizações ou entre unidades de uma mesma organização, considerando que a percepção de incentivos para a atuação colaborativa entre os participantes da compra centralizada pode levar ao sucesso ou fracasso da iniciativa, particularmente quando surge a tendência à adoção de comportamentos autônomos isolados (SANTOS, 2019). É necessário aprofundar o estudo das experiências de centralização como modelos para promover a eficiência operacional das organizações públicas, viabilizando a entrega de bens e serviços aos cidadãos.

Além disso, é importante lembrar que a situação atual de restrição orçamentária enfrentada pela Administração Pública brasileira, somada à recente urgência do enfrentamento da pandemia da covid-19, tem levado à intensificação das ações de redução de custos, contribuindo para o movimento de melhoria da eficiência operacional nas organizações. Nesse contexto, a otimização dos procedimentos de compras contribui para a implementação dos programas governamentais possibilitando a realização dos objetivos organizacionais com redução das despesas de custeio.

Assim, há uma oportunidade para a implantação de modelos de centralização de compras públicas, de caráter compulsório ou voluntário, como forma de aprimorar o desempenho das atividades estatais, em especial pela incorporação da logística das compras e contratações na implementação das políticas públicas.

Tendo em vista esse cenário, o presente capítulo sistematiza modelos e estratégias de centralização, no contexto da Administração Pública federal. Na seção 2, discute as oportunidades e desafios da centralização como um modo de organização e gestão das compras públicas. Na seção 3 é destacada a sua recente ressurgência no Brasil, impulsionada por mudanças na legislação e pela concomitante construção de alguns instrumentos que permitiram o avanço da centralização, ainda que de forma pontual e limitada. Na seção 4 é apresentada uma tipologia de modelos de centralização, que são descritos em seus elementos constitutivos e em sua dinâmica de implementação. Por fim, a seção 5 apresenta, a título de conclusão, uma visão sobre a centralização das compras como estratégia que envolve a ação conjunta entre organizações públicas.

2 Oportunidades e desafios

A centralização possibilita a aglutinação de profissionais especializados no planejamento de compras em grande volume, o que reforça processos transparentes e captadores das economias de escala (FIUZA; BARBOSA; ARANTES, 2015). Entre as vantagens, destacam-se: redução de preços; otimização da força de trabalho e das gerências, pela redução de atividades administrativas; especialização técnica das equipes; potencial redução de estoques; supressão da competição entre organizações demandantes dos mesmos produtos; gestão de informações; gestão de fornecedores; gestão da qualidade; ambiente mais adequado para implementação de políticas de desenvolvimento local e racionalização do controle e da prestação de contas (SIMPSON, 1954; THAI, 2009).

A centralização facilita o envolvimento dos fornecedores com a assimilação de inovações e a adesão a requisitos ambientais, contribuindo para a disseminação dos modelos de negócios e políticas de desenvolvimento sustentável (UNEP, 2021)

Por outro lado, alguns desafios importantes para a centralização podem ser listados: custo de implementação; criação de rotinas de participação na ponta; papel reduzido dos atores locais; resistência dos fornecedores; concentração do mercado; divergências sobre prioridades entre unidade central e unidades locais (SCHOTANUS; TELGEN, 2007; THAI, 2009; SIMPSON, 1954). Algumas possíveis desvantagens são o distanciamento em relação às necessidades e à realidade local e a criação de restrições de acesso para as empresas de menor porte. Mas ela traz como potenciais benefícios a ampliação de escala, a redução dos riscos de corrupção e a incorporação da tecnologia da informação para reduzir necessidades de deslocamento físico durante as negociações e para desenvolver e qualificar compradores (FIUZA, 2015). O distanciamento da realidade local pode levar à imposição de padrões das especificações técnicas, em detrimento da qualidade e adequação dos produtos adquiridos. Pode resultar também em dificuldades para a alteração dos processos de trabalho que deverão se adaptar ao insumo fornecido centralmente (SIMPSON, 1954).

Assim, a adoção de um modelo de compras centralizadas implica fomentar o trabalho colaborativo entre as organizações participantes. Há um desafio a ser enfrentado, do balanceamento entre a tomada de decisões centralizada, que acarreta custos maiores de gestão da informação, e a preservação de autonomias para permitir a adaptação às realidades locais, porém, abdicando dos benefícios do agrupamento das demandas. Assim, a implementação de um modelo centralizado pode ser facilitada com: compromisso político e posicionamento estratégico; conhecimento efetivo da legislação disponível, diagnóstico das necessidades das organizações participantes e das características das compras que serão abrangidas pelo modelo; identificação dos seus efeitos sobre as despesas das organizações e sua capacidade de pagamento; definição dos formatos de operação e das estratégias de implementação; mobilização da força de trabalho; e adoção de um modelo de comunicação eficiente (MONTEIRO, 2010).

O trabalho de Santos (2019) definiu requisitos para uma boa governança das compras centralizadas: futuro promissor; sentimento de rede; institucionalização do modelo; melhoria contínua; comunicação efetiva; estrutura especializada; instâncias de apoio à decisão; integração entre demandantes e compradores; cronograma anual e atribuições bem definidas. As chances de sucesso das iniciativas de centralização de compras aumentariam conforme a adoção de práticas orientadas por uma visão de governança, direcionando essas iniciativas para a construção de um modelo mais integrado e perene.

Schotanus, Telgen e De Boer (2010) identificaram como fatores de sucesso dos modelos de compartilhamento de compras: a atratividade, em termos de custo-benefício, que torne desnecessário "forçar" a participação; os esforços de coordenação, comunicação e sincronização das atividades; o comprometimento contínuo e alinhamento de cada participante; o compartilhamento de interesses e de espaços de participação e influência; a alocação igualitária dos preços e custos e, especialmente, a disponibilização de preços iguais a todos os participantes, evitando entregar preços melhores às organizações com maiores volumes de compras.

A relevância da gestão de informações e comunicação costuma ser destacada como alavanca para potencializar ganhos das estratégias de compra centralizada, sobretudo quando apoiadas na incorporação da tecnologia da informação aos processos de trabalho. Dessa forma, as organizações participantes de uma cadeia de compras compartilhadas devem desenvolver capacidades e alcançar a maturidade de gestão nessas áreas (HUBER; SWEENEY; SMYTH, 2004).

As iniciativas de compartilhamento de compras no setor público começam com um número reduzido de categorias de compras e organizações participantes, mas se expandem gradualmente, a partir da constatação de experiências bem-sucedidas. Com a redução gradativa dos custos de transação, principalmente devido ao apoio de ferramentas de governo eletrônico, a tendência evolutiva dessas experiências é de ampliar economias de escala, trocas de conhecimento e o alcance do ambiente colaborativo construído (WALKER *et al.*, 2007).

Nesse ponto, é possível resgatar, no Quadro 1, a sistematização das oportunidades e desafios da implantação de modelos de compra centralizada, revisitando ensinamentos da literatura especializada.

QUADRO 1
Oportunidades e desafios nas compras centralizadas

Oportunidades	Desafios
1) ampliar as chances de alcance dos resultados dos programas governamentais;	1) estruturação de relações integradoras e simbióticas de ação conjunta;
2) redução de preços pela economia de escala;	2) custo de implementação;
3) especialização das equipes envolvidas, com desenvolvimento das habilidades de compra;	3) criação de processos de trabalho locais sobre participação nas compras centralizadas;
4) uniformização do processo de compras;	4) potencial restrição à inovação pela redução no número de atores envolvidos nos processos de compras;
5) racionalidade no controle e na prestação de contas;	5) resistência de fornecedores;
6) otimização da força de trabalho pela redução de duplicidade em atividades administrativas;	6) possibilidade de concentração de mercado e de restrição de acesso às empresas menores;
7) racionalização da disponibilidade das gerências;	7) divergência de prioridades entre unidade central e unidades locais;
8) potencial redução de estoques pela otimização da gestão da cadeia de suprimentos;	8) distanciamento da realidade local, por vezes ocasionando um excesso de padronização;
9) extinção da competição das organizações parceiras sobre os mesmos produtos e mercados;	9) custo de gestão de informações;
10) aprimoramento da gestão das informações de compras;	10) alto compromisso político e posicionamento estratégico;
11) gestão de fornecedores mais dedicada e profissionalizada;	11) desmonte de arranjos locais sem considerar seus riscos diante dos desafios de cada participante.
12) oportunidade de adotar métodos de gestão da qualidade, com preocupação sobre o impacto dos itens adquiridos;	
13) laboratório para indução de diretrizes de desenvolvimento industrial e de políticas públicas setoriais;	
14) acesso a mercados especializados e restritos;	
15) expansão da sistemática de integridade e de transparência;	
16) fomento à incorporação de tecnologia da informação nos processos de trabalho;	
17) maturidade organizacional e peso institucional para assunção de riscos em práticas inovadoras;	
18) alavanca para aprendizagem organizacional.	

Fonte: SANTOS, 2019

De forma geral, a implementação da centralização pode levar a resultados de redução dos custos de participação dos fornecedores nos procedimentos de licitação, pela menor presença de licitações locais, geograficamente dispersas. Não obstante, as contratações locais poderão se beneficiar do apoio técnico e normativo da unidade central. É possível esperar também a melhoria do relacionamento comercial com o mercado fornecedor, em decorrência de uma maior capacidade de gestão financeira, pela unidade central. Além disso, o compartilhamento de custos logísticos entre os compradores poderá ampliar o acesso ao mercado e aos melhores fornecedores.

3 Trajetória da centralização

No cenário brasileiro, há ensinamentos históricos relevantes sobre a centralização das compras pela administração federal quando se examina a experiência precursora e ousada da Comissão Central de Compras – CCC, criada em 1931 pelo Decreto nº 19.587 (BRASIL, 1931), no primeiro momento do governo de Getulio Vargas. Entre os ensinamentos dessa experiência vale destacar as múltiplas dificuldades com que se defrontou a CCC no atendimento a 183 repartições públicas: impraticabilidade de manutenção de um estoque centralizado; dificuldade em estabelecer prazos de fabricação e entrega dos itens adquiridos; indefinição a respeito da padronização das especificações técnicas, que poderia se basear nos dados disponíveis ou em dispendiosa elaboração de um catálogo especializado; resistência à padronização, devido à preferência por marcas ou modelos; dificuldade de comparar os preços do modelo centralizado com os da compra descentralizada; problemas com a indisponibilidade imediata de orçamento para efetivar as compras e atrasos recorrentes nos pagamentos, majorando os preços e gerando desinteresse do mercado pelos fornecimentos públicos (BRASIL, 1935).

Os dirigentes da CCC deixaram registros e avaliações sobre essa experiência e os percalços políticos e institucionais com que se defrontaram, que podem ser lidos com surpreendente atualidade quando se discute, atualmente, os riscos e dificuldades que permeiam a centralização. Destaca-se a necessidade da cooperação entre as repartições públicas envolvidas e do apoio político, dentro do governo, para enfrentar a oposição ao modelo, promovida por organizações que conseguiram ser excluídas do regime de centralização, a despeito da atribuição formal de competências e do forte empoderamento e autonomia atribuídos à Comissão (BRASIL, 1936).

Os desafios da centralização de compras foram novamente enfrentados, alguns anos depois, pela Divisão do Material, criada dentro da estrutura do Departamento Administrativo do Serviço Público – DASP. Com a instalação da Divisão, em 1940, a CCC foi incorporada e reorganizada como Departamento Federal de Compras em uma estrutura de centralização dotada de projeções nos órgãos (FERNANDES, 2015).

Oferecidas como soluções em conjunturas de crise, essas experiências propiciaram o ingresso de dirigentes e quadros técnicos qualificados, a disseminação de novos conceitos, modelos e tecnologias em gestão pública e a estruturação de uma área de compras na administração federal, com procedimentos e modelos próprios. Como dificuldades e limitações, salienta-se a conjuntura política adversa, a reação intraburocrática contrária ao espírito empreendedor instalado, a escassez de recursos orçamentários, a fragilidade dos quadros de pessoal e as disputas de jurisdição entre os órgãos.

A centralização das compras se tornou um item rejeitado da agenda de modernização da Administração Pública, ao longo do prolongado período de declínio do DASP que se seguiu ao fim da reforma Vargas, depois de 1945. Durante esse período prevaleceu a descentralização e autonomia entre órgãos e entidades da administração federal, embora a criação dos chamados sistemas auxiliares representasse um avanço, como modelo sistêmico que previa a supervisão técnica e normativa de um órgão central. (FERNANDES, 2016). As compras públicas foram inseridas no então denominado Sistema de Serviços Gerais – SISG, estruturado em 1975, embora a efetiva afirmação das prerrogativas do órgão central tenha ocorrido muito depois, impulsionada pelos avanços da aplicação das tecnologias da informação nas licitações que levaram à criação do sistema informatizado de apoio ao SISG[1] e do portal Comprasnet (FERNANDES, 2020).

A centralização emerge recentemente como objeto de iniciativas específicas de experimentação de modelos e práticas no governo federal, com a Central de Compras, gestada em 2012, no Ministério do Planejamento, Orçamento e Gestão – MP, atualmente Ministério da Economia – ME. A Central foi formalmente instalada em 2014, como órgão do ME, pelo Decreto nº 8.189 (BRASIL, 2014a). É modelo possivelmente precursor de uma agência nacional de compras públicas (FIUZA; BARBOSA; ARANTES, 2015) ou de empresa pública federal dedicada ao tema.

A Central realiza compras e contrata serviços compartilhados, racionaliza processos duplicados nas estruturas da administração federal, experimenta novos modelos de contratação, fomenta práticas inovadoras e atua na garantia da qualidade e na redução dos custos das compras e contratações. É uma experiência que tem sido premiada e reconhecida como referência para avanços em direção a um processo de contratação mais transparente, ágil, eficiente, econômico e sustentável (MP, 2016).

A criação da Central solidifica um movimento protagonizado por organizações como o Fundo Nacional de Desenvolvimento da Educação – FNDE, que introduziu o Registro de Preço Nacional, a partir de 2007, por meio do qual tem suprido as demandas de aparelhamento do ambiente escolar de estados e municípios, em parceria com o Ministério da Educação – MEC (ALBUQUERQUE, 2015). O MP centralizou as compras de bens e serviços de tecnologia da informação em 2008 e 2011 (SORTE JUNIOR, 2013). O Instituto de Pesquisas Jardim Botânico do Rio de Janeiro coordenou compras de itens sustentáveis de material de expediente, em 2010, juntamente com outros órgãos (SILVA; BARKI, 2012), e a Empresa Brasileira de Serviços Hospitalares – Ebserh, a partir de 2012, vem conduzindo compras de insumos e equipamentos para saúde da rede de hospitais universitários federais (SANTOS, 2019).

Os governos subnacionais brasileiros também estão experimentando o modelo de centralização de compras para otimizar seus processos de trabalho e obter ganhos de eficiência operacional. Há relatos sobre experiências com algum grau de centralização no Ceará, Alagoas, Espírito Santo, Goiás, Minas Gerais, Pernambuco, Sergipe, Rio de Janeiro, Rio Grande do Sul, Santa Catarina e Distrito Federal, algumas iniciadas previamente à ressurgência do tema na esfera federal (ARAUJO, 2017; NEGRÃO; MATOS, 2016; TEIXEIRA; SILVA; SALOMÃO, 2014).

---

[1] Sistema Integrado de Administração de Serviços Gerais – SIASG.

Antes de analisar modelos de centralização, é importante apresentar uma visão geral da legislação vigente e dos formatos de contratação já experimentados e disponíveis na Administração Pública brasileira que buscam assimilar esse modo de gestão das suas contratações.

O arcabouço normativo das compras públicas se apoia na previsão expressa, no art. 37, XXI, da Constituição de 1988, da utilização de processo de licitação pública para contratar obras, serviços, compras e alienações (BRASIL, 1988). Esse dispositivo constitucional foi regulamentado em 1993 pela Lei nº 8.666 (BRASIL, 1993). Embora destinada a estabelecer regras gerais, a Lei abordou o tema de forma densa, detalhista e uniformizadora, refletindo o contexto de sua elaboração no Congresso, quando a atenção pública era mobilizada por denúncias de corrupção na contratação de obras de engenharia (FERNANDES, 2008).

As iniciativas de mudança dessa Lei resultaram, inicialmente, em três diplomas legais com regras e procedimentos estruturantes em seus impactos sobre o arcabouço normativo. Assim, a Lei do Pregão (Lei nº 10.520, de 2002) simplificou regras e introduziu essa nova modalidade de licitação (BRASIL, 2002); a Lei nº 12.462, de 2011 (BRASIL, 2011), instituiu o Regime Diferenciado de Contratações – RDC, destinado a obras de engenharia; e a Lei nº 13.303, de 2016 (BRASIL, 2016), dispôs sobre o estatuto jurídico das empresas estatais, com a previsão de regras específicas de licitação para essas organizações.

Além disso, destacam-se, como disposições que regem as contratações públicas brasileiras, o Estatuto Nacional da Microempresa e da Empresa de Pequeno Porte (Lei Complementar nº 123, de 14 de dezembro de 2006), com dispositivos para fomentar a participação desse segmento empresarial nas licitações (BRASIL, 2006); a Lei nº 12.232, de 2010, sobre contratação de serviços de publicidade (BRASIL, 2010), e uma lista incontável de leis, decretos, instruções normativas, portarias, resoluções e outras normas que, em conjunto com doutrina e jurisprudência, conduzem a atuação dos gestores públicos nessa área, frequentemente reduzindo consideravelmente sua discricionariedade.

A recente aprovação da Lei de Licitações e Contratos Administrativos, Lei nº 14.133, de 2021 (BRASIL, 2021), consolidou os avanços normativos anteriores, incorporando disposições da Lei nº 8.666, da Lei do Pregão e da Lei do RDC. Mas, durante sua elaboração, havia uma expectativa em torno do aproveitamento da oportunidade para avanços mais significativos (FIUZA; RAUEN, 2019). De fato, a nova lei incorporou instrumentos de centralização e orienta a adoção de centrais de compras, pelos entes federativos. No caso de municípios menores (com até 10 mil habitantes), prevê a instituição de consórcios públicos para atuarem como centrais de compras. Entende-se que ela trouxe avanços ao positivar a temática da centralização de compras, acompanhando a tendência internacional de consolidação de estruturas de coordenação para desenhar estratégias de compras, conduzir contratações e disseminar boas práticas.

Com relação especificamente às compras centralizadas e considerando o arcabouço normativo construído a partir da Constituição de 1988, a primeira abordagem do tema foi tímida: com a denominação de compras compartilhadas, a centralização foi recomendada por meio da Instrução Normativa SLTI/MP nº 10/2012 (BRASIL, 2012a), em conexão com a adoção de planos de logística sustentável pelos órgãos e entidades da administração federal direta, autárquica e fundacional que integram o SISG.

A última investida infralegal sobre o tema se deu pela Portaria nº 13.623 do Ministério da Economia, em 2019 (BRASIL, 2019b), que trouxe a diretriz do redimensionamento da quantidade de unidades compradoras dos órgãos e entidades, no âmbito do SISG.[2] Além disso, a Portaria instituiu o Plano de Centralização de Contratações Públicas como instrumento orientador desse redimensionamento, a ser elaborado por cada organização, contendo o planejamento anual das contratações, a partir do qual será possível indicar quais unidades poderão ser extintas. O movimento iniciado por essa portaria antecipa a adoção da centralização de compras, agora estimulada pela Lei nº 14.133.

Assim, acompanhando a evolução das práticas de centralização de compras no Brasil, o arcabouço normativo tem amadurecido aos poucos para incentivar as aquisições conjuntas, capturando ganhos de eficiência operacional. Há a expectativa de expansão das experiências com o respaldo da Lei nº 14.133, razão pela qual se torna ainda mais relevante o estudo desse tema e a geração de conhecimentos e ferramentas direcionados à aplicação desse modo de organização e gestão das compras públicas.

Nesse contexto, os quatro principais formatos de contratação atualmente presentes na legislação, com capacidade de operacionalizar compras centralizadas, são os seguintes: (a) os contratos centralizados com execução centralizada; (b) os contratos centralizados com execução descentralizada; (c) a licitação centralizada com posterior sub-rogação de contratos; e (d) o Sistema de Registro de Preços – SRP, com condições definidas de forma centralizada e execução descentralizada.

Há outros formatos ainda não experimentados que poderão receber atenção, a partir de disposições da nova Lei de Licitações e Contratos Administrativos, embora não diretamente previstos, a exemplo dos Acordos-Quadro e dos Sistemas de Aquisição Dinâmicos (FIUZA et al., 2020). Dessa forma, a abordagem aqui se concentrará nos formatos já praticados e com possibilidade de assimilação imediata pelas organizações interessadas.

Os contratos centralizados de execução centralizada são firmados e executados pela unidade central, que fica responsável pela condução de todas as fases da contratação. Por intermédio desses contratos, as entregas podem ocorrer tanto nas unidades beneficiárias quanto em um centro de distribuição, gerido pela unidade central, a depender da disponibilidade de meios logísticos. De qualquer forma, os pagamentos sobre essas entregas são realizados pela unidade central, que assume integralmente o controle dos recursos orçamentários envolvidos na contratação.

Os contratos centralizados de execução descentralizada, por sua vez, resultam da atuação da unidade central, desde a fase inicial até a assinatura dos termos de contrato, ficando a execução das contratações, inclusive a disponibilização de orçamento, a cargo das unidades beneficiárias. No entanto, nesse formato há garantia de recursos orçamentários e de efetivação das compras pelas unidades locais, sob responsabilidade da unidade central, estimulando a participação do mercado fornecedor. Trata-se de instrumento que requer uma estrutura robusta de monitoramento das contratações locais e de gestão em rede, por parte da unidade central, considerando o caráter obrigacional dos compromissos firmados.

---

[2] Denominadas Unidades Administrativas de Serviços Gerais – UASG.

A realização de licitação centralizada com posterior sub-rogação de contratos tem como objetivo utilizar a expertise do órgão centralizador para conduzir as fases de planejamento da contratação e de seleção do fornecedor, mas permite a execução contratual pelos órgãos beneficiários, de forma individual. Por esse instrumento, a unidade central assina os contratos e, com base em cláusula prevista na documentação preparatória da licitação, transfere a titularidade desses contratos às unidades beneficiárias, por meio de sub-rogação do contrato. Assim, os contratos serão completamente geridos pelas unidades beneficiárias, com suas cláusulas e requisitos fundamentados na licitação centralizada.

Os três formatos descritos, embora disseminados como práticas de gestão das compras, não estão claramente positivados na legislação vigente, pois resultam da interpretação dos meios tradicionais de contratação dentro da perspectiva de permitir a inclusão de outras unidades e organizações beneficiárias potenciais dos bens e serviços adquiridos de forma centralizada.

O quarto formato se apoia em instrumento previsto expressamente na norma: trata-se do Sistema de Registro de Preços – SRP, sendo esse o formato de centralização de compras mais utilizado, no caso brasileiro. Em sua feição atual, o SRP foi regulamentado pelo Decreto nº 3.931, de 2001 (BRASIL, 2001), como instrumento previsto na Lei nº 8.666. O registro de preços flexibilizou as contratações para dar mais celeridade ao processo de licitação, evitar duplicação de esforços entre órgãos e aperfeiçoar a gestão dos estoques e do orçamento, além de ampliar o poder de barganha dos compradores públicos (FIÚZA et al., 2015).

As compras públicas por registro de preços estão presentes no debate sobre a eficiência nas contratações governamentais, tanto nos manuais técnicos de Direito Administrativo (CARVALHO FILHO, 2010; ALEXANDRINO; PAULO, 2012) quanto em relatos de experiências exitosas, baseadas nesse instrumento (CHAVES, 2016; FONSECA NETO, 2016) e em avaliação crítica das suas virtudes e vícios (FIUZA; BARBOSA; ARANTES, 2015).

A regulamentação atual do SRP incorporou sucessivas revisões e aprimoramentos e está estabelecida no Decreto nº 7.892, de 2013 (BRASIL, 2013). Ela prevê a instauração de um processo de licitação, sem a necessidade de indicar previamente a reserva de recursos orçamentários, com o intuito de firmar um preço garantido pela ata de registro de preços. Dessa forma, o instrumento permite o ingresso de outros órgãos para aglutinar suas demandas em uma mesma licitação, capitaneada pelo órgão gerenciador, mas não gera obrigação de contratação dos itens registrados. Além disso, é admitida a utilização da ata de registro de preços, posteriormente, por órgãos que não tenham participado do planejamento da compra, da estimação de preços e do anúncio da licitação, configurando o fenômeno denominado como "carona" que se dá pela simples adesão à ata de registro de preços.

Essas flexibilidades catalisam o processo de centralização das compras, permitindo a aglutinação das demandas dos órgãos participantes e a antecipação da fase de seleção do fornecedor, antes da disponibilização de recursos. Com isso, na medida em que sejam recebidos os créditos orçamentários, os órgãos efetivam as contratações com base nos preços previamente registrados.

A prática do registro de preços revelou problemas, como a inexistência, inicialmente, de limites às contratações por órgãos não participantes da fase de planejamento da compra. Em julgados emblemáticos, como os Acórdãos nº 1.487/2007 – Plenário (BRASIL, 2007) e 1.233/2012 – Plenário (BRASIL, 2012b), o Tribunal de Contas da União – TCU identificou licitações com quantidade elevada de órgãos "caronas", resultando em favorecimento dos fornecedores que ofertavam preços para uma quantidade determinada de bens e serviços e, ao final da vigência da ata de registro de preços, haviam vendido um número muito maior de itens, sem repassar a economia de escala ao Poder Público.

Dessa forma, as recomendações do TCU indicaram a oportunidade de consolidar as demandas dos órgãos ainda na fase de planejamento, aumentando o volume a ser contratado, gerando maior expectativa no mercado e levando a uma disputa mais acirrada para ofertar preços vantajosos. Essas premissas de compartilhamento das demandas de contratação certamente apoiaram o desenvolvimento das compras centralizadas no governo federal.

Há controvérsia sobre os riscos de permitir a prática da "carona", destacando-se a importância da realização de um planejamento adequado dos quantitativos a serem registrados na ata. Ocorre que qualquer imprecisão na definição de estimativas pode resultar no registro de preços não condizentes com demandas futuras (PEREIRA JUNIOR; DOTTI, 2010). É o caso quando certa quantidade é licitada, mas são permitidas adesões em número muito superior, beneficiando a empresa contratada, que se apropriará do ganho de escala. Inversamente, o registro de volume elevado de itens sem efetivação das compras prejudica o fornecedor e reduz a credibilidade do órgão contratante.

Em suma, verifica-se que há pelo menos quatro formatos de contratação com potencial imediato de adoção para a centralização das contratações no governo federal, enquanto se busca a incorporação de boas práticas internacionais como os Acordos-Quadro e os Sistemas de Aquisição Dinâmicos (CORDEIRO, 2015). Dessa forma, o estudo sobre o modelo de centralização mais adequado e viável pode avançar por meio da análise dos formatos e práticas atuais de contratação das compras públicas.

4 Modelos e sua aplicação

Após o resgate da trajetória da centralização, o aprofundamento da abordagem desse modo de organização e gestão das compras públicas focalizará, nessa seção, os elementos que compõem um modelo de centralização e, em seguida, sistematizará a sua aplicação no contexto brasileiro.

4.1 Elementos dos modelos

Um modelo de centralização de compras pode ser definido como um conjunto de elementos – estratégia, forma de organização e modo de operação – capaz de orientar a atuação das organizações participantes em prol de objetivos compartilhados. Uma vez implantado, o modelo deve transmitir esse conjunto de forma transparente aos *stakeholders*, incluindo o mercado e a sociedade.

As estratégias de centralização são apresentadas no Quadro 2, com a indicação dos seus nexos com formas de participação, grau de autonomia das organizações e arranjos de ação conjunta. As estratégias devem considerar os tipos de ação conjunta mais adequados, ou recomendáveis, com vistas ao sucesso da centralização. Os tipos de participação estão categorizados conforme a sistematização de Mccue e Prier (2008) e os tipos de ação conjunta seguem a elaboração sugerida por Santos (2016). Dessa forma, a participação é voluntária ou compulsória, nesse último caso quando há obrigatoriedade, por força de norma ou decisão formalizada.

As organizações participantes podem ser categorizadas em relação à sua autonomia como: autônomas, quando não integram a estrutura da organização que operacionaliza a centralização, mas podem se vincular a esta por meio de arranjos de participação em compras conjuntas; autônomas de forma limitada, quando não integram a estrutura, mas sua participação é compulsória, por determinação hierárquica; ou sem autonomia, quando integram a estrutura da organização condutora da compra. Nessa última situação, podem ser unidades inseridas na estrutura organizacional sob diferentes arranjos de centralização das compras.

QUADRO 2
Estratégias de centralização de compras conforme o tipo de participação e de ação conjunta das organizações

Estratégia	Participação	Organização	Ação conjunta
Compra centralizada (centralização em sentido estrito)	Compulsória	Unidades da organização centralizadora ou organizações com autonomia limitada	Coordenação
Compra conjunta interorganizacional	Voluntária	Organizações autônomas	Cooperação
Compra conjunta intraorganizacional	Voluntária	Organizações autônomas integrantes de uma mesma estrutura	Integração

Fonte: SANTOS, 2019.

A centralização em sentido estrito ocorre quando as organizações participantes, integrantes ou não de uma mesma estrutura, são compulsoriamente vinculadas a um modelo. É o caso do empoderamento de uma unidade central de compras, que retira competências e governabilidade das demais unidades, assumindo a condução das compras. A ação conjunta é necessária, porém sob a coordenação da unidade central, que exerce o protagonismo e o papel de supervisão ou mesmo de comando dos demais participantes.

A compra conjunta interorganizacional descreve o compartilhamento das compras por organizações que não pertencem a uma mesma estrutura, dotadas de autonomia decisória, o que pressupõe a adesão voluntária. É uma estratégia na qual a ação conjunta recomendada é a da cooperação, incentivada pelos interesses comuns dos participantes em gerar sinergias pela potencialização do seu poder de compra.

Por fim, a compra conjunta intraorganizacional ocorre quando organizações pertencentes a uma mesma estrutura, mas dotadas de autonomia decisória, podem voluntariamente aderir a um modelo. Nesse caso, a integração com o compartilhamento de interesses que conduza a uma relação de simbiose se apresenta como o tipo mais adequado de ação conjunta, permitindo uma interação mutualista e consciente.

Exemplificando as três estratégias de centralização, quando implementadas no ambiente da Administração Pública, a centralização em sentido estrito pode ocorrer quando competências de contratação retiradas dos órgãos são delegadas a uma central de compras, criada com essa finalidade. A compra conjunta interorganizacional pode ser identificada quando uma central de compras se limita a apoiar os órgãos em contratações centralizadas de participação voluntária.

Por fim, a compra conjunta intraorganizacional se verifica em casos como o descrito por Santos (2019), quando uma unidade é criada como organização autônoma centralizadora dos processos da área-meio de uma rede de organizações públicas que são dotadas de relativa autonomia. Nesse caso, a organização atua como central de compras na agregação das demandas dessas organizações, dentro de uma mesma estrutura organizacional, mas depende da participação voluntária nas compras conjuntas.

Diante dessas três estratégias de centralização, passa-se a estudar com mais detalhe a dinâmica das compras conjuntas, também denominadas compras compartilhadas, que podem demandar ações de cooperação e integração, acarretando grandes desafios de governança. O estudo das compras conjuntas é relevante para compreender as dificuldades com que se defronta qualquer um dos modelos possíveis, inclusive o da centralização estrita, no qual é permitida somente uma estreita margem de autonomia das organizações participantes, haja vista o exemplo histórico da CCC, no Brasil.

Assim, a compra conjunta exige a distribuição de papéis e responsabilidades entre as organizações participantes, que podem ser divididas em condutoras, responsáveis pela coordenação da compra, beneficiárias, aquelas que participam do processo da contratação sem protagonizá-lo e "caronas", que são aquelas organizações beneficiárias sem nenhuma atuação no processo. A tipologia das formas de organização das compras conjuntas é apresentada no Quadro 3, com base na elaboração de Schotanus e Telgen (2007).

QUADRO 3
Formas de organização da compra conjunta

Forma de organização	Características
"Carona" simples (*Piggy-backing groups*)	- informalidade e simplicidade - uma organização maior atua como condutora das compras enquanto organizações menores participam como "caronas", ou seja, beneficiadas sem qualquer atuação no processo de contratação, inclusive sem espaço para discutir especificações - as organizações "caronas" se beneficiam da redução dos preços e dos custos de transação - não há contato entre as organizações "caronas" - não há incentivos para a organização condutora - analogia: "carona"
Autoridade central (*Third party groups*)	- semelhante ao modelo da "carona", porém a organização condutora é um ente externo que não participa da compra - o ente externo é geralmente uma autoridade central dedicada e com *expertise* - as organizações podem contratar um ente externo com essa finalidade - as organizações beneficiadas possuem pouca governabilidade sobre o processo de compras, a especificação dos itens a serem adquiridos e a escolha dos fornecedores - não há contato entre as organizações beneficiadas - analogia: "ônibus"
Rede de compras (*Lead buying groups*)	- há divisão do trabalho entre as organizações participantes - os itens são adquiridos pelas organizações mais preparadas em função da sua *expertise*, seus recursos ou seu volume de compras - há especialização das organizações em determinados itens - espaços para discussão e alinhamento são necessários - a atratividade dessa forma de organização depende da sua continuidade - todas as organizações participantes precisam se especializar - tende a funcionar bem em contextos de similaridade geográfica, de mercado, etc. - analogia: "revezamento"
Compra pontual (*Project groups*)	- compra conjunta como projeto específico, compartilhado pelas organizações - há compartilhamento de problemas, soluções, riscos e conhecimentos - ocorrem encontros regulares entre as organizações participantes - forma de organização simplificada e experimental, por estar atrelada a um projeto específico, sem necessidade de estruturação em forma duradoura - problemas de ação coletiva devem ser mitigados porque não há previsão de interação futura, reduzindo os incentivos à cooperação - o grupo é encerrado ao final do projeto, mas pode migrar para uma rede de compras ou comitê participativo - analogia: "comboio"
Comitê participativo (*Programme groups*)	- cooperação intensa devido à constituição de um comitê diretivo para conduzir as iniciativas de compra conjunta - geralmente uma autoridade central externa conduz algumas das atividades - há forte interação entre as organizações, que participam das definições das especificações e da escolha dos fornecedores - as iniciativas de compra conjunta são conduzidas por um membro do comitê com apoio de representantes das organizações participantes - há compartilhamento de atividades entre as organizações participantes - foco na aprendizagem e na redução dos custos de transação - é mais complexo do que a rede de compras e exige maior interação do que a autoridade central - requer equidade na distribuição de ganhos, custos e carga de trabalho - a intensificação dos trabalhos demanda transparência, confiança e compromisso - analogia: "equipe de corrida de carros"

Fonte: SANTOS, 2019.

A mesma tipologia pode ser visualizada na Figura 1, que destaca as relações entre a organização responsável pela compra (organização condutora) e as beneficiárias (inclusive "caronas"), nos diferentes formatos.

FIGURA 1
Formas de organização da compra conjunta

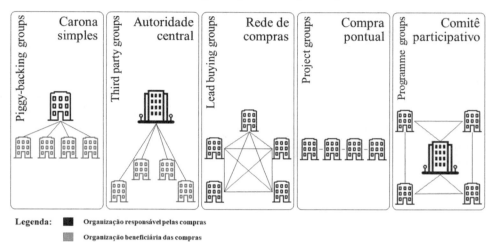

Fonte: SANTOS, 2019.

É importante ressalvar que essa tipologia descreve as formas de organização associadas às estratégias de compra conjunta. Os formatos de centralização estrita, nos quais a participação é compulsória, impõem a restrição parcial ou total da autonomia das organizações beneficiárias, perante a organização condutora das compras. Entretanto, esses formatos permitem uma maior ou menor interação com as organizações (ou unidades) beneficiárias das contratações, guardando similaridade com os modelos de autoridade central (*third part groups*) e de comitê participativo (*programme groups*). Com isso, a divisão de papéis e responsabilidades tende a ser estabelecida por força de norma ou hierarquia decisória e seu cumprimento é, em princípio, obrigatório e não objeto de processos interativos de negociação entre os participantes.

A tipologia é útil como referência de análise para discutir alguns aspectos da experiência da centralização, no caso da centralização em sentido estrito, mas a complexidade da ação conjunta é menor quando comparada aos casos de participação voluntária. Assim, as formas de organização descritas (Quadro 3 e Figura 1) correspondem a estratégias de centralização nas quais a divisão de papéis é aspecto-chave, assim como a interação entre a organização condutora da compra e as organizações beneficiárias, diante da necessidade de assegurar uma efetiva atuação conjunta entre os participantes.

É importante destacar que a literatura de pesquisa não indica um modelo único, de sucesso assegurado, e que é recorrente a adoção de modelos híbridos e sempre ressalvada a importância de conhecer o cenário no qual cada modelo será adotado e as características das compras e suas respectivas demandas (TEIXEIRA; PRADO F.; NASCIMENTO, 2015; CUNHA JUNIOR *et al.*, 2015; KANEPEJS; KIRIKOVA, 2018).

Uma das principais dificuldades para implementar um modelo centralizado é a efetivação das compras pelos participantes, quando dispõem de alguma autonomia para decidir sobre a formalização da aquisição, depois de finalizado o processo de seleção do fornecedor. Avaliando evidências empíricas, Karjalainen (2009) argumenta que, não obstante a possibilidade de ganhos de escala, a simples adoção de uma sistemática de centralização não assegura a obtenção desse benefício: é necessário promover o comportamento de compra pactuada, no qual os acordos de centralização sejam plenamente utilizados, em lugar de arranjos locais de aquisição.

Como as organizações tendem a atuar de forma independente, caso não haja incentivos para a compra conjunta, os ganhos de eficiência previstos na centralização podem não ser alcançados. As evidências demonstram que a coesão interna das organizações participantes é um fator de sucesso para a obtenção das economias de escala e consequente viabilização das estratégias de centralização de compras. Assim, é possível avançar na discussão desse tema incorporando a tipologia de Karjalainen (2009) sobre os comportamentos de compra das organizações, apresentada no Quadro 4.

QUADRO 4
Tipos de comportamento associados a estruturas de compras e número de fornecedores

Comportamento	Características	Impactos
Compra fragmentada (*Fragmented buying*)	- estrutura de compras descentralizada - alto número de fornecedores	- não permite economias de escala - baixo custo de controle interno das compras - altos custos de coordenação externa com os fornecedores - baixa adoção de plataformas eletrônicas de compras - processos de trabalho informais
Compra casualmente coesa (*Casually cohesive buying*)	- estrutura de compras descentralizada - baixo número de fornecedores	- não permite economias de escala - baixo custo de controle interno das compras - altos custos de coordenação externa com os fornecedores - baixa adoção de plataformas eletrônicas de compras - processos de trabalho informais
Compra independente (*Maverick buying*)	- estrutura de compras centralizada - alto número de fornecedores	- baixa obtenção de economias de escala - altos custos de controle interno das compras - custos elevados de coordenação externa com os fornecedores - adoção de plataformas eletrônicas de compras, mas com reduzida utilização - formalização dos processos de trabalho em desenvolvimento
Compra pactuada (*Contract compliance*)	- estrutura de compras centralizada - baixo número de fornecedores	- obtenção de economias de escala - baixos ou médios custos de controle interno das compras - baixos custos de coordenação externa com os fornecedores - elevada adoção de plataformas eletrônicas de compras - processos de trabalho formalizados

Fonte: SANTOS, 2019.

Nessa tipologia há dois tipos de comportamento relacionados à estrutura das compras descentralizadas: a compra fragmentada e a compra casualmente coesa. No primeiro caso, não há movimentação em prol de compras conjuntas. No segundo, apesar de não haver uma estrutura centralizada, há momentos pontuais de compartilhamento dos mesmos fornecedores, mas isso é ocorrência eventual e não resultado de iniciativas de compra conjunta. A adoção da centralização como opção estratégica, inclusive com uma estrutura dedicada, estaria associada a outros dois tipos de comportamento: o de compra independente e o de compra pactuada.

Enquanto a implantação de uma estrutura de compras centralizadas estiver ainda ganhando maturidade, a chance de ocorrência da compra independente é maior, pois os participantes não conhecem ou legitimam totalmente o modelo. Enquanto isso, os custos de controle das compras serão elevados e poderão demandar estudos, incentivos e monitoramento para evitar esse comportamento prejudicial. Somente com a prevalência do comportamento da compra pactuada é que os potenciais benefícios da centralização serão percebidos por todos: economia de recursos, racionalização dos processos e relacionamento mais próximo com mercados especializados.

Karjalainen (2009) argumenta que o comportamento prejudicial da compra independente envolve diferentes tipos, origens e formas para sua superação em direção à compra pactuada. A compra independente não intencional pode ser decorrência do desconhecimento sobre a existência de oportunidades e processos de compra conjunta, podendo ser contornada com a socialização de informações, liderança forte e portais informatizados de compras.

A compra independente forçada ocorre na ausência de processos de compra conjunta de um determinado item ou por falta de conhecimento sobre como participar do processo centralizado. A capacitação e o treinamento das equipes surgem como formas de mitigar essa ocorrência e fomentar a compra pactuada. A compra independente casual, por sua vez, é definida como um comportamento guiado por interesses próprios ou por força do hábito e geralmente tem como causa a dificuldade de os participantes perceberem os custos desse comportamento ou a inexistência de incentivos à ação conjunta. As formas de superar esse comportamento são: construir uma liderança forte e ensinar às equipes os impactos prejudiciais das ações independentes, quando praticadas num cenário de compras centralizadas.

A compra independente bem-intencionada decorre de condições mais vantajosas ou da percepção de uma maior habilidade das organizações em realizar localmente as compras, como alternativa à centralização. Como forma de superação desse comportamento são preconizados os mesmos mecanismos de combate à compra independente casual, ou seja: a liderança forte e o ensinamento sobre os impactos prejudiciais da compra independente.

É importante destacar que as compras locais podem ser consideradas mais vantajosas, se encaradas sob a ótica limitada de uma organização local que não tenha aderido aos objetivos do modelo de centralização, que poderá contemplar resultados não imediatos, como o desenvolvimento futuro de mercados especializados, ou a obtenção futura de condições mais vantajosas para todos os participantes, quando o modelo for efetivamente reconhecido pelo mercado.

Por fim, a compra independente mal-intencionada é resultado de oportunismo e resistência à mudança. Trata-se do tipo de comportamento mais difícil de comprovar, pois os envolvidos tendem a assumi-lo como ação não intencional. Para contornar as dificuldades trazidas por esse tipo de comportamento, Karjalainen preconiza o alinhamento e o envolvimento das equipes, principalmente para minimizar a resistência à mudança.

Finalizando a descrição dos elementos de um modelo de centralização, é importante analisar alguns dos seus modos de operação possíveis, com base em referências de pesquisa e no delineamento das fases do processo de compras estabelecido na legislação, normas e jurisprudência seguidas pela Administração Pública brasileira. Inicialmente, serão categorizadas as fases, etapas e respectivos resultados esperados, conforme sistematização apresentada no Quadro 5.

QUADRO 5
Fases e etapas do processo de contratação

Fase / Referência	Etapa	Resultado esperado
Formalização da demanda	Levantamento de necessidades	Início do processo de contratação
Planejamento da contratação	Estudos preliminares	Definição das especificações técnicas e do preço (*Pricing*)
	Definição das especificações técnicas do objeto a ser contratado	
Seleção do fornecedor	Instrução do processo de compra	
	Sessão pública para escolha do fornecedor	
	Formalização do contrato	
Gestão do contrato	Gestão e fiscalização da execução do contrato	Efetivação da compra (*Purchasing*)
	Recebimento do objeto e pagamento	Recebimento dos bens e serviços
	Encerramento do contrato	(*Delivering*)
Riscos e Controles nas Aquisições – Tribunal de Contas da União, 2014 (BRASIL, 2014b)	Instrução Normativa SGD/ME nº 1/2019 (BRASIL, 2019a)	Munson e Hu (2010)
	Instrução Normativa SEGES/MP nº 5/2017 (BRASIL, 2017)	

Fonte: adaptado de SANTOS, 2019.

Com isso, inspirado nos ensinamentos de Munson e Hu (2010), o Quadro 6 apresenta os quatro modos de operação da centralização de compras, no contexto brasileiro: descentralizado, centralizado inicial, centralizado amplo e ultracentralizado.

QUADRO 6
Modos de operação da centralização de compras públicas

Etapa do processo de compra	Descentralizado	Centralizado inicial	Centralizado amplo	Ultracentralizado
Levantamento de necessidades	Local	Central	Central	Central
Estudos preliminares				
Definição das especificações técnicas do objeto a ser contratado				
Instrução do processo de compras		Local		
Sessão pública para escolha do fornecedor				
Formalização do contrato				
Gestão e fiscalização da execução do contrato			Local	
Recebimento do objeto e pagamento				
Encerramento do contrato				

Fonte: SANTOS, 2019

O modo descentralizado é exposto para fins de contraste, pois sua característica principal é que as três fases do processo de contratação ocorrem de forma local e na ausência de uma estratégia de centralização. No modo centralizado inicial, a fase de planejamento da contratação ocorre de forma centralizada, seja pela padronização das especificações técnicas e dos documentos balizadores da contratação ou pela disponibilização de estudos de mercado e de preços para apoiar os processos de trabalho locais. Nesse modo, há redução dos custos administrativos das organizações locais, que podem avançar de forma mais célere para a etapa de seleção do fornecedor.

No modo centralizado amplo, as fases de planejamento da contratação e de seleção do fornecedor ocorrem centralmente, com a efetivação da compra por organizações locais. Nesse modo, toda a gestão do contrato se realiza de forma descentralizada, restando à unidade central somente a atividade de monitoramento e apoio a essas atividades. A etapa de formalização do contrato, que ocorre de forma centralizada, pode assumir a forma de ata de registro de preços, contrato para execução descentralizada ou contrato a ser transferido à unidade local para execução. A gestão local se concentra na efetivação da compra e do recebimento do objeto contratado.

No modo ultracentralizado, as três fases do processo ficam sob responsabilidade da unidade central, tanto o planejamento da compra quanto a seleção do fornecedor e a gestão do contrato. Há duas subdivisões nesse caso: no modelo mais comum, as unidades locais somente recebem o objeto contratado, mas o pagamento e as demais etapas de gestão contratual ocorrem centralmente. No modelo totalmente centralizado, a unidade central recebe o objeto contratado e atua na sua distribuição posterior às unidades locais.

A ultracentralização aproxima o modelo de compras de uma central de serviços compartilhados, na qual todas as atividades administrativas são conduzidas pela entidade central, liberando as estruturas organizacionais para concentrarem esforços em suas atividades finalísticas, conforme a experiência estudada por Ferreira, Bresciani e Mazzali (2010). No entanto, cabe uma diferenciação: enquanto uma central de serviços aglutina atividades administrativas, uma central de compras desenvolve um processo de trabalho próprio para entregar bens e serviços às unidades locais, indo além da simples condução central de uma compra que ocorreria localmente.

Como ilustração dessa diferenciação, consideremos o seguinte caso: se 40 unidades descentralizadas participam de uma central de serviços compartilhados, possivelmente os processos administrativos antes conduzidos isoladamente, como a apuração de irregularidade em execução contratual, passarão a ser geridos e executados pela unidade central. Da mesma forma, 40 processos de contratação locais eventualmente serão tratados centralmente com uma equipe especializada conduzindo essas compras. Assim, uma central de serviços compartilhados pode tratar qualquer etapa dos processos administrativos de forma centralizada.

A centralização de compras permite uma sistemática alternativa de trabalho: retomando o mesmo exemplo, os 40 processos de contratação locais se transformam em um processo estratégico de compra central, que incorporará inteligência em contratações para definir o modo de operação adequado para a obtenção dos bens e serviços, além de buscar as melhores rotinas para alcançar eficiência operacional, em prol dos participantes.

Na verdade, uma central de serviços compartilhados pode rever os processos de trabalho em sua rede para adotar estratégias transformadoras, inclusive a própria centralização de compras. Como os temas envolvidos no compartilhamento de serviços são mais amplos, estratégias de centralização podem ser aplicadas aos processos de gestão de pessoas, de tecnologia da informação ou de orçamento e finanças. Porém, mesmo sem a revisão dos processos de trabalho, a central de serviços entrega ganhos de eficiência quando alivia a operação das unidades locais.

Ainda assim, o argumento sobre a ultracentralização se aproximar de uma central de serviços compartilhados se mantém, pois nesse modo de operação atividades administrativas antes conduzidas localmente passam a ser geridas pela unidade central, como etapas da gestão contratual, conforme argumentado em relação ao exemplo da apuração de irregularidade em execução de contrato.

É importante registrar que cada modo de operação pode apresentar benefícios e desafios, como observado em relação à centralização ou descentralização das compras, podendo uma mesma estratégia ser adequada em diferentes cenários, a depender da categoria de itens a serem adquiridos. Se o modo centralizado inicial permite um avanço na padronização das especificações técnicas, não garante a condução das atividades subsequentes, demandando uma maior interação e uma estrutura mais desenvolvida nas unidades descentralizadas.

Por outro lado, o modo centralizado amplo é mais robusto, entregando uma opção de compra viável às entidades participantes, com preço registrado e disponibilizado. No entanto, mantém nas organizações autônomas a responsabilidade pela gestão dos contratos e o ônus dos custos de adaptação para minimizar atrasos ou desconformidades nas entregas (ARAUJO; DE JESUS, 2018).

Por fim, o modo ultracentralizado permite a captura dos ganhos de eficiência de forma mais racional, eliminando custos administrativos e operações duplicadas entre as organizações participantes. Em contrapartida, amplia os riscos de distanciamento da realidade local e exige uma estrutura central altamente especializada e com uma capacidade de entrega elevada.

Nessa seção foram apresentados os elementos de um modelo de centralização, que incluem: estratégias, forma de organização e modo de operação das compras. São aspectos fundamentais para o sucesso da centralização, que compõem a governança de contratações das organizações.

4.2 Tipologia dos modelos

A institucionalização de um modelo de compras centralizadas deve compreender a definição da estratégia de centralização, da forma de organização das compras conjuntas e do seu modo de operação. Além disso, é recomendável considerar, na sua implementação, o comportamento decorrente esperado das organizações participantes.

Porém, considera-se que os modelos com maior chance de sucesso sejam construções dinâmicas que permitam a combinação de diferentes configurações dos seus elementos, ao longo de cada experiência de centralização de compras, com o seu ajustamento contínuo para a viabilização de resultados com impactos positivos sobre a implementação das atividades, serviços e políticas públicas. E cada modelo tende a gerar comportamentos das organizações participantes que são influenciados pelos elementos que o compõem, de forma que esse aspecto deve também fazer parte da análise e subsidiar ações preventivas, quando necessário.

Assim, consolidando os ensinamentos apresentados na seção 4.1, a Figura 2 propõe uma tipologia dos modelos de centralização de compras públicas, combinando os elementos estratégia, forma de organização da compra conjunta, modo de operação e tipo de comportamento decorrente da configuração adotada.

FIGURA 2
Tipologia de modelos de centralização de compras públicas

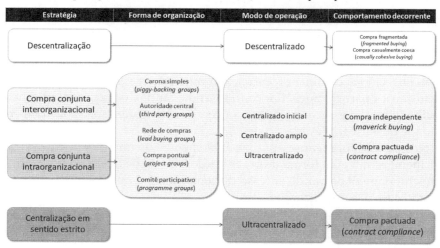

Fonte: adaptado de SANTOS, 2019.

Os modelos de centralização podem adotar, simultaneamente, diferentes configurações dos seus elementos para melhor adequação às situações de contratação com que se deparam. Como exemplo de adoção simultânea de dois modos de operação, uma central de compras poderá avaliar os objetos a serem contratados, incorporando inteligência em compras para definir o modo de operação mais adequado. Dessa forma, uma determinada categoria de compras poderá ser considerada como mais adequada à contratação pelo modo ultracentralizado, enquanto outra será mais bem atendida pelo modo centralizado amplo, considerando a obtenção de maior eficiência operacional. Nesse sentido, dois modos de operação poderiam conviver em um modelo de centralização de compras, sendo que essa reflexão também se aplica à estratégia, que poderá variar conforme o objeto a ser contratado e o cenário de implantação do modelo.

A análise desses elementos evidencia algumas dimensões que devem ser consideradas no delineamento de um modelo de centralização, a saber: o que se pretende realizar? Quem o fará? Como ocorrerá? O que esperar? A Figura 3 apresenta os nexos entre essas dimensões e os elementos que compõem os modelos de centralização.

FIGURA 3
Dimensões de modelos de compras públicas centralizadas

Fonte: SANTOS, 2019.

Ao levantar a questão sobre "o que se pretende" com a centralização, a organização deve se debruçar sobre qual estratégia será adotada para iniciar os trabalhos. Se a pretensão é tornar o processo compulsório, para garantir resultados da central de compras, a ultracentralização se apresenta como mais adequada. Por outro lado, se a participação voluntária será característica do modelo, entende-se que a promoção de compras conjuntas deve pautar os trabalhos, podendo variar da estratégia intraorganizacional à interorganizacional, conforme o formato estrutural das organizações envolvidas.

A questão sobre "quem fará as compras centralizadas" é respondida pela forma de organização. No caso das compras conjuntas, há uma pluralidade de configurações possíveis, devendo a escolha considerar a avaliação sobre os papéis e responsabilidades das organizações (ou unidades) participantes. É importante salientar que há uma vasta diferença entre os papéis de organização beneficiária e de organização responsável pelas compras, devendo a escolha se pautar pelos incentivos e oportunidades que poderão ser oferecidos às organizações, com base em análises de custo-benefício e da perspectiva de induzir percepções favoráveis entre os participantes, ao longo do processo, que se pode descrever como de geração do sentimento de pertencimento.

O modo de operação centralizado preenche a lacuna do "como ocorrerá", etapa fundamental de delineamento de um modelo de compras centralizadas. Mesmo considerando a pluralidade dos modos de operação possíveis e sua variação por categorias de compras, o modelo pode prever uma configuração como padrão, alinhada com a estratégia e a forma de organização escolhidas. Como exemplo, em uma organização formatada em rede, com capacidade de realizar compras locais, o modo centralizado amplo pode se configurar como o padrão, permitindo o uso de outros modos de operação, sempre que estudos técnicos para cada categoria de compras assim o indicarem.

Por fim, a questão sobre "o que esperar" surge para completar o modelo de centralização ao indicar quais seriam os comportamentos decorrentes das configurações adotadas, preparando as organizações envolvidas para os enfrentamentos que poderão acompanhar a implantação do modelo. Essa reflexão é importante, principalmente quando um dos comportamentos decorrentes seja o da compra independente, que acarretará riscos à solidificação das compras centralizadas por reduzir os ganhos oriundos de sua implementação.

Aplicando uma análise combinatória simples, é possível identificar a possibilidade de 62 formatos diferentes da centralização de compras, com base nos elementos analisados neste capítulo. Ocorre que é possível adotar mais de um formato, em um mesmo modelo de compras, como já explicitado, com mais de uma configuração da estratégia de centralização e do modo de operação, cuja variação atenderá as necessidades de cada categoria das compras compartilhadas.

Exemplificando, uma central de compras de uma organização poderá atuar com a estratégia e o modo de operação ultracentralizados em determinada categoria das compras e, ao mesmo tempo, com a estratégia de compra conjunta interorganizacional associada ao modo centralizado amplo, para outra categoria de itens. Essas escolhas devem ser feitas com base em estudos técnicos de cada categoria de compras, considerando as peculiaridades dos objetos a serem adquiridos e das soluções disponibilizadas pelo mercado.

A forma de organização poderá não admitir, inicialmente, uma configuração plural, especialmente pelo seu custo de implantação mais elevado. Mas poderá ser adotado um ajuste dinâmico da estratégia e do modo de operação, que permita, inclusive, avançar para múltiplas combinações ao longo da implementação. Nesse sentido, percebe-se que há um vasto leque de opções sobre os quais devem se debruçar os gestores públicos ao desenhar e implementar um modelo de centralização de compras.

Sendo assim, uma organização deve definir um modelo de centralização de compras contemplando estratégias, formas de organização, modos de operação e comportamentos decorrentes de cada configuração desses elementos. Deve, ainda, definir uma estratégia e um modo de operação como padrão da sua atuação, mas recomenda-se permitir a sua variação considerando as categorias de compras e sua capacidade operacional para efetivamente adotar múltiplas configurações.

Vale destacar, ainda, que é possível conceber a combinação de vários modelos de centralização em uma mesma organização, quando ela mantém uma operação autônoma de compras centralizadas, mas, ao mesmo tempo, participa de compras compartilhadas com outras organizações. É o caso de uma organização que conduz, internamente, uma compra conjunta intragovernamental, organizada como autoridade central e, externamente, é participante de uma rede de compras, adotando uma estratégia de compra conjunta intergovernamental. Nesses casos, o número de modelos possíveis é ainda maior, considerando cenários multiníveis de participação em compras públicas centralizadas.

Algumas das experiências brasileiras foram descritas e categorizadas pela tipologia apresentada neste capítulo, em trabalho de Santos (2019), com a ressalva de que os modelos de centralização observados são, em boa parte, combinações híbridas de elementos e que estão em constante revisão e atualização, não havendo em muitos casos um delineamento claro e consolidado.

5 Conclusões e recomendações

Com este capítulo foi possível compreender de forma dedicada a pluralidade dos modelos de centralização de compras públicas possíveis no cenário brasileiro, a partir dos quais se apresenta a oportunidade de implementar uma governança das compras capaz de fortalecer essa função administrativa e fomentar maior eficiência operacional nas organizações públicas.

É necessário destacar que não há modelos ideais ou mais adequados a situações genéricas, posto que cada organização pública atua em contextos diferentes de políticas públicas e de relações intergovernamentais e pode se beneficiar dos diferentes formatos existentes, desde que considere atentamente os resultados pretendidos com a centralização de compras, as estruturas organizacionais e o posicionamento estratégico que pretende adotar sobre o tema.

Nesse sentido, destaca-se que os modelos de centralização mais concentrados tendem a ampliar os ganhos de eficiência operacional, como no caso da centralização em sentido estrito e do comportamento dela decorrente, da compra pactuada (*contract compliance*), mas, ao mesmo tempo, demandam uma robustez institucional maior, pela dependência que se estabelecerá em relação à unidade central para a aquisição dos bens e serviços. Um movimento nesse sentido deve ser concretizado de forma cadenciada, depois de construída credibilidade e capacidade operacional, pela unidade central.

A adoção dos demais modelos não implica, fatalmente, baixa efetividade das compras, quando realizadas com base em acordos centralizados, que podem levar à ocorrência de comportamentos de compras independentes (*maverick buying*). O que se destaca aqui é que a utilização de modelos com maior autonomia das unidades locais é, muitas vezes, o formato mais viável em determinadas realidades organizacionais, mas demanda o aprimoramento da governança das aquisições centralizadas para a institucionalização do modelo, além do investimento na estratégia e na estrutura organizacionais (SANTOS, 2019).

A centralização de compras é uma tendência no setor público, especialmente diante das oportunidades geradas pela incorporação da tecnologia da informação, que tem impulsionado o desenvolvimento de ferramentas e sistemas de informação que podem ser decisivos para a viabilização dos modelos. A adoção de estratégias de centralização possibilita capturar ganhos de eficiência operacional, como as economias de escala, e catalisar o alcance de resultados organizacionais e de desempenho das políticas públicas, além de potencializar o desenvolvimento de compras públicas sustentáveis e inovadoras.

Desse modo, acredita-se no potencial das estratégias de compras centralizadas como catalisador do desenvolvimento do ecossistema das aquisições governamentais, envolvendo em uma relação virtuosa a máquina pública, o mercado e demais interessados, e da boa governança das compras, contribuindo para o papel transformador do Estado. Espera-se, com este capítulo, contribuir para a geração de conhecimento em gestão, sistematizando um ferramental para a aplicação da centralização de compras nas organizações públicas.

Referências

ALBUQUERQUE, Garibaldi J. C. *Gestão de compras públicas*: a experiência do Registro de Preço Nacional no Fundo Nacional de Desenvolvimento da Educação – Dissertação (Mestrado Profissional), Universidade Federal de Lavras, Lavras, 2015.

ALEXANDRINO, Marcelo; PAULO, Vicente. *Direito Administrativo descomplicado*. 20. ed. São Paulo: Elsevier/Método, 2012.

ARAUJO, Grice B. P. *O modelo centralizado de compras como potencializador da melhoria dos processos de aquisições*: estudo de caso da Central de Compras do Distrito Federal. Dissertação (Mestrado Profissional em Administração Pública) – Instituto Brasiliense de Direito Público, Brasília, 2017.

ARAUJO, Paula M. C.; DE JESUS, Renata G. Processo licitatório tipo menor preço e eficiência em compras públicas: um estudo de caso. *Revista Princípia*, n. 41, p. 24-38, 2018.

BRASIL. *Decreto nº 19.587*, de 14 de janeiro de 1931. Centraliza as compras e os fornecimentos de artigos destinados à execução dos serviços federais. Disponível em: https://www2.camara.leg.br/legin/fed/decret/1930-1939/decreto-19587-14-janeiro-1931-531987-publicacaooriginal-82813-pe.html. Acesso em: 9 mar. 2021.

BRASIL. Comissão Central de Compras do Governo Federal. *Relatório* apresentado em Março de 1935. Rio de Janeiro, 1935. Disponível em: http://memoria.org.br/pub/meb000000391/relatfazcomp1935govfed/relatfazcomp1935govfed.pdf. Acesso em: 9 mar. 2021.

BRASIL. Comissão Central de Compras do Governo Federal. *Relatório* apresentado em Maio de 1936. Rio de Janeiro, 1936. Disponível em: http://www.ppe.ipea.gov.br/pub/meb000000391/relatfazcomp1936govfed/relatfazcomp1936govfed.pdf. Acesso em: 9 mar. 2021.

BRASIL. *Constituição da República Federativa do Brasil* de 1988. Disponível em: http://www.planalto.gov.br/ccivil_03/constituicao/constituicaocompilado.htm. Acesso em: 9 mar. 2021.

BRASIL. *Lei nº 8.666*, de 21 de junho de 1993. Regulamenta o art. 37, inciso XXI, da Constituição Federal, institui normas para licitações e contratos da Administração Pública e dá outras providências. Disponível em: http://www.planalto.gov.br/ccivil_03/leis/l8666cons.htm. Acesso em: 9 mar. 2021.

BRASIL. *Decreto nº 3.931*, de 19 de setembro de 2001. Regulamenta o Sistema de Registro de Preços previsto no art. 15 da Lei nº 8.666, de 21 de junho de 1993, e dá outras providências. Disponível em: http://www.planalto.gov.br/ccivil_03/decreto/2001/D3931htm.htm. Acesso em: 9 mar. 2021.

BRASIL. *Lei nº 10.520*, de 17 de julho de 2002. Institui [...] modalidade de licitação denominada pregão, para aquisição de bens e serviços comuns, e dá outras providências. Disponível em: http://www.planalto.gov.br/ccivil_03/leis/2002/l10520.htm. Acesso em: 9 mar. 2021.

BRASIL. *Lei Complementar nº 123*, de 14 de dezembro de 2006. Institui o Estatuto Nacional da Microempresa e da Empresa de Pequeno Porte [...]. Disponível em: http://www.planalto.gov.br/ccivil_03/leis/lcp/lcp123.htm. Acesso em: 9 mar. 2021.

BRASIL. Tribunal de Contas da União. *Acórdão nº 1.487/2007*. Plenário. Relator: Ministro Valmir Campelo. Sessão de 1º de agosto de 2007. Disponível em: https://pesquisa.apps.tcu.gov.br/#/documento/acordao-completo/*/NUMACORDAO%253A1487%2520ANOACORDAO%253A2007%2520COLEGIADO%253A%2522Plen%25C3%25A1rio%2522/DTRELEVANCIA%20desc,%20NUMACORDAOINT%20desc/0/%20?uuid=50805b60-b19a-11e9-93cb-1141f73bc805. Acesso em: 9 mar. 2021.

BRASIL. *Lei nº 12.232*, de 29 de abril de 2010. Dispõe sobre as normas gerais para licitação e contratação pela administração pública de serviços de publicidade prestados por intermédio de agências de propaganda e dá outras providências. Disponível em: http://www.planalto.gov.br/ccivil_03/_ato2007-2010/2010/lei/l12232.htm. Acesso em: 9 mar. 2021.

BRASIL. *Lei nº 12.462*, de 4 de agosto de 2011. Institui o Regime Diferenciado de Contratações Públicas [...]. Disponível em: http://www.planalto.gov.br/ccivil_03/_Ato2011-2014/2011/Lei/L12462.htm. Acesso em: 9 mar. 2021.

BRASIL. Ministério do Planejamento, Orçamento e Gestão. Secretaria de Logística e Tecnologia da Informação. *Instrução Normativa nº 10*, de 12 de novembro de 2012. Estabelece regras para elaboração dos Planos de Gestão de Logística Sustentável de que trata o art. 16, do Decreto nº 7.746, de 5 de junho de 2012 [...]. Brasília: Secretaria de Logística e Tecnologia da Informação, 2012a. Disponível em: https://www.comprasgovernamentais.gov.br/index.php/legislacao/instrucoes-normativas/394-instrucao-normativa-n-10-de-12-de-novembro-de-2012. Acesso em: 9 mar. 2021.

BRASIL. Tribunal de Contas da União. *Acórdão nº 1.233/2012*. Plenário. Relator: Ministro Aroldo Cedraz. Sessão de 23 de maio de 2012b. Disponível em: https://pesquisa.apps.tcu.gov.br/#/documento/acordao-completo/*/NUMACORDAO%253A1233%2520ANOACORDAO%253A2012%2520COLEGIADO%253A%2522Plen%25C3%25A1rio%2522/DTRELEVANCIA%20desc,%20NUMACORDAOINT%20desc/0/%20?uuid=50805b60-b19a-11e9-93cb-1141f73bc805. Acesso em: 9 mar. 2021.

BRASIL. *Decreto nº 7.892*, de 23 de janeiro de 2013. Regulamenta o Sistema de Registro de Preços previsto no art. 15 da Lei nº 8.666, de 21 de junho de 1993. Disponível em: http://www.planalto.gov.br/ccivil_03/_ato2011-2014/2013/decreto/d7892.htm. Acesso em: 9 mar. 2021.

BRASIL. *Decreto nº 8.189*, de 21 de janeiro de 2014. Aprova a Estrutura Regimental e o Quadro Demonstrativo dos Cargos em Comissão e das Funções Gratificadas do Ministério do Planejamento, Orçamento e Gestão [...], 2014a. Disponível em: http://www.planalto.gov.br/CCIVIL_03/_Ato2011-2014/2014/Decreto/D8189.htm. Acesso em: 9 mar. 2021.

BRASIL. Tribunal de Contas da União. *Riscos e Controles nas Aquisições*. Acórdão nº 1.321/2014 – Plenário. Relator: Ministra Ana Arraes, 2014b. Disponível em: http://www.tcu.gov.br/arquivosrca/ManualOnLine.htm. Acesso em: 9 mar. 2021.

BRASIL. Escola Nacional de Administração Pública. *Ações premiadas no 20º Concurso Inovação na Gestão Pública Federal*. Brasília: Escola Nacional de Administração Pública, 2015. Disponível em: https://repositorio.enap.gov.br/handle/1/2728. Acesso em: 9 mar. 2021.

BRASIL. *Lei nº 13.303*, de 30 de junho de 2016. Dispõe sobre o estatuto jurídico da empresa pública, da sociedade de economia mista e de suas subsidiárias, no âmbito da União, dos Estados, do Distrito Federal e dos Municípios. Disponível em: http://www.planalto.gov.br/ccivil_03/_ato2015-2018/2016/lei/l13303.htm. Acesso em: 9 mar. 2021.

BRASIL. Ministério do Planejamento, Desenvolvimento e Gestão. Secretaria de Gestão. *Instrução Normativa nº 5, de 26 de maio de 2017*. Dispõe sobre as regras e diretrizes de contratação de serviços sob o regime de contratação indireta no âmbito da Administração Pública federal direta, autárquica e fundacional. Brasília: Secretaria de Gestão, 2017. Disponível em: https://www.comprasgovernamentais.gov.br/index.php/legislacao/instrucoes-normativas/760-instrucao-normativa-n-05-de-25-de-maio-de-2017. Acesso em: 9 mar. 2021.

BRASIL. Ministério da Economia. Secretaria Especial de Desburocratização, Gestão e Governo Digital. Secretaria de Governo Digital. *Instrução Normativa nº 1, de 4 de abril de 2019*. Dispõe sobre o processo de contratação de Soluções de Tecnologia da Informação e Comunicação – TIC pelos órgãos integrantes do Sistema de Administração dos Recursos de Tecnologia da Informação – SISP do Poder Executivo Federal. Brasília: Secretaria de Governo Digital, 2019. Disponível em: https://www.in.gov.br/materia/-/asset_publisher/Kujrw0TZC2Mb/content/id/70267659/do1-2019-04-05-instrucao-normativa-n-1-de-4-de-abril-de-2019-70267535. Acesso em: 9 mar. 2021.

BRASIL. Ministério da Economia. Secretaria Especial de Desburocratização, Gestão e Governo Digital. Secretaria de Gestão. *Portaria nº 13.623, de 10 de dezembro de 2019*. Estabelece diretrizes para redimensionamento do quantitativo de Unidades Administrativas de Serviços Gerais – Uasg, pelos órgãos e entidades da Administração Pública federal direta, autárquica e fundacional. Brasília: Secretaria de Gestão, 2019. Disponível em: https://www.in.gov.br/en/web/dou/-/portaria-n-13.623-de-10-de-dezembro-de-2019-232936466. Acesso em: 9 mar. 2021.

BRASIL. *Lei nº 14.133*, de 1º de abril de 2021. Lei de Licitações e Contratos Administrativos. Disponível em: http://www.planalto.gov.br/ccivil_03/_ato2019-2022/2021/lei/L14133.htm. Acesso em: 9 ago. 2021.

CARVALHO FILHO, José S. *Manual de Direito Administrativo*. 23. ed. Rio de Janeiro: Lumen Juris, 2010.

CHAVES, Ediene V. *Registro de Preços Nacional (RPN) no FNDE*: Estudo de caso da participação das micro e pequenas empresas. Dissertação (Mestrado Profissional em Economia e Gestão do Setor Público) – Faculdade de Economia, Administração e Contabilidade, Universidade de Brasília, Brasília. 2016.

CONOVER, Milton. Centralized purchasing agencies in state and local governments. *The American Political Science Review*, v. 19, n. 1, p. 73-82, 1925.

CORDEIRO, Caio B. *As aquisições públicas na Itália à luz do Direito Administrativo europeu*: estudo de caso do sistema Consip e aproximações com a realidade brasileira. Dissertação (Mestrado em Direito) – Universidade Federal de Minas Gerais, Belo Horizonte, 2015.

CUNHA JUNIOR, L.; TEIXEIRA, H.; PRADO FILHO, L.; KNOPP, G. Concentração e centralização das atividades financeiras, compras e contratações nos órgãos e entidades da Administração Pública. *8º Congresso CONSAD de Gestão Pública*, Brasília, 2015.

FERNANDES, Ciro C. C. Transformações na gestão de compras da administração pública brasileira. *Compras Públicas*, v. 1, n. 5, p. 50-70. Disponível em: http://repositorio.enap.gov.br/handle/1/1713. Acesso em: 12 jun. 2022.

FERNANDES, Ciro C. C. A centralização das compras na administração federal: lições da história. *8º Congresso CONSAD de Gestão Pública*. Brasília, 2015.

FERNANDES, Ciro C. C. A organização da área de compras e contratações públicas na administração pública federal brasileira: o elo frágil. *Revista do Serviço Público*, v. 67, n. 3, p. 407-432, jul./set. 2016.

FERNANDES, Ciro C. C. Compras públicas: da reforma gerencial à inovação impulsionada pela tecnologia. *In*: CAVALCANTE, Pedro L. C.; SILVA, Mauro S. (org.). *Reformas do estado no Brasil*: trajetórias, inovações e desafios, Brasília: CEPAL; Rio de Janeiro: Ipea, 2020, p. 301-323 [Cap. 11] ISBN 978-65-5635-012-7.

FERREIRA, Cícero; BRESCIANI, Luiz P.; MAZZALI, Leonel. Centros de Serviços Compartilhados: da experiência britânica às perspectivas de inovação na Gestão Pública brasileira. *Revista do Serviço Público*, v. 61, n. 4, p. 387-403, out./dez. 2010.

FIUZA, Eduardo P. S. Desenho institucional em compras públicas. *In*: SALGADO, Lúcia Helena; FIÚZA, Eduardo P. S. (org.). *Marcos regulatórios no Brasil*: aperfeiçoando a qualidade regulatória. Rio de Janeiro: Ipea, 2015, p. 131-189.

FIUZA, Eduardo P. S.; BARBOSA, Klênio; ARANTES, Rafael Setúbal. Painel: desenho institucional em compras públicas. *In*: SALGADO, Lúcia Helena; FIÚZA, Eduardo P.S. (org.). *Marcos regulatórios no Brasil*: aperfeiçoando a qualidade regulatória. Rio de Janeiro: Ipea, 2015, p. 81-129.

FIUZA, Eduardo P. S.; RAUEN, André. Recomendações de alteração no texto do substitutivo ao Projeto de Lei nº 1.292/1995. *Nota Técnica nº 49*. Brasília: Instituto de Pesquisa Econômica Aplicada, agosto de 2019.

FIUZA, Eduardo P. S.; SANTOS, Felippe V. L.; LOPES, Virgínia B.; MEDEIROS, B. A. Compras públicas centralizadas em situações de emergência e calamidade pública. *Texto para Discussão*, n. 2.575. Brasília: Instituto de Pesquisa Econômica Aplicada, agosto de 2020.

FONSECA NETO, João César. *Arranjos institucionais federativos*: o papel do Registro de Preços Nacional na implementação do Programa Caminho da Escola. Dissertação (Mestrado Profissional em Políticas Públicas e Desenvolvimento) – Instituto de Pesquisa Econômica Aplicada, Brasília, 2016.

HUBER, Bernd; SWEENEY, Edward; SMYTH, Austin. Purchasing consortia and electronic markets: a procurement direction in integrated supply chain management. *Electronic Markets*, v. 14, n. 4, p. 284-294, 2004.

KANEPEJS, Edgars; KIRIKOVA, Marite. Centralized vs. decentralized procurement: a literature review. *BIR Workshops*, 2018.

KARJALAINEN, K. *Challenges of purchasing centralization:* empiric evidence from public procurement. Helsinki: Helsinki School of Economics, 2009.

McCUE, Cliff; PRIER, Eric. Using agency theory to model cooperative public purchasing. *Journal of Public Procurement*, v. 8, n. 1, p. 1-35, 2008.

MONTEIRO, Tiago. A. C. *O contributo das Centrais de Compras para a gestão eficiente dos recursos públicos*. 2010. Dissertação (Mestrado em Economia e Políticas Públicas) – Instituto Universitário de Lisboa, Lisboa, 2010.

MP. Ministério do Planejamento, Orçamento e Gestão. *Central de Compras e Contratações do Governo Federal*. *In*: ANDRADE, Andréa de Faria Barros (org.). Ações premiadas no 20º Concurso Inovação na Gestão Pública Federal – 2015. Brasília: ENAP, 2016, p. 179-195. Disponível em: http://repositorio.enap.gov.br/handle/1/2728. Acesso em: 9 mar. 2021.

MUNSON, C. L.; HU, J. Incorporating quantity discounts and their inventory impacts into the centralized purchasing decision. *European Journal of Operational Research*, v. 201, n. 2, p. 581-592, 2010.

NEGRÃO, Iris A. M.; MATOS, Tiago F. Sistema de registro de preços nas compras governamentais do Estado do Pará. *In*: DEZOLT, Ana Lúcia; TACHLIAN, Edwin; SANTOS, Marilda S.; HARPER, Leslie; BARBOSA, Gilberto Porto (org.). *Compras públicas estaduais*: boas práticas brasileiras. Brasília: Consad, 2016, p. 162-185.

OLLAIK, Leila G.; MEDEIROS, Janann J. Instrumentos governamentais: reflexões para uma agenda de pesquisas sobre implementação de políticas públicas no Brasil. *Revista de Administração Pública*, v. 45, n. 6, p. 1943-1967, nov./dez. 2011.

PEREIRA JÚNIOR, Jessé T.; DOTTI, Marinês R. O manejo do registro de preço e o compromisso com a eficiência. *Revista do TCU*, v. 42, n. 118, p. 65-76, maio/ago. 2010.

RIBEIRO, Cássio G.; INÁCIO JÚNIOR, Edmundo. O mercado de compras governamentais brasileiro (2006-2017): mensuração e análise. *Texto para Discussão*, n. 2.476, Instituto de Pesquisa Econômica Aplicada, 2019.

SANTOS, Felippe V. L. *A governança federativa sob a ótica da teoria da escolha racional*: mecanismos de fomento à ação conjunta. Trabalho de Conclusão de Curso (Especialização em Gestão Pública) – Escola Nacional de Administração Pública, Brasília, 2016.

SANTOS, Felippe V. L. *Compras públicas centralizadas*: a experiência da Empresa Brasileira de Serviços Hospitalares. Dissertação (Mestrado Profissional em Governança e Desenvolvimento) – Escola Nacional de Administração Pública, Brasília, 2019.

SCHOTANUS, Fredo; TELGEN, Jan. Developing a typology of organizational forms of cooperative purchasing. *Journal of Purchasing and Supply Managing*, n. 13, p. 53-68, jan. 2007.

SCHOTANUS, Fredo; TELGEN, Jan; DE BOER, Luitzen. Critical success factors for managing purchasing groups. *Journal of Purchasing and Supply Managing*, v. 16, n. 1, p. 51-60, mar. 2010.

SILVA, Renato C.; BARKI, Teresa V. P. Compras públicas compartilhadas: a prática das licitações sustentáveis. *Revista do Serviço Público*, v. 63, n. 2, p. 157-175, abr./jun. 2012.

SIMPSON, John R. *Centralização de compras para o serviço público* [Cadernos de Administração Pública – Administração de Material], n. 14. Rio de Janeiro: Fundação Getúlio Vargas, 1954.

SORTE JUNIOR, Waldemiro F. Assessing the efficiency of centralized public procurement in Brazilian ICT sector. *International Journal of Public Management*, v. 6, n. 1, 2013, p. 58-75.

TEIXEIRA, Hélio J.; SILVA, Fernando N.; SALOMÃO, Sérgio M. A prática das compras públicas nos Estados brasileiros: a inovação possível. *7º Congresso CONSAD de Gestão Pública*, Brasília, 2014.

TEIXEIRA, Hélio J.; PRADO FILHO, Luiz P.; NASCIMENTO, Fernando. Concentração de compras e melhoria da qualidade do gasto público no Brasil. *8º Congresso CONSAD de Gestão Pública*, Brasília, 2015.

THAI, Khi V. International public procurement: concepts and practices. *In*: THAI, Khi V. (ed.). *International Handbook of Public Procurement*. Boca Raton, Londres e Nova York: CRC Press, 2009, p. 1-24.

UNEP. *Sustainable Public Procurement*: how to "wake the sleeping giant". United Nations Environment Programme, 2021.

VAZ, José Carlos; LOTTA, Gabriela S. A contribuição da logística integrada às decisões de gestão das políticas públicas no Brasil. *Revista de Administração Pública*, v. 45, n. 1, p. 107-139, jan./fev. 2011.

WALKER, Helen; ESSIG, Michael; SCHOTANUS, Fredo; KIVISTÖ, Timo. Co-operative purchasing in the public sector. *In*: L. KNIGHT, Louise; HARLAND, Christine; TELGEN, Jan; THAI, Khi V.; CALLENDER, Guy; MCKEN, Haty (ed.). *Public Procurement: International cases and commentary*. London/N. York: Routledge, 2007, p. 325-342.

Informação bibliográfica deste texto, conforme a NBR 6023:2018 da Associação Brasileira de Normas Técnicas (ABNT):

SANTOS, Felippe Vilaça Loureiro; FERNANDES, Ciro Campos Christo. Modelos de centralização de compras na administração pública brasileira. *In*: LOPES, Virgínia Bracarense; SANTOS, Felippe Vilaça Loureiro (coord.). *Compras públicas centralizadas no Brasil*: teoria, prática e perspectivas. Belo Horizonte: Fórum, 2022. p. 29-57. ISBN 978-65-5518-463-1.

EXPERIÊNCIAS INTERNACIONAIS DE CENTRALIZAÇÃO DE COMPRAS PÚBLICAS

EDUARDO PEDRAL SAMPAIO FIUZA

EDUARDO GROSSI FRANCO NETO

DANIEL MOL MARCOLINO

1 Introdução

A centralização de compras públicas tem sido uma tendência mundial entre os governos, especialmente após a Grande Recessão de 2008. Diversos países criaram ou ampliaram o escopo de suas agências de compras a fim de ajudar o Estado a cortar despesas. Essa centralização tem como objetivos principais a redução de custos administrativos – na medida em que reduz a redundância de processos administrativos para se comprar os mesmos bens e serviços –, a obtenção de ganhos de escala e o aumento do poder monopsônico do Estado – especialmente frente a mercados com elevada concentração, como é o caso de alguns mercados de produtos para a saúde. Mais recentemente, a pandemia de covid-19 desencadeou iniciativas de compras conjuntas, entre elas se destacando o Acordo de Compras Conjuntas (Joint Procurement Agreement) da União Europeia (MCEVOY; FERRI, 2020).

Mas a centralização também tem sido vista como um poderoso instrumento para se atingir outros objetivos. Por exemplo, compartilhar conhecimento e expertise – já que as autoridades contratantes podem reunir melhor seus talentos e melhores práticas. Também fica mais fácil desenvolver novos produtos e tecnologias, já que a garantia de uma maior escala de produção encoraja os fornecedores a se engajarem em atividades inovadoras (MENNINI et al., 2017).

Essa concentração de compras não é, entretanto, livre de riscos e outros custos. Por exemplo, a concentração de comprador e fornecedor pode ensejar dificuldades para a entrada de novos fornecedores se o desenho da compra não for bem pensado (ALBANO; BALLARIN; SPARRO, 2010). No Brasil, vale lembrar a crescente concentração no mercado de livros didáticos, resultante da agressiva negociação de repasses de ganhos de escala das editoras e elevados gastos em estratégias de *marketing* desses grupos editoriais junto aos professores e tomadores de decisão nas escolas. Lotti e Spagnolo (2022) nos lembram ainda de outros importantes custos: a dificuldade de satisfazer necessidades singulares e adaptar-se a diferentes realidades de entidades governamentais, a perda do relacionamento com os fornecedores locais e a falta de controle sobre a qualidade não contratada.

Neste capítulo, fomos incumbidos de analisar comparativamente as experiências internacionais de centralização de compras. Aqui vale uma importante ressalva: embora nem todos os países tenham uma estrutura *centralizada* de compras públicas, mesmo naqueles em que uma ou mais centrais de compras são inexistentes, são relativamente comuns os instrumentos de compras *coordenadas*. A coordenação de compras não representa uma centralização no sentido estrito. Ela apenas significa que os entes compradores agregam suas demandas e recursos orçamentários e humanos em processos unificados de compras. Podemos dizer, portanto, que toda compra centralizada envolve algum tipo de coordenação entre os entes compradores, mas nem toda compra coordenada requer uma centralização de ações. Por exemplo, tanto a Austrália como a Holanda dispõem de instrumentos de compras coordenadas (no primeiro caso, chamadas de compras em painel) sem que haja uma central de compras formalizada.

Este capítulo contém mais quatro seções. Na próxima seção, abordaremos as dimensões institucionais a serem consideradas no comparativo entre os arcabouços de compras centralizadas dos diversos países pesquisados. Na seção seguinte, descreveremos os principais achados do levantamento dessas dimensões entre os países. Na penúltima seção, resumiremos os principais achados sobre a centralização de compras – entre os quais ainda são escassos os resultantes de avaliações de impacto rigorosas com contrafactuais adequados. A seção final resume as conclusões e aponta novas linhas de pesquisa a serem perseguidas.

2 Dimensões de análise

Como adiantado na Introdução, compras coordenadas podem prescindir de um órgão central, assim como uma centralização de compras não requer a existência de apenas uma e exclusiva Central. De fato, convivem no Brasil diferentes fórmulas de centralização e coordenação. A centralização pode dar-se num modelo de armazém, como era o caso das compras de suprimentos médicos pela antiga Central de Medicamentos (Ceme), e também são os casos, por exemplo: (i) das aquisições de vacinas para o Programa Nacional de Imunizações e de medicamentos para aids pelo governo federal; (ii) da aquisição de livros didáticos e paradidáticos por meio do Programa Nacional de Livro Didático (PNLD) do Fundo Nacional de Desenvolvimento da Educação (FNDE); (iii) da assinatura de portais de periódicos pela Capes. Em todos estes casos, um mesmo órgão se responsabiliza pelas atividades de prospecção de mercado, definição dos requisitos dos produtos a serem adquiridos, agregação das demandas, eventual pré-qualificação de fornecedores, processo seletivo dos produtos, aquisição por licitação ou negociação, e distribuição às unidades que consumirão os produtos. Tais modelos sempre partiram da premissa de que a centralização reforça o poder monopsônico do Estado e gera economias de escala, bem como, em alguns casos, se deve à impossibilidade legal de adquirir por negociação e ao mesmo tempo de forma conjunta.

Ao mesmo tempo, formas de compra como o Sistema de Registro de Preços (RP), embora requeiram processos competitivos de seleção de fornecedores, prescindem da existência de uma central. Por exemplo, o programa de aquisições de ônibus e carteiras escolares do mesmo FNDE usa um registro de preços ao qual aderem as prefeituras e secretarias de Educação como condição para o recebimento de transferências voluntárias da União. Outros registros de preços são realizados pela Ebserh, órgãos de logística das Forças Armadas e diversos órgãos em diferentes ministérios, autarquias e fundações sem nenhuma exclusividade, muitos deles concomitantes e concorrentes entre si – a coordenação em si, portanto, é bastante incompleta. Algumas dessas compras por RP podem ser, inclusive, feitas por diferentes "centrais de compras". Mas podemos dizer que um mesmo instrumento de coordenação flexível que permita a vários compradores se unirem na aquisição de bens e serviços pode ser usado tanto por centrais de compras como por órgãos designados para coordenar compras específicas. Se esses órgãos ou centrais têm o mandato de fazer tais compras e os demais são obrigados a aderir a elas, o arcabouço é de obrigatoriedade. Se tais órgãos não existem, não há nenhum tipo de centralização. Se eles existem, mas a adesão não é obrigatória, tende-se a formar-se uma estrutura semicentralizada, em que alguns organizam compras e outros decidem a quais aderir.

Bem, tal instrumento existe, e nele podem se encaixar diversas práticas de compras coordenadas e centralizadas. De fato, segundo Fiuza *et al.* (2020), há uma grande variedade de práticas de compras coordenadas, reunidas sob um arcabouço comum chamado Acordos-Quadros (AQ), dos quais o nosso Sistema de Registro de Preços é um caso particular. Em comum, essas práticas permitem a uma ou mais entidades compradoras celebrarem, em conjunto, um acordo com um ou mais fornecedores descrevendo obrigações contratuais (todas ou algumas) de fornecer bens e serviços uma ou mais vezes dentro de um prazo determinado, podendo as condições de fornecimento variar, tanto entre fornecedores diferentes para um mesmo comprador como entre compradores diferentes para um mesmo fornecedor. Quando há mais de um fornecedor listado no acordo, o *matching* entre o comprador e o fornecedor a cada ordem de compra pode dar-se de maneiras diferentes, que são estabelecidas no próprio acordo ou por algum estatuto legal ou regulatório.

Isso significa que os AQs podem variar nas seguintes dimensões (ALBANO; NICHOLAS, 2016):

a) Se há restrição ao número de fornecedores admitidos ao AQ quando ele é concluído, seja por regulação, seja na prática;

b) Quão completo é o AQ;

c) Se o uso do AQ é opcional ou obrigatório para os órgãos compradores participantes;

d) Se o AQ contém ou não um compromisso vinculativo de adquirir uma quantidade mínima ou fixa;

e) Se os fornecedores estão comprometidos a atender aos pedidos sob o AQ, ou a fornecer quantidades até um limite definido.

Segundo a Uncitral, os AQs podem ser classificados da seguinte forma:

• *Fechado* (uma vez celebrado o AQ, não se admitem novos fornecedores) *versus Aberto* (outros fornecedores podem ser admitidos ao longo da duração do AQ).

• *Completo* (todos os termos e condições para o fornecimento de bens ou serviços concernentes são estabelecidos no AQ) *versus Incompleto* (nem todos os termos e condições são estabelecidos no AQ).

• *Limitado*: define o número de licitantes adjudicados ou a lista de variáveis de decisão do segundo estágio.

AQs incompletos surgiram da necessidade dos compradores em deixar em aberto certas condições contratuais por saberem que suas necessidades podem variar ao longo da duração desses AQs. A possibilidade de um órgão incluir vários fornecedores num mesmo AQ, por sua vez, reduz o risco de desabastecimento ao diversificar suas fontes pré-qualificadas; neste caso, as autoridades contratantes (ACs) não ficam vinculadas a um determinado fornecedor, pois os AQs permitem que elas façam a escolha entre diferentes fornecedores com base em procedimentos ou critérios pré-acordados específicos.

Os AQs também podem ser construídos para permitirem a adição ou remoção de fornecedores ao longo do tempo, e esses arranjos podem receber nomes específicos, como é o caso dos Sistemas de Aquisição Dinâmica europeus. A Figura 1 resume o arcabouço básico.

AQs multiadjudicados e incompletos situam-se em posição intermediária entre um contrato-quadro e um contrato simples, do ponto de vista de padronização do contrato-mestre. Isso sugere que o principal objetivo de um AQ *scricto sensu* deveria ser resolver o *trade-off* entre padronização da demanda e eficiência processual, de um lado, e flexibilidade e eficiência alocativa, de outro.

Em outras palavras, o objetivo principal do AQ multifornecedor incompleto é agilizar o processo para compras repetidas, alocando uma porção grande do esforço geral requerido no primeiro estágio, embora deixando algum espaço para customização e mais concorrência no segundo estágio, quando as necessidades reais e suas principais características são mais bem conhecidas. Isso tem se mostrado efetivo nas Centrais de Compras (CPAs) que celebram os AQs para definirem características básicas qualitativas ou condições de preço-teto para contratos de diferentes órgãos: GSA (EUA), CCS (Reino Unido), BBG (Áustria), SKI (Dinamarca) e Hansel (Finlândia).

QUADRO 1
Variações entre Acordos-Quadros

Abertura	Número de Fornecedores	Adjudicação de contrato
Fechado	Fornecedor único	Sem Competição
	Múltiplos Fornecedores	Sem Competição
		Competição
Aberto	Múltiplos Fornecedores	Competição
		Sist. de Aquis. Dinâmico

Fonte: adaptado de Albano e Nicholas (2016).

Assim, para fins de comparação das experiências internacionais de centralização e coordenação de compras, entendemos que deveríamos buscar descrevê-las segundo uma mesma lista de dimensões. Esta lista foi consolidada a partir das utilizadas por Fiuza e Medeiros (2014); Fiuza (2015); e Fiuza *et al.* (2020), que, por sua vez, basearam-se em diversos relatórios de organismos internacionais lá citados. Começa-se pela descrição do país, presença de instituições normatizadoras e suas características, presença de central de compras e suas características, incluindo áreas de atuação; formas de adjudicação; âmbitos de apelações; presença de AQs e suas características.

3 Aplicação do arcabouço aos países estudados

Segue nesta seção um apanhado dos países mais representativos de cada continente com trajetórias reconhecidas em centralização ou coordenação de compras. Deslumbra-se um rico mosaico de experiências, que muito nos tem a ensinar. Para se ter uma visão mais panorâmica destes arcabouços, criamos uma estrutura de tópicos baseada na seção anterior e nela enquadramos cada país.

3.1 Colômbia

O Plano Nacional de Desenvolvimento colombiano para os anos de 2010-2014 reconheceu a necessidade de implementação de um órgão regulador das compras públicas, no intuito de promover a gestão das aquisições governamentais, mitigar o risco de corrupção na aplicação dos recursos públicos e aumentar os níveis de transparência.

Amparada no PND, a Colômbia criou, por meio do Decreto nº 4.170, de 3 de novembro de 2011, a Agência Nacional de Compras Públicas (ANCP) – *Colombia Compra Eficiente* – entidade descentralizada do Poder Executivo, com personalidade jurídica, patrimônio próprio e autonomia administrativa e financeira, vinculada ao Departamento de Planejamento Nacional.

A ANCP é incumbida da elaboração, organização e celebração dos *Acuerdos-Marco de Precios* – AMPs, instrumento contratual de agregação de demandas das entidades estatais.

O grau de obrigatoriedade do uso dos AMPs foi objeto de recente e relevante alteração (2021), tendo sido consideravelmente ampliada a competência da ANCP.[1] Até então, a normatização dispunha que as entidades do Poder Executivo nacional estavam obrigadas a adquirir bens e serviços de características técnicas uniformes através dos AMPs vigentes, bem como que as entidades territoriais, locais, órgãos autônomos, e os Poderes Legislativo e Judiciário estavam desobrigados, podendo realizar as compras centralizadas na ANCP facultativamente.[2]

Com a mencionada alteração normativa, a utilização dos AMPs organizados pela ANCP passou a ser obrigatória ao Judiciário e Legislativo – com implementação prevista, para esses poderes, ao longo do ano de 2021. Essa obrigatoriedade também passa a atingir diversos outros setores, tais como as entidades centrais e descentralizadas dos municípios (ou distritos) que sejam "capitais de departamento", os órgãos autônomos e as associações de municípios.

A obrigatoriedade do uso dos AMPs da ANCP pode, contudo, ser excepcionada caso as entidades estatais encontrem preços inferiores à média das aquisições efetuadas nos seis meses anteriores por meio da Loja Virtual do Estado (*Tienda Virtual del Estado*) administrada pela ANCP.

Apesar do incremento na competência de agregação de demandas na ANCP, o Governo não deixou de lado a preocupação com as particularidades dos mercados regionais, a necessidade de promover o desenvolvimento de negócios em entidades territoriais por meio das micro e pequenas empresas, bem como a de evitar a concentração de fornecedores em determinadas cidades do país.

No que diz respeito à normatização, a ANCP possui competência de responder a consultas sobre a aplicação de normas de caráter geral e de expedir circulares externas na matéria de compras e contratações públicas,[3] possuindo competência, pois, de estabelecer política contratual a outras autoridades. Nada obstante, também tem competência

---

[1] Decreto nº 310/2021.
[2] Decreto nº 1.082/2015.
[3] Decreto nº 4.170/2011.

de propor ao governo nacional políticas públicas, planos, programas e normas sobre compras e compras públicas. Com isso, a competência regulatória da ANCP está sujeita à lei e aos decretos regulatórios emitidos pelo governo nacional.

Embora o AMP tenha sido criado pela Lei nº 1.150/2007, somente passou a ser efetivamente utilizado após a criação da ANCP (ALBANO; NICHOLAS, 2016, p. 142), a quem atualmente incumbe geri-lo. Os AMPs tendem a durar de 2 a 3 anos (podendo chegar a quatro anos, em alguns casos) e são firmados com 10 a 15 fornecedores (OECD, 2019), seguindo, portanto, o modelo *multifornecedores*. *Uma vez adjudicado, o AMP é fechado*, não admitindo a entrada de novos fornecedores (ALBANO; NICHOLAS, 2016, p. 142).

Alguns AMPs têm apenas uma fase competitiva, como são os casos dos AMPs de combustíveis e de material de escritório, que são adjudicados a vários fornecedores. Outros preveem segunda rodada de competição, ocasião em que as entidades contratantes especificam as quantidades necessárias e os fornecedores disputam um minicertame (ALBANO; NICHOLAS, 2016, p. 142). A segunda etapa competitiva é denominada "solicitud de cotización", que ocorre por meio da plataforma digital *Tienda Virtual del Estado Colombiano* – TVE, local em que estão disponíveis os bens e serviços oriundos dos AMP – tais como alimentação escolar, fornecimento de combustíveis, serviços financeiros, automóveis, seguros, equipamentos tecnológicos, nuvem, soluções de TI, entre outros. A solicitação de compra geralmente está vinculada a uma quantia mínima.

3.2 Chile

A central de compras do governo nacional chileno é denominada *Dirección de Compras y Contratación Pública – ChileCompra*. É um serviço público descentralizado, vinculado ao Ministério da Fazenda e submetido à supervisão do Presidente da República. Foi criada pela Lei nº 19.886, de 11 de julho de 2003, e começou a operar formalmente em 29 de agosto de 2003.[4]

A *ChileCompra* administra o *Mercado Público*, a plataforma de *e-commerce* do país, traduzindo-se em catálogo virtual alimentado pelos *Convenios Marcos*.[5] Por meio dessa plataforma digital, mais de 850 entidades estatais adquirem bens e contratam serviços dos mais de 114 mil fornecedores. O volume de transações ultrapassa 13 bilhões de dólares por ano (8,4 trilhões de pesos), o que equivale a 19% do orçamento nacional.

A versão chilena de AQ é o *Convenio Marco* – CM, instrumento de agregação de aquisições de competência da *ChileCompra*, o qual segue o modelo *uni/multifornecedores* (OECD, 2017).

Os entes e órgãos regidos pela Lei nº 19.886/2003 estão obrigados a adquirir por meio dos *Convenios Marco*[6] – CM, o que abarca os ministérios, subsecretarias e serviços públicos dependentes de cada um deles, bem como universidades estaduais, hospitais

---

[4] Informações oficiais sobre o Chile podem ser encontradas em: https://www.chilecompra.cl/que-es-chilecompra/, acesso em: 26 set. 2021.
[5] Decreto nº 250/2004.
[6] Lei nº 19.886/2003.

e serviços de saúde; a Controladoria-Geral da República e as Forças Armadas de Ordem e Segurança.

A obrigatoriedade do uso dos CM, contudo, encontra exceções: quando os órgãos e entidades, por conta própria, obtenham diretamente condições mais vantajosas. Os municípios, as Forças Armadas de Ordem e Segurança podem se utilizar dos CM facultativamente.

Cada CM é precedido de licitação organizada pela *ChileCompra*, de maneira que os produtos oriundos desses CM ficam disponíveis na loja virtual (por período médio de 3 a 6 anos), em que estão registrados 21 CMs com a oferta de 90.317 produtos e serviços de 2.967 provedores habilitados.

É previsto um estágio competitivo entre os fornecedores dos CM nas compras com valor superior a 1.000 UTMs,[7] o que equivalia, à cotação oficial em 26.09.2021, a aproximadamente U$ 66,5 mil. Esse segundo estágio competitivo ocorre de acordo com as *regras previstas no CM* (ALBANO; NICHOLAS, 2016, p. 141).

Dentre os bens e serviços disponíveis no *Mercado Público*, estão equipamentos eletrônicos, administração de benefícios (vale-alimentação), combustíveis, asseio e conservação, ferramentas, mobiliário, soluções em TI, materiais de escritório, alimentos, entre outros.

Para obter maior eficiência nas compras, a *ChileCompra* vem cumprindo as recomendações da OCDE, visando utilizar-se de modelos de CM segundo os seguintes critérios: agregação de bens e serviços altamente padronizados, consumidos com frequência, transversais, de alta demanda, que possuam preço de mercado e que para esses produtos ou serviços existam modalidades alternativas de compra, tais como as "licitações bases Tipo" (com condições preestabelecidas pela central e pela controladoria do Estado) e a Compra Ágil (dispensas de licitações em compras de baixo valor para micro, pequenas e médias empresas).[8]

3.3 México

A estrutura do governo federal mexicano que mais se aproxima a uma central de compras é a *Dirección General de Recursos Materiales y Servicios Generales* (Diretoria Geral de Recursos Materiais e de Serviços Gerais – DGRM), pertencente à Secretaria da Função Pública.[9]

À Secretaria da Função Pública – SFP compete promover Contratos-Marco – CM. O CM mexicano segue o *modelo aberto*, de maneira que, mesmo após a assinatura do CM, novos fornecedores podem ser incluídos (modelo *uni/multifornecedores*). A subscrição dos órgãos e entidades públicas a um CM no México é considerada uma exceção à regra de licitação.

---

[7] *Unitad Tributaria Mensual*, utilizada no Chile para efeitos tributários. 1 UTM, em 26.09.2021 equivale a 52.631 pesos chilenos, segundo conversão no site https://www.calcular.cl/valor-utm.
[8] Ver detalhes em: https://www.chilecompra.cl/nuevas-modalidades-de-compra/.
[9] Lei de Aquisições, Arrendamentos e Serviços do Setor Público – LAASSP.

O uso dos CM é obrigatório, salvo se o órgão ou entidade pública federal obtiver melhores condições de mercado, ocasião que deve ser informada à SFP.

Os itens disponíveis nos CM mexicanos incluem jardinagem, material de escritório, combustíveis, licenças de *software*, nuvem, *outsourcing* de impressão, telefonia, serviço de limpeza, entre outros.[10]

O *e-marketplace* do governo federal mexicano denomina-se *Tienda Virtual del Gobierno Federal* – TGVF, em que são realizados os procedimentos de aquisição eletrônica por meio de catálogos eletrônicos contendo os bens ou serviços cobertos por um Contrato-Marco.

Além do governo federal, outras unidades federativas possuem centrais de compras. É o caso do Estado do México, cuja central é a Dirección General de Recursos Materiales – DGRM, pertencente à *Secretaría de Administración y Finanzas*, tendo o COMPRAMEX como experiência de *e-marketplace* (embora, segundo a OCDE, tanto a DGRM quanto a plataforma digital ainda careçam de avanços mais significativos, como, por exemplo, a instituição de AQs) – OECD (2021).

3.4 Estados Unidos

O governo federal dos Estados Unidos da América – EUA possui central de compras denominada *General Service Administration* – GSA,[11] criada em 1949, com natureza jurídica de agência independente. É normatizadora em matéria de compras públicas, responsável por processar as compras públicas federais e também pelo principal regulamento do governo federal, o *Federal Acquisition Regulation* – FAR, que publicou em conjunto com a Nasa e o Departamento de Defesa e que vigora desde 1984.

A GSA codifica políticas uniformes relativas à aquisição de suprimentos/serviços para órgãos executivos em nível federal, tendo um marcante papel de agência reguladora e normatizadora.

A GSA oferece uma vasta gama de bens e serviços, tais como material de escritório, mobília, material de construção, transporte, logística, consultoria, passagens aéreas, soluções em tecnologia da informação (nuvem, *software, hardware*, telecomunicação, *data center*), capacitação, serviços jurídicos, *marketing*, tradução, serviços financeiros, entre outros.

Os acordos quadros norte-americanos comportam tanto o modelo *fechado* (a um número restrito de adjudicatários do contrato-mãe) quanto o modelo *aberto* a novos fornecedores (YUKINS, 2011) e recebem os nomes de *GSA Schedules* – que ocorrem pelos instrumentos contratuais chamados de *Multiple Award Shedules* – MAS – e *Indefinite Delivery/Indefinite Quantities* – ID/IQ. As *Schedules*, embora tenham como escopo o governo federal, podem ser utilizadas, a depender do caso, pelos governos estaduais, locais e tribais.

---

[10] Informações oficiais sobre compras públicas no México são encontradas em https://www.gob.mx/compranet/documentos/tienda-digital-del-gobierno-federal, acesso em: 27 set. 2021.

[11] Informações oficiais sobre compras públicas nos EUA são encontradas no sítio https://www.gsa.gov/, acesso em: 27 set. 2021.

No modelo aberto, a forma de uma empresa figurar como potencial fornecedora da GSA (para ser incluída em uma *schedule*) é similar a um credenciamento aberto ou uma pré-qualificação (ALBANO; NICHOLAS, 2016, p. 108), de forma análoga ao sistema de aquisição dinâmica. A depender do valor da compra, poderá haver segundo estágio competitivo com lances no sistema eletrônico.

A GSA oferece plataforma própria de compras *on-line* chamado *GSA Advantage!*, por meio da qual os órgãos e entidades podem fazer pedidos perante as *schedules*. Além disso, a GSA tem concentrado esforços na modelagem da contratação de plataformas digitais terceirizadas (*Federal Marketplace Strategy*), sistemática que ainda se encontra em fase de desenvolvimento.

Além da experiência do governo federal, e de acordo com a *National Association of State Procurement Officials* – NASPO,[12] diversos estados norte-americanos possuem seus modelos/programas de centrais de compras, acordos quadros, *e-marketplace* e políticas inclusivas (*v.g.*, veteranos e micro e pequenas empresas): *PA e- Marketplace* (Pennsylvania); *NYS Vehicle Marketplace* (Estado de Nova Iorque); *California Multiple Award Schedules* – CMAS, *e-procurement* e programas *Small Business* (Califórnia); *Texas Mutiple Award Schedules* – TXMAS e o *Historically Underutilized Business (HUB) Program* no Texas; MyFloridaMarketPlace; *Small Business Set Aside* (Illinois); *Team Georgia Marketplace* (Estado da Georgia).

3.5 Canadá

Public Services and Procurement Canada – PSPC é um departamento que exerce a função de central de compras canadense,[13][14] sendo o principal órgão de aquisições do governo federal, embora os aspectos regulatórios das compras públicas sejam de competência de outro departamento, o *Treasury Board*.[15]

A autoridade recursal de licitações do Canadá é o Tribunal de Comércio Internacional Canadense (CITT). As províncias e territórios canadenses também devem designar autoridade administrativa ou judicial independente para receber e revisar as reclamações sobre as licitações.[16]

As *Standing Offers* e os *Supply Arrangements* – SOSA – correspondem aos modelos canadenses de AQ. O uso dos SOSA editados pela PSPC é obrigatório a todos os demais departamentos federais. A vigência dos SOSA não é predefinida em regulamento, podendo durar um ou mais anos, de acordo com as especificidades do objeto.

---

[12] Disponível em: naspo.org, acesso em: 30 set. 2021.
[13] *Department of Public Works and Government Services Act*.
[14] Informações oficiais sobre compras públicas canadenses são encontradas em https://www.tpsgc-pwgsc.gc.ca/comm/index-eng.html, acesso em: 29 set. 2021.
[15] Disponível em: https://www.tbs-sct.gc.ca/pol/doc.-eng.aspx?id=14494, acesso em: 2 set. 2021.
[16] *Supply Manual*, disponível em: https://buyandsell.gc.ca/policy-and-guidelines/Supply-Manual, acesso em: 29 set. 2021.

A adjudicação das *Standing Offers* pode ocorrer por procedimento competitivo ou não competitivo. Nas *Standing Offers*, as condições e preços são predefinidos,[17] enquanto os *Supply Arrangements* (similares a procedimento de pré-qualificação) são utilizados quando as características do objeto não admitem o estabelecimento prévio de todas as condições de fornecimento ou contratação (*v.g.*, condições de pagamento), comportando variações no momento da contratação oriunda do contrato-mestre (*call-offs*), de forma que essas condições variáveis são definidas em etapa competitiva ou negociadas.

Nas SO, as aquisições individuais são limitadas por um valor-teto total, enquanto nas SA as eventuais condições financeiras limitativas serão definidas no próprio contrato-mestre, conforme cada caso. SO podem ser adjudicadas a um ou mais fornecedores, enquanto o SA é modelo de pré-qualificação essencialmente multifornecedor. A plataforma digital em que os bens e serviços abrigados pelos SOSA estão disponíveis, tanto para adesão de fornecedores quanto para aquisição governamental, denomina-se *buyandsell* (buyandsell.gc.ca).

Esses são alguns exemplos de bens e serviços albergados pelas SOSA: equipamentos de laboratório, combustível, peças de aeronaves, veículos, mobiliário, equipamentos eletrônicos, ferramentas, equipamento médico, dental e veterinário, maquinário industrial, passagens aéreas e hospedagem, serviços educacionais e treinamentos, arquitetura e engenharia, telecomunicação, entre outros.

3.6 Países africanos

São comuns no continente africano órgãos centrais de supervisão das compras públicas, originadas principalmente de reformas iniciadas ou apoiadas pelo Banco Mundial, tipicamente por meio de recomendações de relatórios de avaliação das compras de países. Elas podem ser encontradas, por exemplo, em Botsuana, Etiópia, Gana, Quênia, Nigéria, Ruanda, Tanzânia e Uganda. Nota-se também que as reformas de compras públicas iniciadas na década passada incluíam cada vez mais uma mudança de conselhos de licitações estatais operacionais para órgãos centrais de política e monitoramento. A estrutura comum a esses órgãos inclui uma autoridade de compras públicas com um conselho de supervisão. O conselho é mais frequentemente indicado por um processo político (seja pelo Parlamento, Presidente ou Gabinete) em termos de uma estrutura prescrita, enquanto a autoridade consiste em funcionários cujo chefe é normalmente nomeado pelo conselho e responde perante o comitê. Estas entidades existem na sua maioria de forma autônoma do governo executivo, embora dependam principalmente de departamentos governamentais específicos, principalmente Ministérios da Fazenda, Tesouro ou Economia, para apoio institucional (QUINOT, 2014).

Dentre os países citados, vamos deter-nos em quatro: Tanzânia, Botsuana, Etiópia e África do Sul.

A Tanzânia é hoje em dia um país bem qualificado em compras públicas. Segundo o *ranking* de transparência em compras públicas de 2018, o país tem um *score* de 75,23%,

---

[17] Disponível em: https://buyandsell.gc.ca/for-businesses/selling-to-the-government-of-canada/the-procurement-process/standing-offers, acesso em: 29 set. 2021.

o maior dentre os países africanos pesquisados, e o 11º no conjunto de países pesquisados em todos os continentes. Este *score* é composto de 100% em uniformidade do arcabouço legal, 90% em eficiência, 34,44% em transparência, 71,43% em *accountability* e integridade, e 89,5% em competitividade e imparcialidade.[18]

Mas isso exigiu um severo trabalho de remodelagem do sistema de compras. No início dos anos 1960 e 1970, o sistema de compras públicas na Tanzânia era altamente centralizado, pois quase todos os bens e serviços eram adquiridos e fornecidos por agências governamentais, chamadas de *Government Stores*. Esperava-se dessas lojas governamentais que adquirissem e entregassem bens e serviços de qualidade aos ministérios, departamentos e agências e evitassem extravagâncias. No entanto, os procedimentos de contratação foram caracterizados por uma série de deficiências que criaram brechas para a corrupção, abuso de autoridade e desvios financeiros.

Relatório de 2003 do Banco Mundial diagnosticava "fraca organização e falta de recursos" e recomendava uma série de ações, entre as quais destacamos, para fins de nosso escopo, as de "separar as funções operacional e regulatória da Comissão Central de Licitações (CTB), estabelecer uma nova autoridade regulatória e descentralizar as compras", e de fechar as "lojas de governo", substituindo-as por AQs. Em 2004 foi criada a PPRA – Autoridade Regulatória de Compras Públicas[19] – e em 2007 foi criada a Agência de Serviços de Compras Governamentais (GPSA). Também existe dentro do Ministério da Fazenda uma Divisão de Políticas de Compras Públicas, com diretor subordinado ao Ministro.

A centralização de compras funciona da seguinte maneira: as entidades contratantes compilam suas listas de bens e serviços de uso comum a serem adquiridos e submetem-nas à GPSA. A GPSA providencia a aquisição desses bens e serviços por meio de AQs: ela agrega as demandas das entidades compradoras e decide a modalidade de contratação apropriada, abre chamadas públicas para fornecedores, celebra os acordos com os vencedores (que podem durar até três anos) e disponibiliza as listas de acordos às entidades e à PPRA. Para isso, a GPSA lança mão de uma base de dados de itens de compras e fornecedores preparada e mantida por ela. As entidades compradoras formulam seus pedidos de compras aos fornecedores pré-selecionados, podendo fazer minicertames para escolhê-los se houver mais de um para o mesmo item. Vale notar que os AQs existentes são de adesão obrigatória se as entidades compradoras quiserem adquirir os itens de uso comum por eles cobertos. As entidades compradoras (órgãos e entidades públicas) e os fornecedores pagam taxas à GPSA pelos serviços de aquisição prestados, conforme uma tabela; resumidamente, os compradores pagam 10% do valor adquirido (a partir de um determinado valor; abaixo deste a taxa é um valor fixo) e os fornecedores pagam 2%. Os principais itens adquiridos por esta central são material e equipamentos de escritório, material escolar, insumos de saúde, serviços (limpeza, manutenção predial, vigilância, etc.), combustíveis e seguros.

Botsuana, outra ex-colônia britânica, tem como peculiaridade o fato de não haver provisão do uso de AQs na legislação primária aplicável às instituições do governo

---

[18] Disponível em: https://www.tpp-rating.org/page/eng/country/tanzania.
[19] Segundo Quinot (2014), a PPRA tem um Executivo-Chefe nomeado pelo Presidente da República e um conselho diretor, indicado pelo Ministro da Fazenda, e chefiado por um presidente indicado pelo Presidente da República. Esta autoridade deve prestar contas de seu desempenho anualmente ao Ministro da Fazenda, que, por sua vez, submete o relatório à Assembleia Nacional.

central, mas tão somente regras mínimas. Essas regras permitem o uso de AQs para aquisição de obras, serviços e bens em compras repetidas a um mesmo preço. Esses AQs podem resultar de processos licitatórios competitivos (abertos ou restritos) ou de negociação direta, embora a concorrência aberta doméstica seja a modalidade preferida. As entidades contratantes, no entanto, não dispõem de modelos de documentos específicos para AQs, e mesmo a legislação disponível é vaga quanto à agregação das compras por múltiplos contratantes, ou mesmo quanto à possibilidade de o AQ incluir múltiplos fornecedores. Outra lacuna da legislação é quanto à duração máxima de um AQ; só existe duração mínima, de um ano. Ora, dado que o AQ precisa manter fixo o preço, falta previsão legal para cláusulas de reajuste, por exemplo (EYO, 2020). Em 2003, foi criado um Conselho de Compras Públicas e Alienação de Ativos, uma estrutura intermediária entre as autoridades autônomas de supervisão supracitadas e as tradicionais comissões de licitação estatais. Embora ele ainda se engaje em compras governamentais propriamente ditas, a Lei ainda manda a devolução de funções de compras a entidades e comitês. Assim, para cada departamento do governo central, há um comitê de licitação estabelecido pelo Conselho e ao qual ele delega funções de compras. Mas há uma central de compras dentro do Ministério da Fazenda, chamada de Escritório de Compras Governamentais (GPO), responsável pela gestão de contratos de bens e serviços para os ministério usuários.[20]

Diferentemente de Botsuana, a Etiópia, uma ex-colônia italiana, prevê o AQ em sua legislação primária e nela também o regulamenta. O manual de AQ prevê a possibilidade de um ou múltiplos fornecedores (sem requerer um número mínimo) e mesmo múltiplas entidades contratantes, mas nenhuma entidade contratante é obrigada a aderir a um AQ. Além disso, os AQs são restritos a bens e serviços, devem ter condições e especificações de bens e serviços homogêneas, e só podem ser celebrados após procedimentos licitatórios. Também diferentemente de Botsuana, existem modelos de documentos específicos para AQs à disposição dos gestores de AQs. O país dispõe de uma central de compras, o PPPDS (Serviço de Compras Públicas e Alienações de Patrimônio), criado em 2010 pelo Conselho de Ministros para desempenhar a função de suprir com tempestividade, qualidade e economicidade (obtendo ganhos de escala pela agregação das compras) os bens e serviços de uso da máquina pública ou estratégicos, alienar patrimônio público a preços justos, e apoiar empresas públicas nestas mesmas atividades. A central presta esses serviços a toda a Administração Pública etíope, obtendo ganhos de tempestividade, economias de custos de transação, melhores níveis de estoques e melhores serviços às AC, embora o sistema de AQ ainda precise ser ajustado. A competição por preço e qualidade ocorre inteiramente no primeiro estágio do AQ, restando ao segundo estágio a negociação de condições contratuais específicas que não foram cobertas pelo AQ (TOLESSA, 2016). A supervisão é desempenhada pela Agência Federal de Compras Públicas e Administração de Patrimônio, que é uma entidade legal autônoma, embora dependa do Ministério da Fazenda para apoio institucional e deva prestar contas ao Ministro. O Diretor-Geral e seu vice são nomeados pelo governo federal (QUINOT, 2014).

---

[20] Disponível em: https://www.finance.gov.bw/index.php?Itemid=151&option=com_content&view=article&id=32&catid=17.

Por fim, na África do Sul, existem os contratos a prazo transversais, definidos como contratos "facilitados centralmente e organizados pelo Tesouro Nacional (TN) para bens ou serviços requeridos por uma ou mais de uma instituição" (NATIONAL TREASURY, 2017). Esses "contratos" são de adesão opcional para os órgãos nacionais e provinciais, mas quem aderir a eles não pode efetuar outro tipo de compra do mesmo objeto. Os municipais podem aderir a eles se for demonstrada a vantajosidade.

As entidades contratantes têm a função de enviar suas demandas ao TN, determinando suas especificações técnicas e quantidades estimadas; incluí-las em seus planos de compras e orçamentos; indicar representantes às comissões de licitação; gerir e fiscalizar os contratos e estoques pós-adjudicação, reportando não conformidades ao TN para a tomada de providências. Já o TN tem como papéis e responsabilidades: estabelecer políticas, normas e padrões para a celebração de contratos transversais; regulamentar todo o sistema de compras públicas para assegurar a uniformidade na aplicação das políticas; coordenar a composição das equipes multifuncionais dos contratos transversais; preparar editais e convites e realizar as licitações, observando o devido processo regulamentar; secretariar os comitês de licitação durante a especificação, a avaliação e a homologação; publicar os contratos e necessidades públicas em *website*; entre outras.

Em 2013, o país decidiu estabelecer dentro do TN o Escritório do Encarregado-Chefe de Compras (OCPO), que absorveu as funções de compras públicas do TN. Compete ao OCPO: (i) modernizar o sistema de gerenciamento da cadeia de suprimentos estatal para que ela se torne justa, equitativa, transparente, competitiva e custo-efetiva, e que possibilite a utilização transparente, econômica e eficaz dos recursos estatais financeiros e ativos para melhor entrega de serviços; (ii) promover, apoiar e fiscalizar a gestão transparente e eficaz da cadeia de suprimentos estatal e a boa gestão dos recursos e ativos governamentais. Seus pilares, ou objetivos estratégicos, são cinco: (a) melhor custo-benefício; (b) competição aberta e efetiva; (c) ética e negociação justa; (d) responsabilidade e prestação de contas; (e) equidade. Um dos departamentos do OCPO lida justamente com os contratos transversais, "para efetivamente gerir os contratos transversais governamentais de modo que sejam alcançados os objetivos socioeconômicos e economias de custos". O OCPO também "presta assessoria e orientação estratégica a instituições governamentais provinciais e outras, para a facilitação de seu(s) contrato(s) a prazo periódicos relevantes".[21]

3.7 Índia

As compras públicas na Índia representavam 20% do PIB em 2017 (fonte: Banco Mundial). O país historicamente teve uma legislação de compras públicas dispersa em várias peças, e hoje inclui uma lei de compras públicas de 2012 (até então não havia uma

---

[21] É interessante notar como a falta de um alinhamento infralegal pode causar prejuízos ao interesse público. Por exemplo, em uma auditoria sobre a aquisição de um sistema de TI para gestão por meio de um contrato adjudicado pelo Serviço de TI do governo (SITA), verificou-se que o escritório de patentes (CIPRO) não fiscalizou a situação financeira da empresa contratada porque entendia que isso deveria ter sido feito pelo SITA, e vice-versa (QUINOT, 2014).

legislação federal),[22] um código financeiro geral substituído em 2017, um manual de compras de 2017, a lei de concorrência de 2002, a legislação de prevenção da corrupção de 1988 e regulamentos de defesa e PPPs. As atividades de compras no nível federal têm sido efetuadas basicamente pela Diretoria Geral de Suprimentos e Alienações (DGS&D, da sigla em inglês), do Ministério do Comércio e Indústria. A lei de compras públicas exige a publicação de todas as informações relacionadas a compras públicas num portal único – no caso federal, o Portal Central de Compras Públicas (CPPP).

Os AQs são regulamentados na lei de compras públicas, artigo 36 (e antes desta lei, pelo capítulo 6 do código financeiro geral), e estão definidos no artigo 2(h), como um acordo entre uma "organização central de compras" (entidade autorizada pelo governo central para efetuar compras em nome de outros órgãos da Administração) ou uma entidade compradora com um ou mais concorrentes, válido por um período de tempo especificado, acordo este que estabelece os termos e condições sob os quais contratos específicos podem ser feitos durante a vigência do contrato e podem incluir acordo sobre preços que podem ser predeterminados ou determinados na fase de aquisição real por meio de concorrência ou um processo que permita sua revisão sem concorrência adicional.

Durante décadas, os únicos AQs eram aqueles organizados sob o nome de *Rate Contracts* (RC). Na mesma lei de compras públicas de 2012, artigo 2(x), eles estão definidos como um AQ que especifica o preço do fornecimento de um objeto de aquisição. Este sistema permite à entidade contratante fazer as encomendas aos fornecedores diretamente e sem licitação e promove a descentralização, ao mesmo tempo em que mantém a uniformidade dos preços nas compras e repassa os ganhos de escala às entidades contratantes, mesmo quando compram em pequenas quantidades. Vale notar que cada pedido de compra gera um contrato separado e pode ser executado dentro do prazo acordado. As condições contratuais pactuadas podem ser revogadas a qualquer momento, mas os pedidos feitos dentro de sua vigência são vinculantes. O sistema é aplicado principalmente a bens e serviços de uso comum e preferencialmente àqueles cujas condições de mercado sejam estáveis, embora haja *RCs* com cláusulas para variações de preços (ALBANO; NICHOLAS, 2016).

Em agosto de 2016, entrou em operação o *Marketplace* eletrônico do governo (GeM), que foi integrado ao CPPP em outubro de 2020 numa mesma plataforma unificada de compras chamada de *eProcurement Portal*, havendo a promessa de uma integração subsequente com os portais de compras da defesa e das ferrovias indianas.[23] O *marketplace* do GeM foi desenvolvido e hospedado pelo DGS&D com o suporte da Divisão Nacional de E-governança do Ministério de Eletrônica e Tecnologia da Informação,[24][25] e inicialmente era mantido por uma empresa de propósito específico, a GeM SPV, pertencente ao Ministério do Comércio e Indústria.

---

[22] Esta lei define princípios, métodos, mecanismos de transparência e penalidades, entre outros pontos relacionados ao processo licitatório. Em particular, ela define que as concorrências abertas são a modalidade preferencial de licitação, devendo ser justificado o seu não uso.

[23] Disponível em: https://economictimes.indiatimes.com/news/economy/policy/gem-completes-work-for-creation-of-unified-procurement-system-ceo-talleen-kumar/articleshow/78826873.cms?from=mdr.

[24] Disponível em: https://www.india.gov.in/spotlight/government-e-marketplace-procurement-made-smart#tab=tab-1.

[25] Disponível em: https://www.indiaprocurement.in/blog/gem-the-way-forward-towards-developing-indias-marketplace.

Em julho de 2017, o governo anunciou a concessão da plataforma a um consórcio de empresas, chamado de Provedor de Serviços Gerenciados (MSP), e que inclui a empresa de tecnologia financeira Intellect Design Arena, a empresa de comércio eletrônico Infibeam e a Tata Communications (computação em nuvem), para que este consórcio inicialmente gerenciasse a plataforma on-line existente da direção e garantisse uma transição suave para um novo ecossistema on-line de compras governamentais no país, reduzindo a intervenção humana, agregando demandas e simplificando, agilizando e tornando mais seguros os processos de cadastramento (de fornecedores, contratantes e produtos), aquisição, contratação e pagamentos. O portal deveria também permitir a realização de leilões eletrônicos e a integração com sistemas externos, como bancos e tesouros nacional e subnacionais.

O contrato, no valor de 10 bilhões de rúpias, valia por cinco anos.[26] Caso o valor real dos pedidos em qualquer ano fosse superior ao valor estimado dos pedidos naquele ano, o MSP seria pago conforme as faixas de valores dos pedidos. Os fornecedores custeiam a plataforma através de uma taxa de 0,5% sobre o valor de cada transação acima de 3 milhões de rúpias.

O GeM funciona numa lógica diferente do AQ ou RC, e os itens que antes eram comprados pelo RC passaram a ser transacionados no GeM. O comprador entra no portal, descreve sua demanda, o sistema estima o valor e a seleção do fornecedor se dá de maneira impessoal, sem que o comprador veja a sua identidade. O preço de cada item é estipulado pelo fornecedor. Cabe ao comprador, com auxílio de ferramenta analítica de BI, o Sistema de Suporte à Decisão para o Comprador, determinar em qual categoria de preço o item se enquadra e quais preços estão razoáveis em comparações entre produtos dentro do GeM e comparações com o mercado. De acordo com a faixa de valor:

• Até Rs.25.000, a compra é direta de qualquer fornecedor cadastrado, obedecidas as restrições de qualidade, padronização e período de entrega;

• De Rs.25.000 a Rs.500.000, é realizado um minipregão com três diferentes fabricantes, também atendendo aos requisitos de qualidade, especificação e tempo de entrega.

• Acima de Rs.500.000: concorrência on-line entre fornecedores por meio de processo licitatório ou leilões reversos.

3.8 Coreia do Sul

Logo após o estabelecimento do governo da Coreia do Sul, o Serviço de Compras Públicas (PPS) foi criado em 1949, sob o Gabinete do Primeiro Ministro, com o nome de Escritório Provisório de Abastecimento Estrangeiro (POFS), e sua principal responsabilidade era gerenciar os suprimentos de ajuda externa, contribuindo assim para a reabilitação da economia coreana. Em 1961, a agência foi ampliada para incluir compras domésticas e contratos de obras em seu escopo, tornando-se uma agência central de compras e ganhando o nome atual. Em 1967, o PPS acrescentou uma nova função de estabilizar a oferta e a demanda e os preços das principais matérias-primas estrangeiras

---

[26] Disponível em: https://www.business-standard.com/article/companies/intellect-design-arena-led-group-to-develop-one-stop-e-marketplace-for-govt-117072500727_1.html.

e necessidades básicas, o que lhe permitiu estabilizar a economia nacional durante a crise internacional de *commodities* no final dos anos 1970 e durante a crise monetária asiática de 1997. Entre 1997 e 2001 o PPS começou a implementar um sistema de intercâmbio de documentos eletrônicos (EDI) em padrão XML, que permitiu a sua distribuição entre órgãos públicos, o PPS e os fornecedores, e com isso a realização de licitações eletrônicas.

Em 2002, este sistema evoluiu para o Sistema de Compras Eletrônicas On-line da Coreia (KONEPS), integrando certificação, requisição de compras, licitação, contratação e pagamentos num único portal. Todos os certames devem ser publicados no portal, e os licitantes podem participar com um único cadastro. São 475 tipos de documentos manuseados on-line com ligações externas a 221 sistemas diferentes do governo e setor privado. Estimativas apontam para economias de custos de transação da ordem de 8 bilhões de dólares anuais, a maior parte (6,6 bilhões) para o setor privado. A transparência foi reforçada graças à publicidade das informações em tempo real, à fiscalização do cumprimento da legislação pelos usuários e a maior rastreabilidade de todas as transações. Além disso, alega-se que contribuiu para o desenvolvimento de pequenas e médias empresas, que ficaram com 75,6% do volume total adjudicado (KANG, 2018). Por fim, vale notar que o KONEPS monitora todos os sinais e sintomas de práticas ilegais por meio de um sistema de análise de atividade corrupta e de uma política de recompensas a informantes (em até 10 mil dólares). As companhias suspeitas de práticas corruptas ou fraudulentas são encaminhadas à autoridade antitruste (KFTC) para investigação e, uma vez confirmada a suspeita, é emitido um relatório final e aplicada uma sanção. A própria KFTC mantém, em parceria com o KONEPS, um sistema de análise indicadores de *bid rigging*, o BRIAS, também considerado uma referência mundial pela OCDE.[27]

O KONEPS foi considerado como referência pela comunidade internacional, incluindo a ONU (que lhe entregou o Prêmio de Serviço Público em 2003, reconhecendo suas inovações no sistema de compras como transparentes e eficientes) e o Banco Mundial. Em 2004, a ONU também selecionou a KONEPS como o Modelo de Melhor Prática em termos de e-Procurement e, em abril de 2005, o Centro de Facilitação de Comércio e Negócios Eletrônicos da ONU (UN/CEFACT) reconheceu os procedimentos de e-Procurement da KONEPS como padrões internacionais.[28]

O shopping center eletrônico foi implementado em 2006, e em 2008 a submissão de lances por dispositivos móveis foi habilitada. Em 2010, foi introduzido o reconhecimento de impressões digitais para impedir fraudes no uso de certidões.

3.9 Países do Sudeste Asiático

Países como Vietnã, Filipinas e Indonésia têm se beneficiado da assistência técnica de organismos internacionais e de países amigos para remodelarem seus sistemas de compras. O Vietnã, por exemplo, beneficiou-se de uma parceria com o PPS coreano e, desde 2009, conta com um portal de compras eletrônicas com nome semelhante ao

---

[27] Disponível em: https://www.oecd.org/governance/procurement/toolbox/search/korea-bid-rigging-indicator-analysis-system-brias.pdf.
[28] Disponível em: https://www.g2b.go.kr/gov/koneps/pt/intro/file/4_KONEPS_eng.pdf.

coreano, VNEPS (Serviço Nacional de Compras Eletrônicas do Vietnam). O sistema não conta com AQs *scricto sensu*; o Banco Asiático de Desenvolvimento sugeriu em 2016 que, já que os ministérios da Fazenda e da Saúde iam aderir às compras eletrônicas, o sistema deveria ser visto pela perspectiva do uso de AQ, e tais AQs seriam possíveis de executar com apenas algumas pequenas modificações: (i) dar opção de escolha de painel de fornecedores; (ii) especificar no plano de compras e no edital que a compra é para a seleção de um ou múltiplos fornecedores e definir o período de validade do acordo (ADB, 2016).

As compras públicas no Vietnã são normalmente feitas por licitação; no entanto, os ministérios e diversos órgãos têm diferentes regras ou valores mínimos para a sua obrigatoriedade. Contratos de alto valor ou importância, tais como os de infraestrutura, requerem a avaliação e seleção das propostas, que são adjudicadas pelo Gabinete do Primeiro Ministro ou outro órgão competente. No geral, são dois modelos de compras que existem em paralelo: (i) descentralizado (o mais popular), realizado pelas próprias entidades contratantes; e (ii) centralizado, através de uma unidade central de compras do ministério ao nível nacional ou local (ex.: Ministérios da Fazenda e Saúde). As contratações em projetos de investimento público são classificadas por lei em três grupos, a partir de critérios de urgência/significância, localização, setor, componentes de investimento ou requisitos de capital. As práticas podem ser caracterizadas como um processo de decisão em várias camadas, normalmente com pouca transparência e eficiência.[29]

As Filipinas dispõem de uma central de compras, o Serviço de Compras (PS) e um portal de *e-marketplace*, o Sistema de e-Procurement do Governo (Phil-GEPS). O PS, além de ser a única entidade a celebrar AQs, também opera um armazém para distribuir alguns bens adquiridos aos diversos órgãos da Administração. Os AQs têm duração mínima de um ano e máxima de três; são fechados e de fornecedor único; no entanto, não são de adesão obrigatória. São definidos legalmente como contratos de opção de compra entre o contratante e o fornecedor: ou se compra o produto daquele fornecedor ou não se o compra.

As Filipinas também dispõem de uma interessante estrutura de decisão sobre compras, o Comitê de Políticas de Compras Públicas, criado pela Lei da República nº 9.184 como um órgão interministerial com representação do setor privado. Ele deve proteger os interesses nacionais em matéria de compras públicas; formular políticas, regras e regulamentos e emendar, quando necessário, as regras e regulamentos de implementação; preparar manuais de compras genéricas e formulários padronizados de compras; estabelecer um programa sustentável de treinamento para capacitar os agentes de compras e garantir a condução dos programas regulares de treinamento dos diversos órgãos; conduzir uma revisão anual da efetividade da Lei e recomendar emendas a ela, se e quando necessário. Para desempenhar todas essas funções, o Comitê tem a ele subordinada como braço executivo uma agência própria de suporte técnico, o TSO, que lhe fornece pesquisa e apoio técnico e administrativo, recomendações de políticas de compras e minutas de regulamentos baseadas em pesquisa; desenvolvimento e atualização de manuais e formulários (inclusive dos AQs); gerenciamento e condução dos treinamentos nos sistemas e processos de compras; avaliação da efetividade do sistema de compras e recomendações de melhorias; monitoramento da conformidade

---

[29] Disponível em: https://www.s-ge.com/en/article/export-knowhow/20194-c3-vietnam-public-procurement.

das entidades contratantes e assistência a elas para tal; monitoramento da efetividade do portal de *e-marketplace* (G-EPS) e suporte secretarial.[30] Vê-se, portanto, uma estrutura moderna de normatização e supervisão da central de compras naquele país.

As compras públicas de bens e serviços respondem por aproximadamente 12% do PIB indonésio. O sistema é considerado corrupto e ineficiente (herança do regime patrimonialista de Suharto), o que levou o governo a empreender reformas nele com o apoio de agências internacionais de fomento. As agências ao nível nacional tiveram a liderança nesse processo, mas as decisões de compras são cada vez mais tomadas aos níveis subnacionais, devido à descentralização fiscal do início deste século.[31] As primeiras regras formais de compras públicas datam de um decreto presidencial de 1979, posteriormente emendado diversas vezes. O sistema tinha traços claramente cartelizantes, como a presença de quotas de mercado para construtoras, favorecendo a influência de grupos empresariais, familiares do presidente e militares, bem como a formação de cartéis e pagamento de propinas.

Ao fim da era Suharto (chamada "Nova Ordem") em 1998, o novo governo indonésio se comprometeu com reformas nas contratações públicas, começando em 2003 com um novo decreto presidencial. Este e outros diplomas legais aumentaram a transparência, com a prestação obrigatória de informações dos projetos às autoridades e padronização de documentos, bem como a competição por meio de licitações abertas, prazo mínimo de publicidade dos instrumentos convocatórios, número mínimo de licitantes e fim das restrições de contratos a fornecedores locais. O conluio em licitações e a prática de suborno foram finalmente criminalizados. E por último, mas não menos importante, foi criada em 2007, por decreto presidencial, a agência nacional de compras públicas, conhecida pela sigla LKPP e inspirada em modelo americano.

O LKPP é responsável pelo desenvolvimento de políticas relacionadas à contratação pública de bens e serviços, e por fortalecer as práticas de compras dentro do governo e fornecer conselhos e recomendações, bem como resolução de disputas. Ele se reporta diretamente à Presidência da República. Mas note-se que o LKPP não realiza operações de compras diretamente nem tem qualquer função de compra ou contratação. Ele é o único responsável por formular políticas de compras e supervisionar sua implementação. Já as chamadas Unidades de Compras (ULP) foram criadas por decretos presidenciais de 2003 e 2006 e deviam ser instaladas em todos os níveis de governo até 2014, num esforço de padronizar a organização das compras (SACKS et al., 2014). O Sistema de Compras Eletrônicas (LPSE) integra 691 instituições e realiza o planejamento, a seleção do fornecedor e a gestão do contrato, bem como recebe as reclamações e suspende fornecedores quando aplicável.

Em 2009, a LKPP introduziu um sistema de compras eletrônicas, cuja adoção por órgãos públicos já era requerida em regulamentos anteriores. Por regulamento, as compras eletrônicas passariam a ser obrigatórias a partir de 2012. O primeiro catálogo eletrônico foi criado em 2014, e em 2016 já existiam 15 AQs firmados, os chamados contratos guarda-chuvas, com validade até três anos. Reajustes são permitidos a partir dos 18 meses, e limitados a 10% do valor original. A seleção do fornecedor é necessariamente

---

[30] Disponível em: https://www.gppb.gov.ph/about-gppb.php e https://www.gppb.gov.ph/about-gppbtso.php.
[31] Segundo o Banco Mundial, os governos subnacionais gastavam 37% do total de fundos públicos (Banco Mundial, 2007).

por licitação, mas o pedido de compra pode ser concedido a um fornecedor por meio de negociação direta. Hoje em dia (norma LKPP 11/2018) existem diversos catálogos: setoriais, regionais e nacional. Ministérios e governos regionais podem propor inclusão no catálogo nacional.

Algumas exceções foram previstas, no entanto. As empresas estatais, organizações sem fins lucrativos, aquisições feitas com dinheiro proveniente de taxas públicas e compras baseadas em "práticas comerciais estabelecidas" foram isentas do regulamento presidencial de 2018. Nele, as micro e pequenas empresas têm exclusividade na compra de até US$178.900, e podem ser dispensadas de exigências técnicas. Produtos domésticos também gozam de margem de preferência de até 25%.

3.10 Países da Oceania (Austrália e Nova Zelândia)

Enquanto a Nova Zelândia dispõe de uma agência governamental de compras – a NZGPP, a Austrália não usa uma estrutura centralizada, embora disponha de um portal chamado AusTender, que atende os compradores e lista os chamados *panels*.[32] De fato, os órgãos governamentais australianos ao nível nacional e subnacional têm à sua disposição os chamados *panel contracts* para compras regulares, com preços e condições negociados diretamente com os fornecedores, ou realizam licitações abertas para selecionar os fornecedores. Os procedimentos nem sempre são feitos com transparência. Os *panels* são sempre completos e podem ser abertos ou fechados, envolver um ou mais fornecedores e um ou mais compradores.

A Nova Zelândia dá nome semelhante aos AQs: *supplier panels* (painéis de fornecedores). O nome indica que uma agência governamental pode criar um painel de fornecedores – ou seja, um AQ multifornecedor[33] – e dentro desse painel selecionar o fornecedor específico para o contrato que deseja conceder. Para esse fim, os órgãos governamentais podem recorrer à central de compras NZGPP (Compras Públicas e Patrimônio da Nova Zelândia). Ao mesmo tempo, os diversos órgãos podem criar um painel próprio ou um a que outros órgãos possam aderir. Os painéis são recomendados: (1) quando há uma necessidade contínua do produto ou serviço; (2) volume ou valor suficiente para acomodar mais de um fornecedor; (3) uma necessidade ou preferência por mais de um fornecedor para entregar os bens ou serviços. É importante notar que, além de ser multifornecedor, o painel de fornecedores pode ser aberto ou fechado; os contratos podem ter prazo curto (ex.: um ano) ou mais longo. A NZGPP pondera que os contratos mais curtos podem ser caros e consumir muito tempo, enquanto os mais longos propiciariam "bons relacionamentos e uma abordagem de melhoria contínua".

Uma vez estabelecido um painel por meio de um processo aberto, um órgão pode adquirir diretamente do painel sem publicidade aberta, usando um processo de aquisição, ex.: (i) "cotações competitivas" pelo menor preço; (ii) cotações competitivas

---

[32] Ver, por exemplo, https://www.tenders.gov.au/Panel/List.
[33] Não encontramos na legislação neozelandesa nenhuma menção a qualquer arranjo equivalente a um AQ unifornecedor.

por técnica e preço; (iii) contratação direta; (iv) rodízio entre os fornecedores do painel;[34] (v) "localização" (adjudicação do contrato a qualquer fornecedor que esteja na localização mais adequada para fornecer o produto ou serviço). Uma vez decidido o método de alocação do pedido, há ainda várias decisões ou ações a tomar na abordagem aos fornecedores do painel: (a) o número de fornecedores que serão convocados (não é necessário abordar a todos se não for necessário);[35] (b) contato direto ou anúncio aberto da oportunidade de encomenda; (c) comunicação do resultado a todos os respondentes (obrigatória), devendo fornecer um relatório se solicitado. Todas estas escolhas – critério de admissão, condições de fornecimento, critério de seleção na segunda etapa, duração do painel, se é aberto ou fechado, critérios para exclusão do painel – devem ficar bem claras no instrumento convocatório para admissão ao painel, que deve ter ampla publicidade. A NZGPP recomenda ainda a publicação de um anúncio da adjudicação, embora não seja obrigatório fazê-lo.[36]

3.11 Portugal

As Diretivas[37] da União Europeia (UE) nº 23, 24 e 25, de 2014, trouxeram um conjunto de orientações sobre modelos de centralização de compras para os países membros, dando seguimento ao trabalho contínuo de tentar uniformizar os parâmetros para as contratações públicas que ocorrem no âmbito do bloco.

Sobre as atividades de compras centralizadas, o item nº 1 do artigo 37º da Diretiva nº 24[38] dispõe que os Estados-Membros podem prever que as autoridades contratantes adquiram obras e serviços, recorrendo a sistemas de aquisição dinâmicos ou utilizando AQs celebrados por uma central de compras. Os AQs servem para a pré-qualificação de um ou mais fornecedores para o fornecimento de bens ou a prestação de serviços à Administração Pública, estabelecendo as condições e requisitos a serem cumpridos em termos de preços máximos, quantidades, níveis e qualidade de serviço, entre outros.

Em Portugal, conforme o artigo 252º do Código de Contratos Públicos,[39] admite-se o AQ com: (a) um único fornecedor quando suficientemente especificados todos os aspectos da execução dos contratos a serem celebrados sob sua égide; ou (b) com

---

[34] Veja a crítica a esse tipo de alocação em Albano e Nicholas (2016, p. 66-67). É curioso (e até desolador) notar que a NZGPP chega a alegar que, "embora os fornecedores de um Painel não tenham garantia de nenhum trabalho, eles terão alguma expectativa de obter serviços" e que, por isso, "o tamanho do Painel deve ser proporcional à demanda prevista", e mais: "idealmente, todos os fornecedores deveriam ter algum serviço enquanto o Painel existir" (!!) – veja também a crítica de Fiuza, Pompermayer e Rauen (2019, p.104-105) a essa "necessidade de distribuir a demanda a todos os fornecedores".

[35] A NZGPP recomenda que se leve em conta, nesta definição, a natureza do bem ou serviço, a maturidade do mercado e o valor ou quantidade estimados.

[36] Disponível em: https://www.procurement.govt.nz/procurement/guide-to-procurement/plan-your-procurement/supplier-panels/.

[37] Segundo o site da União Europeia (https://european-union.europa.eu/institutions-law-budget/law/types-legislation_pt), uma diretiva é um ato legislativo do Parlamento Europeu que fixa um objetivo geral que todos os países da UE devem alcançar, mas cabe a cada país elaborar a sua própria legislação para dar cumprimento a esse objetivo.

[38] Disponível em: https://eur-lex.europa.eu/legal-content/PT/TXT/PDF/?uri=OJ:JOL_2014_094_R_0065_01&from=PT.

[39] Disponível em: https://dre.pt/dre/detalhe/decreto-lei-18-2008-248178.

vários fornecedores, quando não estejam totalmente contemplados ou não estejam suficientemente especificados os aspectos da execução dos contratos. Dessa forma, quando há um fornecedor, o AQ em Portugal deverá ser completo, e quando há múltiplos fornecedores, o AQ poderá ser incompleto. Pelo artigo 257º do mesmo diploma legal, só é permitida a celebração de contratos no âmbito de um AQ pelas partes integrantes desse acordo. O modelo português de AQ é, portanto, do tipo fechado.

Portugal, antes mesmo das Diretivas de 2014, já havia promovido mudanças legais e institucionais, visando favorecer a centralização das compras públicas. Em 2012, foi criada a Entidade de Serviços Partilhados da Administração Pública (eSPap), por meio do Decreto-Lei nº 117-A, assumindo a função de gerir e avaliar o Sistema Nacional de Compras Públicas.[40] Cumpre também destacar a existência da entidade Serviços Partilhados do Ministério da Saúde – SPMS, cujo papel é servir como a central de compras especificamente para a área da saúde.[41]

Tanto a eSPap quanto a SPMS assumem o papel de autoridade contratante para agregar a demanda do governo e executar os procedimentos de compras centralizadas em suas respectivas áreas: a eSPap para bens e serviços comuns, e a SPMS para os serviços e bens relacionados às políticas públicas de saúde. Assim, ambas coordenam as adesões aos AQs celebrados por elas.

Observa-se que a função normativa referente a suas atuações compete aos ministérios aos quais tais entidades se encontram vinculadas. Assim, no caso da eSPap, ao Ministério das Finanças, e no caso da SPMS, ao Ministério da Saúde. Tais normas são geralmente expedidas no formato de portarias ou despachos dessas autoridades.[42]

Contra quaisquer decisões administrativas ou àquelas equiparadas proferidas no âmbito de um procedimento de AQ, é possibilitada a via da impugnação administrativa,[43] sendo sempre assegurada a oportunidade de se recorrer aos procedimentos dos tribunais administrativos competentes.

No que toca à obrigatoriedade da adesão às compras centralizadas, há que se fazer uma distinção entre as chamadas *entidades vinculadas* e as *entidades voluntárias*. Enquanto estas se referem às entidades da administração autônoma e do setor empresarial público, aquelas se referem a serviços da administração direta do Estado e institutos públicos. Assim, enquanto as vinculadas estão obrigadas a utilizar os AQs celebrados pela eSPap, as voluntárias podem usá-los ou não.

As entidades vinculadas ficam excepcionadas dessa obrigação caso demonstrem que, conforme previsão do artigo 256º-A do Código de Contratos Públicos,[44] para uma dada contratação, a utilização do AQ levaria ao pagamento de um preço, por unidade de medida, pelo menos, 10% superior ao preço demonstrado pela entidade adjudicante para objeto com as mesmas características e nível de qualidade.

Segundo o site da eSPap,[45] atualmente há 12 AQs em vigor, com mais de 1.800 entidades vinculadas e 693 entidades voluntárias aderentes a algum tipo de serviço pro-

---

[40] Disponível em: https://files.dre.pt/1s/2012/06/11401/0000300009.pdf.
[41] Disponível em: https://www.sns.gov.pt/entidades-de-saude/servicos-partilhados-do-ministerio-da-saude/.
[42] Disponível em: https://dre.pt/dre/detalhe/portaria/256-2018-116357694.
[43] Disponível em: https://dre.pt/dre/detalhe/decreto-lei/18-2008-248178.
[44] Disponível em: https://dre.pt/dre/legislacao-consolidada/decreto-lei/2008-34455475-114116958.
[45] Disponível em: https://www.espap.gov.pt/spcp/Paginas/spcp.aspx.

vido de forma centralizada pela eSPap. Os serviços incluem todos aqueles considerados comuns ou transversais aos órgãos públicos portugueses, como aquisição de veículos, combustíveis, fornecimento de mobiliário, fornecimento de papel para impressão, serviços fixos de comunicação, entre outros.[46]

3.12 Dinamarca

A Dinamarca, assim como Portugal, é signatária das Diretivas da União Europeia e internalizou-as em seu Direito interno. O conceito de AQ é o mesmo adotado pela Diretiva, conforme a seção 24 da Lei nº 1.564, de 2015.[47]

Diferentemente de Portugal, a Dinamarca prevê explicitamente em sua Lei de Compras Públicas a possibilidade de reabertura da concorrência dentro de um mesmo AQ. Segundo o disposto na Seção 100 da referida lei, a reabertura deve ser baseada nos mesmos termos da adjudicação anterior, mas, caso seja necessário, a autoridade contratante pode trazer especificações a alguns termos do acordo. Assim, pode-se dizer que o sistema dinamarquês também permite a adoção de AQs dos tipos aberto e incompleto.

Na Dinamarca, o maior volume das compras públicas é realizado no nível local, cabendo ao governo central e às regiões uma parcela inferior do volume total de compras. Cada autoridade contratante é responsável por seu processo de compras, mas elas podem fazer uso dos AQs geridos pela entidade de compras centralizadas, a *Staten og Kommunernes Indkøbsservice A/S* – SKI.[48]

As compras realizadas por meio dos AQs da SKI perfazem apenas 2,5% do volume total anual de aquisições do setor público dinamarquês. Isso demonstra que as organizações do setor público acabam conduzindo muitas de suas próprias licitações, seja individualmente ou em conjunto com outras localidades.[49] Dessa forma, ainda que existam os incentivos e a estrutura institucional para a realização das compras centralizadas, na prática, o sistema dinamarquês acaba funcionando de forma relativamente descentralizada.

A SKI foi criada em 1994 como uma empresa estatal de responsabilidade limitada, sem fins lucrativos, possuindo mais de um acionista: o Estado Dinamarquês, por meio do Ministério das Finanças, que detém 55% das ações, e a Associação de Governos Locais da Dinamarca (KL) – que congrega os Municípios Dinamarqueses e possui os outros 45% das ações.[50]

Os AQs da SKI abrangem bens e serviços comuns e de tecnologia da informação. Dos 337 fornecedores com AQs da SKI em 2019, 76% eram empresas com menos de 250 funcionários e 49% das empresas tinham menos de 50 funcionários, o que demonstra

---

[46] Disponível em: https://www.espap.gov.pt/spcp_sncp/Paginas/sncp.aspx#maintab4.
[47] Disponível em: https://www.kfst.dk/media/54435/the-public-procurement-act.pdf.
[48] Disponível em: https://ec.europa.eu/regional_policy/sources/policy/how/improving-investment/public-procurement/study/country_profile/dk.pdf.
[49] Disponível em: https://www.ski.dk/videnssider/facts-about-ski/.
[50] *Ibidem.*

como a entidade consegue contemplar de forma satisfatória as pequenas e médias empresas nas compras centralizadas.[51]

O modelo atualmente adotado pelo governo dinamarquês é totalmente voluntário em relação aos AQs firmados pela SKI. Nenhuma entidade, seja no âmbito do governo central ou local, é obrigada a utilizar os AQs celebrados pela SKI. O objetivo é estimular que a SKI aja de maneira a oferecer AQs competitivos considerados melhores do que os AQs que as demais entidades poderiam celebrar (OCDE, 2011).

Outra figura importante no sistema de compras públicas dinamarquês é a Autoridade Dinamarquesa da Concorrência e do Consumidor. A autoridade é responsável pela regulamentação relativa aos contratos públicos, incluindo a implementação da legislação europeia pertinente, oferecendo guias e orientações às demais entidades públicas.[52] Além disso, exerce a função de monitoramento da concorrência nos mercados de contratação pública e tem uma série de responsabilidades relacionadas com o funcionamento do sistema de compras públicas, como, por exemplo, prestar apoio aos licitantes por meio de aconselhamento sobre a correta interpretação das regras e orientações de aquisição.[53]

A Autoridade funciona também como uma primeira instância para receber reclamações dos processos de compras públicas na Dinamarca. Caso o interessado ainda queira prosseguir na reclamação ou impugnação, há a oportunidade de se valer ouvir perante o Conselho de Reclamações de Compras Públicas. O conselho funciona como um órgão administrativo e independente de revisão, composto por juízes profissionais, para ouvir e resolver disputas no âmbito das compras públicas. Exige-se uma taxa de aproximadamente 1.300 euros para apresentar uma reclamação ao Conselho.[54]

3.13 Reino Unido

O Reino Unido encontra-se em estágio de revisão de seus normativos referentes às compras públicas. Tendo em vista que o país se retirou na União Europeia formalmente em 31 de janeiro de 2020, até 31 dezembro de 2020 foi considerado um período de transição[55] e as Diretivas da União Europeia deixaram de ser mandatórias para o país.

Prova do processo de revisão pelo qual passa o país é o documento de consulta pública produzido pelo Governo do Reino Unido em dezembro de 2020 intitulado "Tranforming Public Procurement", no qual são anunciadas algumas mudanças e sugeridas diversas outras, de forma a deixar os regulamentos de compras mais simples, flexíveis e aderentes aos objetivos do país (UK Cabinet Office, 2020).

A partir de 2021, novas regras passam a valer para o país, como a permissão de contratação direta de fornecedores nacionais para valores baixos e a publicação dos

---

[51] *Ibidem.*
[52] Disponível em: https://www.en.kfst.dk/public-procurement/about-public-procurement/.
[53] Disponível em: https://ec.europa.eu/regional_policy/sources/policy/how/improving-investment/public-procurement/study/country_profile/dk.pdf.
[54] Disponível em: https://www.en.kfst.dk/public-procurement/danish-complaint-system/.
[55] Disponível em: https://commonslibrary.parliament.uk/research-briefings/cbp-7960/.

atos oficiais de compras por meio do serviço *"Find a Tender"*, em vez do Diário Oficial da União Europeia, como era antes exigido (UK Cabinet Office, 2020).

No entanto, quanto à regulamentação dos AQs, ainda vigoram as regras estabelecidas em 2015, consolidadas no instrumento estatutário chamado de *Public Contracts Regulations 2015 – PCR 2015*,[56] o qual foi adotado justamente para dar cumprimento às Diretivas de 2014 da União Europeia. Os instrumentos estatutários (*statutory instruments*) funcionam como atos normativos infralegais cujo poder regulamentar compete aos ministros.[57] No caso do PCR 2015, a competência foi atribuída ao Ministro Chefe de Gabinete (*Minister for the Cabinet Office*).[58]

Conforme previsão do PCR 2015, os AQs no Reino Unido podem ser firmados com um único ou com vários fornecedores. Quando com um único fornecedor, os acordos são considerados completos, mas há a possibilidade de, por meio de consulta ao fornecedor, haver suplementações em relação à sua proposta. Quando com múltiplos fornecedores, há a possibilidade de maior especificação dos termos no momento da contratação dos fornecedores e pode-se também promover a reabertura da competição dentro do mesmo acordo-quadro, desde que previamente prevista a possibilidade.[59]

De toda forma, não é prevista expressamente a possibilidade de novos competidores entrarem no acordo-quadro em andamento. Esse é um ponto que está em revisão pelo Governo do Reino Unido e uma de suas propostas é justamente tornar possível a entrada de novos fornecedores em algumas situações nos AQs em curso (UK Cabinet Office, 2020).

A entidade responsável pela centralização das compras é a *Crown Commercial Service* – CCS. A CCS é uma agência executiva vinculada ao Gabinete do Governo do Reino Unido. A CCS atua traçando as estratégias de compras centralizadas, prestando consultoria aos órgãos interessados e realizando a celebração dos AQs, com o fornecimento de bens e serviços comuns aos órgãos do setor público no Reino Unido.[60] [61]

Segundo a CCS, o seu foco é economizar tempo dos compradores do setor público por meio de AQs nos quais os compradores podem solicitar a compra direta (sem necessidade de competição adicional) ou realizar minicompetições para obter o melhor parceiro em uma enorme variedade de serviços.[62]

Atualmente a CCS tem 126 AQs vigentes, cuja adesão é voluntária, e que proveem bens e serviços nas seguintes áreas: imóveis (construção, *utilities* e locais de trabalho); soluções corporativas (gestão de documentos, serviços financeiros, frota, comunicações de *marketing* e pesquisa, viagens); pessoal (centro de contratos, serviços de pessoal, saúde e educação da força de trabalho e recrutamento); e tecnologia (serviços de rede, cibernética, produtos e serviços de tecnologia).[63]

---

[56] Disponível em: https://www.legislation.gov.uk/uksi/2015/102/regulation/33/made.
[57] Disponível em: https://www.parliament.uk/globalassets/documents/commons-information-office/l07.pdf.
[58] Disponível em: https://www.legislation.gov.uk/uksi/2015/102/introduction/made.
[59] Disponível em: https://www.legislation.gov.uk/uksi/2015/102/regulation/33/made.
[60] Disponível em: https://thorntonandlowe.com/crown-commercial-services/.
[61] Em https://bit.ly/2E390Co, encontra-se um breve resumo histórico da consolidação das agências de compras britânicas até o surgimento do CCS.
[62] Disponível em: https://thorntonandlowe.com/crown-commercial-services/.
[63] Disponível em: https://thorntonandlowe.com/crown-commercial-services/.

Os fornecedores podem impugnar os atos das autoridades contratantes por meio de ações junto ao *High Court of England, Wales and Northern Ireland*, ou ao *Court of Session* ou *Sherriff Court* na Escócia, instâncias que têm poderes para conceder indenizações, aplicar sanções, emitir liminares ou invalidar decisões tomadas ilegalmente. As decisões dessas instâncias podem ser objeto de recurso na Divisão Civil do Tribunal de Recurso e, em última análise, no Supremo Tribunal do Reino Unido.[64]

3.14 Itália

Na Itália, a maior parte dos gastos em compras públicas ocorre no nível subnacional, sendo majoritariamente feita no nível local. Algumas regiões italianas criaram suas próprias centrais de compras e conduzem suas compras de forma a atenderem suas demandas.[65] No âmbito nacional, a centralização das compras ocorre principalmente por meio da *Concessionaria Servizi Informativi Pubblici* – Consip.

A Itália, assim como Portugal e Dinamarca, permanece como país membro da União da União Europeia e, portanto, signatária das Diretivas do bloco europeu. As mencionadas diretivas de compras públicas foram incorporadas ao Direito italiano por meio do Código de Contratos Públicos italiano, Decreto Legislativo de 2016.[66]

O artigo 54 do diploma legal italiano prevê os possíveis formatos dos AQs no país. De forma similar ao Reino Unido, podem ser firmados acordos com um ou vários fornecedores, mas, quando há um único fornecedor, os acordos são considerados completos, havendo excepcionalmente a possibilidade de complementação em relação ao previsto no instrumento, mediante consulta ao fornecedor.[67]

Quando há múltiplos fornecedores, permite-se um detalhamento maior dos termos do acordo quando da contratação, e pode-se também fazer a reabertura de competição dentro do mesmo acordo-quadro, com os mesmos fornecedores, desde que previamente prevista tal possibilidade no instrumento do acordo.[68] Nos moldes previstos na legislação italiana, os AQs também se apresentam como fechados, pois não permitem a entrada de novos competidores num acordo vigente.

Além das previsões do Código de Contratos Públicos, existem vários outros normativos que regulam as compras públicas italianas, principalmente por meio de decretos ministeriais e orientações normativas emitidas pela Autoridade Nacional Anticorrupção – Anac.[69]

Por meio de seus normativos, a Anac fornece interpretações e indica procedimentos operacionais, visando conferir transparência e eficiência às ações administrativas e ampliar a competitividade dos certames. Ademais, a Anac também elabora modelos de

---

[64] Disponível em: https://ec.europa.eu/regional_policy/sources/policy/how/improving-investment/public-procurement/study/country_profile/uk.pdf.
[65] Disponível em: https://ec.europa.eu/regional_policy/sources/policy/how/improving-investment/public-procurement/study/country_profile/it.pdf.
[66] Disponível em: https://www.codiceappalti.it/Italian_Procurement_Code/Art__1__Subject-matter_and_scope/9582.
[67] Disponível em: https://www.codiceappalti.it/Italian_Procurement_Code/Art__54__Framework_agreements/9645.
[68] Disponível em: https://www.codiceappalti.it/Italian_Procurement_Code/Art__54__Framework_agreements/9645.
[69] Disponível em: https://iclg.com/practice-areas/public-procurement-laws-and-regulations/italy.

editais e de contratos, emite pareceres de caráter vinculante e dispõe de competência disciplinar, incluindo atividades de fiscalização e controle.[70]

Qualquer ato praticado no decorrer dos processos de contratação pode ser objeto de impugnação pela parte interessada à Corte Regional Administrativa (primeira instância). Das decisões da Corte Regional cabe recurso ao Conselho de Estado e, em última instância, à Suprema Corte italiana, se for o caso de litígio judicializado.[71]

A Consip é uma empresa estatal, integralmente pertencente ao Ministério da Economia e Finanças, e foi criada em 1997 com a missão de conduzir a atividade de tecnologia da informação da administração pública italiana nas áreas de finanças e contabilidade.[72] Posteriormente, a empresa passou a incorporar as funções de gerir e desenvolver os serviços de coordenação das compras públicas no nível nacional do Governo italiano.

A Consip é responsável por agregar a demanda dos órgãos e por gerenciar o sistema de AQs em nível nacional. Todo o governo central italiano está obrigado a valer-se dos AQs da Consip. Não estão obrigados as agências independentes e os entes subnacionais, os quais são livres para utilizá-los ou não. Contudo, caso essas entidades não optem pelos AQs da Consip, deverão elas demonstrar que podem atingir ou superar a meta de *value for money* em comparação com os AQs da Consip (OCDE, 2011).

3.15 Finlândia

Na Finlândia, a legislação relativa a compras e contratos públicos é preparada pelos Ministérios do Emprego e da Fazenda. No caso finlandês, o país internalizou as Diretivas europeias por meio da Lei de Contratos Públicos de 2016 (*Act on Public Contracts* 1397 /2016). O Ministério da Fazenda assume um papel de normatização infralegal por meio da elaboração da Estratégia de Compras do Governo, decidindo sobre quais serão os objetos de compras conjuntas centralizadas e estabelecendo os procedimentos de compras. As disposições específicas sobre compras centralizadas são estabelecidas na Lei do Orçamento do Estado e em decreto específico sobre aquisições conjuntas do governo central.[73]

Tal aquisição centralizada se aplica a produtos e serviços comuns e a equipamentos de TIC amplamente utilizados, como *softwares* e sistemas de informações compartilhadas. A unidade de compras centralizadas do governo é a *Hansel Ltd*. A *Senate Properties* é responsável pela aquisição centralizada de contratos de construção e reformas para prédios e propriedades imobiliárias do governo central.[74]

A Hansel foi criada em 1941 e passou a ter o *status* de empresa pública desde 1995. Vinculada ao Ministério da Fazenda, também serve como central de compras para os governos locais que quiserem aderir a seus AQs. A empresa possui dois acionistas:

---

[70] Disponível em: http://www.inclublicita.com.br/um-giro-pelo-mundo-das-licitacoes-publicas-italia/.
[71] Disponível em: https://iclg.com/practice-areas/public-procurement-laws-and-regulations/italy.
[72] Disponível em: https://www.consip.it/azienda/chi-siamo.
[73] Disponível em: https://vm.fi/en/governance-policy/corporate-services-for-government/government-procurement.
[74] Disponível em: https://vm.fi/en/governance-policy/corporate-services-for-government/government-procurement.

a Associação de Autoridades Locais e Regionais Finlandesas, com uma participação de 35%, e o governo central, com 65%.[75] A adesão a seus AQs é predominantemente voluntária. No entanto, para alguns objetos, o Ministério da Fazenda estipulou que certos AQs da Hansel são obrigatórios para entidades do governo central finlandês. A estratégia de compras do Estado finlandês tem como diretriz geral o incentivo à utilização das aquisições conjuntas sempre que possível (OCDE, 2011).

Para submeter um recurso ou questionamento sobre uma questão ou decisão referente a compras públicas no governo central finlandês, uma petição por escrito deve ser endereçada ao Tribunal do Mercado Finlandês (*Finnish Market Court*). Essa petição pode ser enviada ao tribunal por empresas ou por certas autoridades públicas.[76]

Previstos na Seção 42 da Lei Finlandesa de Contratos Públicos, os AQs podem ser celebrados com um ou vários fornecedores, mas, uma vez firmados, não é admitida a entrada de novos fornecedores durante sua vigência. Quanto à completude dos AQs, tem-se que, quando há um único fornecedor, os termos e requisitos já devem estar especificados de antemão. No entanto, com vários fornecedores, o AQ pode ser completo ou não e, quando incompleto, a adjudicação do contrato será feita mediante minicompetição.[77]

3.16 França

O Código de Contratação Pública (*Code de la Commande Publique*) de 2018 (em vigor desde abril de 2019) é o diploma legal francês responsável pela definição do regime jurídico aplicável aos contratos e compras públicas no país e traz as disposições gerais sobre os AQs como uma das possíveis técnicas de compras.[78] O Ministério da Economia, Finanças e Recuperação, por meio do Departamento de Compras do Estado (*Direction des Achats de l'Etat – DAE*), detém a competência normativa infralegal para definir orientações e condições gerais do sistema de contratação pública do governo francês. O DAE pode celebrar contratos públicos interministeriais e AQs ou determinar que a celebração seja realizada por outra central de compras, como a Ugap (*Union des Groupements d'Achats Publics*) ou outra entidade pública.[79]

A Ugap foi criada em 1949 no âmbito do Ministério da Educação. Em 1985, ela expandiu seu escopo de atuação e passou a ter natureza empresarial, passando a ficar vinculada aos Ministérios do Orçamento e da Educação. Os AQs oferecidos pela Ugap não têm adesão de caráter obrigatório. Não obstante, para certos objetos determinados pelo DAE, é obrigatória a aquisição por meio da contratação efetuada pela unidade central de compras (o próprio DAE ou outra entidade designada), mas apenas para os órgãos do governo central francês (OCDE, 2011).

---

[75] Disponível em: https://vm.fi/en/governance-policy/corporate-services-for-government/government-procurement.
[76] Disponível em: https://virtuallawyer.fondia.com/en/articles/how-to-appeal-on-a-procurement-matter.
[77] Disponível em: https://finlex.fi/en/laki/kaannokset/2016/en20161397.pdf.
[78] Disponível em: https://www.economie.gouv.fr/daj/accords-cadres-2019 e https://www.lagazettedescommunes.com/595907/un-cadeau-pour-noel-le-code-de-la-commande-publique-2019-est-publie/.
[79] Disponível em: https://www.economie.gouv.fr/dae/presentation.

Assim como nos demais países europeus analisados até aqui, os AQs na França podem ser celebrados com fornecedor único ou com múltiplos fornecedores. Em todo caso, uma vez celebrados, não há a previsão da entrada de novos fornecedores, sendo, assim, tidos como fechados. Os AQs podem ser completos ou incompletos. Quando os acordos são completos e com vários fornecedores, é dispensada a reabertura do acordo com a minicompetição. Quando incompletos e com vários fornecedores, a regra é que haja minicompetição entre os fornecedores, sendo admissível o cenário em que, havendo apenas um fornecedor capaz de oferecer nas condições exigidas, haverá dispensa da minicompetição.[80]

Diferentemente de outros países, no modelo francês, admitem-se os AQs incompletos e com apenas um único fornecedor. A autoridade contratante poderá fazer especificações que não extrapolem os termos do AQ, e tais novas condições serão verificadas de acordo com a capacidade do fornecedor.[81]

Tendo em vista o sistema de jurisdição administrativa na França, esta via será competente para aplicar multas e eventuais sanções, incluindo proibições relacionadas à contratação com a Administração Pública. Os tribunais administrativos têm a competência primária para rever atos e contratos quanto ao cumprimento da lei. Além disso, os tribunais administrativos podem ser acessados por qualquer empresa ou indivíduo que suspeite de fraude nos certames licitatórios. Neste caso, os recursos podem ser feitos diretamente ao Conselho de Estado.[82]

3.17 Alemanha

Na Alemanha, o Ministério de Assuntos Econômicos e de Ação Climática é o principal órgão responsável por estabelecer as premissas para a política de compras governamentais no país, ao propor quais serão os princípios norteadores das compras e elaborar os projetos de lei nessa temática.[83] No nível federal, várias diretrizes, como o *Manual de Compras Federais*, foram publicadas e o uso de certos termos padronizados e condições é obrigatório, como, por exemplo, para suprimentos e serviços de tecnologia da informação. Além disso, há instituições como o Centro Federal de Competência para Compras Sustentáveis que oferecem assistência às autoridades contratantes federais, estaduais e municipais sobre diversos aspectos das compras públicas.[84]

A Alemanha não tem uma, mas quatro centrais de compras no governo federal, cada qual com uma especialização temática. A Direção Financeira Federal Sudoeste (*BFD Südwest*) faz as compras para a administração fiscal. O Instituto Federal de Pesquisa e Teste de Materiais celebra AQs para grupos de produtos técnicos específicos. O

---

[80] Disponível em: https://resourcehub.bakermckenzie.com/en/resources/public-procurement-world/public-procurement/france/topics/2-application-of-the-statutory-procurement-laws.

[81] Disponível em: https://resourcehub.bakermckenzie.com/en/resources/public-procurement-world/public-procurement/france/topics/2-application-of-the-statutory-procurement-laws.

[82] Disponível em: https://ec.europa.eu/regional_policy/sources/policy/how/improving-investment/public-procurement/study/country_profile/fr.pdf.

[83] Disponível em: https://ec.europa.eu/regional_policy/sources/policy/how/improving-investment/public-procurement/study/country_profile/de.pdf.

[84] Disponível em: https://thelawreviews.co.uk/title/the-government-procurement-review/germany.

Escritório Federal de Equipamentos, TI e Uso das Forças Armadas Alemãs é responsável pela aquisição centralizada para as forças armadas. Por fim, o Órgão Central de Compras do Ministério do Interior desempenha o papel mais importante, pois realiza compras para todos os órgãos federais, gerencia a principal plataforma de compras eletrônicas e desempenha outras funções de suporte para o sistema federal de compras. Ademais, existem centrais de compras em nível regional, como a Central de Compras na Renânia-Palatinado.[85]

As Diretivas da EU foram incorporadas ao Direito alemão principalmente por meio da Lei contra Restrições à Concorrência e da Ordenança sobre Adjudicação de Contratos Públicos. Segundo esses diplomas legais, os AQs podem ser celebrados com um ou vários fornecedores, mas serão sempre fechados, pois é vedada a entrada de novos licitantes uma vez concluído o certame. Os AQs podem ser completos ou não. Quando incompletos com um único fornecedor, assim como na França, a autoridade contratante poderá fazer suplementações dentro dos limites técnicos do AQ, as quais devem ser consultadas junto ao fornecedor. Quando há múltiplos fornecedores, os AQs podem dispensar a abertura de minicompetição se forem considerados completos. Se forem considerados incompletos, deve-se abrir a minicompetição aos fornecedores selecionados no AQ.[86]

Uma impugnação a ato ou decisão no âmbito das compras públicas federais deve ser apresentada perante o tribunal de compras públicas no prazo de 15 (quinze) dias corridos a partir da decisão ou ato da autoridade contratante que constitui a violação alegada. Os procedimentos de impugnação deveriam ser concluídos em cinco semanas, com a possibilidade de prorrogação por duas semanas, contudo, não é raro que eles sejam estendidos por mais tempo na prática. Da decisão do tribunal de compras públicas cabe recurso ao tribunal regional superior competente. O Tribunal Federal de Justiça apenas decide sobre as questões trazidas por um tribunal regional superior com o objetivo de garantir a aplicação harmônica da lei de compras públicas na Alemanha.[87]

Os tribunais de compras públicas podem, e os tribunais regionais superiores devem, submeter questões sobre a interpretação das diretivas e dos regulamentos de compras públicas ou dos tratados da UE ao Tribunal Federal de Justiça se considerarem que uma decisão do Tribunal sobre tais questões é necessária para que eles possam proferir suas decisões.[88]

4 Os efeitos da centralização de compras encontrados na experiência internacional

Ainda com base em Fiuza *et al.* (2020) – que, por sua vez, estenderam e atualizaram uma resenha da OMS sobre os efeitos da centralização em particular sobre as compras

---

[85] Disponível em: https://ec.europa.eu/regional_policy/sources/policy/how/improving-investment/public-procurement/study/country_profile/de.pdf.

[86] Disponível em: https://www.bmwi.de/Redaktion/EN/Downloads/vergabeverordnung-ordinance-award-of-public-contracts.pdf?__blob=publicationFile&v=2.

[87] Disponível em: https://thelawreviews.co.uk/title/the-government-procurement-review/germany.

[88] Disponível em: https://thelawreviews.co.uk/title/the-government-procurement-review/germany.

públicas de insumos de saúde (OMS, 2016), a literatura empírica internacional sobre compras coordenadas e centralizadas distingue efeitos sobre as seguintes variáveis:[89]

1. Preços obtidos pelos governos;
2. Despesas totais com os insumos adquiridos (podendo a análise identificar, em particular, os custos administrativos separadamente);
3. Disponibilidade de estoques;
4. Qualidade do bem e/ou serviço adquirido em uma ou mais dimensões, ou da satisfação do comprador com eles.

O presente trabalho faz um recorte do levantamento de Fiuza *et al.* (2020) para ater-se aos efeitos que são foco deste livro e o estende a outros tipos de bens e serviços contratados. Isso significa que os trabalhos selecionados comparam a centralização ou coordenação de compras a um cenário-base de compras da mesma modalidade descentralizadas e descoordenadas. Quando nos referimos a compras de mesma modalidade, isso significa que comparamos compras negociadas entre si, licitações entre si, e nunca licitações versus negociações, para não confundir os efeitos. Também não pertencem ao atual escopo os efeitos da mera adoção de licitações em lugar de contratações diretas, ou da adoção de licitações eletrônicas em vez das presenciais.

Em complemento às análises quantitativas, incluímos também uma seção sobre achados qualitativos, com lições relevantes tanto para formuladores como para operadores de compras públicas. Todos os achados estão resumidos e consolidados no Quadro 1.

4.1 Sobre os efeitos da centralização/coordenação em preços

Em primeiro lugar, pode-se dizer que a expectativa de que o alto volume seja pré-requisito para a obtenção de preços mais baixos nem sempre se confirma.

a) Menores preços: nos estudos 1 a 12, 15 a 18, e 25 encontrou-se que a agregação de compras contribuía para preços significativamente menores; no estudo 19, os preços menores foram obtidos com a terceirização da compra dos medicamentos patenteados para uma fundação com alto poder de compra, o que também reforça o benefício da agregação de compras.

b) Preços mais competitivos, mesmo em encomendas de volumes relativamente baixos (estudo 20): a explicação levantada pela OMS (2016) era a que outros fatores (variáveis omitidas) estariam afetando os resultados de compras além do volume e poderiam modificar o efeito do volume sobre preços.

c) Preços mais altos: é o caso da compra centralizada de passagens aéreas na Dinamarca (estudo 21) e dos medicamentos patenteados adquiridos em acordos de compras conjuntas analisados pelo estudo 19.

d) Mitigado pela presença de maus pagadores no pool. Seria o caso do estudo 6, que explora a presença de estados em Atas de Registro de Preços como indicadores de maus

---

[89] Outros efeitos analisados pelos autores estão fora do escopo deste trabalho, quais sejam, os efeitos das regras dos leilões sobre os preços e os efeitos da composição das equipes de compras sobre a qualidade dos bens adquiridos.

pagadores, aumentando o prêmio de risco dos fornecedores e, portanto, os preços de reserva e os resultantes preços de equilíbrio obtidos nas licitações.

e) Negativo, mesmo com produtos patenteados, por meio das negociações centralizadas. No México (estudos 3 e 17), a agregação de compras estudada foi de medicamentos patenteados, por meio de uma negociação centralizada, e os efeitos negativos sobre preços e gastos foram significativos.

f) Preços de Central-Armazém são menores que os obtidos no marketplace e menores ainda que os obtidos nas licitações descentralizadas; diferença é maior quanto maior a concentração da oferta do produto (maior o grau de monopolização) – estudo 8.

No Chile, há uma central de compras e abastecimento no Ministério da Saúde, a Cenabast, que respondia no início da década de 2010 por cerca de 50% das compras de saúde do país. Com toda essa escala de compras, os preços obtidos pela Cenabast eram menores que os das licitações descentralizadas e que os das compras feitas por *Convenio Marco* (um sistema de AQs com algumas semelhanças ao Registro de Preços brasileiro). Os compradores públicos podem, portanto, fazer seus pedidos diretamente à Cenabast se tiverem uma demanda firme e, assim, obter menores preços, ou, se houver necessidade imediata do medicamento, podem recorrer ao *marketplace* dos *Convenios Marcos*, o chamado *Mercado Público*. Não estando o produto desejado disponível no *marketplace*, ele pode então fazer sua própria licitação ou, se ela for deserta, fazer uma contratação direta (*tracto direto*).

O estudo 8 mostra que os preços da Cenabast são menores que os obtidos no Mercado Público e menores ainda que os obtidos nas licitações descentralizadas, e essa diferença é maior quanto maior a concentração da oferta do produto (maior o grau de monopolização). Não está claro se os fretes da Cenabast estão computados nesta comparação. Também não entram nessa comparação os custos de manutenção de estoque do comprador individual quando ele compra por meio da Cenabast. Mas, abstraindo esses custos possivelmente não computados, note-se que o funcionamento dos *Convenios Marcos* já foi criticado pela OCDE (2017), pois eles são multifornecedores, aceitam uma quantidade excessiva de fornecedores no primeiro estágio e não procedem a certames de segundo estágio; consequentemente não há suficiente concorrência no primeiro estágio e muito menos no segundo. A padronização das compras, numa visão geral (não restrita a medicamentos), foi considerada insuficiente pela OCDE. Esse arcabouço institucional não favorece, portanto, a obtenção de preços baixos no âmbito do *Mercado Público*.

g) Compras semicentralizadas tiveram sinal ambíguo: redução de preço (estudo 7) ou aumento (estudo 15). Bons compradores têm pouco ou nada a ganhar com agregação de compras a um nível centralizado ou semicentralizado.

O modelo de centralização de compras de saúde é discutido nos estudos 7 e 15. No primeiro estudo, comparam-se três modelos: um centralizado, um descentralizado e um híbrido; o primeiro e o último modelos dominam em eficiência o segundo. A qualidade institucional é de suma importância para o êxito nas compras independentes de cada órgão, de modo que bons compradores têm pouco ou nada a ganhar com a agregação de compras a um nível centralizado ou semicentralizado. O estudo 15 também compara um modelo centralizado com um semicentralizado em dois estados indianos; o sistema semicentralizado estudado apresentou bastantes fragilidades nas regras dos leilões e no controle das ordens de compras.

h) Efeitos de licitações eletrônicas: o estudo 2 avaliou o impacto das licitações eletrônicas nos preços de medicamentos no Chile. Uma das suas hipóteses era que os preços de medicamentos e dispositivos médicos diminuíam com um aumento do número de licitantes. Como a plataforma ChileCompra atrai mais fornecedores aos certames, isso leva a uma economia indireta. O estudo encontrou que a maior agregação de encomendas levou a preços mais baixos em 2,8%, e que assim mais licitantes resultaram em preços menores, mas também encontrou que o número de licitantes parou de crescer depois de 2004, o ano em que o uso da plataforma se tornou obrigatório. Esse estudo foi o único encontrado indicando a existência de um efeito benéfico específico da plataforma.

4.2 Sobre efeitos da centralização/coordenação em despesas

a) Negativo sobre despesas totais: o estudo 11 mostrou que a introdução de um sistema centralizado está associada a uma redução do gasto total quando a unidade de saúde "cliente" pertence a uma área caracterizada por instituições políticas fracas; o efeito negativo também é obtido em produtos patenteados, por meio das negociações centralizadas (estudos 7 e 23). O estudo 2 encontrou que as licitações *on-line* do ChileCompra geram uma economia ao governo de 8,3% na compra de medicamentos e de 9,1% em dispositivos médicos. O estudo 4 demonstrou a queda de 33% do gasto do município investigado ao adquirir medicamentos por meio de consórcio intermunicipal. O estudo 17 demonstrou que a e economia total média obtida com a centralização das compras de material de escritório e informática pela central de compras Consip representou 30% do gasto total do setor, equivalente a 2,4% do PIB italiano. O estudo 22 demonstrou uma poupança de € 314 milhões em 2015 para o governo dinamarquês ao aderir a uma central de compras de medicamentos hospitalares, combinada com um novo aparato de avaliação de tecnologias de saúde.

b) Efeitos indiretos sobre custos administrativos: o estudo 12 mostrou que a centralização permitiu aos pequenos órgãos públicos alocar melhor seus recursos humanos a suas atividades-fim e isolar as suas unidades de compras de interesses privados e pressões políticas. O estudo 13 também demonstrou queda do custo de gestão da aquisição e licitação.

4.3 Sobre efeitos da centralização/coordenação em disponibilidade de estoques

O estudo 8 também investigou o impacto da agregação de volume de vários municípios sobre o nível de estoques. Foi constatado que o número de itens em falta nos estoques por pelo menos um dia caiu aproximadamente 12% de 2007 a 2008 (ano em que o Consórcio começou a ser formado) e 48% em 2009. O número de medicamentos indisponíveis por mais de 90 dias decresceu de 11 para 3 em 2008 e 2 em 2009.

4.4 Sobre efeitos da centralização/coordenação em dimensões de qualidade e ou satisfação das empresas contratantes

a) Tempo de entrega: o estudo 10, ao examinar o impacto da centralização de compras de dispositivos médicos, demonstrou que os tempos de entrega aumentaram para os dispositivos sujeitos à política de centralização. Ao mesmo tempo em que a agregação baixou preços, o número de fornecedores diminuiu significativamente, o que pode ter sido uma das causas para o aumento dos prazos de entrega. Já o estudo 18 concluiu que a aquisição conjunta pode reduzir atrasos nas entregas, mas à custa de uma estimativa inicial de maior tempo de entrega.

b) Satisfação: no estudo 13, foi demonstrado um aumento da satisfação dos *stakeholders*.

c) Conformidade: embora o estudo 21 não tenha detectado ganhos nos preços obtidos em passagens aéreas com a centralização, esta permite um melhor acompanhamento do cumprimento de regras governamentais, como, por exemplo, a emissão de passagens em classe econômica.

4.5 Outros achados quantitativos

a) Número de competidores: o estudo 14 demonstrou um efeito positivo da centralização sobre a entrada de participantes nos certames. Por outro lado, esse mesmo estudo detectou que a alta heterogeneidade entre lotes de leilões reduzia o nível de competição.

b) Manipulação de valores e prazos: o estudo 24 encontrou que órgãos administrativos italianos, em face de uma reforma que visava a centralização de compras, reagiram de modo a burlar as regras: (i) antecipando compras em relação à entrada em vigor das regras de centralização; (ii) manipulando valores de contratos, dando origem a "excessos de massa" de contratos logo abaixo do limiar que leva à centralização obrigatória; (iii) com a agregação de compras em centrais de compras pequenas.

4.6 Achados qualitativos

Algumas análises na literatura sobre compras centralizadas trazem lições valiosas, sem, no entanto, trazerem números a serem citados e repetidos. Por exemplo, a centralização da compra de livros didáticos na Indonésia enfrentou problemas como a baixa cobertura de Internet para os diretores de escolas fazerem seus pedidos; o alto custo de frete (a ser coberto por um fundo nacional) para as regiões mais distantes, em vista da alta concentração das gráficas numa mesma ilha do arquipélago; a completa descentralização dos pagamentos para as escolas (mesmo cada uma delas sacando do mesmo fundo) que fazia com que o custo da faturação fosse maior que o da própria entrega. O certame da seleção dos fornecedores aparentemente levou em conta apenas o custo de produção, apesar da LKPP não se responsabilizar pela distribuição (como faz o FNDE no PNLD brasileiro). Ainda assim, a centralização trouxe redução nos custos administrativos e de logística, aumento do poder de barganha do governo; redução da corrupção e da dispersão dos preços.

O estudo 15 mostrou a importância da transparência, da celeridade dos pagamentos e de uma estrutura de decisão enxuta para o sucesso de um sistema de compras.

5 Conclusões

A revisão da experiência internacional e da literatura empírica sobre a centralização e a coordenação de compras nos permite aprender sobre erros e acertos na formatação desse tipo de contratação.

Na esmagadora maioria dos países analisados, o instrumento de coordenação de compras, seja um Acordo Quadro, seja um portal de *marketplace* – que pressupõe, em última análise, a celebração de um ou mais AQ pelo mantenedor do portal com os fornecedores nele cadastrados –, vem acompanhado de uma estrutura centralizada ou semicentralizada que reúne os melhores quadros de servidores públicos para operacionalizá-lo. Estas centrais de compras, sejam ao nível nacional, subnacional ou em ambos, podem ter também atribuição de supervisão e normatização das compras governamentais, já que tipicamente os vários órgãos do governo não só aderem aos AQ como também fazem suas próprias aquisições pontual e isoladamente, principalmente se o AQ não é de adesão obrigatória. Há, no entanto, vários casos em que as autoridades regulatórias ou normatizadoras são órgãos separados, como é o caso de alguns países africanos e europeus.

Percebe-se também uma grande predominância de AQs multifornecedores, em alguns poucos casos abertos à entrada de novos fornecedores após sua entrada em vigência. Isso se dá principalmente nos países europeus – graças à previsão do Sistema de Aquisição Dinâmica pelas Diretrizes da União Europeia –, América do Norte e Nova Zelândia. Nota-se também que os portais de *e-marketplace* rapidamente se tornaram a principal referência de compra agregada, muitas vezes sendo adotados sem que ao menos os AQs tradicionais tivessem se difundido antes; seu sucesso parece ter sido principalmente nas Américas e na Ásia.

Quanto aos efeitos demonstrados da centralização de compras, pudemos observar que um grande número de estudos encontrou impactos negativos da agregação sobre preços obtidos (mesmo sem a realização de licitação), despesas realizadas em geral e custos administrativos em particular. Outros estudos tiveram resultados mais ambíguos sobre preços, seja encontrando impacto positivo ou nenhum impacto significativo. A centralização completa da compra, incluindo distribuição, naturalmente consegue obter preços de aquisição mais baixos, o que não significa que o custo total da aquisição seja menor, devido ao incurso de custos logísticos maiores. Alguns estudos também apontam para ganhos de satisfação das partes envolvidas e melhoras na conformidade das entidades contratantes. Os efeitos sobre tempestividade nas entregas tiveram sinais ambíguos. Vale notar, como instruem a agência de compras neozelandesa e tantas outras, que a decisão de criar um painel de fornecedores por meio de um AQ deve levar em conta a estrutura do mercado. O efeito da agregação variará de um mercado para outro, dependendo da concentração e das condições de entrada: a tendência é que os ganhos da agregação sejam maiores onde o mercado for mais concentrado e com maiores barreiras à entrada.

Essa heterogeneidade nos impactos obtidos pela agregação de compras deve ser mais explorada na literatura empírica, para que os formuladores de políticas de compras desenhem melhor seus modelos de compras conjuntas. Muitas sugestões a este respeito já foram apresentadas em trabalhos anteriores (FIUZA, 2015; FIUZA; MEDEIROS, 2014; FIUZA, POMPERMAYER; RAUEN, 2019; FIUZA *et al.*, 2020), entre elas a recomendação de haver justamente uma agência central de compras e uma autoridade reguladora (não necessariamente coincidentes). Além dessa visão macro de como devem funcionar os AQ, nunca é demais lembrar que a agência ou entidade organizadora de um AQ deve precedê-lo de um bom estudo de mercado, e não cair na tentação de copiar acriticamente minutas de AQs anteriores bem-sucedidos, justamente em vista da variedade de cenários microeconômicos, tanto ao nível setorial como regional (isto é, em vista das diferentes configurações dos mercados relevantes geográficos e de produto).

Referências

ADB – ASIAN DEVELOPMENT BANK (2016). *Regional: e-GP Assessment Report for the Public Procurement Agency of Vietnam*. Technical Assistance Consultant's Report Project Number: 47192-001. Disponível em: https://www.adb.org/sites/default/files/project-documents/47192/47192-001-tacr-en_1.pdf.

ADESINA, A.; WIRTZ, V. J.; DRATLER, S. (2013). Reforming antiretroviral price negotiations and public procurement: the Mexican experience. *Health policy and planning*, v. 28, n. 1, p. 1-10.

ALBANO, G.; BALLARIN, A.; SPARRO, M. (2010). Framework agreements and repeated Purchases: the basic economics and a case study on the acquisition of IT services. *In: 4th International Public Procurement Conference, Seoul* (p. 26-28).

ALBANO, G.L.; NICHOLAS, C. *The Law and Economics of Framework Agreements*. Cambridge: Cambridge University Press, 2016.

AMARAL, S. M. S. D.; BLATT, C. R. Municipal consortia for medicine procurement: impact on the stock-out and budget. *Revista de Saúde Pública*, n. 45, p. 799-801, 2011.

BALDI, S.; VANNONI, D. The impact of centralization on pharmaceutical procurement prices: the role of institutional quality and corruption. *Regional Studies*, v. 51, n. 3, p. 426-438, 2017.

BANCO MUNDIAL. *Spending for Development:* Making the Most of Indonesia's New Opportunities. Jakarta: World Bank, 2007.

BARBER, S. L. *et al.* (2013). The reform of the essential medicines system in China: a comprehensive approach to universal coverage. *Journal of Global Health*, v. 3, n. 1, 010303.

BARBOSA, K.; FIUZA, E. P. S. *Demand aggregation and credit risk effects in pooled procurement:* evidence from the Brazilian public purchases of pharmaceuticals and medical supplies. Textos para discussão 299. São Paulo: EESP/FGV, 2012.

BARTELS, D. Centralizing procurement of medicines to save costs for Denmark. *Eurohealth Observer*, v. 22, n. 2, p. 42-44, 2016.

CASTELLANI, L.; DECAROLIS, F.; ROVIGATTI, G. *Procurement Centralization in the EU: the Case of Italy*. CEPR Discussion Paper DP12567, 2018.

CHOKSHI M.; FAROOQUI H.H.; SELVARAJ S.; KUMAR P. A cross-sectional survey of the models in Bihar and Tamil Nadu, India for pooled procurement of medicines. *WHO South-East Asia Journal of Public Health*, v. 4, n. 1, p.78-85, 2015.

CLARK, R.; COVIELLO, D.; DE LEVERANO, A. *Centralized Procurement and Delivery Times: Evidence from a Natural Experiment in Italy*. ZEW – Centre for European Economic Research Discussion Paper No. 21-063, 2021.

DUBOIS, Pierre; LEFOUILI, Yassine; STRAUB, Stéphane. Pooled procurement of drugs in low and middle income countries. *European Economic Review*, v. 132, p. 103655, 2021.

EWEN, M. *et al*. Comparative assessment of medicine procurement prices in the United Nations Relief and Works Agency for Palestine Refugees in the Near East (UNRWA). *Journal of pharmaceutical policy and practice*, v. 7, n. 1, p. 13, 2014.

EYO, A. Framework agreements in public procurement in Africa: Progress and limitations. *In*: *Public Procurement Regulation in Africa*: Development in Uncertain Times Development in Uncertain Times. Lexis Nexis, 2020. (p. 317-343).

FIUZA, E. Desenho institucional em compras públicas. *In*: FIUZA, E.; SALGADO, L. H. (org.). *Marcos regulatórios no Brasil*: aperfeiçoando a qualidade regulatória. Rio de Janeiro: Ipea, 2015.

FIUZA, E. P. S.; MEDEIROS, B. A. *A agenda perdida das compras públicas*: rumo a uma reforma abrangente da lei de licitações e do arcabouço institucional. (Texto para Discussão, n. 1990). Rio de Janeiro: Ipea, 2014.

FIUZA, E. P. S.; POMPERMAYER, F. M.; RAUEN, A. T. (2019). A retomada da agenda perdida das compras públicas: notas sobre o novo projeto de lei de licitações da Câmara dos Deputados em 2018-2019. Brasília: Ipea. (Nota Técnica, n. 46).

FIUZA, E. P.; SANTOS, F. V. L.; LOPES, V. B.; MEDEIROS, B. A.; SANTOS, F. B. (2020). *Compras públicas centralizadas em situações de emergência e calamidade pública*. (Texto para Discussão, n. 2575). Rio de Janeiro: Ipea.

GALDAMES-PAREDES, F. J. *Análisis econométrico del abastecimiento de medicamentos en el mercado público vía licitaciones, convenios Marco y Cenabast*. Dissertação (Mestrado) – Universidade de Chile, Santiago, Chile, 2015.

GÓMEZ-DANTÉS, O. *et al*. A new entity for the negotiation of public procurement prices for patented medicines in Mexico. *Bulletin of the World Health Organization*, v. 90, p. 788- 792. (2012).

KANG, H. (2018). *Korea e-Procurement System: Continuous Improvement & Innovation*. UNCTAD e-Commerce Week. Disponível em: https://unctad.org/system/files/non-official-document/dtl_eWeek2018p77_HeehoonKang_en.pdf (acesso em: 22 fev. 2022).

LOTTI, C.; SPAGNOLO, G. *Indirect Savings from Public Procurement Centralization*. CEIS Working Paper No. 532. (2022). Disponível em: https://ssrn.com/abstract=4023445 ou http://dx.doi.org/10.2139/ssrn.4023445.

LUNTE, K.; CORDIER-LASSALLE, T.; KERAVEC, J. (2015). Reducing the price of treatment for multidrug-resistant tuberculosis through the Global Drug Facility. *Bulletin of the World Health Organization*. 93 (4): 279-282. Disponível em: http://dx.doi.org/10.2471/BLT.14.145920.

McEVOY, E.; FERRI, D. The role of the joint procurement agreement during the COVID-19 Pandemic: Assessing its usefulness and discussing its potential to support a European health union. *European Journal of Risk Regulation*, 11(4): 851-863. (2020).

MENNINI, F.; DIMITRI, N.; GITTO, L.; LICHERE, F.; PIGA, G. (2017). Joint procurement and the EU perspective. *In*: PIGA, G.; TÁTRAI, T. (ed.). *Law and Economics of Public Procurement Reforms*. London: Routledge.

NURMANSYAH, Z. F; HARIYATI, D. Published or Perished: Harnessing Consolidated Procurement of National Reference Books. *International Journal of Supply Chain Management*, v. 10, n. 2, p. 1, 2021.

OCDE (2011), *Centralised Purchasing Systems in the European Union*, SIGMA Papers, No. 47, OECD Publishing, Paris, https://doi.org/10.1787/5kgkgqv703xw-en.

OCDE (2017), *Public Procurement in Chile: Policy Options for Efficient and Inclusive Framework Agreements*, OECD Public Governance Reviews, OECD Publishing, Paris, https://doi.org/10.1787/9789264275188-en.

OCDE (2019), *Reforming Public Procurement: Progress in Implementing the 2015 OECD Recommendation*, OECD Public Governance Reviews, OECD Publishing, Paris, https://doi.org/10.1787/1de41738-en.

OECD (2021), *Public Procurement in the State of Mexico: Enhancing Efficiency and Competition*, OECD Public Governance Reviews, OECD Publishing, Paris, https://doi.org/10.1787/cc1da607-en.

PETERSEN, O. H.; JENSEN, M.D.; BHATTI, Y. The effect of procurement centralization on government purchasing prices: evidence from a field experiment. *International Public Management Journal*, v. 25, n. 1, p. 24-42, 2020.

PLAČEK, M. The effects of decentralization on efficiency in public procurement: Empirical evidence from Czech Republic. *Lex Localis*, v. 15, n. 1, p. 67-92, 2017.

POČAROVSKÁ, A. (2018). *The Aspects of Collaborative Procurement: Centralization, Scope and Different Market Structures*. Master thesis. Prague: Charles University in Prague, Faculty of Social Sciences, Institute of Economic Studies.

QUINOT, G. (2014). *An institutional legal structure for regulating public procurement in South Africa*. Research report on the feasibility of specific legislation for National Treasury's newly established Office of the Chief Procurement Officer. Disponível em: http://africanprocurementlaw.org/wp-content/uploads/2016/01/OCPO-Final-Report-APPRRU-Web-Secure.pdf.

RAVENTÓS, P.; ZOLEZZI, S. Electronic tendering of pharmaceuticals and medical devices in Chile. *Journal of Business Research*, v. 68, n. 12, 2015.

SACKS, A.; RAHMAN, E.; TURKEWITZ, J.; BUEHLER, M.; SALEH, I. (2014). The dynamics of centralized procurement reform in a decentralized state: evidence and lessons from Indonesia. *World Bank Policy Research Working Paper*, (6977).

SORTE JR.; W.F. 'Assessing the efficiency of centralised public procurement in the Brazilian ICT sector'. *International Journal of Procurement Management*, vol. 6, n. 1, p. 58-75. 2013.

TOLESSA, K. (2016). Assessing the Significance and Efficiency of Framework Agreement: in Case of Ethiopian Federal Public Organisation. *Journal of Supply Chain Management Systems*, 5(4), 1.

UK CABINET OFFICE (2020). *Transforming public procurement*. Apresentado ao Parlamento pela Secretaria Parlamentar do Cabinet Office. Londres. CP 353.

VOGLER, S. et al. Discounts and rebates granted for medicines for hospital use in five European countries. *The Open Pharmacoeconomics & Health Economics Journal*, v. 5, n. 1, 2013.

WANG, L. X.; ZAHUR, N. (2021). *Procurement Institutions and Essential Drug Supply in Low and Middle-Income Countries*. Disponível em: https://ssrn.com/abstract=3926761 ou http://dx.doi.org/10.2139/ssrn.3926761.

WANING, B.; KAPLAN, W.; KING, A. C.; LAWRENCE, D. A.; LEUFKENS, H. G.; FOX, M. P. Global strategies to reduce the price of antiretroviral medicines: evidence from transactional databases. *Bulletin of the World Health Organization*, v. 93, n. 4, p. 279-282.

YUKINS, C.R. The US Federal Procurement System: An Introduction. *GW Legal Studies Research*, Paper n. 2017-75, 2017.

Informação bibliográfica deste texto, conforme a NBR 6023:2018 da Associação Brasileira de Normas Técnicas (ABNT):

FIUZA, Eduardo Pedral Sampaio; FRANCO NETO, Eduardo Grossi; MARCOLINO, Daniel Mol. Experiências internacionais de centralização de compras públicas. *In*: LOPES, Virgínia Bracarense; SANTOS, Felippe Vilaça Loureiro (coord.). *Compras públicas centralizadas no Brasil*: teoria, prática e perspectivas. Belo Horizonte: Fórum, 2022. p. 59-96. ISBN 978-65-5518-463-1.

APÊNDICE

# GOVERNANÇA EM COMPRAS PÚBLICAS: UM GUIA DE MENSURAÇÃO DA MATURIDADE COMO APOIO AO PROCESSO DE CENTRALIZAÇÃO DE COMPRAS PÚBLICAS

ANA LÚCIA PAIVA DEZOLT

GILBERTO PORTO

1 Introdução

Este trabalho tem como objetivo propor um modelo referencial sobre a governança em compras públicas com objetivo de medir e fomentar a maturidade na gestão de compras de entes subnacionais e apoiá-los em seu aperfeiçoamento. Esse guia é também relevante no contexto de centralização das compras públicas, uma vez que esse processo, para ser executado de forma adequada, precisa de uma prontidão e capacidade institucional de resposta da unidade responsável. Com essa análise da maturidade será possível ter uma avaliação das principais lacunas do modelo de compras centralizado envolvendo desde o planejamento, a estrutura, processos e equipe, até a avaliação de performance, contribuindo assim para a sua efetiva implementação e atendimento de seus *stakeholders*.

Para a construção desse modelo foram utilizadas as seguintes referências de avaliação das compras públicas: Metodologia para Avaliação de Sistemas de Compras (*MAPS*, sigla em inglês), Diagnóstico da Maturidade da Gestão Fiscal (*MD-GEFIS*) e a *Pesquisa de compras públicas estaduais*, ano base 2015, realizada pelo Conselho Nacional de Secretários de Estado da Administração (CONSAD). De forma complementar, foram analisados programas de melhoria da gestão pública, como o Programa Nacional de Desburocratização (*GESPÚBLICA*), liderado pelo Ministério da Economia, e o Guia de Governança Pública, realizado pelo Tribunal de Contas da União (*TCU*), que sistematicamente avaliam a maturidade em governança das organizações públicas, identificam boas práticas e recomendam ações de melhoria.

Como resultado, foi desenvolvido um guia com 60 itens de verificação agrupados em nove dimensões com quatro escalas de maturidade que podem ser utilizados por organizações com diferentes níveis de maturidade, conforme ilustrado na figura seguinte.

FIGURA 1
Etapas da construção da metodologia

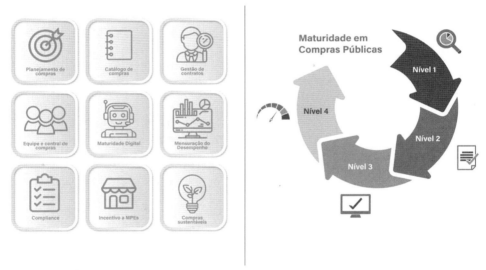

Fonte: Elaboração própria

Dessa forma, busca-se consolidar a compra pública como vetor de realização das políticas públicas de desenvolvimento econômico, ambiental e social, pois o bom desempenho de um sistema de compras não depende exclusivamente de um bom marco legal mas também, de forma complementar, de um modelo de governança que envolva um conjunto de diferentes dimensões abrangendo gestão, fluxos, sistemas eletrônicos, entre outros.

2 Contextualização

Existe uma demanda crescente na América Latina e Caribe pelo fortalecimento dos sistemas de compras públicas. Como esse sistema pode representar em média de 10 a 15% do PIB segundo a WTO (2012), e 30% do gasto com a compra de bens e serviços, incluindo infraestrutura a partir de estudo de Izquierdo, Pessino e Vuletin (2018), a melhoria de sua eficiência pode gerar uma melhoria fiscal significativa e desempenhar um papel crítico para o desenvolvimento desses países. Compras públicas são uma grande área onde os governos estão empreendendo esforços para melhorar sua eficácia dentro da sua entrega de serviços públicos e, ao mesmo tempo, atendê-los de forma eficiente de acordo com seu orçamento. Dado seu tamanho e importância na economia, segundo Lewis-Faupel *et al.* (2016), a maneira como as compras públicas são executadas tem grande impacto na entrega de serviços públicos (como saúde, infraestrutura, transporte), sustentabilidade fiscal e transparência. As compras públicas subnacionais representam, como percentual do total de gastos governamentais, entre 24,6% e 32,3% no nível estadual e municipal, respectivamente, com uma situação estável entre 2007 e 2014 segundo a OECD (2017).

De forma complementar, as compras públicas podem ser utilizadas como uma ferramenta para alcançar objetivos públicos, como o incremento de oportunidades para atores econômicos não tradicionais, incluindo mulheres. Entretanto, as mulheres não têm sido beneficiadas tanto quanto poderiam desse lucrativo mercado. Apesar delas representarem a liderança de um terço das pequenas e médias empresas nos países em desenvolvimento, possuem apenas uma pequena fração dos contratos governamentais segundo Kirton (2013).

Alguns dos principais desafios em compras públicas no nível nacional e subnacional no Brasil incluem: (i) transparência limitada como resultado da falha em disseminar e publicar informações sobre compras nos diferentes níveis de governo segundo o BID; (ii) ineficiências em procedimentos operacionais de compras e infraestrutura tecnológica insuficiente para Almeida e Sano (2016); (iii) baixa capacidade institucional nas unidades de compras e dificuldades em desenvolver e reter capital humano com experiência profissional e competências na área para Harper, Calderon e Muñoz (2016); (iv) aumento do risco/percepção de corrupção. Em 2021, o Brasil ocupou o 96º em 180 países analisados com um resultado de 38/100 no *Índice de Percepção de Corrupção da TRANSPARÊNCIA INTERNACIONAL (2022).*

Existe uma ampla literatura relacionada com ferramentas e estratégias que podem ser aplicadas para superar esses desafios. Por exemplo, Fazekas (2014) discute como ferramentas inovadoras podem ser utilizadas como instrumentos para identificar alto nível de corrupção por meio de análises utilizando Big Data; Brunetti e Weber (2003) indicam que se existe uma alta qualidade da burocracia, o sistema será mais transparente; Basheska (2011) argumenta que existe uma necessidade de enfatizar o desenvolvimento de melhores condições econômicas, em termos de renda dos cidadãos, para evitar fraude; e Piga e Tatrai (2014) defendem que é importante fortalecer os times que estão responsáveis por monitorar a performance e condições de contrato para aumentar a transparência e eficiência.

Existe uma necessidade de aumentar a capacidade daqueles que trabalham em compras públicas, particularmente nos níveis subnacionais,[1] por meio do desenvolvimento de conhecimentos e ferramentas[2] inovadoras que podem apoiar os sistemas de compras públicas a alcançarem maior eficiência e transparência no uso de recursos públicos:

- *Novas tecnologias disruptivas e inovação*, que podem ser utilizadas para melhorar a gestão de compras públicas e implementá-las em compras eletrônicas, em particular no contexto de um sentimento de desconexão com sua própria realidade e o *gap* entre os avanços na implementação da tecnologia nas práticas de compras do setor público e privado.

- *Confiança e transparência nas compras públicas e oportunidades de resolver velhos problemas com novas ferramentas* (i.e., eficiência vs. transparência; eficiência vs. economia; coleta de dados vs. uso de dados para tomada de decisão). Evidências sobre o impacto da implementação de novas tecnologias em instituições com baixa-média-alta capacidades e como tem sido implementadas no mundo.

- *Oportunidades para integrar representantes dos diferentes níveis de governo para compartilharem* conhecimento, práticas de compras, discutirem e disseminarem avanços técnicos para o desenvolvimento das compras públicas.

- *O fortalecimento de compras públicas no Brasil como um mecanismo estratégico, de apoio à transformação do setor público*, envolve a otimização e racionalização de seus processos, o desenvolvimento de mecanismos inovadores, a promoção de capacidades para agentes públicos para ter uma visão sistêmica do processo de compras e a geração de um mercado público onde o setor privado e os cidadãos se sintam efetivamente empoderados para participar e monitorar a gestão dos recursos públicos. Algumas das ações principais para alcançar esses resultados são:

1. *Fortalecer a coordenação entre níveis e esferas de governo para eficiência das compras públicas,* sua governança e uso de plataforma tecnológica para identificar, estruturar e disseminar boas práticas; promover estudos e pesquisas em compras públicas como indutor do desenvolvimento sustentável e o processo de certificação de agentes públicos.

2. *Inovação e uso de tecnologia para aperfeiçoar o caminho que os governos desempenham na função de compras* a fim de melhorar a eficiência, efetividade e transparência para alcançar o melhor custo x benefício (veja a seção adiante sobre tecnologias digitais).

3. *Desenvolvimento de plano estratégico para melhoria de compras públicas no nível subnacional* – é possível identificar que existem realidades de compras bastante diferentes vivenciadas pelos Estados brasileiros envolvendo desde o principal órgão responsável, o modelo de centralização ou descentralização utilizado, o tipo de modalidade de licitação mais utilizada e até o uso da política de compras como incentivo ao desenvolvimento

---

[1] De acordo com a OCDE (2013) um fator crítico para governos subnacionais é a implementação de práticas de transparência nas compras. Isso é especialmente importante dada a baixa capacidade de gerenciar princípios de integridade, em pequenas regiões e municípios, que em geral não têm equipes treinadas para gerenciar questões de compras, ou onde a descentralização ultrapassou a capacidade de desenvolvimento de controles internos.

[2] Ferramentas de inovação incluem, por exemplo, pregão eletrônico, catálogos digitais e o uso de outros critérios de preferência na seleção como inclusão.

regional e sustentável. O CONSAD (2022)[3] desenvolveu um sistema para implementação do guia e suporte para compras públicas no nível subnacional.

Compras públicas podem alavancar a tecnologia digital para melhorar sua efetividade, eficiência e transparência, contribuindo para reduzir os preços dos bens e serviços comprados pelo setor público, reduzindo o tempo gasto na preparação de licitações e limitando a corrupção. Inovações digitais recentes baseadas em *Big data / Data Science* têm aumentado a eficiência de compras públicas, incluindo as experiências dos Estados brasileiros como o Rio Grande do Sul e Amazonas, que usam a informação da nota fiscal eletrônica como referência para estimativa de preço em licitações. Essa estratégia tem acelerado o processo de compras e reduzido em aproximadamente 23% o tempo requerido no trâmite processual das compras no Estado do Amazonas. De forma complementar, a tecnologia *blockchain* pode melhorar a eficiência, segurança e transparência das transações em vários estágios das compras públicas. Nos Estados Unidos, a *GSA/FAZ* (unidade de compras federal) lançou o sistema *FASt Lane* utilizando *blockchain* para comprar materiais e serviços de TI, o que reduziu em 90% o tempo geralmente necessário nesses processos. No México, no contexto dos padrões de dados abertos (OCDS), dados sobre planejamento de compras, licitação, contratação e implementação encontram-se publicados.

A tecnologia digital pode apoiar os esforços para a melhoria da transparência fiscal. Por meio da provisão de informação pública sobre a gestão e uso de recursos públicos e transações governamentais, é possível informar o público e promover a participação cidadã, facilitando o trabalho de controle das instituições e o escrutínio público das políticas fiscais, o processo orçamentário e a execução financeira, e finalmente melhorando a governança democrática. Como descrito antes, sistemas de compras eletrônicas podem oferecer acesso a informação, instantânea e segura, a fim de criar oportunidades para um universo ampliado de participantes em licitações e contribuir para o atendimento dos princípios e regras das compras públicas (BID, 2015).

A gestão centralizada de bens e serviços comuns bem como o estudo de cadeias de suprimento podem otimizar o uso de recursos públicos, garantindo o adequado planejamento de compras com a melhor especificação técnica dos itens e quantidades demandadas, redução de custos finais de compras e, em especial destaque, a redução de custos operacionais e do risco jurídico.[4]

---

[3] No nível subnacional, o Conselho Nacional de Secretários de Estado da Administração (CONSAD) implementou o guia sobre governança e gestão de compras públicas para o apoio na identificação de boas práticas na operação de compras promovendo transparência, eficiência e integridade – *Sistema de Boas Práticas de Compras Públicas*.

[4] Como referência sobre a otimização do uso de recursos e cooperação por meio da centralização de compras destacam-se, em âmbito federal, *o Fundo Nacional de Desenvolvimento da Educação (FNDE)* e, em âmbito estadual, *o PROTEGE MINAS*.

3 Avaliação da maturidade em compras dos Estados brasileiros

A utilização de referências e metodologias de avaliação de maturidade possibilita melhorar o sistema de compras públicas, criando um ambiente propício ao bom funcionamento do processo de contratação, à efetiva aplicação dos recursos públicos e à segurança jurídica aos gestores.

Dessa forma, a primeira etapa do trabalho envolveu a análise comparativa das principais metodologias de avaliação de compras utilizadas no Brasil, incluindo a Pesquisa de Compras Públicas Estaduais, a MAPS e a MD-GEFIS; o marco legal e, de forma complementar como fonte de referência, as boas práticas já adotadas para a construção do instrumento de análise de maturidade. Assim, a figura a seguir representa essa consolidação das principais referências utilizadas pela metodologia.

FIGURA 2
Fontes utilizadas para construção da metodologia

Pesquisa boas práticas de compras públicas | Metodologia de avaliação do MD-GEFIS | Metodologia do MAPS | Marco legal federal de compras

Fonte: Elaboração própria

A pesquisa de compras públicas estaduais foi realizada pela última vez em 2015, com a participação de 20 Estados, com a coordenação do Conselho Nacional de Secretários da Administração (CONSAD). A avaliação envolveu 11 dimensões diferentes de desempenho dos sistemas de compras estaduais, com um inventário não apenas da situação atual e das práticas adotadas, mas também uma visão consolidada dos principais desafios de políticas públicas, como o incentivo a micro e pequenas empresas e compras sustentáveis.

A Metodologia para Avaliar Sistemas de Compras (*MAPS*) é desenvolvida pela Organização para a Cooperação e Desenvolvimento Econômico (OCDE), aplicada em mais de 90 países, para avaliar a qualidade e eficácia dos sistemas de compras públicas. A metodologia MAPS é composta por quatro pilares e 55 itens de verificação, que são analisados de forma qualitativa e quantitativa. A partir dessa avaliação é realizada uma análise de lacuna e de sua relevância como forma de sinalizar se é um ponto crítico, uma *red flag*, que requer atenção do gestor.

FIGURA 3
Framework analítico do MAPS

Fonte: Elaboração própria

A Metodologia para Avaliação da Maturidade da Gestão Fiscal (*MD-GEFIS*) foi desenvolvida em parceria com o Governo Federal e com os Governos Estaduais representados pelos Grupos de Trabalho do Comitê Nacional de Secretários de Fazenda, Finanças, Receita ou Tributação dos Estados e do Distrito Federal (COMSEFAZ): GDFAZ, COGEF, ENCAT e GEFIN. A MD-GEFIS, por sua vez, já sintetiza as recomendações de diversas metodologias, reconhecidas tais como Governança Pública de Aquisições (TCU); Desempenho da Administração Tributária (FMI); *Tax Administration Diagnostic Assessment Tool* (TADAT-FMI); Programa de Despesas Públicas e Responsabilidade Financeira (PEFA-BIRD); Desempenho de Gestão da Dívida (DeMPA-BIRD); e Avaliação da Transparência Fiscal (FTE-FMI).

Os três eixos da MD-GEFIS englobam todas as áreas da gestão fiscal subnacional brasileira, sendo aplicável aos Estados e ao Distrito Federal, e avaliam seis dimensões envolvendo Governança pública, Gestão para resultados, Gestão de pessoas, Gestão de TI, Gestão de aquisições e materiais e Transparência e cidadania fiscal. Dentro da dimensão Gestão de aquisições e materiais são avaliadas seis subdimensões. Em relação às boas práticas de compras públicas, podem-se destacar os processos e requisitos da dimensão *GF5 – Gestão de Aquisições e Materiais* do Eixo I de Gestão Fazendária e Transparência Fiscal e também a dimensão AF-6 de Gestão de Custos e Gastos Públicos do Eixo III de Administração Financeira e Gasto Público. A MD-GEFIS já foi aplicada em 25 Estados brasileiros e em 2021 a metodologia foi adaptada para sua aplicação em municípios.

FIGURA 4
Metodologia do MD GEFIS

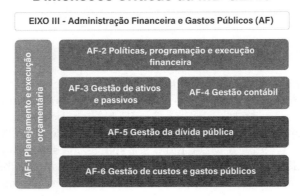

Fonte: Adaptado de BID (2017)

E a análise da legislação envolveu uma revisão do marco legal e infralegal federal como referência para identificar requisitos mínimos obrigatórios que devem ser adotados dentro do modelo de governança de compras públicas. É importante destacar que existem requisitos legais que podem ter diferentes níveis de implementação de acordo com o grau de maturidade do ente subnacional. Dessa forma, mesmo que o ente atenda, no nível básico de maturidade, o requisito, é possível avançar e melhorar o seu desempenho com a incorporação de boas práticas.

A título de exemplo de aplicação, cita-se o processo que envolve a pesquisa de preços de referência para abertura de processos licitatórios. A legislação exige uma pesquisa de mercado e, de forma complementar, os órgãos de controle recomendam a utilização de múltiplas fontes de consulta, além da pesquisa direta com fornecedores. No entanto, considerando uma boa prática dentro de um nível de maturidade mais avançado, poderia se utilizar a Nota Fiscal Eletrônica (Nfe) como referência para apoiar a pesquisa gerando uma maior fidedignidade dos resultados e rapidez do processo, como demonstram DEZOLT e MUÑOZ (2020). O quadro a seguir apresenta uma visão consolidada desse conjunto de metodologias e suas similaridades e diferenças:

QUADRO 1
Comparativo entre MD-GEFIS, MAPS, legislação e infralegal e pesquisa de boas práticas

	MD-GEFIS	MAPS	Legislação e infralegal	Pesquisa de boas práticas
D I M E N S Õ E S	• Direcionamento estratégico da gestão de aquisições e contratações • Planejamento das aquisições e contratações • Execução das aquisições e contratações • Controle e a auditoria das aquisições e contratações • Gestão de material de consumo • Gestão de material permanente	• Pilar I – Quadro jurídico, regulatório e político • Pilar II – Quadro institucional e capacidade de gestão • Pilar III – Operações de contratação pública e práticas de mercado • Pilar IV – Responsabilidade, integridade e transparência do sistema de contratações públicas	• Lei nº 8.666/93 • Decreto nº 5.450/2005 • Decreto nº 7.746/2012 • Decreto nº 6.204/2007 • Instruções normativas para aquisições envolvendo compras sustentáveis, bens, serviços e TIC	• Marco regulatório de compras estaduais • Competências do órgão central • Abrangência do sistema estadual de contratação • Sistema de compra eletrônico • Registro de fornecedores • Sistema de catalogação de materiais e serviços • Gestão e fiscalização de contratos • Capacitação de usuários • Microempresas e empresas de pequeno porte • Compras sustentáveis • Alianças público-privadas
	MÉTODO			
	Requisito aplicável ou não	Qualiquantitativo com evidência e *red flag*	N/A	Questionário

Fonte: Elaboração própria

4 Plano de ação para melhoria da maturidade em governança de compras públicas

As organizações podem adotar *diferentes modelos de compras*[5] como resposta a suas diferentes necessidades e suas eventuais limitações. Contudo, *existem também diferentes níveis de maturidade* que podem fazer com que mesmo uma organização que adote um modelo descentralizado possa obter, eventualmente, um desempenho superior a outra com um modelo totalmente centralizado em compras. Outra situação comum dessa baixa capacidade institucional em compras ocorre quando uma organização que adota um modelo centralizado de compras não consegue obter todos os benefícios esperados[6] e limita-se a redução de custos dos bens e serviços adquiridos.

Nesse sentido, o guia pode ser uma importante ferramenta de apoio para diagnóstico, análise e elaboração de estratégias de melhoria da maturidade e capacidade

---

[5] Descentralizado, parcialmente centralizado e centralizado são alguns dos modelos de aquisições mais comuns.
[6] Como alguns dos benefícios esperados de uma centralização de compras temos os ganhos de escala e redução de valores dos bens e serviços adquiridos, a redução do retrabalho e custos administrativos envolvidos na execução dos processos de aquisição, a melhor gestão e desenvolvimento das equipes trabalhando de forma integrada, a tempestividade das aquisições, na especificação das necessidades e qualidade, entre outros.

institucional de compras apoiando o processo de centralização para geração de resultados em diferentes dimensões de forma sustentável.

A partir da análise das diferentes metodologias apresentadas foi desenvolvido esse metamodelo composto por nove dimensões, conforme a figura 5, envolvendo planejamento da compra, catálogo, gestão de contratos, equipe e central de compras, maturidade digital, mensuração do desempenho, *compliance*, incentivo a MPEs e compras sustentáveis.

FIGURA 5
Dimensões do modelo de maturidade de compras públicas

Fonte: Elaboração própria

Cada uma dessas dimensões pode ser aplicada dentro de um contexto de compras centralizadas, com o objetivo de atender a seus desafios como demonstrado no quadro a seguir:

QUADRO 2
Desafios das compras centralizadas e o modelo de maturidade

Dimensão	Desafio das compras centralizadas
Planejamento de compras	• Garantir que o planejamento das contratações represente a melhor forma de atender as necessidades dos demandantes e esteja alinhado com os recursos disponíveis
Catálogo de compras	• Gerir a governança do catálogo de compras com o objetivo de mantê-lo atualizado com as necessidades dos demandantes e a evolução das soluções oferecidas pelo mercado fornecedor
Maturidade digital	• Automatizar o processo de compras centralizadas garantindo que, desde o levantamento da necessidade dos demandantes até a entrega e pagamento do bem ou serviço, ele ocorra de forma digital permitindo a sua rastreabilidade e controle
Gestão e fiscalização de contratos	• Integrar o processo de compras centralizadas com as diferentes equipes setoriais responsáveis pela gestão e fiscalização dos contratos
Compras sustentáveis	• Elaborar estratégias de aquisição de bens e serviços alinhadas com as diretrizes de compras sustentáveis
Incentivos a MPEs	• Promover o desenvolvimento econômico e regional por meio do fomento a MPEs dentro das estratégias de aquisições dos bens e serviços adquiridos de forma centralizada
Equipe e central de compras	• Dispor de uma estrutura organizacional da central de compras envolvendo uma equipe com o quantitativo e perfil de competências adequados
Mensuração do desempenho	• Disponibilizar informações de desempenho sobre a central de compras e seus processos de aquisição para apoiar a tomada de decisão baseada em evidência
Compliance, transparência e marco legal	• Garantir a conformidade dos processos de compras centralizadas e sua transparência

Fonte: Elaboração própria

Essas nove dimensões contemplam 60 itens de verificação que são divididos em quatro níveis de maturidade conforme apresentado na figura 6. Cada nível de maturidade representa um conjunto mínimo de itens de verificação que o Estado deve possuir como condição para apresentar bons resultados em suas aquisições.

FIGURA 6
Níveis de maturidade

Fonte: Elaboração própria

Os níveis de maturidade ajudarão a identificar prioridades de melhoria alinhadas com a sua situação atual. Em algumas situações os gestores iniciam projetos de melhoria de boas práticas mais complexos, que consomem tempo, recursos financeiros e esforço das equipes, enquanto deixam de executar atividades mais simples e que poderiam gerar mais resultados de forma mais rápida.

Dessa forma, torna-se cada vez mais relevante a construção de uma agenda de melhoria da gestão das compras públicas envolvendo, entre outras iniciativas, o incentivo para a educação continuada dos servidores, o registro e o compartilhamento de boas práticas, a formação de redes de especialistas em compras, que poderiam contribuir para a melhoria das aquisições do setor público em complemento às questões legais.

Dentro desse contexto, existem aspectos do ambiente que tornam essa missão ainda mais desafiadora, como a legislação, a disponibilidade de equipes em quantidade e perfil adequados e até a infraestrutura de sistemas que permitam o acompanhamento eletrônico do processo. Por isso, as diferentes inovações nos modelos de compras promovidas pelos governos no âmbito federal, estadual e municipal, muitas vezes de forma isolada e não compartilhada, devem ser identificadas e disseminadas gerando como resultado a melhoria da qualidade do serviço público e da capacidade de atender às diferentes demandas da sociedade.

Os quadros a seguir apresentam a visão completa dos itens de referência de todas as dimensões e níveis de maturidade. Inicialmente, apresenta-se o Quadro 1 – Visão geral das dimensões, critérios e níveis de maturidade, indicando a origem da fonte do requisito exigido por dimensão e sua classificação enquanto nível de maturidade associado; e, na sequência, quadros específicos com os itens exigidos em cada nível de maturidade.

A primeira etapa do processo de implementação é uma autoavaliação da organização utilizando um instrumento eletrônico. Para avançar para o nível de maturidade seguinte, a organização deve ter todos os itens do nível anterior atendidos, ou o preenchimento de lacunas em diferentes dimensões. Dessa forma, existe uma priorização dos esforços de melhoria para garantir uma aplicação das boas práticas de compras públicas.

Depois da autoavaliação, a organização identifica quais itens do seu nível de maturidade não estão atendidos e cria um plano de ação de melhoria. Como resultado dessa metodologia as entidades subnacionais poderão fazer um melhor diagnóstico do seu estágio atual, as oportunidades de melhoria e priorizar as ações necessárias para melhorar o seu desempenho.

QUADRO 3
Visão geral da metodologia, dimensões e referências

Dimensão		MAPS	MDG-FIS	Legislação	Boas praticas	Nível 1	Nível 2	Nível 3	Nível 4
Planejamento de compras	1.1								
	1.2								
	1.3								
	1.4								
	1.5								
	1.6								
	1.7								
	1.8								
	1.9								
	1.10								
	1.11								
	1.12								
Catálogo de compras	2.1								
	2.2								
	2.3								
	2.4								
Maturidade digital	3.1								
	3.2								
	3.3								
	3.4								
	3.5								
	3.6								
	3.7								
Gestão e fiscalização de contratos	4.1								
	4.2								
	4.3								
	4.4								
	4.5								
	4.6								
	4.7								
	4.8								
	4.9								
	4.10								
	4.11								
	4.12								
Compras sustentáveis	5.1								
	5.2								
Incentivo a MPEs	6.1								
	6.2								
Equipe e Central de Compras	7.1								
	7.2								
	7.3								
	7.4								
	7.5								
	7.6								
	7.7								
	7.8								
	7.9								
Mensuração do desempenho	8.1								
	8.2								
	8.3								
	8.4								
	8.5								
	8.6								
Compliance, transparência e marco legal	9.1								
	9.2								
	9.3								
	9.4								
	9.5								
	9.6								
	9.7								

Fonte: Elaboração própria

QUADRO 4
Nível 1 de maturidade

Dimensão	Boas práticas
Planejamento de compras	O plano anual de compras é realizado alinhado com a estratégia organizacional
Planejamento de compras	Como insumo do processo de planejamento de compras são analisados o histórico, consumo e levantamento de demandas
Planejamento de compras	Existe um plano anual de registro de preços
Catálogo de compras	O catálogo de compras está padronizado
Maturidade digital	O sistema controla o consumo, demanda e previsão de tendência de ruptura de estoque
Maturidade digital	Todas as informações sobre as aquisições são disponibilizadas no portal desde a licitação até a assinatura do contrato
Maturidade digital	Permite consulta dos processos em aberto, em andamento e concluídos por tipo, produto, demandante e fornecedor
Gestão e fiscalização de contratos	O processo de gestão de contratos e fiscalização é padronizado e tem rotinas definidas de acompanhamento
Gestão e fiscalização de contratos	O fiscal e gestor do contrato recebem treinamentos constantes
Gestão e fiscalização de contratos	A gestão de material de consumo utiliza métodos de classificação de estoque (antecipação, flutuação, ABC)
Gestão e fiscalização de contratos	Realiza tombamento do material permanente com identificação e código de barras
Equipe e Central de Compras	Existe uma unidade central responsável pela política de compras
Equipe e Central de Compras	Existe um plano anual de desenvolvimento das equipes de compras
Mensuração do desempenho	Existem indicadores e metas de compras envolvendo aquisição (tempo médio, deserta, impugnada, cancelada, MPEs, sustentáveis)
Compliance, transparência e marco legal	Existem regulamentos que complementam e detalham as disposições da lei de contratações e que são atualizados regularmente

Fonte: Elaboração própria

QUADRO 5
Nível 2 de maturidade

Dimensão	Boas práticas
Planejamento de compras	O plano anual de compras é revisado trimestralmente com feedback do que já foi implementado
Planejamento de compras	A estimativa de preços utiliza diferentes fontes de dados internas e externas
Catálogo de compras	São utilizadas diferentes estratégias (consultas, etc) para conhecimento e pesquisa do mercado sobre características dos produtos e serviços
Gestão e fiscalização de contratos	A gestão de materiais de consumo Identifica padrões de demanda avalia tendência, sazonalidade, variação aleatória e ciclo
Gestão e fiscalização de contratos	Controla o processo de movimentação do material permanente
Compras sustentáveis	O número de licitações com critérios de sustentabilidade é superior a 5%
Incentivo a MPEs	Existem programas de capacitação para empresários com objetivo de estimular sua participação em compras públicas
Equipe e Central de Compras	A unidade central compra todos os itens comuns
Equipe e Central de Compras	Existe um processo de gestão do desempenho da equipe de compras
Equipe e Central de Compras	Existe uma política de remuneração adequada da equipe de compras
Mensuração do desempenho	O sistema de mensuração utiliza aspectos qualitativos e quantitativos
Mensuração do desempenho	Existem indicadores e metas de compras envolvendo gestão de contratos (sanções, desempenho dos contratos, fornecedores)
Mensuração do desempenho	Existe uma sistemática de utilização de indicadores para melhoria do processo de compras
Compliance, transparência e marco legal	Existem documentos-modelo para as principais etapas do processo de compras que são atualizados constantemente
Compliance, transparência e marco legal	Existe um processo de controle interno estruturado que providencia recomendações para melhoria do processo

Fonte: Elaboração própria

QUADRO 6
Nível 3 de maturidade

Dimensão	Boas práticas
Planejamento de compras	A estimativa de preços utiliza Nfe como insumo
Planejamento de compras	Existem processos na fase interna da licitação diferenciados de aquisição depenendo do tipo de objeto, valor, se é compra recorrente ou nova
Planejamento de compras	O número de licitações desertas ou impugnadas é inferior a 1%
Catálogo de compras	O catálogo de compras é revisado periodicamente para garantir sua adequadação aos padrões de mercado
Maturidade digital	O sistema eletrônico de compras utiliza envolve desde o planejamento até a execução e gestão dos contraos
Maturidade digital	É utilizado um BI como apoio ao modelo de compras (preço de referência, análises comparativas, etc.)
Gestão e fiscalização de contratos	Utiliza manutenção preventiva e corretiva
Compras sustentáveis	São utilizados critérios custo x benefício nas compras sustentáveis
Incentivo a MPEs	O volume de compras de MPEs é superior a 30% do valor em R$ total das compras
Equipe e Central de Compras	A unidade central realiza compras centralizadas de itens comuns e coordena as demais compras
Equipe e Central de Compras	São utilizados mecanismos de reconhecimento e valorização do profissional de compras
Mensuração do desempenho	Existem indicadores e metas de compras de gestão de estoques (giro, cobertura de estoques, nível de serviço, ruptura, custo da falta e TCO)
Mensuração do desempenho	São realizados benchmarks de forma sistemática para melhoria continua dos resultados em compras
Compliance, transparência e marco legal	Existe uma sistemática de acompanhamento da implementação das recomendações do controle interno
Compliance, transparência e marco legal	Existem canais de denuncia confidenciais de para questões éticas, fraude e de corrupção

Fonte: Elaboração própria

QUADRO 7
Nível 4 de maturidade

Dimensão	Boas práticas
Planejamento de compras	O plano anual analisa o ciclo de vida das aquisições e avalia seu TCO
Planejamento de compras	O plano de compras utiliza uma análise de custo x benefício como ação para definir o melhor modelo de aquisição
Planejamento de compras	O plano avalia opções de terceirização, compras conjuntas, estoques e sustentabilidade
Planejamento de compras	Adota preço máximo referência para materiais não integrantes no Plano de registro de preço
Catálogo de compras	Existe um processo de governança do catálogo para inclusão, exclusão e atualização dos itens
Maturidade digital	As informações disponíveis no portal de compras são em formato aberto e estruturado permitindo o uso por terceiros
Maturidade digital	São utilizadas ferramentas de Data Analytics para identificar condutas inadequadas dos participantes
Gestão e fiscalização de contratos	Existe uma certificação de competências para o gestor e fiscal do contrato
Gestão e fiscalização de contratos	Existe um processo de gestão do desempenho dos fornecedores
Gestão e fiscalização de contratos	Existe um sistema de incentivo ao desempenho de bons fornecedores
Gestão e fiscalização de contratos	A previsão de demanda de materiais de consumo utiliza técnicas como último período e médias móveis
Gestão e fiscalização de contratos	São realizadas pesquisas de satisfação com os usuários das compras públicas
Equipe e Central de Compras	Existe um processo de certificação de competências das equipes de compras
Compliance, transparência e marco legal	O processo de auditoria utiliza como critério de priorização os riscos, questionamentos e processos de maior valor
Compliance, transparência e marco legal	Existem práticas de identificar riscos de corrupção e criar ações para saná-los

Fonte: Elaboração própria

Dentro do contexto de compras centralizadas a dimensão da equipe e central de compras é uma das mais críticas e, por isso, para planejar a estruturação e implementação da central de compras, devem-se utilizar as melhores práticas de mercado. Considerando como referência o nível 4 de maturidade do guia dessa dimensão, a unidade central deveria ter:

1. Suas atribuições bem definidas com um modelo de governança que estabelece o relacionamento com as demais unidades de forma estruturada com seus papéis e responsabilidades;

2. A definição dos itens comprados de forma centralizada que passou por uma análise de custo x benefício considerando não apenas aspectos financeiros, mas também em outras dimensões, como econômico, de desenvolvimento regional, social e ambiental;

3. Uma equipe da central de compras dimensionada de forma adequada com um plano de gestão do desempenho que definiu os resultados esperados de cada membro;

4. A utilização de uma certificação de competências que permitiu a análise dos *gaps* e a construção de trilhas de desenvolvimento alinhadas com a constante atualização e evolução do marco legal, do ambiente tecnológico e do mercado fornecedor; e

5. Uma política de reconhecimento e incentivos que integrou benefícios financeiros com não financeiros como estratégia para o engajamento das equipes.

Para alcançar esse nível de maturidade, são necessários o apoio e o patrocínio da alta liderança e um processo de gestão da mudança para que a implementação de cada prática seja consolidada, os obstáculos sejam superados e os resultados alcançados.

5 Conclusão

Um sistema de compras públicas bem gerido envolvendo todo o ciclo de compras é fundamental para alcançar eficiência ao mesmo tempo em que gera valor público com proteção ao meio ambiente, diversidade de gênero e inclusão, inovação e o desenvolvimento de micro e pequenas empresas, provendo, assim, a entrega de melhores serviços dentro de um contexto de disrupção da economia e de desafios sociais e ambientais.

A aplicação da metodologia de governança de compras no nível subnacional brasileiro representa um desafio frente ao grande número de unidades da federação, sua dispersão geográfica e diferentes níveis de maturidade. Nesse contexto, a centralização do processo de compras se torna ainda mais relevante na medida em que busca alinhar e otimizar os limitados recursos disponíveis por meio de uma central de compras.

Contudo, a decisão de centralizar as compras, apenas com a criação de uma unidade responsável, sem a necessária evolução de capacidade institucional, pode fazer com que não exista uma prontidão de resposta e atendimento adequada aos demandantes fazendo com que ocorra uma volta ao modelo anterior. Em substituição a esse processo não estruturado, busca-se um modelo de evolução de maturidade como suporte para uma centralização de compras com menos obstáculos na sua implementação e consequentemente melhores resultados.

Dessa forma, com a aplicação dessa análise de maturidade, em especial dentro de uma central de compras, será possível ter um diagnóstico mais completo e sistêmico da gestão da cadeia de suprimentos, não limitado apenas ao papel e competência regimental da central, mas de todo o ciclo de compras, com a definição das prioridades e das ondas de melhoria.

Dessa forma, esse guia pode servir como importante insumo para a identificação das principais oportunidades de melhoria e prioridades, bem como promover o intercâmbio de experiências e o compartilhamento de soluções. Como resultado dessa avaliação será possível identificar temas críticos para os Estados, como planejamento de compras, gestão de contratos, gestão de riscos contra fraude e corrupção, e assim alinhar as diferentes iniciativas, algumas vezes dispersas e não integradas, de melhoria do desempenho das compras públicas.

Neste contexto, o diagnóstico proposto pode ser um importante indutor e disseminador dessas boas práticas e apoio na melhoria de maturidade baseada na ideia de que Estados, Municípios e seus agentes de compras podem compartilhar desafios que poderiam ser resolvidos mais efetivamente, e de forma eficiente, por meio do compartilhamento de conhecimento e soluções daqueles que passaram por processos de reforma e melhoria similares, com o objetivo de alavancar recursos humanos e financeiros escassos. A sistematização das variáveis que devem ser analisadas no diagnóstico, de uma forma estruturada como no guia, também permite uma melhor organização desse processo e garante que nenhum fator crítico deixe de ser considerado.

Considerando a governança como uma ferramenta estratégica para o desenvolvimento de capacidade em diferentes níveis de maturidade de sistemas de compras públicas baseado em melhores práticas nacionais e internacionais, esse guia poderá ser implementada envolvendo: (i) desenvolver um plano estratégico para compras públicas no nível subnacional; (ii) realizar o diagnóstico do nível de maturidade que irá promover um levantamento de necessidades e plano de ação; (iii) alinhar e evoluir a capacidade institucional e o modelo de compras de forma planejada e estruturada.

Como resultado será possível melhorar a maturidade em governança de compras públicas, aprimorando sua integridade e ajudando os governos a alcançar seus objetivos. Busca-se, dessa forma, consolidar a compra pública como vetor de realização das políticas públicas de desenvolvimento econômico, ambiental e social.

Referências

ALMEIDA, A.; SANO, H. Purchasing function in the public sector: challenges to promote agility in electronic reverse auctions. *Rev. Adm. Pública* [on-line], vol. 52, n. 1, p. 89-106, 2018.

BANCO INTERAMERICANO DE DESENVOLVIMENTO (BID). *Fiscal Policy and Management Sector Framework Document*, Washington, D.C.: BID, 2015. Disponível em: http://idbdocs.iadb.org/wsdocs/getdocument.aspx?docnum=40058167. Acesso em: 18 abr. 2022.

BANCO INTERAMERICANO DE DESENVOLVIMENTO (BID). *Metodologia para Avaliação da Maturidade e Desempenho da Gestão Fiscal (MD GEFIS)*. Apresentação de Power Point. Novembro de 2017. Disponível em: http://www.cogef.ms.gov.br/wp-content/uploads/2017/11/MD-GEFIS.pdf. Acesso em: 18 abr. 2022.

BANCO MUNDIAL. *A Fair Adjustment*: Efficiency and Equity of Public Spending in Brazil. Washington, D.C.: World Bank Group, 2017.

BASHESKA B. Economic and political determinants of public procurement corruption in developing countries: and empirical study from Uganda. *Journal of public procurement*, vol. 11 n. 1, p. 33-60.

BRUNETTI, A.; WEBER, B. A free press in bad news for corruption. *Journal of Public Economics*, vol. 87, issues 7-8, p. 1801-1824, August 2003.

CONSAD. [*Sistema de Boas Práticas de Compras Públicas*]. Disponível em: https://www.consad.org.br/outros/sistema-de-boas-praticas-de-compras-publicas-2/. Acesso em: 18 abr. 2022.

DEZOLT, A. L. et al. *Compras públicas estaduais* – Boas práticas brasileiras. 1. ed. Brasília: Editora Consad, 2016.

DEZOLT, A. L; MUÑOZ, A. *NF-e para estimativa de preços de referencia para compras públicas do setor saúde*. Documento para discussão nº IDB-DP-82 6. 13 de outubro de 2020. Disponível em: https://publications.iadb.org/publications/portuguese/document/NF-e-para-estimativa-de-precos-de-referencia-para-compras-publicas-do-setor-saude.pdf . Acesso em: 18 abr. 2022.

DOMANICZKY, S. J. *Un año de gestión 16/05/2014 – 16/05/2015, Resultados obtenidos*. Assunção: Dirección Nacional de Contrataciones Públicas. Apresentação do Power Point. Disponível em: http://www.oas.org/juridico/PDFs/mesicic5_pry_inf_ges_dncp_%202015.pdf. Acesso em: 18 abr. 2022.

HARPER, L.; CALDERON, A.; MUÑOZ, J. Elements of public procurement reform and their effect on the public sector in lac. *Journal of Public Procurement*, vol. 16, n. 3, p. 347-373. mar. 2016.

IZQUIERDO, A.; PESSINO, C.; VULETIN, G. *Melhores gastos para melhores vidas: como a América Latina e o Caribe podem fazer mais com menos*. BID, 2018. Disponível em: https://flagships.iadb.org/pt/DIA2018/gasto-publico-no-brasil. Acesso em: 18 abr. 2022.

KIM, J. H. *Modularization of Korea's Development* Experience: Public Investment Management Reform in Korea: Efforts for Enhancing Efficiency and Sustainability of Public Expenditure. Seul: Ministry of Finance and Strategy / Korean Development Institute, 2011. Disponível em: https://archives.kdischool.ac.kr/bitstream/11125/41936/1/%282011%29%20Modularization%20of%20Korea%27s%20development%20experience_public%20investment%20management%20reform%20in%20Korea.PDF. Acesso em: 18 abr. 2022.

KIRTON, R. *Gender, Trade and public procurement policy*. Londres: Commonwealth Secretariat, 2013.

LEWIS-FAUPEL, S.; NEGGERS, Y.; OLKEN A.; PANDE, R. Can Electronic Procurement Improve Infrastructure Provision? Evidence from Public Works in India and Indonesia. *American Economic Journal: Economic Policy*, vol. 8, n. 3, p. 258-83, Ago. 2016.

OECD. *Governance at a Glance*. Paris: OECD Publishing, 2017.

OECD. *Investing together*: Working Effectively across Levels of Government. Paris: OECD Publishing, 2013.

PESSINO, C. *Utilizando Big Data para construir un sistema de inteligencia fiscal para los gobiernos*. En recaudando bienestar, blog do BID. 13 de junho de 2017. Disponível em: https://blogs.iadb.org/recaudandobienestar/es/2017/06/13/inteligencia-fiscal-para-los-gobiernos/. Acesso em: 18 abr. 2022.

PIGA, G.; TATRAI, H. *Public procurement Policy*. Londres: Routledge, 2020.

SACKS, A.; RAHMAN, E.; TURKEWITZ, J.; BUEHLER, M.; SALEH, I. The dynamics of centralized procurement reform in a decentralized state: evidence and lessons from Indonesia. *Policy Research Working Paper* 6977. Washington, DC: World Bank Group, 2014.

TRANSPARÊNCIA INTERNACIONAL. [Índice de Percepção da Corrupção 2021]. Disponível em: https://transparenciainternacional.org.br/ipc/?utm_source=Ads&utm_medium=Google&utm_campaign=%C3%8Dndice%20de%20Percep%C3%A7%C3%A3o%20da%20Corrup%C3%A7%C3%A3o&utm_term=Percep%C3%A7%C3%A3o%20da%20Corrup%C3%A7%C3%A3o&gclid=Cj0KCQjwmPSSBhCNARIsAH3cYgbDsdKHtcGMT1UZjobTPr-RQZmiaWeKNW7WU3PZnNwY_m2dY1eF4-saAvCnEALw_wcB. Acesso em: 18 abril 2022.

WTO. [WTO and government procurement]. Disponível em: https://www.wto.org/english/tratop_e/gproc_e/gproc_e.htm. Acesso em: 18 abr. 2022.

SECO, A.; MUÑOZ, A. Panorama del uso de las tecnologías y soluciones digitales innovadoras en la política y la gestión fiscal. *Discussion Paper, Inter American Development Bank*, 2018. Disponível em: https://publications.iadb.org/publications/spanish/document/Panorama-del-uso-de-las-tecnolog%C3%ADas-y-soluciones-digitales-innovadoras-en-la-pol%C3%ADtica-y-la-gestión-fiscal.pdf. Acesso em: 18 abr. 2022.

Informação bibliográfica deste texto, conforme a NBR 6023:2018 da Associação Brasileira de Normas Técnicas (ABNT):

DEZOLT, Ana Lúcia Paiva; PORTO, Gilberto. Governança em compras públicas: um guia de mensuração da maturidade como apoio ao processo de centralização de compras públicas. *In*: LOPES, Virgínia Bracarense; SANTOS, Felippe Vilaça Loureiro (coord.). *Compras públicas centralizadas no Brasil*: teoria, prática e perspectivas. Belo Horizonte: Fórum, 2022. p. 99-117. ISBN 978-65-5518-463-1.

PARTE II

EXPERIÊNCIAS BRASILEIRAS DE CENTRALIZAÇÃO DE COMPRAS

A CENTRALIZAÇÃO DAS COMPRAS NO ESTADO DO RIO GRANDE DO SUL

MARINA FASSINI DACROCE

VIVIANE MAFISSONI

Introdução

O presente relato técnico tem o objetivo de abordar a história e a sistemática da centralização das compras públicas no Estado do Rio Grande do Sul, a partir de uma consolidação gradativa.

O início do processo de centralização ocorreu no ano de 1979, em um cenário político-administrativo em que o Poder Executivo exercia forte influência estatal e a legislação atinente à matéria de licitações era o Decreto-Lei nº 200, de 25 de fevereiro de 1967, aplicável aos Estados e Municípios por força da Lei nº 5.456, de 20 de junho de 1968 (BRASIL, 1967, 1968).

Nesse contexto normativo, entre outras disposições, havia a previsão de princípios a serem observados voltados a controle e planejamento.

Art. 6º As atividades da Administração Federal obedecerão aos seguintes princípios fundamentais:
I - Planejamento.
II - Coordenação.
III - Descentralização.
IV - Delegação de Competência.
V - Contrôle (sic) (BRASIL, 1967, p. 2).

Desse modo, a partir de uma atividade fiscalizadora das aquisições de bens e da contratação de serviços pela Administração, realizada pela Secretaria Estadual da Fazenda, nasceu a ideia de controle e, na sequência, de operacionalização concentrada das compras públicas.

Por conseguinte, o presente relato técnico objetiva detalhar as formas de criação, evolução e atuação, bem como os aprendizados ao longo da trajetória da centralização das compras, considerando o grau de maturidade obtido ao longo de décadas, tanto em relação à formação da estrutura organizacional, visando à otimização das entregas, quanto em relação à expertise técnica de pessoal adquirida num ambiente de unidade.

Para tanto, a exposição é feita com base em estudos de atos normativos e experiências na atuação da gestão e execução das atividades, sendo dividida em três pontos:
- do processo histórico e gradativo;
- do atual contexto;
- do aprendizado.

Do processo histórico e gradativo

A primeira notícia legislativa que se tem quanto ao início de uma centralização de demandas relativas às compras públicas é datada de 1979, a partir da *Ordem de Serviço nº 014/79*, expedida pelo então Governador do Estado José Augusto Amaral de Souza, que exigia a presença de representante, indicado pela Secretaria Estadual da Fazenda, nas atividades das Comissões de Licitações, dos órgãos da Administração Direta, Autárquica, Fundacional e Sociedades de Economia Mista e as por estas controladas, desde a "elaboração de edital" (RIO GRANDE DO SUL, 1979).

Entre os motivos da medida, constantes na normativa, estavam a crescente demanda de bens e serviços em razão de projetos ligados ao polo petroquímico, metalurgia e desenvolvimento agrário; o interesse em fortalecer a indústria nacional; a uniformidade nas aquisições e contratações de serviço; e os benefícios indiretos a serem auferidos pelo Estado na adequada seleção de fornecedores. Isso tudo, certamente como forma de fiscalizar, controlar e parametrizar os processos de compras, por meio de critérios mínimos preestabelecidos nas licitações dos órgãos integrantes da Administração Pública Estadual.

Em um segundo momento, a partir da análise do *Decreto nº 29.752, de 19 de agosto de 1980*, verificam-se dispositivos sobre a organização da estrutura e das competências do Departamento Central de Administração do Material (DECAM), *definido pelo ato normativo como* órgão *relativamente autônomo, diretamente subordinado ao Secretário de Estado da Fazenda* (RIO GRANDE DO SUL, 1980).

A unidade era responsável pela proposição de estudos, execução das diretrizes políticas; condução dos procedimentos de compras; manutenção de cadastro de fornecedores e eventuais suspensões destes; atuação em importações e desembaraço aduaneiro; fiscalização, controle de estoques, dentre outras atividades voltadas à administração de materiais do Estado. Em síntese, ficava a cargo do DECAM toda a logística de aquisição, controle de consumo, armazenamento, distribuição dos bens e pagamentos. Previa o referido decreto:

> Art. 2º - O Departamento Central de Administração do Material, órgão de execução da Política de Material do Estado, tem por finalidade de centralizar as atividades relativas à administração do material para o serviço público do Estado, competindo-lhe:
> I - propor os estudos necessários ao estabelecimento da política de material do Estado;
> II - executar as diretrizes políticas estabelecidas no campo da administração de material;
> III - adquirir material permanente e de consumo para o serviço público estadual, inclusive os de importação;
> IV - administrar o Fundo Rotativo de Estoque;
> V - atender a solicitações de compra de material para Administração Direta e, opcionalmente, para a Administração Indireta, inclusive Fundações e Subsidiárias da Sociedade de Economia Mista do Estado;
> VI - realizar procedimento de licitação para aquisição de material, de conformidade com os dispositivos legais em vigor;
> VII - receber, estocar e distribuir o material, adquirido ou recolhido ao Departamento, pelos demais órgãos do Estado;
> VIII - efetuar a fiscalização de todo o material adquirido, nos aspectos qualitativos, quantitativos e de aplicação;
> IX - efetuar, direta ou indiretamente, a análise do material adquirido;
> X - manter cadastro dos fornecedores do Estado;
> XI - decidir sobre a inclusão, exclusão ou suspensão de atividades comerciais dos fornecedores do Estado, junto ao Departamento;
> XII - promover estudos relativos à padronização de material, determinando e revisando especificações;
> XIII - promover estudos relativos à rotação e utilização do material, nos órgãos estaduais;
> XIV - autorizar aos órgãos da Administração Direta a compra de material, mediante exceção expressamente estabelecida;
> XV - consignar declaração liberatória, na rota do empenho, das compras efetuadas pelos órgãos da Administração Direta, previamente autorizadas;
> XVI - dispor sobre recuperação ou alienação de materiais disponíveis por obsolência, inutilidade ou risco de perecimento;
> XVII - realizar a liquidação e o pagamento das contas relativas à compra de material;
> XVIII - preparar a documentação e efetuar as tratativas junto aos órgãos competentes, necessárias às importações e ao desembaraço de material;
> XIX - executar outras atividades pertinentes à sua área de atuação ou que lhe sejam cometidas pela autoridade competente (RIO GRANDE DO SUL, 1980, p. 1).

Ou seja, verificamos aqui que a centralização efetiva de compras teve início especificamente na aquisição de materiais permanentes de consumo rotineiro e, para tais aquisições, a Secretaria Estadual da Fazenda centralizava as necessidades, realizava os procedimentos licitatórios e as principais operações decorrentes.

Na sequência, por meio da *Ordem de Serviço nº 29, de 10 de novembro de 1983*, expedida pelo então Governador Jair Soares, a centralização recebe um reforço, com delimitação de competência expressa em relação aos demandantes (RIO GRANDE DO SUL, 1983). Provavelmente nesse momento ainda ocorriam aquisições descentralizadas pontuais. Fato é que o DECAM passa a ser responsável exclusivo pela condução das compras de materiais permanentes para as unidades da Administração Direta. Vale destacar, ainda, que a referida normativa trouxe regras fortalecendo o princípio da isonomia e o interesse público em dar maior publicidade às licitações.

Posteriormente, através do *Decreto nº 37.287, de 10 de março de 1997*, foi instituída a Central de Licitações – CELIC, objetivando centralizar todos os procedimentos licitatórios da Administração Direta, Autarquias e Fundações, excetuando a então Caixa Estadual do Estado do Rio Grande do Sul e a Agência Estadual de Regularização dos Serviços Públicos Delegados do Rio Grande do Sul – AGERGS (RIO GRANDE DO SUL, 1997).

A CELIC, ainda numa estrutura de departamento, passou a ser subordinada ao Secretário de Estado da Administração e dos Recursos Humanos. A norma previu que a Central de Licitações poderia criar centrais regionais para atender os órgãos e entidades do Estado. Fato esse que possivelmente se justifica pela absorção de toda demanda licitatória da Administração Direta, Autárquica e Fundacional e a previsão de meios de descentralizar a central, para atender unidades locais de órgãos estaduais espalhados pelo interior do Estado. Contudo, não se tem notícias sobre a implementação desse dispositivo.

Com espaço e solidez, uma vez que, além das atividades já realizadas pelo DECAM, a CELIC passa a conduzir licitações voltadas à contratação de serviço e obras, não ficando mais restrita à aquisição de bens, sendo as atribuições detalhadas nestes termos:

> Art. 2º - Compete à Central de Licitações:
> I - implantar e manter o cadastro de fornecedores do Estado;
> II - emitir o Certificado de Fornecedores do Estado - CFE;
> III - elaborar os instrumentos convocatórios e realizar as licitações dos órgãos ou entidades de que trata o artigo 1º;
> IV - promover estudos para:
> a) aprimorar os procedimentos licitatórios e o cadastro dos fornecedores do Estado;
> b) padronizar os bens e serviços, determinando e revisando especificações, inclusive quanto aos impressos padronizados do Estado;
> V - aplicar penalidades decorrentes de inadimplemento;
> VI - administrar;
> a) o calendário de solicitações de bens, serviços ou obras;
> b) o Registro de Preços; e
> c) os bens móveis necessários ao serviço público, bem como os considerados inservíveis.
> VII - executar atividades pertinentes à importação de bens; e
> VIII - realizar outras atividades pertinentes à sua área de atuação ou que lhe venham a ser atribuídas pelo Secretário de Estado (RIO GRANDE DO SUL, 1997, p. 1).

Percebe-se que a competência foi ampliada e a centralização de compras no Estado tornou-se mais robusta, passando a agregar também: a administração do calendário de solicitação de bens, serviços e obras, o que hoje é muito debatido no que diz respeito à ferramenta de planejamento das contratações; a padronização de bens e serviços; o aprimoramento do cadastro de fornecedores; e a gestão dos bens inservíveis a serem alienados.

Na sequência, com a edição do *Decreto nº 46.684, de 14 de outubro de 2009*, que dispunha da estrutura básica da Secretaria da Administração e dos Recursos Humanos, o órgão centralizador adquiriu *status* de superintendência e passou a ser nominado como Central de Compras – CECOM, mantendo a abrangência das atividades, inclusive a vigência do Decreto nº 37.287, de 10 de março de 1997 (RIO GRANDE DO SUL, 2009).

Embora na prática possamos constatar, no detalhamento das atividades, o que já se realizava na estrutura anterior, a então superintendência incorporou um pouco mais de consistência, no que tange à competência normativa expressa de executar a política de compras. Ou seja, restou formalizada a atividade de implementar as ações voltadas às contratações públicas, tanto para a aquisição de bens como para a contratação de serviços, obras ou alienações. Previu a normativa:

> Art. 2º - A estrutura básica da Secretaria da Administração e dos Recursos Humanos será composta pelos seguintes Órgãos:
> (...)
> III- Central de Compras do Estado – CECOM/RS;
> (...)
> §1º - A Central de Licitações, instituída pelo Decreto nº 37.287, de 10 de março de 1997, na Secretaria da Administração e dos Recursos Humanos, passa a denominar-se Central de Compras do Estado – CECOM/RS, destinada a *executar a política de compras e a realização de procedimentos licitatórios* para Administração Estadual.
> §2º - Para fins do inciso III deste artigo, integram a Administração Estadual todos os órgãos da Administração Direta, as Fundações Públicas e as Autarquias, com exceção da Agência Estadual de Regulação dos Serviços Públicos Delegados do Rio Grande do Sul – AGERGS –, podendo, ainda, as demais entidades da Administração Indireta recorrerem, facultativamente, à CECOM/RS (RIO GRANDE DO SUL, 2009, p. 1-2).

Não obstante, pela edição do *Decreto nº 49.291, de 26 de junho de 2012*, a estrutura já sedimentada de compras públicas no Estado do Rio Grande do Sul é transformada na Subsecretaria da Administração Central de Licitações – CELIC, pertencente ainda à Secretaria da Administração e dos Recursos Humanos, com a finalidade de realizar procedimentos licitatórios e executar a política de compras no âmbito da Administração Pública Estadual Direta, Autárquica e Fundacional (RIO GRANDE DO SUL, 2012).

Cumpre salientar que algumas exceções foram criadas além da já prevista anteriormente, quanto à AGERGS, pontualmente em razão de determinados objetos (pela expertise técnica das áreas) ou da fonte de recurso a ser utilizada na contratação, para a Secretaria Estadual da Saúde, a Secretaria Estadual de Segurança Pública, o Instituto Rio-Grandense do Arroz, a Superintendência do Porto de Rio Grande, a Superintendência de Portos e Hidrovias e a Secretaria do Meio Ambiente.

Entretanto, também ocorreram evoluções nas competências, tornando a Subsecretaria um órgão gerenciador da política de compras, planejador e centralizador dos fluxos que fazem parte de todo o procedimento, nestes termos prevê o referido decreto:

> Art. 2º - Compete à CELIC:
> I - planejar, organizar, comandar, coordenar e controlar as políticas e as atividades de licitações, contratações de obras e de serviços, bem como as alienações;
> II - executar a gestão de fornecedores;
> III - organizar e manter o cadastro de fornecedores do Estado;
> IV - emitir o Certificado de Fornecedor do Estado - CFE/RS;
> V - padronizar os bens e serviços;
> VI - organizar o Catálogo Único de Especificações de Itens do Estado;
> VII - administrar o Sistema de Registro de Preços;
> VIII - organizar o calendário de compras pelo Sistema de Registro de Preços;
> IX - aplicar penalidades em função da inobservância das disposições dos instrumentos convocatórios e legais nos procedimentos licitatórios a seu cargo;
> X - instituir, gerenciar e atualizar o Catálogo Único de Especificações de Itens do Estado;
> XI - gerir os materiais e estoques de bens de consumo em conjunto com os órgãos da Administração Pública Estadual;
> XII - definir os Sistemas de Informação usados para execução do Pregão Eletrônico, para a realização de registro de outras modalidades de licitação, bem como para as compras por dispensa de licitação eletrônica a serem utilizados pela Administração Pública Estadual;
> XIII - executar as atividades pertinentes à importação de bens;
> XIV - alienar bens móveis e equipamentos considerados inservíveis;
> XV - elaborar estudos e propor regulamentos relativos aos procedimentos de compras e alienação;
> XVI - administrar o Sistema de Pesquisa de Mercado nos procedimentos licitatórios realizados por esta Subsecretaria;
> XVII - realizar atividades relativas à sua área de atuação ou que lhe venham a ser atribuídas pelo Titular da Secretaria da Administração e dos Recursos Humanos.
> *Parágrafo* único - Poderá ser realizada a Chamada Pública pela Subsecretaria da Administração Central de Licitações – CELIC, mediante solicitação de órgãos da Administração Pública Estadual, para as compras governamentais de produtos da Agricultura Familiar e dos Empreendimentos Familiares Rurais (RIO GRANDE DO SUL, 2012, p. 1-2).

Além disso, o corpo técnico recebeu cursos de capacitação, proporcionados a partir da contratação de consultoria específica na área, que também redesenhou fluxos de trabalho que culminaram no decreto citado. Na ocasião, foram instituídas diversas gratificações para os responsáveis pela condução externa dos certames, bem como funções de gerenciamento e assessoramento, permitindo o aprimoramento qualitativo dos agentes licitadores.

Na mesma ideia de órgão planejador e não apenas executor das políticas de compras, já com ações sendo implementadas como reestruturação interna, mapeamento de processos e significativas evoluções em tecnologia da informação, sobreveio o *Decreto nº 53.355, de 21 de dezembro de 2016*, instituindo expressamente a gestão centralizada de compras e alienações do Estado, no âmbito da Administração Direta, Autárquica e

Fundacional, a ser feita a partir de sistema informatizado, denominado *Gestão de Compras do Estado – GCE,* assim previsto:

> Art. 1º - Fica instituída a Gestão Centralizada de Compras e Alienações do Estado, no âmbito da Administração Pública Estadual Direta, Autarquias e Fundações, com a finalidade de articular de forma integrada as ações referentes à gestão de compras compreendendo a aquisição de bens, contratação de obras e serviços.
> Art. 2º - Fica instituído o Sistema de Gestão de Compras do Estado - GCE, sistema informatizado corporativo do Estado do Rio Grande do Sul para operacionalizar e gerenciar as compras da Administração Pública Estadual, dando suporte à Gestão Centralizada de Compras e de Alienações do Estado (RIO GRANDE DO SUL, 2016, p. 1).

Por fim, nos termos do *Decreto nº 54.486, de 22 de janeiro de 2019*, a Subsecretaria passou a integrar a Secretaria do Planejamento, Orçamento e Gestão, a qual por sua vez foi incorporada à Secretaria de Planejamento, Governança e Gestão – SPGG, por força do *Decreto nº 55.770, de 23 de fevereiro de 2021.* Cumpre salientar, por oportuno, que a SPGG faz parte da Governadoria do Estado, que integra a estrutura do Gabinete do Governador, conforme disposto na Lei nº 14.733, de 15 de setembro de 2015 (RIO GRANDE DO SUL, 2015; 2019; 2021b). Nesse contexto, as competências foram mantidas, instaurando-se um espaço para uma visão mais estratégica das compras.

Em resumo, existiram alguns momentos de destaque para o fortalecimento da centralização: o primeiro em 1980, quando a proposta foi implementada para aquisições de bens; o segundo em 1997, quando as competências foram ampliadas para se processar todas as licitações, abrangendo bens, serviços e obras; o terceiro em 2009, quando passou a ter *status* de superintendência; e o quarto em 2012, quando passou a ter *status* de subsecretaria e recebeu reforço de equipe técnica. A seguir, ficam assim representados:

FIGURA 1
Evolução – principais pontos

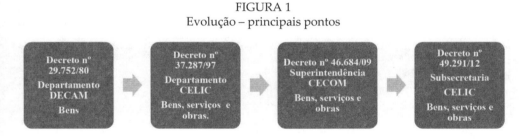

Fonte: A autora (2021).

E como podemos constatar a implantação da centralização das compras teve início há mais de 40 anos e os subsídios que temos acesso hoje, referentes à tomada de decisão para o desenvolvimento da sistemática, são apenas os normativos. Todavia, é nítido o êxito da iniciativa, a constante evolução, sem ter sido desfeita em nenhum momento ao longo dessa trajetória, o que demonstra uma solidificação que ganhou força, espaço e trouxe efetividade nas entregas à Administração.

Do atual contexto

Atualmente a Subsecretaria da Administração Central de Licitações – CELIC segue regida pelo Decreto nº 49.291, de 26 de junho de 2012; Decreto nº 53.355, de 21 de dezembro de 2016; e Decreto nº 55.770, de 23 de fevereiro de 2021 (RIO GRANDE DO SUL, 2012, 2016, 2021b).

Ou seja, conforme já destacado, pertencente à *estrutura* da Secretaria de Planejamento, Governança e Gestão, a CELIC é responsável pela gestão e execução dos procedimentos licitatórios, no que tange à aquisição de bens, serviços, obras e alienações para toda Administração Pública Direta, Autárquica e Fundacional, o que representa 58 órgãos ou entidades demandantes.

Diante disso, em razão da ordem estratégica, a CELIC, a partir de outubro de 2020, foi organizada internamente com a seguinte composição, conforme organograma:

FIGURA 2
Atual estrutura da CELIC

Fonte: Rio Grande do Sul (2021).

Cumpre destacar que a inovação aqui foi no sentido de concentrar a aquisição de bens no Departamento de Estratégia de Compras, visando qualificar a gestão destas compras para a escolha mais adequada do procedimento a ser adotado, seja por registro de preços, compra imediata ou dispensa de licitação. Essa proposta também está embasada na ideia de evitar procedimentos repetidos e/ou pulverizados, concentrando na medida do possível todas as necessidades para otimizar as entregas e se extrair o máximo de proveito dos benefícios da centralização, arrolados no item seguinte.

A partir dessa estrutura e dentro da *competência de gestão e execução* dos procedimentos licitatórios, ainda estão presentes as *atribuições auxiliares* ou decorrentes da atividade-fim, como a gestão: do cadastro de fornecedores, que visa a emissão do Certificado de Fornecedor do Estado – CFE e dos acessos ao portal de compras (senha) para os licitantes participarem de procedimentos eletrônicos; do sistema de registro de preços como um todo, ou seja, incluindo as atas de registro de preços e todos os atos inerentes a sua gestão; e dos sistemas de tecnologia da informação que viabilizam o trâmite interno e externo da demanda.

Frisamos que, com exceção da gestão das atas de registro de preços, a competência da CELIC se encerra na homologação do certame. Ou seja, toda a relação contratual se dá junto ao órgão demandante, que recebe o expediente administrativo após a conclusão da licitação.

No que tange aos *sistemas de tecnologia da informação*, a CELIC conta com a *Gestão de Compras do Estado – GCE*, já referida anteriormente, através da qual se processa a fase interna do certame, atualmente em relação à aquisição de bens e, em construção, o processamento de serviços e obras. Ainda em constante evolução, o sistema GCE tem contribuído bastante para os fluxos internos de trabalho, facilitando os procedimentos operacionais de recebimento de demandas aquisitivas, montagem de compras, além de facilitar o amplo acesso aos órgãos de controle. Também conta com o sistema Compras Eletrônicas – COE, por meio do qual se processa a fase externa do certame, ambos integrados (RIO GRANDE DO SUL, 2021c).

Não obstante, para se ter uma *dimensão* mais precisa *da demanda*, trazemos o volume do exercício de 2020, onde tramitou cerca de R$ 2.000.000.000,00 (dois bilhões de reais) em aquisições, contratações de serviços e obras, mais cerca de R$ 155.300.000,00 (cento e cinquenta e cinco milhões e trezentos mil reais) em alienações de bens móveis e imóveis inservíveis para a Administração. Tudo isso num montante que envolve 976 (novecentos e setenta e seis) editais de licitações, 935 (novecentas e trinta e cinco) atas de registro de preços, 2.554 (dois mil quinhentos e cinquenta e quatro) fornecedores credenciados para participação em licitações eletrônicas e 778 (setecentos e setenta e oito) certificados de fornecedor emitidos para participação de licitantes na modalidade tomada de preços e facilitação para participação nas demais modalidades, considerando a substituição dos documentos de habilitação (RIO GRANDE DO SUL, [2020]).

Em uma breve síntese, o *fluxo das atividades* centralizadas, no que tange à condução do procedimento licitatório em si, pode ser assim traduzido, após a definição do objeto e respectivas condições pelo demandante:

• análise da demanda, podendo envolver a necessidade de inserção no catálogo único de bens do Estado;

• validação ou realização da precificação, a depender da peculiaridade do objeto;

• elaboração do edital;

• aprovação da Assessoria Jurídica e do Controle Interno;

• publicação do edital;

• condução do certame;

• homologação;

• encaminhamento ao demandante para contratação ou trâmite interno para elaboração da ata de registro de preços.

Além disso, embora possua hoje uma equipe significativamente enxuta, a CELIC, além da atividade-fim, desenvolve *projetos estratégicos próprios* de evolução voltados: a soluções digitais, no que tange à comunicação com os fornecedores para torná-la 100% interativa, via portal próprio, bem como à implantação do processamento de serviços de obras via sistema GCE; à qualificação da equipe técnica; à implantação dos dispositivos da Lei nº 14.133/21; à efetivação de compras com critérios de sustentabilidade;

à qualificação das aquisições internacionais; e à implantação do calendário anual de compras pela sistemática do registro de preços (BRASIL, 2021a).

Do aprendizado

Quanto aos *benefícios da centralização*, verificados nas práticas administrativas, temos com destaque: economia de escala, tanto em relação ao custo financeiro do objeto licitado como em relação ao custo processual e operacional; padronização dos atos e procedimentos; segurança jurídica e de dados; e, principalmente, formação de equipe técnica especializada. Nesse ponto, cabe ressaltar a formação robusta de conhecimento que se constrói no ambiente centralizado, através da experiência, que a prática reiterada de anos proporciona ao resultado a ser entregue aos demandantes e à sociedade, ainda mais considerando um ambiente normativo esparso e operacional complexo, como é o do mundo das compras públicas.

Por conseguinte, a demanda expressiva também traz consigo a necessidade de um olhar mais atento a *fatores críticos*. Portanto, duas condições se apresentam em relação à *equipe técnica*, as quais parecem evidentes, contudo, não há como deixar de mencioná-las.

A primeira é a manutenção do quantitativo mínimo para dar conta da demanda, diante de um contexto político, econômico e administrativo de superação de crise e enxugamento de pessoal. E, ao mesmo tempo, enfrentar a necessidade de entregas para manter a máquina pública em funcionamento, tanto no que diz respeito à manutenção da atividade-fim dos diversos demandantes como em relação a projetos de investimento e estratégicos de governo. A segunda é a capacitação permanente que deve existir para garantir as evoluções técnicas necessárias nas entregas, fator inerente à qualificação de pessoal em qualquer ambiente profissional, mas com destaque para a área de compras públicas, que tem sido muito dinâmica nos últimos tempos.

Outra questão que merece atenção é o *planejamento* das aquisições no cenário de centralização, existindo um paradoxo a ser considerado. Vejamos, se por um lado a concentração dos trabalhos se torna uma ferramenta para viabilizar a disseminação da cultura de um efetivo planejamento, por outro, se enfrenta o desafio de fazê-la junto a um quantitativo expressivo de demandantes, concomitantemente às entregas de grande volume, à frequente rotatividade de pessoal das unidades e à busca de uma estruturação robusta de pessoal na própria central para realizar essa atividade primordial.

Importante fomentar, também, que em um ambiente de centralização das compras constatamos essencial que a grande parte das demandas venha com a definição precisa da necessidade da Administração, com termo de referência, eventual estudo técnico preliminar e pesquisa de mercado quanto à viabilidade competitiva, já formatados e *instruídos nos expedientes administrativos*, competindo à CELIC dar todas as orientações necessárias a esse trabalho inicial e à devida instrução processual.

Eventual *distorção do papel de gestão e orientação* da central, para inseri-la na atribuição que cabe ao órgão demandante executar, além de gerar acúmulos significativos das entregas, deixa de forçar com que cada unidade alinhe suas contratações as suas estratégias de gestão, que devem ser revisitadas constantemente. Nesse sentido, o alinhamento geral das licitações pende de uma vinculação direta de orçamento com plano anual das contratações. Próximos passos à implantação da Lei nº 14.133 de 1º de abril de 2021 (RIO GRANDE DO SUL, 2021a).

Outra questão pontual, embora seja manifesta, é difundir a necessidade de contabilizar o *tempo médio de uma licitação* nos projetos dos órgãos demandantes. Isso ocorre porque não raro o prazo para contratar, quando do ingresso da demanda na CELIC, é significativamente exíguo, podendo comprometer a qualidade de análises e decisões com mais profundidade.

Nesse cenário, se mostra imprescindível o *alinhamento da comunicação* com os demandantes, por meios variados, desde a realização de encontros pontuais, para sanar as controvérsias e difundir boas práticas, até a realização de *workshops* com orientações voltadas ao planejamento e operação das demandas. E a prática nos mostra que esse trabalho incansável e com o amparo normativo é o caminho a ser seguido para disseminar uma nova cultura voltada à eficiência das aquisições.

Não obstante, com a experiência de centralização, constatamos o quanto a área das compras públicas é sensível e importante para a Administração Pública. Toda contratação, seja para garantir a atividade-fim do Estado ou para implementar novos projetos e investimentos, passa pela CELIC. As entregas que garantem o funcionamento da máquina pública e as que chegam diretamente até à sociedade necessariamente dependem de um processo seletivo do fornecedor a ser contratado.

Por isso, não só devemos nos ater à operação em si das licitações, mas sim desenvolver cada vez mais o planejamento das ações. Ou seja, a área de compras possui todo um valor estratégico, político, econômico e social, que mobiliza e influencia a sociedade como um todo.

Conclusão

Nesse contexto, o que tivemos foi um processo gradual e crescente em que a centralização se manteve perene ao longo do tempo, sem identificar uma metodologia específica para a tomada de decisão rompendo paradigmas. O que verificamos, analisando o histórico normativo, é o trabalho de uma proposta, feita na década de 80, com resultados positivos construídos ao longo do tempo que viabilizaram cada vez mais espaço ao órgão licitador.

A partir disso, também é nítido que o formato adotado não sofreu rupturas decorrentes de políticas partidárias e isso se torna ainda mais evidente na conjuntura do Estado do Rio Grande do Sul, onde é típica a alternância de ideologias no Poder Executivo.

Não obstante, ainda que a CELIC apresente um nível de organização bastante satisfatório, inovações em modelos de contratações bem como projetos relacionados à governança e qualificação da execução das atividades ainda precisam ser desenvolvidos, em especial, a partir dos pontos críticos e sensíveis citados.

Ou seja, ações voltadas ao desenvolvimento da fase do planejamento das aquisições de bens, serviços e obras, quer seja dentro da própria área demandante, quer seja na Central de Licitações. E isso sem perder de vista os objetivos estratégicos das unidades, utilizando a centralização como uma ferramenta de gestão e governança, um canal para se propagar avanços de qualidade nas contratações.

Aliado a isso, também deve ser enfrentado o retorno das ocorrências de gestão e fiscalização dos contratos como condição para dar início a uma nova licitação e mecanismo de aprimoramento da demanda. Partindo da central de licitações, é uma forma de provocar iniciativas que fazem a diferença nas entregas e pensar em inovações de atendimento, propiciando melhorias na gestão, na eficiência e na utilização sustentável dos recursos públicos.

Por fim, as trocas de experiências com demais órgãos públicos, de diferentes esferas de governo, bem como a capacitação regular dos agentes envolvidos nos processos, são constantes ações a serem buscadas para garantir o aprimoramento do modelo de centralização e do resultado da atividade-fim desempenhada pelo órgão licitador.

Referências

BRASIL. *Decreto-Lei nº 200, de 25 de fevereiro de 1967*. Dispõe sobre a organização da Administração Federal, estabelece diretrizes para a Reforma Administrativa e dá outras providências. Brasília, DF: Presidência da República, 25 fev. 1967. Disponível em: http://www.planalto.gov.br/ccivil_03/decreto-lei/del0200.htm#view Acesso em: 11 abr. 2021.

BRASIL. *Lei nº 14.133, de 1º de abril de 2021*. Lei de Licitações e Contratos Administrativos. Brasília, DF: Presidência da República, 1º abr. 2021a. Disponível em: http://www.planalto.gov.br/ccivil_03/_ato2019-2022/2021/lei/L14133.htm / Acesso em: 11 abr. 2021.

BRASIL. *Lei nº 5.456, de 20 de junho de 1968*. Dispõe sobre a aplicação aos Estados e Municípios das normas relativas às licitações previstas no Decreto-lei nº 200, de 25 de fevereiro de 1967, que dispõe sobre a organização da Administração Federal, estabelece diretrizes para a Reforma Administrativa e dá outras providências. Brasília, DF: Presidência da República, 20 jun. 1968. Disponível em: http://www.planalto.gov.br/ccivil_03/leis/1950-1969/L5456.htm.

RIO GRANDE DO SUL. Assembleia Legislativa. *Decreto nº 37.287, de 10 de março de 1997*. Institui a Central de Licitações – CELIC e da outras providências. Porto Alegre, RS: Palácio Piratini, 10 mar. 1997. Disponível em: http://www.legislacao.sefaz.rs.gov.br/Site/Document.aspx?inpKey=99560&inpCodDispositive=&inpDsKeywords=Decreto%20%20AND%2037.287,%20%20AND%20mar%E7o%20%20AND%201997. Acesso em: 11 abr. 2021.

RIO GRANDE DO SUL. Assembleia Legislativa. *Decreto nº 46.684, de 14 de outubro de 2009*. Dispõe sobre a estrutura básica da Secretaria da Administração e dos Recursos Humanos, e dá outras providências. Porto Alegre, RS: Palácio Piratini, 14 out. 2009. Disponível em: http://www.legislacao.sefaz.rs.gov.br/Site/Document.aspx?inpKey=166720&inpCodDispositive=&inpDsKeywords=. Acesso em: 11 abr. 2021.

RIO GRANDE DO SUL. Assembleia Legislativa. *Decreto nº 49.291, de 26 de junho de 2012*. Institui a Subsecretaria da Administração Central de Licitações – CELIC, mediante transformação da Central de Compras da Administração Pública Estadual – CECOM. Porto Alegre, RS: Palácio Piratini, 26 jun. 2012. Disponível em: http://www.legislacao.sefaz.rs.gov.br/Site/Document.aspx?inpKey=166720&inpCodDispositive=&inpDsKeywords=. Acesso em: 11 abr. 2021.

RIO GRANDE DO SUL. Assembleia Legislativa. *Decreto nº 53.355, de 21 de dezembro de 2016*. Institui a Gestão Centralizada de Compras e de Alienações do Estado, e o Sistema Gestão de Compras do Estado - GCE. Porto Alegre, RS: Palácio Piratini, 26 jun. 2012. Disponível em: http://www.legislacao.sefaz.rs.gov.br/Site/Document.aspx?inpKey=254583&inpCodDispositive=&inpDsKeywords=. Acesso em: 11 abr. 2021.

RIO GRANDE DO SUL. Assembleia Legislativa. *Decreto nº 55.770, de 23 de fevereiro de 2021*. Dispõe sobre a estrutura básica da Secretaria de Planejamento, Governança e Gestão. Porto Alegre, RS: Palácio Piratini, 23 fev. 2021b. Disponível em: http://www.legislacao.sefaz.rs.gov.br/Site/Document.aspx?inpKey=276925&inpCodDispositive=&inpDsKeywords=Decreto%20AND%2055.770. Acesso em: 11 abr. 2021.

RIO GRANDE DO SUL. Assembleia Legislativa. *Decreto nº 29.752, de 19 de agosto de 1980*. Dispõe sobre a organização do Departamento Central de Administração do Material e dá outras providências. Porto Alegre, RS: Palácio Piratini, 19 ago. 1980. Disponível em: http://www.legislacao.sefaz.rs.gov.br/Site/Document.aspx ?inpKey=98136&inpCodDispositive=&inpDsKeywords=. Acesso em: 11 abr. 2021.

RIO GRANDE DO SUL. Assembleia Legislativa. *Lei nº 14.733, de 15 de setembro de 2015*. Dispõe sobre a estrutura administrativa e diretrizes do Poder Executivo do Estado do Rio Grande do Sul e dá outras providências. Porto Alegre, RS: Palácio Piratini, 15 set. 2015. Disponível em: http://www.al.rs.gov.br/FileRepository/repLegisComp/Lei%20n%C2%BA%2014.733.pdf Acesso em: 11 abr. 2021.

RIO GRANDE DO SUL. Assembleia Legislativa. *Ordem de Serviço nº 14/79*. Porto Alegre, RS: Palácio Piratini, 18 dez. 1979. Disponível em: http://www.legislacao.sefaz.rs.gov.br/Site/Document.aspx?inpKey=154399&inpCodDispositive=&inpDsKeywords=. Acesso em: 11 abr. 2021.

RIO GRANDE DO SUL. Assembleia Legislativa. *Ordem de Serviço nº 29/83-87, de 9 de novembro de 1983*. Dispõe sobre licitações e dá outras providências. Porto Alegre, RS: Palácio Piratini, 9 nov. 1983. Disponível em: http://www.legislacao.sefaz.rs.gov.br/Site/Document.aspx?inpKey=161146&inpCodDispositive=&inpDsKeywords=. Acesso em: 11 abr. 2021.

RIO GRANDE DO SUL. Central de Licitações – CELIC. *Compras Eletrônicas*. Porto Alegre, RS: CELIC, 2021. Disponível em: https://www.compras.rs.gov.br/ Acesso em: 11 abr. 2021.

RIO GRANDE DO SUL. Secretaria de Planejamento, Governança e Gestão. Central de Licitações – CELIC. *Estrutura Organizacional – 2021*. Porto Alegre, RS: SPGG/CELIC, 2021. Disponível em: http://www.celic.rs.gov.br/uploads/1627999619CELIC_ORGANOGRAMA_2021.pdf. Acesso em: 11 abr. 2021.

RIO GRANDE DO SUL. Secretaria de Planejamento, Governança e Gestão. Central de Licitações – CELIC. *Indicadores – 2020*. Porto Alegre, RS: SPGG/CELIC, [2020]. Disponível em: http://www.celic.rs.gov.br/uploads/1628001117indicadores__trimestral_e_acumulado_2020_CELIC.pdf. Acesso em: 11 abr. 2021.

Informação bibliográfica deste texto, conforme a NBR 6023:2018 da Associação Brasileira de Normas Técnicas (ABNT):

DACROCE, Marina Fassini; MAFISSONI, Viviane. A centralização das compras no estado do Rio Grande do Sul. *In*: LOPES, Virgínia Bracarense; SANTOS, Felippe Vilaça Loureiro (coord.). *Compras públicas centralizadas no Brasil*: teoria, prática e perspectivas. Belo Horizonte: Fórum, 2022. p. 121-133. ISBN 978-65-5518-463-1.

AS EXPERIÊNCIAS DE CENTRALIZAÇÃO DE COMPRAS NO ESTADO DE MINAS GERAIS

ANDRÉA HELOISA DA SILVA SOARES

MICHELE MIE ROCHA KINOSHITA

1 Introdução

O Governo do Estado de Minas Gerais perpassou por diversas experiências de centralização de compras ao longo dos anos, vivenciando desafios conforme estratégias adotadas. Os principais projetos tiveram sua implementação a partir da 1ª Geração do Choque de Gestão, reforma implementada no Estado para corrigir a situação deficitária em que se encontrava em 2002, bem como para modernizar a gestão a partir de uma ótica de administração voltada para resultados e alinhada às práticas da área privada (SOARES, DARBILLY, VIERA, 2010).

Cabe destacar, no entanto, que havia centralização de compras no Estado desde 1976, com a previsão normativa e aquisição centralizada de equipamentos e material permanente para os órgãos da administração direta pela Secretaria de Estado de Administração, por meio da Diretoria de Material (MINAS GERAIS, 1976), não abrangendo no regramento as compras com recursos de convênios. Em 1996, o Decreto nº 18.287/1976 foi revogado pelo Decreto nº 37.922 (MINAS GERAIS, 1996), mas foi mantida a aquisição centralizada de equipamentos e materiais permanentes pela então Superintendência Central de Administração de Material da Secretaria de Estado de Recursos Humanos e Administração – SERHA, ampliando inclusive para as compras com recursos de convênios e excepcionalizando algumas situações.

A centralização das compras dos materiais permanentes permaneceu nesse formato até 2009, quando houve a descentralização desta competência aos órgãos e entidades prevista no Decreto nº 45.242 (MINAS GERAIS, 2009). Alinhada às ações do Projeto Gestão Estratégica de Suprimentos – Projeto GES, iniciado em 2006, a normativa prevê em seu art. 11, §1º:

> Art. 11 (...)
> §1º - A SEPLAG poderá determinar, por meio de resolução, a aquisição centralizada de alguns itens conforme a oportunidade e a conveniência da Administração, podendo criar comitês estratégicos de gestão de suprimentos ou outros mecanismos de gestão estratégica no âmbito do Poder Executivo. (MINAS GERAIS, 2009)

O Projeto GES teve por objetivo:

> o desenvolvimento e a implantação de metodologias e prática de gestão de suprimentos, com base nas melhores práticas nacionais e internacionais, visando à redução de custos e gastos com famílias de materiais, serviços e obras; a definição de modelos de gestão de suprimentos; o aprimoramento dos mecanismos de relacionamento com o mercado fornecedor em seus diversos segmentos; a capacitação de servidores estaduais para atuarem como agentes multiplicadores do modelo e a revisão de sua cadeia logística e de gestão dos bens. (VILHENA; ALBUQUERQUE, 2007 p. 5)

Este projeto focou nos principais itens de materiais ou serviços contratados pelos órgãos e entidades da Administração direta, autárquica e fundacional para análise de toda a cadeia de suprimentos, definindo-se a atuação na 1ª onda do Projeto GES em cinco grandes famílias de compras e na 2ª onda do Projeto, a partir do final de 2008, em mais seis famílias.

A centralização das compras, pelo método de *Strategic Sourcing*, prevaleceu durante o período de 2008 a 2014. A partir de 2012, decorrente da implantação da Cidade Administrativa de Minas Gerais – CAMG em 2010, no âmbito do Programa Estruturador Descomplicar – Minas Inova, foi desenvolvido um projeto com o objetivo de implementar um Centro de Serviços Compartilhados no Governo de Minas Gerais (VILHENA; BRITTO; VALE, 2014).

Tal projeto buscou centralizar processos transacionais em uma unidade, sendo estes demandas que serão atendidas conforme fluxo padronizado e de acordo com a documentação constante no processo administrativo. Nestes casos, não há junção com outras demandas que possuam objetos similares. O funcionamento é similar a uma esteira de supermercado em que os produtos "entram na fila" e são processados individualmente.

Essa centralização foi considerada vantajosa, tendo em vista a replicação de estruturas e atividades nos diversos órgãos e entidades alocados na CAMG e vislumbrou-se também a padronização, a especialização, a eficiência, o aumento de produtividade nos processos transacionais a serem realizados por equipe técnica especializada, bem como a liberação da força de trabalho para atuação nas atividades fim dos seus órgãos e entidades.

Foram definidos seis macroprocessos a serem centralizados nesta nova unidade, responsável pela prestação de serviços transacionais aos órgãos e entidades da Administração direta, autárquica e fundacional com sede localizada na Cidade Administrativa. Dentre os seis, estava o macroprocesso de gestão das compras, englobando as contratações diretas, as licitações, a formalização de contratos e o processamento de suas alterações e a formalização de ata de registro de preços.

Em julho de 2014, iniciou-se a implantação do Centro de Serviços Compartilhados – CSC, nova subsecretaria da Secretaria de Estado de Planejamento e Gestão – Seplag, em três ondas de centralização, isto é, ao longo dos meses planejados, de forma gradativa seriam centralizados os macroprocessos dos órgãos e entidades predefinidos. A última onda estava com início previsto em 21 de novembro de 2014 (MINAS GERAIS, 2014).

Com as definições da eleição de 2014, o Governo de Minas Gerais passou pelo período de transição e mudança de governo em 2015, não havendo concretizado a centralização dos serviços para todos os órgãos e entidades planejados e não houve a estabilização daqueles serviços já centralizados. No início da nova gestão, vivenciava-se a queda de qualidade e eficiência nos serviços prestados de forma centralizada pelo CSC. Tal impacto era esperado, dada a mudança nos processos de trabalho, tanto do CSC quanto dos órgãos e entidades atendidos, a adequação da estrutura, a capacitação e experiência dos servidores, dentre outros. No entanto, ao invés de buscar estabilizar os processos, o novo governo optou pela descontinuidade da centralização, retornando as competências e processos gradativamente aos órgãos e entidades (MINAS GERAIS, 2015).

No que tange às compras públicas, no final de 2015, a Seplag passou a atuar principalmente com: licitações realizadas por meio de registro de preços, tendo competência privativa e podendo delegá-la por conveniência estratégica; contratações e licitações de itens considerados estratégicos por ato do Secretário de Planejamento; e itens comuns aos órgãos e entidades processados de forma centralizada ou que teriam gerenciamento no formato de contratos corporativos, modelagem instituída por meio do Decreto nº 46.944/2016 (MINAS GERAIS, 2016).

O presente relato técnico buscará explanar sobre esses projetos de centralização implantados – Projeto GES, Projeto CSC, Centralização de Compras e Contratos Corporativos, abordando os principais resultados alcançados e as lições aprendidas. Ademais, abordará o projeto em desenvolvimento do Centro de Compras Compartilhadas – Projeto CCC, suas perspectivas de centralização e o alinhamento à nova Lei de Licitações e Contratos.

2 A implantação da Gestão Estratégica de Suprimentos – GES em Minas Gerais

O projeto GES teve como objetivos principais: a definição e implantação de metodologias e modelos de gestão de suprimentos, com base nas melhores práticas nacionais e internacionais, para a redução de custos e de gastos com materiais e serviços; o aprimoramento dos mecanismos de relacionamento com o mercado fornecedor em seus diversos segmentos; e a capacitação de servidores estaduais para atuarem como agentes multiplicadores do modelo (MOURA, 2008).

Para seu desenvolvimento, foi realizado processo licitatório para a contratação de consultoria para a implantação do modelo de Gestão Estratégica de Suprimentos no Estado. A contratada aplicou as seguintes etapas da metodologia de *Strategic Sourcing*, devidamente adequada ao setor público (MOURA, 2008):

• Definição dos Requerimentos Internos: identificação das principais necessidades, dos itens consumidos em quantidade e frequência, de criticidade dos itens, de barreiras (legislação, recursos operacionais e humanos) e levantamento dos dados de consumo histórico;

• Análise do Mercado Fornecedor: levantamento dos principais aspectos de funcionamento do mercado fornecedor;

• Análise do Custo Total: identificação dos fatores que impactam o custo total do item (ciclo de vida, custo do produto, custo do processo interno);

• Modelo de Fornecimento: definição da operação de suprimentos desde a aquisição até o fim do ciclo de vida do item, amparando nas três etapas anteriores;

• Análise de Fornecedores: identificação de como os fornecedores operam neste mercado (pedido mínimo, práticas por região, aquisições por lote x item);

• Elaboração do Edital: com base em todos os itens anteriores, instrução de processo administrativo com as informações necessárias previstas em normativos;

• Condução do Processo Licitatório: após aprovação do edital, realização de ampla divulgação para atrair mais fornecedores e ampliar a chance de bons resultados.

Nesta 1ª geração do Projeto GES, Moura (2008) destaca que foram estudadas inicialmente cinco famílias de compras, a saber: material de escritório, equipamentos de informática, medicamentos, pavimentação (betuminosos) e serviços de refeição para unidades prisionais da Secretaria de Estado de Defesa Social. Para a continuidade da aplicação da metodologia, foram criados comitês executivos de gestão estratégica de suprimentos para as famílias citadas em fevereiro e março de 2008. Ainda em 2008, foi criado comitê para a família de passagens aéreas, com aplicação da metodologia pelo corpo técnico do Estado, demonstrando absorção do conhecimento e capacidade de replicação.

Cada comitê foi presidido por um órgão/entidade,[1] permitindo assim maior disseminação da metodologia. Além disso, a preparação do processo de registro de preços e realização do procedimento licitatório, de forma descentralizada pelos órgãos presidentes dos comitês, permitiu a potencialização da ação, superando assim limitações

---

[1] Comitê Executivo de Gestão Estratégica de Suprimentos da Família de Equipamentos de Informática – CEGESEI: presidido pela SEPLAG (Decreto nº 44.741, de 28.02.2008).
Comitê Executivo de Gestão Estratégica de Suprimentos da Família de Materiais de Escritório – CEGESME: presidido pela Secretaria de Estado de Educação – SEE (Decreto sem número, de 3.03.2008).
Comitê Executivo de Gestão Estratégica de Suprimentos da família de Refeições – CEGESRE: presidido pela Secretaria de Estado de Defesa Social – SEDS (Decreto sem número, de 3.03.2008).
Comitê Executivo de Gestão Estratégica de Suprimentos da família de Medicamentos – CEGESMD: presidido pela Secretaria de Estado de Saúde – SES (Decreto sem número, de 3.03.2008).
Comitê Executivo de Gestão Estratégica de Suprimentos da Família de Passagens Aéreas – CEGESPA: presidido pela Secretaria de Estado de Fazenda – SEF (Decreto nº 44.902, de 24.09.2008).

de recursos humanos. Apesar de não concentrar todas as ações em um mesmo órgão/entidade, o Estado conseguiu centralizar as aquisições destas famílias nesta formatação, sendo o acompanhamento realizado pela equipe da então Diretoria Central de Licitações e Contratos – DCLC da Seplag.

Com a implementação das recomendações propostas durante a primeira fase do projeto Gestão Estratégica de Suprimentos (GES), iniciado em 2006, para aperfeiçoar o processo de aquisições estaduais, foi registrada uma economia de R$ 61,19 milhões nas compras efetuadas entre maio de 2007 e setembro de 2008.[2]

Para a 2ª onda do projeto GES, foi realizada nova licitação, baseada na mesma metodologia de Compras Estratégicas (*Strategic Sourcing*), para as seguintes famílias: materiais e equipamentos médico-hospitalares, odontológicos e laboratoriais; frota de veículos; diárias e hospedagem e serviços da Empresa de Tecnologia da Informação de Minas Gerais – Prodemge.

Destaca-se desta onda a família Frota de Veículos, que abarcou a análise de vantajosidade entre aquisição ou locação de veículos e a modernização dos modelos de abastecimento e manutenção da frota de veículos, com a implantação de sistema informatizado, automação das bombas de combustível dos postos próprios do Estado e instalação de dispositivos nos veículos e a quarteirização da manutenção da frota, respectivamente. O ganho do Estado nesta família não se deu apenas na obtenção de preços mais vantajosos no processo licitatório, mas também na mudança do processo de abastecimento e da gestão dos estoques dos postos próprios e na obtenção de dados mais confiáveis dos abastecimentos automatizados.

Apesar de as implantações do modelo de abastecimento e de manutenção terem sido mais complexas e demoradas, a modernização trazida pelos modelos definidos no Projeto GES, com integração de sistemas de gestão informatizados ao SIAD-MG, permitiu o desenvolvimento do projeto Gestão de Frota por Indicadores – GFI. Esse projeto promoveu a elaboração de indicadores de frota, que são monitorados e utilizados na tomada de decisão da Alta Administração. Diante do exposto, percebe-se que o modelo de gestão estratégica de suprimentos possibilitou, além da economia financeira, ganhos processuais e a melhoria nos dados e na geração de informações para a tomada de decisão.

De 2007 a 2013, a economia gerada com as famílias do Projeto GES somou mais de R$ 300 milhões.[3] Ademais, cabe destacar que o Estado associou outras políticas às famílias da GES, potencializando assim essas ações, como foi o caso da adoção de diretrizes para a promoção do desenvolvimento sustentável nas compras públicas, com a publicação do Decreto nº 46.105/2012 (MINAS GERAIS, 2012).

Todo esse trabalho, desenvolvido com a metodologia do *Strategic Sourcing*, foi fundamental nos projetos subsequentes de melhoria nas compras públicas, bem como no avanço de outros processos da cadeia logística. Cabe destacar que o conceito de famílias estratégicas foi mantido no Decreto nº 47.390/2018 (MINAS GERAIS, 2018), que dispõe sobre políticas e diretrizes para as aquisições e contratações de bens e

---

[2] Disponível em: https://planejamento.mg.gov.br/noticia/meio-ambiente/11/2008/treinamento-discute-compras-publicas-sustentaveis.

[3] Disponível em: https://planejamento.mg.gov.br/noticia/geral/06/2014/ministerio-do-meio-ambiente-conhece-o-modelo-de-compras-publicas-sustentaveis.

serviços da família de compras estratégicas, no entanto, a forma de atuação da Seplag mudou após o desenvolvimento do projeto CSC, a implantação do Centro de Serviços Compartilhados e mudança de gestão em 2015.

3 Da concepção, implantação e desmobilização do Centro de Serviços Compartilhados, como unidade prestadora de serviço, à centralização de compras de itens estratégicos e desenvolvimento do modelo de contrato corporativo

Com a implantação da Cidade Administrativa de Minas Gerais em 2010 e a concentração da maioria dos órgãos e entidades do Poder Executivo em um único local de trabalho, diversos processos puderam ser revistos, tornando-se evidentes situações como a falta de padronização de processos e procedimentos e a replicação de estruturas e atividades, principalmente nas áreas meio. Diante desse cenário, o Núcleo Central de Inovação e Modernização Institucional – NCIM da Subsecretaria de Gestão da Estratégia Governamental – SUGES da Seplag conduziu estudos para a criação de uma unidade prestadora de serviços, em que seriam centralizados processos transacionais dos órgãos e entidades cuja área meio estivesse localizada na CAMG (VILHENA; BRITO; VALLE 2014).

Assim como o projeto GES, o projeto do Centro de Serviços Compartilhados utilizou práticas privadas com vistas a implementar tal inovação no Governo de Minas. Para isso, foi realizado *benchmarking* em outros países; chamamento público para que as empresas interessadas pudessem conhecer a proposta do governo e apresentassem sugestões; e, por fim, o processo licitatório para a contratação de consultoria especializada para a realização de diagnóstico detalhado e como produto a análise de viabilidade econômico-financeira (fase 1). Identificada a viabilidade, seria executada a fase 2 de implantação e estabilização do Centro de Serviços Compartilhados (VILHENA; BRITO; VALLE 2014).

Alguns dos resultados esperados com a implantação do CSC eram: reduzir investimentos e custos através de simplificação e padronização; aumentar a produtividade e excelência de serviço aos clientes internos; aumentar a produtividade na execução dos processos; possibilitar ganhos por agregação de volumes de compras; promover a padronização de processos; ampliar a assertividade nas tomadas de decisão em função da disponibilidade das informações; reduzir substancialmente a taxa de erros de processamento e de informação (MINAS GERAIS, 2012).

Para análise da viabilidade econômico-financeira, foi realizado diagnóstico detalhado dos macroprocessos, previstos no edital para serem avaliados, a fim de identificar as atividades que seriam centralizadas na nova unidade e quais permaneceriam no órgão/entidade e avaliar a criticidade da centralização, grau de transacionalidade, potencial de redução de custos, etc.; a definição da estrutura organizacional, operacional e responsabilidades; as despesas com infraestrutura necessária; as despesas com movimentação e capacitação de pessoas; o fluxo de caixa projetado, a mensuração dos ganhos obtidos; o plano e ondas de implantação; e o plano detalhado da fase 2 (implantação e estabilização). A consultoria contratada estimou uma economia total líquida na ordem de R$ 16 milhões para seis macroprocessos (MINAS GERAIS, 2013). Definida a viabilidade econômico-financeira, foram realizadas as ações do plano da fase 2 para a centralização destes macroprocessos.[4]

No que se refere ao macroprocesso de gestão das compras, é importante destacar que a operação prevista para os processos era a de processamento transacional, isto é, à medida que uma solicitação para compra chegava, ela era processada individualmente pelo CSC para o cumprimento do acordo de nível de serviço pactuado. Não foi prevista, no projeto, a consolidação de demandas semelhantes para o processamento em conjunto, exceto para os casos de pedidos para a realização de processo de registro de preços.

Quanto à migração dos processos dos órgãos e entidades para o CSC, essa foi dividida em três ondas: 1ª onda – 14 órgãos e entidades com início da operação em 21 de julho de 2014; 2ª onda – 9 órgãos e entidades, em setembro de 2014; e 3ª onda – 12 órgãos restantes, em novembro de 2014.

De acordo com Vimieiro (2016),

> a operação somente teve início em agosto 2014, último ano daquela administração. Em outubro desse ano, ou seja, *com apenas dois meses de operação da nova estrutura, já se tinha conhecimento sobre a mudança de governo*, com a vitória política da coligação de oposição para assumir o governo do estado a partir de 2015. Acredita-se, portanto, que a conjuntura política do contexto não tenha sido favorável à implantação e à consolidação da mudança (VIMIEIRO, 2016 p. 77 e 78) (grifo nosso).

Com a migração nos últimos seis meses de governo, em ondas e sem a premissa de estabilização da onda anterior para o início da seguinte, diversos processos apresentaram problemas e falhas, além de não haver o cumprimento dos acordos de nível de serviço. O novo governo então assumiu a gestão em um cenário em que a implantação do CSC passava pelo chamado "vale do desespero" de um processo de mudança organizacional (KUNDU; BAXI, 2016). Ao invés de buscar solucionar os problemas identificados e estabilizar os processos, mantendo a centralização dos processos transacionais, a nova gestão optou pela descontinuidade e retorno das competências aos órgãos e entidades, além de alterar a estratégia de atuação da subsecretaria quanto às compras públicas.

Diante do cenário exposto, não foi possível avaliar a centralização dos processos transacionais a fim de verificar os benefícios esperados de padronização dos processos, aumento de produtividade e excelência na prestação de serviços, ganhos por agregação de volumes de compras. Mas a implementação desse projeto deixou aprendizagens que são utilizadas atualmente e serão observadas em novos projetos. A estratégia de centralização de vários macroprocessos da área meio de uma só vez, a implantação em ondas sem previsão de estabilização da onda anterior, as decisões *top-down*, a comunicação e divulgação de falhas e o *timing* de migração no 2º semestre do último ano de governo são alguns dos pontos críticos identificados que ficam como lições aprendidas.

Com a descontinuidade do formato original de unidade prestadora de serviços de processos transacionais da área meio, o Centro de Serviços Compartilhados, em novembro de 2015, passa a ter a competência de área central de compras, logística e

---

[4] Execução de despesa orçamentária e financeira, gestão de compras, gestão de *facilities*, gestão do patrimônio, gestão de repasse de recursos de saída e gestão de viagens a serviço.

patrimônio, conforme previsto no art. 1º do Decreto nº 46.901/2015 (MINAS GERAIS, 2015):

> Art. 1º – O art. 1º do Decreto nº 46.552, de 30 de junho de 2014, passa a vigorar com a seguinte redação:
>
> "Art. 1º – O Centro de Serviços Compartilhados – CSC – é uma Subsecretaria da Secretaria de Estado de Planejamento e Gestão, que atua como órgão central de compras governamentais responsável pela propositura de políticas e diretrizes para a implementação de ações estratégicas de compras e da gestão logística e patrimonial do Estado e demais atribuições previstas neste Decreto".

O macroprocesso de gestão de compra foi descentralizado parcialmente aos órgãos e entidades, ficando o CSC responsável por procedimentos licitatórios, dispensas e inexigibilidades de licitação para: aquisição e contratação de bens e serviços de uso comum pelos órgãos e entidades, aquisição e contratação de órgãos/entidades considerados estratégicos e da própria Seplag, aquisições e contratações realizadas pelo sistema de registro de preços. Após essa alteração de competência foram realizados dois projetos, que cabem ser destacados: a Estratégia da Regionalização da Assistência Farmacêutica (ERAF) e a Contratação Centralizada e o Gerenciamento de Contratos Corporativos.

a. Estratégia da Regionalização da Assistência Farmacêutica (ERAF)

A ERAF foi desenvolvida em conjunto com a Secretaria de Estado da Saúde (SES) com o objetivo de alterar o modelo centralizado de aquisição e distribuição dos medicamentos básicos (FILHO, 2007). Esse modelo apresentou diversos problemas, principalmente após a contratação de um operador logístico,[5] em 2013, para realizar a gestão do almoxarifado central da Secretaria e a logística de distribuição aos municípios. A formatação gerou atrasos nas entregas, insatisfação dos municípios e consequente impacto à vida do cidadão.

Até 2015, a SES realizava o processo licitatório para a compra de medicamentos do componente básico da Relação Nacional de Medicamentos Essenciais (RENAME) em nome de todos os municípios, executava a despesa,[6] o recebimento e a conferência dos itens em seu almoxarifado central e, por fim, realizava a distribuição aos municípios (PACHECO, 2017). A nova estratégia manteve a realização do procedimento licitatório para o registro de preços pelo Estado, mas agora sob a responsabilidade da Central de Compras da Seplag, e os municípios passaram a ter papel ativo com a efetivação da aquisição pela ata de registro de preço, o recebimento dos itens e a execução financeira, em alguns casos (PACHECO, 2017).

---

[5] Disponível em: https://www.crfmg.org.br/farmaciarevista/39/CRF-MG-alerta-SES-MG-sobre-desabastecimento-de-medicamentos-na-Farmacia-de-Minas.
[6] Empenho, liquidação e pagamento.

Para sua implementação, foram realizados estudos e diálogos com o mercado fornecedor para certificar que as entregas aos municípios seriam viáveis. Para a formatação da licitação, o

> Estado foi dividido em 05 (cinco) regiões independentes com o objetivo de ajustar a escala de aquisição, ampliar a concorrência e gerar atratividade para regiões que eventualmente não teriam processos licitatórios bem-sucedidos pela sua condição de desenvolvimento econômico e distância dos maiores centros produtores (FILHO, 2017).

Além disso, cada medicamento da lista foi licitado individualmente em um lote. Com a divisão do Estado em cinco regiões, cada medicamento apareceu cinco vezes. A primeira execução da estratégia contemplou 261 municípios, disponibilizando mais de 3 milhões de unidades farmacêuticas frente ao 1,7 milhão do modelo anterior. Ademais, com a entrega realizada pelos fornecedores diretamente nos municípios, houve a redução do gasto da SES com armazenagem e distribuição, além de a distribuição ser realizada em um prazo menor do que o modelo anterior. A estratégia foi aprovada por meio da Deliberação CIB-SUS/MG Nº 2.416/16.[7]

Cabe destacar que, em um primeiro momento, nem todos os municípios realizaram a execução financeira, ficando a cargo da SES a emissão de empenho, autorização de fornecimento e, após o ateste da nota fiscal pelos municípios, liquidação e pagamento. Para esse ateste, foi desenvolvida a funcionalidade no Portal de Compras MG[8] acessada pelos municípios. Esse foi um dos principais gargalos do modelo, em decorrência da dificuldade dos responsáveis dos municípios em realizar o ateste no sistema, mesmo após treinamento. Além disso, no final de 2016 e início de 2017, com as eleições municipais, diversas mudanças de pessoal nas prefeituras impactaram a estratégia, sendo necessário realizar novas orientações. A etapa de ateste das notas foi ainda mais impactada, tendo em vista que os novos gestores não estavam seguros para atestar o recebimento feito pela gestão anterior, sendo necessárias novas orientações e esclarecimentos.

Diante desse gargalo, foram realizados ajustes na estratégia para que a execução financeira passasse a ser realizada pelos municípios. Essa nova formatação trouxe economia e eficiência não apenas para o Governo de Minas, que deixou de gastar com armazenagem e distribuição, mas também para os municípios, que passaram a ter disponíveis atas de registro de preços para efetivar as aquisições dos medicamentos básicos, não precisando realizar os processos licitatórios, além de efetuarem a execução da despesa, determinando o momento da autorização para fornecimento, o recebimento e o pagamento, registrando em seus processos administrativos e sistemas.

---

[7] Disponível em: https://www.saude.mg.gov.br/images/documentos/Del2416-SUBPAS_SAF-Estrat%C3%A9giadaRegionaliza%C3%A7%C3%A3oCBAF.pdf.
[8] Plataforma utilizada e mantida pelo Governo de Minas para a realização dos processos de licitação, contratação direta, gestão de contratos: http://www.compras.mg.gov.br/.

b. Contratação centralizada e gerenciamento de contratos corporativos

Com a implantação do CSC em 2014, foi possível identificar situações nos processos de compras e de gestão de contratos que serviram de insumo para a definição da nova estratégia de contratação centralizada e formalização de contratos corporativos. Destacam-se os seguintes pontos: falta de padronização na instrução dos processos das diversas instituições e, inclusive, de um mesmo órgão; solicitações de processamento de contratação de um mesmo objeto várias vezes no decorrer do ano; formas diferentes de processamento de uma contratação para o mesmo objeto; vários contratos para os mesmos objetos e com mesmo fornecedor.

Dois objetos em específico chamaram atenção: prestação de serviços de limpeza, asseio e conservação, controle de entrada e saída de bens e pessoas, apoio administrativo e operacional junto a Minas Gerais Administração e Serviços S.A. (MGS) e contratação de seguro DPVAT – Seguro contra Danos Pessoais Causados por Veículos Automotores de Via Terrestre para os veículos oficiais. Praticamente todos os órgãos e entidades da Administração direta, autárquica e fundacional do Poder Executivo possuíam contrato com a MGS. Em alguns casos, o mesmo órgão possuía mais de um contrato. Em relação ao seguro DPVAT, a frota própria do Poder Executivo Estadual, à época, era de aproximadamente 18 mil veículos distribuídos em mais de 50 órgãos e entidades.

Com a mudança de competência do CSC em 2015, a equipe foi designada para realizar estudos destes dois objetos, visando definir uma nova estratégia para a contratação e posterior gestão contratual. No que se refere às contratações junto a MGS, verificou-se que havia diferenças de valores para o mesmo posto de serviço, com as mesmas características, além disso os dados constantes no Portal de Compras não eram suficientes para a análise dos dados e geração de informação, uma vez que era utilizado item genérico para essa contratação. Quanto aos procedimentos da gestão contratual, identificou-se que, a cada convenção coletiva ou solicitação de reequilíbrio econômico-financeiro, todos os contratos precisavam ser alterados por todos os órgãos e entidades, movimentando assim diversos setores em cada um deles.

No que se refere à contratação de seguro DPVAT – Seguro contra Danos Pessoais Causados por Veículos Automotores de Via Terrestre para os veículos oficiais, até o ano de 2015, os órgãos e entidades do Poder Executivo Estadual que dispunham de veículo automotor terrestre realizavam, por si, um processo de inexigibilidade para a contratação do seguro obrigatório dos veículos oficiais, sendo que, com a implantação do CSC, alguns desses processos eram instruídos por esta subsecretaria. Contudo, cada um demandava tratamento individual, com instrução, análise jurídica e ratificação individualizada por órgão/entidade. Ademais, a Seplag recebia da Seguradora Líder, exclusiva para emissão do DPVAT, cerca de 18 mil boletos impressos para o pagamento do seguro e então distribuía aos órgãos e entidades, que realizavam a quitação manual após a ratificação do processo de compra.

Ao longo de 2015, então foram realizados estudos desses objetos, processos, formas de contratação com vistas a modelar uma estratégia de contratação e de gestão dos contratos para reduzir a replicação de atividades com instrução de vários processos para o mesmo objeto, seja para a compra/contratação, seja para a realização de procedimentos administrativos dos contratos.

No início de 2016, então, foi publicado o Decreto nº 46.944 (MINAS GERAIS, 2016), que dispõe sobre a centralização da contratação e do gerenciamento de contratos administrativos, em que é prevista como competência da SEPLAG a adoção de medidas para ampliar a qualidade e a efetividade das aquisições e contratações dos bens e serviços de uso comum pelos órgãos e entidades do Poder Executivo Estadual, sendo responsável por realizar os processos de compras de forma centralizada e gerenciar os contratos corporativos decorrentes destas.

Instituiu-se assim a possibilidade de formalização de contrato corporativo, pelo órgão contratante principal, em nome de todos os órgãos e entidades anuentes, contemplando a demanda de cada um deles. Neste modelo, temos os seguintes atores e instrumentos:

- Órgão contratante principal: responsável pela formalização do contrato corporativo e de eventuais alterações do instrumento contratual, bem como pela instrução processual e gestão do objeto contratual de forma global especialmente quanto à sua qualidade, quantidade e efetividade;

- Órgão contratante anuente: manifesta anuência formal à contratação, indica a sua demanda e responsabiliza-se pela execução de sua parcela do objeto contratado, exercendo o acompanhamento, a fiscalização da execução contratual e promovendo o pagamento pelos bens adquiridos ou serviços prestados;

- Termo de anuência: instrumento pelo qual a autoridade competente do órgão ou entidade se compromete a participar da licitação ou contratação centralizada, em concordância com as condições estabelecidas pelo órgão contratante principal;

- Gestor central: servidor pertencente aos quadros do órgão contratante principal formalmente responsável pela coordenação e supervisão geral do contrato corporativo;

- Gestor setorial: servidor pertencente aos quadros do órgão ou entidade anuente, formalmente responsável pela gestão administrativa da sua quota-parte, pelo acompanhamento da execução do contrato, coordenando e comandando o processo de fiscalização da execução contratual e pela comunicação com o órgão contratante principal e o atendimento às suas demandas;

- Fiscal do contrato: servidor pertencente aos quadros do órgão ou entidade anuente, formalmente responsável pela verificação da execução do objeto do contrato e fiscalização do cumprimento das disposições contratuais.

Em 2016, após a determinação da adoção do modelo de contratação centralizada para esses dois objetos, foram realizadas orientações aos órgãos e entidades quanto aos procedimentos necessários para a preparação do processo de contratação corporativa. Para os dois objetos, foram desenvolvidas funcionalidades no Portal de Compras para auxiliar na instrução dos processos de compra, bem como na gestão do contrato corporativo pelo gestor central.

No caso do DPVAT, foi criada funcionalidade para a seleção de todas as placas dos veículos oficiais a terem o seguro DPVAT pago e a inclusão de previsão de quantitativo de veículos por categoria a serem adquiridos ao longo do exercício para que o contrato corporativo permitisse o pagamento do seguro durante o ano. Todas estas informações são vinculadas na execução de despesa, sendo efetivado o pagamento dos seguros obrigatórios dos veículos constantes nas listas selecionadas previamente. Isso permite que o sistema crie de forma automática a ordem de pagamento correspondente a cada seguro no sistema financeiro do Estado, com dados obtidos de integração com o sistema do Departamento de Trânsito de Minas Gerais – Detran-MG.

A contratação centralizada e a formalização de contrato corporativo deste objeto permitiram: a simplificação do Pedido de Compra, que passou a ser composto por menos documentos e excluiu os boletos bancários impressos; a realização de apenas um processo de inexigibilidade, com instrução e ratificação única pelo Secretário de Estado de Planejamento e Gestão; a extinção da impressão de cerca de 18 mil boletos por parte da seguradora Líder; a mobilização de menos equipes para a realização do processo de contratação; o controle automatizado e individualizado tanto do processo de compra quanto do processamento do pagamento; e a possibilidade de pagamento de seguros DPVAT para aqueles veículos adquiridos ao longo do exercício.

4 Conclusões

O Estado de Minas Gerais, desde 2006, realiza projetos e ações relacionadas à centralização de compras. Inicialmente, com foco na metodologia do *Strategic Sourcing*, perpassando pela centralização de processos transacionais nos moldes do mercado privado de centro de serviços compartilhados e direcionando esforços para objetos estratégicos e formatação de contratação corporativa.

Todas essas experiências geraram aprendizados e serviram de referência para o desenvolvimento, em meados de 2019, do Projeto do Centro de Compras Compartilhadas, que tem como objeto ampliar a centralização das compras e contratações em uma unidade administrativa, subsidiada por áreas de atendimento, assessoramento jurídico e melhoria contínua, para atender 44 órgãos e entidades.

Esse projeto tem diferenciais importantes em relação aos anteriores: sua equipe é composta exclusivamente por servidores públicos que são capazes de entender melhor a dinâmica da Administração Pública, as dores e as necessidades dos servidores e está menos sujeita à perda de *know-how* em caso de mudança de gestão; utilização dos pontos críticos e falhas identificados no Projeto CSC 2014 para atuação de forma diferente; ampla comunicação com os órgãos e entidades; divulgação do andamento do projeto com apresentação de cada produto.

O projeto ainda vai ao encontro das diretrizes da Lei nº 14.133/2021 (BRASIL, 2021), Nova Lei de Licitações e Contratos, que prevê aos entes federados:

> Art. 19. Os órgãos da Administração com competências regulamentares relativas às atividades de administração de materiais, de obras e serviços e de licitações e contratos deverão:
> I - instituir instrumentos que permitam, *preferencialmente, a centralização dos procedimentos de aquisição e contratação de bens e serviços;*
> Art. 181. *Os entes federativos instituirão centrais de compras,* com o objetivo de realizar compras em grande escala, para atender a diversos órgãos e entidades sob sua competência e atingir as finalidades desta Lei (grifo nosso).

O Estado de Minas Gerais então tem os desafios de implementar essa unidade centralizadora de compras, o que dependerá de aprovação da Assembleia Legislativa, e os novos regramentos trazidos pela Lei nº 14.133/2021. Ademais, deve olhar para todas essas experiências anteriores, os processos e dados atuais e os projetos inovadores de outros entes governamentais para redefinir suas estratégias de atuação. O desejo dos servidores é que isso tudo permita, por fim, que o Estado de Minas Gerais volte a ser referência na temática, como era no passado.

É imprescindível também voltar o olhar para o quão a contratação pública é estratégica, dada a representatividade dos recursos financeiros envolvidos em termos de valores do Produto Interno Bruto – PIB e a necessidade de realização da contratação para a concretização das políticas públicas e para o funcionamento da máquina. Desta forma, compete ao Estado primar por ações e projetos voltados à modernização – diretriz em toda a Administração Pública brasileira –, bem como proporcionar melhores compras com redução de custos, inclusive processuais.

Referências

BRASIL. *Lei nº 14.133, de 1º de abril de 2021*. Lei de Licitações e Contratos Administrativos. Disponível em: http://www.planalto.gov.br/ccivil_03/_ato2019-2022/2021/lei/L14133.htm.

KUNDU, A.; BAXI, T. *Sete Armadilhas para Evitar durante a Transformação Organizacional*. 2016. Disponível em: https://www.thoughtworks.com/pt-br/insights/blog/seven-pitfalls-avoid-during-organizational-transformation.

FILHO, H. *Estratégia da Regionalização da Assistência Farmacêutica (ERAF)*. 1º Prêmio Inova Minas. Belo Horizonte, Minas Gerais. 2017. Disponível em: http://www.premioinova.mg.gov.br/trabalhos_premiados.

MINAS GERAIS. *Decreto nº 18.287, de 28 de dezembro de 1976*. Dispõe sobre a aquisição de equipamentos e instalações e material permanente para órgãos da administração direta e indireta e dá outras providências. Disponível em: https://www.almg.gov.br/consulte/legislacao/completa/completa.html?num=18287&ano=1976&tipo=DEC.

MINAS GERAIS. *Decreto nº 37.922, de 16 de maio de 1996*. Dispõe sobre a aquisição de equipamentos e material permanente para os órgãos da administração direta, autarquias e fundações do poder executivo. Disponível em: https://www.almg.gov.br/consulte/legislacao/completa/completa.html?tipo=DEC&num=37922&comp=&ano=1996.

MINAS GERAIS. *Decreto nº 45.242, de 11 de dezembro de 2009*. Regulamenta a gestão de material, no âmbito da Administração Pública Direta, Autárquica e Fundacional do Poder Executivo. Disponível em: https://www.almg.gov.br/consulte/legislacao/completa/completa.html?tipo=DEC&num=45242&comp=&ano=2009.

MINAS GERAIS. *Decreto nº 46.105, de 12 de dezembro de 2012*. Estabelece diretrizes para a promoção do desenvolvimento sustentável nas contratações realizadas pela administração pública estadual, nos termos do art. 3º da Lei Federal nº 8.666, de 21 de junho de 1993. Disponível em: https://www.almg.gov.br/consulte/legislacao/completa/completa.html?tipo=DEC&num=46105&comp=&ano=2012.

MINAS GERAIS. *Decreto nº 46.552, de 30 de junho de 2014*. Regulamenta o funcionamento do Centro de Serviços Compartilhados – CSC. Disponível em: https://www.almg.gov.br/consulte/legislacao/completa/completa-nova-min.html?tipo=DEC&num=46552&comp=&ano=2014&texto=consolidado.

MINAS GERAIS. *Decreto nº 46.901, de 30 de novembro de 2015*. Dispõe sobre a centralização da contratação e do gerenciamento de contratos administrativos. Disponível em: https://www.almg.gov.br/consulte/legislacao/completa/completa.html?tipo=DEC&num=46901&comp=&ano=2015.

MINAS GERAIS. *Decreto nº 46.944, de 29 de janeiro de 2016*. Dispõe sobre a centralização da contratação e do gerenciamento de contratos administrativos. Disponível em: https://www.almg.gov.br/consulte/legislacao/completa/completa.html?tipo=DEC&num=46944&comp=&ano=2016.

MINAS GERAIS. *Decreto nº 47.390, de 23 de março de 2018*. Dispõe sobre políticas e diretrizes para as aquisições e contratações de bens e serviços de famílias de compras estratégicas, realizadas no âmbito da administração pública direta, autárquica e fundacional do Poder Executivo. Disponível em: https://www.almg.gov.br/consulte/legislacao/completa/completa.html?tipo=DEC&num=47390&comp=&ano=2018.

MINAS GERAIS. *Diagnóstico CSC*: Relatório de Análise Financeira. Belo Horizonte: Seplag, 2013.

MINAS GERAIS. *Edital de Licitação. Concorrência nº 1501122000151/2012* Tipo Técnica e Preço. Processo nº 1501122000151/2012. Belo Horizonte: Seplag, 2012c.

MOURA, L. *Projeto GES – Gestão Estratégica de Suprimentos*: um estudo de caso sobre a implantação de modelo de compras no Estado de Minas Gerais. Trabalho de conclusão de curso de Administração Pública na Escola de Governo Prof. Paulo Neves de Carvalho da Fundação João Pinheiro. Belo Horizonte. 2008.

PACHECO, L. *Transformação da política de assistência farmacêutica a partir do novo modelo de aquisição e distribuição de medicamentos, conduzido pelo estado de minas gerais em parceria com os municípios mineiros*. *In*: X Congresso CONSAD de Gestão Pública. Brasília, Distrito Federal, 5 de julho de 2017.

SOARES, V.; DARBILLY, L.; VIEIRA, M. *O Choque de Gestão em Minas Gerais*: Uma Análise a partir do Paradigma Multidimensional de Benno Sander. *In*: Encontro de Administração Pública e Governança. Vitória, Espírito Santo, 28-30 de novembro de 2010.

VILHENA, R.; ALBUQUERQUE, A. *Modernização da gestão*: implantação de licitações sustentáveis. *In*: XII Congreso Internacional del CLAD sobre la Reforma del Estado y de la Administración Pública, Sto. Domingo, Rep. Dominicana, 30 oct./2 nov. 2007.

VILHENA, R.; BRITTO, A.; VALLE, A. *Implantação de um centro de serviços compartilhados (CSC) no governo do estado de minas gerais:* pioneirismo, desafios, modernizações e inovações. *In*: VII Congresso CONSAD de Gestão Pública. Brasília, Distrito Federal, 25-27 de março de 2014.

VIMIEIRO, J. *Mudança organizacional na Administração Pública*: análise da implantação de um Centro de Serviços Compartilhados. Dissertação apresentada ao Curso de Mestrado em Administração Pública da Escola de Governo Professor Paulo Neves de Carvalho da Fundação João Pinheiro. Belo Horizonte, Minas Gerais. 2016.

Informação bibliográfica deste texto, conforme a NBR 6023:2018 da Associação Brasileira de Normas Técnicas (ABNT):

SOARES, Andréa Heloisa da Silva; KINOSHITA, Michele Mie Rocha. As experiências de centralização de compras no Estado de Minas Gerais. *In*: LOPES, Virgínia Bracarense; SANTOS, Felippe Vilaça Loureiro (coord.). *Compras públicas centralizadas no Brasil*: teoria, prática e perspectivas. Belo Horizonte: Fórum, 2022. p. 135-148. ISBN 978-65-5518-463-1.

A CENTRALIZAÇÃO DE COMPRAS NO ESTADO DO RIO DE JANEIRO

MARTA SAMPAIO DE FREITAS

MOHANA RANGEL DOS SANTOS REIS

NATHALIA RODRIGUES CORDEIRO

MARIO TINOCO DA SILVA FILHO

Introdução

O desequilíbrio fiscal e a necessidade de ajuste das contas públicas, nos três níveis de governo, têm dominado o debate econômico. No Estado do Rio de Janeiro, é notória a crise fiscal e econômica, desde 2015, decorrente do aumento dos gastos com juros, a brusca redução das receitas de *royalties* acompanhada da retração na arrecadação do Imposto sobre Circulação de Mercadorias e Serviços (ICMS), proveniente do quadro de recessão da economia brasileira (MERCÊS; FREIRE, 2017). Neste ambiente, o Estado do Rio de Janeiro decretou estado de calamidade financeira e está em processo de elaboração do Novo Regime de Recuperação Fiscal (NRRF), instituído pela Lei Complementar nº 178/2021, devendo em breve apresentar seu Plano de Recuperação Fiscal, com uma série de medidas estruturantes.[1]

A Organização para a Cooperação e Desenvolvimento Econômico (OCDE) estima que o mercado de compras governamentais represente 12% do PIB e 29% do orçamento de seus países-membros (THORSTENSEN; GIESTEIRA, 2021). Segundo o estudo de Ribeiro e Inácio Júnior (2019), o mercado de compras governamentais brasileiro representa 12,5% do PIB do país (média calculada para o período 2006-2016), equivalendo a R$ 823 bilhões no exercício de 2017, segundo dados do IBGE.[2]

Diante deste cenário, um dos desafios atuais diretamente ligados às compras governamentais é o melhor aproveitamento dos recursos públicos, alinhado ao atendimento das crescentes demandas sociais e do fomento ao desenvolvimento sustentável. Outro desafio atual, igualmente fundamental, é a necessidade de aperfeiçoamento da governança e da gestão das contratações governamentais.

No entanto, a tarefa de aperfeiçoar a gestão de compras governamentais envolve diversas mudanças e produz muitos impactos, quais sejam: cultura e estrutura organizacional, legislação, controle, governança e gestão da Administração Pública, mercado fornecedor, dentre outros (PAIM TERRA, 2018).

Para a implantação de um modelo estratégico e sistêmico de compras, há a necessidade permanente de revisões abrangentes, que incluam a técnica específica de compras, a logística, a gestão de suprimentos, a integração dos processos internos, as estruturas e o desenvolvimento de competências no setor público.

Neste sentido, Ferrer (2015) destaca que as compras públicas são um dos processos mais transversais que existem no setor público, o que permite multiplicar seu poder transformador quando são inovadas e otimizadas.

A gestão de compras públicas vive um novo paradigma com foco em seu papel estratégico. Esse olhar é fundamental para que se seja possível visualizar os desafios, os gargalos e as oportunidades que permeiam a atividade de compras no setor governamental. Nesta linha, salienta-se a importância de reconsiderar o processo de compras como um processo gerencial e com foco na agregação de valor a cada contratação pública efetivada.

Nesse contexto, as compras compartilhadas ou compras conjuntas e as centrais de compras de entes federados têm proporcionado uma série de vantagens demonstrando sua capacidade inovadora para as contratações governamentais. Segundo Teixeira e colaboradores (2015), a centralização de compras produz benefícios concretos: sinergia; compartilhamento de recursos e *know-how*; melhor planejamento das compras rotineiras; coordenação de estratégias e poder de negociações. Estes benefícios se resumem em três categorias principais: economias de escala; economias de informação e aprendizado; e economias de processo.

Teixeira e colaboradores (2015) destacam que a centralização é adequada para materiais ou serviços padronizados e para o uso em comum de toda a Administração,

---

[1] Regime de Recuperação Fiscal. Disponível em: http://www.transparencia.rj.gov.br/transparencia/faces/oracle/webcenter/portalapp/pages/navigation-renderer.jspx?_afrLoop=21355289249914855&datasource=UCMServer%23dDocName%3AWCC200135&_adf.ctrl-state=4je9238rm_14.

[2] Em 2017, PIB cresce 1,3% e chega a R$ 6,583 trilhões. Disponível em: https://agenciadenoticias.ibge.gov.br/agencia-sala-de-imprensa/2013-agencia-de-noticias/releases/25921-em-2017-pib-cresce-1-3-e-chega-a-r-6-583-trilhoes.

sendo assim necessário identificar o que vale a pena centralizar, considerando que existem benefícios na descentralização de compras. Além disso, para a centralização de compras é necessário considerar a capacidade de inteligência no que concerne ao planejamento e organização das demandas, bem como o relacionamento com os clientes internos (PAIM TERRA, 2018).

Com a implementação da Política Estadual de Gestão Estratégica de Suprimentos (GES), a visão do Órgão Central de Logística, representado pela Subsecretaria de Logística (SUBLOG) da Secretaria de Estado de Planejamento e Gestão (SEPLAG) é ser referência em compras públicas centralizadas no âmbito nacional, por meio de processos mais ágeis e inovadores, sempre buscando práticas que impactem positivamente o gasto público e contribuam para a melhoria da qualidade de vida da população.

A GES visa a economicidade, que pode ser obtida com os ganhos de escala e com o aumento do poder de barganha do governo estadual nas compras públicas, tendo como princípios basilares, além daqueles da Administração Pública:

• a padronização, visando uniformizar e racionalizar os procedimentos de contratação e de gestão dos suprimentos;

• a centralização das aquisições, sempre que for razoável, visando à obtenção de ganhos de escala e à eliminação de processos paralelos;

• a cooperação, envolvendo os órgãos e entidades do Poder Executivo do Estado do Rio de Janeiro;

• o planejamento, para que as necessidades futuras de bens e serviços sejam previstas de forma mais acurada;

• a construção e o fortalecimento de parcerias saudáveis e sustentáveis entre o Estado do Rio de Janeiro e o mercado fornecedor; e

• a redução das assimetrias de informação, proporcionando ao Estado uma melhor visualização das condições e práticas do mercado.

Assim, o fluxo do processo de licitação de bens e serviços das compras centralizadas segue as seguintes diretivas:

1. Estudo das demandas por produtos ou serviços dos órgãos estaduais e de programas de governo a partir de suas realidades;

2. Realização de pesquisas para conhecer o mercado e as soluções das empresas;

3. Busca por experiências (*benchmarking*) bem-sucedidas e/ou inovadoras em outros cenários; e

4. Realização dos trâmites inerentes aos procedimentos licitatórios das categorias sob a sua responsabilidade – atendendo às exigências legais.

Novo paradigma das compras públicas no Rio de Janeiro

O ano de 2009 pode ser considerado o marco inicial da mudança de paradigma nas compras públicas centralizadas no Estado do Rio de Janeiro. Desde outubro daquele ano, em face do Decreto Estadual nº 42.092/2009, a SEPLAG é o órgão central do Sistema Logístico (SISLOG) e atua nessa esfera por meio da SUBLOG.

Na realidade, o referido sistema não se destina apenas à aquisição centralizada de bens e serviços. O SISLOG é bastante abrangente e consiste em um conjunto de órgãos, processos, sistemas informatizados, pessoas e recursos. Segundo Zylberman (2015), o objetivo geral trazido pelo referido decreto foi o fortalecimento e a institucionalização da logística no Estado do Rio de Janeiro.

Inclui, também, ações de planejamento, monitoramento e avaliação das atividades que envolvam a utilização e movimentação de recursos logísticos e patrimoniais, disposição de bens móveis e contratação de fornecedores. Em última instância, cabe ao SISLOG a proposição de políticas públicas relacionadas ao tema.

Desse modo, os usuários do SISLOG são todos os órgãos e entidades integrantes da estrutura do Poder Executivo que nele demandam ou fornecem materiais e serviços, conforme quadro:

QUADRO 1
Níveis de atuação do SISLOG

Nível	Atores	Atribuições
Central	SEPLAG.	Planejamento, regulamentação e supervisão do SISLOG.
Setorial	Secretarias de Estado e entidades a elas vinculados.	Submetidos às normas e instruções estabelecidas pelo Nível Central e encarregados de coordenar as ações dos órgãos Seccionais que lhes são subordinados.
Seccional	Órgãos ligados às entidades que integram o nível Setorial (escolas, delegacias, hospitais, Batalhões da Polícia e do Corpo de Bombeiros Militar, dentre outros).	Executar as ações geridas administrativamente pelos níveis Central e Setorial, por meio da prestação de serviços diretamente à sociedade.

Existe, portanto, todo um arcabouço legal que garante à SEPLAG/SUBLOG o protagonismo na condução do planejamento e normatização de questões relativas a compras públicas, aliado a programas de qualificação dos colaboradores atuantes em funções de logística e em ferramentas de tecnologia.

Ademais, para estimular a troca de conhecimentos, experiências e a padronização de processos, foi criada, em 2017, a Rede Logística do Poder Executivo do Estado do Rio de Janeiro – REDELOG –, através do Decreto Estadual nº 46.050/2017.

A rede mencionada é composta por um conjunto de servidores, vinculados às suas respectivas unidades administrativas, que desempenham funções logísticas nos órgãos ou entidades estaduais. A REDELOG é integrada por redes funcionais, formadas por pessoas dedicadas ao exercício de uma determinada função logística. No caso das compras centralizadas, a principal é a Rede de Pregoeiros (REDPREG), instituída pelo Decreto Estadual nº 43.692/2012, tendo sido a primeira criada. A ideia da atuação em redes é fomentar a sinergia e troca de boas práticas.

No contexto da Função Logística Suprimentos,[3] o Decreto Estadual nº 42.301/2010 regulamentou ainda os procedimentos relativos ao Sistema de Suprimentos, ao Cadastro de Materiais e Serviços, ao Cadastro de Fornecedores, ao Banco de Preços, e o funcionamento das Comissões de Licitação. Como resultado, Zylberman (2015) concluiu que

---

[3] O SISLOG está organizado em três funções logísticas: função logística suprimentos; função logística manutenção e função logística transporte (conforme Decreto nº 42.092/2009).

tais iniciativas viabilizaram a padronização de procedimentos na área de compras dos diversos órgãos, através da capacitação dos servidores, além da consolidação da descentralização da gestão de compras.

Neste sentido, considerando que a estrutura de compras do Governo do Estado do Rio de Janeiro é descentralizada e que suas unidades gestoras executoras dispõem de autonomia para gerar processos de aquisição, licitar, empenhar e liquidar seus compromissos, criou-se uma heterogeneidade de modelos e processos de aquisição. Logo, para Raposo *et al.* (2016b, p. 244), os únicos vetores para a centralização das compras, até então, seriam: a) a realização pela SEPLAG de licitações através do Sistema de Registro de Preços (SRP) para a aquisição de bens de uso comum do Estado; e b) o Projeto de Gestão Estratégica de Suprimentos (GES), regulamentado pelo Decreto Estadual nº 44.449/2013, vigente à época.

Ainda segundo Raposo e colaboradores (2016b, p. 244):

> As estratégias da GES estão traçadas, para o período 2016-2018, e contam com o apoio metodológico da Gestão Estratégica de Suprimentos. Decidiu-se tratar de forma centralizada as Categorias Estratégicas e o SRP, para obter ganhos de escala e conseguir os melhores modelos de compras possíveis. A maior parte das compras que são descentralizadas precisa permanecer assim, mas o incentivo ao planejamento e a difusão da Metodologia de Gestão Estratégica de Suprimentos podem contribuir para a melhoria desses processos.

A definição dos objetos foi realizada, inicialmente, pela análise das categorias de compras que representavam os maiores gastos do governo, respeitando um valor aproximado da relação entre 20% dos objetos que representassem 80% dos gastos. Em cima dessa primeira amostra, foi feita uma segunda análise considerando o potencial de benefício e a facilidade de implementação de cada categoria.

Compras centralizadas e governança

A relação de materiais e serviços que são objeto da centralização foi atualizada ao longo do tempo à medida que novas perspectivas foram identificadas, seja por aprendizados em relação aos processos anteriores, *benchmarking* ou inovações. Desse modo, a evolução normativa se deu por meio do Decreto Estadual nº 44.449/2013, do Decreto Estadual nº 45.802/2016 e da Resolução SECCG Nº17/2019, até chegarmos ao modelo vigente, conforme as diretrizes estabelecidas pelo Decreto Estadual nº 47.525/2021.

Atualmente, as denominadas categorias estratégicas são: passagens aéreas; combustíveis automotivos; limpeza em prédios administrativos; materiais de escritório; serviços de apoio administrativo, técnico e operacional; serviços de vigilância; serviços de transporte de passageiros sob demanda; locação de veículos; serviços de manutenção; e suprimentos hospitalares.

No que concerne às compras centralizadas, a atuação da SUBLOG ocorre da seguinte forma. Primeiramente, definimos o modelo de contratações das categorias estratégicas e gerenciamos a fase preparatória da contratação e os procedimentos licitatórios e de contratação direta relativos aos bens e serviços decorrentes das estratégias e soluções desenhadas, gerando relatórios estatísticos capazes de orientar a tomada de decisão.

Ainda durante a fase preparatória, damos ciência aos órgãos e entidades do Poder Executivo Estadual sobre o andamento do processo e solicitamos o preenchimento do Plano de Suprimentos (PLS) – instrumento que consiste na previsão de demanda de cada Unidade Gestora (UG) para os itens que fazem parte da licitação –, na modalidade de pregão eletrônico para registro de preços, regulamentado pelo Decreto Estadual nº 46.751/2019.

O estudo de Raposo e colaboradores (2016a, p.211) detalha esse procedimento:

> O procedimento de Registro de Preços inicia-se com o Plano de Suprimentos (PLS), o qual é o instrumento de planejamento sistemático e operacional que dá publicidade ao procedimento, e deverá ser utilizado pelos órgãos e entidades para registro e divulgação dos itens a serem licitados, como previsto no art. 5º do Decreto 44.857/2014. O PLS é instrumento que se assemelha à Intenção de Registro de Preço (IRP) do SRP no âmbito federal. O objetivo principal do PLS é que os órgãos e entidades informem, previamente, as quantidades individuais do mesmo objeto a serem contratadas, incentivando-os a planejar as aquisições e contratações de bens e serviços comuns.

Após a homologação da licitação e a publicação da(s) Ata(s) de Registro de Preços, cada órgão assina contrato com a empresa vencedora do pregão, na qualidade de órgão participante do processo. Cabe à SUBLOG gerenciar as Atas de Registro de Preços, referentes aos bens e serviços comuns provenientes de contratações centralizadas, ao longo da sua vigência.

São realizadas, ainda, outras atividades visando ao aperfeiçoamento da gestão pública. Dentre elas, destacamos: (i) assessoramento relativo às atividades provenientes de aquisições centralizadas; (ii) gerenciamento do Catálogo de Materiais e Serviços através de padronização e saneamento para sua maior eficácia como ferramenta de gestão; (iii) elaboração dos documentos técnicos a fim de subsidiar as proposições de normas e orientações para a boa execução das responsabilidades dos servidores nas matérias relativas à gestão de suprimentos; (iv) gerenciamento da Rede de Pregoeiros do Estado do Rio de Janeiro e (v) gerenciamento da análise e acompanhamento dos dados de gastos do Executivo visando à transparência e à tomada de decisões.

Além disso, as compras centralizadas promovidas pela SUBLOG/SEPLAG diferenciam-se das da Central de Compras do Governo Federal, por exemplo, porque no âmbito do Estado do Rio de Janeiro não há a opção de contratação centralizada. Sob esta lógica, não cabe à SUBLOG promover reserva orçamentária ou celebrar contrato, sendo responsável exclusivamente pelo levantamento da necessidade dos órgãos e entidades estaduais (dentro dos itens que compõem as categorias estratégicas), fomento do certame e gestão das atas de registro de preços. Ou seja, são promovidas compras centralizadas para contratações descentralizadas.

Todavia, há o acompanhamento do consumo das atas para a verificação da relação entre as respostas ao PLS e o real consumo dos órgãos. Uma vez que as aquisições públicas são um importante instrumento econômico, a finalidade dessa análise é promover a fidedignidade das informações para estabelecer uma relação de confiança com o mercado, a qual entendemos refletir no preço cotado. Ou seja, o licitante que, ao se comprometer em fornecer um determinado objeto por um preço sem a garantia de que de fato haverá a contratação, tende a incluir nos preços uma margem de segurança para essa incerteza.

Nessa direção, nosso trabalho também tem como objetivo aproximar as informações dos órgãos e dos fornecedores, promovendo a confiabilidade dos dados com o intuito de termos os preços registrados de acordo com a perspectiva inicial apresentada. Entendemos a licitação como um instrumento econômico e, assim, mesmo que não haja a obrigação da contratação no registro de preços, que essa não seja uma justificativa para a falta de planejamento, mas o contrário, exatamente uma oportunidade para a adequação da demanda respeitando o jogo do ganha-ganha que o procedimento permite.

Há, ainda, o controle das adesões a atas externas, ou seja, de outros entes da federação, bem como autorização para realização de registro de preço. Estes instrumentos possibilitam uma análise sobre as principais aquisições e, por conseguinte, permitem avaliar a necessidade de inclusão de novos itens nas categorias estratégicas.

Benefícios concretos

À medida que as compras centralizadas fluminenses evoluíram, pudemos identificar novos aspectos importantes para a melhoria das aquisições públicas. Um desses aspectos é a catalogação dos itens, uma vez que o Catálogo de Materiais e Serviços é uma das funcionalidades do Sistema Integrado de Gestão de Aquisições (SIGA), previsto no Decreto Estadual nº 46.910/2020, e se constitui em uma das atividades da Função Logística Suprimentos do SISLOG, conforme Decreto Estadual nº 42.092/2009.[4]

Com a centralização, a equipe pôde se voltar aos aspectos mais técnicos dos itens estratégicos e identificar as redundâncias nas especificações (que reduzem o potencial de consolidação de demanda entre os órgãos e, consequentemente, os benefícios econômicos e operacionais da iniciativa), saneando o catálogo bem como provendo-o de descrições mais adequadas às praticadas no mercado, promovendo, portanto, a melhora das aquisições públicas.

Segundo De Freitas (2017), a padronização do catálogo é fator crítico para o bom planejamento de compras, garantindo maior qualidade, agilidade e precisão para a gestão de suprimentos. Em paralelo, o saneamento se dá através de uma reavaliação das especificações resultando na racionalização de itens catalogados.

Logo, no âmbito do GES promoveu-se a primeira padronização entre 2016 e 2017 referente a itens de materiais de escritório e serviços de locação de veículos e de limpeza predial. Assim, para garantir a utilização dos códigos ID corretos, os antigos foram bloqueados para evitar a utilização equivocada, desse modo, estimulando um maior engajamento dos agentes públicos aos detalhes de cada objeto.

O último grande esforço de padronização aconteceu no final de 2020 em meio à pandemia. Os objetos da análise foram as seringas hipodérmicas com agulhas a serem utilizadas na vacinação contra a covid-19 e outras (as de uso mais constante) que também

---

[4] O SISLOG foi instituído visando programar e acompanhar as atividades de utilização e movimentação dos recursos logísticos e patrimoniais, contratação de fornecedores, aquisição de bens e serviços e disposição de bens móveis, bem como propor políticas públicas relacionadas ao tema.

são utilizadas em outras ações de saúde. Nesse propósito, reuniram-se representantes dos órgãos de saúde do Estado do Rio de Janeiro – Corpo de Bombeiros (CBMERJ), Fundação Saúde (FS), Hospital Pedro Ernesto (HUPE) e Polícia Militar (PMERJ), Secretaria de Saúde (SES) após convocação da SEPLAG – resultando na padronização de 44 seringas hipodérmicas com e sem agulhas e 11 agulhas hipodérmicas, seguida do bloqueio do total de 128 itens que não atendiam às especificações uniformizadas.

Sob o ponto de vista da economicidade convém mencionar que o processo unificado possibilita, além da redução dos gastos e dos outros benefícios já mencionados, uniformizar e racionalizar as contratações para diversos órgãos, sejam eles com grande capacidade financeira e volume de contratações ou menores e menos expressivos. A título de ilustração, lembramos o processo de contratação de serviço de limpeza predial, homologado em 2019, contando com 13 órgãos participantes, dentre os quais a Secretaria de Polícia Civil (SEPOL), responsável por 62% da demanda, e o Instituto de Engenharia e Arquitetura (IEAA), com somente 0,16%. Dessa forma, apesar da pouca representatividade da contratação do IEAA, os preços praticados por ambos os contratos foram os mesmos.

Esse mesmo processo resultou em R$18 milhões contratados e uma economia de mais de R$7 milhões em comparação com os gastos para a elaboração de processos efetuados separadamente por cada órgão participante. Além disso, com a pesquisa de preços para a verificação da vantajosidade da ata de registro de preços, verificou-se que os valores praticados no mercado eram inferiores e na renegociação com os licitantes vencedores mais reduções nos preços registrados foram alcançadas, possibilitando à SEPOL, por exemplo, mais uma expressiva redução nos contratos assinados, totalizando R$1.189.747,12, ou seja, 10% do valor contratado pelo órgão.

Fatores críticos

Entendemos que um bom planejamento das demandas é um fator crítico de sucesso, já que este tem o condão de aumentar a proximidade com o fornecedor, gerar confiança do mercado e proporcionar maior eficiência das contratações.

Primeiramente, o Plano Anual de Contratações (PAC), previsto no Decreto Estadual nº 46.642/2019 e regulamentado pela Resolução SEPLAG nº 60/2021, tem o objetivo de incorporar a prática das contratações públicas à necessidade de planejamento dos bens a serem adquiridos e dos serviços e obras a serem contratados pela Administração.

Para os processos de centralização, nosso principal instrumento de planejamento se traduz no PLS, dado que, conforme anteriormente mencionado, é o procedimento que reúne as previsões de demanda de aquisições de bens e prestação de serviços dos órgãos interessados mediante informação da demanda específica de cada um.

Não obstante, conforme apontado por Raposo e colaboradores (2016a, p. 211):

> (...) os órgãos não possuem a obrigatoriedade legal de contratar os quantitativos demandados no PLS, o que permite que as demandas sejam superestimadas por falha no planejamento de compras e, consequentemente, implicando na perda gradual da credibilidade do mercado fornecedor para com o Estado.

Além de o PLS não ter caráter vinculante ao consumo ali descrito, a própria participação nos processos de compras não é obrigatória. Ainda assim, podemos nos utilizar do artifício de bloqueio da compra de itens constantes em Atas de Registro de Preços para fomentar o seu consumo, medida viável por termos a gestão do SIGA e do Catálogo de Materiais e Serviços.

Com o intuito de incentivar o planejamento e garantir a qualidade das aquisições, uma série de ações vem sendo realizada tendo foco no aprimoramento da comunicação. Considerando o caráter facultativo do envolvimento dos órgãos e entidades nos nossos processos de compras, entendemos que a estratégia mais efetiva deve ser a sensibilização e o incentivo à mudança de mentalidade em detrimento de ações coercitivas.

Nesse sentido as capacitações são desenvolvidas e objetivam o atingimento de alguns propósitos, são eles: a transmissão de conhecimento, a apresentação de novas possibilidades sobre o tema com as trocas de boas práticas administrativas, a melhoria dos processos, o estímulo ao planejamento, bem como a valorização do servidor público.

O aperfeiçoamento da comunicação é ainda mais necessário no contexto da pandemia. O distanciamento social impôs a modificação da dinâmica de contato com os órgãos setoriais, sem que fosse possível uma adaptação gradual. Soma-se a isso a constante mudança da estrutura organizacional do Estado acompanhada da alta rotatividade dos atores internos responsáveis pelas aquisições públicas, o que impacta a sustentabilidade dos procedimentos.

Como desdobramento deste ponto, a cultura organizacional pode ser enxergada como outro fator crítico de sucesso. Constatamos, no cotidiano do trabalho e no relacionamento com os órgãos e entidades, atitudes que refletem clara resistência à mudança.

Este comportamento pode ter como uma de suas causas o "conhecimento incipiente do processo de contratação" (ENAP, 2021), isto é, a falta de conhecimento da legislação pelos servidores alocados em funções relacionadas a compras públicas.

Consequentemente, entendemos que existe uma cultura arraigada na área de compras governamentais, cuja ação se dá pela inércia, isto é, pela mera reprodução de processos anteriores (COSTA; PAIM TERRA, 2019). Suplantar esse obstáculo é primordial para atingirmos os nossos objetivos institucionais.

Conclusões

Ao longo desses últimos 12 anos, desde a criação do SISLOG e, especialmente, após a implementação da Política GES em 2016, foi possível levantar uma série de dados que permitiram diagnosticar os principais gargalos e os pontos a serem desenvolvidos. Da mesma forma, são inúmeros os avanços percebidos.

Destacamos uma mudança interna de abordagem, ao reconhecermos o mercado como um parceiro em potencial. Conseguimos estreitar a nossa comunicação com as empresas, por meio, por exemplo, da realização de audiências públicas mesmo nos casos em que estas não são legalmente exigidas.

Entretanto, persiste como desafio a integração entre os agentes públicos envolvidos nas atividades relacionadas a compras no âmbito do Governo Estadual, em diferentes fases. Em especial, observamos como incipiente a nossa interlocução com os órgãos de controle interno e externo.

Esse obstáculo não se restringe ao caso particular do Estado do Rio de Janeiro, de acordo com o estudo de Santos (2019, p. 93), que, a respeito da estratégia de ação a ser adotada, diz que esta:

> (...) deve fundamentalmente propiciar essa interação entre os colaboradores, a qual deve ser capaz de estimular a internalização das etapas das aquisições e o sentimento de pertencimento dos atores a esses processos, gerando um fluxo de informações com previsibilidade e confiabilidade, elementos essenciais na construção desse relacionamento institucional. Em busca da institucionalização desses canais de interação, entende-se que uma estratégia de governança das aquisições para compras centralizadas deve estabelecer momentos de compartilhamento de anseios durante o planejamento das compras públicas e ferramentas de monitoramento das ações.

Não obstante, estamos promovendo esta interlocução nos seguintes aspectos: diálogo permanente com a Assessoria Jurídica para dirimir dúvidas e detalhar o modelo de contratação, bem como a promoção da participação em Audiências Públicas de órgãos de controle interno (Controladoria-Geral do Estado do Rio de Janeiro – CGE/RJ) e de controle externo (Tribunal de Contas do Estado do Rio de Janeiro – TCE/RJ), a exemplo da Audiência Pública nº 01/2021 para a Contratação de Serviços de Apoio Técnico e Operacional.[5]

Nessa perspectiva, é fundamental incentivar também parcerias entre o Órgão Central de Compras do Estado e (i) as centrais de compras de outras unidades da federação, procurando trocar experiências; (ii) a aproximação com o mercado a fim de desfazer estereótipos; e (iii) a sinergia com os órgãos setoriais, buscando entender suas reais necessidades.

Para o último caso avançamos na direção do aumento expressivo do número de capacitações conduzidas pela SEPLAG/SUBLOG. Historicamente, a SUBLOG oferece diversos cursos de forma periódica, como os de Formação e de Atualização de Pregoeiros. Esse esforço tem culminado no laureamento com o "Prêmio 19 de Março". Até 2021, foram 11 prêmios, sendo 77% na categoria órgão que mais investiu em capacitação de pregoeiros e equipe de apoio. Os outros foram nas categorias: melhor inovação em regulamentação de pregão; melhor termo de referência; e sistemas de pregão eletrônico.

Outro curso sistematicamente desenvolvido é o de "Boas Práticas da Fase Preparatória da Contratação", cuja última edição foi realizada em modo presencial no ano de 2019, com carga horária de 96 horas e em parceria com a PGE-RJ.[6]

Atualmente, com a expansão das ferramentas on-line de ensino, vem sendo realizada uma série de aulas em plataforma EAD em parceria com a Fundação Centro Estadual de Estatísticas, Pesquisas e Formação de Servidores Públicos do Rio de Janeiro (CEPERJ). Dividida em cinco módulos, a série Desvendando a Nova Lei de Licitações teve início no mês de maio de 2021 e se estendeu até outubro de 2021, sendo realizada

---

[5] Informações da Audiência Pública nº 01/2021 estão disponíveis em: https://www.compras.rj.gov.br/Portal-Siga/Noticias/detalhar?id=407.
[6] Mais informações sobre os cursos realizados pela SEPLAG/SUBLOG estão disponíveis em: https://www.compras.rj.gov.br/portal-siga-static/compras/documents/Relatorio_Anual_das_Redes_de_Logistica_2019.pdf.

em duas edições.[7] O objetivo é esclarecer como será a aplicação da Lei nº 14.133/2021, a nova Lei de Licitações e Contratos Administrativos, no âmbito do Estado.

Adicionalmente, a SUBLOG atua realizando mentorias para os órgãos do Estado que demandam apoio em qualquer uma das etapas do processo licitatório, bem como promovendo o Programa Capacita RJ, através do qual foram realizados cursos em oito regiões fluminenses para servidores de 52 municípios,[8] até 09/08/2022, alcançando 887 profissionais.

Por fim, entendemos ser primordial a padronização dos modelos de compras para as principais categorias a fim de permitir que os preços obtidos pelas compras centralizadas possam ser comparados com o histórico de contratações de cada órgão. O cenário hoje não permite avaliar a economia real dos processos de compras centralizadas, obrigando-nos a comparar os preços com outros parâmetros de mercado para estimar uma economia virtual.

Reforçamos que é imprescindível o engajamento de todos os envolvidos no processo. Desta forma, será possível fortalecer o diálogo, incorporar diferentes visões e desenvolver um corpo técnico cada vez mais especializado para seguirmos aperfeiçoando as compras públicas do Poder Executivo do Estado do Rio de Janeiro.

Referências

COSTA, C. C. M.; PAIM TERRA, A. C. *Compras públicas: para além da economicidade*. Brasília: Enap, 2019. Disponível em: https://repositorio.enap.gov.br/handle/1/4277. Acesso em: 15 dez. 2021.

BRASIL. *Lei Complementar nº 178, de 13 de janeiro de 2021*. Estabelece o Programa de Acompanhamento e Transparência Fiscal e o Plano de Promoção do Equilíbrio Fiscal; altera a Lei Complementar nº 101, de 4 de maio de 2000, a Lei Complementar nº 156, de 28 de dezembro de 2016, a Lei Complementar nº 159, de 19 de maio de 2017, a Lei Complementar nº 173, de 27 de maio de 2020, a Lei nº 9.496, de 11 de setembro de 1997, a Lei nº 12.348, de 15 de dezembro de 2010, a Lei nº 12.649, de 17 de maio de 2012, e a Medida Provisória nº 2.185-35, de 24 de agosto de 2001; e dá outras providências. Brasília: Presidência da República, 2021. Disponível em: https://www.planalto.gov.br/ccivil_03/LEIS/LCP/Lcp178.htm. Acesso em: 15 dez. 2021.

BRASIL. *Lei Federal nº 14.133, de 1º de abril de 2021*. Lei de Licitações e Contratos Administrativos. Brasília: Presidência da República, 2021. Disponível em: http://www.planalto.gov.br/ccivil_03/_Ato2019-2022/2021/Lei/L14133.htm. Acesso em: 15 dez. 2021.

DE FREITAS, M. S. *A importância da padronização do catálogo na qualidade das compras*. Brasília: X Congresso Consad de Gestão Pública, Painel 45/012, 2017. Disponível em: http://consad.org.br/wp-content/uploads/2017/05/Painel-45_02.pdf. Acesso em: 15 dez. 2021.

ESCOLA NACIONAL DE ADMINISTRAÇÃO PÚBLICA. *Projeto do Portal Nacional de Contratações Públicas – Etapa 1*. Brasília: Enap, 2021. Disponível em: https://repositorio.enap.gov.br/bitstream/1/6040/9/PNCP%20Relat%c3%b3rio%201.pdf. Acesso em: 15 dez. 2021.

FERRER, F. Diagnóstico da situação das compras públicas no Brasil. *In*: FERRER, Florencia; SANTANA, Jair Eduardo (coord.). *Compras Públicas Brasil*. Rio de Janeiro: Elsevier, 2015.

---

[7] Detalhes disponíveis em: https://www.compras.rj.gov.br/Portal-Siga/Noticias/detalhar?id=405.

[8] Os cursos oferecidos pelo Capacita RJ são: noções básicas de gestão de processos, noções básicas de gestão de projetos, introdução ao ciclo de contratações, noções básicas de planejamento e planejamento plurianual e noções básicas de orçamento. Disponível em: https://extra.globo.com/economia/emprego/servidor-publico/estado-do-rio-inicia-cursos-para-servidores-municipais-dentro-do-programa-capacita-rj-prefeituras-ainda-podem-aderir-25057793.html.

LUBACHESKI, H. A. *Plano de compras: planejamentos anuais para a gestão*. Brasília: X Congresso Consad de Gestão Pública, Painel 40/03, 2017. Disponível em: http://consad.org.br/wp-content/uploads/2017/05/Painel-40_03.pdf. Acesso em: 15 dez. 2021.

MERCÊS, G.; FREIRE, M. *Crise fiscal dos estados e o caso do Rio de Janeiro*. Rio de Janeiro: Geo UERJ, nº 31, p. 64-80, 2017. Disponível em: https://www.e-publicacoes.uerj.br/index.php/geouerj. Acesso em: 15 dez. 2021.

PAIM TERRA, Antonio Carlos. Brasília: Enap, 2018. Disponível em: https://repositorio.enap.gov.br/bitstream/1/3166/1/ARTIGO%20COMPRAS%20P%C3%9ABLICAS%20INTELIGENTES.pdf. Acesso em: 15 dez. 2021.

RAPOSO, M. H.; DE FREITAS, M. S.; DA SILVA FILHO, M. T.; FERNANDES, M. S. B.; DA SILVA, R. L. *A importância do planejamento de compras para a gestão estratégica de suprimentos*. Brasília: Consad, 2016a. Disponível em: http://www.consad.org.br/wp-content/uploads/2016/06/Livro-Boas-praticas-de-compras-publicas-v-final-15.07.2016.pdf. Acesso em: 15 dez. 2021.

RAPOSO, M. H.; DE FREITAS, M. S.; DA SILVA FILHO, M. T.; FERNANDES, M. S. B.; DA SILVA, R. L. *Estruturação da unidade de gestão estratégica de suprimentos: uma aplicação da soft systems methodology*. Brasília: Consad, 2016b. Disponível em: http://www.consad.org.br/wp-content/uploads/2016/06/Livro-Boas-praticas-de-compras-publicas-v-final-15.07.2016.pdf. Acesso em: 15 dez. 2021.

RIBEIRO, C. G.; INÁCIO JÚNIOR, E. *TD 2476 – O Mercado de Compras Governamentais Brasileiro (2006-2017)*: mensuração e análise. Brasília: Instituto de Pesquisa Econômica Aplicada, 2019. Disponível em: http://www.ipea.gov.br/portal/publicacoes. Acesso em: 15 dez. 2021.

RIO DE JANEIRO. *Decreto nº 42.092, de 27 de outubro de 2009*. Institui o Sistema Logístico do Estado do Rio de Janeiro – SISLOG e dá outras providências. Rio de Janeiro: Governo do Estado do Rio de Janeiro, 2009. Disponível em: https://www.compras.rj.gov.br/Portal-Siga/Legislacao/listar.action. Acesso em: 15 dez. 2021.

RIO DE JANEIRO. *Decreto nº 42.301, de 12 de fevereiro de 2010*. Regulamenta o Sistema de Suprimentos no âmbito do Poder Executivo do Estado do Rio de Janeiro e dá outras providências. Rio de Janeiro: Governo do Estado do Rio de Janeiro, 2010. Disponível em: https://www.compras.rj.gov.br/Portal-Siga/Legislacao/listar.action. Acesso em: 15 dez. 2021.

RIO DE JANEIRO. *Decreto nº 43.692, de 30 de julho de 2012*. Cria a Rede de Pregoeiros do Poder Executivo do Estado do Rio de Janeiro – REDPREG e dá outras providências. Rio de Janeiro: Governo do Estado do Rio de Janeiro, 2012. Disponível em: https://www.compras.rj.gov.br/Portal-Siga/Legislacao/listar.action. Acesso em: 15 dez. 2021.

RIO DE JANEIRO. *Decreto nº 46.050, de 26 de julho de 2017*. Cria, sem aumento de despesa, a Rede Logística do Poder Executivo do Estado do Rio de Janeiro – REDELOG, e dá outras providências. Rio de Janeiro: Governo do Estado do Rio de Janeiro, 2017. Disponível em: https://www.compras.rj.gov.br/Portal-Siga/Legislacao/listar.action. Acesso em: 15 dez. 2021.

RIO DE JANEIRO. *Decreto nº 46.642, de 17 de abril de 2019*. Regulamenta a fase preparatória das contratações no âmbito do Estado do Rio de Janeiro. Rio de Janeiro: Governo do Estado do Rio de Janeiro, 2019. Disponível em: https://www.compras.rj.gov.br/Portal-Siga/Legislacao/listar.action. Acesso em: 15 dez. 2021.

RIO DE JANEIRO. *Decreto nº 46.751, de 27 de agosto de 2019*. Regulamenta o Sistema de Registro de Preços previsto no art. 15 da Lei Federal nº 8.666, de 21 de junho de 1993. Governo do Estado do Rio de Janeiro, 2019. Disponível em: https://www.compras.rj.gov.br/Portal-Siga/Legislacao/listar.action. Acesso em: 15 dez. 2021.

RIO DE JANEIRO. *Decreto nº 46.910, de 24 de janeiro de 2020*. Regulamenta, no âmbito do Poder Executivo do Estado do Rio de Janeiro, o uso do Sistema Integrado de Gestão de Aquisições – SIGA, e dá outras providências. Rio de Janeiro: Governo do Estado do Rio de Janeiro, 2020. Disponível em: https://www.compras.rj.gov.br/Portal-Siga/Legislacao/listar.action. Acesso em: 15 dez. 2021.

RIO DE JANEIRO. *Decreto nº 47.525, de 17 de março de 2021*. Institui e Regulamenta a Política Estadual de Gestão Estratégica de Suprimentos e a Política Estadual de Compras Centralizadas no âmbito do Poder Executivo do Estado do Rio de Janeiro, e dá outras providências. Rio de Janeiro: Governo do Estado do Rio de Janeiro, 2021. Disponível em: https://www.compras.rj.gov.br/Portal-Siga/Legislacao/listar.action. Acesso em: 15 dez. 2021.

RIO DE JANEIRO. *Resolução SEPLAG nº 60, de 24 de junho de 2021*. Dispõe sobre o Plano de Contratações Anual – PCA. Rio de Janeiro: Governo do Estado do Rio de Janeiro, 2021. Disponível em: https://www.compras.rj.gov.br/Portal-Siga/Legislacao/listar.action. Acesso em: 15 dez. 2021.

SANTOS, Felippe Vilaça Loureiro. *Centralização de compras públicas*: a experiência da Empresa Brasileira de Serviços Hospitalares (Ebserh). Brasília: Dissertação (Programa de Mestrado Profissional em Governança e Desenvolvimento), Enap, 2019. Disponível em: https://repositorio.enap.gov.br/bitstream/1/4747/1/Enap%20 Disserta%C3%A7%C3%A3o%20Felippe%20Vila%C3%A7a%20vFinal.pdf. Acesso em: 15 dez. 2021.

TEIXEIRA, H. J; PRADO FILHO, L. P.; NASCIMENTO, F. *Concentração de compras e melhoria da qualidade do gasto público no Brasil*. Brasília: VIII Congresso Consad de Gestão Pública, Painel 48/146, 2015. Disponível em: http://www.sgc.goias.gov.br/upload/arquivos/2016-02/concentraCAo-de-compras-e-melhoria.pdf. Acesso em: 15 dez. 2021.

THORSTENSEN, V.; GIESTEIRA, L. F. (coord.). *Cadernos Brasil na OCDE*: Compras Públicas. Brasília: Instituto de Pesquisa Econômica Aplicada, 2021. Disponível em: https://www.ipea.gov.br/portal/index. php?option=com_content&view=article&id=38248&Itemid=432. Acesso em: 15 dez. 2021.

ZYLBERMAN, M. *A gestão das compras públicas dos estados brasileiros*: a experiência do Rio de Janeiro com a opção pela descentralização. Rio de Janeiro: Dissertação (Mestrado Profissional em Administração Pública), Escola Brasileira de Administração Pública e de Empresas, 2015. Disponível em: https://bibliotecadigital.fgv. br/dspace/bitstream/handle/10438/13712/TFC%20M%C3%A1rcio%20Zylberman.pdf. Acesso em: 15 dez. 2021.

Informação bibliográfica deste texto, conforme a NBR 6023:2018 da Associação Brasileira de Normas Técnicas (ABNT):

FREITAS, Marta Sampaio de *et al.* A centralização de compras no Estado do Rio de Janeiro. *In*: LOPES, Virgínia Bracarense; SANTOS, Felippe Vilaça Loureiro (coord.). *Compras públicas centralizadas no Brasil*: teoria, prática e perspectivas. Belo Horizonte: Fórum, 2022. p. 149-161. ISBN 978-65-5518-463-1.

A CENTRALIZAÇÃO DE COMPRAS PÚBLICAS NO ESTADO DE SERGIPE

BRUNO ROSCELI OLIVEIRA DOS SANTOS

MARCOS ANTONIO SANTANA DOS SANTOS

1 Introdução

Com o advento da Lei nº 10.520, de 17 de julho de 2002 (BRASIL, 2002), que instituiu a modalidade de pregão no âmbito dos procedimentos licitatórios dos entes públicos, o Estado de Sergipe iniciou uma mobilização para atualizar a sua legislação e o seu *modus operandi* de compras públicas. Neste segmento, o ente federado implantou um modelo centralizado de contratações, tendo em vista a necessidade de padronizar a aquisição de bens e serviços, bem como racionalizar a utilização dos seus recursos visando a economicidade, qualidade nas compras e um maior controle sobre tais contratações e seus reflexos no orçamento público estadual (SILVA NETO, 2012).

De acordo com Silva Neto (2012), a adoção do modelo centralizado se deu em virtude de diversos fatores, alguns deles foram a falta de planejamento das compras estaduais, a mora para a finalização das licitações, a inexistência de editais e contratos padronizados e especificação de itens a serem adquiridos, projetos básicos inadequados, perda dos prazos dos contratos, mecanismos de controle e fiscalização ineficientes e a carência de medidas governamentais de fomento à participação de microempresas e empresas de pequeno porte nos certames realizados pela Administração Estadual.

Ainda segundo a análise do autor, em virtude de uma falha estrutural e organizacional, Sergipe contratava com preços elevados, em desconformidade com a realidade de mercado. Isto porque as pesquisas eram realizadas inadequadamente e havia limitação da transparência, haja vista que as licitações eram publicadas no diário oficial, quadros de avisos e jornais, com singela utilização de ferramentas tecnológicas, atingindo um menor número de interessados e, consequentemente, maculando as disputas nos certames.

Deste modo, tais motivos levaram os gestores da época a movimentar a máquina pública para a evolução do processo de compras públicas no Estado, não só no tocante às atualizações legislativas necessárias a acompanhar as normas federais, mas também quanto aos ajustes internos necessários para uma maior efetividade no controle e fiscalização, inclusive com a necessidade de incremento da tecnologia da informação.

Assim, o objetivo do presente trabalho é fazer uma abordagem do estado da arte da evolução histórica do processo de centralização das compras públicas no Estado de Sergipe, bem como avanços e desafios a serem empreendidos pelo ente federado. Portanto, serão abordados no presente trabalho tópicos relacionados à evolução da legislação estadual, acerca da Superintendência Geral de Compras Centralizadas (SGCC), sobre o Sistema de Registro de Preços e contratos centralizados e o Portal de Compras do Estado de Sergipe.

2 Evolução legislativa

Em virtude da necessidade da atualização legislativa, no ano de 2003, algumas normas legais foram publicadas, como os Decretos Estaduais de nº 22.342 e nº 22.290, de 28 e 20 de outubro, que instituíram e regulamentaram o Portal de Compras do Estado de Sergipe, denominado *ComprasNet.SE* (utilizado até os dias atuais), e a obrigatoriedade de divulgação prévia no portal das aquisições de bens e serviços comuns, respectivamente, facilitando e, consequentemente, agilizando os processos de aquisição de bens e serviços, bem como atribuindo uma melhoria no alcance das publicações a fornecedores interessados.

No dia 18 de dezembro do mesmo ano, foi publicado o Decreto nº 22.619 (SERGIPE, 2003), que, em uma parametrização com a Lei nº 10.520, estabeleceu normas regulamentares sobre a modalidade de licitação denominada pregão. No mesmo dia, por via do Decreto nº 22.620 (SERGIPE, 2003), a Administração dispôs normas regulamentares sobre a realização do pregão por meio da utilização de recursos de tecnologia da informação. Portanto, as atualizações legislativas estavam em consonância com a evolução tecnológica vivenciada.

Nesse toar, dada a necessidade de um órgão específico para que ficassem atribuídas as responsabilidades inerentes à centralização dos procedimentos de compras, bem como por sua execução, através da Lei nº 5.280, de 29 de janeiro de 2004, o Governo de Sergipe criou, na estrutura organizacional da Secretaria de Estado da Administração

(SEAD), a Superintendência Geral de Compras Centralizadas (SGCC), visando a prestação de serviços de administração, com procedimentos centralizados, para aquisição de bens e serviços, excluindo-se as obras e serviços de engenharia, para a Administração Estadual Direta, Autárquica e Fundacional do Poder Executivo Estadual.

Cabe ressaltar que a legislação estadual já previa, por força da Lei nº 4.189, de 28 de dezembro de 1999, que a realização do procedimento licitatório para obras e serviços de engenharia deveria ser feita por entidades integrantes da Administração Estadual, e, após alterações, atribuiu tal responsabilidade às Secretarias de Estado da Infraestrutura e Desenvolvimento e do Desenvolvimento Urbano, por si ou pelas entidades vinculadas a estas. O art. 8º desta lei criou o sistema estadual de registro de preços para obras e serviços de engenharia, ficando a cargo da Companhia Estadual de Habitação e Obras (CEHOP) o seu gerenciamento.

Em março de 2005, regulamentou-se a centralização da contratação e gerenciamento dos contratos administrativos, com a publicação do Decreto Estadual nº 23.151, que determina a responsabilidade da Secretaria de Administração para firmar as contratações centralizadas, atuando como contratante principal e possibilitando a anuência dos demais órgãos e entidades interessados no objeto contratual, exercendo ainda a gestão contratual, porém ficando sob responsabilidade dos órgãos anuentes a fiscalização e o acompanhamento da execução do contrato.

Em fevereiro de 2007, foi publicada a Instrução Normativa nº 01/2007, que teve como objetivo orientar os órgãos e entidades do Poder Executivo Estadual sobre os procedimentos de compras e contratações de serviços, bem como acerca da utilização do Portal de Compras do Estado de Sergipe, o *ComprasNet.SE*.

O Sistema de Registro de Preços Estadual, para a aquisição de bens e serviços comuns, foi regulamentado pelo Decreto Estadual nº 25.728, de 25 de novembro de 2008, o qual atribuiu à Secretaria de Estado da Administração, através da SGCC, a competência para gerenciar tal sistema, realizando todos os atos inerentes às fases externa e interna da licitação, bem como em comunicação constante com os órgãos participantes a fim de viabilizar o registro de preços.

Em, 25 de agosto de 2021, o regulamento foi alterado pelo Decreto Estadual nº 40.976, limitando a responsabilidade da SGCC como gerenciadora das atas apenas quando se tratar de objetos de interesses de mais de um órgão ou entidade da Administração Estadual ou de programas de governo. Assim, atribuiu a competência de unidades gerenciadoras das atas aos próprios órgãos, quando pertinentes a objetos de interesse individual.

A Administração Estadual, no ano de 2017, decidiu por retirar da competência da Superintendência Geral de Compras Centralizadas da Secretaria de Estado da Administração as licitações para aquisição de bens e serviços necessários e exclusivos de ações relacionadas ao Sistema Único de Saúde (SUS), conforme a Lei nº 8.234, de 5 de julho de 2017. Desta forma, as atribuições foram repassadas à Secretaria de Estado da Saúde, que criou uma estrutura administrativa própria para tanto.

Além das leis e decretos estaduais, a base normativa estadual dispõe de regimentos, portarias e instruções normativas que visam auxiliar e direcionar as entidades administrativas que compõem a estrutura do Poder Executivo, algumas delas podem ser consultadas através do site *www.comprasnet.se.gov.br*.

Deste modo, percebe-se que o Estado de Sergipe vem, ao longo de vários anos, procedendo com alterações pontuais em sua legislação a fim de otimizar o seu procedimento de compras públicas. No próximo tópico será abordada a estrutura administrativa da Superintendência Geral de Compras Centralizadas.

3 A Superintendência Geral de Compras Centralizadas

Criada pela Lei Estadual de nº 5.280, de 29 de janeiro de 2004 (SERGIPE, 2004), sob a estrutura organizacional da Secretaria de Estado da Administração, a Superintendência Geral de Compras Centralizadas tem a finalidade de prestar serviços de administração, de forma centralizada, para a Administração Direta, Autárquica e Fundacional do Governo Estadual, procedendo na área de aquisição de bens e serviços, excetuadas as obras e os serviços de engenharia, que, como já dito, ficam sob a responsabilidade e competência das Secretarias de Infraestrutura e de Desenvolvimento Urbano.

A estrutura orgânica da Superintendência era composta; quando da sua criação, conforme o artigo 5º da lei supracitada; pelo Gabinete do Superintendente e quatro gerências, quais sejam a Gerência-Geral de Central de Licitações, a Gerência-Geral de Normatização e Acompanhamento, a Gerência-Geral de Atenção ao Fornecedor e a Gerência de Materiais e Serviços.

Com a evolução dos serviços e a necessidade de readequação da estrutura administrativa, posteriormente, foram acrescidas a Diretoria-Geral de Licitações, a qual está subordinada à Gerência de Licitações; a Diretoria-Geral de Suprimentos e Logística, à qual estão subordinadas a Gerência de Normatização e Acompanhamento, a Gerência de Materiais e Serviços e a Gerência de Atenção ao Fornecedor; a Diretoria-Geral de Contratações Centralizadas, à qual estão subordinadas a Gerência de Manutenção de Contratos, a Gerência de Controle de Frotas, a Gerência de Registro de Preços e a Gerência de Contratação Direta; e a Assessoria do Superintendente, que atua em conjunto com o gabinete para auxiliar nos serviços administrativos de competência da Superintendência como um todo.

A Diretoria Geral de Licitações, junto a sua gerência competente, é responsável pela condução dos procedimentos licitatórios para os órgãos e entidades da Administração Estadual, possuindo um quadro de servidores designados como pregoeiros ou membros de apoio, através de comissões de trabalho. Assim, o órgão que deseja licitar deve proceder com a fase interna da licitação e encaminhar à Superintendência para a condução da licitação, podendo ser provocada a qualquer instante para eventuais alterações ou esclarecimentos que se façam necessários.

A Diretoria de Suprimentos e Logística é responsável pelas pesquisas de preços; gerenciamento e manutenção do cadastro geral de fornecedores, do catálogo geral de materiais e serviços e do Portal de Compras do Estado de Sergipe, o ComprasNet.SE, bem como procede com a análise técnica de solicitações de adesão a atas de registro de preços provenientes de outras entidades governamentais.

Já a Diretoria de Contratações Centralizadas possui competência para o gerenciamento e controle dos contratos e atas de registro de preços centralizados, ou seja, aqueles com os objetos voltados a mais de um órgão da Administração Estadual, procedendo também com a análise documental de processos de dispensa e inexigibilidade de órgãos interessados. A Assessoria da Superintendência presta apoio técnico e administrativo ao Superintendente e às Diretorias competentes. De modo similar, o gabinete assiste ao setor com a organização do expediente e outras atividades determinadas. A figura a seguir ilustra de forma simplificada o organograma da SGCC.

FIGURA 1
Organograma da SGCC

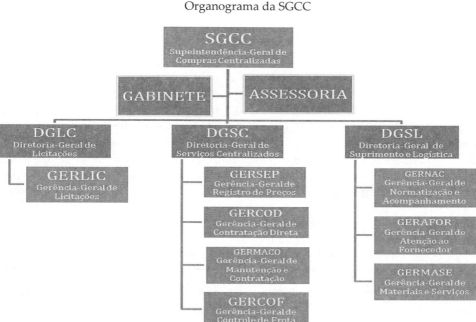

Fonte: Elaboração própria

Como forma de pontuar todos os objetivos da Superintendência Geral de Compras Centralizadas, cabe trazer o artigo 4º da Lei Estadual nº 5.280, que dispõe o seguinte:

> Art. 4º. Para o exercício de sua competência, cabe à Superintendência de Compras Centralizadas – SCC/SEAD, desenvolver os seguintes objetivos:
>
> I - programar as licitações em conjunto com os órgãos e entidades da Administração Estadual;
>
> II - promover a centralização dos procedimentos de compras de bens e serviços;
>
> III - propor medidas para a realização de atividades, cursos ou treinamentos que objetivem a preparação e/ou capacitação de pessoal, para garantia da melhor qualidade, produtividade e continuidade dos serviços do órgão;
>
> IV - programar, exercer e controlar a gestão do portal de compras da Administração Estadual, na Internet, com utilização de endereço eletrônico, e realização, inclusive, dos pregões eletrônicos;
>
> V - conduzir, realizar e acompanhar os procedimentos licitatórios para aquisição ou contratação de bens, materiais, equipamentos e serviços, a partir das especificações de demandas ou pedidos dos órgãos da Administração Direta, e das Autarquias e Fundações Publicas da Administração Indireta;

VI - promover a gestão de sistemas de apoio aos procedimentos de compras de bens, materiais, e equipamentos e serviços;

VII - fornecer subsídios às autoridades competentes para auxiliar no estabelecimento de diretrizes e orientações para potencializar o poder de compra do Estado;

VIII - expedir normas, instruções e orientações regulares relacionadas à utilização do sistema eletrônico de compras;

IX - organizar e gerir o Cadastro Geral de Fornecedores do Estado;

X - organizar e gerir o Catálogo Geral de Materiais e Serviços;

XI - programar e desenvolver outras atividades ou atribuições que objetivem a realização plena da sua finalidade, observadas as normas legais e regulamentares que regem o serviço público;

XII - exercer as atividades ou atribuições correlatas ou inerentes que lhe forem legal ou regularmente conferidas ou determinadas (SERGIPE, 2004).

Assim, a Secretaria de Estado da Administração tem papel fundamental na estrutura administrativa estadual, que, através dos processos licitatórios realizados, gera uma economia considerável ao Estado de Sergipe. Nesse segmento a economia obtida nos pregões eletrônicos conduzidos na Superintendência Geral de Compras Centralizadas é algo a ser destacado, levando-se em consideração os preços referenciais e os preços efetivamente contratados, conforme dados obtidos no Portal de Compras do Estado de Sergipe:

TABELA 1
Dados aproximados dos pregões conduzidos pela SGCC de 2016 a 2020

ANO	2016 (milhões)	2017 (milhões)	2018 (milhões)	2019 (milhões)	2020 (milhões)
V. REFERÊNCIA	969	1.366	342	372	523
V. ARREMATADO	554	646	285	267	430
ECONOMIA	415	720	57	105	93

Fonte: Elaboração própria (dados extraídos do Portal ComprasNet.SE)

Portanto, conforme Tabela 1, nos últimos cinco anos, o Governo do Estado de Sergipe economizou aproximadamente 1,391 bilhão de reais na aquisição de bens e serviços, observando a atuação mediante procedimento centralizado de contratação.

A seguir, serão abordadas as contratações centralizadas efetuadas por meio de contratos centralizados e do sistema de registro de preços, no que concerne à aquisição de bens e serviços comuns, além da centralização da chamada "fase externa" do processo licitatório.

4 Contratações centralizadas

A contratação centralizada para a aquisição de bens e serviços no âmbito do Poder Executivo do Estado de Sergipe é normatizada através de leis, decretos e instruções. Deste modo, com a criação da Superintendência Geral de Compras Centralizadas, no ano de 2004, ficou a cargo da Secretaria de Estado da Administração, por meio do referido setor, a condução das licitações estaduais, bem como a competência para executar todos os trâmites necessários à centralização mencionada.

Ressalta-se que a superintendência competente, quando do recebimento das demandas referentes a bens ou serviços, verifica a possibilidade de efetuar um procedimento centralizado de compras, ou seja, o órgão analisa se aquele objeto pretendido pode ser de interesse de outros órgãos estaduais, de modo a gerar um contrato centralizado ou ata de registro de preços centralizada, submetendo à apreciação do Secretário de Estado da Administração e, em caso de aprovação, oficiando-se os demais órgãos estaduais a fim de que encaminhem suas demandas, caso necessitem.

Atualmente, serviços como vigilância patrimonial, locação de veículos, serviços de limpeza e conservação, agenciamento de passagens aéreas, telefonia fixa e móvel e internet, são alguns exemplos de contratos centralizados firmados pelo Estado de Sergipe. Quanto aos registros de preços efetuados, pode-se destacar a aquisição de computadores, materiais de expediente, gêneros alimentícios, merenda escolar, equipamentos e materiais de informática, dentre outros.

Vale lembrar que a Secretaria de Administração, quando da contratação centralizada, é responsável por todos os atos do processo licitatório, desde a elaboração do termo de referência ou projeto básico até a homologação do certame e posterior assinatura do contrato, procedendo ainda com o seu gerenciamento.

Assinado o contrato, os órgãos são notificados para o encaminhamento das suas anuências respectivas, para que possam adquirir os bens licitados ou começar a se utilizar sobre o serviço contratado. Importante frisar que a Superintendência Geral de Compras Centralizadas é responsável pelo gerenciamento do contrato, ficando a cargo dos órgãos anuentes a fiscalização e o acompanhamento, devendo comunicar à SGCC qualquer intercorrência, inclusive para penalização da empresa contratada. Desta forma, qualquer procedimento de alteração contratual também é realizado pela SGCC.

No tocante às aquisições de bens ou serviços por meio do sistema de registro de preços, quando de forma centralizada, o processo ocorre de maneira similar, haja vista que, após a assinatura da ata de registro de preços, os órgãos demandantes encaminham seus termos de adesão à respectiva ata para se valer do preço registrado quando oportunamente decidir contratar. Durante o lapso temporal da Ata, que normalmente possui vigência de um ano, a SGCC também detém responsabilidade pelo seu gerenciamento, muito embora os órgãos aderentes sejam competentes pela contratação, acompanhamento e fiscalização.

Quanto a este ponto, cabe trazer que esta forma procedimental foi atualizada recentemente por meio do Decreto Estadual nº 40.976, de 25 de agosto de 2021 (SERGIPE, 2021), que alterou o Decreto Estadual nº 25.728/08, que regulamenta o Sistema de Registro de Preços em Sergipe.

Anteriormente, toda e qualquer ata de registro de preços referente à aquisição de bens e contratação de serviços era gerenciada pela Secretaria de Estado da Administração, independente se tais aquisições eram centralizadas ou não, assim como todo o processo licitatório (fases interna e externa) realizado pela citada Secretaria. Com o novo decreto, apenas quando for conveniente a aquisição de bens ou serviços a mais de um órgão ou entidade, bem como a programas de governo, ficará a cargo da SGCC a competência para gerenciar a Ata.

Deste modo, cada órgão estará responsável pela fase interna da licitação e gerenciamento das suas respectivas atas com demandas individuais e particulares. Cabe destacar que a alteração legislativa se assemelha ao que já acontece com os contratos não centralizados, como se verá a seguir:

A Superintendência Geral de Compras Centralizadas (SGCC), como já dito, é responsável pela condução dos procedimentos licitatórios estaduais pertinentes à aquisição de bens e serviços comuns, independentemente se o objeto for de interesse de vários órgãos (centralizado) ou individual.

Assim, no tocante a estes últimos, a fase interna da licitação é realizada pelo órgão solicitante, enquanto a fase externa é conduzida por um pregoeiro pertencente ao quadro da Diretoria de Licitações da SGCC, observando-se que a competência para homologação do certame é do ordenador de despesas demandante.

Desta forma, o sistema de contratação por registro de preços, após a atualização dada por meio do Decreto Estadual nº 40.976, de 25 de agosto de 2021 (SERGIPE, 2021), acontece da mesma forma quando das demandas individuais, ficando o órgão solicitante responsável pela fase interna da licitação (elaboração do termo de referência, pesquisas de preço, etc.), homologação do certame e gerenciamento da ata e a Secretaria de Estado da Administração pela condução do procedimento licitatório até a sua adjudicação.

5 Portal de Compras do Estado de Sergipe

Criado e regulamentado pelos Decretos Estaduais de nº 22.290, de 20 de outubro de 2021 (SERGIPE, 2003) e nº 22.342, de 28 de outubro de 2003 (SERGIPE, 2003) o Portal de Compras do Estado de Sergipe, ou *ComprasNet.SE*, teve como objetivo criar uma infraestrutura informatizada para apuração do melhor preço de materiais ou serviços adquiridos pelo setor público, por meio de disputas eletrônicas públicas, com a garantia, por parte do Governo, do pagamento aos fornecedores na data de vencimento contratual.

Em virtude da necessidade de orientação aos órgãos e entidades da Administração, foi publicada a Instrução Normativa nº 01/2007 (SERGIPE, 2007), que dispôs acerca da utilização do referido portal, dentre outras instruções, a fim de otimizar os procedimentos de compras e contratações de serviços.

Nessa solução tecnológica, os fornecedores podem disputar serviços ou produtos em processos de dispensa de licitação lançados pelos órgãos ou entidades estaduais em um procedimento de disputa similar à fase de lances de um pregão eletrônico, onde o menor preço ofertado é o que será contratado. Através da Tabela 2, pode-se perceber que a economia obtida nas disputas realizadas através do respectivo sistema, nos últimos cinco anos, foi de aproximadamente 30 milhões de reais:

TABELA 2
Dados aproximados das dispensas realizadas no *ComprasNet.SE* de 2016 a 2020

ANO	2016 (milhões)	2017 (milhões)	2018 (milhões)	2019 (milhões)	2020 (milhões)
V. REFERÊNCIA	14	40	15	108	69
V. ARREMATADO	11	37	13	96	59
ECONOMIA	3	3	2	12	10

Fonte: Elaboração própria (dados extraídos do Portal ComprasNet.SE)

Além disso, o *ComprasNet.SE* dá publicidade a todas as licitações, processos de dispensa e inexigibilidade, chamamentos públicos e leilões, bem como disponibiliza legislação, calendário, catálogo de materiais, regulamentações, contatos e notícias a qualquer interessado, além de dados atualizados acerca das contratações públicas efetuadas pelo Estado de Sergipe.

Não só para o Governo Estadual, como também para os fornecedores e para a sociedade, a implantação do *ComprasNet.SE* trouxe as seguintes vantagens:

• Transparência;
• Redução dos preços pagos pelo Governo;
• Diminuição da diferença entre preços pagos pelos órgãos por produtos semelhantes;
• Agilização e simplificação do processo de aquisição de bens e serviços comuns;
• Disponibilização rápida de informações agregadas para as diretorias administrativo-financeiras dos órgãos, bem como para o alto escalão do Governo do Estado;
• Maior interação entre fornecedores e Administração Pública Estadual;
• Ampliação das oportunidades de negócios dentro do Estado;
• Incremento da competição entre os fornecedores;
• Oportunidades para os pequenos fornecedores;
• Proporciona à sociedade condições efetivas para o acompanhamento e fiscalização das compras governamentais.

O Governo do Estado utiliza o *Software* de Gestão de Registro de Preços, Contratos e Compras Eletrônicas (solução WinSRP), mantendo a contratação de manutenção corretiva, preventiva, adaptativa e evolutiva do sistema para atender a necessidade do acompanhamento eletrônico dos processos de compras e contratações do Governo do Estado, no qual se inclui o módulo de compras eletrônicas, em que os próprios órgãos publicam seus processos de compra através de dispensa de licitação. Para tanto, é utilizado o catálogo geral de materiais e serviços, bem como o cadastro centralizado de fornecedores.

Atualmente, a Secretaria de Estado da Administração atua para maximizar a capacidade do sistema já utilizado, visando a integração deste ao Sistema de Gestão Orçamentária e Financeira e Contábil (i-Gesp), administrado pela Secretaria de Estado da Fazenda. Desta forma, a citada integração tem por finalidade a implementação de um banco de preços referencial, utilizando as próprias compras realizadas pelos órgãos estaduais, de modo a proporcionar agilidade, transparência e economia, como também a atualização constante do cadastro de fornecedores.

Outro projeto em desenvolvimento na Secretaria de Administração a fim de otimizar os procedimentos de compras públicas é a implantação de um certificado eletrônico para licitantes, que tem como objetivo atestar a regularidade cadastral das empresas para fins de habilitação fiscal e jurídica, quando da participação nas aquisições de bens e serviços da Administração.

Assim, a certificação digital deve viabilizar a implantação de mecanismos de segurança capazes de garantir autenticidade, confidencialidade e integridade das informações eletrônicas transacionadas em meio eletrônico, conferindo validade legal aos documentos eletrônicos.

Ressalta-se que o *ComprasNet.SE* proporcionou ao Estado de Sergipe avanço significativo no modo de contratação, viabilizando o modelo centralizado adotado pelo ente federado, haja vista que todas as informações acerca das compras públicas se concentram no referido sistema. Além disso, as mudanças estruturais em fase de estudo se mostram necessárias a fim de que o governo avance tecnologicamente com a integração de sistemas e consequente otimização dos processos.

6 Conclusão

Por todo o exposto, percebe-se que o modelo centralizado de compras públicas adotado pelo Estado de Sergipe já perpassa o lapso temporal de aproximadamente 17 anos, contados da criação da Superintendência Geral de Compras Centralizadas, guardando certa robustez, haja vista toda a prática experienciada.

Além disso, não se visualiza no presente momento uma tendência de descentralização, mas sim de otimização do seu *modus operandi*. Isto porque, conforme dados demonstrados no desenvolvimento do presente relato, o Governo Estadual vem economizando consideravelmente ao longo dos últimos anos, demonstrando a viabilidade da continuidade e busca constante por melhoria dos procedimentos realizados. Depreende-se também que Sergipe sofreria com a incerteza e os custos altos da implantação de outro modelo de compras, contrário ao que já está instalado.

Cabe destacar também que o Estado possui uma estrutura menor, comparando-se a outros da Federação, fato que deve ser levado em consideração antes da implantação de modelo similar por qualquer ente público. Além disso, a entidade que desejar aplicar a centralização das compras públicas deve se atentar à necessidade de possuir soluções tecnológicas compatíveis com sua demanda, bem como que atendam à legislação de transparência e controle.

Referências

BRASIL. Lei nº 10.520, de 17 de julho de 2002. Institui, no âmbito da União, Estados, Distrito Federal e Municípios, nos termos do art. 37, inciso XXI, da Constituição Federal, modalidade de licitação denominada pregão, para aquisição de bens e serviços comuns, e dá outras providências. *Diário Oficial da União*. Brasília, 2002.

SERGIPE. Decreto nº 22.290, de 20 de outubro de 2003. *Diário Oficial do Estado de Sergipe*, 2003. Disponível em: https://www.comprasnet.se.gov.br/index.php/regulamentacao/column-blocks.Acesso em: 23 ago. 2021.

SERGIPE. Decreto nº 22.342, de 28 de outubro de 2003. *Diário Oficial do Estado de Sergipe*, 2003. Disponível em: https://setc.se.gov.br/images/arquivos/n_22.342.pdf. Acesso em: 23 ago. 2021.

SERGIPE. Decreto nº 23.151, de 15 de março de 2005. *Diário Oficial do Estado de Sergipe*, 2005. Disponível em: https://www.comprasnet.se.gov.br/images/banners/decretos/decreto_estadual_n23151.pdf. Acesso em: 30 ago. 2021.

SERGIPE. Decreto nº 25.728, de 25 de novembro de 2008. *Diário Oficial do Estado de Sergipe*, 2008. Disponível em: https://www.comprasnet.se.gov.br/images/banners/decretos/decreto_25728-2008-srp.pdf. Acesso em: 30 ago. 2021.

SERGIPE. Decreto nº 40.976, de 25 de agosto de 2021. *Diário Oficial do Estado de Sergipe*, 2021. Disponível em: https://www.comprasnet.se.gov.br/images/banners/decretos. Acesso em: 2 set. 2021.

SERGIPE. Instrução Normativa nº 001/2007, de 7 de fevereiro de 2007. *ComprasNet.SE*, 2007. Disponível em: https://www.comprasnet.se.gov.br/images/InstrucoesNormativas/instruo_normativa_sgcc_01_2007.pdf. Acesso em: 19 ago. 2021.

SERGIPE. Lei nº 4.189, de 28 de dezembro de 1999. *Diário Oficial do Estado de Sergipe*, 1999. Disponível em: https://setc.se.gov.br/images/arquivos/l4189-atualizada.pdf. Acesso em: 20 ago. 2021.

SERGIPE. Lei nº 5.280, de 29 de janeiro de 2004. *Diário Oficial do Estado de Sergipe*, 2004. Disponível em: https://www.comprasnet.se.gov.br/index.php/regulamentacao/leis. Acesso em: 27 ago. 2021.

SERGIPE. Lei nº 8.234, de 5 de julho de 2017. *Diário Oficial do Estado de Sergipe*, 2017. Disponível em: https://www.comprasnet.se.gov.br/images/Leis/Lei_Estadual-_N8234.pdf. Acesso em: 27 ago. 2021.

SERGIPE. Portal de Compras do Estado de Sergipe – *ComprasNet.SE*. Disponível em: www.comprasnet.se.gov.br Acesso em: 10 ago. 2021.

SILVA NETO, Aristides Ferreira da. *Compras públicas centralizadas e o seu impacto no desenvolvimento econômico local*: a experiência do uso do poder de compra do governo de Sergipe. *ComprasNet.SE*, 2012. Disponível em: https://www.comprasnet.se.gov.br/images/notastecnicas/compras_p%C3%BAblicas_centralizadas_-_a_experi%C3%AAncia_de_sergipe.pdf Acesso em: 20 ago. 2021.

Informação bibliográfica deste texto, conforme a NBR 6023:2018 da Associação Brasileira de Normas Técnicas (ABNT):

SANTOS, Bruno Rosceli Oliveira dos; SANTOS, Marcos Antonio Santana dos. A Centralização de Compras Públicas no Estado de Sergipe. *In*: LOPES, Virgínia Bracarense; SANTOS, Felippe Vilaça Loureiro (coord.). *Compras públicas centralizadas no Brasil*: teoria, prática e perspectivas. Belo Horizonte: Fórum, 2022. p. 163-173. ISBN 978-65-5518-463-1.

ESTUDOS DE CASO DAS EXPERIÊNCIAS EM COMPRAS CENTRALIZADAS NOS CONSÓRCIOS PÚBLICOS INTERMUNICIPAIS DE SAÚDE: CISVI E CISTM

ALEXANDRE FERREIRA DA SILVA PAIVA

ALEXANDRO DE SOUZA PAIVA

GIULIANO ANTONIO DA SILVA

1 Introdução

O texto constitucional trata a saúde como um direito básico, permanente e indispensável a qualquer cidadão, cabendo ao Estado financiar, garantir e ofertar esses serviços de modo gratuito, como uma espécie de contrapartida em virtude do pagamento de tributos pelos contribuintes.

No entanto, tem-se que, em uma avaliação geral do Sistema Único de Saúde (SUS) e amparado sob a lógica de Ludwig von Mises, representante da Escola Austríaca de pensamento econômico, o ponto crucial, considerando a nossa realidade econômica, dá-se no sentido de que sempre quando alguma coisa passa a ser ofertada de forma gratuita essa demanda passa a se tornar infinita e, no caso particular dos serviços em saúde, a partir do momento em que esses são ofertados de modo gratuito, a quantidade desses serviços que as pessoas querem consumir se torna quase que infinita (ROQUE, 2011).

Por outro lado, diante da gratuidade da oferta dos serviços em saúde e da procura cada vez mais crescente por estes, temos também um claro cenário de limitação de recursos financeiros que custeiam essas ações, impondo assim ao Poder Público a busca por alternativas com vistas a uma melhoria sistemática e racional desse panorama.

O fenômeno do consorciamento intermunicipal no Brasil, apesar de já tratado na Constituição Federal de 1937,[1] é assunto ainda recente, cujas normas que dispõem especificamente sobre o assunto só vieram a ser regulamentadas a partir do ano de 2005. Após o processo de redemocratização do país, tendo as primeiras experiências com consórcios intermunicipais no país sido identificadas na década de 1980, foi com o advento da Lei nº 8.080/1990 que tivemos em nosso ordenamento jurídico o primeiro indicativo de normatização, ao estabelecer que "Os municípios poderão constituir consórcios para desenvolver em conjunto as ações e os serviços de saúde que lhes correspondam" (BRASIL, 1990, art. 10).

Já em 1998, por meio da Emenda Constitucional nº 19, houve a alteração no art. 241 da Constituição Federal, o qual passou a dispor sobre o disciplinamento dos consórcios e da gestão associada de serviços:

> O art. 241 da Constituição Federal passa a vigorar com a seguinte redação:
> "Art. 241. A União, os Estados, o Distrito Federal e os Municípios disciplinarão por meio de lei os consórcios públicos e os convênios de cooperação entre os entes federados, autorizando a gestão associada de serviços públicos, bem como a transferência total ou parcial de encargos, serviços, pessoal e bens essenciais à continuidade dos serviços transferidos." (BRASIL, 1998, art. 241)

Essas indicações de ordem constitucional e infraconstitucional serviram de sustentação para que tivéssemos a edição da Lei Federal nº 11.107, em 6 de abril de 2005, que veio regulamentar os consórcios públicos.

Um dos caminhos encontrados para atender, pelo menos em parte, às inúmeras demandas da área da saúde foi a junção dos municípios em consórcios intermunicipais, com vistas a ampliar a oferta de procedimentos médicos, especialistas ou serviços de maior complexidade, em especial nos pequenos municípios, que não dispõem desse tipo de oferta no mercado local. Essa alternativa de organização e de união de esforços visa, no que tange à centralização das compras, potencializar as aquisições de bens e serviços e, com isso, propiciar a prestação de melhores serviços ao cidadão e dar uma maior eficiência às políticas públicas de saúde.

É notório que o desenho federativo do Brasil favoreceu que os municípios, enquanto entes autônomos, conseguissem se unir de forma organizada, por meio do cooperativismo municipal, com vistas a buscar o desenvolvimento e o fortalecimento em âmbito regional, com destaque apara as ações desenvolvidas no âmbito da saúde, haja vista o fato de os municípios de pequeno porte , principalmente, não disporem de uma estrutura capaz de atender a todas as suas necessidades, fazendo com que

---

[1] BRASIL. Constituição (1937). *Constituição dos Estados Unidos do Brasil*. Rio de Janeiro, 1937. Disponível em: http://www.planalto.gov.br/ccivil_03/Constituicao/Constitui%C3%A7ao37.htm. Acesso em: 30 dez. 2021.

se busque identificar quais são as demandas e necessidades em comum para que se promova o desenvolvimento de ações regionais mais efetivas para o seu atendimento.

No caso de Minas Gerais, um fator que certamente motivou os municípios a se reunirem em formato de consórcios se deu em virtude da sua grande extensão territorial e pelo fato de o Estado possuir a maior quantidade de municípios no país, além da presença de marcantes peculiaridades em cada uma de suas regiões. Nesse sentido, Carvalho Filho (2013) assevera que:

> A centralização não pode ter tanta rigidez ao ponto de desprezar as relações sociais de grande complexidade que precisam ser enfrentadas dentro de cada Estado, nem pode ser de tal modo inflexível que não permita considerar a diversidade que caracteriza os grupos que integram a sociedade.

Para melhor nortear esse estudo, destaca-se a atuação de dois consórcios intermunicipais de saúde estabelecidos no Estado de Minas Gerais que, há mais de 25 (vinte e cinco) anos, desenvolvem ações regionalizadas na área da saúde, sendo uns dos pioneiros no Estado, que são o Consórcio Intermunicipal de Saúde da Região do Vale do Itapecerica (CISVI) e o Consórcio Público Intermunicipal de Saúde do Triângulo Mineiro (CISTM).

Além de atuarem como facilitadores na ampliação e diversificação da oferta de serviços de saúde aos municípios consorciados, um ponto em comum de bastante relevância entre o CISVI e o CISTM se dá pelo fato de que a sua criação tem origem a partir de discussões de cunho técnico e político alavancadas pelas associações microrregionais de municípios, que têm, no Estado de Minas Gerais, um papel fundamental na busca de construção de soluções e políticas públicas em âmbito regional mediante uma importante atuação política dos prefeitos municipais junto às esferas estadual e federal, seja no Poder Legislativo ou no Poder Executivo destes entes.

Mesmo estando localizados em regiões distantes dentro do Estado, observa-se uma grande identificação entre o CISVI e o CISTM, seja em relação aos benefícios, seja em relação às dificuldades e desafios enfrentados. Todos esses pontos serão tratados neste trabalho, que vão desde a fragilidade dos pequenos municípios em contratar serviços de saúde de forma isolada e, em consequência disso, a geração de uma dependência dos municípios-polo para viabilizar o atendimento às suas demandas; manutenção dos serviços independente de divergências e incompatibilidades de ordem política local e regional; criação e manutenção de uma estrutura própria para o atendimento das demandas tanto de ordem legal quanto dos municípios consorciados; necessidade de implantação de uma cultura de planejamento entre os atores envolvidos; capacidade e interesse de investimento dos municípios e a busca de financiamento estatal junto às demais esferas; sustentação, melhoria e ampliação da oferta de serviços; e distribuição igualitária dos benefícios entre os entes consorciados.

Como fruto da experiência do associativismo municipalista, os autores enfatizam que a criação dos consórcios intermunicipais de saúde CISTM e CISVI tem garantido aos municípios, com destaque para aqueles de menor porte, por meio de um processo de centralização de contratações, a oferta de procedimentos médicos que antes somente eram ofertados pelo Sistema Único de Saúde (SUS) através dos próprios municípios e entidades filantrópicas, garantindo maior eficiência, abrangência das ações e economia de recursos financeiros derivada dos ganhos obtidos com a economia de escala. No entanto, por mais que essa prática tenha possibilitado a obtenção de inúmeros benefícios aos entes consorciados, ainda existe uma gama de desafios e incertezas que ainda permeiam os consórcios. Assim, abordaremos a seguir no presente texto os resultados positivos e os desafios a serem superados com base nas ações executadas pelos dois consórcios públicos CISVI e CISTM.

2 Da criação do CISVI e CISTM

Inicialmente, cumpre ressaltar que o presente trabalho se trata de um estudo de caso, tendo como objetivo uma descrição detalhada dos consórcios ora estudados a partir de dados quantitativos e qualitativos (DIAS; GUSTIN, 2002, p. 104-106). Como principal procedimento metodológico, foi adotada a realização de pesquisa de dados em documentos contábeis, financeiros e gerenciais do CISVI e do CISTM, além da legislação e estudos que regem o tema.

O recorte temporal adotado foi de 2018 a 2020, uma vez que, apesar do CISTM ter sido constituído como consórcio público em 2013, somente em 2018 é que efetivamente ele iniciou suas atividades. Sendo assim, optou-se por avaliar tanto os dados dos investimentos realizados pelos entes consorciados quanto o número de atendimentos realizados por parte do CISVI e CISTM. Ademais, o presente trabalho foi realizado parcialmente com base na experiência empírica dos autores como profissionais atuantes nos consórcios ora estudados, tendo sido também adotado o procedimento metodológico da ação participante.

O Consórcio Intermunicipal de Saúde da Região do Vale do Itapecerica (CISVI), com sede em Divinópolis, é formado por 10 municípios, sendo: Carmo do Cajuru, Cláudio, Conceição do Pará, Divinópolis, Itapecerica, Pedra do Indaiá, Perdigão, São Gonçalo do Pará e São Sebastião do Oeste e Japaraíba. O consórcio está estabelecido nas regiões Centro-Oeste e Alto São Francisco e atende a uma população de abrangência próxima a 400.000 (quatrocentos mil) habitantes.

Já o Consórcio Público Intermunicipal de Saúde do Triângulo Mineiro (CISTM), com sede no município de Uberlândia, abrange 23 municípios, sendo: Araguari, Araporã, Cachoeira Dourada, Campina Verde, Canápolis, Capinópolis, Cascalho Rico, Centralina, Douradoquara, Estrela do Sul, Grupiara, Gurinhatã, Indianópolis, Ipiaçu, Iraí de Minas, Ituiutaba, Monte Alegre de Minas, Monte Carmelo, Prata, Romaria, Santa Vitória, Tupaciguara e Uberlândia. O CISTM atende a uma população estimada em mais de 1.000.000 (um milhão) de habitantes, estando estabelecido na região do Triângulo Mineiro e Alto Paranaíba.

A criação do CISTM como consórcio público se deu no ano de 2013 com início efetivo de suas atividades apenas em 2018. Sua concepção se deu de forma gradativa a partir da junção de outros dois consórcios administrativos: Consórcio Intermunicipal de Saúde da Microrregião do Pontal do Triângulo Mineiro (Cispontal – composto por 7 cidades, criado em 05.10.1998 e extinto em 30.10.2020, data na qual foi incorporado ao CISTM) e o Consórcio Intermunicipal de Saúde da Microrregião do Vale do Paranaíba (Cisamvap – composto por 7 cidades, criado em 05.10.1998 e extinto em 30.10.2020, data na qual foi incorporado ao CISTM), os quais possuíam natureza jurídica de associação e sem finalidade lucrativa. Os consórcios em comento abrangiam os mesmos municípios que hoje compõem o CISTM. A ideia dessa fusão foi a busca por uma maior eficiência das atividades já desenvolvidas e a otimização da captação de recursos públicos, visando ainda aprimorar o processo de centralização das contratações para atendimento à parte das demandas em saúde dos municípios consorciados.

Ressalta-se que, embora ambos sejam consórcios públicos, o CISVI possui personalidade jurídica de direito privado e o CISTM dispõe de personalidade jurídica de direito público. Mesmo com personalidades jurídicas diferentes, estão amparados pela Lei Federal nº 11.107/2005. Quando da realização das contratações, ambos atuam em obediência ao ordenamento jurídico que rege as licitações públicas e os contratos administrativos, até mesmo por força do §2º do art. 6º da norma aqui mencionada.

3 Do processo de centralização das contratações realizadas no CISVI E no CISTM

Com o crescimento de um ambiente favorável à cooperação intermunicipal, os consórcios intermunicipais de saúde passaram a ser importantes instrumentos de apoio às gestões municipais, além de possibilitar o fortalecimento da regionalização da atenção à saúde em todos os seus níveis. Com o envolvimento e o compromisso firmado entre os municípios interessados no fortalecimento e desenvolvimento do SUS em âmbito regional, busca-se o incremento na oferta de procedimentos de saúde aos entes consorciados, preenchendo os vazios assistenciais regionais.

Nesse contexto, foi quase que um movimento natural a criação de instituições de apoio aos municípios diante do surgimento de uma série de demandas convergentes na área da saúde, muitas delas em virtude da dificuldade de oferta ou de acesso em cada localidade de uma série de procedimentos médicos, uma vez que a concentração destes serviços inevitavelmente se encontra nos municípios-polo de cada região e a maioria dos municípios que integram o CISVI e o CISTM são de pequeno porte.

A título de exemplo, em um primeiro momento, no caso do CISTM, entendia-se que equipar as estruturas dos estabelecimentos de saúde localizados nos municípios consorciados, criando um sistema de referência de atendimento em saúde por especialidade ou procedimento, seria a medida mais eficaz para atender às demandas (ex.: o município 'X' receberia todos os equipamentos e insumos necessários para a realização de exames de ultrassonografia e, com isso, todas as demandas dos municípios consorciados para esse procedimento seriam atendidas nessa localidade). Porém, com destaque para a escassez de profissionais especializados em diversos municípios e do alto custo operacional, não foram alcançados os resultados esperados e outras soluções passaram a ser discutidas.

Com o passar dos anos, tanto o CISVI quanto o CISTM foram assumindo um protagonismo cada vez maior no que concerne à contratação de procedimentos de saúde para atendimento aos municípios consorciados, com o recebimento de aportes de recursos financeiros cada vez maiores para viabilizar a realização de consultas especializadas, exames e cirurgias eletivas. Tal movimento tem sido uma importante válvula de escape para atenuar o estrangulamento e desafogar a rede pública de saúde na realização de determinados procedimentos, principalmente aqueles classificados como eletivos de média complexidade, vide dados apresentados nas tabelas:

TABELA 1
Investimentos na contratação de procedimentos médicos (CISVI)

CISVI			
Itens/Ano	2018	2019	2020
Valor investido (R$)	1.288.181,18	1.537.208,70	1.421.896,94
Total de procedimentos	40.025	39.685	30.223

TABELA 2
Investimentos na contratação de procedimentos médicos (CISTM)

CISTM			
Itens/Ano	2018	2019	2020
Valor investido (R$)	6.151.993,18	6.403.158,35	7.470.584,63
Total de procedimentos	26.646	27.948	31.679 [2]

Pela exposição dos quadros se constatam impactantes investimentos realizados por parte dos entes consorciados junto aos consórcios públicos, sendo uma resposta à contínua e crescente demanda dos municípios na área da saúde. Apenas importante fazer uma ressalva quanto ao ano de 2020, quando, em virtude da pandemia da covid-19, os procedimentos eletivos foram suspensos por determinados períodos pelo Governo do Estado, o que veio a impactar de forma direta na contabilização dos investimentos.

Tanto o CISVI quanto o CISTM realizam consultas e exames médicos em estruturas localizadas em suas próprias sedes, sendo os profissionais responsáveis pelos atendimentos e operação dos equipamentos médicos contratados via licitação pública, cabendo ao consórcio a manutenção de uma equipe técnica mínima de apoio.

No entanto, o que efetivamente se pretende demonstrar é que a centralização das compras pelos consórcios tem trazido expressivos resultados no auxílio aos municípios na oferta de serviços de saúde e que, por consequência, implica uma melhor destinação dos recursos públicos, seja pela contratação a custos reduzidos, seja pela ampliação dos procedimentos disponibilizados tanto em quantidade quanto nas mais diversas especialidades médicas. A redução dos custos com as contratações também possibilitou aos gestores municipais realizar investimentos em outras ações presentes no extenso rol de ações na política pública de saúde.

Os exemplos de sucesso são inúmeros, pois, além de facilitarem o acesso à população a vários tipos de procedimentos médicos considerados mais especializados, isso refletiu até mesmo, dada a qualificação dos procedimentos, na expedição de diagnósticos médicos mais seguros e confiáveis.

Um ganho de extrema relevância apontado na centralização das aquisições pelos consórcios públicos foi a redução e eficientização dos procedimentos administrativos,

---

[2] Dados retirados de documentos contábeis e gerenciais no sítio eletrônico do Consórcio Público CISTM, para mais informações: https://www.cistm.com.br/prestacao-de-contas/.

haja vista a produção padronizada de documentos, o estabelecimento de planos de ação e a implantação de *softwares* destinados ao agendamento, acompanhamento e liberação de procedimentos médicos pelos consórcios ou pelas próprias secretarias municipais de saúde.

Ainda no tocante aos benefícios, com a centralização das compras sob a responsabilidade dos consórcios, os municípios puderam canalizar seus esforços em outras ações, seja na área da saúde ou em outras pastas, que também demandam atenção, economizando assim tempo e trabalho das equipes de servidores; possibilitou ainda um melhor conhecimento da realidade regional da saúde por meio da troca de experiências e vivências entre os gestores da saúde; tomada de decisões e solicitações de forma conjunta, priorizando sempre a busca por benefícios para toda a região; dinamização na apresentação de informações mais atualizadas, principalmente sobre o comportamento do mercado na oferta de procedimentos médicos e aquisição de insumos hospitalares; maior rapidez no tempo de resposta às solicitações dos cidadãos, já que não há mais uma total dependência dos serviços disponibilizados pela rede pública de saúde.

Mais do que isso, é importante reconhecer que a contratação terceirizada dos serviços de saúde pelos consórcios foi crucial diante de todas as benesses aqui evidenciadas, pois, caso esses serviços tivessem que ser realizados pelas redes municipais, certamente acarretaria grandes impactos aos seus já limitados orçamentos, uma vez que as expectativas de crescimento de arrecadações não estão no mesmo compasso do volume de serviços demandados, que, consequentemente, implicam um grande dispêndio de recursos públicos.

No que se refere à forma de custeio dessas despesas, os consórcios públicos analisados adotam diferentes procedimentos junto aos municípios consorciados para a composição de suas receitas. No CISVI, a composição de sua receita é advinda do repasse mensal feito pelos municípios na ordem de 2,0% (dois por cento) das transferências recebidas a título do Fundo de Participação dos Municípios (FPM), sendo tais valores revertidos em serviços médicos de modo proporcional aos repasses realizados, excluído o montante destinado à manutenção administrativa do consórcio. Já no caso do CISTM, os valores repassados ao consórcio se dão de forma mais discricionária (aprovada na Assembleia e no ato de constituição do CISTM), cabendo aos municípios a definição do montante a ser repassado para a contratação dos procedimentos e, assim como no CISVI, é apresentado um valor destinado à manutenção das atividades internas do consórcio, o qual será abatido do total repassado.

Todos esses valores repassados aos consórcios já estão consignados nas respectivas leis orçamentárias dos municípios, o que, de certa forma, confere uma maior segurança quando do planejamento das ações a serem desempenhadas em cada ano.

A concentração de parte das demandas de procedimentos de saúde dos municípios junto aos consórcios públicos tem garantido alguns benefícios já esperados pelos gestores públicos, tais como: oferta de procedimentos não disponíveis em nível local, redução de custos nas contratações propiciadas pela economia de escala, diminuição das "filas" e do tempo de espera para a realização dos procedimentos, dentre outros.

Pensar de forma coletiva, visando o fortalecimento da microrregião por meio dos consórcios públicos, automaticamente fortalece os municípios consorciados de forma individualizada.

A percepção pelos municípios da não vantajosidade na implantação e manutenção de um serviço próprio para o oferecimento de procedimentos médicos especializados, devido à necessidade de um alto investimento financeiro com a aquisição de equipamentos e insumos, busca pela contratação de profissionais especializados (principalmente médicos), treinamentos, bem como a criação de toda uma estrutura de pessoal e demais técnicos indispensáveis à sua consecução, fez com que se despertasse nos gestores municipais o entendimento de que esses serviços poderiam ser contratados para o atendimento de vários municípios que possuem a mesma demanda, na microrregião de sua localização, e por um custo consideravelmente inferior, fazendo então com que a delegação dessas contratações para os consórcios se tornasse quase que inevitável.

Em relação aos médicos, ainda cabe destacar o fato de que a oferta desses profissionais no mercado diante das demandas dos municípios é altamente deficiente e, quando há a necessidade de contratação de especialistas, tem-se um agravamento ainda maior desse quadro. Sem contar que, para a realidade da maioria dos municípios, a contratação desses profissionais requer o desembolso de significativos recursos financeiros (pagamento de salários, encargos e demais despesas) e, ademais, considerando que se esteja disposto a arcar com tais custos, não é certo que esses profissionais estarão dispostos a fixar morada para a prestação de serviços com dedicação exclusiva aos municípios, principalmente os de pequeno porte.

Voltando à temática da centralização das contratações pelos consórcios, ainda que, em sua grande maioria, os serviços sejam contratados para serem executados nos municípios-polo de cada região devido à presença de um maior número de prestadores e de especialidades médicas, observam-se nitidamente presentes os princípios da economicidade e da vantajosidade na contratação dos procedimentos médicos, resultando na efetiva busca pela obtenção da melhor relação custo-benefício no uso dos recursos públicos, o que, em tempos de escassez financeira, ganha ainda mais destaque e importância.

Esse processo de centralização das aquisições pelos consórcios também foi um facilitador das ações realizadas pelas secretarias municipais de saúde, já que muitas se deparavam com grandes dificuldades oriundas da morosidade na realização dos processos licitatórios, haja vista, em sua maioria, a ausência de um departamento de compras e licitações específico para a pasta. Outro obstáculo frequentemente encontrado era o desinteresse de fornecedores em participar das licitações diante da demanda pouco atrativa apresentada em contraposição aos valores que os municípios isoladamente estariam dispostos a pagar, acarretando uma série de procedimentos licitatórios desertos, fracassados e, em outros casos, contratados por valores muito acima dos praticados pelo mercado considerando a urgência e a necessidade da contratação.

Por serem órgãos especializados, o CISVI e o CISTM atingiram um elevado grau de efetividade e eficiência na contratação de procedimentos médicos, pois, devido à grande demanda dos municípios consorciados e do tempo cada vez menor para a disponibilização dos serviços, os consórcios tiveram que passar a contar com um corpo técnico-administrativo mais qualificado, o que possibilitou uma melhor fruição dos processos licitatórios e uma maior rapidez nas contratações.

3.1 Da implantação e desafios para manutenção do Sistema Estadual de Transporte em Saúde (SETS)

Outro aspecto que remonta à centralização das contratações pelo CISVI e CISTM se dá a partir da implantação do programa estabelecido pelo Governo do Estado de Minas Gerais, nos anos de 2005 a 2009, denominado Sistema Estadual de Transporte em Saúde (SETS).

A ação criada pelo Governo do Estado teve como propósito garantir a eficiência das redes de atenção à saúde, já que apenas a estruturação de serviços de saúde alocados em pontos estratégicos não seria suficiente sem a disponibilização de meios de transporte eficientes para que os usuários acessassem as unidades assistenciais. Com isso, foi propiciado deslocamento de pacientes usuários do SUS para a realização de seus exames e/ou consultas especializadas fora de seu domicílio por meio da instituição de uma ampla operação logística de transporte em saúde, integrando os municípios das microrregiões em um mesmo planejamento, conferindo uma maior efetividade no transporte de usuários para a realização de procedimentos eletivos, propiciando, ainda, economia de escala e maior racionalidade administrativa.

A principal motivação para a implantação de um sistema de transporte estava atrelada à necessidade de deslocamento de usuários eletivos a municípios de maior porte (municípios-polo) para a realização de consultas com especialistas e exames mais complexos (MARQUES; LIMA, 2009).

O SETS teve o financiamento bipartite, sendo que os recursos para investimentos (aquisição de micro-ônibus, *softwares*, consultorias, equipamentos de informática, de monitoramento, entre outros) foram de responsabilidade da Secretaria de Estado de Saúde (SES/MG) e o custeio dos serviços seria de responsabilidade dos municípios, por meio de seus respectivos consórcios intermunicipais de saúde, pois entendia-se serem esses o instrumento mais adequado para a organização dos municípios, especialmente os de menor porte, em torno da gestão dos serviços de saúde (MARQUES; LIMA, 2009).

Acontece que, como já é de praxe no país, o programa não teve continuidade nos governos estaduais subsequentes, o que gerou, por óbvio, uma deterioração e sucateamento dos bens então adquiridos, já que não houve a destinação de recursos suficientes para a continuidade das ações inicialmente propostas, principalmente em relação à renovação da frota dos veículos destinados ao transporte dos usuários.

Mesmo com todos esses dificultadores, os consórcios em análise ainda decidiram por manter os serviços de transporte dos usuários de serviços de saúde, devido aos significativos resultados positivos obtidos. Por possuir uma gestão centralizada desses serviços com o auxílio da figura do gestor de frota, em que toda a manutenção da frota é feita por meio dos consórcios e as despesas de custeio rateadas entre os consorciados que os utilizam, isso favoreceu o aumento da vida útil dos veículos e a continuidade dos serviços, embora ainda não seja possível precisar por quanto tempo o programa poderá ser mantido caso sejam mantidas essas condições devido à necessidade de gastos cada vez maiores para manter a frota em condições de uso.

A definição prévia e o acompanhamento das rotas por meio de *softwares*, a realização de manutenções preventivas e corretivas constantes e o uso dos veículos apenas para o transporte dos usuários são algumas das ações realizadas pelos consórcios que são capazes de justificar a manutenção do programa mesmo sem o auxílio do ente estadual nos tempos atuais.

Portanto, toda essa logística com o transporte dos usuários só é possível na medida em que há um planejamento e gestão dos custos pelo CISVI e CISTM, sendo as despesas relativas à manutenção do programa racionalmente divididas entre os municípios consorciados, fazendo com que o valor pago por esses seja relativamente muito mais atrativo na relação custo-benefício do que se fossem disponibilizados individualmente em cada localidade, resultado esse obtido com a efetiva redução de custos operacionais.

4 Dos desafios impostos ao CISVI e CISTM

Mesmo diante dos inúmeros benefícios aqui relatados, o CISVI e o CISTM ainda enfrentarão importantes desafios para seguir atuando de forma decisiva no auxílio aos municípios consorciados no atendimento às demandas em saúde.

Para o atendimento de toda essa expressiva demanda, hoje o CISTM conta somente com dois funcionários para a realização das compras, licitações e contratações. Para o apoio das contratações públicas nas áreas jurídica e contábil, o consórcio firmou uma parceria com a Associação dos Municípios da Microrregião do Vale do Paranaíba (Amvap), que cede, em dedicação parcial, esses profissionais, além da cessão do espaço para o desenvolvimento de todas as atividades do consórcio, inclusive a unidade em que são realizados os procedimentos médicos. A mesma situação também ocorre com o CISVI, com atualmente apenas dois funcionários para a realização das compras, licitações e contratações; contando ainda com um assessor jurídico. Para o apoio na área contábil, o consórcio dispõe de uma assessoria terceirizada contratada via licitação.

Atualmente, ambos os consórcios funcionam com uma estrutura muito aquém da necessária para que se possa almejar a produção de melhores resultados, especialmente no tocante à quantidade reduzida de pessoal. A contratação de pessoal, nos termos que exige a legislação dos consórcios públicos, impõe a observância de uma série de condicionantes legais que acabam sendo um entrave para uma maior agilidade nas contratações, gerando, com isso, um sobrecarregamento de atividades e até mesmo uma extrapolação de funções dos que lá estão.

Expostas tais circunstâncias, vemos que os consórcios públicos necessitam, dada a relevância dos trabalhos que vêm sendo desenvolvidos, de uma estrutura condizente, mediante a realização de processos seletivos para a contratação de pessoal, com o objetivo de estabelecer a departamentalização de suas atividades com foco no princípio da segregação das funções.

Tal necessidade ainda advém de determinações legais, que exigem dos consórcios públicos a criação de departamentos/setores indispensáveis ao desempenho de suas atividades, tais como: jurídico, contábil, compras, licitações, controle interno, ouvidoria, comunicação, dentre outros.

No entanto, ainda há resistência por parte dos gestores públicos quando o assunto remete à contratação de pessoal, visto que a questão sempre esbarra no receio do aumento das despesas com pessoal.

Não menos importante, outro quesito que nos leva a uma reflexão se dá no tocante ao planejamento das ações a serem desenvolvidas pelos consórcios intermunicipais de saúde. O planejamento deve sempre ser encarado como uma das premissas básicas da Administração Pública, concatenado ainda com as atividades de organização, direção e controle.

Saber efetivamente aonde se quer chegar, o que se deve fazer, quando, como e quais ações serão desenvolvidas é um dos maiores desafios enfrentados por aqueles que estão na linha de frente dos consórcios intermunicipais de saúde. No entanto, diversos aspectos devem ser considerados para a não concretização das medidas de planejamento de modo satisfatório, quais sejam: alternância de gestores públicos e técnicos; instabilidade, seja de ordem técnica ou política, na ocupação de posições de comando na pasta da saúde; ausência de qualificação de servidores públicos; adoção de medidas de curto prazo pouco efetivas; ausência de dados e informações consistentes para um melhor direcionamento das ações; dentre outras.

Em consequência disso, casualmente se tem certa deficiência quanto à definição das ações a serem desenvolvidas pelos consórcios, especialmente quanto a decidir e quantificar quais procedimentos médicos devem ser contratados, o que, de certa forma, prejudica o regular desenvolvimento das ações e o atingimento dos objetivos previstos, ainda que a legislação de licitações públicas disponibilize meios para amenizar essa incapacidade, como, por exemplo, a contratação por meio do sistema de registro de preços.

Os órgãos públicos, neste caso o CISVI e o CISTM, veem-se na difícil missão de, cada vez mais, criar e desenvolver formas inovadoras de atuação em resposta às pressões internas e às demandas externas pela melhora na qualidade dos procedimentos de saúde que são disponibilizados aos municípios consorciados, convivendo com um crescente aumento do custo das ações e uma falta cada vez maior de recursos para o seu custeio, o que impõe irremediavelmente a adoção de um planejamento eficaz e a promoção da conscientização de seus dirigentes e demais participantes do processo sobre a essencialidade dessa medida (GIACOBBO, 1997).

Outro fato a destacar advém da necessidade de parametrização dos sistemas de informática receptores de informações e prestações de contas aos órgãos fiscalizadores. Vários sistemas ainda não estão preparados para receber a inserção de dados e registros dos consórcios, dificultando em muito a gestão de informações, tanto por parte do consórcio, que executa as ações, quanto para o ente consorciado, que repassa os recursos financeiros e também precisa prestar contas aos órgãos de fiscalização e controle. Em muitos casos, ou o sistema não tem indicação de onde o consórcio irá inserir a informação, ou, quando existe, essa permissão, ela não se adéqua à realidade vivenciada pelos consórcios.

Um exemplo clássico vivenciado no Estado é quando o consórcio realiza uma licitação pública como centralizador da contratação. Estando ainda em vigor a Lei nº 8.666, de 21 de junho de 1993, essa prevê em seu art. 112 a permissão do consórcio público realizar a licitação (processo de centralização de aquisição de bens e serviços), mediante o sistema de registro de preços, de modo que os entes consorciados participantes da licitação poderão celebrar contratos de forma individualizada com os vencedores do certame, o que chamamos de 'licitação compartilhada'. Entretanto, os sistemas de informática mencionados e até mesmo os adotados pelos órgãos de fiscalização e controle ainda não dispõem de tal funcionalidade, fazendo com não se possa apurar, de forma fidedigna, as contratações realizadas pelos municípios via consórcios públicos.

Ainda os consórcios enfrentam dificuldades na relação entre eles e o ente consorciado, quando se trata de lançamento de atas de registro de preço realizadas por eles. Os prestadores de serviços encarregados da elaboração/atualização dos sistemas de informática precisam entender o desenho da relação consórcios públicos x entes consorciados x órgãos fiscalizadores; por exemplo, temos a situação dos entes consorciados (municípios) que precisam lançar os registros de preços realizados pelo consórcio, nos quais foram participantes, ou quando "pegam carona" na qualidade de órgão não participante, observando que não há *layout* adequado para tais lançamentos de informações e dados que decorrem de ações dos consórcios CISTM e CISVI.

Em tempo, não se pode esquecer de destacar os aspectos relativos à atuação política junto aos consórcios, em especial os parlamentares em âmbito estadual e federal, na destinação de recursos e desenvolvimento de ações e viabilização de políticas públicas em saúde.

Até mesmo por questões culturais, não se tem uma atuação efetiva da classe política junto aos consórcios, ainda mais pelo fato de que a grande necessidade desses se dá no apoio à realização das despesas de custeio e, por exemplo, no caso das emendas parlamentares, estas se destinam principalmente às despesas de capital para a realização de investimentos, aquisição de equipamentos e outros.

Outro ponto que nos chama a atenção se dá pelo fato de que esses agentes políticos, quando da sua atuação para a viabilização de recursos públicos para o atendimento às demandas pleiteadas, poderiam, no caso de um repasse direto aos consórcios públicos, atender, de uma só vez, aos anseios de uma série de municípios, conferindo uma maior otimização na sua utilização. Porém, nota-se que, infelizmente, ainda há a cultura de que o envio individualizado de recursos públicos aos municípios, seja via emendas parlamentares ou por outros instrumentos legais, poderá, além de atender a finalidade da sua aplicação, criar uma maior identificação do parlamentar com a comunidade local, ampliando assim seu capital político.

É perceptível, portanto, que foram vários os ganhos aos municípios em decorrência da implantação do processo de centralização das aquisições de bens e serviços por parte dos consórcios públicos. Evidente que os consórcios necessitam superar inúmeros desafios, mas também resta claro que hoje não existe alternativa mais viável e eficaz do que a apresentada, ainda mais em um cenário que apresenta uma crescente demanda de serviços em saúde pela população se contrapondo com a dificuldade dos municípios na obtenção de novas receitas para ampliar, ou até mesmo manter, a sua prestação.

5 Conclusão

Apesar das experiências exitosas e dos benefícios em decorrência da implantação da centralização das aquisições de bens e serviços por parte do CISVI e CISTM, há a necessidade de se superar grandes desafios, de modo que os entes consorciados devem incorporar ainda mais a ideia de que o consórcio público é um instrumento comprovadamente viável e capaz de oferecer uma melhor destinação dos recursos públicos para o atendimento de parte das demandas em saúde dos municípios, conferindo aos usuários uma oferta de serviços eficiente, igualitária, digna e humanizada.

Tem-se, diante dos resultados colhidos, que o processo de centralização das compras apresentado pelo CISVI e CISTM é notadamente uma ferramenta de transformação que deve ser aprimorada continuamente em todos os seus níveis, de forma que os consórcios públicos intermunicipais de saúde demonstram ser, sem sombra de dúvidas, uma forma racional, transparente, efetiva e eficaz na aplicação dos recursos públicos, e, mais do que isso, estimula o desenvolvimento e fortalecimento de toda uma região ao buscar convergir problemas e propor soluções de forma mais ampla e eficiente.

Referências

BRASIL. Lei nº 8.080, de 19 de setembro de 1990. Dispõe sobre as condições para a promoção, proteção e recuperação da saúde, a organização e o funcionamento dos serviços correspondentes e dá outras providências. Diário Oficial da União, Brasília, DF, 20 set. 1990.

BRASIL. Lei nº 8.666, de 21 de junho de 1993. Regulamenta o art. 37, inciso XXI, da Constituição Federal, institui normas para licitações e contratos da Administração Pública e dá outras providências. Diário Oficial da União, Brasília, DF, 22 jun. 1993.

BRASIL. Constituição (1937). Constituição dos Estados Unidos do Brasil. Rio de Janeiro, 1937. Disponível em: http://www.planalto.gov.br/ccivil_03/Constituicao/Constitui%C3%A7ao37.htm. Acesso em: 30 dez. 2021.

BRASIL. Constituição (1988). Emenda constitucional nº 19, de 4 de junho de 1998. Modifica o regime e dispõe sobre princípios e normas da Administração Pública, servidores e agentes políticos, controle de despesas e finanças públicas e custeio de atividades a cargo do Distrito Federal, e dá outras providências.

CARVALHO FILHO, José dos Santos. *Consórcios públicos*: Lei nº 11.107, de 06.04.2005, e Decreto nº 6.017, de 17.01.2007. 2. ed. São Paulo: Atlas, 2013.

DIAS, Maria Tereza Fonseca; GUSTIN, Miracy Barbosa de Sousa. *(Re)pensando a pesquisa jurídica*. 1. ed. Belo Horizonte: Del Rey, 2002.

GIACOBBO, Mario. O desafio da implementação do planejamento estratégico nas organizações públicas. *Revista do TCU*, 1997, ed. 74. Disponível em: https://revista.tcu.gov.br/ojs/index.php/RTCU/article/view/1003. Acesso em: 30 jul. 2021.

MARQUES, Antonio Jorge de Souza; LIMA, Marta de Sousa. Sistema Estadual de Transporte em Saúde. *In*: MARQUES *et al*. (org.). *O choque de gestão na saúde em Minas Gerais*. Belo Horizonte: Secretaria de Estado da Saúde de Minas Gerais, 2009. p. 199-207.

MARQUES, Antonio Jorge de Souza; LIMA, Marta de Sousa. O sistema estadual de transporte em saúde de Minas Gerais: relato de experiência. *Revista de Administração Hospitalar e Inovação em Saúde*, Belo Horizonte, v. 8, n. 8, p. 81-84, out. 2012.

ROQUE, L. Como Mises explicaria a realidade do SUS? Mises Brasil, 2011. Disponível em: http://www.mises.org.br/Article.aspx?id=923. Acesso em: 18 ago. 2021.

Informação bibliográfica deste texto, conforme a NBR 6023:2018 da Associação Brasileira de Normas Técnicas (ABNT):

PAIVA, Alexandre Ferreira da Silva; PAIVA, Alexandro de Souza; SILVA, Giuliano Antonio da. Estudos de caso das experiências em compras centralizadas nos consórcios públicos intermunicipais de saúde: CISVI e CISTM. *In*: LOPES, Virgínia Bracarense; SANTOS, Felippe Vilaça Loureiro (coord.). *Compras públicas centralizadas no Brasil*: teoria, prática e perspectivas. Belo Horizonte: Fórum, 2022. p. 175-187. ISBN 978-65-5518-463-1.

A CENTRALIZAÇÃO DAS COMPRAS PÚBLICAS COMO FERRAMENTA DE GESTÃO: UM ESTUDO DE CASO NO INSTITUTO FEDERAL DE SERGIPE

ADRIANA SODRÉ DÓRIA

JÉSSYKA PEREIRA DE LIMA

ERIKA MONTEIRO MESQUITA DE ALMEIDA

VALDEMAR ALVES DA COSTA NETO

GISELLA MARIA QUARESMA LEITÃO

CAMILA MADEIRO FROTA

Introdução

As contratações públicas são regidas por uma multiplicidade de normas, além de assinaladas pela vulnerabilidade estrutural, consoante diagnosticou Fernandes (2016, p. 409), e pelas frequentes transformações ocorridas ao longo dos anos, visando a modernização e a otimização das compras públicas. Entre elas, verificam-se os períodos de revezamento entre o modelo de gestão descentralizado e o centralizado, cuja primeira experiência na esfera federal se deu no Governo Provisório de Getúlio Vargas (1930-1934), além dos cases de sucesso em diversos Estados (Mato Grosso do Sul, Rio Grande do Sul, Rio de Janeiro, Minas Gerais, Sergipe) e a implementação, em 2014, da Central de Compras e Contratações do Governo Federal (DÓRIA, 2021).

Recentemente, observou-se a publicação da Portaria nº 13.623, de 10 de dezembro de 2019 (BRASIL, 2019), que estabelece diretrizes para o redimensionamento do quantitativo de Unidades Administrativas de Serviços Gerais – UASG, pelos órgãos e entidades da Administração Pública federal direta, autárquica e fundacional, visando à centralização de contratações entre as unidades administrativas que estão na sua esfera de atuação. As UASGs, no serviço público federal, representam uma unidade que detém os mecanismos de administração capazes de cumprir o ciclo operacional de compras e contratações, desde o planejamento até o pagamento e recebimento de itens.

Nesse contexto, temos o Instituto Federal de Educação, Ciência e Tecnologia de Sergipe – IFS, objeto de análise deste relato técnico, vinculado ao Ministério da Educação, criado pela Lei nº 11.892, de 29 de dezembro de 2008 (BRASIL, 2008), que é uma instituição composta pela integração de duas autarquias federais: o Centro Federal de Educação Tecnológica de Sergipe – CEFET-SE, que possuía uma unidade descentralizada – UNED, localizada no município de Lagarto, e a Escola Agrotécnica Federal de São Cristóvão – EAFSC (IFS, 2014).

Atualmente, o Instituto Federal de Sergipe é constituído por uma Reitoria (UASG 158134) e dez *campi* – São Cristóvão (UASG 158392), Aracaju (UASG 158393), Lagarto (UASG 158394), Glória (UASG 152420), Estância (UASG 152426), Itabaiana (UASG 152430), Tobias Barreto (UASG 154679), Socorro (UASG 154680), Propriá (UASG 154681) e Poço Redondo (UASG 154626) –, e, desde 2011, reforçou o emprego do pregão eletrônico e passou a utilizar os procedimentos de registro de preços, segundo o Plano de Desenvolvimento Institucional – PDI (2014-2019):

> Os processos de compras/contratações convencionais de cada unidade gestora serão realizados pelas próprias unidades do IFS. Enquanto que os processos de compras/contratações compartilhadas através de sistema de registro de preço serão divididos entre as unidades gestoras do IFS no início de cada exercício. Assim, teremos processos de compra compartilhada interna do IFS com uma unidade sendo a gestora do pregão e as demais como participantes (IFS, 2014, p. 246).

E consoante verificado por Dória (2018), o IFS adotava um modelo híbrido de compras, combinando o modelo descentralizado com o modelo centralizado, e a gestão de almoxarifado e patrimônio assim como a gestão de contratos e a execução orçamentária e financeira continuaram descentralizadas.

Relato da experiência

O processo de centralização das compras no Instituto Federal de Educação, Ciência e Tecnologia de Sergipe (IFS), que atualmente está em fase de consolidação, teve seu ponto de partida em anseios e questões internas de membros da instituição, inicialmente influenciado pela pesquisa de Dória (2018), observando-se que havia grande rotatividade de servidores bem como dificuldade de gestão de conhecimento, a exemplo do "período de 2016 a dezembro de 2017, em que o Departamento de Licitações e Contratos da Reitoria teve quatro servidores à frente de sua chefia; a Coordenadoria de Licitações do Campus Aracaju teve três diferentes chefes" (DÓRIA, 2018, p. 83).

Entre os principais problemas identificados na estrutura de pessoal da área de compras verificam-se os descritos no Quadro 1.

QUADRO 1
Quadro-resumo de problemas com recursos humanos especializados

Principais problemas diagnosticados
- Não há mapeamento de competências;
- Não há gestão e retenção de talentos;
- Alta rotatividade de servidores;
- Má distribuição de servidores;
- Acúmulo e má distribuição de tarefas;
- Retrabalho;
- Falta de incentivos;
- Desmotivação;
- Corpo técnico pouco especializado;
- Necessidade de treinamentos especializados.

Fonte: Dória (2018, p. 84)

Além disso, também foi diagnosticada falta de padronização na instrução processual, dificultando a obtenção de eficiência e a continuidade de boas práticas, ressaltando a precariedade no planejamento das contratações (DÓRIA, 2018, p. 87), explicitando-se os principais problemas na organização das compras, conforme Quadro 2.

QUADRO 2
Quadro-resumo de problemas na organização das compras

Principais problemas diagnosticados
- Não há plano anual de aquisições;
- Planejamento precário;
- Falta de padronização de itens;
- Repetição de contratações idênticas ou similares;
- Não possui mapeamento de processos;
- Não possui indicadores de desempenho;
- Não possui metas e objetivos para o setor de compras;
- Não há padronização de fluxos procedimentais;
- Falhas nas especificações dos bens e serviços;
- Divisão desproporcional de trabalho;
- Falta de integração entre sistemas interno e externo;
- Falta de integração entre os setores;
- Falta de comunicação entre as unidades de compras.

Fonte: Dória (2018, p. 89)

A pesquisa apontou problemas que se originavam ora da falta de normatização de procedimentos e fluxos processuais, ora em razão do modelo híbrido de compras adotado na instituição. E a partir do diagnóstico Dória (2018, p. 77) conduziu os trabalhos para a propositura de um modelo de centralização das compras no Instituto Federal de Sergipe, "visando a promoção da economia de escala, otimização dos processos e padronização de procedimentos de compras, sobretudo levando-se em consideração os aspectos da eficiência na gestão dos recursos públicos".

Além disso, um dos participantes da pesquisa sugeriu que se procedesse ao mapeamento de processos, e que o modelo a ser implementado no IFS deveria iniciar pela centralização gradual por tipo de processo (DÓRIA, 2018, p. 103), verificando-se que os índices de gestão de compras da instituição poderiam experimentar melhorias caso fossem centralizadas as fases do planejamento e controle, de modo que a fase da execução pudesse continuar descentralizada.

A partir daí, houve também um movimento de insatisfação por parte de servidores lotados no Departamento de Licitações e Contratos – (DELC) da Reitoria. Até então, o modelo posto (híbrido), dito descentralizado, era espaço para falta de planejamento estratégico coletivo, baixo nível de fluxo de informações entre os *campi* e sobrecarga de atividades para poucos, além de retrabalho. E a tentativa de ruptura iniciada em 2018 não se mostrou um processo simples, dada a coexistência dos dois modelos de gestão de compras, além de resistências e até mesmo falta de expertise para agir.

De acordo com McCue e Pitzer (2000), nesse contexto de mudança, as transformações se entrelaçam e os modelos se misturam, e a estrutura das atividades de compra e contratação pode assumir diversas configurações, nas quais vão estar enraizadas características de centralização e descentralização, com múltiplos arranjos intermediários que combinam essas duas facetas.

A tentativa de centralização surge então sob o prisma das dificuldades que integrantes do DELC/Reitoria enfrentavam no dia a dia de seu trabalho, sobretudo as complicações de ter que atuar resolvendo problemas não planejados da Reitoria e também dos 10 *campi* da instituição; agir como articuladores de iniciativas de compras que não estavam diretamente sob sua responsabilidade; organizar interesses dos diversos *campi* sem haver para isso uma definição formal de responsabilidades e divisão de tarefas; trabalhar com equipe integrada por poucos servidores, que não tinham como dar conta de demandas além das responsabilidades diretas do setor.

Ademais, a compra centralizada é uma contratação na qual são agregadas, por um ponto focal, informações, expertise, recursos ou volumes de compras de organizações independentes com o intuito de aprimorar suas performances (WALKER *et al.*, 2007).

Assim, é importante destacar que nos setores mais altos de gestão da instituição, superiores ao Departamento de Licitações, sendo eles Reitoria e Pró-reitoria de Administração, o tema centralização de compras não era uma questão debatida ou vislumbrada, nem entendida como uma necessidade. Foi no nível operacional de planejamento que surgiram as primeiras discussões e provocações sobre a temática como caminho para a melhoria dos processos de compra do IFS.

Na prática, a institucionalização da centralização se deu quando os pregoeiros da Reitoria passaram a cobrar incisivamente por suporte ao desempenho de suas ações. As demandas de praticamente todo o IFS passavam pela Reitoria, que dispunha de apenas 2 profissionais com portaria para atuar na função de pregoeiros, o que estava sobrecarregando os servidores, diminuindo a agilidade dos processos e trazendo morosidade às ações de licitação da instituição.

No entanto, havia entraves à aceitação da proposta de centralização, com destaque para as questões políticas que perpassam pelas relações de poder envolvidas, incluindo o receio de alguns em perder o controle de seus processos de compras, de perder cargos e servidores, influência e recursos. Esses são exemplos das especulações que se formaram e que afetaram diretamente o processo de centralização de compras. Além desses aspectos, ainda estavam em análise as adaptações de rotina administrativa que um processo como esse exigiria, desde mudanças na tramitação dos processos, até as delegações de autorização, por exemplo.

Nesse sentido, Karjalainen (2011) já apontava que, ao implementar a centralização, algumas instituições podem se deparar com a resistência de alguns servidores ou até mesmo pela gestão, devido à perda de atribuições e autonomia ou por não visualizarem benefícios na centralização, ou ainda pela cultura organizacional de resistência a todo processo de mudança.

Historicamente, as compras públicas passaram por alterações ao longo das décadas, nesta seara, destaque-se a Instrução Normativa nº 5, de 26 de maio de 2017 (BRASIL, 2017), que dispõe sobre as regras e diretrizes do procedimento de contratação de serviços sob o regime de execução indireta no âmbito da Administração Pública federal direta, autárquica e fundacional; e a Instrução Normativa nº 1, de 29 de março de 2018 (BRASIL, 2018), que dispõe sobre o Sistema de Planejamento e Gerenciamento de Contratações e sobre a elaboração do Plano Anual de Contratações de bens, serviços, obras e soluções de tecnologia da informação e comunicações no âmbito da Administração Pública federal direta, autárquica e fundacional.

As disposições contidas nessas Instruções Normativas (INs) abriram os horizontes para um planejamento coletivo e institucionalizado de compras públicas e trouxeram uma direção para o estabelecimento de parâmetros e ações que não eram adotadas como práticas sistematizadas e formalizadas na área de compras. Assim, expressões como equipe de planejamento, Estudos Técnicos Preliminares (ETP), Plano Anual de Contratações (PAC), Gerenciamento de Riscos e alinhamento de ações ao planejamento estratégico passaram a ser necessárias e aos poucos obrigatórias aos que trabalham com compras públicas no Brasil.

Os aparatos estruturais para o seguimento do plano de centralização passaram pelo estabelecimento de normativos internos que foram dando o direcionamento, mas também o respaldo para a tomada de ação pela área de compras. A Portaria nº 4.003, de 21 de dezembro de 2018 (IFS, 2018), é um documento que exemplifica essa questão. Nela foi institucionalizada no IFS a figura das "unidades supridoras", e elementos importantes foram definidos:

> Art. 2º Considera-se unidade supridora o componente da estrutura administrativa do Instituto Federal de Sergipe, responsável pelo planejamento do suprimento quando da contratação e padronização de materiais e serviços que guardem relação com suas atividades, bem como pela centralização das demandas de aquisição ou de contratação desses objetos no Instituto (IFS, 2018, p. 1).

No viés prático de atuação, as unidades supridoras estão intimamente relacionadas à função planejamento, sendo o cerne da operacionalização do Plano Anual de Contratações do IFS. O que está cadastrado no PAC para fins de execução de compras em determinado exercício financeiro é direcionado em cada unidade supridora que vai planejar e determinar os caminhos daquela contratação. Ao definir e identificar as unidades supridoras do IFS, a Portaria nº 4.003/2018 também deixa explícito que foram criadas "para fins de operacionalização do Plano Anual de Compras e Contratações do IFS, com vistas à racionalização do processo de aquisição de bens e de contratação de serviços, com ganhos de economia de escala e redução de custos administrativos" (IFS, 2018, p. 1).

As unidades supridoras passaram então a gerenciar as contratações da instituição, para a categoria de objeto, ficando determinados na portaria os setores específicos, envolvendo servidores que tinham afinidade com o objeto contratado, incluindo a participação de membros dos diversos *campi* da instituição. Por meio de portaria, os servidores são indicados para atuar na equipe de planejamento para cada contratação, devendo elaborar os artefatos, contemplando as necessidades dos *campi* e promovendo a contratação de modo coletivo.

A implementação das unidades supridoras, do ponto de vista de planejamento e operacionalização das compras, fazia parte de uma metodologia mais ampla que envolvia uma série de fatores que precisavam estar alinhados e pensados de modo sistêmico. Logo, até aperfeiçoar os detalhes desse processo, foram identificados diversos desafios e situações que ao longo da implementação se colocaram como pontos a serem corrigidos, aprimorados e ou excluídos do processo.

Quando se fala na operacionalização da centralização, é necessário destacar o papel dos sistemas informatizados do governo federal utilizados pelos servidores nas ações de compras, empenhos e pagamentos, a exemplo do Sistema de Compras Eletrônicas do Governo Federal (Comprasnet), que engloba as diversas funcionalidades de compras, e do Sistema Integrado de Administração Financeira do Governo Federal (SIAF), uma vez que todas as atividades estão perpassadas por esses sistemas, seja na fase inicial, ao longo do processo ou em seu fim.

Eis que a Portaria nº 13.623/19 foi expedida para a redução de UASG e promoção da centralização de compras. Nesse contexto, foi elaborado o Plano de Centralização do IFS (IFS, 2020a, não publicado), o qual se propôs a ocorrer numa única etapa a partir de 03.08.2020, da seguinte forma:

> apresentamos a proposição para que a *UASG 158134* permaneça com os *perfis CONGERAL, CADASTRO, COMPRAS, CONTRATO, FISCAL, FINANCEIRO, IRP, RDCXXX, PRESIDENTE, DIVULGAX, HOMOLOGADOR, PREGOEIRO, RESP-ÓRGÃO e com nível de acesso de* Órgão *ou UASG de acordo com a necessidade. O que permite o cadastramento de fornecedor, lançamento de IRP, divulgação de licitação, acompanhamento da execução de contrato, execução financeira, a adjudicação e homologação de pregão*, centralizando todas as Licitações da Instituição nesta Unidade de Compra. As *UASG 158392, 158393, 152426, 158394, 152430, 152420, 154680, 154679, 154681 e 152426* passarão a ser apenas UASG com os *perfis CONGERAL, CADASTRO, CONTRATO, FISCAL, FINANCEIRO, IRP, e RESP- UASG, e com nível de acesso de UASG*. (IFS, 2020a, p. 7-8, não publicado)

O Departamento de Licitações e Contratos (DELC) então:

> recebe todas as demandas dos *Campi* e da Reitoria, analisa e consolida em uma única planilha todas as licitações a serem realizadas. O principal ganho é impedir a execução de licitações não planejadas inicialmente pelas unidades (UASG), assim, gerando menores custos de pedidos (custos de instrução processual), melhor acompanhamento dos prazos

de execução, além de promover o incremento do potencial de controle institucional (externo e interno) e social. Tendo a possibilidade desta planilha ser divulgada na página do IFS na internet, dando acesso público aos objetos (materiais e serviços) que se pretende licitar (IFS, 2020a, p. 5, não publicado).

Assim, quando iniciado o processo de implementação da centralização de compras, a intenção da Pró-reitoria de Administração do IFS era manter as Unidades de Administração de Serviços Gerais (UASGs) e excluir o perfil compras de todos os servidores do IFS que não estivessem vinculados à UASG Reitoria, decisão que acabou ocasionando algumas dificuldades práticas e desafios estruturais para quem iria realizar as atividades nos sistemas.

Ainda na fase de planejamento das compras, elaborado no sistema de Planejamento e Gerenciamento das Contratações (PGC), os *campi* ficaram sem um aporte estruturado de quem e como deveriam inserir suas demandas de planejamento, uma vez que estavam sem representante da Unidade de Compras no *campus*. Isso porque as Coordenadorias de Licitação (COLICs), que tinham esse papel, foram extintas, e os servidores lotados na Reitoria precisaram ser cadastrados, temporariamente, na UASG dos *campi* para conseguir aprovar o planejamento lançado no sistema.

No caso dos processos de aquisição realizados por meio de pregão eletrônico, com adoção de SRP, as maiores dificuldades estão ocorrendo na fase de empenho. De modo que, para empenhar a despesa por cada unidade gestora separadamente, respeitando-se a autonomia financeira e orçamentária, o lançamento no Comprasnet precisa ser vinculado a cada UASG. Mas como o perfil de compras havia sido excluído, criou-se uma lacuna procedimental que demandou debates, revisão de processos e estrutura para a instituição. É importante ressaltar que, em que pese o plano de centralização ter sido aprovado pelo Ministério da Economia, as medidas adotadas não estão compatíveis com os sistemas estruturantes, não acompanhando as mudanças promovidas no campo da centralização.

A solução interna aplicada pelo IFS para viabilizar o empenho após a seleção do fornecedor foi a de realizar login com a "UASG-mãe" como gerenciadora, e o servidor da mesma UASG deveria selecionar a opção "alterar UASG de atuação" e, dessa forma, incluir a demanda dos diversos interessados de outras unidades.

As contratações diretas, que são as dispensas e inexigibilidades, também apresentaram problemas na execução prática. Pensava-se que a solução para elas seria muito simples: lançava-se a demanda pela UASG da Reitoria e, ao concluir a compra, procedia-se com a sub-rogação para o respectivo *campus* interessado, a fim de que o empenho pudesse ser efetuado. No entanto, ao realizar tal procedimento, a área contábil do interessado não conseguia efetuar a transação, que consequentemente precisava ser feita pela Reitoria.

Dessa forma, ficou evidente a desconexão procedimental, criando resistência dos servidores da área contábil, que não foi centralizada e que precisa efetuar tarefas atinentes a outras unidades, tais como apropriação da despesa, lançamento no patrimônio, registro contábil e pagamento, fundamentais para a finalização de qualquer compra.

Quando a compra direta necessita de contrato, requer ainda mais esforço, uma vez que só após a assinatura do contrato este é sub-rogado para o campus interessado a fim de que a execução ocorra por lá, incluída a fiscalização contratual e os pagamentos.

Esses desafios de implementação prática fazem parte do processo de adaptação, ainda mais porque a centralização no IFS foi iniciada sem maiores planejamentos estruturais, verificando-se que ela foi instituída, às pressas, em razão da Portaria nº 13.623/19, e na prática os ajustes estão sendo realizados, o que vem gerando ainda mais desafios aos servidores participantes do processo.

As figuras seguintes ajudam a perceber as mudanças estruturais realizadas no IFS para viabilizar a implementação da centralização de compras na instituição:

FIGURA 1
Estrutura de compras da Reitoria

Fonte: Dória (2018, p. 85)

FIGURA 2
Estrutura de compras dos *campi*

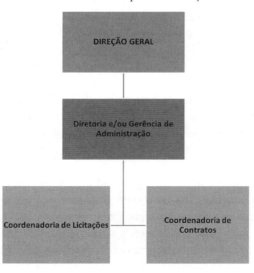

Fonte: Dória (2018, p. 85)

A estrutura de cada *campus* contemplava na área de compras uma Coordenadoria de Licitações e outra de Contratos, vinculadas diretamente à Direção de Administração (ou Gerência), sendo as compras planejadas internamente por essas unidades.

Com o advento da centralização, percebe-se uma mudança estrutural, conforme figura 3, na qual houve agregação de setores e servidores em unidades maiores, com maior capacidade de gerenciamento e centralização. A intenção nesse novo cenário é o planejamento sistêmico.

FIGURA 3
Estrutura da Diretoria de Licitações (DLC) após a centralização

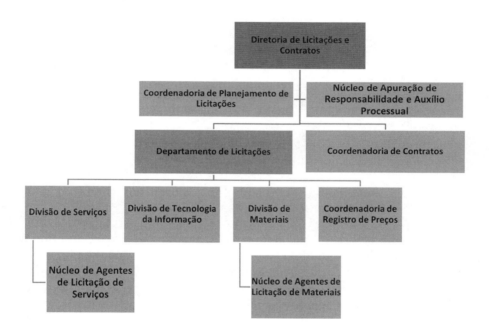

Fonte: Adaptado de IFS (2020a, p.13, não publicado)

A figura demonstra que, após a implementação da centralização, a estrutura de compras passou à Reitoria, formando um conjunto de setores correlacionados, integrados por servidores que já eram da Reitoria ou que vieram de outra UASG após a extinção das coordenadorias de licitações dos *campi*, conforme Portaria nº 2.414, de 13 de outubro de 2020 (IFS, 2020b), e Portaria nº 3.061, de 7 de dezembro de 2020 (IFS, 2020c).

Com relação aos processos de compras temos:

FIGURA 4
Quantidade de processos de compras realizados de 2011 a setembro de 2021 por UASG

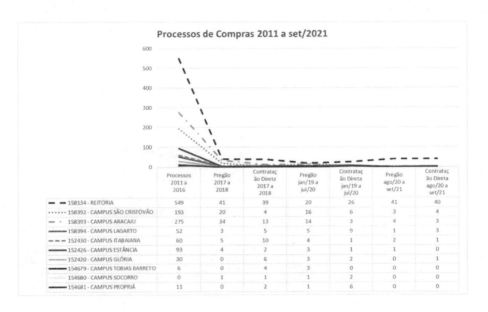

Fonte: http://paineldecompras.economia.gov.br/processos-compra

Entre os anos de 2011 e 2016 foram realizados 1269 processos de compras no IFS (incluídas dispensas e inexigibilidades). O gráfico detalha a quantidade por UASG, no qual é possível perceber que, após a pesquisa de Dória (2018) até o momento da centralização, os *campi* Tobias Barreto, Glória, Socorro e Propriá foram os que menos executaram, demonstrando que a sobrecarga de trabalho em algumas unidades ainda persistia.

A partir da adoção da metodologia das unidades supridoras (janeiro/2019) ainda temos a concentração de esforços nas três maiores UASG do Instituto (Reitoria, Aracaju e São Cristóvão).

A partir da formalização da centralização verificou-se, com todos os ajustes de demandas realizados e as intempéries se ajustando, uma nova forma de atuação que trouxe ganhos para a instituição, superando as dificuldades encontradas na implementação, com a perceptível redução no número de licitações a partir de agosto de 2020. A metodologia permitiu

> uma agilidade na quantidade de licitações realizadas pelo IFS, diminuindo significantemente a utilização de Pregões SRP de outros órgãos (caronas), diminuindo a quantidade de dispensas de licitações realizadas, ficando este tipo de contratações para serviços de fornecimento energia, água e esgoto, e situações específicas de algumas unidades, cuja contratação por motivos diversos não é possível por Pregão (IFS, 2020, p. 5, não publicado).

Portanto, o compartilhamento dos processos licitatórios, fomentado e respaldado pelo processo de centralização foi medida que, até então, respeitando as limitações estruturais, e a obrigatoriedade de um quantitativo mínimo de servidores por unidade, tem alcançado maior economia de escala e menores custos de pedido (custos de instrução processual).

Considerações finais

A implementação da centralização de compras no Instituto Federal de Sergipe começou a ser delineada em 2018, fortemente influenciada pela insatisfação de um grupo de servidores, num ciclo de adaptações e melhorias que exigia romper a esfera teórica e transferir as ideias para a prática administrativa, desde os aspectos mais simples, como nos fluxos de processo adotados pelo setor de compras, até o entendimento de como ficariam as questões políticas, o fluxo de informações, o trâmite de processos e tantos outros pontos que precisavam ser discutidos com os envolvidos e colocados em prática.

Foi verificada a diminuição gradativa dos processos licitatórios de 2017 até 2021, bem como a diminuição da rotatividade de servidores na área de compras da Reitoria. Assim, a criação das unidades supridoras impactou na quantidade de processos realizados, apontando-se para a economia processual, com a redução no número de processos de compras abertos. E embora o ano-chave da implementação (2020) tenha coincidido com um contexto de pandemia, a comunicação fluiu e os processos de compra/centralização não sofreram descontinuidade. De modo que o engajamento e a maturidade da equipe têm proporcionado melhores resultados.

Sintetizando, pode-se afirmar que a transferência de soluções, administrativamente falando, e o impacto político das ações foram os pontos que perpassaram as aplicações de todas as ações de compras nesse novo momento.

Em razão de ser um modelo em fase de implantação, ainda não é possível observar os ganhos em economia de escala, uma vez que ainda é predominante a utilização das Unidades Supridoras que executam o planejamento das contratações, tendo ocorrido a concentração de pregoeiros na Reitoria, mas sem muitas alterações na metodologia adotada na fase interna e externa das licitações do IFS, que já utilizava o SRP de forma intensificada desde 2019 para compras compartilhadas.

O processo de padronização de bens e serviços também requer melhorias, visto que não há catalogação própria do órgão. Da mesma forma, deve ser analisado o arranjo adotado para controle das contratações, cuja execução contratual permaneceu descentralizada em cada campus, com a manutenção das Coordenadorias de Contratos, bem como a execução orçamentária (empenho, liquidação e pagamentos).

A instituição ainda prescinde de aprimoramento no plano de capacitação continuada e na gestão por competências, uma vez que houve a concentração de atividades e de servidores na Reitoria, sem que houvesse o adequado mapeamento das habilidades individuais e/ou formação de banco de talentos, imprimindo necessidade de aperfeiçoamento da governança das contratações, e ainda a avaliação da adequação da modelagem adotada pelo Instituto Federal de Sergipe quando da implementação da centralização das compras em atendimento à Portaria nº 13.623/19.

Referências

BRASIL. *Lei nº 11.892, de 29 de dezembro de 2008*. Institui a Rede Federal de Educação Profissional, Científica e Tecnológica, cria os Institutos Federais de Educação, Ciência e Tecnologia, e dá outras providências. Brasília: Congresso Nacional, 2008. Disponível em: http://www.planalto.gov.br/ccivil_03/_ato2007-2010/2008/lei/l11892.htm. Acesso em: 5 out. 2021.

BRASIL. Ministério do Planejamento, Desenvolvimento e Gestão. Secretaria de Gestão. *Instrução Normativa nº 5, de 26 de maio de 2017*. Dispõe sobre as regras e diretrizes do procedimento de contratação de serviços sob o regime de execução indireta no âmbito da Administração Pública federal direta, autárquica e fundacional. Brasília: Secretaria de Gestão, 2017. Disponível em: https://www.comprasgovernamentais.gov.br/index.php/legislacao/instrucoesnormativas/760- instrucao-normativa-n-05-de-25-de-maio-de-2017. Acesso em: 5 out. 2021.

BRASIL. Ministério do Planejamento, Desenvolvimento e Gestão. Secretaria de Gestão. *Instrução Normativa nº 1, de 29 de março de 2018*. Dispõe sobre o Sistema de Planejamento e Gerenciamento de Contratações e sobre a elaboração do Plano Anual de Contratações de bens, serviços, obras e soluções de tecnologia da informação e comunicações no âmbito da Administração Pública federal direta, autárquica e fundacional. Brasília: Secretaria de Gestão, 2018. Disponível em: https://www.gov.br/compras/pt-br/acesso-a-informacao/legislacao/instrucoes-normativas-revogadas/instrucao-normativa-no-1-de-29-de-marco-de-2018-revogada-pela-in-no-1-de-2019. Acesso em: 10 out. 2021.

BRASIL. Ministério da Economia/Secretaria Especial de Desburocratização, Gestão e Governo Digital/Secretaria de Gestão. *Portaria nº 13.623, de 10 de dezembro de 2019*. Estabelece diretrizes para redimensionamento do quantitativo de Unidades Administrativas de Serviços Gerais – Uasg, pelos órgãos e entidades da Administração Pública federal direta, autárquica e fundacional. Brasília. Secretaria de Gestão, 2019. Disponível em: https://www.in.gov.br/en/web/dou/-/portaria-n-13.623-de-10-de-dezembro-de-2019-232936466 Acesso em: 5 out. 2021.

DÓRIA, A. *Gestão das compras do Instituto Federal de Sergipe*: uma proposta de centralização. 2018. 169 f. Dissertação (Mestrado Profissional em Gestão Pública) – Universidade Federal do Rio Grande do Norte, Natal, 2018.

DÓRIA, A. A nova lei de licitações e o mito da inovação: centralização das compras públicas. *In*: PORTAL SOLLICITA. *Coluna Loucas por Licitações*. Curitiba, 1º out. 2021. Disponível em: https://sollicita.com.br/Noticia/?p_idNoticia=18208&n=a-nova-lei-de-licita%C3%A7%C3%B5es-e-o-mito-da-inova%C3%A7%C3%A3o. Acesso em: 4 out. 2021.

FERNANDES, C. A organização da área de compras e contratações públicas na administração pública federal brasileira: o elo frágil. *Revista do Serviço Público*, v. 67, n. 3, p. 407-432, 2016.

INSTITUTO FEDERAL DE EDUCAÇÃO, CIÊNCIA E TECNOLOGIA DE SERGIPE – IFS. *Plano de Desenvolvimento Institucional: 2014-2019 (revisado em 2015)*. Aracaju: IFS, 2014. Disponível em: http://www.ifs.edu.br/prodin/images/2016/PDI_IFS-2014-2019-REVISADO_FINAL.pdf. Acesso em: 24 set. 2021.

INSTITUTO FEDERAL DE EDUCAÇÃO, CIÊNCIA E TECNOLOGIA DE SERGIPE – IFS. Gabinete do Reitor. *Portaria nº 4.003, de 21 de dezembro de 2018*. Dispõe sobre a definição e identificação das unidades supridoras do IFS. Boletim de serviço do IFS. Aracaju: IFS, 2018. Disponível em: https://sipac.ifs.edu.br/public/jsp/boletim_servico/busca_avancada.jsf. Acesso em: 24 set. 2021.

INSTITUTO FEDERAL DE EDUCAÇÃO, CIÊNCIA E TECNOLOGIA DE SERGIPE – IFS. Gabinete do Reitor. *Plano de Centralização das Contratações*. Aracaju: IFS, 2020a. Não publicado.

INSTITUTO FEDERAL DE EDUCAÇÃO, CIÊNCIA E TECNOLOGIA DE SERGIPE – IFS. Gabinete do Reitor. *Portaria nº 2.414, de 13 de outubro de 2020*. Dispõe sobre a extinção de Coordenadorias de Licitações de diversos *campi* do IFS. *In*: BOLETIM DE SERVIÇO nº 141/2020, de 13 de outubro de 2020. Aracaju: IFS, 2020b. Disponível em: https://sipac.ifs.edu.br/public/jsp/boletim_servico/busca_avancada.jsf. Acesso em: 24 set. 2021.

INSTITUTO FEDERAL DE EDUCAÇÃO, CIÊNCIA E TECNOLOGIA DE SERGIPE – IFS. Gabinete do Reitor. *Portaria nº 3.061, de 7 de dezembro de 2020*. Dispõe sobre a extinção de Coordenadorias de Licitações do campus Aracaju do IFS. *In*: BOLETIM DE SERVIÇO nº 175/2020, de 7 de dezembro de 2020. Aracaju: IFS, 2020c. Disponível em: https://sipac.ifs.edu.br/public/jsp/boletim_servico/busca_avancada.jsf. Acesso em: 24 set. 2021.

KARJALAINEN, K. Estimating the cost effects of purchasing centralization – Empirical evidence from framework agreements in the public sector. *Journal of Purchasing and Supply Management*, v. 17, n. 2, p. 87-97, 2011. Disponível em: https://doi.org/10.1016/j.pursup.2010.09.001. Acesso em: 24 set. 2021.

MCCUE, C.; PITZER, J. Centralized vs. Decentralized purchasing: current trends in government procurement practices. *Journal of Public Budgeting, Accounting & Financial Management*, vol. 12, n. 3, p. 400-420, 2000. Disponível em: https://doi.org/10.1108/JPBAFM-12-03-2000-B003 Acesso em: 24 set. 2021.

WALKER, H.; ESSIG, M.; SCHOTANUS, F.; KIVISTÖ, T. Co-operative purchasing in the public sector. *In*: L. Knight, C. Harland, J. Telgen, K.V. Thai, G. Callender & K. Mcken, K. (ed.). *Public procurement:* International cases and commentary. London: Routledge, p. 160-175, 2007. Disponível em: https://research.utwente.nl/en/publications/co-operative-purchasing-in-the-public-sector. Acesso em: 5 out. 2021.

Informação bibliográfica deste texto, conforme a NBR 6023:2018 da Associação Brasileira de Normas Técnicas (ABNT):

DÓRIA, Adriana Sodré *et al.* A centralização das compras públicas como ferramenta de gestão: um estudo de caso no Instituto Federal de Sergipe. *In*: LOPES, Virgínia Bracarense; SANTOS, Felippe Vilaça Loureiro (coord.). *Compras públicas centralizadas no Brasil*: teoria, prática e perspectivas. Belo Horizonte: Fórum, 2022. p. 189-201. ISBN 978-65-5518-463-1.

A CENTRAL DE COMPRAS DO GOVERNO FEDERAL

VIRGÍNIA BRACARENSE LOPES
ISABELA GOMES GEBRIM
NINA GONÇALVES
WOLMAR VIEIRA DE AGUIAR
VALNEI BATISTA ALVES
LARA BRAINER
SILVIO LIMA

1 Introdução

A centralização de compras no Governo Federal brasileiro não é uma experiência recente. Seu primeiro registro data de 1931, por meio do Decreto nº 19.587, de 14 de janeiro daquele ano, quando foi criada a Comissão Central de Compras (CCC), que iria, nos anos seguintes, passar por diversas transformações, tanto quanto à sua abrangência, competências e nomenclatura, até o enfraquecimento do modelo em 1945 (FERNANDES, 2010).

Tal perspectiva de centralização abarcava uma dimensão administrativo-institucional que consistia em, observando as atividades contempladas pelo macroprocesso de compras públicas (planejamento da contratação ou fase interna, seleção do fornecedor ou fase externa, e gestão de contratos e atas de registro de preços), identificar desses esforços e etapas quais poderiam ser concentrados em uma ou em algumas poucas unidades administrativas, criando-se espaços especializados na temática, com servidores profissionalizados e dedicados e, assim, reduzir a replicação dessas estruturas nos órgãos e entidades, mas, principalmente, os esforços fragmentados para realizar atividades idênticas em diversas unidades administrativas.

A desidratação desse modelo de um órgão exclusivo e dedicado ao processamento das compras no âmbito federal, além das limitações técnicas e de recursos e de resistências políticas (*ibidem*, 2010), encontrou reforço também na diretriz de descentralização administrativa preconizada no Decreto-Lei nº 200, de 25 de fevereiro de 1967, que dispunha, em seu art. 193, §2º, que, no que tange aos serviços gerais, dentro do qual estavam compreendidas as compras públicas, "A administração e gestão das atividades de serviços gerais serão descentralizadas pelos Ministérios, onde serão disciplinadas segundo as peculiaridades de cada um" (BRASIL, 1967). O normativo manteve, basicamente, a centralização no âmbito regimental (art. 193, §1º) e extinguiu expressamente o Departamento Federal de Compras, do então Ministério da Fazenda, que era a estrutura remanescente do esforço de centralização gestado em 1931.

Ao longo dos anos seguintes, houve registros isolados de reorganização administrativa em prol da centralização de atividades no âmbito federal, porém menos focados no rearranjo de um órgão central e limitados ao espaço de competências individuais dos órgãos e entidades (a exemplo das unidades militares, de saúde, educacionais etc.). As tentativas mais marcantes com perspectiva de abranger a estrutura do Governo Federal de forma mais ampliada, mas que não obtiveram espaço político-institucional para sua implementação, datam de 1994 e 1999, e ambas tinham o mesmo propósito: transformar as estruturas das unidades regionais do Ministério da Fazenda, distribuídas em cada ente da federação, em provedoras das atividades-meio (compras, financeiro, recursos humanos, patrimônio etc.) a todos os órgãos e entidades federais localizados na referida base territorial (BRASIL, 2012).

Não havendo contexto favorável para retomar o arranjo vivenciado na década de 1930 e sendo a legislação sobre compras públicas também um espaço de estímulo à centralização com foco no ganho em escala, emergiram movimentos de concentração de esforços entre as instituições públicas, que convencionalmente denominam-se compras compartilhadas. O que no nosso Direito Administrativo, pode ser percebido, por exemplo, por meio do procedimento de Sistema de Registro de Preços, que permite que um órgão gerenciador realize uma licitação (um único procedimento), que estenderá seus benefícios de padronização das especificações, de economia de escala e de diálogo com o mercado fornecedor aos diversos participantes e possíveis adesões tardias (caronas). Nesse caso, tem-se uma unidade centralizadora, dedicada a fazer compras para várias instituições ou se pode ter qualquer unidade de compras do governo assumindo essa função (nessa segunda hipótese, teríamos uma descentralização na perspectiva administrativo-institucional, mas uma centralização da compra no nível do procedimento licitatório). Nessa concepção, há registros de casos exitosos e emblemáticos de compartilhamento de compras, registrados por Santos (2019), como o Registro de Preços Nacional do Fundo Nacional de Desenvolvimento da Educação – FNDE (2007);

as compras de tecnologia da informação e comunicação gerenciadas pela Secretaria de Logística e Tecnologia da Informação, do então Ministério do Planejamento, Orçamento e Gestão (2008); a compra sustentável do Jardim Botânico do Rio de Janeiro (2010).

Todavia, ainda faltava a figura de um organismo criado e dedicado às compras com uma perspectiva multi-institucional, com corpo técnico especializado e que viabilizasse ganhos de padronização, escala, inovação e economia, capaz de capitanear as iniciativas de maior risco e envergadura no âmbito federal em proveito do maior número de instituições possível. Tais demandas encontraram espaço no portfólio do Escritório de Projetos Especiais de Modernização da Gestão (ESPRO),[1] da então Secretaria de Gestão Pública (SEGEP), do Ministério do Planejamento, Orçamento e Gestão (MP), cuja competência era, conforme art. 23, IV, "propor, coordenar e apoiar a implementação de planos, programas, projetos e ações estratégicos de inovação e aperfeiçoamento da gestão pública;" (BRASIL, 2012). Foi nessa unidade que se iniciou o projeto de desenvolvimento de um modelo de centralização não apenas de compras, mas também de funções de apoio que processem atividades comuns e repetitivas dos órgãos da Administração Pública federal, com a criação de uma Central de Serviços Compartilhados

> (...) que concentre os processos atualmente executados de forma replicada na APF (processos de manutenção e serviços gerais, de aquisições e contratações de bens e serviços ordinários, atividades operacionais de recursos humanos como processamento de folha de pagamento e aposentadorias, dentre outros). (MINISTÉRIO DO PLANEJAMENTO, DESENVOLVIMENTO E GESTÃO: 2012, p. 7).

Tal iniciativa resultou na criação da Central de Compras e Contratações do Governo Federal, em 2014, cujo processo de concepção, implementação e funcionamento será objeto de explanação no presente relato técnico. Também serão abordados os principais resultados alcançados, as lições aprendidas e as perspectivas e próximos passos possíveis para o fortalecimento da estratégia de centralização.

2 A Central de Compras e Contratações: do diagnóstico do problema ao modelo proposto e principais resultados

Em 2012, no âmbito do ESPRO,[2] surgia um projeto que tinha como escopo avaliar a implementação de uma central de serviços compartilhados para a Administração Pública federal, inspirada em iniciativas anteriores, mas sem sucesso, de centralização das denominadas funções de apoio, que, nos temos do art. 30 do Decreto-Lei nº 200/1967, referem-se às "(...) atividades de pessoal, orçamento, estatística, administração financeira, contabilidade e auditoria, e serviços gerais, além de outras atividades auxiliares comuns a todos os órgãos da Administração (...)" (BRASIL, 1967).

---

[1] Posteriormente a unidade viria a ser chamada de Assessoria Especial para Modernização da Gestão, vinculada diretamente ao gabinete do Ministro de Estado.
[2] Posteriormente a unidade viria ser chamada a Assessoria Especial para Modernização da Gestão, vinculada diretamente ao gabinete do Ministro de Estado.

O projeto, organizado em quatro fases,[3] iniciou seus trabalhos por meio de levantamentos de dados e entrevistas com diversos gestores, em especial os atuantes nas denominadas Subsecretarias de Planejamento, Orçamento e Administração (SPOA), ou equivalente (exemplo: Subsecretaria de Planejamento e Orçamento (SPO) e Subsecretaria de Assuntos Administrativos (SAA)) dos diversos órgãos, onde se concentram as funções de apoio, a fim de identificar os desafios e oportunidades.

A partir do diagnóstico, chegou-se à conclusão de que as atividades do sistema auxiliar de serviços gerais, que contemplavam aquisições, contratações, gestão e apoio administrativo, eram as que mais se aproximavam dos objetivos perseguidos de eficiência administrativa e economia. Primeiro, porque foram aquelas que demonstravam maior número de replicação de unidades para execução das mesmas atividades e, em segundo lugar, especialmente nas entrevistas realizadas,[4] as atividades de serviços gerais foram apontadas como as que demandavam maior carga de trabalho das áreas, seja para realizar o procedimento licitatório, seja para gerenciar o contrato firmado.

Ademais, junto a tais gestores foram levantados os principais problemas da área, as oportunidades percebidas frente à criação de uma unidade central dedicada às compras públicas e os pontos de atenção aos quais o projeto deveria atentar-se:

TABELA 1
Problemas, pontos fortes e pontos de atenção levantados no diagnóstico

Problemas comuns entre as áreas	Pontos fortes à adesão de um modelo de centralização	Pontos de atenção
– Carência de profissionais com conhecimento e experiência; – Alta rotatividade de pessoal; – Número de servidores abaixo do necessário; – Necessidade de modernização do processo licitatório; – Excesso de formalismo nos procedimentos; – Distanciamento entre as áreas e os órgãos de controle; – Baixa atratividade das funções, devido aos problemas que a área oferece e sofre; – Distanciamento entre as áreas demandantes e a área-meio; – Ausência de uma carreira específica, gerando servidores compromissados e com conhecimento.	– Ganho de escala e economia nas compras; – Racionalização, informatização, agilidade e economia de esforços com os processos da área; – Desoneração dos servidores da área-meio; – Padronização dos itens de aquisição e contratação e dos processos; – Ganho de capacidade operacional; – Especialização dos funcionários.	– Trabalhar com serviços padrões, fazendo Registros de Preços nacionais; – Manter a execução orçamentário-financeira descentralizada; – A centralização pode restringir o mercado; – Capacitação de agentes públicos; – Ferramentas de informação rápida e confiável para o gestor; – O grau de eficiência no atendimento é que irá determinar o sucesso da central; – Mercados cartelizados e sem condições de atender às demandas centralizadas; – A regionalização é um ponto importante a ser considerado; – Central ser prestadora de serviços, fazer as atividades segundo a demanda de cada ministério; – Intensificar o contato com órgãos de controle.

Fonte: MINISTÉRIO DO PLANEJAMENTO, DESENVOLVIMENTO E GESTÃO: 2012, p. 19-20 (adaptação).

---

[3] Iniciação, diagnóstico, proposição de modelo e implantação (PRESIDÊNCIA DA REPÚBLICA: 2015, p. 9-11).
[4] Foram realizadas entrevistas com SPOAs dos seguintes órgãos: Ministério da Fazenda – MF; Ministério da Agricultura, Pecuária e Abastecimento (MAPA); Ministério das Comunicações (MC); Ministério do Planejamento Orçamento e Gestão (MPOG); Advocacia-Geral da União (AGU); e, Ministério da Justiça (MJ) (BRASIL: 2012, p. 18).

Havendo indícios de que iniciar a centralização pela temática de compras públicas viria ao encontro das necessidades tanto dos órgãos e entidades potenciais beneficiários quanto da alta administração, foram também realizados estudos acerca dos principais objetos passíveis de centralização em um primeiro momento, seja na perspectiva de gasto, bem como do nível de criticidade apontado pelos gestores. A partir de tais análises, a alta gestão optou por limitar o escopo do projeto à criação de uma central de compras, que viria a ser formalmente criada em 2014, por meio do Decreto nº 8.189, de 21 de janeiro do mesmo ano (BRASIL, 2014).

A unidade nascia, então, com a missão de racionalizar processos, pensar modelos de forma estratégica, fomentar práticas inovadoras, garantir qualidade nas compras e promover redução de custos, fundamentada em transparência, agilidade, eficiência e sustentabilidade.

A opção pelo modelo jurídico-organizacional enquanto uma unidade do Ministério do Planejamento, Orçamento e Gestão foi resultado de estudo comparativo de diferentes arranjos. Houve análise de alternativas tanto para a criação de uma unidade da administração indireta (autarquia, fundação, empresa pública), que foi desconsiderada em função da necessidade de aprovação do legislativo para sua viabilização, sendo o tempo necessário para implementação demasiado longo; quanto para a criação de uma unidade na administração direta (secretaria, diretoria, coordenação-geral), tendo-se optado pelo formato de uma diretoria pertencente à Assessoria Especial para Modernização da Gestão na qualidade de piloto de um formato definitivo futuro de maior hierarquia institucional.

Quanto ao escopo de atuação, na dimensão de processos de trabalho, definiu-se que seriam centralizados:
- procedimentos referentes à fase interna das licitações, como elaboração de estudos preliminares, análise de mercado, definição de estratégias de aquisição e contratação, elaboração de termo de referência, elaboração de pesquisas de preços, elaboração de editais e análise jurídica;
- realização da fase externa, no caso de procedimentos com disputa (ex. pregão eletrônico) ou instrução das contratações diretas (no caso de dispensas ou inexigibilidade de licitação);
- gerenciamento das atas de registro de preços, que era o modelo principal de atuação da Central de Compras e Contratações (CENTRAL) em seu desenho original.

Os objetos que comporiam seu portfólio inicial seriam aqueles apontados como de maior valor financeiro e/ou criticidade, cabendo destaque para: passagens aéreas, frota, limpeza e conservação, portaria, vigilância, material de expediente, copeiragem, reprografia, brigadista, mobiliário e manutenção predial. Com exceção das passagens aéreas, cujos estudos foram iniciados ainda em 2013 (em projeto paralelo à própria criação da CENTRAL e que depois seria assumido por seu corpo técnico), os demais objetos foram previstos em termo de referência para realização de licitação por pregão eletrônico[5] objetivando a contratação de

> consultoria técnica especializada para realização de estudos, padronização de especificações técnicas, análise de mercado fornecedor e desenvolvimento de estratégias e de

---

[5] Processo nº 03000.000224/2014-13.

metodologias de aquisição e contratação de bens e serviços de uso em comum pelos órgãos da Administração Pública Federal – APF por meio da aplicação da metodologia de abastecimento estratégico (*strategic sourcing*) (MINISTÉRIO DO PLANEJAMENTO, DESENVOLVIMENTO E GESTÃO, 2014).

Tais serviços viriam a ser acompanhados pela equipe da CENTRAL como forma de acelerar as entregas da unidade, bem como para desenvolver *expertise* relacionada à metodologia de trabalho conhecida como abastecimento estratégico, que é a principal característica e diferencial de atuação da Central de Compras até os dias atuais.

Outro ponto de destaque diz respeito aos parágrafos do art. 13 do Decreto nº 8.189/2014, segundo os quais: a CENTRAL teria prioridade para realizar as licitações e contratações dos bens e serviços de uso em comum pelos órgãos da administração direta, cabendo a eles evitar efetuar procedimentos de forma individual (§1º); às entidades da administração indireta, haveria faculdade para participar dos procedimentos, uma vez que a capacidade operacional planejada nesse formato inicial foi dimensionada para atender prioritariamente aos ministérios (§2º); o Ministro de Planejamento poderia definir quais objetos passariam a ser viabilizados apenas por meio da CENTRAL, ficando os órgãos impedidos de realizarem licitações e contratações individualmente (§3º); e, por fim, a previsão de crescimento gradual da estrutura e do portfólio de serviços da Central de Compras (§4º).

No que tange à força de trabalho dimensionada para atuar na CENTRAL, esta foi estimada em aproximadamente 70 pessoas, considerados os perfis de gestores e analistas. Como estratégia de seleção e alocação de pessoas, optou-se por formatos híbridos abrangendo processos de cessão de pessoal junto a instituições com experiência em compras centralizadas, caso principal da Caixa Econômica Federal, seleção de servidores de outros órgãos e entidades do Poder Executivo federal e pessoas com cargos de recrutamento amplo.

Entre 2014 e 2019, a CENTRAL realizou aproximadamente 24 procedimentos de licitação e contratação. A Compra Direta para aquisição de passagens aéreas, com operação iniciada em 2014, foi o primeiro modelo inovador da Central de Compras e alterava a forma de contratação que se dava, até então, exclusivamente por meio de agências de viagem. O processo anterior era complexo e moroso, pois compreendia diversos trâmites entre as agências e as instâncias no próprio órgão, que autorizavam cada etapa da aquisição. Cada órgão fazia a sua própria contratação e seguia seus próprios fluxos, replicando contratos por toda a Administração Pública. As agências apresentavam relatórios mensais com as aquisições, o que gerava imenso trabalho nos órgãos para acompanhamento e validação dos dados.

A Compra Direta, por sua vez, foi viabilizada por meio de credenciamento, modalidade não prevista em lei federal, mas que já era utilizada para atender necessidades da Administração Pública quando fosse conveniente seu relacionamento com múltiplos fornecedores, e recebeu o aval do Tribunal de Contas da União. Também compreendia pesquisa em plataforma própria com acesso direto às companhias aéreas, com as quais firmou acordos corporativos para aplicação de descontos nas tarifas e garantia de reserva de assentos com manutenção das tarifas por até 72 horas. Para o pagamento dos serviços foi utilizado o meio eletrônico de Cartão de Pagamento do Governo Federal (CPGF), exclusivo para passagens aéreas, contratado, de maneira centralizada, com o Banco do Brasil.

Em 2015, novamente se utilizando do credenciamento, a CENTRAL credenciou onze instituições financeiras para a prestação do serviço de processamento da folha de pagamentos, incluindo os bancos de maior porte, como Banco do Brasil, Bradesco, Caixa Econômica Federal, Itaú (Unibanco) e Santander. A venda da folha de pagamento, com mais de um milhão de colaboradores contemplados, rendeu arrecadação aos cofres públicos da ordem de R$ 949 milhões/ano (MINISTÉRIO DO PLANEJAMENTO, DESENVOLVIMENTO E GESTÃO, 2015).

Além dessas experiências, a unidade também atuou em projetos de grande envergadura, como:

> (...) o fornecimento de imagens de satélite. Por meio de atividades de inteligência, foram reduzidos de 108 para 8 tipos de imagens licitados. O novo formato de contratação passou a prever uma licença estendida de uso de imagens pelos diferentes órgãos da APF. O modelo centralizado trouxe uma redução de 83,3% em relação ao valor médio pago em um dos itens de maior relevância, representando uma economia potencial próxima de R$ 306.000.000,00.
> (...)
> Na contratação centralizada dos serviços de telefonia fixa (...) houve uma economia efetiva de 47,48%, correspondente a R$ 21,6 milhões. A contratação de telefonia móvel teve participação de 78 órgãos e (...) o percentual de redução de despesas foi de 43,56% sobre os contratos vigentes.
> A Central também concluiu um projeto de aquisição de equipamentos de infraestrutura de rede tecnológica que envolveu 37 órgãos, teve valor estimado de R$ 39.329.267,01 e um valor final de R$ 19.659.913,13, uma redução de 50,11% (PRESIDÊNCIA DA REPÚBLICA, 2015).

A CENTRAL funcionou sob essa lógica de realização, em regra, de licitações para registro de preços e de credenciamentos até 2016, quando se identificou a oportunidade de expansão de sua atuação, que será detalhada na próxima seção.

3 A evolução para o Centro de Serviços Compartilhados, o fortalecimento da governança e os próximos passos

A partir de 2017, a Central de Compras iniciou movimento de ampliação de seu escopo de atuação. A unidade passaria a atuar em outros estágios da cadeia logística para fornecimento de serviços, incorporando a gestão contratual, a operação do serviço e os processos relacionados à despesa pública, funcionando, desse modo, em alguns projetos, como Centro de Serviços Compartilhados (CSC), passando a ser a provedora de serviços para os órgãos da Administração Pública.[6] Além disso, em 2019 passou a contar, também com uma unidade interna dedicada às contratações de bens e serviços de tecnologia da informação e comunicação, em parceria com a Secretaria de Governo Digital (SGD).

---

[6] Art. 18 (...) §2º As contratações poderão ser executadas e operadas de forma centralizada, em consonância aos incisos II e III do *caput*. (BRASIL: 2017).

A CENTRAL dividiu então a sua operação em cinco grandes blocos gerenciais: dois para definição de estratégias, sendo um destes específico para objetos de tecnologia da informação; um bloco para licitações; e dois outros blocos voltados para a gestão contratual, sendo um destes responsável pelas condições formais da contratação, além da gestão orçamentária e financeira; e outro pela execução e fiscalização dos serviços, nos casos dos objetos prestados pelo CSC.

O funcionamento dessa nova dinâmica de serviços compartilhados foi inaugurado com o novo modelo de transporte administrativo de servidores, o TáxiGov, que, segundo Lopes e Gebrim:

> avaliando-se as possibilidades de fornecimento dos serviços de transporte que incluíam tanto a prestação do serviço de táxi quanto a locação de veículos, concluiu-se pela estratégia de transporte administrativo de pessoal por meio da contratação do serviço de agenciamento de táxis[7], ficando demonstrado o maior potencial de economia em detrimento dos modelos nos quais ou há frota própria de veículos (adquiridos) ou contratos de locação.
>
> Ao realizar o primeiro pregão eletrônico em setembro de 2016, para a contratação desse serviço de forma centralizada em atendimento à demanda de toda a Administração direta no DF, a Central de Compras conseguiu o menor preço global em R$ 12,7 milhões, representando uma redução de R$ 2,2 milhões do valor estimado de R$ 14,9 milhões. Em outras palavras, garantiu-se que, em relação aos R$ 32 milhões/ano de custo identificado no diagnóstico, a Administração Direta Federal teria uma redução de R$ 20 milhões, ou seja, mais de 60% de economia. (...)
>
> Uma vez definida a estratégia para prestação do serviço de deslocamento de servidores e colaboradores (táxi) e que sua operação seria realizada de forma centralizada, ou seja, num conceito de Centro de Serviços Compartilhados (CSC), mostrou-se imprescindível que a estrutura organizacional da Central de Compras fosse ampliada e fortalecida. (LOPES; GEBRIM: 2021).

Um segundo serviço implantado pela CENTRAL na lógica de CSC foi o Almoxarifado Virtual, iniciativa inspirada em modelo desenhado em 2011 pelo Instituto Chico Mendes de Conservação da Biodiversidade (ICMBIO).

O modelo teve como foco a contratação de empresa especializada na operação logística do processo tradicional de compra e armazenamento de materiais de consumo administrativo (recebimento, armazenagem, separação, expedição, distribuição, guarda, inventário e conservação), por meio de ferramenta informatizada, desincumbindo a Administração dessas várias atividades. Assim, buscou-se a disponibilização de serviços continuados de *outsourcing* para operação de almoxarifado virtual, visando ao suprimento de materiais de consumo, quais sejam, materiais de expediente e suprimentos de informática, em uma lógica *just in time*, com períodos predefinidos para a realização de pedidos por parte dos órgãos e para a entrega por parte das empresas contratadas.

Em estudos realizados à época, os custos processuais e logísticos da Administração Pública Federal na gestão de material de expediente eram da ordem de R$ 11,5 milhões por ano, relacionados à realização de 269 procedimentos de aquisição de itens de material

---

[7] No momento de definição da modelagem do TáxiGov e da realização da primeira licitação, não estava plenamente regulamentado o transporte por meio de aplicativos pelo Governo do Distrito Federal, por isso a limitação ao transporte por táxis. Posteriormente, a Central de Compras realizou licitações ampliando o mercado participante conforme contexto normativo favorável.

de expediente e a disponibilização de aproximadamente 6.700m² de área efetivamente utilizada pelos órgãos como almoxarifado físico,

A implantação do serviço iniciou-se em 2018 e teve como foco todos os órgãos da Administração Pública Federal direta localizados no Distrito Federal. Como resultado, o serviço tinha mais de 30 órgãos atendidos pelo CSC, além de outras 15 entidades que aderiram à Ata de Registro de Preços e firmaram seus próprios contratos. A economia alcançada foi de aproximadamente R$ 4,2 milhões.

Diante dos movimentos de expansão, aumento do volume orçamentário-financeiro transacionado, maior criticidade e complexidade dos procedimentos realizados pela Central de Compras e, tendo em vista iniciativas de gestão de riscos realizadas no âmbito do Ministério do Planejamento, Desenvolvimento e Gestão a partir de 2017, e as recomendações do Tribunal de Contas da União no Acórdão nº 2.348/2017-Plenário (TCU, 2017) acerca do fortalecimento de mecanismos de governança da unidade, foram desenvolvidas ações para fortalecimento da área, a saber:

- Definição do fluxo decisório para aprovações e definições no âmbito de atuação da CENTRAL;
- Gerenciamento de riscos, com identificação dos principais eventos, definição de tratativas e implementação de rotina de monitoramento;
- Elaboração de diretrizes de centralização e proposição de portfólio anual de objetos a serem licitados/contratados;
- Elaboração de matriz de competências e instituição de dinâmicas de *feedback* e desenvolvimento dos colaboradores;
- Criação do Subcomitê de Compras e Contratos Centralizados, por meio da Portaria nº 103, de 21 de março de 2019, com o estabelecimento de parâmetros para a atribuição de objetos à CENTRAL e de diretrizes para orientar decisões quanto à centralização de soluções.

A partir do ano de 2020, a CENTRAL passaria a atuar de forma a incrementar a quantidade de ações centralizadas, sem perder de vista o impacto na gestão pública tanto pelo prisma da inovação quanto pelo potencial de redução de despesas. Foram licitados serviços de computação em nuvem, serviços terceirizados de apoio, secretariado e recepção e de acessibilidade, além da disponibilização de Ata de Registro de Preços para aquisição de *desktop* e *notebook* por órgãos e entidades. Também foi ampliado o TáxiGov para várias unidades da federação, como Santa Catarina, Minas Gerais e Rio Grande do Sul, e, em 2021, alcançou outros estados como Mato Grosso e Paraná. Até o final do ano, planeja-se que o serviço atenda às 27 unidades federadas.

A área atuou na ampliação do Almoxarifado Virtual para nível nacional, contemplando outros entes federados e implantou o serviço para todos os órgãos da Administração Pública federal direta no Brasil, o que representa uma inovação do ponto de vista do modelo de CSC.

Além dessas iniciativas, a CENTRAL vem buscando formas de modernizar os modelos já implantados, como a realização de estudos para a contratação de solução tecnológica que funcionará tanto como um integrador de fornecedores de transporte, por meio de Interface de Programação de Aplicação, APIs, quanto como uma ferramenta de gestão de transportes e frotas próprias e locadas (evolução do TáxiGov).

Também tem se dedicado à expansão do modelo de CSC para os serviços de limpeza dos prédios do Ministério da Economia localizados no Distrito Federal, com a maximização dos níveis de produtividade, a mensuração dos resultados por desempenho, além do emprego de tecnologia e apoio à fiscalização; a retomada do modelo de compra direta de passagens aéreas, agora com gestão e fiscalização contratual centralizadas. Além disso, atualmente estão em andamento estudos e licitações em modelos inovadores, como *facilities*,[8] serviços voltado à eficiência energética, contratação de serviço de nuvem, telefonia, *desktop* e *notebook*.

4 Conclusões

A Central de Compras vem, ao longo dos anos, firmando-se enquanto unidade de referência e sua evolução veio demonstrando que a centralização de compras pode ser realizada de várias formas, desde a concentração da demanda de diversos órgãos ou entidades (por meio da disponibilização de Atas de Registro de Preços) até a prestação completa do serviço por meio de um Centro de Serviços Compartilhados.

Também demonstra que, para além do ganho de escala, a atuação de forma colaborativa com outros entes federados, dado que a presença de órgãos da Administração Pública federal em diversas unidades da federação é pouco expressiva, é uma maneira de alcançar um crescimento sustentável da unidade e a oferta de serviços cada mais inovadores.

Chegar até esse ponto demandou tempo, erros, desafios e superações. Cabe destacar alguns fatores críticos de sucesso como:
- patrocínio da alta administração para a definição do modelo jurídico-organizacional e sua viabilização por meio de regulamento;
- definição do corpo gerencial e funcional a partir de profissionais com *expertise* no tema, aliada à liberdade de seleção dos colaboradores;
- proximidade da CENTRAL com os órgãos e entidades beneficiários, diálogo intenso com órgãos jurídicos, de controle e mercado;
- implantação em caráter gradual, permitindo à estrutura e colaboradores irem ganhando maturidade a partir da experiência da operação;
- abertura da alta gestão para a inovação em modelos de contratação.

Os anos de operação também trouxeram inúmeras lições aprendidas, que vêm servindo tanto para a própria melhoria contínua da unidade como para outros atores que pretendam se inspirar na iniciativa da CENTRAL, dentre as quais pode-se registrar principalmente: a) iniciar por uma estrutura piloto é vantajoso pela perspectiva da possibilidade de ajustes mais imediatos e rápidos, porém os resultados positivos alcançados criam expectativas que exigem novas entregas que a estrutura não é capaz de atender, sendo fundamental a alta gestão, em especial, ter consciência que maiores resultados demandam novos investimentos (de estrutura, pessoal, tecnologia e prazo); b) desenhar novos modelos de aquisição e contratação pela administração demanda tempo e maturidade, sendo fundamental mesclar o portfólio da unidade para que

---

[8] Modelagem que contempla a contratação, junto a um fornecedor, de serviços terceirizados como apoio administrativo, secretariado, recepcionistas, brigadista, motorista e vigilância, trazendo ganhos de produtividade, qualidade, gestão contratual e economia.

possam ser programadas entregas ao longo do tempo. A superação dos desafios e as inovações promovidas pelos modelos implementados foram registradas em algumas premiações, como em duas edições do Concurso de Inovação da Escola Nacional de Administração Pública (20ª edição, com a iniciativa da Central de Compras, e 22ª edição, com a iniciativa do Táxigov); os Prêmios CONIP de Excelência 2015 e 3º Concurso de Boas Práticas da Controladoria-Geral da União (pelo modelo da Compra Direta de Passagens Aéreas). Todos eles foram marcos importantes para a disseminação das experiências implementadas pela unidade, bem como para o estímulo a outros entes e agentes para realizar movimentos similares na busca da melhoria do gasto público.

Esses aprendizados fortaleceram a CENTRAL, que, com sua maturidade e experiência, vem atuando também como órgão de assessoramento a outras instituições, inclusive de outras esferas de governo e poderes, no sentido de auxiliar na estruturação de unidades centralizadoras, alinhando-se à previsão de centralização da Nova Lei de Licitações. Constituir espaços de discussão sobre o assunto com demais unidades centralizadoras, compartilhar boas práticas e estruturar planos de contratação em que diversos entes tenham representatividade estão na visão da Central de Compras a curto e médio prazos.

Referências

BRASIL. *Decreto nº 7.675, de 20 de janeiro de 2012*. Aprova a Estrutura Regimental e o Quadro Demonstrativo dos Cargos em Comissão e das Funções Gratificadas do Ministério do Planejamento, Orçamento e Gestão. Disponível em: http://www.planalto.gov.br/ccivil_03/_ato2011-2014/2012/decreto/d7675.htm. Acesso em: 22 ago. 2021.

BRASIL. *Decreto nº 8.189, de 21 de janeiro de 2014*. Aprova a Estrutura Regimental e o Quadro Demonstrativo dos Cargos em Comissão e das Funções Gratificadas do Ministério do

Planejamento, Orçamento e Gestão [...]. Disponível em: http://www.planalto.gov.br/CCIVIL_03/_Ato2011-2014/2014/Decreto/D8189.htm. Acesso em: 22 ago. 2021.

BRASIL. *Decreto nº 9.035, de 20 de abril de 2017*. Aprova a Estrutura Regimental e o Quadro Demonstrativo dos Cargos em Comissão e das Funções de Confiança do Ministério do Planejamento, Desenvolvimento e Gestão [...]. Disponível em: http://www.planalto.gov.br/ccivil_03/_Ato2015-2018/2017/Decreto/D9035.htm#art10. Acesso em: 22 ago. 2021.

BRASIL. *Decreto nº 9.679, de 2 de janeiro de 2019*. Aprova a Estrutura Regimental e o Quadro Demonstrativo dos Cargos em Comissão e das Funções de Confiança do Ministério da Economia [...]. Disponível em: http://www.planalto.gov.br/ccivil_03/_Ato2019-2022/2019/Decreto/D9679.htm#art10. Acesso em: 22 ago. 2021.

BRASIL. *Decreto-Lei nº 200, de 25 de fevereiro de 1967*. Dispõe sobre a organização da Administração Federal, estabelece diretrizes para a Reforma Administrativa e dá outras providências. Disponível em http://www.planalto.gov.br/ccivil_03/decreto-lei/del0200.htm. Acesso em: 22 ago. 2021.

FERNANDES, C. *Política de compras e contratações: trajetória e mudanças na administração pública federal brasileira*. Tese de Doutorado. Fundação Getúlio Vargas. Escola Brasileira de Administração Pública e de Empresas, 2010. Disponível em: http://bibliotecadigital.fgv.br/dspace/bitstream/handle/10438/7950/Ciro%20Fernandes.pdf. Acesso em: 22 ago. 2021.

MINISTÉRIO DO PLANEJAMENTO, DESENVOLVIMENTO E GESTÃO. *Projeto Central de Serviços Compartilhados para a Administração Pública: Produto 1 – Mapeamento e priorização das funções de apoio; Diagnóstico das funções de apoio priorizadas*. Brasília, 2012.

MINISTÉRIO DO PLANEJAMENTO, DESENVOLVIMENTO E GESTÃO. *Edital de Pregão Eletrônico nº 08/2014*. Disponível em: https://www.gov.br/economia/pt-br/acesso-a-informacao/licitacoes-e-contratos/licitacoes-e-contratos/consultas-publicas/2014/14_lici_pregao08_minuta_edital.pdf. Acesso em: 22 ago. 2021.

MINISTÉRIO DO PLANEJAMENTO, DESENVOLVIMENTO E GESTÃO. *Publicado edital de credenciamento para venda da folha de pagamento da Administração Pública Federal*. Disponível em: https://www.gov.br/economia/pt-br/assuntos/noticias/planejamento/publicado-edital-de-credenciamento-para-venda-da-folha-de-pagamento-da-administracao-publica-federal. Acesso em: 22 ago. 2021.

MINISTÉRIO DA ECONOMIA. *Portaria nº 103, de 21 de março de 2019*. Institui o Subcomitê de Compras e Contratos Centralizados do Ministério da Economia, estabelece diretrizes para a Central de Compras da Secretaria de Gestão e a Secretaria de Governo Digital e dá outras providências. Disponível em: https://www.in.gov.br/materia/-/asset_publisher/Kujrw0TZC2Mb/content/id/68158237. Acesso em: 22 ago. 2021.

MINISTÉRIO DA ECONOMIA. *Portaria nº 339, de 8 de outubro de 2020*. Institui o Comitê Ministerial de Governança do Ministério da Economia e os Comitês e Subcomitês Temáticos de Apoio à Governança. Disponível em: https://www.in.gov.br/web/dou/-/portaria-n-339-de-8-de-outubro-de-2020-282069594. Acesso em: 22 ago. 2021.

LOPES, V.; GEBRIM, I. A centralização de compras como fator de estímulo à inovação em compras públicas: o caso da Central de Compras do Governo Federal e suas iniciativas da Compra Direta de Passagens Aéreas e do TáxiGov. *In*: PÉRCIO, G.; FORTINI, C. (coord.). *Inteligência e inovação em contração pública*. Belo Horizonte: Fórum, 2021.

PRESIDÊNCIA DA REPÚBLICA. Ministério do Planejamento, Desenvolvimento e Gestão. *Central de Compras e Contratações do Governo Federal*. 20º Concurso de Inovação no Setor Público 2015. Disponível em http://repositorio.enap.gov.br/handle/1/2726. Acesso em: 22 ago. 2021.

PRESIDÊNCIA DA REPÚBLICA. Ministério do Planejamento, Desenvolvimento e Gestão. *TáxiGov: mobilidade de Servidores no Governo Federal*. 22º Concurso de Inovação no Setor Público 2017. Disponível em http://repositorio.enap.gov.br/handle/1/4154. Acesso em: 22 ago. 2021.

TRIBUNAL DE CONTAS DA UNIÃO (TCU). *Acórdão nº 2.348/2017-Plenário*. Acompanhamento das aquisições realizadas pela Central de Compras do Ministério do Planejamento, Desenvolvimento e Gestão-MP. Relator Ministro Benjamin Zymler. Processo 017.778/2016-6. Disponível em: https://pesquisa.apps.tcu.gov.br/#/documento/acordao-completo/*/NUMACORDAO%253A2348%2520ANOACORDAO%253A2017%2520COLEGIADO%253A%2522Plen%25C3%25A1rio%2522/DTRELEVANCIA%2520desc%252C%2520NUMACORDAOINT%2520desc/0/%2520. Acesso em: 31 dez. 2021.

SANTOS, F. *Centralização de compras públicas*: a experiência da Empresa Brasileira de Serviços Hospitalares (EBSERH). Dissertação de Mestrado. Programa de Mestrado em Governança e Desenvolvimento. Escola Nacional de Administração Pública, 2019. Disponível em: https://repositorio.enap.gov.br/handle/1/4747. Acesso em: 22 ago. 2021.

Informação bibliográfica deste texto, conforme a NBR 6023:2018 da Associação Brasileira de Normas Técnicas (ABNT):

LOPES, Virgínia Bracarense et al. A Central de Compras do Governo Federal. *In*: LOPES, Virgínia Bracarense; SANTOS, Felippe Vilaça Loureiro (coord.). *Compras públicas centralizadas no Brasil*: teoria, prática e perspectivas. Belo Horizonte: Fórum, 2022. p. 203-214. ISBN 978-65-5518-463-1.

CENTRALIZAÇÃO DAS COMPRAS PÚBLICAS NA EMPRESA BRASILEIRA DE SERVIÇOS HOSPITALARES[1]

FELIPPE VILAÇA LOUREIRO SANTOS

CIRO CAMPOS CHRISTO FERNANDES

1 Introdução

A centralização de compras públicas é um modo de organização e gestão adotado pelos governos para enfrentar os desafios da função administrativa de compras, cuja relevância nos cenários de implementação de políticas públicas tem crescido com a busca pelo aprimoramento da governança nas máquinas estatais. As dificuldades de sua operacionalização, com destaque às dinâmicas de colaboração entre diferentes organizações ou entre unidades componentes de uma mesma organização, ilustram a oportunidade de aprofundar estudos e práticas sobre o tema, especialmente ao considerar a necessidade de promover a eficiência operacional nos entes públicos como forma de viabilizar as entregas de bens e serviços públicos aos cidadãos. Este relato contribui

---

[1] Uma versão preliminar deste relato técnico foi publicada nos anais do VII Encontro Brasileiro de Administração Pública, realizado entre 11 e 13 de novembro de 2020.

com o debate sobre a centralização de compras públicas, analisando a experiência da Empresa Brasileira de Serviços Hospitalares – Ebserh na implementação de um modelo de compras conjuntas para os Hospitais Universitários Federais – HUF.

As contratações realizadas pelo Poder Público figuram no rol de instrumentos governamentais de implementação de políticas públicas, responsáveis por estruturar a ação coletiva para lidar com problemas públicos (OLLAIK; MEDEIROS, 2011). Nesse contexto, a centralização das compras governamentais pode fazer parte das estratégias de suporte à implementação de políticas e programas governamentais, organizando o poder de compra do Estado e viabilizando o apoio às operações finalísticas da máquina pública. A centralização possibilita a aglutinação de profissionais especializados no planejamento de compras em grande volume, responsáveis por conduzir um processo transparente e captador de economias de escala (FIUZA; BARBOSA; ARANTES, 2015).

Assim, a compra centralizada é uma compra na qual são agregadas, por um ponto focal, informações, *expertise*, recursos ou volumes de compras de organizações independentes com o intuito de aprimorar suas performances (WALKER *et al.*, 2007). É um processo de gestão estratégica de compras, demandando uma estrutura de relações cooperativas e simbióticas entre as organizações participantes. A ideia básica desse modelo de compras estaria então na ação conjunta, consistindo em um acordo colaborativo entre duas ou mais organizações públicas, de forma voluntária ou compulsória, para concentrar recursos financeiros e organizacionais em um agente de compras, tendo como resultado final a satisfação dos interesses dos cidadãos, a quem essas organizações do Poder Público servem em última instância (MCCUE; PRIER, 2008).

Com base nessas premissas, é relevante relatar a experiência recente da centralização de compras em uma empresa pública federal, gerando conhecimento e reflexões sobre o reposicionamento das estratégias e das áreas de aquisições do governo na melhoria da gestão governamental. Assim, este trabalho relata um caso inserido em um recorte importante das políticas públicas de educação superior e de saúde: a experiência da centralização das compras da Ebserh. Trata-se de uma empresa pública federal gestora de ampla rede de HUF, vinculada ao Ministério da Educação – MEC, com elevado poder de compra e significativo potencial de transformação da realidade por intermédio do aprimoramento da gestão capitaneado pelas áreas administrativas dessa organização.

O caso da Ebserh se torna interessante pela vocação dessa empresa pública de conduzir dezenas de unidades gestoras de compras de seus hospitais, com relativa autonomia, e de buscar a implantação do planejamento conjunto de contratações de bens e serviços em formato voluntário. Nessa realidade, a oportunidade de enraizamento de uma governança das aquisições em conexão com a centralização de compras não somente se apresenta como forma de aperfeiçoar as contratações públicas da organização, mas de promover sustentabilidade operacional das suas unidades hospitalares, utilizando o poder de compra potencializado pela rede em prol da otimização dos serviços públicos prestados.

É importante registrar que a centralização das compras na Ebserh faz parte de seu modelo de gestão, construído para solucionar os desafios de aprimoramento e de reestruturação dos HUF, cujos resultados têm sido considerados positivos, como redução do subfinanciamento crônico, ampliação real dos recursos destinados às unidades hospitalares, redução da mão de obra com vínculos precários, ampliação do número de colaboradores, profissionalização da gestão e aumento no número de leitos (PEREIRA JÚNIOR, 2018). Esses avanços contribuem para a aproximação do parque hospitalar universitário federal às tendências internacionais, com a disponibilização de unidades hospitalares com maior número de leitos e com concentração de densidade tecnológica, constituindo importantes centros de pesquisa e formação de profissionais de saúde, referências em atenção à saúde de média e alta complexidade.

2 A experiência da centralização e sua dinâmica

A implementação das compras centralizadas pela Ebserh tem seus antecedentes na criação da empresa, em 2009, quando foi identificada a oportunidade de utilização do poder de compra da sua rede hospitalar. A centralização se desenvolveu em três fases: o ensaio de introdução das compras centralizadas e a adoção de um modelo, em 2012; a alavancagem e expansão do modelo, entre 2013 e 2015; e a interrupção da experiência e crítica ao modelo adotado, entre 2016 e 2017. Desde 2018, um novo modelo está sendo delineado a partir do aprendizado da experiência empreendida. As subseções que se seguem descrevem e analisam essa experiência e seus resultados.

2.1 Antecedentes: a criação da empresa e a oportunidade de utilização do poder de compra da rede hospitalar

A Ebserh foi criada pela Lei nº 12.550, de 15 de dezembro de 2011 (BRASIL, 2011), como empresa pública dependente do Tesouro Nacional, vinculada ao MEC. Possui como missão prestar serviços de assistência à saúde e apoiar o ensino e a pesquisa no campo da saúde pública, atuando na gestão de 40 HUF pertencentes a Instituições Federais de Ensino Superior – Ifes que firmaram contrato de gestão com a estatal. O aproveitamento do poder de compra dessa rede hospitalar era previsto desde os debates iniciais sobre a criação da Ebserh. Dados extraídos do Sistema Integrado de Administração Financeira – Siafi registram o alto volume de compras realizado pelos hospitais em 2011 e 2012: aquisições anuais de aproximadamente R$ 700 milhões em material de consumo e R$ 350 milhões em equipamentos.

Esse potencial já havia sido identificado e explorado pelo MEC antes da criação da estatal. A partir de 2009, o Ministério realizou compras coletivas de insumos e equipamentos para os HUF com apoio do Fundo Nacional de Desenvolvimento da Educação – FNDE, utilizando licitações no âmbito do Sistema de Registro de Preços, com o sistema Siasg/Comprasnet, consolidado no Governo Federal (FERNANDES, 2008). Essas compras ocorreram em procedimento inspirado no Registro de Preços Nacional, modelo de gestão compartilhada de compras conduzido pelo FNDE, formatado para agregar as demandas de contratações da área educacional do MEC e dos entes federados (CHAVES, 2016). Essa forma de contratação viabiliza a disponibilização de opções de aquisição aos entes participantes do projeto de compras, por intermédio das atas de registro de preços, instrumentos de aquisição contendo objeto contratado, fornecedor escolhido e preço pactuado, executados a partir das decisões de compra e da disponibilidade de recursos orçamentários da entidade contratante.

Nesse modelo, cada HUF informava sua demanda ao MEC com base em especificações técnicas definidas com apoio de técnicos das unidades hospitalares e a unidade responsável pela aquisição no FNDE prestava assistência técnica para realizar o pregão eletrônico, disponibilizando atas de registro de preços contendo a previsão de consumo de cada participante. Com isso, os HUF firmavam contratos administrativos individuais de fornecimento com as empresas vencedoras da licitação, garantindo o preço registrado com possível economia de escala. Entre 2009 e 2012, foram conduzidas 16 licitações pela parceria MEC e FNDE abrangendo insumos e equipamentos médico-hospitalares, totalizando um valor homologado de R$ 766 milhões e alcançando uma economia potencial de R$ 371 milhões, representando aproximadamente 33% do valor estimado dos itens homologados.

2.2 Fase 1: o ensaio de introdução das compras centralizadas e a adoção de um modelo

A recém-criada Ebserh assumiu e expandiu a sistemática de aquisições da parceria para toda a rede de HUF, utilizando processos de trabalho semelhantes e a ferramenta Siasg/Comprasnet. Ainda em 2012, foram conduzidos pela estatal seis procedimentos licitatórios, utilizando como base processos administrativos instruídos inicialmente pela equipe MEC/FNDE e encaminhados à Ebserh para continuidade dos trâmites. Essas licitações resultaram em um total de valor homologado de R$ 176 milhões, com economia potencial de R$ 52 milhões, aproximadamente 23% do valor estimado dos itens homologados.

As expectativas sobre o início dos trabalhos conduzidos pela Ebserh envolviam a redução dos custos de aquisição, em função do elevado quantitativo de itens, com possibilidade de oferta de preços menores pelo mercado. Além disso, a padronização desses itens, com formação de um catálogo comum, seria um ganho almejado. Por fim, a possibilidade de assegurar o suprimento contínuo dos hospitais para evitar o desabastecimento aparecia como resultado possível do amadurecimento do processo de centralização das compras.

A utilização do sistema de registro de preços, mantendo a lógica estabelecida pelo FNDE, foi considerada como uma alternativa relevante para a viabilização das compras centralizadas da Ebserh, diante da carência de recursos orçamentários na rede de HUF. Desse modo, o registro de preços poderia colocar à disposição dos gestores um cardápio de itens para serem adquiridos conforme a disponibilidade de orçamento. Além disso, a adoção de um formato mais centralizado poderia comprometer a estratégia inicial das compras, devido ao elevado volume de trabalho na administração central, com equipes e estruturas organizacionais ainda em formação.

É importante registrar que a cesta de itens a serem adquiridos era avaliada em termos de complexidade e volume e não abrangeria todo o escopo de insumos e equipamentos hospitalares, mas somente aqueles itens considerados estratégicos por permitirem economia de escala ou em função de sua criticidade. O respeito aos arranjos econômicos regionais, que tinham reflexos sobre a geração de emprego e renda, foi também considerado, de forma que itens pontuais ou com menor complexidade, sem demanda de trabalhos técnicos especializados para a construção dos modelos de contratação, deveriam continuar sendo adquiridos diretamente pelas unidades hospitalares.

2.3 Fase 2: a alavancagem e expansão do modelo

A experiência inicialmente exitosa da Ebserh na incorporação do modelo de compras centralizadas elaborado pelo MEC, com apoio do FNDE, levou à sua expansão, o que ocorreu de forma incremental, possibilitando a assimilação dos processos de trabalho pelas equipes recém-formadas da administração central da estatal. O reflexo dessa expansão é verificado no aumento do número de licitações realizadas no modelo centralizado, que subiu de nove pregões, em 2012, para 16, em 2015. O volume de recursos envolvidos nas licitações conduzidas pela Ebserh, entre 2013 e 2015 é também bastante expressivo, com mais de R$ 3 bilhões em valores estimados e R$ 2,2 bilhões em itens homologados.

No entanto, esses números não indicavam, necessariamente, o sucesso da sistemática, que dependia da efetivação das compras pelos HUF. O avanço dos trabalhos levou à constatação de que a autonomia das unidades hospitalares, que caracterizava o modelo de gestão da Ebserh, trazia problemas de ação coletiva. Alguns dados do período compreendido pela fase 2 ilustram esse cenário desafiador, pois apontam para uma efetivação de somente 10,72% das compras dos itens homologados nas 39 licitações realizadas entre 2013 e 2015. Não obstante o montante significativo de economia real de recursos, de R$ 89 milhões, esse valor é baixo em relação ao potencial de economia vislumbrado nessas licitações, de R$ 778 milhões.

Esses dados apontam para a ocorrência de um comportamento de compra independente (*maverick buying*) pelos HUF, quando o comportamento esperado seria o de compra pactuada (*contract compliance*), conforme exposto por Karjalainen (2009). Não obstante a perspectiva de ganhos de escala nas compras centralizadas, é necessário promover a compra pactuada, na qual os acordos centralizados sejam plenamente utilizados, em detrimento de arranjos locais de aquisição. Desse modo, como as organizações tendem a atuar de forma independente, caso não haja incentivos para a compra pactuada, os ganhos de eficiência esperados pela centralização das aquisições podem não ser alcançados, como no caso da experiência relatada.

A baixa efetividade nas compras centralizadas motivou uma série de tentativas de aproximação entre a administração central e as unidades hospitalares, especialmente pela utilização de fóruns especializados da alta administração da empresa, além de videoconferências para o alinhamento de expectativas sobre os trabalhos realizados. As necessidades compartilhadas eram: preços vantajosos; qualidade dos itens; atendimento em tempo hábil; continuidade dos registros de preços ao longo do tempo, para evitar desabastecimento; e o fluxo orçamentário-financeiro para garantir a efetivação das compras.

A diversidade de cenários de atuação e de maturidade entre as unidades hospitalares participantes da Rede Ebserh parece ter acarretado dificuldades para a implementação efetiva do modelo de compras centralizadas. Enquanto algumas unidades hospitalares estavam dispostas a participar de uma construção colaborativa dos trabalhos, em outras, as equipes internas nem ao menos estavam convictas do potencial embutido no modelo da Ebserh. Assim, a fase de expansão do modelo gerou aprendizados e resultados interessantes, mas ficou aquém da sua potencialidade, gerando questionamentos sobre a necessidade do aprimoramento das compras centralizadas.

2.4 Fase 3: a interrupção da experiência e a crítica do modelo

A terceira fase da experiência contempla um recuo e a revisão do modelo de compras centralizadas adotado, decorrente do debate interno sobre as fragilidades identificadas durante a sua expansão. A Ebserh conduziu somente uma licitação centralizada, no período de 2016 e 2017, deixando de adotar o Sistema de Registro de Preços. A utilização do formato tradicional indica o esforço de buscar resultados melhores. Nesse formato, os itens licitados e homologados devem ser adquiridos por força contratual, não cabendo decisões dos participantes sobre a efetivação ou não das compras.

No entanto, as evidências não demonstram uma ação deliberada para abandonar as compras centralizadas, mas, sim, o impacto de uma conjunção de fatores e circunstâncias que levaram à interrupção temporária da experiência que vinha sendo implementada desde 2012. Em primeiro lugar, a dificuldade da administração central da Ebserh em diagnosticar os problemas e construir soluções em conjunto com os HUF. Segundo, a falta de interesse das unidades hospitalares diante de problemas como a ausência de cronograma, de regularidade, de planejamento conjunto e de preços atrativos. Terceiro, as restrições orçamentárias no governo federal, motivadas por conjuntura política e econômica do país, que arrefeceram as decisões de aquisição na área de equipamentos hospitalares, em função dos dilemas entre priorizar o custeio ou o investimento nas unidades. Finalmente, uma reorganização administrativa promovida na Ebserh, a partir de 2016, ao mesmo tempo em que se dava a mudança de governo, afetando o executivo federal, levou à substituição de gestores, sem que estivesse assegurada a maturidade institucional para a manutenção dos trabalhos.

No final de 2017 há uma tentativa de reposicionamento da temática na empresa: o Projeto Mais Ebserh (EBSERH, 2018), voltado à reorientação estratégica da estatal, conduzido com apoio da consultoria Accenture. Um dos objetivos foi a estruturação de uma central de compras, além da construção de uma metodologia de avaliação e definição de estratégias de compras de bens e serviços. Dessa forma, a empresa demonstrava o ímpeto de retomar os estudos e trabalhos relativos às compras centralizadas, identificando as potencialidades de seu poder de compra como um motor para a obtenção de eficiência operacional de suas unidades hospitalares.

2.5 Perspectivas: experimentação e preparação para um novo modelo

A descrição da experiência da Ebserh em compras centralizadas indica um modelo de gestão com potencial de impacto significativo que, apesar de sua interrupção em 2016, manteve espaço para a experimentação de novas formas de contratação. Além disso, no âmbito do Projeto Mais Ebserh, finalizado em 2018, a estatal preparou uma nova etapa de seu modelo de gestão, na qual as compras centralizadas poderão reassumir relevância estratégica na entrega de resultados finalísticos.

Constata-se a intenção da estatal em revisar o modelo de compras centralizadas e reiniciar uma era virtuosa de aquisições em formato estratégico, buscando eficiência operacional e apoiando o alcance de resultados finalísticos. Evidências dessa intenção são os avanços e as experimentações realizados ainda em 2018. Os resultados das compras de equipamentos de 2018 envolveram cinco pregões eletrônicos com valor estimado de aproximadamente R$ 109 milhões e valor homologado próximo a R$ 93 milhões, gerando uma economia potencial superior a R$ 15 milhões, representando 13,97% em relação ao valor estimado dos itens homologados.

Um dos pontos experimentados em 2018 foi a adoção da inovadora sistemática *turn-key* para aquisição de tomógrafos e angiógrafos, pela qual a compra de equipamento envolve todas as rotinas necessárias ao seu pleno e célere funcionamento, como a elaboração de projetos de infraestrutura, reformas para viabilizar a instalação dos equipamentos, treinamentos das equipes e garantia completa. Outro avanço relevante foi a publicação do seu Regulamento de Licitações e Contratos (EBSERH, 2019), elaborado com base na Lei das Estatais, a Lei nº 13.303/2016 (BRASIL, 2016). Essa nova legislação permite a adoção de mecanismos de licitação que podem ser explorados pelo modelo de compras centralizadas, como credenciamentos, pré-qualificações, disputas restritas a cadastro próprio de fornecedores e critérios de seleção de propostas mais exigentes.

Por fim, a partir de 2019, o modelo de centralização de compras da Ebserh iniciou um processo de revitalização com base nas reflexões obtidas pelo estudo de sua experiência até 2018. Esse processo incluiu a realização de licitações centralizadas para aquisição de medicamentos, a condução de um projeto estratégico para estruturar um novo modelo de centralização de compras e *reports* periódicos aos colegiados gestores da estatal.

3 Recomendações para o aprimoramento da centralização de compras

Nesta seção final serão apresentadas as recomendações sobre o aprimoramento do modelo de compras adotado pela Ebserh, com base na experiência descrita. É importante registrar que um dos pilares da centralização de compras públicas está nos incentivos à ação conjunta das organizações (MCCUE; PRIER, 2008). Sendo assim, considerando o desenvolvimento de um escopo específico de governança das aquisições e estabelecendo quais seriam os requisitos para a centralização das compras em organizações públicas, foi avaliado o modelo da Ebserh (SANTOS, 2019).

Nesse sentido, são recomendadas 18 ações para a revisão e consolidação do modelo de centralização, estruturadas com base em requisitos de governança das aquisições e expostas no Quadro 1:

QUADRO 1
Recomendações para o aprimoramento do modelo de compras centralizadas

Requisito	Recomendações
Futuro promissor	Estruturar uma dinâmica de socialização do modelo e dos desafios, como um comitê permanente com a participação de membros dos HUF.
	Posicionar estrategicamente a centralização de compras na estatal, com formalização de iniciativa em plano estratégico e *reports* periódicos nos colegiados da Alta Administração.
	Buscar a adesão das unidades hospitalares ao modelo compreendendo sua integração à estratégia de centralização de compras e utilizando evidências capazes de esclarecer a motivação da eventual não adesão.
Sentimento de rede	Incluir a rede nas dinâmicas de revisão do modelo de compras da Ebserh.
	Planejar as compras contando com apoio de comitês técnicos formados prioritariamente por equipes dos HUF e estabelecer rotinas de *reports* das equipes de planejamento da contratação a um comitê permanente com participação dos HUF.
	Estruturar um comitê permanente com a participação de membros dos HUF para socializar as experiências no âmbito das compras centralizadas da estatal.
Institucionalização do modelo	Formalizar o modelo por intermédio de política ou estratégia de compras centralizadas.
	Elaborar normatização específica para estimular a participação dos HUF, incorporando os avanços sobre o tema constantes portaria de delegação de competências às unidades hospitalares.
	Disponibilizar orçamento específico para a efetivação das compras pelos hospitais, cuja liberação pode ser condicionada à ampliação de sua participação nas compras conjuntas.
Melhoria contínua	Analisar periodicamente o modelo de forma aprofundada, visando subsidiar com evidências as rotinas incrementais de aprimoramento.
	Consultar rotineiramente as partes interessadas sobre oportunidades de melhoria no modelo, compreendendo equipes da Administração Central, equipes dos HUF e o mercado especializado.
	Manter as boas práticas administrativas utilizadas e incorporar novas ao modelo.
Comunicação efetiva	Criar plataforma informatizada dedicada ao tema, superando os desafios na comunicação e na transmissão de informações.
Estrutura especializada	Estruturar uma central de compras, compreendendo unidades de planejamento, estratégia, governança das aquisições, processamento de compras, monitoramento das compras realizadas pelos HUF e gestão centralizada de contratos e de atas de registro de preços.
Instâncias de apoio à decisão	Estruturar o Comitê de Compras e Contratações da Ebserh como ponto de apoio à estratégia de centralização das compras.
Integração entre demandantes e compradores	Criar fóruns específicos para socializar com as equipes finalísticas os processos de trabalho das compras centralizadas e as oportunidades de alcance de resultados oriundas do modelo de centralização de compras, fomentando sua participação nas câmaras técnicas especializadas, pelas quais se deve buscar agregar o conhecimento técnico da rede nas aquisições.
Cronograma anual	Formalizar plano anual de compras centralizadas contendo o cronograma de ações e de interações.
Atribuições bem definidas	Definir as atribuições dos atores envolvidos nos processos de compras centralizadas, abarcando o planejamento e a execução das compras.

Fonte: SANTOS, 2019.

As ações recomendadas orientam a evolução do modelo da Ebserh na direção de um formato mais integrado, que promova o enraizamento de um sentimento de rede entre os HUF e o desenvolvimento da visão de um futuro promissor para as compras centralizadas, estimulando a ação conjunta e fortalecendo o modelo de gestão em rede da estatal. A ideia é consolidar as visões locais e central sobre os processos de compra realizados e trazer constantemente oportunidades de melhoria a serem consideradas num momento em que é buscada a revitalização do modelo, ampliando desde o início a participação das equipes das unidades hospitalares nesse trabalho e evitando uma condução central distanciada da realidade da ponta.

A experiência da Ebserh sugere que o processo de centralização de compras públicas deve ser cadenciado e baseado na incorporação de novas experiências e boas práticas, especialmente em ambientes como o da assistência médico-hospitalar, caracterizados pela alta complexidade logística e elevada pressão finalística. Desse modo, o modelo construído em 2009, pela parceria MEC-FNDE, e expandido após a entrada em funcionamento da estatal, em 2012, ainda está em desenvolvimento.

No cenário da saúde pública, com pressões de custo incidindo de forma permanente sobre a gestão hospitalar, a adoção de uma estratégia de centralização de compras se faz necessária para capturar ganhos de eficiência operacional, como as economias de escala e a redução de custos administrativa, e catalisar o alcance de resultados institucionais e de desempenho das políticas públicas.

Espera-se com este relato contribuir para a geração de conhecimento no âmbito da gestão pública, além de avançar nos debates sobre governança das aquisições e centralização de compras públicas, este último inserido na dinâmica da logística pública. Cabe principalmente aos *practitioners* a responsabilidade de unir a teoria e a prática em prol da boa governança no campo das políticas públicas.

Referências

BRASIL. Lei nº 12.550, de 15 de dezembro de 2011. Autoriza o Poder Executivo a criar a empresa pública denominada Empresa Brasileira de Serviços Hospitalares [...]. *Diário Oficial [da República Federativa do Brasil]*, 16 dez. 2011, p. 2.

BRASIL. Lei nº 13.303, de 30 de junho de 2016. Dispõe sobre o estatuto jurídico da empresa pública, da sociedade de economia mista e de suas subsidiárias, no âmbito da União, dos Estados, do Distrito Federal e dos Municípios. *Diário Oficial [da República Federativa do Brasil]*, 1º jul. 2016, p. 1.

EBSERH. *Regulamento de Licitações e Contratos da Empresa Brasileira de Serviços Hospitalares – Ebserh* [Revisado em 24/09/2019]. Brasília: Ebserh, 2019. Disponível em: http://www.ebserh.gov.br/sites/default/files/paginas/2019-09/Anexo1_Regulamento_de_Licitacoes_e_Contratos___REVISAO_1___FINAL..pdf. Acesso em: 27 fev. 2020.

EBSERH. *Relatório Integrado 2018*. Brasília: Empresa Brasileira de Serviços Hospitalares, 2018. Disponível em: http://www.ebserh.gov.br/sites/default/files/processo-contas/2019-06/Relat%C3%B3rio_TCU_2018_publicado.pdf. Acesso em: 28 jul. 2019.

CHAVES, Ediene Vasconcelos. *Registro de Preços Nacional no FNDE*: estudo de caso da participação das micro e pequenas empresas. 104 f. Dissertação (Mestrado Profissional em Economia e Gestão do Setor Público) – Faculdade de Economia, Administração e Contabilidade, Universidade de Brasília, Brasília. 2016.

FERNANDES, Ciro Campos Christo. Transformações na gestão de compras da administração pública brasileira. *Compras Públicas*, v. 1, n. 5, p. 50-70, nov. 2008.

FIUZA, Eduardo; BARBOSA, Klênio; ARANTES, Rafael Setúbal. Painel: Desenho institucional em compras públicas. *In*: SALGADO, Lúcia Helena; FIUZA, Eduardo (org.). *Marcos regulatórios no Brasil*. Brasília: Instituto de Pesquisa Econômica Aplicada, 2015. p. 81-130.

KARJALAINEN, Katri. *Challenges of purchasing centralization*: empiric evidence from public procurement. Helsinki: Helsink School of Economics, 2009.

McCUE, Clifford.; PRIER, Eric. Using agency theory to model cooperative public purchasing. *Journal of Public Procurement*, Boca Raton, v. 8, n. 1, p. 1-35, 2008.

OLLAIK, Leila G.; MEDEIROS, Janan J. Instrumentos governamentais: reflexões para uma agenda de pesquisas sobre implementação de políticas públicas no Brasil. *Revista de Administração Pública*, Rio de Janeiro, v. 45, n. 6, p. 1943-1967, nov./dez. 2011.

PEREIRA JÚNIOR, Nilton. *Política, planejamento e gestão em Hospitais Universitários Federais.* Tese (Doutorado em Saúde Coletiva) – Universidade Estadual de Campinas, Campinas, 2018.

SANTOS, Felippe Vilaça. *Centralização de compras públicas:* a experiência da Empresa Brasileira de Serviços Hospitalares (Ebserh). 257 f. Dissertação (Mestrado Profissional em Governança e Desenvolvimento) – Escola Nacional de Administração Pública, Brasília, 2019.

WALKER, Helen; ESSIG, Michael; SCHOTANUS, Fredo; KIVISTÖ, Timo. Co-operative purchasing in the public sector. *In*: KNIGHT, Louise; HARLAND, Christine; TELGEN, Jan; THAI, Khi V.; CALLENDER, Guy; MCKEN, Katy (org.). *Public Procurement:* International Cases and Commentary. Londres: Routledge, 2007.

Informação bibliográfica deste texto, conforme a NBR 6023:2018 da Associação Brasileira de Normas Técnicas (ABNT):

SANTOS, Felippe Vilaça Loureiro; FERNANDES, Ciro Campos Christo. Centralização das compras públicas na Empresa Brasileira de Serviços Hospitalares. *In*: LOPES, Virgínia Bracarense; SANTOS, Felippe Vilaça Loureiro (coord.). *Compras públicas centralizadas no Brasil*: teoria, prática e perspectivas. Belo Horizonte: Fórum, 2022. p. 215-224. ISBN 978-65-5518-463-1.

PARTE III

CAMINHOS A SEREM PERCORRIDOS

GESTÃO DA OCUPAÇÃO: EM BUSCA DE EFICIÊNCIA NO CUSTEIO ADMINISTRATIVO DO SETOR PÚBLICO

FRANKLIN BRASIL SANTOS

Introdução

Pagnoncelli (1993) define terceirização como "um processo planejado de transferência de atividades para serem realizadas por terceiros". A decisão de fazer essa transferência considera, fortemente, o fator econômico (WALLS; MACAULEY; ANDERSON, 2005), sendo a redução de custos o argumento mais citado para defender a terceirização (GARCIA, 2007; PALMA, 2004; KAKABADSE; KAKABADSE, 2000).

Não é novo o fenômeno de transferir atividades a agentes externos à organização. Pelo menos desde o século XVIII, na Inglaterra, vários serviços, como o gerenciamento de prisões e a coleta de lixo são terceirizados (BERGAMASCHI, 2004). Na era Thatcher (1980-1990), os ingleses intensificaram esse processo, criando legislação específica. Nos Estados Unidos também houve enorme avanço das técnicas de *outsourcing*, sobretudo com as tecnologias de informação mais modernas e leis trabalhistas flexíveis (SIRELLI, 2008; KELLIHER, 1997).

No Brasil, terceirizar também não é novidade. No século XIX, o Imperador D. Pedro II contratou Aleixo Gary para a limpeza urbana do Rio de Janeiro (SCHIMIDT, 1999).

Mas foi só em 1967 que o governo brasileiro começou a normatizar a terceirização, impulsionado pelas experiências internacionais. O Decreto-Lei nº 200/67, primeira tentativa de reforma gerencial da Administração Pública, estimulava terceirizar atividades-meio para que o Estado pudesse "melhor desincumbir-se das tarefas de planejamento, coordenação, supervisão e controle" (art. 10). Em 1970, a Lei nº 5.645, definiu que serviços relacionados à gestão predial seriam prioridade na terceirização.

O processo foi interrompido, porém, logo depois, em 1972, quando a Lei nº 5.845 vedou terceirizar atribuições dos servidores públicos federais do "Grupo de Serviços Auxiliares", o que incluía, principalmente, as atividades de suporte e apoio.

A retomada só ocorreu vinte e cinco anos depois, em 1997, quando o art. 18 da Lei nº 9.527 revogou a proibição de contratar terceiros para serviços auxiliares.

Essa lei foi editada no contexto da chamada Reforma Gerencial do Estado, na década de 1990, diferenciando atividades finalísticas e de área-meio: as primeiras, consideradas estratégicas, indelegáveis e as últimas, tarefas que o setor privado estaria mais bem capacitado a desempenhar. Entre os serviços terceirizáveis estavam, principalmente, as atividades relacionadas à gestão dos prédios onde funcionam as repartições públicas, a exemplo da limpeza, vigilância e manutenção (BRESSER-PEREIRA, 1999).

Segundo a lógica gerencial, a área-meio deve ser delegada a empresas especializadas, com substancial economia para o Tesouro (BRESSER-PEREIRA, 1997).

A lógica da Reforma Gerencial do Estado se apoiava na ideia de que certos problemas da Administração Pública podem ser resolvidos com estratégias adotadas pelo setor privado. Não que se pretenda emular na gestão pública o modo privado de gerenciamento, como se o Estado fosse uma empresa, mas que se apliquem aos dilemas estatais algumas soluções já consagradas como boas práticas de gestão, independente da sua origem (BILHIM, 2009).

Busca-se, assim, imprimir à gestão pública o objetivo de perseguir o aumento da eficiência, eficácia e racionalização administrativa, melhor desempenho, com a adoção de mecanismos e ferramentas provenientes da gestão empresarial (PETERS, 1997).

Não por acaso, na mesma década de 1990, o mercado privado já estava terceirizando muito da sua área-meio, em especial a gestão predial, sendo mais comuns os serviços de limpeza, segurança/portaria, transporte, restaurante e manutenção (DIEESE, 1993).

Foi assim que começou, então, no setor público brasileiro, o movimento sistemático de transferir atividades de suporte para os serviços terceirizados, a partir de 1997, com o Decreto nº 2.271, que priorizou, principalmente, a contratação de atividades de suporte à gestão predial: limpeza, vigilância, copeiragem, recepção, manutenção.

Desde então, as despesas com terceirização vêm crescendo anualmente, em especial a partir de 2003 (SAIGG, 2008). Quase dobrou de representatividade no custeio federal, de 2009 a 2013 (CGU, 2015).

Consulta ao Painel de Custeio (paineldecusteio.planejamento.gov.br) demonstra que, de 2016 a 2020, foram gastos R$ 84 bilhões em itens de despesa associados, de modo geral, à terceirização,[1] o que representa 54% de todo o custeio administrativo ali

---

[1] Apoio administrativo, técnico e operacional; vigilância; limpeza; manutenção; locação de mão de obra.

evidenciado. Dados disponibilizados pela CGU[2] informam que, em janeiro de 2019, estavam atuando, pelo menos, 98 mil empregados terceirizados em órgãos do Poder Executivo federal.

A terceirização, portanto, tomando esses números como referência, tem se tornado um elemento extremamente relevante na estrutura administrativa do serviço público, em vários aspectos. Entre esses aspectos estão os métodos de contratação e a gestão contratual.

Os serviços são contratados de forma dispersa e individual, gerando milhares de contratos e potencial ineficiência do gasto. Levantamento da Central de Compras apontou mais de 8.000 contratos em 2019 relacionados com serviços sob o regime de dedicação exclusiva de mão de obra, cujo objetivo, geralmente, está relacionado às necessidades de ocupação das repartições (CENTRAL, 2020).

Para cada um desses contratos, são despendidos esforços administrativos em atividades de planejamento, seleção do fornecedor, assinatura, monitoramento, fiscalização, revisão, pagamento, rescisão, responsabilização. Cada etapa desse ciclo tem custos de transação, pode representar riscos e exigir controles para sua mitigação.

A maioria dessas contratações está relacionada com o conceito de *Facilities Management* (FM), um campo profissional e acadêmico ainda em estágio de desenvolvimento no Brasil, que trata dos fatores econômicos, aliados a outros elementos relativos à qualidade, produtividade e sustentabilidade, englobando a gestão estratégica da ocupação nas organizações (FERREIRA, 2005).

Depois dos gastos com pessoal, os dispêndios relacionados com instalações e prédios – aqui chamados de custos de ocupação – estão entre os mais elevados nas organizações (MADRITSCH *et al.*, 2008; KORKA; OLOUFA; THOMAS, 1997; AXCELL; RATCLIFF, 2001). Os custos operacionais e de manutenção totalizam 85% dos custos totais de um imóvel, observando-se o seu ciclo de vida (WEISE; SCHULTZ; ROCHA, 2011). Frequentemente, esses gastos são subestimados pelos gestores (APGAR, 1993).

Estimativas apontam para gastos de mais de R$ 20 bilhões por ano para operar e manter as repartições públicas, só no Poder Executivo federal (HECKERT; SANTOS, 2020).

Casos de sucesso apontam que a gestão integrada de contratos no modelo de *Facilities Management* pode gerar uma economia superior a 20%, pela sinergia e racionalização das operações (GUIMARÃES; GONÇALVES, 2016).

Isso pode representar até R$ 4 bilhões por ano em redução de gastos, só no Executivo federal. Sem contar o enxugamento dos custos administrativos de gerenciar os contratos, também da ordem potencial de bilhões, e a racionalização e otimização de espaço físico, outro parâmetro que pode representar expressiva economia de recursos.

Contratações com esse potencial de aumento de eficiência, em formato integrado e com diversas variantes, passaram a ser explicitamente permitidas pelo art. 7º da Lei nº 14.011/2020, daqui em diante chamada de "lei da gestão da ocupação".

Há potencial, portanto, de estruturar contratações mais eficientes e tratar os custos de ocupação como um tema estratégico, passível, em especial, de centralização, levando à otimização do custeio administrativo do setor público.

---

[2] Disponível em: https://www.gov.br/cgu/pt-br/acesso-a-informacao/dados-abertos/arquivos/terceirizados.

Mas esse é um tema ainda pouco explorado. Pesquisa nos motores de busca na Internet, sobretudo nas ferramentas acadêmicas, não apresenta grandes resultados sobre a área de gestão da ocupação ou de *Facilities Management* na Administração Pública do Brasil.

E o espaço para pesquisar a gestão da ocupação é amplo. O governo gerencia enormes instalações prediais, espalhadas por todo o território nacional, com potencial, portanto, para desenvolver e aperfeiçoar ideias inovadoras para a gestão de custos, podendo exercer papel de incubador e fomentador de boas práticas. Infelizmente, esse papel vem sendo ignorado (COTTS; RONDEAU, 2004).

Buscando fomentar o debate e estimular estudos, análises e a evolução dos contratos de terceirização, apresentam-se, aqui, elementos e perspectivas do potencial de racionalização e aumento de eficiência no custeio administrativo com a gestão estratégica da ocupação, apresentando referencial teórico sobre o tema e exemplos de modelos centralizados que podem servir de referência.

Por que tratar da gestão da ocupação

Dados do Painel de Custeio apontam que o Executivo federal gasta mais de R$ 1 bilhão por ano com locação de imóveis. Somente em Brasília, com prédios corporativos, são R$ 330 milhões. Esse é um dos componentes dos custos da ocupação predial, sem contar os custos de manutenção, operação e gestão das instalações, sejam alugadas ou próprias.

No Acórdão nº 1.479/2019, o Plenário do TCU analisou a locação de imóveis e determinou que se fizessem estudos para melhorar a gestão imobiliária, visando ao incremento da eficiência. No Acórdão nº 1.524/2019, também do Plenário, o Tribunal recomendou a realização de estudos para avaliar o grau de fragmentação nas contratações federais e as diferentes estratégias de atuação para gerenciá-las de modo mais eficiente.

A CGU, por sua vez, concluiu que as contratações de serviços terceirizados carecem de maior planejamento, de forma a aumentar a eficiência e economicidade (CGU, 2019).

Uma das formas de aumentar a eficiência e economicidade, em relação aos custos de ocupação, se refere às taxas de área útil por usuário. A NBR 5665 prevê, para escritórios, uma pessoa a cada 7m² de área útil. O mercado de *coworking* privado vem atuando com 6m².[3] Os parâmetros da Administração Pública são bem diferentes.

Na Esplanada dos Ministérios, com 32 edificações e 730.000m² de área construída, a taxa de ocupação em área útil, levantada pela Central de Compras, ficou em 13m² por estação de trabalho (HECKERT; SANTOS, 2020). Atingir os níveis de eficiência do mercado poderia representar 60% de aumento na capacidade de ocupação atual, por meio da redução da área útil ocupada por cada estação de trabalho. Isso permitiria, por exemplo, eliminar o aluguel em Brasília, alocando todos os servidores na Esplanada.

---

[3] Dados do Censo Coworking Brasil (http://coworkingbrasil.org/censo/2017) apontam para 313 mil m² ocupados por 56 mil estações de trabalho, o que perfaz a média de 5,6m² por estação de trabalho.

Para promover essa racionalização, seria necessário e desejável estimular a política de compartilhamento de prédios e reformar e adequar as instalações, mobiliário, leiaute, segurança, acessibilidade, acústica, uso de energia, ergonomia e respeito a demais normas de desempenho.

Contudo, o atual cenário de restrição de gastos da União tende a implicar, ao contrário, piora e possível colapso dos sistemas prediais atuais, acarretando panorama de interdição de uso e prejuízos significativos. O prédio-sede da CGU, o edifício Darcy Ribeiro, é exemplo de condições precárias de conservação das instalações federais.[4]

Tudo isso ainda pode ser combinado com o potencial de redução do espaço físico necessário, em função, especialmente, dos efeitos da digitalização de serviços e do trabalho remoto, fenômenos que foram tremendamente acelerados na pandemia.

Dados do Painel Raio-X (https://raiox.economia.gov.br) de fevereiro de 2021 apontam que o governo federal gerencia mais de 50 mil imóveis, sendo mais de 3.500 edifícios ou prédios e mais de 8.000 em uso no serviço público. O mesmo painel informa que o país já dispõe de mais de 70% de serviços digitalizados e 86% dos órgãos federais já adotaram processos eletrônicos em sua gestão administrativa. Quase 30% dos órgãos já se ligaram ao barramento do Processo Eletrônico Nacional, cerca de 40% já usam o TáxiGov e 16% adotaram o Almoxarifado Virtual, números que irão crescer bastante com as iniciativas de expansão dos modelos de contratação da Central de Compras.

No mesmo Painel Raio-X, é possível identificar que mais de 11% da força de trabalho federal tem acima de 60 anos e outros 21% estão entre 51 e 60 anos de idade. Significa que, em poucos anos, cerca de 1/3 dos servidores poderá estar aposentado. E há poucos indícios de que haverá reposição de quadros na mesma proporção do seu enxugamento. Notícias dão conta de que a taxa de reposição poderá ser menor que 30% (BARBOSA, 2020).

Pesquisas apontam porções expressivas de servidores públicos que terão suas funções substituídas por sistemas automatizados nas próximas décadas (ADAMCZYK, 2020). Exemplo dessa situação foi o caso do Certificado Internacional de Vacinação, que antes precisava de 700 funcionários e depois, digitalizado, menos de 100 pessoas (OLIVEIRA, 2020).

Agrega-se a isso a influência que a migração para o trabalho remoto pode representar, alterando profundamente as relações interpessoais e a necessidade de infraestrutura física de funcionamento das repartições públicas. Mais de metade das pessoas ocupadas no setor público tem potencial de teletrabalho (GOES; MARTINS; NASCIMENTO, 2020).

Tais estatísticas afetam fortemente o cenário de gestão de pessoas e a capacidade operacional da gestão pública, agora e no futuro próximo: uso intensivo de tecnologia, aumento de produtividade, redução drástica de quadro de servidores, simplificação de atendimento ao cidadão e atuação remota, levando à perspectiva de modificar fortemente as necessidades de espaços físicos.

Esse contexto foi usado como forte justificativa para fundamentar a introdução, no mundo jurídico, da permissão de contratar o serviço de "Gestão da Ocupação", conforme artigo 7º da Lei nº 14.011, de 10 de junho de 2020, que corresponde, de modo

---

[4] A CGU vem tentando obter uma nova sede, por meio de permutas de imóveis, em processos de chamamento público, como o Edital SPU nº 002/2020, de 15.12.2020.

geral, ao conceito de *Facilities Management*, integrando serviços terceirizados de suporte como limpeza, segurança, manutenção e outros relacionados com a ocupação predial.

> Art. 7º A administração pública poderá celebrar contrato de gestão para ocupação de imóveis públicos, nos termos da Lei nº 8.666, de 21 de junho de 1993.
>
> §1º O contrato de gestão para ocupação de imóveis públicos consiste na prestação, em um único contrato, de serviços de gerenciamento e manutenção de imóvel, incluído o fornecimento dos equipamentos, materiais e outros serviços necessários ao uso do imóvel pela administração pública, por escopo ou continuados.
>
> §2º O contrato de gestão para ocupação de imóveis públicos poderá:
>
> I - incluir a realização de obras para adequação do imóvel, inclusive a elaboração dos projetos básico e executivo; e
>
> II - ter prazo de duração de até 20 (vinte) anos, quando incluir investimentos iniciais relacionados à realização de obras e o fornecimento de bens.
>
> §3º (VETADO).
>
> §4º Na hipótese de que trata o §2º deste artigo, as obras e os bens disponibilizados serão de propriedade do contratante.
>
> §5º Ato do Poder Executivo poderá regulamentar o disposto neste artigo.

Como se vê, a lei é bastante flexível, permitindo envolver, na contratação, a elaboração de projetos, execução de obras de engenharia e fornecimento de equipamentos, em contratos que podem durar até 20 anos. É uma inovação radical na forma como se contratam serviços na Administração Pública brasileira.

Ocorre que a modelagem dessa contratação ainda é um grande desafio. A lei deixou em aberto a tomada de decisão sobre a forma como realizar essas contratações, em termos de escopo, precificação, critérios de seleção do fornecedor, prazo contratual, gestão e fiscalização.

A pesquisa relacionada à modelagem de contratações de serviços terceirizados que compõe a gestão da ocupação pode render excelentes resultados (SANTOS, 2014; 2015; SANTOS; BRITO; SILVA, 2016). No caso da limpeza predial, por exemplo, a CGU se valeu de estudos e referências para recomendar a revisão dos índices de produtividade (CGU, 2015), o que resultou na alteração profunda dos parâmetros federais, por meio da IN SEGES nº 05/2017, dobrando, de modo geral, as produtividades referenciais, o que, na prática, resulta em economia potencial de 50% nos gastos com limpeza, traduzidos em cerca de R$ 1 bilhão por ano que podem deixar de ser dispendidos.

Considerando esse cenário, aperfeiçoar a modelagem de contratações de gestão da ocupação envolve vultoso potencial de otimização de gastos da ordem de bilhões de reais por ano, justificando tratar a gestão da ocupação como área estratégica nas organizações públicas.

Referencial teórico

Nos últimos anos, o *Facilities Management* (FM) desenvolveu-se como tema profissional ao lado de finanças, recursos humanos e outras funções essenciais das organizações.

Na experiência de Cotts e Rondeau (2004), o gestor predial se depara com uma pergunta muito clara e recorrente: "como reduzir custos"? Esses autores afirmam que custo é o aspecto mais investigado em FM, o que é corroborado por Wong (2005). Isso torna inegável a importância do tema no setor público, pelo volume de gastos relacionados com a ocupação predial.

Há muitas definições para FM, mas em geral o conceito envolve o foco no ambiente de trabalho e nos serviços de apoio e suporte da organização (HAAS; HANSEN, 2010). A ISO 41011 define *Facilities Management* como a função organizacional que *integra pessoas, propriedade e processo* dentro do ambiente construído com o objetivo de *melhorar a qualidade de vida das pessoas e a produtividade* do negócio principal. Para o TCU, no Acórdão nº 929/2017-Plenário, trata-se de prática contemporânea, de *soluções integradas*, que reduz redundâncias, aumenta sinergia e facilita a gestão contratual.

A área de FM é responsável pela gestão estratégica do espaço predial, da operação do ambiente construído, do suprimento de serviços aos usuários dos ativos imobiliários (GRIMSHAW, 1999; JENSEN, 2008). Envolve a gestão do ambiente construído, serviços de alimentação, limpeza, segurança, engenharia, arquitetura, avaliação de ativos, decisões patrimoniais, alocação de espaço (WONG, 2005; YIU, 2008).

FM é uma área mais profissional do que acadêmica. Existe significativa carência de estruturas conceituais e teóricas, o que explica, em parte, por que ainda é um setor mal compreendido (MCLENNAN, 2004).

Tipicamente, FM abrange áreas múltiplas e interdisciplinares de conhecimento, sem um conjunto definido de disciplinas, funções e atividades, o que acaba criando uma espécie de crise de identidade (YIU, 2008), emprestando conhecimento das teorias de administração, engenharia, arquitetura e contabilidade.

Uma síntese que abarca com razoável aproximação essa amplitude de funções e características foi formulada por Yiu (2008), para quem a FM lida com a formulação, execução e avaliação de decisões sobre espaço, serviços, recursos e desempenho.

A FM busca, continuamente, melhorar a gestão predial, utilizando indicadores de custos e outros elementos de *benchmarking*. Nas últimas décadas, a mensuração de desempenho tem recebido grande atenção (WONG, 2005), considerando que dados confiáveis e comparáveis de desempenho e custos são fundamentais para a tomada de decisões (BARRET; BALDRY, 2003). Mensurar desempenho é tarefa essencial para fazer comparações e desenvolver estratégias de aperfeiçoamento (KINCAID, 1994).

Segundo Axcel e Rafclif (2001), pesquisas norte-americanas e inglesas têm chamado atenção para a necessidade de controlar os custos de ocupação e advogado o uso de padrões de *benchmarking*. Apgar (1993) afirma que os executivos ignoram o impacto dos espaços físicos em sua estrutura de custos e se esforçam em aumentar resultados por meio de outros aspectos do negócio, achando que os custos de ocupação são muito insignificantes para se preocupar, ou muito técnicos para analisar, ou muito estáticos para controlar.

Tem sido frequente o surgimento de organizações especializadas em *benchmarking* de custos de ocupação, relacionados com manutenção e operação de instalações. Exemplo é o *Occupiers Property Databank* (http://www.ipdoccupiers.com), estabelecido em 1994 em Londres (AXCELL; RATCLIF, 2001). O indicador de desempenho mais comum é o custo dividido por unidade física de área construída, o que, no Brasil, indica-se por R$/m^2 (HO *et al.*, 2000).

No caso específico da terceirização, a literatura sugere que a avaliação de desempenho é mecanismo fundamental para o controle da atividade terceirizada, por meio de indicadores, padrões e *benchmarks*, focando em áreas relevantes, como satisfação do cliente; velocidade de resposta, entrega ou execução; qualidade e custo (MCFARLAN; NOLAN, 1995). Os indicadores também funcionam como meio eficiente de comunicação mútua de expectativas de desempenho (LANGFIELD-SMITH; SMITH, 2003).

Em contratos de serviços terceirizados, pode ocorrer de os padrões, indicadores e métricas de desempenho se desenvolverem e evoluírem ao longo da relação contratual, incorporando definições mais precisas e especificações mais claras de responsabilidades e metas, como resultado de um processo de negociação e comunicação entre tomador e prestador do serviço (LANGFIELD-SMITH; SMITH, 2003).

A literatura deixa claro que a terceirização – a verdadeira terceirização – pressupõe o estabelecimento de parcerias, não com o objetivo exclusivo da redução de custos, mas na busca estratégica por aumento da qualidade, da produtividade e de foco em especialidade (VALOIS; ALMEIDA, 2009; OLIVEIRA, 2009; COSTA, 1994; LANGFIELD-SMITH; SMITH, 2003). Tomador e prestador de serviços têm interesses em comum, conscientes das necessidades das partes, embora ainda existam os casos de preocupação exclusiva com ganhos de curto prazo, ignorando o aprimoramento da qualidade, a busca da especialidade e da eficiência, para a garantia de competitividade no mercado (QUEIROZ, 1998). O Quadro 1 sintetiza as diferenças entre o modelo tradicional e a parceria:

QUADRO 1
Diferenças no relacionamento com fornecedores

SITUAÇÃO TRADICIONAL	PARCERIA
Desconfiança/medo dos riscos	Confiança
Levar vantagem em tudo	Política do "ganhar aos poucos"
Ganhos de curto prazo	Economia de escala
Pluralidade de fornecedores	Fornecedor único para a atividade terceirizada
O preço que decide	Enfoque na qualidade
Antagonismo	Cooperação
Postura reativa	Postura criativa
Fornecedor como adversário	Fornecedor como sócio

Fonte: Giosa (1993)

O que se espera de uma terceirização adequada é a compra de serviços de forma estratégica, nessa proposta de parceria, não a locação da força do trabalhador como meio de burlar a legislação trabalhista. Na França, restrições legais à demissão de funcionários acabaram impulsionando a utilização de mão de obra terceirizada como forma de contornar as dificuldades legais para demitir (MAGALHÃES; CARVALHO NETO; GONÇALVES, 2010).

Contratar empresas realmente especializadas é uma premissa apontada pela literatura como essencial para a efetividade da terceirização (SERRA, 2004; DE RUIJTER *et al.*, 2005; DRUCK, 1999). Adotar modelagens como a FM, que privilegia empresas especializadas, pode ter, de fato, impacto positivo na redução da locação de mão de obra disfarçada de terceirização, já que até o Tribunal de Contas da União reconhece que, no Brasil, hoje, as empresas que prestam serviços terceirizados, em regra, "não são especialistas no serviço propriamente, mas na administração de mão de obra",[5] o que revela, infelizmente, mais uma característica do *"outsourcing* tupiniquim".

Essa expressão foi usada por Faria (1994) para denominar o modelo de terceirização adotado no Brasil. Para a autora, há pelo menos dois modelos no mundo. No primeiro, mais comum nos países industrializados, terceirizar tem a ver com estratégia de parceria, com o objetivo de aumentar competitividade, baseada no comportamento "ganha-ganha" em que contratante, contratada e cliente têm vantagens, em que se planeja no longo prazo e se preocupa com a qualidade. Outro modelo limita-se ao estreito objetivo de reduzir custos no curto prazo.

Para a autora, esse segundo modelo é o *"outsourcing* tupiniquim", em que é mantido o antagonismo com os empregados e o movimento sindical e uma desconfiança generalizada, comportamento ganha-perde, visão de curto prazo e pouca preocupação com qualidade.

Espera-se que o modelo FM, incentivado pela lei da gestão da ocupação, possa ajudar a superar esse modelo distorcido de terceirização.

Um aspecto importante de qualquer modelo é a fiscalização contratual. E isso envolve custos que podem ir muito além dos mecanismos de acompanhamento da qualidade e suficiência do serviço, abrangendo, na verdade, a própria gestão de recursos humanos da empresa terceirizada, na busca por reduzir riscos de responsabilização trabalhista. Isso representa significativos custos de transação.

Não por acaso, o TCU recomendou, por meio do Acórdão nº 1.214/2013-Plenário, simplificar o processo de fiscalização dos contratos terceirizados.

Na época, exigia-se extensa relação de documentos a serem disponibilizados pelas contratadas e analisados pelos fiscais de contrato, demandando enorme esforço para monitorar a adimplência da prestadora de serviço, um problema do tipo principal-agente, em que o principal – governo – se obriga a implantar mecanismos de controle sobre as ações do agente – empresa prestadora de serviços (DOMBERGER; HENSHER, 1993). Para o TCU, essa situação afasta a fiscalização de sua atividade precípua, que é verificar a adequada execução dos serviços contratados e, ademais, não é capaz de evitar a inadimplência, dados os subterfúgios possíveis para enganar a fiscalização.

Reconheceu o TCU, acertadamente, que a adoção de mecanismos de controle pressupõe avaliação de custo x benefício.

Diante desse cenário, recomendou o órgão de controle que a fiscalização dos contratos terceirizados se tornasse mais eficiente, por meio de verificações amostrais. A adoção de critérios estatísticos na fiscalização tende a reduzir consideravelmente os custos de transação envolvidos com o monitoramento do cumprimento de obrigações trabalhistas pela empresa contratada.

Na contramão dessa premissa de eficiência na fiscalização de contratos terceirizados, encontra-se a figura da "conta vinculada", que transfere para a Administração

---

[5] Acórdão nº 1.214/2013 – TCU – Plenário.

Pública a atribuição de gerenciar recursos destinados aos encargos trabalhistas dos contratos, por meio de uma conta bancária especial.

Assim, antes de qualquer pagamento à empresa contratada, o órgão contratante separa parte do valor mensal e deposita em conta especial as provisões de férias, 13º salário, encargos sociais obrigatórios sobre férias e 13º salário e ainda a multa do FGTS por dispensa sem justa causa.

Essa medida tem o objetivo de reduzir riscos de inadimplência trabalhista, mas não há discussão apropriada sobre o seu custo de implantação e sua lógica frente ao conceito de terceirização.

No Acórdão nº 4.720/2009, a Segunda Câmara do TCU fez uma lúcida análise do que a adoção da conta vinculada representa. A Corte de Contas havia determinado que o Banco do Brasil passasse a usar a sistemática, mas o TCU voltou atrás e entendeu que não é correto usar a conta vinculada sem avaliação de riscos enfrentados, de custos envolvidos e de benefícios esperados, sob pena de ofender o princípio da eficiência em decorrência de acréscimos de custos superiores aos potenciais benefícios.

Há quem defenda que esse tipo de procedimento desvirtua e desfigura a terceirização, não apenas do ponto de vista operacional, mas legal (SAMPAIO, 2011). A súmula 331 do TST e todos os regulamentos da terceirização exigem que se contrate "serviços" e não "pessoas". Ora, se a empresa contratada não recebe pelos serviços prestados, o que a Administração Pública está fazendo, com a conta vinculada, pode ser entendido como gestão administrativa compartilhada.

Nesse formato de execução contratual, perde-se a essência da contratação de um serviço, descambando para a simples locação de mão de obra, situação ilegal. Afinal, a empresa contratada tem apenas que assinar a carteira de trabalho dos funcionários, já que encargos sociais e até salários podem ser administrados pelo contratante, transferindo a responsabilidade – e os custos – de gerenciar os funcionários terceirizados como se do quadro próprio fossem.

Esse modelo – de contratar pessoas e procedimentos, em vez de resultados, já foi superado em outros países. Exemplo disso ocorreu nos Estados Unidos, onde o órgão de Controle Externo, o GAO, em 1981, comparou a produtividade em limpeza do governo com o padrão privado. Quando terceirizava, o governo federal dos Estados Unidos exigia um número mínimo de horas das empresas, o que acabava onerando o contrato, porque retirava o incentivo de otimizar a produtividade. O GAO recomendou que a preocupação deixasse de focar a quantidade de horas para atuar em padrões de qualidade. O organismo de controle recomendou também aumentar o tempo dos contratos que geralmente eram de 12 meses, como aqui no Brasil. Contratos mais longos levavam a incentivos maiores aos prestadores de serviço de obter melhor produtividade sem perder qualidade (GAO, 1981).

Em vez de fiscalizar pessoas, o controle norte-americano recomendou implementar política mais consistente de monitoramento, sugerindo um modelo de auditorias amostrais aleatórias, com penalidades financeiras em caso de desempenho insatisfatório, por meio de Acordo de Níveis de Serviço (GAO, 1981).

As recomendações do GAO ao governo federal americano, feitas há mais de três décadas, são perfeitamente aproveitáveis para o cenário brasileiro, como comprovam as análises desta pesquisa. O modelo de contratação no Brasil, baseado em procedimentos, se assemelha bastante ao que existia nos Estados Unidos no início da década de 1980. Há excessiva preocupação com a quantidade de pessoas a serem contratadas, rotinas, métodos, tecnologia a serem empregados, contratando uma intermediária de mão de obra e não uma empresa especializada em prestar um serviço de características próprias (SANTOS, 2014).

O modelo de contratação do governo brasileiro, baseado em procedimentos e não em desempenho, deixa de privilegiar o aumento de produtividade que poderia ser obtido por meio do incentivo ao mercado em aplicar sua experiência, tecnologia e metodologia mais avançadas, capacitação, comprometimento e retenção de pessoal, incremento da capacidade de aprendizagem, campanhas para influenciar a cultura dos usuários.

Uma forma de superar essa modelagem da terceirização tupiniquim, distorcida e ineficiente, pode se dar por meio da centralização da Gestão da Ocupação, como ocorre em outros países.

Modelos centralizados de gestão da ocupação

A Administração de Serviços Gerais dos Estados Unidos (GSA) é a maior proprietária e operadora de bens imóveis nos Estados Unidos, responsável por gerenciar as necessidades imobiliárias da maioria das agências civis do Governo Federal (ULICKEY, 2016). A GSA gerencia mais de 35 milhões de m² de espaço em 9.600 edifícios (GAO, 2019).

O GAO avaliou a atuação do GSA na gestão da ocupação e identificou grandes oportunidades de melhorias, porque a agência norte-americana mantinha muitas áreas ociosas e subutilizadas e dependia muito de aluguéis caros.

No portfólio da GSA, as propriedades são vastas e diversificadas, espalhadas por todo o país. O GSA é responsável por operar e manter os prédios, terceirizando a maioria das atividades. A agência é autorizada por lei a adquirir, administrar, utilizar e dispor de bens imóveis para outras agências, atuando como gestor de FM do governo federal. Essa função é desempenhada pelo Serviço de Edifícios Públicos da GSA, que gerencia o ciclo de vida dos ativos próprios, incluindo a eventual alienação de propriedades e gestão de imóveis alugados.

Além da atividade mais operacional, a GSA também é responsável pela formulação de políticas de ocupação, definindo parâmetros para todo o governo federal, estabelecendo as melhores práticas para aperfeiçoar a eficiência do gasto com instalações, mantendo um banco de dados de todas as propriedades ocupadas e seus indicadores, incluindo o uso de tecnologia e gerenciamento de espaço para otimizar as taxas de ocupação e reduzir aluguel desnecessário (GAO, 2015).

Outro exemplo de modelo centralizado de gestão predial é praticado pelo governo estadual do Texas, também nos Estados Unidos. Lá, existe a *Texas Facilities Commission* (TFC), uma agência que gerencia todos os prédios ocupados pela estrutura governamental do Texas.

A principal função da TFC é administrar os prédios do governo estadual, excluindo aqueles operados por universidades, o Capitólio e a Mansão do Governador. A TFC também lida com a venda de propriedades excedentes e gerência de aluguéis.

A TFC foi criada em 1919, com a missão de consolidar as funções de compra e gestão de propriedades do governo Texano. De acordo o site da agência (http://www.tfc.state.tx.us), o portfólio de instalações próprias soma mais de 2,6 milhões de metros quadrados, atendendo às necessidades de mais de 100 agências estaduais que alojam cerca de 60 mil funcionários em 283 cidades e vilas.

A TFC estabelece padrões de ocupação e fornece às agências inquilinas as regras e diretrizes para as operações e atividades do dia a dia nas instalações prediais. Os serviços gerenciados de forma centralizada incluem limpeza, controle de pragas, manutenção das instalações, reciclagem e gestão de resíduos.

De acordo com o Plano Estratégico da TFC (2020), a missão da agência é apoiar o governo por meio de planejamento estratégico, gestão de ativos, design, construção, operação, manutenção e arrendamento de instalações e a realocação ou alienação de propriedades excedentes. Sobressaem as atividades de planejar, projetar, construir e otimizar o uso de ativos imobiliários. Maximizar o uso estratégico e eficiente das instalações e reduzir a dependência de edifícios alugados é um dos objetivos declarados, bem como gerenciar e manter um repositório de dados de todos os ativos imobiliários do Estado e um sistema de classificação e priorização para fornecer alto nível de precisão nas decisões.

Entre as ações da TFC estão o planejamento e a gestão de espaço físico, incluindo análises estratégicas de longo prazo, de modo a alocar e gerenciar a atribuição de espaço para as atividades das demais agências clientes.

A TFC também avalia, a cada dois anos, se é mais vantajoso comprar, construir, fazer parceria com outras entidades ou alugar instalações para abrigar agências estaduais. Realiza estudos de uso e necessidade de espaço e avalia continuamente todos os pedidos de alocação, atribuição, devolução ou modificação de espaço.

A agência centralizadora ainda fornece serviços de arquitetura e engenharia para as outras agências, para atender a necessidades relacionadas à ocupação, como projetos, reparos, reformas, e atua na capacitação e disseminação de boas práticas em relação a normas como o Código de Construção, Código de Segurança e Padrões de Acessibilidade.

Outros países também estão buscando monitorar, comparar e reduzir o consumo de espaço de suas repartições públicas.

No Reino Unido, um programa de escritório flexível, por meio do compartilhamento de mesas, diminuiu o espaço ocupado por pessoa de 13m^2 em 2011 para 9,9m^2 em 2016. A taxa de ociosidade caiu 40% em cinco anos (de 2012 a 2017) e, em 2017, constituía apenas 1,5% da área útil. A estratégia de centralização da gestão da ocupação no Reino Unido, com a criação da *Government Property Agency* (GPA), tem proporcionado grande economia, pelo compartilhamento de prédios entre diversos órgãos governamentais de diferentes esferas e poderes. Austrália e Nova Zelândia têm iniciativas similares (KAGANOVA; AMOILS, 2020).

Considerações finais

Uma das grandes vantagens que a centralização pode trazer para a gestão da ocupação é o aumento do profissionalismo dos gestores de ativos imobiliários. A área de

FM é multidisciplinar e exige intensa capacitação e atualização constante. Esperar que isso aconteça dentro de cada prédio ocupado por um órgão público é pouco racional. A centralização é um caminho para proporcionar o nível profissional adequado para toda a complexidade da gestão da ocupação.

A centralização não precisa ser, necessariamente, de toda a atividade. Podem existir agências distintas para a formulação de políticas e sua execução. Há modelos assim em outros países (KAGANOVA; AMOILS, 2020), mas o importante para o debate aqui proposto é a possibilidade de utilizar as permissões inovadoras da Lei de Gestão da Ocupação, o art. 7º da Lei nº 14.011/2020, para pensar em estruturas mais eficientes para trabalhar com as modelagens contratuais que estão esperando para ser desbravadas.

Em 1967, o Decreto-Lei nº 200 já esperava que fizéssemos uma reforma gerencial que possibilitasse aos órgãos públicos desempenhar melhor suas atividades finalísticas. Promover a gestão estratégica da ocupação por meio de estruturas centralizadas pode ser uma resposta efetiva a esse anseio que já ultrapassa cinquenta anos.

Referências

ADAMCZYK, W. B. *Impacto da Automação no Executivo Federal no Brasil*: aspectos sociodemográficos e previdenciários. Relatório de Pesquisa. ENAP, Brasília, 2020.

APGAR, M, IV. Uncovering your hidden occupancy costs. *Harvard Business Review*, 71(3):124-36, May-Jun. 1993.

AXCELL, A.; RATCLIFF, A. The Cleanability of Buildings. *Real Estate Finance and Investment Research Paper* nº 2001.05. Londres: City University Business School, 2001.

BARBOSA, M. De cada 100 servidores que se aposentam, só 26 são repostos, revela Guedes. *Correio Braziliense*. Serviço Público. 22.10.2020.

BARRET, P.; BALDRY, D. *Facilities Management*: Towards Best Practice, Blackwell Science, Oxford, 2003.

BERGAMASCHI, S. *Modelos de gestão da terceirização de Tecnologia da Informação*: um estudo exploratório. Tese (Doutorado em Administração). Universidade de São Paulo. 2004.

BILHIM, J. Recursos humanos e as novas regras da AP. Interface Administração Pública. 2009.

BRESSER-PEREIRA, L. C. A Reforma do Estado dos anos 1990: lógica e mecanismos de controle. *In:* Cadernos MARE da Reforma do Estado. V. 1. Brasília, Ministério da Administração e da Reforma do Estado. 1997.

BRESSER-PEREIRA, L. C. Reflexões sobre a reforma gerencial brasileira de 1995. *Revista do Serviço Público*, n. 4, p. 5-28, out./dez. 1999.

CENTRAL de Compras. Projeto Terceirização. Relatório de Estudos Técnicos Preliminares. Disponibilizado em Consulta Pública. 2020.

CGU, Controladoria-Geral da União. Relatório de avaliação por área de gestão nº 3. Gastos do Governo Federal com terceirização de serviços de vigilância, limpeza e conservação predial. Brasília, abril/2015.

CGU, Controladoria-Geral da União. Relatório de avaliação. Contratos de terceirização. Brasília, novembro/2019.

COSTA, M. da S. C. Terceirização/Parceria e implicações no âmbito jurídico-sindical. *Revista de Administração de Empresas*, São Paulo, v. 34, n. 1, p. 6-11, jan./fev. 1994.

COTTS, G. C.; RONDEAU, E. P. *The facility manager's guide to finance and budgeting*. New York: American Management Association, 2004.

DE RUIJTER, E.; TREAS, J. K.; COHEN, P. N. Outsourcing the gender factory: living arrangements and service expenditures on female and male tasks. Social Forces, Chapel Hill, v. 84, n. 1, p. 305-322, Sep. 2005.

DIEESE. *Os trabalhadores frente à terceirização*. Pesquisa nº 7. São Paulo, 1993.

DOMBERGER, S.; HENSHER, D. (1993).On the Performance of Competitively Tendered, Public Sector Cleaning Contracts. *Public Administration*, 71(3), p. 441-454.

DRUCK, M. da G. *Terceirização – (Des)Fordizando a Fábrica*: um estudo do complexo petroquímico. São Paulo: Boitempo Editorial. 1999.

FARIA, A. de. Terceirização: um desafio para o movimento sindical. *In:* MARTINS, H. de S.; RAMALHO, J. R. *Terceirização*: diversidade e negociação no mundo do trabalho. São Paulo: Hucitec – CEDI/NETS, 1994. p. 41-61.

FERREIRA, F. P. Gestão de *facilities*: estudo exploratório da prática em empresas instaladas na região metropolitana de Porto Alegre. Dissertação (Mestrado em Engenharia Civil). Universidade Federal do Rio Grande do Sul. 2005.

GAO, General Accounting Office. *GSA's cleaning costs are needlessly higher than in the private sector*. 1981.

GAO. Substantial efforts needed to achieve greater progress on High-Risk areas. *In:* GAO, 19-157SP High-Risk series, 2019.

GAO. Underutilized facilities. DOD and GSA information sharing may enhance opportunities to use space at military installations. Report to Congressional Committees. 2015.

GARCIA, R. B. Terceirização: impacto sobre os custos de mão de obra. *Caminhos de geografia – revista online*, 8(21), p. 100-108, 2007.

GIOSA, L. A. *Terceirização*: uma abordagem estratégica. São Paulo: Editora Pioneira. 1993.

GOES, G. S.; MARTINS, F. DOS S.; NASCIMENTO, J. A. S. *O teletrabalho no setor público e privado na pandemia*: potencial versus evolução e desagregação do efetivo. Nota Técnica. IPEA. Carta de Conjuntura n. 48, 3º trimestre de 2020.

GRIMSHAW, B. Facilities management: the wider implications of management change. *Facilites*, vol. 12, n. 1/2, p. 24-30, 1999.

GUIMARÃES, I. M. R.; GONÇALVES, R. E. Introdução do modelo de facilidades na Administração Pública: estratégia para redução de custos e otimização de recursos. *In: IX Congresso Consad de Gestão Pública*. Brasília/DF, 2016.

HAAS, H. DE; HANSEN, A. P. Facilities management in a service supply. *In: 22nd Annual NOFOMA Conference* (p. 631-645). Kolding, Denmark: University of Southern Denmark. 2010.

HECKERT, C. R.; SANTOS, F. B. MP 915 mira redução de gastos anuais na casa de bilhões de reais. *Revista InfraFM*. Disponível em: https://infrafm.com.br. Acesso em: 17 jan. 2020.

HO, D. C. W.; CHAN, E. H. W.; WONG, N. Y.; CHAN, M. Significant metrics for facilities management benchmarking in the Asia Pacific region. *Facilities*, 18(13), 545-556, 2000.

JENSEN, P. A. *Facilities Management for students and practitioners*, Center for Facilities Management – Realdania Research, DTU Management. 2008.

KAGANOVA, O.; AMOILS, J. M. Central government property asset management: a review of international changes. *Journal of Corporate Real Estate*, vol. 22, n. 3, p. 239-260, 2020.

KAKABADSE, N.; KAKABADSE, A. Critical review-outsourcing: a paradigm shift. *Journal of Management*, 19(8), 670-728, 2000.

KELLIHER, C. Competitive tendering in NHS catering: a suitable policy? *Health Manpower Management*, 23(5), 170-180, 1997.

KINCAID D. G. Measuring Performance in Facility Management, *Facilities*, vol. 12, n. 6, p. 17- 20, 1994.

KORKA, J.; OLOUFA, A.; THOMAS, H. Facilities computerized maintenance management systems. *Journal of architectural engineering*, (3), 118-123, 1997.

LANGFIELD-SMITH, K.; SMITH, D. Management control systems and trust in outsourcing relationships. *Management Accounting Research*, 14(3), 281-307, 2003.

MADRITSCH, T.; STEIXNER, D.; OSTERMANN, H.; STAUDINGER, R. Operating cost analyses of long-term care facilities. *Journal of Facilities Management*, 6(2), 152-170, 2008.

MAGALHÃES, Y. T. de; CARVALHO NETO, A. M.; GONÇALVES, P. P. B. Os Múltiplos Desafios da Gestão de Terceirizados: a experiência dos gestores de contratos. *Revista de Ciências da Administração*, 12(16), 116-143, 2010.

MCFARLAN, W. F.; NOLAN, R. L. How to Manage an IT Outsourcing Alliance. *Sloan Management Review*, vol. 36, n. 2, p. 9-23, Winter 1995.

MCLENNAN, P. Service operations management as a conceptual framework for facility management. *Facilities*, vol. 22, n. 13/14, p. 344-348, 2004.

OLIVEIRA, A. L. A. de. *Terceirização e satisfação com o trabalho*. Dissertação (Mestrado em Gestão Empresarial). Fundação Getúlio Vargas. 2009.

OLIVEIRA, K. *Governo atinge 900 serviços digitalizados em 20 meses*. Empresa Brasileira de Comunicação, EBC. Agência Brasil. 06.09.2020.

PAGNONCELLI, D. *Terceirização e Parceirização*: Estratégias para o Sucesso Empresarial. Rio de Janeiro: Gráfica JB, 1993.

PALMA, A. B. Aspectos jurídicos da terceirização. *Gazeta Mercantil/Legal e Jurisprudência*, v. 5, n. 9, set. 2004.

PETERS, B. Policy transfers between governments: the case of administrative reforms. *West European Politics*, p. 71-78, 1997.

QUEIROZ, C. A. R. S. *Manual de Terceirização*: Como encontrar os caminhos para a competitividade, com flexibilidade empresarial e atendimento do mercado, ganhando da concorrência e satisfazendo os anseios e interesses dos consumidores. São Paulo: STS Publicações e Serviços Ltda. 1998.

SAIGG, I. G. *Terceirização de mão de obra na Câmara dos Deputados*: elementos quantitativos e financeiros dos contratos. Monografia (Especialização em Orçamento Público). Instituto Serzedello Corrêa, 2008.

SANTOS, F. B. *Determinantes de custos na limpeza predial terceirizada: benchmarking em universidades federais*. Dissertação de Mestrado, Faculdade de Economia, Administração e Contabilidade, Universidade de São Paulo, São Paulo, 2014.

SANTOS, F. B. *Determinantes de custos e economicidade de contratos: o exemplo da limpeza predial*. In: 5º Prêmio Chico Ribeiro de informação de custos e qualidade do gasto no setor público – 2015. Categoria: Profissionais. Tema: tópicos conceituais e contemporâneos de contabilidade aplicados ao setor público. ENAP, Brasília/DF, 2015.

SANTOS, F. B.; BRITO, M. de; SILVA, C. C. *Serviços de Limpeza: O Impacto do Planejamento nos Custos e Resultados da SAMF-MT*. In: 6º Prêmio Chico Ribeiro de informação de custos e qualidade do gasto no setor público – 2016. Categoria: Relato de experiências. Instituto Social Iris, Natal/RN, 2016.

SCHIMIDT, M. F. *Nova história crítica*. São Paulo: Nova Geração, 1999.

SERRA, S. M. B. Qualidade na Terceirização. *In:* Oliveira, O. J. (org.). *Questão da qualidade:* tópicos avançados. São Paulo: Pioneira Thomson Learning. 2004.

SIRELLI, P. M. *Terceirização na esfera pública estatal*: estratégia (im) posta à Universidade Federal de Juiz de Fora. Dissertação (Mestrado em Serviço Social). Universidade Federal de Juiz de Fora. 2008.

TFC. Texas Facilities Commission. Agency Strategic Plan Fiscal Years 2021-2025. 2020.

ULICKEY, J. M. One Dashboard to Rule Them All: Case Study of an Integrated Facility Management System, Energy Engineering, 113:5, 52-63, 2016.

VALOIS, Ù. de; ALMEIDA, A. T. de. Modelo de apoio à decisão multicritério para terceirização de atividades produtivas baseado no método SMARTS. *Produção*, 19(2), p. 249-260, 2009.

WALLS, M.; MACAULEY, M.; ANDERSON, S. Private markets, contracts, and government provision. What explains the organization of local waste and recycling markets? *Urban Affairs Review* 40(5): 590-613, 2005.

WEISE, A. D.; SCHULTZ, C. A.; ROCHA, R. A. da. Facility Management: contextualização e desenvolvimento. *In:* 11ª Conferência Internacional da LARES, 2011.

WONG, Y. L. P. *Facilty management benchmarking*: measuring performances using multi-attribute decision tools. The Hong Kong Polytechnic University, 2005.

YIU, C. Y. A conceptual link among facilities management, strategic management and project management. *Facilities*, 26 (13/14), p. 501-511, 2008.

Informação bibliográfica deste texto, conforme a NBR 6023:2018 da Associação Brasileira de Normas Técnicas (ABNT):

SANTOS, Franklin Brasil. Gestão da ocupação: em busca de eficiência no custeio administrativo do setor público. *In:* LOPES, Virgínia Bracarense; SANTOS, Felippe Vilaça Loureiro (coord.). *Compras públicas centralizadas no Brasil*: teoria, prática e perspectivas. Belo Horizonte: Fórum, 2022. p. 227-242. ISBN 978-65-5518-463-1.

PROFISSIONALIZAÇÃO DAS COMPRAS PÚBLICAS: UM CAMINHO INESCAPÁVEL

FRANKLIN BRASIL SANTOS

GABRIELA PÉRCIO

> *"Conhecimento é sempre o melhor investimento."*
> Benjamin Franklin

Introdução

Era uma vez uma prefeitura. Uma obra a ser construída. Alguns fornecedores fantasmas. Uma comissão de licitação de mentira. Final da história: fraude e condenações por crimes. Uma das pessoas que supostamente conduziram o certame confessou: não fazia a menor ideia do que é um processo licitatório, mal sabia que existia uma lei.

Esse é um episódio real, trágico e, infelizmente, não é raro. Gente que só assina documentos é uma constatação recorrente no mundo das fraudes em licitação (SANTOS; SOUZA, 2020). E fraude é só um dos grandes riscos do negócio. Desperdício também acontece com frequência e é um enorme problema na logística do setor público (SOUZA; SANTOS, 2019).

Sabe-se que equilibrar eficiência e controle é o grande desafio em compras públicas. Licitação é muito mais que um instrumento jurídico. É um negócio, em busca de uma boa solução para uma demanda legítima, ofertada por um provedor idôneo, por um preço justo. Uma busca que precisa atender a múltiplos princípios e objetivos. Obter a compra mais econômica, com qualidade, otimizando o valor do dinheiro (*value for money*), tem sido uma meta de difícil alcance, em especial pela debilidade de competências dos agentes envolvidos – principalmente, mas não apenas, estaduais e municipais –, uma verdadeira endemia gerada pela falta de capacitação decorrente, no mais das vezes, da falta de consciência por parte das autoridades de que a atividade de contratação é fundamental e estratégica para a obtenção dos fins institucionais (PÉRCIO, 2018).

É notória a falta de treinamento e motivação dos compradores públicos, ocupados muito mais em atender a interpretações da legislação do que em fazer boas compras (LUIZA; CASTRO; NUNES, 1999). Só no Governo Federal são 30 mil servidores com baixa qualificação e pouco ou nenhum incentivo para o exercício das tarefas (BANCO MUNDIAL, 2004). No Brasil, os compradores públicos atuam nessa função de modo temporário, sem motivação de ali permanecerem, considerando os elevados riscos pessoais, os raros incentivos salariais, o treinamento insuficiente, a forte pressão dos escalões superiores (MOTTA, 2010). A falta de valorização e qualificação dos compradores e o excesso de disfunções burocráticas são problemas comuns (COSTA, 2019).

Nossa história é marcada por graves fragilidades de capacidades estatais na área das compras públicas, incapazes que fomos, até agora, de construir identidade e estrutura organizacional apropriadas à relevância do tema, por conta de descontinuidades recorrentes e problemas nas diferentes etapas do processo de compras (FERNANDES, 2016). Esse problema crônico, se não for enfrentado de modo adequado, tende a piorar, considerando que a transformação digital e os impressionantes avanços tecnológicos vão introduzindo, de modo cada vez mais frenético, novos e revolucionários conceitos, exigindo dos profissionais de compras, públicos e privados, no Brasil e no mundo todo, capacidades muito além daquelas relacionadas ao antigo paradigma de redução de custos (VON DER GRACHT, 2016). Hoje e ainda mais no futuro, precisamos afastar os compradores públicos do mero cumprimento de normas, para alcançar uma posição estratégica na máquina estatal (SANTOS, 2019).

Na experiência dos autores deste texto, a questão primordial da gestão das compras é exatamente esse recurso historicamente pouco valorizado e cada vez mais cobrado: o *comprador*, assim entendido, para os fins deste trabalho, o agente diretamente vinculado às principais fases da logística, em especial o planejamento, a seleção do fornecedor e a gestão contratual. Infelizmente, nossa trajetória legislativa não teve essa mesma percepção no passado, apostando mais nas regras, focando em restringir o espaço decisório do gestor de compras (ROSILHO, 2011). Por outro lado, nossa trajetória tecnológica tem avançado em sistemas eletrônicos, em especial o Comprasnet, com foco na fase de seleção do fornecedor.

As normas são importantes ao definirem as regras do jogo. Os sistemas também são relevantes, por proverem estrutura operacional e aumentarem a transparência. Mas é o comprador quem opera sistemas e transforma as regras em efetiva entrega de solução. São as pessoas que determinam, na prática, os resultados. Precisamos de gente suficiente, treinada, experiente e motivada. O objetivo de uma Administração

Pública 4.0 não será alcançado sem investimentos sólidos para a profissionalização do comprador público 4.0.

A Lei nº 14.133, de 1º de abril de 2021 (BRASIL, 2021), abriu perspectiva promissora de que possamos atingir esse ideal, representando um fôlego renovado de expectativas pela aposta na governança como mecanismo de condução aos resultados desejados, exigindo envolvimento da alta gestão nas decisões, ampliando e reforçando o papel do planejamento nas contratações e a aplicação da gestão de riscos em todo o processo logístico (LOPES, 2021). Para que essas mudanças possam funcionar, os legisladores assumiram a alvissareira premissa de incentivar a profissionalização dos responsáveis pelas licitações e execução dos contratos, tendo em vista o acertado diagnóstico de que sem bons agentes públicos e bons incentivos a eles, a nova Lei não será aplicada de forma adequada (ARRUDA, 2018). Com base nessa premissa, a nova Lei exige a gestão por competências na área de compras, trazendo os primeiros contornos reais de profissionalização das compras públicas em nossa história normativa.

É sobre isso que queremos refletir: a grande oportunidade que temos de transformar a logística do setor público por meio da valorização efetiva do aspecto profissional de seus agentes.

A proposta é estudar o tema em revisão bibliográfica, começando pela literatura mais geral, a respeito dos desafios do contexto de compras e dos compradores em um mundo em constante avanço tecnológico, passando por pesquisas sobre o impacto da profissionalização nos resultados das contratações governamentais, modelos e experiências internacionais de gestão de competências de compradores públicos e afunilando na realidade brasileira e os desafios e riscos que se apresentam para a transformação desejada, incluindo a centralização das compras como alternativa para aumentar as chances de sucesso. Sobretudo, pretendemos, com o presente estudo, oferecer uma visão não apenas otimista, mas realista dos avanços que podem decorrer de uma interpretação eficiente das disposições da nova Lei e da sua efetiva aplicação, mediante a assunção, pela alta administração, da responsabilidade que lhe foi imposta.

Compras 4.0: do burocrático ao estratégico

O escopo principal da compra é entregar solução necessária para atingir um objetivo legítimo, cumprindo a missão do governo de maneira oportuna, econômica e eficiente, agregando valor para a sociedade. Nos últimos anos, as compras públicas sofreram profundas mudanças, evoluindo de atividade procedimental para uma área estratégica na busca por eficiência das organizações públicas, para regular mercados e promover o desenvolvimento sustentável. Mas o que seria uma boa estrutura de compras? Como mediríamos o sucesso dessa estrutura?

Para Kate Hart (2005), não seria da forma como estamos acostumados a medir o desempenho de licitações e contratos. Historicamente, nos preocupamos com o preço das coisas compradas, em vez de mensurar eficiência ou efetividade. Para a autora, isso distorceu a visão do papel das compras para as organizações e para a sociedade. A Organização para a Cooperação e Desenvolvimento Econômico (OCDE) publicou estudo em que admitiu a complexidade – e possivelmente a inviabilidade – de chegar a um consenso sobre o que se entende por desempenho em compras públicas. A abordagem adequada, para essa organização, deve contemplar os objetivos do procedimento e de seus tomadores de decisão, os possíveis modos de se atingirem esses objetivos e as características dos agentes que interagem ao longo do processo (OCDE, 2012).

A dificuldade é tanta que a maioria das discussões sobre os resultados das estratégias de compras públicas acaba se resumindo em estimar a economia entre o valor estimado e o contratado ou a simplificação de processos por meio eletrônico ou avalições sobre prazos e qualidade, sem definição de parâmetros de referência claros. As compras do setor público apresentam, de modo geral, dilemas de crescente complexidade, tensões recorrentes entre eficiência e controle; flexibilidade e *accountability*; fraude e custo de transação; isonomia e políticas de fomento; concorrência e transparência; legalidade e inovação (MCCUE; PRIER; SWANSON, 2015). Dada a complexidade desses dilemas, *profissionais de compras serão continuamente chamados a equilibrar as tensões* (RIBEIRO; INÁCIO JUNIOR, 2019).

De acordo com Baily e colaboradores (2008), *o comprador vem evoluindo fortemente* de uma figura primitiva, desprovido de qualificações especiais, um operador burocrático, para um protagonista estratégico nas organizações, superqualificado, ocupado em decidir e prospectar novas oportunidades, muito além da redução de custos. Mccue, Buffington e Howell (2003) afirmam que *a única maneira de elevar os padrões de aquisição, tanto no campo processual como ético, é garantir compradores competentes, capazes de tomar decisões sólidas e racionais*.[1]

A OCDE reconhece que os contratos do setor público estão migrando do foco em conformidade com políticas e procedimentos para um papel mais central no desempenho organizacional, *exigindo profissionais de compras capazes de definir e implementar estratégias complexas, análises de inteligência de mercado*, a fim de perseguir vários objetivos ao mesmo tempo.[2] Assim, uma das métricas propostas para dimensionar o desempenho das compras é a existência de um *programa de certificação*, obrigatório ou voluntário, e o percentual de compradores certificados (OCDE, 2012).

Os desafios para os profissionais de compras públicas incluem a transição de uma função de pedidos para uma mais estratégica; regras cada vez mais complexas; a natureza multidisciplinar da profissão; e a falta de profissionalização (OCDE, 2017a). Uma força de trabalho de compras públicas com capacidade adequada é crucial para alcançar os objetivos estratégicos das organizações governamentais.[3] Profissionais que possuem ampla gama de habilidades e competências, incluindo negociação,

---

[1] Tal objetivo pode ser alcançado com educação permanente. Para os autores, o campo de compras mudou para sempre com as tecnologias baseadas na Internet, movendo a função de compras para uma posição estratégica, liberando os compradores para se concentrarem em atividades com maior valor agregado e deslocando a busca por eficiência do preço pago para o custo das transações. Um exemplo em que a tecnologia influencia dramaticamente as compras é a comunicação entre demandante e unidade compradora. Hoje isso pode ocorrer a distância. Não há mais barreiras físicas, facilitando o teletrabalho e o compartilhamento entre unidades compradoras. O comprador não precisa ser mais um agente lotado na unidade demandante. O comprador pode ser virtual e atuar para diversos demandantes (MCCUE; BUFFINGTON; HOWELL, 2003).

[2] Questões de modelagem estrutural, centralização *versus* descentralização, têm assumido um novo significado, à medida que o papel das aquisições na eficácia e eficiência organizacional se torna mais reconhecido. Os compradores atuam numa função em constante evolução.

[3] Segundo a OCDE, a fraqueza mais proeminente nos sistemas de contratação pública é a falta de capacidade da força de trabalho (definida como habilidade baseada em habilidades para um indivíduo, grupo ou organização cumprir obrigações e objetivos) e falta de capacidade (definida como a habilidade de cumprir obrigações e

gerenciamento de projetos e gerenciamento de risco, são necessários para a entrega bem-sucedida de iniciativas de compras estratégicas (OCDE, 2017b). Além disso, o conjunto de habilidades exigidas dos profissionais de compras precisa ser flexível, uma vez que os contextos e as prioridades envolvidas em seu trabalho diário estão em constante mudança (OCDE, 2013).[4]

No conceito de uma Administração Pública que busca novas formas de suprir necessidades da sociedade do conhecimento (PÉRCIO, 2020), tais profissionais são, também, agentes de transformação (PÉRCIO, 2019a). A compra pública, enquanto instrumento necessário à atuação finalística da organização e à implementação de políticas públicas voltadas para o desenvolvimento nacional sustentável, carece de operadores de alto rendimento, em condições de identificar e executar, de forma eficiente, práticas de resultados, de pensar os problemas e suas soluções a partir de uma nova inteligência de negócio (PÉRCIO, 2019b). Tais profissionais precisam estar preparados para resolver problemas complexos de forma criativa e inteligente, trafegar com segurança por diferentes áreas e trabalhar a partir das expectativas dos seus demandantes, identificando os melhores caminhos. Ao fim e ao cabo, para que a compra pública alcance seus desígnios, o comprador público precisa estar próximo do profissional que é desejado e contratado pelo setor privado, com habilidades não apenas para executar, mas para conectar e provocar, combinar coisas e transformá-las em algo novo. Tais agentes já existem no serviço público, porém lhes falta espaço e estímulo, razão pela qual não são percebidos, nem promovem as mudanças das quais são capazes (PÉRCIO, 2019a).

Por fim, fazendo um prognóstico sobre o futuro das compras, Von der Gracht e outros (2016) introduzem o conceito de *"dinaxibilidade"*, mistura de "capacidade", "dinâmica" e "complexa", para dar conta de uma realidade que exige a capacidade de gerenciar contextos dinâmicos e complexos, inspirando, para nós, a percepção de que o comprador público precisa ser "habilidoso", "inovador" e "seguro de seus atos e decisões",[5] o que, de um lado, o coloca na condição de obter os melhores resultados e, de outro, reduz sua vulnerabilidade a pressões e medos gerados pelas incertezas do desconhecimento.

O impacto da profissionalização nas compras

Segundo Wilensky (1970), *o processo de profissionalização obedece a um conjunto ordenado de passos*, começando quando a ocupação se torna função de tempo integral, devido à existência de demanda pelos serviços, passando pela criação de sistematização do

---

objetivos com base em recursos administrativos, financeiros, humanos ou de infraestrutura existentes). (OCDE, 2017a).

[4] Muitos profissionais de compras trabalham em funções que exigem habilidades estratégicas, táticas e operacionais de alto nível. Nos países da OCDE (Bélgica, Canadá, Coréia e Estados Unidos), as competências são integradas em várias atividades para garantir o alinhamento com as necessidades da organização. As atividades podem incluir recrutamento e seleção de pessoal, treinamento e desenvolvimento, e planejamento de sucessão e carreira (OCDE, 2013).

[5] Seguindo a inspiração dos autores, sugere-se, para fins de composição do perfil do comprador público, o adjetivo *"compradorioso"* – curioso, zeloso, meticuloso, caprichoso, escrupuloso, rigoroso, estudioso, virtuoso, amistoso, industrioso, engenhoso, valioso.

conhecimento e criação de escolas de treinamento, estabelecimento de associações, identidade e perfil corporativo da profissão, regulamentação e código de ética específicos.

Estudos realizados por instituições de pesquisa de referência na área mostram que proporcionar oportunidades de desenvolvimento e ascensão na carreira, bem como assegurar que os funcionários estejam vinculados aos objetivos e estratégias da instituição, *está entre os principais fatores que impulsionam a satisfação, o comprometimento e a retenção de pessoal* (OCDE, 2015). Também existe uma forte correlação entre o engajamento dos funcionários e o alto desempenho e produtividade da instituição (RAYTON *et al.*, 2012). Uma *alta taxa de rotatividade é cara*, pois requer despesas adicionais para recrutar e treinar funcionários e resulta em perda de produtividade e eficiência.[6]

Para Decarolis e outros (2018), *comprar exige conhecimento das normas, do produto e do mercado, combinado com boas práticas de gestão e habilidades estratégicas para planejar e negociar*. Os autores elaboraram estudo abrangente sobre o impacto da competência burocrática sobre os resultados das compras públicas nos *Estados Unidos*. O objetivo da pesquisa foi quantificar os efeitos das competências sobre o desempenho de prazos e custos dos contratos e sobre o número de vezes que eles são renegociados. De acordo com os resultados, *um aumento de um desvio padrão em competência reduz o excesso de custos em 29% e o número de dias de atraso em 23%. Também reduz pela metade o número de renegociações*. Isso implica que, se todos os escritórios federais tivessem o nível de competência da NASA, os atrasos na execução de contratos diminuiriam em milhões de dias e os custos excedentes cairiam em $ 6,7 bilhões em toda a amostra analisada (DECAROLIS *et al.*, 2018).[7]

Foram identificados três componentes de competência nas agências compradoras: cooperação, incentivos e habilidades (DECAROLIS *et al.*, 2018). O estudo apontou fortes evidências de que *a cooperação é a chave motor por trás dos efeitos positivos da competência*, o que remete a aspectos de qualificação raramente abordados. Para comprar bem, segundo essa perspectiva, *os compradores devem manejar e coordenar uma multiplicidade de tarefas envolvendo diferentes indivíduos e setores.*

Conduzir a contratação exige ponderação sobre características frequentemente complexas de cada bem, obra ou serviço específico a ser adquirido, as condições do mercado e as características dos fornecedores em potencial, além dos princípios legais e capacidade de gestão de recursos disponíveis. É essencialmente uma *atividade multidisciplinar*, que exige colaboração entre pessoas com habilidades diferentes. Comprar é o resultado do trabalho em equipe. Saber coordenar as pessoas que atuam nas compras é, portanto, fundamental, além de dominar conhecimentos jurídicos, de engenharia, contabilidade, administração, economia, ciência política, administração pública, *marketing*, pesquisa operacional (THAI, 2001; DECAROLIS *et al.*, 2018).[8]

---

[6] Alguns estudos estimam que o custo de substituição direta de um funcionário pode ser de até 50-60% de seu salário anual, e os custos totais associados à rotatividade podem aumentar para 90-200% (MITCHELL *et al.*, 2001).

[7] O tamanho desses efeitos seria esperado em um ambiente de instituições fracas, mas são bastante surpreendentes para o país tido com as práticas de gestão pública (e privada) mais eficientes do mundo. Os autores sugerem que, mesmo em países avançados, há um espaço considerável para melhorar a prestação de serviços, melhorando a competência nas burocracias públicas, confirmando a importância de aperfeiçoar a tomada de decisão dentro das organizações de compras.

[8] Os autores sugerem, com base em seus achados, que o programa de certificação de compradores deve incorporar a avaliação de capacidades de cooperação e práticas de gestão.

Do outro lado do mundo, estudo de Best e Hjort (2017) avaliou compras de prateleira na *Rússia*, ou seja, de bens de consumo comuns. Os resultados da pesquisa apontaram que compradores efetivos diminuem os custos de preparação e submissão de lances e *60% da variação do preço de compra de um produto na Rússia é reflexo dos burocratas e organizações que administram os processos de aquisição* – burocratas e organizações, cada um explica metade desse efeito total. A Rússia tem um modelo particularmente flexível de seleção de compradores em entidades altamente descentralizadas. As estimativas dos autores implicam, por exemplo, que mover os 20% de burocratas e organizações com pior desempenho para o percentil 50 de eficácia economizaria 37% das compras do governo russo (aproximadamente 185 bilhões de dólares anualmente).

Não há dúvidas, portanto, prospectivas ou empíricas, de que investir na profissionalização dos compradores é o caminho mais seguro e, possivelmente, o único eficaz, para garantir que as compras governamentais alcancem seus objetivos, em especial no cenário avassalador de mudanças que vivenciamos e cujo futuro é ainda mais desafiador. Não por acaso, diversos países mundo afora já estão trilhando esse caminho.

O desenvolvimento de competências de compradores: experiências internacionais

Não é escopo deste artigo solucionar as dificuldades conceituais e terminológicas em torno de habilidades, competências, conhecimento, atitudes e suas infinitas interações. Por simplificação, adotamos uma visão abrangente, em que competências englobam aspectos abstratos, cognitivos, de compreensão e análise, mas também envolvem elementos ocupacionais, habilidade técnica, funcional, motriz, componentes inter-relacionais e atitudes. Ficamos, então, com o enunciado de Campion e outros (2011), de que modelos de competência se referem a coleções de conhecimentos, habilidades, aptidões e outras características que são necessárias para um desempenho eficaz de tarefas.

O Comitê de Especialistas em Administração Pública da ONU – Cepa, em 2006, já alertava que *a capacitação é um processo contínuo de longo prazo, envolvendo todas as partes interessadas*, de ministérios a associações profissionais, acadêmicos e outros. No nível individual, a capacitação envolve embarcar em um processo contínuo de aprender e se adaptar à mudança, com base nos conhecimentos e habilidades existentes, aprimorando-os e usando-os em novas direções, o que exige nova abordagem para a gestão de recursos humanos e aponta para a importância da gestão do conhecimento como o novo veículo para maior aprendizagem (ONU, 2006).

A União Europeia (2017) define *profissionalização* como o aumento da capacidade administrativa de uma dada organização, por meio de equipe provida de habilidades e competências necessárias para cumprir sua missão e executar funções.

No contexto das compras públicas, a profissionalização busca garantir que os compradores *dominem as ferramentas certas e o conhecimento adequado* para conduzir licitações e gerenciar contratos de modo eficiente, com o objetivo geral de garantir a sustentabilidade do objeto adquirido, enquanto, ao mesmo tempo, contribui para a implementação geral da política de compras públicas. Para o conjunto dos países da

União Europeia, garantir a disponibilidade oportuna de pessoal experiente, qualificado e motivado é a chave para garantir profissionalismo nas compras.

A *certificação profissional*, historicamente, no mundo todo, tem assumido muitas formas, constituindo um instrumento vital para muitas carreiras em diferentes campos do conhecimento, como Direito e Medicina, que exigem a certificação como premissa para a prática profissional. Esse tipo de certificação funciona como endosso de um terceiro imparcial, que avalia a competência de um indivíduo num determinado campo de atuação. A certificação confere reconhecimento a quem atente aos requisitos, por meio de processo independente e imparcial (GREENWORD, 1957) e pressupõe o desenvolvimento rigoroso de padrões elevados de competência.

O mecanismo de certificação *torna visíveis as competências desejáveis e até mesmo obrigatórias em certas funções, estimulando sua aquisição pelos trabalhadores* e potencializando a geração e a evolução de tais competências na força de trabalho, induzindo valorização profissional.

Myoken (2010), citado por Squef (2014), descreve avanços na profissionalização de compradores públicos em diversos países, nos quais as compras passaram a ser encaradas com orientação estratégica, como Inglaterra e Holanda. Na Inglaterra, os compradores adotam diretriz clara de *value for money*, a lógica de obter o melhor benefício com a aplicação do dinheiro público. No contexto holandês, compradores profissionalizados foram a resposta do governo no esforço de combate à corrupção.

Lydia Bals e colaboradores (2019) escreveram sobre a gestão da logística à luz dos desenvolvimentos recentes no local de trabalho e no ambiente externo, concluindo que a área exige hoje e no futuro competências crescentemente complexas, que vêm se alterando nos últimos dez anos. Na pesquisa dos autores, as competências atuais mais importantes envolvem *capacidade de negociação, comunicação e relacionamento, estratégia e análises*. Sustentabilidade, automação, digitalização e inovação foram identificadas como competências em evidência também. Como se vê, esse variado cardápio vai muito além dos requisitos estritos do conhecimento técnico. Até mesmo atitudes e habilidades interpessoais foram destacadas, como "lidar com a ambiguidade', "curiosidade" e "paixão". Esse perfil sugere um *novo profissional, reflexivo, analítico, estratégico*, que compreende um contexto de negócios influenciado pela tecnologia e sustentabilidade, sincronizado com a emergente economia cíclica e cadeias de suprimento circulares.

Maria Valderrama (2020) avaliou o programa de certificação de compradores do *Peru*. Naquele país, em 2011, o Organismo Supervisor das Contratações do Estado (OSCE) decidiu estabelecer um procedimento de certificação nas três fases da contratação pública, a fim de atuarem de forma ótima em sua gestão.[9] Entretanto, a pesquisadora identificou mais de 70% de profissionais sem certificação. O problema, segundo a autora da pesquisa, foi a debilidade no monitoramento, pois, apesar da obrigatoriedade, não havia quem fiscalizasse, cobrasse ou responsabilizasse em caso de descumprimento da regra (VALDERRAMA, 2020).[10] De acordo com a pesquisa, os gestores atuais que

---

[9] Desde 2013, a certificação se tornou obrigatória, concedendo três níveis: básico, intermediário e avançado. Há uma pontuação mínima para cada um dos níveis (30; 43 e 58), a partir de uma prova presencial com 72 questões objetivas, distribuídas nos temas: gestão por resultados; planejamento; seleção do fornecedor; execução contratual. A certificação é válida por dois anos.

[10] O Ministério de Economia e Finanças do Peru fez um diagnóstico, em 2018, apontando que os compradores não possuem competências para comprar bem, por falta de treinamento para o desempenho de suas funções.

coordenam o processo de certificação no Peru *acham o exame muito teórico*, embora contemplem análise de casos práticos, e preferem apostar em cursos práticos de capacitação. Para a pesquisadora, isso *revela um problema de compreensão a respeito dos conceitos de treinamento e certificação*, que podem ser desenvolvidos em paralelo ou em conjunto, sem se sobrepor nem substituir.[11]

No *Equador*, existe certificação baseada em cinco papéis: (1) Requisitante; (2) Chefe de compras; (3) Operador de compras; (4) Jurídico; (5) Gestor de contrato. Os exames, presenciais, contemplam aspectos teóricos e práticos, exigindo 80% de acertos. O certificado tem validade de dois anos (VALDERRAMA, 2020).

Em 2015, os *países aderentes da OCDE* receberam orientações com o objetivo de melhorar a eficiência, a efetividade e a integridade das compras públicas. Entre os aspectos recomendados, estava o desenvolvimento de força de trabalho qualificada. No documento, foi recomendada a profissionalização dos compradores, a fim de atender a altos padrões de conhecimento, implementação prática e integridade, abrangendo o conjunto de ferramentas atualizado regularmente, reconhecendo, por exemplo, a contratação pública como uma profissão específica, definindo certificação e treinamentos regulares, padrões de integridade para agentes de compras públicas e a existência de estrutura para o monitoramento de desempenho.

A OCDE recomendou, também, criar opções de carreira atraentes, competitivas e baseadas no mérito para compradores, por meio de mecanismos de promoção e proteção contra interferências em processos decisórios. Promover abordagens colaborativas, compartilhamento e disseminação de conhecimento foi outra recomendação, por meio de universidades, centros de pesquisa ou centros de políticas para melhorar as habilidades e competências da força de trabalho de compras, aliando teoria e prática e impulsionando a inovação nas compras públicas (OCDE, 2015). No ano seguinte, reforçou seu diagnóstico de subprofissionalização das equipes de compras, falta de recrutamento apropriado, ausência de perspectivas de carreira e incentivos. Os treinamentos se limitavam a cursos de curta duração, procedimentais. Nenhuma estratégia clara de desenvolvimento de capacidades em compras públicas estava sendo promovida sistematicamente pela rede internacional da comunidade. A OCDE ponderou a necessidade de *customizar os programas conforme a maturidade* do sistema de compras de cada país (OCDE, 2016). Dois anos depois, o diagnóstico ainda não era muito animador. Continuava firme o cenário de fragilidade dos compradores, sem modelos de gestão por competências. Apenas dez países (Canadá, Chile, França, Islândia, Japão, Holanda, Nova Zelândia, Peru, Portugal e República Eslovaca) responderam na pesquisa de 2018 que tinham esses modelos (OCDE, 2019).

Na *Escócia*, foi desenvolvida, em 2006, uma "Estrutura de Competências de Aquisições", identificando as habilidades e os níveis de competência exigidos por todos os funcionários envolvidos no processo de aquisição, a fim de contribuir com o autodesenvolvimento e planejamento de carreira. A estrutura tinha 13 (treze) competências, incluindo conhecimento e compreensão sobre métodos de fornecimento e licitação, negociação, estratégia e análise de mercado, aspectos financeiros e jurídicos,

---

[11] Estudo anterior já havia identificado sérias fragilidades no processo de implantar a certificação nas compras peruanas, em especial a ausência de estudos de diagnóstico da força de trabalho e vulnerabilidade nos critérios de modelagem dos níveis, perfis, requisitos e exames (PEÑA; RUFINO, 2016).

foco em resultados, sistemas e processos, estoque, logística e cadeia de suprimentos e conscientização organizacional (ESCÓCIA, s.d.). A estrutura foi atualizada em 2016, para refletir a mudança de mentalidade no contexto de compras e se alinhar com o Padrão Global CIPS. A versão atual, de 2020, se baseia em fundamentos sobre por que comprar, como comprar, o que comprar, quem atua e o engajamento do demandante. Inspirado pelo padrão CIPS, o governo escocês estabeleceu matriz de 15 competências e uma ferramenta de autoavaliação, com cinco níveis: (1) Básico/Consciente; (2) Em desenvolvimento; (3) Praticante; (4) Especialista e (5) Mestre/Líder.

O *padrão CIPS*, no qual se inspirou a Escócia, foi desenvolvido por uma entidade representativa de mais de 200 mil compradores e agentes de suprimentos, usando cinco níveis de competência que foram identificados de Tático a Profissional Avançado. Esses níveis representam as *principais habilidades e tarefas que os indivíduos devem ser capazes de realizar em cada estágio de avanço da profissão*. O conhecimento e as capacidades podem ser identificados dentro de quatro pilares e onze temas para compras e suprimentos.

FIGURA 1
Modelo CIPS de certificação de compradores

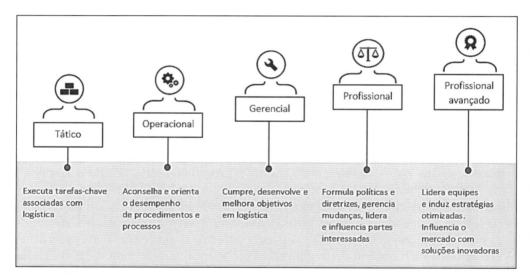

Fonte: CIPS (2021), tradução livre

Outro exemplo do desenvolvimento de um currículo de treinamento em aquisições pode ser encontrado na *Noruega*, onde, em 2017, a Agência Norueguesa de Gestão Pública e Governo Eletrônico (Difi) fundou a *Public Procurement Academy*. A Academia foi criada com o objetivo de aumentar o nível geral de profissionalização das equipes de aquisições e fortalecer o recrutamento de aquisições profissionais para responder às necessidades futuras das entidades adjudicantes. A Academia oferece pesquisa e programas de educação. O currículo educacional cobre vários domínios relacionados a aquisição, incluindo economia e direito, gestão de projetos, diálogo de mercado, análise de mercado, habilidades de negociação, psicologia organizacional, inovação e responsabilidade social corporativa (UNIÃO EUROPEIA, 2020).

A *União Europeia* (UE) lançou várias iniciativas para apoiar os Estados-Membros na profissionalização de compras. Em 2014, foram diretrizes e algumas ferramentas. Em 2017, uma "Recomendação sobre a profissionalização da contratação pública", incluindo a definição de uma política de profissionalização, melhoria do treinamento e a gestão de carreira e o incentivo a digitalização. Para complementar a recomendação de 2017, a UE desenvolveu o ProcurCompEU – o Quadro Europeu de Competências para profissionais de compras públicas, a fim de ajudar as autoridades e compradores a definir o conhecimento e as habilidades necessárias para fazer um bom trabalho, identificar as lacunas de competência e tomar medidas para resolvê-las. O ProcurCompEU consiste em três elementos: (1) Matriz com 30 competências em quatro níveis de proficiência; (2) ferramenta de autoavaliação; (3) currículo de treinamento genérico, que lista todos os resultados de aprendizagem que os profissionais devem ser capazes de demonstrar após terem participado de um treinamento para um determinado nível de proficiência (UNIÃO EUROPEIA, 2020b).

A Matriz de Competências do ProcurCompEU enumera as competências fundamentais (conhecimentos, aptidões e atitudes) que os compradores devem demonstrar para desempenharem as suas funções com eficácia e eficiência e para levarem a cabo processos de contratação pública que assegurem uma boa relação qualidade-preço. As competências agrupam-se em duas grandes categorias: competências específicas da contratação pública e competências profissionais e cada competência é descrita de acordo com quatro níveis de proficiência: 1. Básico (atua sob supervisão direta); 2. Intermediário (executa tarefas e processos com pouca supervisão); 3. Avançado (gerencia equipes e toma decisões importantes, se adapta rapidamente); e 4. Especializado (lidera e se atualiza, define a política e a visão da organização).

FIGURA 2
Grupos de competências de compradores públicos na União Europeia

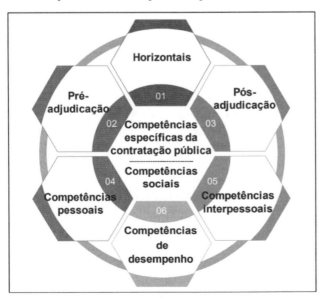

Fonte: OCDE (2020b)

QUADRO 1
Panorâmica das competências dos compradores públicos na União Europeia

Categoria de competências	Grupo de competências	Competência
ESPECÍFICAS DA CONTRATAÇÃO PÚBLICA	Horizontais	1. Planeamento 2. Ciclo de vida 3. Legislação 4. Contratação pública eletrónica e outras ferramentas informáticas 5. Contratação pública sustentável 6. Contratos públicos de inovação 7. Categorias específicas 8. Gestão de fornecedores 9. Negociações
	Pré-adjudicação	10. Avaliação das necessidades 11. Análise e participação do mercado 12. Estratégia de contratação pública 13. Especificações técnicas 14. Documentação do concurso público 15. Avaliação das propostas
	Pós-adjudicação	16. Gestão de contratos 17. Certificação e pagamento 18. Relatórios e avaliação 19. Resolução e mediação de conflitos
SOCIAIS	Pessoais	20. Adaptabilidade e modernização 21. Pensamento analítico e crítico 22. Comunicação 23. Ética e conformidade
	Interpessoais	24. Colaboração 25. Gestão das relações com partes interessadas 26. Gestão e liderança de equipas
	De desempenho	27. Conhecimento da organização 28. Gestão de projetos 29. Orientação para o desempenho 30. Gestão dos riscos e controlo interno

Fonte: OCDE (2020b)

Ainda na União Europeia, um estudo entre os Estados-Membros apontou a *centralização* como mecanismo para alcançar economias de escala e melhorar a profissionalização. O *nível mais elevado de proficiência em aquisições tende a ser exibido em centrais de compras*. As centrais geralmente atraem força de trabalho mais qualificada e permitem maior especialização e profissionalização da equipe. As centrais também unem esforços com universidades e associações da indústria para construir capacidades e intercâmbio de informações (UNIAO EUROPEIA, 2020a).

Outra *tendência* na profissionalização da contratação pública na União Europeia é o *uso crescente da certificação* e estruturas de acreditação. Vários países estão atualmente implementando reformas do setor público que geralmente são iniciadas pelo governo central e visam melhorar a eficiência do setor público em geral, incluindo contratos públicos, e as condições de trabalho de funcionários públicos. Outros Estados-Membros introduziram iniciativas especificamente orientadas para a força de trabalho de contratação pública, como o Plano de Ação Esloveno sobre Profissionalização para Contratos Públicos ou Plano Nacional Italiano de Capacitação em Contratos Públicos (UNIÃO EUROPEIA, 2020a).[12]

Prier, Mccue e Behara (2010) pesquisaram o advento da profissão de comprador público nos *Estados Unidos* e a certificação exigida naquele país. 90% (noventa por cento) de todos os compradores entrevistados *percebem que a certificação aumenta o conhecimento e as habilidades do indivíduo*. A pesquisa apontou quatro benefícios da certificação: autoconfiança, conhecimento e habilidades, autoridade e comportamento ético. O governo federal norte-americano possui uma universidade, o Instituto Federal de Aquisição (FAI), criado em 1976 e dedicado aos seus compradores, que fornece treinamento e desenvolve o modelo de Certificação de Aquisição Federal, centrada em competências técnicas e profissionais. A FAI oferece três níveis de certificação para três perfis: (1) Comprador; (2) Fiscal de Contrato; (3) Gerentes de Programa e Projeto. Em cada perfil, existem 3 níveis de proficiência, conforme a complexidade e os riscos das compras. Além disso, a certificação exige aprendizado contínuo, que varia de acordo com o nível de certificação. Para se manter certificado, o profissional é obrigado a obter uma quantidade mínima de pontos de *aprendizagem contínua a partir da data de sua certificação*. Existe, ainda, *exigência de experiência mínima em cada nível de certificação*.[13]

No *Chile*, existe certificação obrigatória por meio de uma prova que atesta o nível de desenvolvimento de competências dos profissionais que operam o sistema Mercado Público. Além da prova, existem cursos ofertados dentro do sistema eletrônico, que capacitam o usuário de acordo com seu nível de proficiência. São 4 níveis: Básico, Intermediário, Avançado e Especialista, conforme o papel desempenhado e o valor das compras nas quais pode atuar (CHILECOMPRA, 2021). O nível Especialista assume compras estratégicas dentro de sua instituição e liderança da área de suprimento, promovendo alianças estratégicas, fornecendo perspectiva sistêmica, criando estratégias para atingir preços de mercado e otimizar as compras, gerenciando redes, assessorando o planejamento orçamentário e estratégico da organização, avaliando permanentemente os resultados e colaborando com a melhoria do sistema de compras e inovação. O processo de certificação chileno é cíclico e realizado três vezes por ano, podendo participar do processo aqueles que falharam no anterior ou desejam melhorar seu nível de competências. Além dos cursos oficiais *on-line*, existe oferta privada, como alternativa para aquelas organizações que requerem mais capacitação (INOSTROZA, 2017).[14]

---

[12] Os países europeus também demonstram interesse em criar comunidades de prática para auxiliar na profissionalização dos compradores, estimulando a troca contínua de experiências, boas práticas, tendências emergentes e abordagens inovadoras. O compartilhamento de boas práticas quando usuários mais experientes ajudam os menos experientes gera riqueza de dados que pode ajudar a moldar as interações futuras (UNIÃO EUROPEIA, 2020a).

[13] Não basta, portanto, atingir a pontuação apropriada nos exames. É preciso comprovar o acúmulo de conhecimentos, habilidades e atitudes durante anos de trabalho na área. A experiência mínima é de 1 ano, 2 anos e 4 anos conforme o nível de certificação do perfil Comprador.

[14] Mesmo cidadãos ou funcionários que não têm senha no sistema podem se inscrever e provar suas habilidades em compras públicas. A nota mínima é 60%, sendo 40% de peso para avaliações nos treinamentos e 60% nas provas de certificação. A senha no sistema é bloqueada para quem reprova ou não participa da certificação obrigatória. O certificado tem validade de três anos. Em 2019, começou transição de um teste focado no conteúdo para um teste que avalia competências. As provas ocorrem dentro do sistema eletrônico Mercado Público. Historicamente, 80% dos participantes passam na prova de certificação.

A realidade brasileira: riscos e oportunidades

No Brasil, o amadorismo é um traço institucional da nossa burocracia. Em compras, não é diferente. De forma geral, a administração acumula muito pouco conhecimento na área de aquisições, pois os processos são tratados de forma isolada dentro de cada órgão e não há interação entre as diferentes organizações públicas (FIA, 2007).

Oliveira (2009) estudou profundamente os meandros das repartições públicas em Brasília e identificou, na rotina dos compradores, o mesmo padrão amador. Mesmo o que é repetitivo, como a aquisição de materiais simples, é feito de improviso, caso a caso, de forma isolada, sem uso das referências do passado para as ações do presente, sem acúmulo de experiência, em função da alta rotatividade e da incipiência dos projetos. O medo da corrupção impede que se flexibilizem as regras de contratação. É um ambiente de trabalho amador, onde se atua de forma exploratória e incipiente. Um amadorismo crônico. Esse é um modelo disfuncional da burocracia pública brasileira, de modo geral, e das compras públicas no Brasil, de modo específico. Em vez do profissionalismo, que serve de fundamento para o modelo burocrático, adotamos o amadorismo como um não modelo, baseado na improvisação, nas adequações ao sabor das circunstâncias, no fazer o que é possível (AFFONSO, 2018).

De acordo com Oscar Chinea (2013), os governos da América Latina têm empreendido, com o apoio de organizações internacionais, como Banco Mundial e BID, esforços para modernizar seus sistemas de contratação, focando em mudanças legislativas, chamadas pelo autor de reformas de "primeira geração", que se mostraram insuficientes para melhorar efetivamente as compras. *Essa aposta em normas e regulamentos é um efeito direto do tratamento das compras como uma função meramente burocrática*, permeada por desconfiança geral, focada em restringir o espaço de tomada de decisões, numa visão corruptocêntrica (CHINEA, 2013; MOTTA, 2010). Mas a percepção de que normas, sozinhas, não mudam as compras está começando a movimentar as engrenagens, apontando para a compreensão de que *comprar exige um papel mais estratégico, flexibilidade, espaço decisório, julgamento profissional e habilidades gerenciais* para encontrar soluções fora das prateleiras. Isso tem levado a uma nova "geração" de reformas, que tentam se concentrar em fazer os sistemas de compras funcionarem (CHINEA, 2013).[15]

A OCDE, em 2021, recomendou expressamente ao Brasil que reconheça e valorize o papel essencial dos compradores no combate à corrupção em licitações, melhorando as condições de emprego e incentivos, desenvolvendo estratégias de profissionalização e certificação (OCDE, 2021).

Nesse contexto, a Lei nº 14.133/21 traz uma proposta inovadora de mudança estrutural e cultural, estabelecendo como responsabilidade da alta administração a

---

[15] Fiuza e Medeiros (2014) fizeram grandes provocações no debate sobre a reforma do arcabouço legal e institucional das compras públicas e um aspecto relevante do diagnóstico dos autores foi a *fragilidade na capacitação dos compradores*, pela ausência de visão estratégica de compras nos cursos disponíveis, agravada pelo cenário de descentralização das estruturas de compras, em especial em estados e municípios menores, prejudicando a qualidade da especificação dos objetos contratados. Para os autores, com quem concordamos, a *realidade atual exige experiência e competência diversificadas*, variadas e amplas, fortes habilidades conceituais, analíticas e avaliativas, comportamento ético, entendimento profundo de gerenciamento de riscos, compreensão contextual de comércio internacional, capacidades orientativas, de liderança, trabalho em equipe, treinamento de colegas e habilidade de encontrar soluções criativas diante das necessidades. De pouco adianta reformar o arcabouço institucional de compras públicas sem reestruturar todo o efetivo de agentes compradores (FIUZA; MEDEIROS, 2014).

implementação da governança nas contratações, o que inclui realizar a gestão por competências na designação dos agentes públicos para o desempenho de funções essenciais à sua execução (art. 7º). Tais agentes, entre outros requisitos, deverão, alternativamente, atender aos requisitos de possuírem atribuições relacionadas a licitações e contratos, possuírem formação compatível ou terem sua qualificação atestada por certificação profissional, emitida por escola de governo criada e mantida pelo Poder Público (art. 7º, inc. II). O dispositivo é o nascedouro da profissionalização do comprador público como um dos pilares de sustentação do sistema de compras nacionais.

A capacitação dos agentes do processo de contratação também ganhou importante espaço dentro do novo ordenamento. A cada contratação, sua necessidade deve ser detectada e indicada no estudo técnico preliminar elaborado na etapa preparatória da licitação (art. 18, §1º, inc. X). A capacitação dos agentes responsáveis figura, no modelo das três linhas de defesa para a gestão de riscos adotado pela Lei, como medida para o saneamento de impropriedades formais e mitigação de riscos (art. 169, §3º, inc. I). Ainda, a capacitação dos agentes designados para o desempenho das funções essenciais previstas na Lei consta expressamente como dever dos Tribunais de Contas, que deverão exercê-lo por meio de suas escolas de contas (art. 173).

Nesse contexto, alguns desafios iniciais podem ser vislumbrados. O *primeiro* se relaciona à correta *classificação das normas que tratam da gestão por competências na designação dos agentes do processo de contratação como gerais ou especiais e* à *definição de limites para regulamentação e normatização pelos entes federativos*. O tema sempre despertou dificuldades, e o caráter minudente da Lei nº 14.133/21, que compila disposições de leis esparsas e incorpora decretos e instruções normativas federais, práticas da Administração Pública federal e entendimentos do Tribunal de Contas da União, reacendeu as discussões (PÉRCIO; MOTTA, 2021).

Em nosso entender, o art. 7º da Lei nº 14.133/21 tem a clara característica de norma geral, estabelecendo comandos que buscam garantir o alcance de objetivos do processo, mas sem restringir a esfera de competência autônoma resguardada pela Constituição aos entes federados. A partir desta premissa, deve-se atentar que o comando do inciso II *deixa a critério da autoridade máxima a escolha do caminho a ser trilhado* na estruturação de seus processos de contratação, no tocante à gestão dos recursos humanos envolvidos: poderá escolher entre agentes que possuem atribuições relacionadas a licitações e contratos, agentes que possuem formação compatível ou, ainda, agentes com qualificação atestada por certificação profissional, emitida por escola de governo criada e mantida pelo Poder Público, podendo, ainda, combinar tais critérios, se necessário ou conveniente, para obter melhores resultados. Tal escolha, discricionária, caracteriza um dever inserido na esfera de responsabilidade da alta administração, que sofrerá as consequências cabíveis no âmbito de sua responsabilização em caso de desobediência ou má execução do comando legal.

O *segundo desafio* é compreender, corretamente, *quem é o comprador público na nova Lei, diante das confusas disposições que tratam do assunto*. No texto legal, podem ser identificados como funções essenciais ao processo de contratação agente de contratação, equipe de apoio, comissão de contratação, pregoeiro e fiscal de contrato (art. 8º e art. 117). Apesar de evidenciar o macroprocesso de contratação formado por três fases distintas – preparo da licitação, seleção do fornecedor e fiscalização do contrato –, a Lei não faz referência, expressamente, às funções relacionadas à primeira fase. Contudo, define como atribuições do agente de contratação a tomada de decisões, o acompanhamento do trâmite da licitação, a impulsão do procedimento licitatório e a execução de quaisquer atividades necessárias ao seu bom andamento, até a homologação (art. 8º), amplitude que cria dúvida fundada quanto ao seu objetivo e sentido. Seria agente de contratação aquele que atua na etapa preparatória da licitação? Seria o agente de contratação um único agente, responsável por atos da etapa preparatória, pela condução da licitação e por decisões a ela relacionadas? Ou seria a mesma expressão "agente de contratação" utilizada para designar agentes distintos, que atuam em fases distintas do processo?

Tais definições devem ser prévias e fundamentais a qualquer programa de profissionalização, devendo ser objeto de regulamento editado pelo ente federativo, nos termos do §3º do art. 8º, com liberdade para, dentro dos limites dispostos na Lei, disciplinar sobre as competências dos agentes nos seus processos de contratação, considerando a sua realidade para o atendimento do princípio da segregação de funções (PÉRCIO; MOTTA, 2021).

O *terceiro desafio é a identificação de modelos de profissionalização eficientes e eficazes*, que considerem os erros e acertos das experiências internacionais, mas que sejam concebidos a partir da realidade nacional. Significa, inicialmente, considerar diferenças, em todos os sentidos em que isso possa ser feito. Diferenças de dimensão, de volume, de cultura, de recursos e, principalmente, diferenças estruturais e institucionais, seja em relação aos países-espelho, seja entre os entes federativos brasileiros, respeitando-se a autonomia garantida pela Constituição da República.

Nesse sentido, a *eventual intenção de estabelecer um modelo* único *para todos os entes federativos deve ser vista com cautela*. Novamente, a discussão tocante ao espaço para atuação regulamentar e normativa por parte de estados, municípios e Distrito Federal é fundamental para a obtenção de definições que podem ser determinantes à efetividade dos comandos legais. Não parece haver dúvida quanto à generalidade da norma que impõe a alocação apenas de agentes públicos qualificados nas funções essenciais ao processo de contratação, deixando a critério do ente federativo a execução material desse comando de forma eficiente e eficaz, no seu tempo e considerando sua realidade e seus interesses. Para tanto, deverá editar normas próprias que implementem seus respectivos programas de profissionalização, facultada a adesão ao programa federal.

Ainda, na formatação do programa de profissionalização – federal, estadual, municipal ou distrital –, deve ser considerado o nível de investimento de partida, bem como o necessário para a manutenção do sistema de forma satisfatória, em conjunto com a possibilidade de parcerias privadas, visando a racionalização do gasto público e o potencial real para a produção de resultados relevantes. O aproveitamento de capacidades e competências da iniciativa privada para oferecer soluções é compatível com o princípio da eficiência e com a busca pela eficácia administrativa, devendo o Estado, *a priori*, dedicar-se a buscar residualmente, com forças próprias, apenas as soluções que ela não possa ou não deva suprir (PÉRCIO, 2020).

Nesse contexto, vale destacar, a *proposta de centralização de compras* contida na Lei nº 14.133/21 (art. 181) deve ser compreendida, quando cabível, como mais um passo em direção à especialização da área, com diversas vantagens (CAMARÃO; SOARES, 2021). Fiuza e Medeiros (2014) apontam, entre as competências de uma agência centralizada de compras, os conhecimentos especializados de produtos, serviços e mercados. Para eles, *qualificar de modo adequado os agentes compradores é muito mais fácil em estruturas centralizadas*, além de facilitar medidas que reduzam a vulnerabilidade das compras à corrupção. A centralização facilita a qualificação profissional dos compradores também na visão da OCDE (2011), aumentando, portanto, as chances de estruturar equipes competentes.

Sob outro enfoque, *compras centralizadas exigem ainda mais profissionalismo*, enfatizando, pois, a necessidade de comprometimento da alta administração na execução do dever de capacitação. As *centrais de compras* têm, entre seus principais objetivos, de criar organizações com alta competência e profissionalismo (OCDE, 2011), conjugando, numa unidade concentrada, equipe competente em aspectos legais, técnicos, econômicos, contratuais, o que reduz riscos de reclamações, fragilidades de suprimento, falha de fornecedores e gestão inadequada. Desse modo, a instituição de centrais para a realização de compras em grande escala, sem investimentos significativos na capacitação continuada e progressiva de seus agentes, constitui um verdadeiro risco para a realização dos objetivos da Lei.

Conclusão

> *"Um profissional conhece seu trabalho, especializa-se nele, possui os instrumentos necessários e executa as tarefas de forma previsível e cautelosa."*
> OLIVEIRA, 2009.

A profissionalização dos compradores públicos segue sendo um dos maiores desafios de qualquer sistema de compras públicas, no mundo inteiro.

No Brasil, o cenário, com a nova Lei de Licitações e Contratos Administrativos, é de promessas, mas é preciso reconhecer que as mudanças somente se efetivarão a partir de uma mudança na cultura da organização, em especial no pensamento da alta administração em relação ao dever de capacitar seus agentes. É necessário abandonar a prática de ações isoladas, desconectadas e de baixo investimento para manter políticas de desenvolvimento efetivas, a partir de planos de capacitação assertivos, abarcando níveis operacionais e estratégicos, com foco em habilidades específicas e, também, correlatas e complementares. É preciso prestar atenção nas lideranças, no desenvolvimento do pensamento crítico e na qualificação do agente público para o futuro, envolvendo o tratamento de dados e a tecnologia (PÉRCIO, 2020).

Integridade, competitividade, equilíbrio, eficiência, automação, digitalização, avaliação, gestão de risco, *accountability*, coordenação de equipes, relacionamento, inovação, tecnologia, *soft skills* são atributos ou elementos relevantes que se espera ver conjugados em programas de certificação profissional de compradores públicos brasileiros, lembrando que nada deve ser feito sem considerar os diferentes "Brasis" dentro deste imenso país.

Especialmente no plano municipal, é fundamental compreender que não haverá autonomia sem investimento em capacitação que permita, inicialmente, algum grau de confiança e, então, avanços progressivos rumo a uma especialização adequada e suficiente para a sua realidade e para o desenvolvimento local sustentável. A estrutura de Centrais de Compras pode ser indutora e catalisadora de iniciativas efetivas no caminho da profissionalização, a ser considerada diante das diferentes realidades nacionais.

Enfim, o contexto é de oportunidade para que a Administração Pública "do medo" seja, afinal, sobrestada pela Administração Pública profissionalizada, formada por agentes capacitados, que correm riscos controlados e buscam os melhores resultados.

Referências

ALVES, J. Um novo personagem na contratação pública: o agente de contratação como gerente de projeto. *Jus.com.br*. Disponível em: https://jus.com.br, acesso em: 22 jul. 2021.

AFFONSO, B. D. F. *Os Desafios da Implantação de Mecanismos de Governança nas Universidades Federais Brasileiras*. Dissertação (Mestrado em Administração Pública). UFF, 2018.

AMORIM, V. Enfim, quem é o "agente de Contratação"? *Portal Sollicita*. Disponível em: https://www.sollicita.com.br, acesso em: 22 jul. 21.

ARRUDA, J. *Parecer do Relator pela aprovação do PL 1292/1995*. Câmara dos Deputados, Brasília, 03.12.2018.

BAILY, P. *et al*. *Compras*: princípios e administração. São Paulo: Atlas, 2008.

BALS, L. *et al*. Purchasing and supply management (PSM) competencies: current and future requirements. *Journal of Purchasing and Supply Management*, vol. 25, n. 5, dez. 2019.

BANCO MUNDIAL (*World Bank*). *Brazil*: country procurement assessment report. Report n. 28446-BR. Washington: World Bank, 2004.

BEST, M. C.; HJORT, J.; SZAKONYI, D. *Individuals and organizations as sources of state effectiveness, and consequences for policy*. NBER Working Paper. 2017.

BRASIL. Lei nº 14.133, de 1º de abril de 2021. Lei de Licitações e Contratos Administrativos. Brasília: Congresso Nacional, 2021.

CAMARÃO, T.; SOARES, A. H. da S. S. *A centralização de compras nos municípios resultará em compras públicas mais eficazes?* Disponível em: www.parceriasgovernamentais.com.br, acesso em: 20 dez. 2021.

CAMPION, M. A. *et al*. Doing competencies well: best practices in competency modeling. *Personnel Psychology*. 64 (1), p. 225-262, 2011.

CHILECOMPRA. *Guía de acreditación digital de competencias de los usuarios compradores del sistema de compras y contratación pública de Chile 2021*. Santiago, Chile. 2021.

CHINEA, O. Cualificación, acreditación y certificación de la Contratación Pública en América Latina y el Caribe. *Revista del CLAD Reforma y Democracia*, n. 56, jun. 2013.

CIPS. Chartered Institute of Procurement and Supply. *The Global Standard for Procurement and Supply Version 4*. 2021.

COSTA, C. C. de M; TERRA, A. C. P. *Compras públicas*: para além da economicidade. ENAP, 2019.

DECAROLIS, F. *et al*. *Bureaucratic competence and procurement outcomes*. Working Paper. National Bureau of Economic Research. 2018.

ESCÓCIA. The Scottish Government. *The procurement competency framework*. s.d.

FERNANDES, C. A organização da área de compras e contratações públicas na administração pública federal brasileira: o elo frágil. *Revista do Serviço Público*, Brasília, v. 67, n. 3, p. 407-432, jul./set. 2016.

FIA. Fundação Instituto de Administração. *Mapeamento e Análise dos Custos Operacionais dos Processos de Contratação do Governo Federal – RT 13 – Pontos Críticos*; São Paulo: Consultoria realizada para o Ministério do Planejamento, 2007.

FIUZA, E. P. S.; MEDEIROS, B. A. de. *A agenda perdida das compras públicas*: rumo a uma reforma abrangente da lei de licitações e do arcabouço institucional. Texto para Discussão. IPEA, Rio de Janeiro, 2014.

GREENWOOD, E. Attributes of a Profession. *Social Work*, vol. 2, n. 3, p. 45-55, 1957.

HART, K. *How do we measure up? An Introduction to Performance Measurement of the Procurement Profession*. Chartered Institute of Purchasing and Supply. Australia. 2005.

INOSTROZA, T. *Entrevista sobre certificação em Compras Públicas com a Diretora do e Presidenta da Rede Interamericana de Compras Governamentais*. Enap, 10.10.2017.

LOPES, V. B. *A Nova Lei de Licitações*: 5 mudanças trazidas pela norma aprovada. ANESP. 2021.

LUIZA, V. L.; CASTRO, C. G. S. O.; NUNES, J. M. Aquisição de medicamentos no setor público: o binômio qualidade – custo. *Caderno de Saúde Pública*, v. 15, n. 4, p. 769-776, out./dez. 1999.

MAGINA, P. *Profissionalização dos compradores públicos*. Workshop, Diálogos Setoriais União Europeia – Brasil, 3 de abril de 2019.

MCCUE, C. P.; PRIER, E.; SWANSON, D. Five dilemmas in public procurement. *Journal of Public Procurement*, v. 15, n. 2, p. 177-207, 2015.

MCCUE, C. P.; BUFFINGTON, K. W.; HOWELL, A. D. *The Fraud/Red Tape Dilemma in Public Procurement: A Study of U.S. State and Local Governments*. Research paper. 2003.

MITCHELL, T. et al. How to keep your best employees: Developing an effective retention policy. *The Academy of Management Executive*, vol. 15, n. 4, nov. 2001.

MOTTA, A. R. *O combate ao desperdício no gasto público:* uma reflexão baseada na comparação entre os sistemas de compra privado, público federal norte-americano e brasileiro. Dissertação (Mestrado em Economia). Universidade de Campinas. 2010.

MYOKEN, Y. Demand-orientated policy on leading-edge industry and technology: public procurement for innovation. *International journal of technology management*, v. 49, n. 1, p. 196-219, 2010.

OCDE. Organização para a Cooperação e Desenvolvimento Econômico. *Centralised purchasing systems in the European Union*. 2011.

OCDE. *Discussion Paper on Public Performance Measures*, 2012.

OCDE. *Public Procurement Review of the Mexican Institute of Social Security: Enhancing Efficiency and Integrity for Better Health Care*, OECD Public Governance Reviews, OECD Publishing, Paris, 2013.

OCDE. *Lead-Engage-Perform Public Sector Leadership for Improved Employee Engagement and Organisational Success*. Discussion paper. Paris, França, 2015a.

OCDE. *Recommendation of the Council on Public Procurement*. 2015b.

OCDE. *Roadmap: How to Elaborate a Procurement Capacity Strategy*. 2016.

OCDE. *Integrity Review of Peru: Enhancing Public Sector Integrity for Inclusive Growth*, OECD Public Governance Reviews, OECD Publishing, Paris. 2017a.

OCDE. *Public Procurement Review of Mexico's PEMEX: Adapting to Change in the Oil Industry*, OECD Public Governance Reviews, OECD Publishing, Paris, 2017b.

OCDE. *Reforming public procurement: progress in implementing the 2015 OECD recommendation*. 2019.

OCDE. *Fighting bid rigging in Brazil: A review of federal public procurement*. 2021.

OLIVERA, M. P. (coord.). *Informe final "contratación de servicios destinados a evaluar impacto de la línea de certificación de competencias laborales, programa chilecalifica" piloto sector logística*. Guernica consultores. Santiago, Chile. 2009.

OLIVEIRA, N. do V. *O amadorismo como traço distintivo da burocracia federal brasileira*. Tese (Doutorado em Sociologia). UnB, 2009.

ONU. CEPA. United Nations Committee of Experts on Public Administration. *Definition of basic concepts and terminologies in governance and public administration*, United Nations Economic and Social Council. 2006.

PEÑA, T. L. R.; RUFINO, J. S. *Implementación del procedimiento de certificación de profesionales y técnicos que laboran en el órgano encargado de las contrataciones de las entidades públicas ante el Organismo Supervisor de las Contrataciones del Estado – OSCE durante los años 2013 – 2014*. Dissertação (Maestría en Administración Pública). Universidad Católica Sedes Sapientiae – UCSS. Lima, Peru, 2016.

PÉRCIO, G. *A importância das compras públicas no Brasil e o paradoxo da ineficácia*. CONJUR, 16 de junho de 2018.

PÉRCIO, G. Mas o que é a Compra Pública 4.0?, *Blog JML*, 18 de setembro de 2019a. Disponível em: www.blogjml.com.br, acesso em: 21 jul. 2021.

PÉRCIO, G. Você é um Comprador Público 4.0?, *Blog JML*, 7 de outubro de 2019b. Disponível em: www.blogjml.com.br, acesso em: 21 jul. 2021.

PÉRCIO, G. Para onde caminham as contratações públicas no Brasil? *Fórum de Gestão e Contratação Pública – FCGP*, Belo Horizonte, v. 19, n. 219, p. 17-23, mar. 2020.

PÉRCIO, G.; MOTTA, F. *Normas gerais e regulamentos na nova Lei de Licitações*: da teoria à prática. 24 de junho de 2021. Disponível em: http://www.novaleilicitacao.com.br, acesso em: 20 dez. 2021.

PRIER, E.; MCCUE, C.; BEHARA, R. The value of certification in public procurement: The birth of a profession? *Journal of Public Procurement*, vol. 10, issue: 4, 2010.

RAYTON, B. et al. *The evidence: Employee Engagement Task Force* – Nailing the evidence workgroup. Engage for Success. 2012.

RIBEIRO, C. G.; INÁCIO JUNIOR, E. *O mercado de compras governamentais brasileiro (2006-2017):* mensuração e análise. Texto para discussão. Ipea, 2019.

ROSILHO, A. J. *Qual é o modelo legal das licitações no Brasil?* As reformas legislativas federais no sistema de contratações públicas. Dissertação (Mestrado em Direito). Fundação Getulio Vargas, São Paulo, 2011.

SANTOS, F. V. L. *Centralização de compras públicas:* a experiência da Empresa Brasileira de Serviços Hospitalares (Ebserh). Dissertação (Mestrado em Governança e Desenvolvimento). ENAP, Brasília, 2019.

SANTOS, F. B.; SOUZA, K. R. de. *Como combater a corrupção em licitações*: detecção e prevenção de fraudes. 3. ed. Belo Horizonte: Fórum, 2020.

SANTOS, R. V. dos. *Direito Administrativo do Medo* – Risco e fuga da responsabilização dos agentes públicos, São Paulo: RT, 2020.

SOUZA, K. R. de; SANTOS, F. B. *Como combater o desperdício no setor público*: gestão de riscos na prática. Belo Horizonte: Fórum, 2019.

SQUEF, F. de H. S. *O poder de compras governamental como instrumento de desenvolvimento tecnológico*: análise do caso brasileiro. Texto para discussão/Instituto de Pesquisa Econômica Aplicada. Rio de Janeiro: Ipea, 2014.

THAI, K. V. Public procurement re-examined. *Journal of public procurement*, v. 1, n. 1, p. 9-50, 2001.

UNIÃO EUROPEIA (*European Union*). *Building an architecture for the professionalisation of public procurement:* library of good practices and tools accompanying the European Commission Recommendation. 2017.

UNIÃO EUROPEIA. *ProcurCompEU* – Study on professionalisation of public procurement in the EU and selected third countries. 2020a.

UNIÃO EUROPEIA. *ProcurCompEU. Quadro Europeu de Competências para Profissionais no Domínio da Contratação Pública*. 2020b.

VALDERRAMA, M. E. D. R. *Propuesta de mejora del procedimiento de certificación de los profesionales y/o técnicos que laboran en los órganos encargados de las contrataciones de las entidades públicas*. Dissertação (Magíster en gobierno y políticas públicas). Pontificia Universidad Católica del Perú. Lima, Perú, 2020.

VON DER GRACHT, H. et al. *Future-proof procurement*. Now or never: the big procurement transformation. KPMG. 2016.

WILENSKY, H. L. The professionalization of everyone? *In*: GRUSKY, O.; MILLER, G. A. *The Sociology of Organizations*: Basics Studies, Free Press, 1970.

Informação bibliográfica deste texto, conforme a NBR 6023:2018 da Associação Brasileira de Normas Técnicas (ABNT):

SANTOS, Franklin Brasil; PÉRCIO, Gabriela. Profissionalização das compras públicas: um caminho inescapável. *In*: LOPES, Virgínia Bracarense; SANTOS, Felippe Vilaça Loureiro (coord.). *Compras públicas centralizadas no Brasil*: teoria, prática e perspectivas. Belo Horizonte: Fórum, 2022. p. 243-263. ISBN 978-65-5518-463-1.

O SISTEMA DE REGISTRO DE PREÇOS BRASILEIRO COMO INSTRUMENTO DE CENTRALIZAÇÃO

RENILA LACERDA BRAGAGNOLI

Introdução

　　Sedimentado pela Lei nº 8.666/1993 (BRASIL, 1993), o Sistema de Registro de Preços – SRP é um procedimento apto a ser utilizado nas licitações públicas. No entanto, o surgimento do instituto remonta ao Decreto nº 4.536/1922 (BRASIL, 1922), que trazia o Regime de Concorrências Permanentes (REIS, 2020, p. 21), mecanismo muito semelhante ao SRP hoje consolidado, que pode ser utilizado desde que se observem quatro condições: seleção feita mediante concorrência, estipulação prévia do sistema de controle, atualização dos preços registrados e validade do registro não superior a um ano, de acordo com a disciplina do art. 15 da Lei nº 8.666/1993.

　　Com o passar dos anos, o SRP se sedimentou como procedimento auxiliar nas licitações públicas, contando, atualmente, com diversos sistemas de registros de preços, a depender da legislação aplicada, mas em todas o procedimento se reveste da capacidade de funcionar como importante mecanismos de eficiência e planejamento das contratações.

Sob o viés contemporâneo, especialmente com o advento da Nova Lei de Licitações, Lei nº 14.133/2021 (BRASIL, 2021), o SRP ainda detém o condão de solidificar-se como relevante ferramenta de centralização de compras, a partir de experiências de compras que, partilhadas em relação aos sujeitos integrantes da contratação, são aglutinadas em um único procedimento, trazendo, de fato, a eficiência para a realidade das compras públicas.

É esse contexto que o presente artigo abordará, as origens do instituto, sua evolução, a importância do procedimento como ferramenta de planejamento e a plena capacidade de ser um mecanismo impulsionador da centralização de compras no país.

1 Conceito e operação do Sistema de Registro de Preços

O art. 15, inciso II, da Lei nº 8.666/93 já dispunha, ainda em 1993, que as compras, sempre que possível, deveriam ser processadas mediante SRP, a ser regulamentado por decreto.

Apesar de ter havido muita resistência com o uso do procedimento atrelado à modalidade concorrência e, posteriormente, ao pregão, o instituto sempre foi festejado entre a melhor doutrina, que já o considerava "uma revolução nas licitações públicas", como rememora o professor Sidney Bittencourt (2019, p 14).

Uma das primeiras discussões nascidas com o instituto foi sua natureza jurídica, já que na Lei nº 8.666/1993 não está elencado como modalidade licitatória, conforme se depreende da análise dos incisos do art. 22 (concorrência, tomada de preços, convite, concurso e leilão), não sendo também tipo de licitação, que consta previsão expressa no art. 45, §1º, e apresenta como hipóteses o menor preço, a melhor técnica, a técnica e preço e o maior lance ou oferta.

Dessa maneira, assentando a natureza jurídica do SRP, a doutrina pacificou que

> O SRP deve ser encarado como uma ferramenta de auxílio que se consubstancia num procedimento especial a ser adotado nas compras do Poder Público quando os objetos forem materiais, produtos ou gêneros de consumo frequente. [...] Diversamente do procedimento adotado nas licitações convencionais, onde os licitantes apresentam propostas específicas visando a um objeto unitário e perfeitamente definido, no SRP – que obrigatoriamente é levado a efeito por intermédio de concorrência (art. 156, §3º, inc. I da Lei nº 8.666/93) ou de pregão (art. 11 da Lei nº 10.520/02) – ocorrem proposições de preços unitários que vigorarão por um certo lapso de tempo, período em que a Administração, baseada em conveniência e oportunidade, poderá realizar as contratações necessárias, sempre com a preocupação de verificar a compatibilização dos preços registrados com os praticados no mercado no momento do interesse. [...] Pode-se concluir, em síntese, que o SRP se destina às licitações para as compras e contratos frequentes da Administração Pública, o que, inquestionavelmente, agiliza e simplifica, afastando entraves burocráticos que ocorrem nas licitações comuns. Além disso, também é uma ótima ferramenta nas compras de demandas incertas ou de difícil mensuração (BITTENCOURT, 2019, p.18-21).

O professor Paulo Reis (2020, p. 17-18) arremata:

Trata-se, efetivamente, de um procedimento que antecipa as fases de planejamento e definição do futuro contratado, trazendo-as para um momento em que a efetiva necessidade ainda não exista, constituindo-se, apenas, em mera estimativa. Agindo assim, a administração poderá processar a contratação em curtíssimo prazo a partir do momento em que a necessidade se torne real, pois já terá feita a definição prévia de quem será contratado e qual o valor a ser pago. [...] o SRP não constitui uma modalidade de licitação. Trata-se, isso sim, de um processo diferenciado, um conjunto dos procedimentos que objetiva definir aquele que vai atender as futuras contratações de bens e serviços necessários à administração.

Dado o avanço do potencial benefício advindo da utilização do sistema do registro de preços, a partir da própria previsão do art. 15 da Lei nº 8.666/1993 o instituto passou a ter regulamentação própria e o primeiro normativo infralegal a reger o tema foi o Decreto nº 3.931/2001 (BRASIL, 2001).

Atualmente, em âmbito federal, o art. 15 da Lei nº 8.666/1993 está regulamentado pelo Decreto nº 7.892/2013 (BRASIL, 2013), com suas alterações posteriores, que revogou o Decreto nº 3.931/2001.

Destarte, ciente dos benefícios advindos da inteligente solução "de planejamento e organização na logística de aquisição de bens e serviços no setor público, pois, entre outros benefícios, reduz, significativamente os custos de estoques" (BITTENCOURT, 2019, p. 18), a regulamentação foi sendo de imperiosa importância para o uso ideal do sistema de registro de preços, já que alguns mecanismos inerentes ao procedimento foram necessitando de ajustes com a sua crescente utilização.

Nos termos do art. 3º do Decreto nº 7.892/2013, o SRP poderá ser adotado quando, pelas características do bem ou serviço, houver necessidade de contratações frequentes, quando for conveniente a aquisição de bens com previsão de entregas parceladas ou contratação de serviços remunerados por unidade de medida ou em regime de tarefa, quando for conveniente a aquisição de bens ou a contratação de serviços para atendimento a mais de um órgão ou entidade, ou a programas de governo ou quando, pela natureza do objeto, não for possível definir previamente o quantitativo a ser demandado pela Administração.

A partir da delimitação acerca das possibilidades em que é viável a utilização do SRP, denota-se que o procedimento é, de fato, uma solução de logística, com repercussão inquestionável na redução de custos de armazenagem, dada a criação de um "estoque virtual" onde estão contemplados todos os bens – e seus respectivos custos – que serão, eventualmente, adquiridos em sua totalidade pela Administração.

Nessa esteira, sistematizando a regulamentação do Decreto nº 7.892/2013, o SRP é sustentado por um tripé composto pelo órgão gerenciador, órgão participante e órgão não participante, cada um com atribuições e competências distintas, conforme veremos a seguir.

O órgão gerenciador é o órgão ou entidade da Administração Pública responsável pela condução do conjunto de procedimentos para registro de preços e gerenciamento da ata de registro de preços dele decorrente. Sua atribuição e competência estão previstas no art. 5º do Decreto nº 7.892/2013.[1] De maneira direta, o gerenciador é quem

---

[1] Art. 5º Caberá ao órgão gerenciador a prática de todos os atos de controle e administração do Sistema de Registro de Preços, e ainda o seguinte:
I – registrar sua intenção de registro de preços no Portal de Compras do Governo federal;

conduz o procedimento licitatório a culminar com a ata e seus respectivos preços e quantitativos registrados.

Uma das atribuições do órgão gerenciador é a divulgação da Intenção de Registro de Preços – IRP, de maneira a permitir que os órgãos manifestem interesse em participar de IRP para registro e divulgação dos itens a serem licitados, cabendo, ainda, ao gerenciador estabelecer, quando for o caso, o número máximo de participantes na IRP em conformidade com sua capacidade de gerenciamento, aceitar ou recusar, justificadamente, os quantitativos considerados ínfimos ou a inclusão de novos itens e deliberar quanto à inclusão posterior de participantes que não manifestaram interesse durante o período de divulgação da IRP, em conformidade com art. 4º do Decreto nº 7.892/2013.

Já o órgão participante, nos termos do art. 6º, é responsável pela manifestação de interesse em participar do registro de preços, providenciando o encaminhamento ao órgão gerenciador de sua estimativa de consumo, local de entrega e, quando couber, cronograma de contratação e respectivas especificações ou termo de referência ou projeto básico. Assim, o órgão participante se manifesta quando do lançamento da IRP pelo órgão gerenciador e, no momento da deflagração do certame por este, figurará no edital de licitação com suas especificações e seus quantitativos previamente encaminhados.

O art. 22 do Decreto nº 7.892/2013 determina que, desde que devidamente justificada a vantagem, a ata de registro de preços, durante sua vigência, poderá ser utilizada por qualquer órgão ou entidade da Administração Pública federal que não tenha participado do certame licitatório, mediante anuência do órgão gerenciador. É a figura do órgão não participante, também conhecido como "carona".

O órgão não participante, como se extrai do próprio nome, não participa da fase interna de licitação, tampouco responde afirmativamente à IRP. Sua participação decorre preliminarmente da existência da ata de registro de preços, firmada após o regular processamento do certame licitatório com utilização do SRP, e deve observar as limitações globais e individuais para que faça a adesão à ata de registro de preços. A partir da liberação por parte do gerenciador e da concordância do fornecedor que

---

II – consolidar informações relativas à estimativa individual e total de consumo, promovendo a adequação dos respectivos termos de referência ou projetos básicos encaminhados para atender aos requisitos de padronização e racionalização;
III – promover atos necessários à instrução processual para a realização do procedimento licitatório;
IV – realizar pesquisa de mercado para identificação do valor estimado da licitação e, consolidar os dados das pesquisas de mercado realizadas pelos órgãos e entidades participantes, inclusive nas hipóteses previstas nos §§2º e 3º do art. 6º deste Decreto;
V – confirmar junto aos órgãos participantes a sua concordância com o objeto a ser licitado, inclusive quanto aos quantitativos e termo de referência ou projeto básico;
VI – realizar o procedimento licitatório;
VII – gerenciar a ata de registro de preços;
VIII – conduzir eventuais renegociações dos preços registrados;
IX – aplicar, garantida a ampla defesa e o contraditório, as penalidades decorrentes de infrações no procedimento licitatório; e
X – aplicar, garantida a ampla defesa e o contraditório, as penalidades decorrentes do descumprimento do pactuado na ata de registro de preços ou do descumprimento das obrigações contratuais, em relação às suas próprias contratações.
XI – autorizar, excepcional e justificadamente, a prorrogação do prazo previsto no §6º do art. 22 deste Decreto, respeitado o prazo de vigência da ata, quando solicitada pelo órgão não participante. §1º A ata de registro de preços, disponibilizada no Portal de Compras do Governo federal, poderá ser assinada por certificação digital.
§2º O órgão gerenciador poderá solicitar auxílio técnico aos órgãos participantes para execução das atividades previstas nos incisos III, IV e VI do *caput*.

registrou os preços, o órgão não participante estará apto a solicitar o fornecimento dos bens que deseja adquirir.

Como pontuado por Bittencourt (2019, p. 15):

> [...] uso do permissivo de utilização de Atas de Registro de Preços por órgãos não participantes da competição (os chamados "caronas"), o que motivou que o Tribunal de Contas da União (TCU) determinasse ao Poder Executivo a imediata revisão do diploma regulamentar nesse aspecto, objetivando estabelecer limites para a adesão a registro de preços realizados por outros órgãos e entidades, preservando-se, dessa forma, os princípios da competição, da igualdade de condições entre os licitantes e da busca da maior vantagem para o Poder Público.

Em razão do uso indiscriminado da figura do órgão não participante, muitas vezes em decorrência da falta de planejamento da administração respectiva, foi necessária, por forte interferência do Tribunal de Contas da União, uma maior regulamentação do "carona", o que foi levado a cabo pelo Decreto nº 7.892/2013, que em sua redação original apresentou limites globais e individuais para as adesões às atas de registro de preços, limites que foram alterados pelo Decreto nº 8.250/2014 (BRASIL, 2014) e, posteriormente, pelo Decreto nº 9.488/2018 (BRASIL, 2018), que trouxe os limites praticados hodiernamente:

> Art. 22 [...]
> §3º As aquisições ou as contratações adicionais de que trata este artigo não poderão exceder, por órgão ou entidade, a cinquenta por cento dos quantitativos dos itens do instrumento convocatório e registrados na ata de registro de preços para o órgão gerenciador e para os órgãos participantes.
> §4º O instrumento convocatório preverá que o quantitativo decorrente das adesões à ata de registro de preços não poderá exceder, na totalidade, ao dobro do quantitativo de cada item registrado na ata de registro de preços para o órgão gerenciador e para os órgãos participantes, independentemente do número de órgãos não participantes que aderirem.

Conforme visto, a regulamentação federal do art. 15 da Lei nº 8.666/1993 é feita pelo Decreto nº 7.892/2013, que traz a figura do órgão gerenciador, órgão participante e órgão não participante, sendo o SRP um procedimento auxiliar que visa, ao final do certame, a assinatura da ata de registro de preços com o fornecedor que apresentou os melhores preços para os bens objeto da licitação, diferentemente da licitação tradicional, que busca a celebração de um contrato com quantitativo e objeto bem delineados. Eventualmente, a ata assinada entre as partes poderá resultar em um contrato, nos termos do art. 15 do Decreto nº 7.892/2013.

Insta acrescentar que um dos grandes diferenciais e geralmente apontado como uma enorme vantagem para a Administração é que a existência de preços registrados em ata de registro de preços implica o compromisso de fornecimento nas condições estabelecidas (art. 14). No entanto, a existência de preços registrados não obriga a Administração a contratar, conforme disciplina do art. 16.

Soma-se, ainda, a peculiaridade insculpida no §2º do art. 7º, segundo a qual na licitação para o registro de preços não é necessário indicar a dotação orçamentária, que somente será exigida para a formalização do contrato ou outro instrumento hábil, o que se mostra uma interessante característica do SRP, já que em uma licitação tradicional, sem registro de preços, a indicação de fonte orçamentária deve integrar o edital.

Nos moldes do art. 12, acrescente-se que a ata de registro de preços terá vigência de até 12 meses e que o contrato decorrente do SRP deverá ser assinado no prazo de validade da ata de registro de preços. O prazo do contrato, por sua vez, não tem relação com a vigência da ata, seguirá com a vigência autônoma definida no edital.

Sob o contexto do SRP instituído pela Lei nº 8.666/1993, são essas considerações acerca do conceito e operação do SRP no âmbito da regulamentação federal do Decreto nº 7.892/2013.

1.1 Os Sistemas de Registro de Preços

No ordenamento jurídico pátrio o SRP contém distintas regulamentações igualmente válidas, a depender da legislação que o regula, sendo certo que atualmente o SRP é, em verdade, sistema de registro de preços.

Paralelamente ao SRP precipuamente previsto no art. 15 da Lei nº 8.666/1993, regulamentado no âmbito federal pelo Decreto nº 7.892/2013, a Lei nº 12.462/2011 (BRASIL, 2011) trouxe a possibilidade de utilização do SRP sob a égide do Regime Diferenciado de Contratações – RDC.

Superando a discussão inicial acerca da natureza jurídica do instituto, a Lei do RDC, art. 29, inciso III, já dispôs que o SRP é procedimento auxiliar das licitações reguladas pela Lei nº 12.462/2011, que, para o instrumento, trouxe previsões gerais, detalhadas por força do Decreto nº 7.581/2011 (BRASIL, 2011), regulamentador do RDC.

O SRP/RDC, nos termos do art. 88 do Decreto nº 7.581/2011, trouxe as mesmas figuras do órgão gerenciador, órgão participante (com possibilidade de Intenção de Registro de Preços, inclusive) e órgão aderente (órgão não participante/carona, no Decreto nº 7.892/2013). Na mesma toada do art. 3º do Decreto nº 7.892/2013, o art. 89 trouxe hipóteses semelhantes de cabimento.

Uma grande inovação foi a possibilidade de utilização do SRP/RDC para a contratação de obra, desde que atendidos os requisitos do parágrafo único do art. 89,[2]

---

[2] Art. 89. O SRP/RDC poderá ser adotado para a contratação de bens, de obras com características padronizadas e de serviços, inclusive de engenharia, quando:
I – pelas características do bem ou serviço, houver necessidade de contratações frequentes;
II – for mais conveniente a aquisição de bens com previsão de entregas parceladas ou contratação de serviços remunerados por unidade de medida ou em regime de tarefa;
III – for conveniente para atendimento a mais de um órgão ou entidade, ou a programas de governo; ou
IV – pela natureza do objeto, não for possível definir previamente o quantitativo a ser demandado pela administração pública.
Parágrafo único. O SRP/RDC, no caso de obra, somente poderá ser utilizado:
I – nas hipóteses dos incisos III ou IV do *caput*; e
II – desde que atendidos, cumulativamente, os seguintes requisitos:
a) as licitações sejam realizadas pelo Governo federal;
b) as obras tenham projeto de referência padronizado, básico ou executivo, consideradas as regionalizações necessárias; e
c) haja compromisso do órgão aderente de suportar as despesas das ações necessárias à adequação do projeto padrão às peculiaridades da execução.

além da sutileza do parágrafo único do art. 99 do Decreto nº 7.581/2011, dispondo que o prazo mínimo da ata é de três meses e o máximo de doze meses.

Profunda diferença entre o SRP da Lei nº 8.666/93 e o SRP/RDC é o limite para os órgãos aderentes, nos termos do art. 102: "não poderão contratar quantidade superior à soma das estimativas de demanda dos órgãos gerenciador e participantes; a quantidade global de bens ou de serviços que poderão ser contratados pelos órgãos aderentes e gerenciador, somados, não poderá ser superior a cinco vezes a quantidade prevista para cada item e, no caso de obras, não poderá ser superior a três vezes.

À semelhança do SRP do Decreto nº 7.892/2013, o SRP/RDC também admite que a indicação da dotação orçamentária só será necessária para a formalização do contrato ou instrumento equivalente, de acordo com o art. 91.

Ao lado do SRP/RDC e do SRP do Decreto nº 7.892/2013, há também o SRP da Lei nº 13.303/2016 (BRASIL, 2016), a Lei das Estatais, que em seu art. 66 determina expressamente que o SRP especificamente destinado às licitações de que trata a Lei reger-se-á pelo disposto em decreto do Poder Executivo (que até então não foi editado).

De maneira clara, revela a intenção do legislador de desvencilhar o regime licitatório das empresas públicas e sociedades de economia mista do sistema geral aplicado à administração direta, autarquias e fundações, ao prever no §1º que poderá aderir ao SRP do *caput* qualquer órgão ou entidade responsável pela execução das atividades contempladas no art. 1º da Lei.[3] Noutras palavras, a utilização do SRP da Lei nº 13.303/2016, uma vez regulamentado, será de uso exclusivo das empresas estatais, por expressa previsão legal.

No entanto, a plena utilização do SRP próprio, especificamente modelado de acordo com o sistema licitatório da Lei nº 13.303/2016 ainda não é uma realidade das empresas públicas e sociedades de economia mista, dada a ausência de decreto regulamentando o procedimento auxiliar, restando às empresas estatais a opção entre a utilização do SRP do Decreto nº 7.892/2013 ou do SRP/RDC, o que deve estar expresso em seus respectivos regulamentos internos de licitações e contratos.

Têm-se, hoje, esses três sistemas de registro de preços. Com o advento da Nova Lei de Licitações, passou a ter ainda mais um SRP, o doravante previsto na Lei nº 14.133/2021,[4] ainda pendente de regulamentação em alguns de seus elementos.

Mesmo sem regulamentação própria, o SRP da Lei nº 14.133/2021 traz algumas inovações, como a conceituação legal no art. 6º, inciso XLV, segundo a qual o SRP é o conjunto de procedimentos para realização, mediante contratação direta ou licitação nas modalidades pregão ou concorrência, de registro formal de preços relativos à prestação de serviços, a obras e à aquisição e locação de bens para contratações futuras, também o enquadrando como procedimento auxiliar, nos termos do art. 78, inciso IV. É talante

---

[3] Art. 1º Esta Lei dispõe sobre o estatuto jurídico da empresa pública, da sociedade de economia mista e de suas subsidiárias, abrangendo toda e qualquer empresa pública e sociedade de economia mista da União, dos Estados, do Distrito Federal e dos Municípios que explore atividade econômica de produção ou comercialização de bens ou de prestação de serviços, ainda que a atividade econômica esteja sujeita ao regime de monopólio da União ou seja de prestação de serviços públicos.

[4] Acrescente-se que, nos termos do art. 193, depois de decorridos dois anos da publicação oficial da Lei nº 14.133/2021, serão revogadas a Lei nº 8.666, de 21 de junho de 1993, a Lei nº 10.520, de 17 de julho de 2002, e os arts. 1º a 47-A da Lei nº 12.462, de 4 de agosto de 2011, o que influenciará, sobremaneira, nos sistemas de registro de preços existentes atualmente.

a expressa previsão de possibilidade de contratação de obra no art. 82, §5º, e a previsão de vigência da ata de registros de preços por até dois anos (art. 84).

Com a coexistência de quatro sistemas de registros de preços juridicamente válidos no ordenamento jurídico brasileiro é incontroverso o amadurecimento do instituto e da importância do tema para as contratações públicas, ultrapassando os benefícios unicamente atrelados à eficiência do mecanismo mediante realização de menos licitações e formação de estoque virtual, rumando o SRP para um novo marco das contratações públicas: a centralização de compras.

2 SRP como instrumento de centralização de compras

Preliminarmente à análise do SRP como elemento indutor da centralização de compras, rápidas linhas são necessárias acerca desse condensamento de contratações no cenário brasileiro.

Inicialmente, como destacado por Santos (2019), "centralização de compras públicas deve ser compreendida com base no levantamento de suas características enquanto modelo de organização e gestão das compras nas organizações públicas", de maneira que a função precípua da centralização, para o autor, é estratégica e visa a implementação de políticas públicas, como forma de aglutinar "profissionais especializados em planejamento de compras em grande volume, responsáveis por conduzir um processo transparente e captador de economias de escala".

Assim, a centralização de compras pode se perfazer mediante a adoção de vários modelos possíveis e, dentro dessa viabilidade, o SRP se mostra apto a alavancar essa operacionalização, já que, em grande medida, trata-se de um procedimento onde há a coesão para a instrumentalização da compra e pulverização para formalização das aquisições.

De acordo com o já assentado linhas atrás, o SRP, enquanto procedimento auxiliar da licitação inicialmente trazido pela Lei nº 8.666/93, é regulamentado desde 2001 e sucessivas normas posteriores, promovendo "celeridade às compras e aperfeiçoar a gestão dos estoques e do orçamento público pela flexibilidade nas aquisições, além de ampliar o poder de barganha dos compradores", como dito por Santos, que ainda complementa que o procedimento do SRP

> envolve a instauração de um processo de licitação sem a indicação prévia da existência de recursos orçamentários com o intuito de firmar um instrumento contendo a garantia de preços para os itens a serem adquiridos, a ata de registro de preços; permite o ingresso de outras organizações públicas na mesma licitação para aglutinar demandas em sua origem, capitaneada por uma organização gerenciadora; não gera obrigação de contratação sobre os itens registrados; e aceita a utilização da ata de registro de preços posteriormente por entidade não participante do processo de planejamento da compra, o denominado "carona", por intermédio de um procedimento batizado de adesão à ata de registro de preços.

A partir dessas características elásticas que contribuem para o planejamento das contratações, mostra-se relevante instrumento para o processo de centralização de compras, já que permite, nas lições de Santos, "a junção das demandas das organizações participantes e a antecipação da fase de seleção do fornecedor antes da disponibilização de recursos", de maneira que as aquisições vão se perfazendo à medida que os créditos orçamentários forem disponibilizados para órgãos e entidades.

Dessa maneira, a característica peculiar da indicação de fonte orçamentária apenas no momento da formalização do instrumento do contrato se revela importante ferramenta para a centralização de compras, já que a realidade mostra que os recursos orçamentários chegam em momentos e em quantitativos distintos na Administração e, já com os recursos e uma licitação mediante a realização de um SRP, seja na qualidade de gerenciador, participante ou não participante/aderente, isso contribui, sobremaneira, para a eficiência das compras públicas, obviamente a partir da premissa de que a aquisição faz parte do respectivo planejamento do órgão.

Noutro giro e paralelamente à indicação de fonte orçamentária apenas à formalização do instrumento de contrato, o SRP é mecanismo indutor da centralização de compras por envolver, intrinsicamente à sua própria natureza jurídica, a participação de três agentes distintos: gerenciador, participante e não participante/aderente (carona). Em outras palavras, pelo menos três licitações distintas deixam de ser realizadas com a realização de apenas um SRP, que se desenvolve com a participação de todos os sujeitos cabíveis à espécie.

É da própria natureza do instituto o envolvimento de diversos órgãos, inclusive para que seja levada a cabo a economia de escala tão almejada pela administração Pública em suas licitações públicas, o que, de maneira indireta, contribui para o fortalecimento da ferramenta como mecanismo de centralização das compras públicas, especialmente se voltarmos nosso olhar para a estrutura organizacional das atividades de compra e contratação com múltiplos arranjos, que, segundo Fernandes (2015),

> As configurações básicas encontradas podem ser: o órgão central ou agência com atribuições de condução do processo de compras; o compartilhamento de atribuições entre um órgão coordenador e áreas de compras nos demais órgãos ou a descentralização das atividades, a cargo de cada órgão.

No âmbito do SRP existe a possibilidade de utilização do SRP para os casos de compra nacional, previstos tanto no Decreto nº 7.892/2013 quanto no Decreto nº 7.581/2011. Em ambos normativos, o conceito é semelhante[5] e, no que agrega à discussão, dispõe que o órgão gerenciador conduzirá os procedimentos destinados à execução descentralizada de programa ou projeto federal ou, em outras palavras, centralizará as contratações necessárias para o desenvolvimento da política pública que será efetivada mediante ações descentralizadas dos demais órgãos e entidades envolvidos com a demanda.

Saliente-se, ainda, que, no caso das compras nacionais, os órgãos participantes não têm necessariamente a obrigação de responder positivamente à IRP, os próprios

---

[5] Decreto nº 7.892/2013, art. 2º [...] VI – compra nacional – compra ou contratação de bens e serviços, em que o órgão gerenciador conduz os procedimentos para registro de preços destinado à execução descentralizada de programa ou projeto federal, mediante prévia indicação da demanda pelos entes federados beneficiados;
Decreto nº 7.581/2011, art. 88 [...] compra nacional – compra ou contratação de bens, serviços e obras com características padronizadas, inclusive de engenharia, em que o órgão gerenciador conduz os procedimentos para registro de preços destinado à execução descentralizada de programa ou projeto federal, mediante prévia indicação da demanda pelos entes federados beneficiados.

normativos referenciados já determinam que o órgão participante de compra nacional, em razão de participação em programa ou projeto federal, é contemplado no registro de preços independente de manifestação formal.

É, portanto, uma forma de centralização admitida pelos sistemas de registro de preços existentes, já que ainda consolida, nos termos regulamentados, a demanda dos órgãos e entidades da administração direta e indireta da União, dos Estados, do Distrito Federal e dos Municípios.

Dessa maneira, o instituto da compra nacional já se reveste de natureza centralizada, objetivando

> [...] a execução descentralizada de programa ou projeto federal para atendimento aos demais entes federativos. É uma programação do governo federal para atender estados e municípios em suas necessidades fundamentais, para as quais, muitas vezes, os recursos próprios são mais reduzidos. Em lugar de fazer descentralização de recursos para que os demais entes façam o gerenciamento, o governo federal toma a si a tarefa de organizar a contratação, oferecendo oportunamente aos interessados a possibilidade de serem beneficiados. Nesse caso, estado e municípios constituirão os órgãos participantes contemplados no registro de preços, independentemente de qualquer manifestação prévia. (REIS, 2020, p. 165)

O potencial do SRP, para além das demandas domésticas dos órgãos e entidades da Administração Pública, é revelado por Santos quando aponta o SRP plenamente apto a figurar como elemento viabilizado da centralização de compras no Brasil, dadas suas características especialmente de agregar diversos atores na sua utilização ordinária, além de ser possível a "incorporação de boas práticas internacionais como os acordos-quadro e os sistemas de aquisição dinâmicos".

Nessa esteira, ainda que o SRP tenha sido pensado e criado como procedimento auxiliar das licitações, especialmente para os casos em que envolvem demandas incertas ou de difícil mensuração, dadas suas características fundantes, mostra-se, atualmente, como procedimento também apto a institucionalizar a centralização de compras na Administração.

3 Oportunidades e pontos de atenção

Partindo da operacionalização dos sistemas de registros de preços, que possuem inúmeros pontos de intersecção entre eles, e a aderência do SRP aos parâmetros da modelagem da centralização de compras, cumpre doravante apontar as oportunidades e desafios que essa indução pode ocasionar no momento de efetiva implementação da centralização.

As oportunidades que automaticamente saltam aos olhos a partir da confluência da centralização de compras e utilização do SRP se confundem com as próprias vantagens para a utilização dos institutos de maneira isolada.

Neste diapasão, o professor Jacoby (2010) elenca inúmeras vantagens sobre o uso do SRP, tais como: desnecessidade de dotação orçamentária para deflagrar a fase externa da licitação, eliminação do fracionamento de despesa, celeridade na aquisição, ampliação da competitividade, maior aproveitamento de bens e redução dos custos da licitação.

Na mesma linha de raciocínio, Colombarolli (2020, p. 219) admite que os benefícios para aplicação do SRP já se iniciam com o fato de que o regime rompe a lógica de uma licitação e um contrato, pois, "no Registro de Preços, uma licitação pode dar suporte a vários contratos, conforme a conveniência administrativa, desde que observados os limites quantitativos", reconhecendo, ainda, que o mote do SRP não é outro a não ser a eficiência administrativa, na medida que a "Administração Pública ganha maior agilidade operacional e reduz custos, evitando uma multiplicidade de procedimentos licitatórios contínuos e sobrepostos sobre os mesmos objetos".

Sob a mirada da centralização de compras, de pronto já se vislumbra, como vantagem,

> Induzir os colaboradores e gestores públicos a agirem conjuntamente em prol do alcance do interesse público por intermédio da função de aquisições, especialmente no cenário de estruturação de uma governança aplicada às compras. Desse modo, emerge uma oportunidade de apreciar o tema da tomada de decisões dos atores nos diversos ambientes das organizações públicas. [...] É interessante destacar que, ao induzir os atores a agirem conjuntamente em uma compra centralizada, não se espera que seus ganhos imediatos sejam maximizados, a esperança é que seja criada uma rede de cooperação política que resulte num benefício para todos (SANTOS, 2019).

No que tange à atuação conjunta dos órgãos/setores enquanto condição indispensável para a operacionalização ideal da centralização de compras, Fernandes já adverte que é necessária uma mudança organizacional da área de compras, que "tem sido permeada por fatores e circunstâncias político-institucionais que refreiam um movimento generalizado e uniforme em direção à descentralização", o que, por outro lado, favorece a utilização do SRP enquanto procedimento sedimentado, como modelo passível de romper os obstáculos da centralização, já que "o atendimento às demandas dos gerentes de linha, em ambientes complexos – como parece o caso da recente evolução da administração pública –, pode se constituir em obstáculo ao bom desempenho" da centralização de compras.

A par das vantagens do SRP e da centralização de compras de maneira isolada, Santos elabora um modelo de centralização a partir da utilização do SRP, ao argumento de que as características do SRP (a instauração de um processo de licitação sem a indicação prévia da existência de recursos orçamentários, a ata de registro de preços, a permissão de ingresso de outras organizações públicas na mesma licitação para aglutinar demandas em sua origem, a não assunção de obrigação de contratação sobre os itens registrados e a aceitação posterior de entidade não participante do processo de planejamento da compra) "catalisam o processo de centralização de compras, permitindo a junção das demandas das organizações participantes e a antecipação da fase de seleção do fornecedor antes da disponibilização de recursos". Nesse mote, acrescenta, citando Barbosa (2012 *apud* SANTOS, 2019):

> O modelo também gerou reflexões da análise por teorias econômicas, sendo considerado uma interessante ferramenta de aquisições públicas, propiciando maior agilidade nos processos de contratação, melhor gerenciamento e controle de estoques, otimização da

execução orçamentária, redução no número de licitações com a mesma finalidade e garantia dos demais benefícios da legislação sobre contratações públicas brasileiras.

É incontroversa a enorme vantagem que existe na utilização do SRP como ferramenta para a centralização de compras, o que atrai, por certo, dificuldades a serem superadas ao longo do desenvolvimento da modelagem.

O primeiro grande ponto que merece atenção nessa perspectiva é a importância do planejamento devido para fins de registro em ata de registro de preços, já que, como pontuado por Pereira Junior e Dotti (2010 apud SANTOS, 2019), "uma imprecisão nessa definição de estimativas pode resultar em registro de preços não condizentes com demandas futuras".

Para Diniz (2020, p. 41-42),

> A estimativa dos quantitativos de consumo é essencial para o SRP, uma vez que assegurará ao órgão gerenciador mecanismos para: conseguir melhores preços, em função da economia de escala; controlar as aquisições e contratações adicionais, segundo os limites previstos no §3º do art. 22; prever o quantitativo decorrente das adesões à Ata de Registro de Preços, consoante o disposto no §4º do art. 22. Além disso, a delimitação dessas estimativas de consumo servirá de parâmetro para o fornecedor elaborar a proposta comercial e evitar que seja surpreendido com aquisições ou contratações que não possa atender, por não ter dito condições de realizar planejamento adequado.

Aliada à atenção que merece o planejamento conforme exposto, há o uso indiscriminado da figura do órgão não participante/carona, que, dado o mal uso, pode deixar de ser um recurso de eficiência para configurar uma conduta reiterada de fuga à licitação.

A possibilidade de adesão já foi, inclusive, analisada pelo Tribunal de Contas da União no Acórdão nº 1.297/2015 (BRASIL, 2015), que indicou cautela na sua permissão:

> A adesão prevista no art. 22 do Decreto 7.892/2013 para órgão não participante (ou seja, que não participou dos procedimentos iniciais da licitação) é uma possibilidade anômala e excepcional, e não uma obrigatoriedade a constar necessariamente em todos os editais e contratos de pregões para Sistema de Registro de Preços.

Para a doutrina (REIS, 2020 p. 161-163), ademais da justificativa para se admitir a adesão/carona, é imprescindível a demonstração, pelo órgão não participante, de que a adesão pretendida é vantajosa. Por fim, acrescenta que "há, assim, uma limitação legal não só para o quantitativo que poderá ser demandado por órgãos não participantes, como também para o quantum a ser demandado por cada um".

Um último ponto de inflexão que se pode vislumbrar na utilização do SRP como ferramenta de centralização é a impossibilidade de se conceder reequilíbrio econômico-financeiro aos preços registrados em ata.

Como pontuado por Pércio e Bragagnoli (2021):

> A revisão da ata para o fim de elevar os preços registrados em decorrência da aplicação da Teoria da Imprevisão há muito se encontra no centro de uma batalha de argumentos, notadamente entre a Administração Pública e o setor privado. De um lado, os que entendem pela impossibilidade, já que ata não é contrato; de outro, os que entendem pela

possibilidade, considerando a garantia constitucional de manutenção das condições efetivas da proposta.

Capitaneando a posição majoritária e contrária à revisão de preços, a Advocacia-Geral da União – AGU[6] argumenta que não cabe revisão/equilíbrio econômico para majorar os preços registrados, vez que esses institutos estão relacionados ao contrato e não à ata, instrumentos que possuem natureza distinta, ainda que estejamos diante de uma hipótese de circunstâncias imprevisíveis ou previsíveis de consequências incalculáveis (álea extraordinária).

Há, no entanto, interpretações vanguardistas que admitem essa possibilidade rechaçada pela AGU, como a de Sidney Bittencourt (2020, p. 136-140):

> Considerando a instabilidade do mercado, o art. 17 converge para o reequilíbrio econômico-financeiro dos preços registrados na ARP, fazendo um paralelo com a famosa equação econômico-financeira constituída na relação que as partes inicialmente estabelecem quando da celebração de um contrato, objetivando a justa remuneração de seu objeto. Atendendo à chamada Teoria da Imprevisão, a rigor, sempre que, comprovadamente, ocorra um desequilíbrio na relação inicialmente estabelecida entre os encargos e a retribuição financeira para a justa remuneração pela execução do objeto pretendido, é necessária a devida recomposição. Adverte-se, entretanto, que não é qualquer desequilíbrio que determinará a revisão, pois o contratado deve suportar alguns riscos inerentes à atividade econômica a que se entregou. Somente a denominada álea *econômica extraordinária* que autorizará o reequilíbrio, nunca a chamada álea *ordinária*. Essa máxima também é válida para os reequilíbrios das ARPs. Em resumo, reza o dispositivo que os preços registrados na ARP são passíveis de revisão quando de fato resultem num desequilíbrio econômico-financeiro devidamente comprovado, resultantes de situações imprevisíveis ou, mesmo que previsíveis, de consequências incalculáveis.

Destarte, há pontos no SRP que podem, eventualmente, trazer dificuldades à concretização da centralização a partir de um SRP, no entanto, as oportunidades e a similitude de valência de ambos os institutos concorrem para que as oportunidades de implantação se sobressaiam perante as dificuldades.

4 SRP na NLLC e a centralização

Em estreita conexão com as oportunidades do SRP como indutor da centralização de compras, a Nova Lei de Licitações – Lei nº 14.133/2021 traz importantes institutos para que essa sinergia aconteça na Administração Pública.

Antes de adentrar na minúcia do SRP na Lei nº 14.133/2021, devemos deixar clara a intenção do legislador em fomentar a centralização de compras na Nova Lei de Licitações, especialmente mediante análise do art. 181, que é expresso em prever que os entes federativos instituirão centrais de compras, com o objetivo de realizar compras

---

[6] Parecer nº 070/2016/SCTL/PF-IFG/AGU, Parecer nº 14/2014/CPLC/DEPCONSU/PGF/AGU, Parecer nº 0001/2016/CPLCA/CGU/AGU e Parecer nº 3/2019-DEPCONSU/AGU.

em grande escala, para atender a diversos órgãos e entidades sob sua competência e atingir as finalidades desta Lei.

Não é despiciendo relembrar que a experiência de centralização de compras públicas no país não é um tema novo. Em uma breve exposição, Santos traz à memória experiências de centralização de compras públicas nos últimos anos no Brasil, conduzidas pelo Fundo Nacional de Desenvolvimento da Educação (compras no setor educacional); Instituto de Pesquisas Jardim Botânico do Rio de Janeiro (compras sustentáveis); extinto Ministério do Planejamento, Orçamento e Gestão (compras de tecnologia da informação); Empresa Brasileira de Serviços Hospitalares (compras no setor saúde); e a Central de Compras do Ministério da Economia (laboratório de inovação em compras).

Assim, a Nova Lei de Licitações traz à tona o intento de desenvolver a centralização de compras e, para isso, também traz novos contornos legislativos para que as previsões legais repercutam na administração, promovendo avanços e inovações nas contratações públicas, sendo inegável não associar, nesse ponto, a utilização do SRP para cumprimento do disposto no art. 181 já referido.

Um grande ponto a favor da utilização do SRP como instrumento de centralização de compras é o nível que a governança foi alçada na Nova Lei de Licitações. Instrumento incipiente na Lei nº 8.666/1993, a governança foi tema de bastante atenção na Lei nº 14.133/2021, que trouxe previsões que dizem respeito à gestão eficiente do procedimento licitatório como um todo, dispondo sobre:

a) o plano de contratações anual em seu art. 12, inciso VII, que até então tinha previsão apenas na Instrução Normativa nº 01/2019[7] (BRASIL, 2019);

b) estudo técnico preliminar, art. 18, inciso I, previsto no Decreto nº 10.024/2019 (BRASIL, 2019) e na Instrução Normativa nº 40/2020[8] (BRASIL, 2020);

c) obrigatoriedade da implantação, pelo licitante vencedor no prazo de seis meses, de programa de integridade para as contratações de grande vulto, de acordo com disposição do art. 25, §4º, requisito que já está disciplinado em legislações estatuais que regulamentam a Lei nº 12.846/2013 (p. ex.: Lei nº 7.753/2017, do Estado do Rio de Janeiro; Lei nº 6.112/2018, do Distrito Federal, e Lei nº 4.730/2018, do Estado do Amazonas) e,

d) matriz de risco como cláusula contratual obrigatória em casos de contratação de obras e serviços de grande vulto ou quando adotados os regimes de contratação integrada e semi-integrada (art. 22, §3º), visando o equilíbrio econômico-financeiro inicial do contrato em relação a eventos supervenientes e que deverá ser observada na solução de eventuais pleitos das partes (art. 103, §4º), instituto já trazido pela Lei do RDC e na Lei das Estatais.

Especialmente em relação aos institutos que guardam relação com o planejamento (PAC e ETP), a Nova Lei de Licitações já se mostra apta a mitigar as eventuais dificuldades sustentadas no tópico sobre o adequado planejamento na utilização do SRP, não sem reconhecer os instrumentos de governança que alcançam a execução contratual (exigência de programa de integridade e matriz de riscos) e também podem reverberar em um contrato decorrente de SRP.

---

[7] Disponível em: https://www.in.gov.br/materia/-/asset_publisher/Kujrw0TZC2Mb/content/id/70267659/do1-2019-04-05-instrucao-normativa-n-1-de-4-de-abril-de-2019-70267535.

[8] Disponível em: https://www.in.gov.br/en/web/dou/-/instrucao-normativa-n-40-de-22-de-maio-de-2020-258465807.

Outro ponto relevante e que já foi citado no início desse artigo é a possibilidade trazida pela Lei nº 14.133/2021 de que a ata de registro de preços – ARP tenha vigência de até 2 anos, com o fito de aproveitar e manter os preços vantajosos para a Administração, ademais de reduzir, ainda mais, a movimentação burocrática para a realização de certames licitatórios.

Sobre a vigência da ata, a Administração ao se vincular, por ARP, a um fornecedor por até dois anos, nos termos do art. 84, pode ser relevante para fomentar a cultura da centralização, seja sob uma perspectiva do órgão gerenciador quanto dos órgãos não participantes, que poderão, em certa medida, ter um tempo maior para agregar as intenções de compras no microprocesso de planejamento dentro do procedimento de contratação pública.

Não passam despercebidas, ainda, as previsões do art. 82, inciso III, que admitem a possibilidade de o edital de licitação para registro de preços quando o objeto for realizado ou entregue em locais diferentes; em razão da forma e do local de acondicionamento; quando admitida cotação variável em razão do tamanho do lote; ou por outros motivos justificados no processo, sendo, nas palavras de Silva (2021, p. 1008), previsões sobre a necessidade de que os "preços a serem registrados respeitem as peculiaridades de cada contratante possibilitando que o edital estabeleça preços diferentes" de acordo com as opções trazidas pelo inciso referido.

A possibilidade trazida pela Nova Lei de Licitações de que se registrem preços diferentes nas atas é outra subferramenta dentro da macrosistemática do SRP que ajuda no desenvolvimento da centralização a partir de uma racionalização das compras públicas.

Por fim, uma grande esperança surge da redação do art. 82, §5º, inciso VI, segundo o qual o edital de licitação para registro de preços observará as regras gerais da Lei nº 14.133/2021 e deverá dispor sobre as condições para alteração de preços registrados, previsão que tem o condão de alterar o entendimento majoritário exposto no tópico anterior acerca da impossibilidade de concessão de reequilíbrio econômico-financeiro em atas de registro de preços.

Em artigo escrito ainda sob a égide do PL 4253/2020, Pércio e Bragagnoli (2021) já salientavam:

> O PL nº 4.253/20 prevê que o edital de licitação para registro de preços deverá dispor sobre as condições para alteração de preços registrados. Além de eliminar dúvidas quanto à inexistência, a priori e em tese, de obstáculo jurídico à revisão da ata, confere à Administração o poder de disciplinar o tema, considerando as características do objeto e das futuras contratações decorrentes do específico registro de preços a ser implementado. Permite, acertadamente, que a decisão seja tomada com base em condições materiais, não formais, alinhando-se perfeitamente ao consequencialismo presente na LINDB. Vindo o PL a converter-se em lei e sendo mantido o dispositivo ora analisado, o próprio edital da licitação poderá disciplinar o assunto, sem que seja necessário fazê-lo, antes, por meio de regulamento. Em última análise, os entes federativos poderão disciplinar livremente em seus regulamentos sobre o reequilíbrio econômico-financeiro dos preços registrados, podendo, inclusive, deixar a critério do edital a definição.

Destarte, ainda que de alguma maneira a regulamentação do SRP trazido pela Lei nº 14.133/2021 seja necessária para melhor delimitação de alguns procedimentos incidentais, é incontroverso que a modelagem que trouxe para o planejamento da contratação, vigência da ata, possibilidade de registrar preços diferentes e possibilidade de interpretação favorável ao reequilíbrio dos preços registrados em ata favorece a maturidade do SRP, especialmente para o fim aqui almejado de se tornar um modelo viável à centralização de compras.

Conclusão

A partir da evolução do SRP dentro da perspectiva das contratações públicas nacionais é latente a sua importância enquanto procedimento auxiliar nas licitações, seja como forma de diminuir e desburocratizar os certames, seja como elemento integrador dos três atores que podem se envolver na realização do SRP: órgão gerenciador, órgão participante e órgão não participante/aderente.

Com efeito, o cenário brasileiro com quatro mecanismos de SRP em convivência denota a intenção de utilizar o procedimento auxiliar para além da formação de estoque ou almoxarifado virtual, tornando-o, cada vez mais, indutor da centralização de compras, dada sua capacidade de agregar demandas incertas, frequentes ou de difícil mensuração à participação de muitos órgãos e entidades.

Bem pontuado por Torres (2021, p. 827), a centralização de compras funciona como um '"filtro qualificado" da demanda de toda a Administração para o mercado. Por meio delas, é possível gerar ganho de escala nas ações de compras públicas, além de otimizar seu planejamento, reduzir seu custo burocrático e facilitar o controle da corrupção.

A par de tantos benefícios operacionais e transacionais advindos da centralização de compras, os benefícios do SRP completam essa bilateralidade, funcionando os dois sistemas como uma verdadeira engrenagem para não apenas movimentar a instituição de centrais de compras, mas também para o amadurecimento dos órgãos e entidades acerca da utilização da própria centralização de compras, de maneira racionalmente planejada, com foco precípuo no princípio da eficiência previsto no art. 5º da Lei nº 14.133/2021, pois como assertivamente exposto por Torres (2021, p. 827), "induz a cooperação entre entes para o aperfeiçoamento das contratações públicas".

Referências

BITTENCOURT, Sidney. *Licitação de Registro de Preços*. Comentários ao Decreto nº 7.892/2013, de 23 de janeiro de 2013, alterado pelos Decretos nºs 8.250, de maio de 2014, e 9.488, de 30 de agosto de 2018. 5. ed. Belo Horizonte: Fórum, 2019.

BRASIL. Decreto nº 4.536, de 28 de janeiro de 1922. Organiza o Código de Contabilidade da União. Rio de Janeiro: Presidência da República, 1922. Disponível em: http://www.planalto.gov.br/ccivil_03/decreto/historicos/dpl/DPL4536-1922.htm. Acesso em: 5 out. 2021.

BRASIL. Lei nº 8.666, de 21 de junho de 1993. Regulamenta o art. 37, inciso XXI, da Constituição Federal, institui normas para licitações e contratos da Administração Pública e dá outras providências. Brasília: Congresso Nacional, 1993. Disponível em: http://www.planalto.gov.br/ccivil_03/leis/l8666cons.htm. Acesso em: 1 nov. 2021.

BRASIL. Decreto nº 3.931, de 19 de setembro de 2001. Regulamenta o Sistema de Registro de Preços previsto no art. 15 da Lei nº 8.666, de 21 de junho de 1993, e dá outras providências. Brasília: Presidência da República, 2001. Disponível em: http://www.planalto.gov.br/ccivil_03/decreto/2001/D3931htm.htm. Acesso em: 3 nov. 2021.

BRASIL. Lei nº 12.462, de 4 de agosto de 2011. Institui o Regime Diferenciado de Contratações Públicas – RDC; altera a Lei nº 10.683, de 28 de maio de 2003, que dispõe sobre a organização da Presidência da República e dos Ministérios, a legislação da Agência Nacional de Aviação Civil (Anac) e a legislação da Empresa Brasileira de Infraestrutura Aeroportuária (Infraero); cria a Secretaria de Aviação Civil, cargos de Ministro de Estado, cargos em comissão e cargos de Controlador de Tráfego Aéreo; autoriza a contratação de controladores de tráfego aéreo temporários; altera as Leis nºs 11.182, de 27 de setembro de 2005, 5.862, de 12 de dezembro de 1972, 8.399, de 7 de janeiro de 1992, 11.526, de 4 de outubro de 2007, 11.458, de 19 de março de 2007, e 12.350, de 20 de dezembro de 2010, e a Medida Provisória nº 2.185-35, de 24 de agosto de 2001; e revoga dispositivos da Lei nº 9.649, de 27 de maio de 1998. Brasília: Congresso Nacional, 2011. Disponível http://www.planalto.gov.br/ccivil_03/_ato2011-2014/2011/lei/l12462.htm. Acesso em: 5 nov. 2021.

BRASIL. Decreto nº 7.581, de 11 de outubro de 2011. Regulamenta o Regime Diferenciado de Contratações Públicas – RDC, de que trata a Lei nº 12.462, de 4 de agosto de 2011. Brasília: Presidência da República, 2011. Disponível em: http://www.planalto.gov.br/ccivil_03/_ato2011-2014/2011/Decreto/D7581.htm. Acesso em: 5 nov. 2021.

BRASIL. Decreto nº 7.892, de 23 de janeiro de 2013. Regulamenta o Sistema de Registro de Preços previsto no art. 15 da Lei nº 8.666, de 21 de junho de 1993. Brasília: Presidência da República, 2013. Disponível em: http://www.planalto.gov.br/ccivil_03/_ato2011-2014/2013/decreto/d7892.htm. Acesso em: 4 nov. 2021.

BRASIL. Decreto nº 8.250, de 23 de maio de 2014. Altera o Decreto nº 7.892, de 23 de janeiro de 2013, que regulamenta o Sistema de Registro de Preços previsto no art. 15 da Lei nº 8.666, de 21 de junho de 1993. Brasília: Presidência da República, 2014. Disponível em: http://www.planalto.gov.br/ccivil_03/_ato2011-2014/2014/decreto/D8250.htm. Acesso em: 4 nov. 2021.

BRASIL. Acórdão nº 1.297/2015. Plenário. Relator Bruno Dantas. Sessão de 27/05/2015. Disponível em: https://pesquisa.apps.tcu.gov.br/#/documento/acordao-completo/*/NUMACORDAO%253A1297%2520ANOACORDAO%253A2015%2520COLEGIADO%253A%2522Plen%25C3%25A1rio%2522/DTRELEVANCIA%2520desc%252C%2520NUMACORDAOINT%2520desc/0/%2520. Acesso em: 1º nov. 2021.

BRASIL. Lei nº 13.303, de 30 de junho de 2016. Dispõe sobre o estatuto jurídico da empresa pública, da sociedade de economia mista e de suas subsidiárias, no âmbito da União, dos Estados, do Distrito Federal e dos Municípios. Brasília: Congresso Nacional, 2016. Disponível em: http://www.planalto.gov.br/ccivil_03/_ato2015-2018/2016/lei/l13303.htm. Acesso em: 6 nov. 2021.

BRASIL. Decreto nº 9.488, de 30 de agosto de 2018. Altera o Decreto nº 7.892, de 23 de janeiro de 2013, que regulamenta o Sistema de Registro de Preços previsto no art. 15 da Lei nº 8.666, de 21 de junho de 1993, e o Decreto nº 7.579, de 11 de outubro de 2011, que dispõe sobre o Sistema de Administração dos Recursos de Tecnologia da Informação – SISP, do Poder Executivo federal. Brasília: Presidência da República, 2018. Disponível http://www.planalto.gov.br/ccivil_03/_ato2015-2018/2018/decreto/D9488.htm. Acesso em: 3 nov. 2021

BRASIL. Instrução Normativa nº 01, de 4 de abril de 2019. Dispõe sobre o processo de contratação de soluções de Tecnologia da Informação e Comunicação – TIC pelos órgãos e entidades integrantes do Sistema de Administração dos Recursos de Tecnologia da Informação – SISP do Poder Executivo Federal. Brasília: Ministério da Economia. Disponível em: https://www.in.gov.br/materia/-/asset_publisher/Kujrw0TZC2Mb/content/id/70267659/do1-2019-04-05-instrucao-normativa-n-1-de-4-de-abril-de-2019-70267535. Acesso em: 10 nov. 2021.

BRASIL. Decreto nº 10.024, de 20 de setembro de 2019. Regulamenta a licitação, na modalidade pregão, na forma eletrônica, para a aquisição de bens e a contratação de serviços comuns, incluídos os serviços comuns de engenharia, e dispõe sobre o uso da dispensa eletrônica, no âmbito da administração pública federal. Brasília: Presidência da República. Disponível em: http://www.planalto.gov.br/ccivil_03/_ato2019-2022/2019/decreto/D10024.htm. Acesso em: 30 out. 2021.

BRASIL. Instrução Normativa nº 40, de 22 de maio de 2020. Dispõe sobre a elaboração dos Estudos Técnicos Preliminares – ETP – para a aquisição de bens e a contratação de serviços e obras, no âmbito da Administração Pública federal direta, autárquica e fundacional, e sobre o Sistema ETP digital. Brasília: Ministério da Economia. Disponível em: https://www.in.gov.br/en/web/dou/-/instrucao-normativa-n-40-de-22-de-maio-de-2020-258465807. Acesso em: 28 out. 2021.

BRASIL. Lei n 14.133, de 1º de abril de 2021. Lei de Licitações e Contratos Administrativos. Brasília: Congresso Nacional, 2021. Disponível em: http://www.planalto.gov.br/ccivil_03/_ato2019-2022/2021/lei/L14133.htm. Acesso em: 12 nov. 2021.

COLOMBAROLLI, Bruna Rodrigues. *Carona* – Federalismo por cooperação e eficiência administrativa. *In*: FORTINI, Cristiana (coord.). *Registro de Preços*: análise crítica do Decreto Federal nº 7.892/13, com as alterações posteriores. 3. ed. rev. ampl. e atual. Belo Horizonte: Fórum, 2020.

DINIZ, Gilberto Pinto Monteiro. Roteiro do protagonista do SRP: as competências do órgão gerenciador previstas no Decreto nº 7.892, de 23.01.2013. *In*: FORTINI, Cristiana (coord.). *Registro de Preços*: análise crítica do Decreto Federal nº 7.892/13, com as alterações posteriores. 3. ed. rev. ampl. e atual. Belo Horizonte: Fórum, 2020.

FERNANDES, Ciro Campos Christo. A centralização das compras na administração federal: lições da história. Disponível em: http://repositorio.enap.gov.br/handle/1/2240. Acesso em: 5 out. 2021.

JACOBY, Jorge Ulisses. Carona em Sistema de Registro de Preços: uma opção inteligente para a redução de custos e controle. Disponível em: https://www.jacoby.pro.br/Carona.pdf. Acesso em: 6 out. 2021.

PÉRCIO, Gabriela Verona; BRAGAGNOLI, Renila Lacerda. Da revisão para maior dos preços registrados em ata: breve análise, considerando as disposições do PL nº 4.253/20. *Fórum de Contratação e Gestão Pública – FCGP*, Belo Horizonte, ano 20, n. 231, p. 29-39, mar. 2021.

REIS, Paulo Sérgio de Monteiro. *Sistema de registro de preços*: uma forma inteligente de contratar – Teoria e Prática. Belo Horizonte, Fórum: 2020.

SANTOS, Felippe Vilaça Loureiro. Centralização de compras públicas: a experiência da Empresa Brasileira de Serviços Hospitalares (Ebserh). Dissertação (Mestrado – Programa de Mestrado Profissional em Governança e Desenvolvimento). Escola Nacional de Administração Pública: Brasília, 2019. Disponível em: https://repositorio.enap.gov.br/bitstream/1/4747/1/Enap%20Disserta%C3%A7%C3%A3o%20Felippe%20Vila%C3%A7a%20vFinal.pdf. Acesso em: 4 out. 2021.

SILVA, Michele Marry Marques da. *Tratado da Nova Lei de Licitações e Contratos Administrativos*: Lei nº 14133/2021 Comentada por Advogados Públicos. São Paulo: Juspodivm, 2021.

TORRES, Ronny Charles Lopes de. *Leis de licitações públicas comentadas*. 12. ed. rev., ampl. e atual. São Paulo: Juspodivm, 2021.

Informação bibliográfica deste texto, conforme a NBR 6023:2018 da Associação Brasileira de Normas Técnicas (ABNT):

BRAGAGNOLI, Renila Lacerda. O Sistema de Registro de Preços brasileiro como instrumento de centralização. *In*: LOPES, Virgínia Bracarense; SANTOS, Felippe Vilaça Loureiro (coord.). *Compras públicas centralizadas no Brasil*: teoria, prática e perspectivas. Belo Horizonte: Fórum, 2022. p. 265-282. ISBN 978-65-5518-463-1.

O PROCEDIMENTO AUXILIAR DO CREDENCIAMENTO: SUA RELAÇÃO COM A CENTRALIZAÇÃO DE COMPRAS E SUA FORMATAÇÃO NA NOVA LEI DE LICITAÇÕES E CONTRATOS ADMINISTRATIVOS

MICHELLE MARRY MARQUES DA SILVA

VIRGÍNIA BRACARENSE LOPES

I Introdução

As contratações públicas, conforme previsto na Constituição Federal de 1988 (BRASIL, 1988), em seu artigo 37, inciso XXI, são realizadas por regra mediante procedimento de licitação, viabilizando disputa entre os interessados em fornecer bens e prestar serviços à Administração Pública, assegurados diversos princípios, como isonomia, seleção da proposta mais vantajosa, impessoalidade, previstos também nas normas infraconstitucionais afetas ao tema, tais como: a Lei Geral de Licitações – LGL, Lei nº 8.666, de 21 de junho de 1993 (BRASIL, 1993) e a Nova Lei de Licitações e Contratos Administrativos – NLLC, Lei nº 14.133, de 1º de abril de 2021 (BRASIL, 2021).

Todavia, o próprio texto constitucional previu a possibilidade de exceções, quando a realização do certame pode comprometer o alcance do interesse público caso o gestor opte pela aplicação do procedimento formal (TORRES, 2021). Tais situações são conhecidas como contratações diretas e resultam do entendimento de que "nem sempre, é verdade, a licitação leva a uma contratação mais vantajosa" (DALLARI *apud* TORRES, 2021, p. 376).

Segundo Ronny Charles Lopes de Torres (2021, p. 277), "a licitação é um trajeto entre a pretensão contratual e o fornecedor escolhido para atendê-la" e "(...) as hipóteses de contratação direta representam formas otimizadas para percorrer este trajeto, autorizadas pelo legislador (...)", não se abstendo de cumprir com os princípios orientadores das compras públicas, nem de seguir o devido processo administrativo (JUSTEN FILHO, 2021).

Dentre as hipóteses de contratação direta há duas situações previstas: a) inexigibilidade de licitação, quando há inviabilidade de competição entre os fornecedores dada por uma realidade fática (SALLES *in:* SARAI, 2021) e b) dispensa de licitação, em que o legislador "permite o afastamento da obrigatoriedade de licitação, por entender haver valores mais importantes em jogo" (SALLES *in:* SARAI, 2021, p. 863), cabendo ao gestor avaliar a conveniência e oportunidade de realização do certame, uma vez que esse é possível de ser executado.

As hipóteses de dispensa de licitação são consideradas *numerus clausus*, ou seja, somente é possível justificar a contratação direta por essa via caso haja a subsunção exata do caso concreto à norma. Diversa é a situação da inexigibilidade em que, por mais que a legislação traga algumas situações em seu texto, será o caso concreto que determinará se o gestor está diante de um contexto em que não é possível ou eficiente realizar o procedimento licitatório a fim de atender à necessidade pública.

Especificamente quanto à inexigibilidade, por muito tempo foi ela associada a casos em que era impossível ter disputa entre os particulares em função da exclusividade da solução ou do próprio fornecedor (JUSTEN FILHO: 2021). Todavia, há que se considerar uma situação diametralmente oposta, em que "a inviabilidade de competição decorre essencialmente da possibilidade de se contratar todos os que se enquadrarem nos requisitos estabelecidos pela Administração, indistintamente" (TORRES, 2021, p. 406). Para esses casos surgiu a figura do credenciamento, inicialmente cunhado no âmbito doutrinário e jurisprudencial, e que agora encontra assento na NLLC, em norma de caráter geral e nacional,[1] enquanto um procedimento auxiliar das licitações e contratações públicas.

Diante das oportunidades de uso desse instituto, o presente artigo pretende abordar as hipóteses de aplicação segundo a NLLC, especialmente o tipo credenciamento em mercados fluidos, apontado como uma das grandes inovações da nova lei e que foi resultante da experiência prática de compra direta de passagens aéreas, realizada em um contexto de centralização de compras, especificamente pela Central de Compras do Governo Federal em 2014 (BRASIL, 2016). Ao final, serão abordados alguns desafios e oportunidades de aplicação do instituto em um cenário de centralização de compras, arranjo que também ganhou foco no novo texto legal.

---

[1] De fato, forçoso reconhecer que o instituto do credenciamento, apesar de não ter encontrado previsão expressa na Lei nº 8.666/1993, já se encontrava regulamentado em algumas leis de licitações estaduais, como, por exemplo, na Lei nº 15.608/2007 do Estado do Paraná, que regulamenta as licitações realizadas no âmbito dos órgãos do Estado do Paraná, na Lei nº 9.433/2005, do Estado da Bahia, e na Lei Goiana de Licitações, Lei Estadual nº 16.920/2010.

II Credenciamento na Nova Lei de Licitações e Contratos Administrativos: de hipótese de inexigibilidade a procedimento auxiliar das licitações e contratações públicas

A NLLC inaugurou no microssistema normativo relacionado às contratações públicas de maneira formal e expressa o instituto do credenciamento, considerado, segundo o art. 6º, inciso XLIII, "processo administrativo de chamamento público em que a Administração Pública convoca interessados em prestar serviços ou fornecer bens para que, preenchidos os requisitos necessários, credenciem-se no órgão ou na entidade para executar o objeto quando convocados".

Releva destacar que nem todo chamamento público pode ser considerado como sendo credenciamento. O primeiro pode ser entendido como o procedimento administrativo que tem como finalidade a ampla divulgação com o propósito de assegurar a publicidade dos atos da Administração nos casos em que é dispensado o procedimento licitatório, podendo resultar na participação de um maior número de interessados que atendam às disposições estabelecidas no edital. Por outro lado, o chamamento público que seja utilizado para alguma contratação pública futura será qualificado como credenciamento.

Para além da definição precitada, o credenciamento juntamente com a pré-qualificação, o procedimento de manifestação de interesse, o sistema de registro de preços e o registro cadastral foram considerados pela lei como procedimentos auxiliares. Esses institutos não estão diretamente vinculados a uma contratação específica, podendo ser utilizados para uma pluralidade de pretensões contratuais. Mencionada percepção permite que esses procedimentos sejam utilizados como ferramentas para otimização e facilitação dos procedimentos licitatórios.

Sobre o assunto Marçal Justen Filho defende que:

> O desenvolvimento dos procedimentos auxiliares não se sujeita aos constrangimentos temporais próprios de uma disputa licitatória. Portanto, a análise dos requisitos pode fazer-se de modo muito menos apressado, sem a urgência de produzir uma decisão indispensável para a continuidade de um procedimento licitatório determinado.
> Por outro lado, *a decisão adotada no* âmbito *do procedimento auxiliar produzirá efeitos para uma pluralidade de procedimentos licitatórios*. Suponha-se, por exemplo, o reconhecimento de que um interessado preenche determinados requisitos exigidos por lei. Como decorrência, o referido interessado poderá invocar os efeitos da decisão em todos os casos em que a entidade administrativa sujeitar-se a verificar a presença dos ditos requisitos. Isso significa a *redução dos esforços e da complexidade da atividade administrativa, eis que não será necessário repetir atividades similares e de conteúdo idêntico para cada licitação instaurada durante o período de validade do procedimento*.
> Além disso, *a existência de situação predeterminada, com eficácia em um número indeterminado de situações futuras, representa um fator de incremento da segurança jurídica*. O sujeito interessado pode prever antecipadamente a sua situação jurídica futura em face da Administração. Isso *se traduz inclusive em redução de seus custos, o que permite propostas mais vantajosas*.
> Enfim, há a redução do risco de decisões contraditórias, que representam um fator de rompimento da lógica e de redução da sistematicidade da ordem jurídica (JUSTEN FILHO, 2011, p. 61-97). [grifo nosso]

Ressalta o autor que a finalidade dos procedimentos não é produzir algum benefício direto para a Administração ou para um particular, mas "reduzir a complexidade e ampliar a dinamicidade dos procedimentos licitatórios propriamente ditos" (JUSTEN FILHO, 2011, p. 61-97).

A categoria dos procedimentos auxiliares, deve-se dizer, não nasce com a NLLC, pois já era prevista na Lei nº 12.462, de 4 de agosto de 2011 (BRASIL, 2011), que disciplinou o Regime Diferenciado de Contratações – RDC, e na Lei nº 13.303, de 30 de junho de 2016 (BRASIL, 2016), que dispõe sobre o estatuto jurídico da empresa pública. Todavia, as normas mencionadas ainda não traziam o credenciamento no rol de institutos.

O credenciamento especificamente foi considerado, por um bom tempo, hipótese de inexigibilidade somente (CARVALHO, 2018), levando ao risco de tratá-lo como sendo o próprio instrumento administrativo que estabeleceria a relação jurídica entre o Estado e os particulares, ou seja, um contrato administrativo (SARAI, 2021). Destaca-se, ainda, que o Tribunal de Contas da União – TCU[2] reconhecia, sob a égide da Lei nº 8.666/1993, a possibilidade de sua utilização não como procedimento auxiliar, mas como forma de contratação com fundamento no art. 25, *caput*, da Lei nº 8.666/1993, em face da inviabilidade de competição.

Tal entendimento começou a ser rompido especialmente em 2017, por meio do Parecer nº 0003/2017/CNU/CGU/AGU (AGU, 2017), da Advocacia-Geral da União, cujo entendimento foi que

> a natureza jurídica do credenciamento não equivale à do contrato administrativo. *Ele mais se aproxima de um procedimento auxiliar, como o registro cadastral ou a pré-qualificação permanente, produzido para justificar ulteriores contratações diretas, por inexigibilidade*, tendo em vista que o interesse público não objetiva selecionar um contratado, mas todos os potenciais fornecedores da pretensão contratual. (AGU, 2017, p. 10) (grifo nosso)

Nessa toada, partindo do pressuposto de que os procedimentos auxiliares são utilizados como ferramentas para otimização e facilitação dos procedimentos licitatórios e que, no caso do credenciamento, não haverá fase de disputa, visto que não há competição entre os credenciados, foi que a NLLC em seu artigo 74, inciso IV, dispôs expressamente que a licitação será inexigível, por ser inviável a competição, na hipótese de objetos que devam ou possam ser contratados valendo-se de um procedimento anterior, que é o credenciamento.

Desse modo, para que ocorra a licitação, é indispensável que haja competitividade e julgamento objetivo. E só vai existir competitividade quando houver mais de uma possibilidade efetiva de contratação, quer no que se refere ao objeto (mais de um), quer no que concerne ao fornecedor (mais de um). Em não havendo essa possibilidade de competição, está-se, geralmente, diante de um caso típico de inexigibilidade de licitação, como é a previsão do atual *caput* e incisos do artigo 74 da Lei nº 14.133/2021.

Seguindo essa mesma lógica defende o doutrinador Joel de Menezes Niebhur que

> todos os credenciados celebram, sob as mesmas condições, contrato administrativo, haja vista que, pela natureza do serviço, não há relação de exclusão, isto é, o serviço a

---

[2] Decisão nº 307/2000 – Plenário, do Processo nº 010.178/1996-1; Decisão nº 494/94 – Plenário, *in:* Ata nº 26/94; Decisão nº 604/95 – Plenário, *in:* Ata nº 54/95.

ser contratado não precisa ser prestado com exclusividade por um ou por outro, mas é prestado por todos. (NIEBHUR, 2003, p. 212).

Até a publicação da NLLC, não havia previsão de quais eram as hipóteses ou situações nas quais poder-se-ia utilizar o credenciamento para além da justificativa de inviabilidade de competição e da necessidade e oportunidade de contratação de todos os fornecedores e de fixação de preço do serviço como forma de retirar qualquer parâmetro de disputa, ficando a cargo dos gestores avaliarem essas e outras variáveis para formatar o adequado procedimento.

Alguns casos ficaram mais conhecidos, como leciona Carlos Ari Sundfeld:

> Se a *Administração pretende credenciar médicos ou hospitais privados para atendimento à população e se admite credenciar todos os que preencham os requisitos indispensáveis, não se há de falar em licitação*. É que o credenciamento não pressupõe disputa, que é desnecessária, pois todos os interessados aptos serão aproveitados. (SUNDFELD, 1995, p, 42). [grifo nosso]

Além do credenciamento de médicos, hospitais e laboratórios, também era comum realizar o procedimento para a contratação de profissionais para ministrar treinamentos para servidores públicos e estruturar redes de clínicas de avaliação dos departamentos de trânsito estaduais.

Trazendo uma proposta de sistematização das situações em que o credenciamento pode ser utilizado, considerando esse histórico de aplicações, a NLLC trouxe três hipóteses, a saber:

> Art. 79. O credenciamento poderá ser usado nas seguintes hipóteses de contratação:
> I - *paralela e não excludente*: caso em que é viável e vantajosa para a Administração a *realização de contratações simultâneas* em condições padronizadas;
> II - *com seleção a critério de terceiros*: caso em que *a seleção do contratado está a cargo do beneficiário direto* da prestação;
> III - em *mercados fluidos*: caso em que a *flutuação constante do valor da prestação* e das condições de *contratação inviabiliza a seleção de agente por meio de processo de licitação*. (BRASIL, 2021). [grifo nosso]

Como apresenta Nogueira:

> Na hipótese do inciso I do art. 79, paralela e não excludente, pressupõe-se a inexistência de disputa direta e de relação de exclusão entre os fornecedores, haja vista que a Administração contratará todos os interessados aptos a fornecer a ela. Nesses contextos, quando o interesse público e o objeto não permitirem a contratação simultânea de todos os credenciados é preciso adotar critérios objetivos de distribuição de demanda, sendo comum a utilização do sorteio ou respeito à ordem sequencial de credenciamento, resguardando a ausência de interferência do gestor público na escolha e a isonomia na contratação (TORRES, 2021). Conforme já mencionado, exemplo dessa hipótese legal é a contratação de profissionais para realização de cursos.
> A hipótese de seleção a critérios de terceiros do inciso II, do art. 79, ocorre quando o agente público estabelece como critérios para a contratação dos fornecedores, que a escolha do prestador do serviço será feita pelo beneficiário direto do serviço. Em credenciamentos enquadrados nessa hipótese, a igualdade de condições garantidas pela escolha do terceiro não significa uma distribuição idêntica de contratações para todos os prestadores, visto

que um fornecedor poderá ser mais requisitado que o outro em virtude de parâmetros subjetivos do usuário, havendo a possibilidade de um fornecedor sendo acessado com maior frequência pelo usuário. Exemplos disso são os procedimentos de credenciamento de clínicas dos DETRANs e de realização de exames médicos (NOGUEIRA, 2021, p. 43-44).

Cabe lembrar que a situação de contratações paralelas e não excludentes (inciso I, do art. 79, da NLLC) também teve inspiração na Lei do RDC, Lei nº 12.462/2011, que previa em seu art. 11:

> Art. 11. A administração pública poderá, mediante justificativa expressa, *contratar mais de uma empresa ou instituição para executar o mesmo serviço, desde que não implique perda de economia de escala,* quando:
> I - o objeto da contratação puder ser executado de forma concorrente e simultânea por mais de um contratado; ou
> II - a múltipla execução for conveniente para atender à administração pública. (BRASIL, 2011).

Nota-se, novamente, que, mesmo antes da NLLC, havia formatações à disposição do gestor para identificar e implementar as estratégias que melhor atendessem à demanda pública diante da qual ele estivesse, todavia, requeria um nível de maturidade, patrocínio à inovação e defesas jurídicas intensas para a viabilização dos modelos. Especialmente nos casos em que o problema enfrentado não era passível de aplicação das normas mais recentes e flexíveis, como o RDC ou a Lei das Estatais.

Independentemente disso, uma forma de contorno a esses riscos e desafios foi a utilização do arranjo de centralização de compras para viabilizar e fortalecer núcleos que pudessem estudar e implementar formatos de contratações antes pouco vistos na Administração, como foi o caso da Central de Compras do Governo Federal. Por meio dela foram implementados modelos que dificilmente seriam formatos de forma individual pelos órgãos e entidades, e cuja formatação guarda correlação direta com as três hipóteses previstas na NLLC e, a bem da verdade, inspiraram a redação do dispositivo legal, a saber:

- hipótese de contratação paralela e não excludente: *Mandatárias da União* – Credenciamento nº 01/2021, cujo objeto era o credenciamento das instituições financeiras oficiais federais para atuação, como mandatárias da União, na gestão operacional de contratos de repasse. Nesse caso, a Administração fixava os serviços e seus preços no edital e, a partir da demanda, os órgãos e entidades procediam à contratação dos credenciados (que no caso acabou sendo apenas um, a Caixa Econômica Federal) a partir dos critérios objetivos previamente estipulados;
- hipótese de contratação com seleção a critério de terceiros: *Venda da folha de pagamento* – Credenciamento nº 01/2015, cujo objeto era o credenciamento de instituições bancárias, autorizadas pelo Banco Central do Brasil com vistas à prestação de serviços de pagamento dos valores líquidos da folha salarial e outras indenizações a servidores militares e civis e realização de atualização cadastral (prova de vida) dos servidores inativos. Nessa formatação, a Administração definiu os serviços, o percentual de repasse que as instituições credenciadas deveriam ao setor público em função do processamento da folha,

porém, a escolha da instituição financeira com a qual seria estabelecida relação para manutenção de conta-salário para percepção da remuneração mensal ficava a cargo dos servidores, beneficiários diretos. Foram credenciados mais de 11 fornecedores, que cobriam nacionalmente a dispersão dos beneficiários;
- hipótese de contratação em mercados fluidos: *Compra direta de passagens aéreas* – Credenciamento nº 01/2014, cujo objeto era o fornecimento de passagens em linhas aéreas regulares domésticas, sem o intermédio de agências de viagens, para fins de transporte de servidores. Para esse caso, será dedicada seção específica neste artigo, dada sua especificidade e ineditismo de arranjo.

Os credenciamentos das mandatárias da União e a venda da folha de pagamentos seguem, como dissemos anteriormente, formatos mais conhecidos, em que a Administração, assim como preceitua o artigo 79, parágrafo único, da NLLC, fixa o preço dos serviços a serem prestados, bem como define as condições padronizadas de sua execução, além de ter claros os critérios objetivos de distribuição da demanda e permitir o cadastramento a qualquer tempo de novos interessados. Mesmo mais conhecidos, os modelos representaram significativa mudança na forma "tradicional" de contratação pelo setor público, que era, até então, realizada por meio de licitações e, ainda, repetidas por cada uma das instituições que demandassem o serviço, perdendo-se em padronização, escala e eficiência processual.

O terceiro caso, o da Compra Direta de Passagens Aéreas, diferencia-se dos demais por uma questão em específico: a impossibilidade de definição e fixação de preços de forma antecipada no momento da publicação do edital de chamamento, sendo o que a NLLC chamou de mercados fluidos, cujo detalhamento segue na próxima seção.

III Credenciamento em mercados fluidos: da necessidade de criação do modelo de compra direta de passagens aéreas

No ano de 2012, com a edição da Instrução Normativa nº 07, de 24 de agosto de 2012 (BRASIL, 2012), da Secretaria de Logística e Tecnologia da Informação – SLTI, do antigo Ministério do Planejamento, Orçamento de Gestão, houve alteração da regra de mercado na contratação pelo Poder Executivo federal das agências de viagens prestadoras dos serviços de emissão, remarcação e cancelamento de passagens aéreas nacionais e internacionais para o governo federal.

As mudanças ocorreram em virtude da alteração da forma de remuneração das agências de viagem, que deixaram de receber das companhias aéreas comissão pela venda de bilhetes e passaram a ser pagas diretamente pelo usuário do serviço (no caso, o Poder Público).

A IN nº 07/2012, portanto, fixou novo critério para o julgamento das propostas de prestação de serviços relacionados à aquisição de passagens aéreas ("menor valor ofertado pela prestação do serviço de agenciamento"), diverso do antigo critério de "maior desconto". Assim, o art. 6º da IN SLTI nº 07/2012 referida proibiu a realização de novas licitações com base no critério de julgamento pelo maior desconto.

Segue-se a isso o fato de que, em 6 de março de 2013, o egrégio Tribunal de Contas da União – TCU, em sede cautelar, determinou que a SLTI suspendesse imediatamente os efeitos da IN SLTI/MP nº 07/2012 até a deliberação definitiva da Corte de Contas. Argumentou o TCU, em juízo preliminar, que no seu entendimento o novo critério de julgamento atentaria contra os princípios da economicidade e da impessoalidade, uma vez que os pregões realizados estavam sendo homologados com o valor do serviço de agenciamento a R$ 0,00, trazendo dúvidas quanto à forma real de remuneração das agências de viagens.

Assim, em 11.07.2013, a IN SLTI/MP nº 1/2013 suspendeu os efeitos da IN nº 07/2012, admitindo que o critério "maior percentual de desconto" fosse utilizado nas futuras contratações dessa espécie de serviço.

Ocorre que, posteriormente, foi publicado o Acórdão nº 1973/2013-TCU-Plenário (TCU, 2013), o qual revogou os efeitos da liminar que suspendia a IN SLTI nº 07/2012. Essa decisão acarretou novamente mudança da sistemática adotada para o julgamento dos preços das contratações dessa espécie, retornando ao uso do critério da "menor taxa de serviços de agenciamento de viagens", por meio da IN SLTI nº 02/2013.

Vê-se que na sistemática anterior à implementação da compra direta, as agências de viagens eram contratadas para prestar serviços de intermediação para a aquisição de passagens, remarcação e cancelamentos de bilhetes. Destaca-se pela pertinência que, mesmo antes de receber da Administração Pública Federal – APF, as agências de viagens pagavam integralmente às companhias aéreas os valores dos bilhetes utilizados pelos servidores.

Como os pagamentos dos bilhetes utilizados eram realizados diretamente às agências de viagem nos valores informados por elas correspondentes aos bilhetes aéreos, bem como das taxas de serviços cobradas, logo, os ganhos negociais junto às companhias aéreas eram obtidos pelas agências de viagem e não pela APF.

Nesse sistema, a Administração tinha pouca gerência no procedimento de aquisição de trechos de viagens, o que resultou em inúmeras desvantagens na sua permanência, quais sejam: a) as prestações de contas eram realizadas manualmente pelos servidores; b) a APF dependia das agências para a pesquisa e marcação de viagens; c) não existia prazo de garantia para as reservas de trecho e assento, gerando retrabalhos e aumento dos preços até que se tivesse a autorização dos ordenadores de despesa quanto à realização da viagem; d) existiam remarcações e cancelamentos de bilhetes de viagens de conhecimento muitas vezes restrito às agências; e e) havia uma falta de controle entre os ganhos realizados pelas agências de viagens ao negociar diretamente com as companhias aéreas, ganhos esses que poderiam ser feitos pela própria APF resultando na redução do preço final da passagem aérea adquirida.

Dessa maneira, chegou-se à conclusão de que a intermediação das negociações junto às companhias aéreas feita pelas agências de viagem para o atendimento às necessidades da APF não garantia à Administração Pública a necessária transparência e agilidade para as compras governamentais.

Por isso, o plenário do Tribunal de Contas da União, por meio do Acórdão nº 1973/2013-TCU-Plenário, fez determinação à antiga SLTI no seguinte sentido:

> 9.6. determinar à Secretaria de Logística e Tecnologia da Informação, com fundamento no art. 250, inciso II, do RI/TCU, que *promova estudos no sentido de avaliar a vantajosidade de contratar diretamente das companhias aéreas o fornecimento de passagens aéreas nacionais e internacionais* para a Administração Pública, informando ao Tribunal, no prazo de 180 (cento e oitenta) dias, as conclusões; (BRASIL, 2013). [grifo nosso]

Importante ressaltar que a então Consultoria Jurídica, órgão da Advocacia-Geral da União junto ao Ministério do Planejamento, Orçamento e Gestão, no ano de 2012, quando da análise de ato normativo que pretendia instituir modelo de contratação para a prestação de serviços de aquisição de passagens aéreas nacionais e internacionais, já havia alertado por meio do Parecer nº 0605 – 4.4/2012/MM/CONJUR-MP/CGU/AGU (Processo nº 04300.002676/2012-56) para o seguinte:

> De fato, a Administração poderia ter feito a opção em continuar com o mesmo critério de julgamento *ou, até mesmo, desenvolver uma forma de contratação direta com as Companhias Aéreas, como, por exemplo, o credenciamento, ou seja, sem intermediação na prestação do serviço de aquisição de passagens aéreas. (AGU, 2012)* [grifo nosso].

Verificada, então, a necessidade de estudo de uma nova sistemática para a aquisição de passagens aéreas, que fosse coerente com a legislação, capaz de tornar o processo de compra governamental de passagens aéreas mais transparente, ágil, eficiente e econômico, tinha-se o desafio de atribuir a uma unidade a competência para seu desenvolvimento.

Nesse contexto, estava em elaboração e fase de implementação a Central de Compras do Governo Federal – CENTRAL, criada por meio do Decreto nº 8.189, de 21 de janeiro de 2014, cujas competências atualmente estão previstas no Decreto nº 9.745, de 8 de abril de 2019:

> Art. 131. À Central de Compras compete, no âmbito do Poder Executivo federal:
> I - desenvolver e gerir sistemas de tecnologia de informação para apoiar os processos de aquisição, contratação, alienação e gestão centralizadas de bens e serviços de uso em comum pelos órgãos e pelas entidades da administração pública federal;
> II - *desenvolver, propor e implementar modelos, mecanismos, processos e procedimentos para aquisição, contratação, alienação e gestão centralizadas de bens e serviços de uso em comum pelos órgãos e pelas entidades;*
> III - planejar, coordenar, controlar e operacionalizar ações que visem à *implementação de estratégias e soluções* relativas a licitações, aquisições, contratações, alienações e gestão de bens e serviços de uso em comum;
> IV - planejar, coordenar, supervisionar e executar *atividades para realização de procedimentos licitatórios, de contratação direta* e de alienação, relativos a bens e serviços de uso em comum;
> V - planejar e executar procedimentos licitatórios e de contratação direta necessários ao desenvolvimento de suas atividades finalísticas;
> VI - planejar, coordenar, supervisionar e executar atividades para realização de aquisições, contratações e gestão de produtos e serviços de tecnologia da informação e comunicação, de uso comum, para atender aos órgãos e às entidades da administração pública federal; e
> VII - firmar e gerenciar as atas de registros de preços e os contratos decorrentes dos procedimentos previstos nos incisos IV, V e VI.
> §1º As licitações para aquisição e contratação de bens e serviços de uso comum pelos órgãos da administração pública federal direta, autárquica e fundacional serão efetuadas prioritariamente por intermédio da Central de Compras.
> §2º As contratações poderão ser executadas e operadas de forma centralizada, em consonância com o disposto nos incisos II, III e VI do caput.
> §3º Ato do Secretário Especial de Desburocratização, Gestão e Governo Digital definirá os bens e os serviços de uso em comum cujas licitações, aquisições, contratações, alienações e gestão serão atribuídas exclusivamente à Central de Compras.

§4º A centralização das licitações, da instrução dos processos de aquisição, de contratação direta, de alienação e de gestão será implantada de forma gradual. (BRASIL, 2019) [grifos nossos].

Pela leitura do normativo, depreende-se que a CENTRAL possuía plena competência para a realização dos procedimentos prévios que resultariam na compra direta de passagens aéreas pelos órgãos e entidades da APF e, por isso, escolheu-se que esse seria seu primeiro produto de trabalho.

Para o desenho da solução de passagens aéreas, além da questão de a compra ser direta junto às companhias, era necessária a construção de um novo modelo que garantisse ao governo a condução da dinâmica do mercado e, ao mesmo tempo, utilizasse o poder de compra para assegurar benefícios por conta do volume anual utilizado na aquisição de passagens aéreas, bem como uma melhor racionalização dos gastos e melhoria da gestão dos contratos.

Ante o exposto, verifica-se que foi fator relevante na escolha da modelagem de compra direta de passagens aéreas pela APF a necessidade de melhor controle; ou seja, de gerenciamento sistêmico e automatizado das aquisições de passagens, *status* de voo, identificação de valores a serem reembolsados pelas companhias aéreas, em razão de cancelamentos e remarcações, conciliação de dados de aquisição e de valores faturados, pesquisa de voos e tarifas em tempo real e reserva de assentos e tarifas e melhorias na prestação de contas das viagens pelos servidores.

Importante observar que a quebra do paradigma anterior de contratação (pregões eletrônicos por menor preço do serviço de agenciamento para contratação das agências de viagens) foi exatamente o fato de a operação das aquisições diretamente não necessitar da intermediação das agências, por prescindir do serviço de agenciamento, que pode ser considerado como um serviço não privativo daquele ramo de atividades.

Considerando, então, a necessidade pelo Governo Federal em buscar um modelo que não só lhe garantisse o protagonismo na condução da dinâmica do mercado, utilizando o poder de compra a seu favor, como também propiciasse realizar a negociação das regras diretamente com as companhias aéreas, visando à redução e racionalização dos gastos, além de uma maior eficiência na gestão dos contratos, é que a estruturação do novo modelo jurídico deveria respeitar a legislação pátria vigente, além de não conflitar com as previsões contidas na LGL de 1993. Com isso, realizadas as discussões técnicas e jurídicas, a escolha do modelo jurídico a ser adotado foi pelo credenciamento das companhias aéreas.

III.1 Da estruturação do modelo jurídico de compra direta de passagens áreas pela Administração Pública Federal utilizado como hipótese de credenciamento e sua metamorfose para a contratação em mercados fluidos

Como visto, de acordo com as opções supramencionadas existe a possibilidade de credenciamento de todos aqueles que satisfaçam as condições exigidas no edital. Referida possibilidade de participação de todo e qualquer interessado que cumpra os requisitos previstos no edital de credenciamento caracteriza, inclusive, a ausência de competição entre os participantes do procedimento licitatório, eis que todos os que forem credenciados terão chance de ser contratados pela Administração.[3]

Nessa toada, ensina Marçal Justen Filho que:

> Não haverá necessidade de licitação quando houver número ilimitado de contratações e (ou) quando a escolha do particular a ser contratado não incumbir à própria Administração. Isso se verifica quando uma alternativa de contratar não for excludente de outras, de molde que todo o particular que o desejar poderá fazê-lo. (...)
> Nas hipóteses em que não se verifica a excludência entre as contratações públicas, a solução será o credenciamento.
> (...)
> O credenciamento envolve uma espécie de cadastro de prestadores de serviços ou fornecedores. O credenciamento é ato pelo qual o sujeito obtém a inscrição de seu nome no referido cadastro. (JUSTEN FILHO, 2008, p. 46) [grifo nosso]

No ponto, necessário se torna consignar que foi utilizado como fundamentação legal para a compra direta de passagens o art. 25, *caput*, da Lei nº 8.666/1993, bem como a jurisprudência e a doutrina sobre o tema em foco.

Nas hipóteses de inexigibilidade licitatória, a teor do art. 25 da Lei nº 8.666/1993, a contratação direta faz-se sempre imperiosa em virtude da inviabilidade da competição. De acordo com as lições do Ministro do Supremo Tribunal Federal – STF Eros Roberto Grau, é a exclusão do critério competitivo, por irrealizável, que constitui a essência do permissivo legal da inexigibilidade:

> Não está a Administração autorizada a dispensar a licitação senão, e exclusivamente, nas hipóteses expressamente indicadas pela lei. Já *no que concerne aos casos de inexigibilidade de licitação, ao contrário, não incide o dever de licitar. A não realização da licitação decorre, não de razão de conveniência administrativa, mas da inviabilidade de competição.* (GRAU, 1995, p. 70). [grifos nossos]

Assim, para o professor Jorge Ulisses Jacoby, depois de feita a análise e o estudo das hipóteses de credenciamento até então já utilizadas pela Administração sob a égide da Lei nº 8.666/1993, quatro seriam os requisitos para a utilização do credenciamento, o qual, para ele, era considerado como hipótese de pré-qualificação:

> Nos cursos de auditoria em licitações que temos ministrado, lembramos que há quatro aspectos fundamentais que definem a possibilidade de uso ou não da *pré-qualificação do tipo credenciamento:*

---

[3] A aplicação do sistema de credenciamento na contratação de serviços deve observar os seguintes requisitos, conforme orientações expedidas pelo Plenário do TCU, em seu Acórdão nº 351/2010 (TCU, 2010):
a) a contratação de todos os que tiverem interesse e que satisfaçam as condições fixadas pela Administração, não havendo relação de exclusão;
b) a garantia da igualdade de condições entre todos os interessados hábeis a contratar com a Administração, pelo preço por ela definido;
c) a demonstração inequívoca de que as necessidades da Administração somente poderão ser atendidas dessa forma, cabendo a devida observância das exigências do art. 26 da Lei 8.666/93, principalmente no que concerne à justificativa de preços.

a) *possibilidade de contratação de todos os que satisfaçam às condições exigidas.*

Se o objeto só pode ser realizado por um, como uma ponte ou um só curso, descabe a pré-qualificação, pois característica fundamental do tipo credenciamento, é que todos os selecionados serão contratados, embora demandados em quantidades diferentes;

b) *que a definição da demanda por contratado não seja feita pela Administração.*

Observe que a jurisprudência já consagrou pelo menos três possibilidades do uso do credenciamento, mas sempre excluindo a vontade da Administração na determinação da demanda por credenciado. No caso do serviço médico e de treinamento, o TCU aceitou a escolha pelo próprio servidor interessado; no caso dos serviços advocatícios, a definição do advogado, incumbido de contestar ou propor ação, será feita por sorteio aleatório entre todos os credenciados, excluindo-se sempre os sorteados anteriormente;

c) *que o objeto satisfaça à Administração, desde que executado na forma definida no edital.*

São serviços em que as diferenças pessoais do selecionado têm pouca relevância para o interesse público, dado o nível técnico da atividade ter sido bastante regulamentada ou de fácil verificação. Por exemplo, num curso de Windows com programa definido e condições de ensino objetivamente determinadas, é possível, com um fiscal ou gestor do contrato avaliar o cumprimento da obrigação. Do mesmo modo, numa reclamação trabalhista judicial para ser contestada, há razoável espaço de definição técnica, bastando que, no ato de seleção do credenciamento, sejam exigidos, por exemplo, dois anos de experiência em processos trabalhistas;

d) *que o preço de mercado seja razoavelmente uniforme, e que a fixação prévia de valores seja mais vantajosa para a Administração.*

A fixação dos valores previamente pela Administração implica o dever inafastável de comprovar e demonstrar, nos autos, a vantagem ou igualdade dos valores definidos em relação à licitação convencional ou preços de mercado. Essa justificativa será objeto de futuro exame perante as esferas de controle, nos termos da lei. (JACOBY FERNANDES, 2013, p. 45) [grifos nossos]

Dessarte, levando em consideração os critérios precitados, buscou-se empreender uma modelagem própria para o credenciamento das companhias áreas, possibilitando que a APF pudesse adquirir diretamente desse tipo de companhia o bilhete de passagem área. Dessa maneira, após obter os credenciados, faz-se a escolha pela companhia área que forneça o menor preço no momento da compra, bem como requisitos e diretrizes estabelecidos em políticas sobre a gestão de viagens governamentais.

Na verdade, para que todas as demandas da Administração Pública pudessem ser atendidas nas contratações das passagens aéreas, não poderia haver um só fornecedor, pois não existe companhia aérea que cubra todos os trechos de navegação aérea do interesse da APF, o que afastaria a possibilidade de utilização do sistema de registro de preços ou outro procedimento licitatório para atender a essas demandas.

Além do mais, poderia ocorrer que uma companhia aérea não oferecesse o trecho desejado pela Administração em um determinado horário no qual a outra pudesse fornecer, então, demonstrada está a necessidade de que a Administração Pública contasse com todas as companhias aéreas nacionais (ou o maior número possível) para a prestação do serviço de transporte aéreo de passageiros.

O segundo requisito pontuado por Jacoby informa que "a definição da demanda por contratado não seja feita pela Administração".

Para a aquisição das passagens aéreas de forma direta pela APF, não há como ter uma demanda predefinida, visto que a viagem por necessidade do serviço, via de regra, acontece a cada dia, sem que se possa afirmar, *a priori*, todas ou a maioria das viagens que o servidor irá realizar. É correto dizer que o trecho a ser adquirido será definido pela APF, mas a escolha da companhia aérea será feita com base no menor preço ofertado, possibilitando, assim, que qualquer empresa possa ser contratada, por consequência o que vai determinar com quem haverá o contrato será o menor preço do serviço ofertado, mais o atendimento de parâmetros estabelecidos na política de viagens, como a quantidade de conexões e escalas, horários de saída e chegada etc.

O terceiro requisito indicado por Jacoby condiciona que "o objeto satisfaça à Administração, desde que executado na forma definida no edital".

Da análise do serviço que se busca contratar (passagens aéreas nacionais), denota-se que as diferenças pessoais do selecionado têm pouca relevância para a perfeita satisfação do interesse público, eis que os serviços prestados pelas companhias aéreas possuem um padrão de qualidade muito similar, de forma que a satisfação para o serviço buscado pela Administração será atendida por qualquer companhia aérea que for habilitada no procedimento de credenciamento.

O quarto e último requisito indicado por Jacoby é "que o preço de mercado seja razoavelmente uniforme, e que a fixação prévia de valores seja mais vantajosa para a Administração".

No que se refere ao último requisito, deve-se destacar que, na prestação de serviços aéreos regulares, prevalece o regime de liberdade tarifária, por isso não há garantia do Estado pela manutenção do equilíbrio econômico-financeiro, logo, quando a empresa se propõe a fazer parte deste mercado, todos os riscos são assumidos por elas, consequentemente, todas as empresas devem ter a liberdade para escolher quais rotas operar, com qual frequência e quanto cobrar, aderindo-se, também, à sua política comercial.

Além disso, o bilhete, por força de comando do Código Brasileiro de Aeronáutica (BRASIL, 1986), terá validade de 1 (um) ano a partir de sua emissão,[4] o que impõe mais relevância à liberdade tarifária, para que as empresas façam o gerenciamento de receitas (*yeld management*).

Nota-se, então, que no referido regime, o Estado não fixa as tarifas aéreas e não assegura a rentabilidade do negócio, ou seja, o risco é das empresas aéreas. Além disso, as próprias empresas estabelecem as tarifas dos serviços que prestam, de acordo com as condições de mercado, de custos e de concorrência, entre outros. Referida liberdade seria justificada para estimular a concorrência, a eficiência, a racionalização de custos, a diferenciação de serviços, a inovação e a modicidade de tarifas aéreas.

Em consequência, o preço apresentado pela companhia aérea para prestação dos seus serviços surgirá apenas quando forem demandadas, ou seja, quando surgir a necessidade de um servidor, empregado ou colaborador eventual da Administração Pública precisar realizar uma viagem de avião.

Por conseguinte, no que se refere ao quarto requisito, ele não se aplica ao modelo de compra direta de passagens por não ser possível saber previamente qual será a demanda da APF como consequência dessa imprevisibilidade, e ainda levando em consideração o regime de liberdade tarifária a que está sujeito o comércio de passagens aéreas, impossível seria a prefixação dos preços pagos por trecho adquirido.

---

[4] Art. 228. O bilhete de passagem terá a validade de 1 (um) ano, a partir da data de sua emissão.

Em decorrência dessa impossibilidade de se determinar no edital de credenciamento os preços que seriam praticados quando da aquisição das passagens aéreas no momento da escolha do trecho a ser adquirido é que foi definido o critério do menor preço,[5] a observância aos parâmetros da política de viagens como forma também de resguardar o interesse público e a economia ao erário no regime da Lei nº 8.666/1933, além da hipótese do art. 79, inciso III, da NLLC (contratação em mercados fluidos).

Dessa maneira, no caso das hipóteses de contratação para a utilização do credenciamento paralela e não excludente e naquela com seleção a critérios de terceiros no edital de chamamento de interessados (incisos I e II do art. 79 da NLLC), deverá ser estabelecido o valor da contratação. Já para o caso de mercados fluidos (inciso III do art. 79 da NLLC), a Administração deverá registrar as cotações de mercado vigentes no momento da contratação.

Conhecedor disso, pode surgir o questionamento no sentido de como saber qual a melhor opção: se a contratação simultânea ou o credenciamento.

A NLLC em seu artigo 49 discorreu sobre a contratação simultânea nos seguintes termos:

> Art. 49. A Administração poderá, mediante justificativa expressa, contratar mais de uma empresa ou instituição para executar o mesmo serviço, desde que essa contratação não implique perda de economia de escala, quando:
> I - o objeto da contratação puder ser executado de forma concorrente e simultânea por mais de um contratado;
> II - a múltipla execução for conveniente para atender à Administração.
> Parágrafo único. Na hipótese prevista no caput deste artigo, a Administração deverá manter o controle individualizado da execução do objeto contratual relativamente a cada um dos contratados. (BRASIL, 2021).

À vista disso, uma primeira diferença reside no fato de que na contratação simultânea não existe obrigatoriedade na contratação de todos os que tiverem assinado o contrato, mas apenas daquele que apresentar condição mais vantajosa para a APF, no momento que o serviço se mostre necessário. Diferente, portanto, nesse ponto, do credenciamento.

Releva sentir, ainda, que haverá repartição da prestação do serviço na ótica da contratante, mas em relação ao contratado haverá um compartilhamento, pois o objeto não é fracionado.

Outra diferença é que, enquanto no credenciamento não há licitação propriamente dita, tanto que ele é compreendido como uma forma de contratação direta por inexigibilidade (TORRES, 2013), as contratações simultâneas pressupõem a seleção de determinados contratados, o que se dará, normalmente, através de licitação.

---

[5] A CENTRAL firmou com cada companhia aérea credenciada acordos corporativos que preveem descontos nas tarifas praticadas por elas, variando de 0% (tarifas promocionais) até 5%. Sendo considerado um mercado com liberdade tarifária, as próprias empresas, por acompanharem mensalmente a distribuição das compras de bilhetes pelo Governo Federal, podem variar os descontos ofertados para ampliar sua participação, desde que, para aquela tarifa, o desconto nunca seja inferior ao registrado no acordo corporativo.

Outrossim, conquanto o credenciamento possa gerar diversos contratos, com vigências totalmente diferentes, nas contratações simultâneas, por serem as prestações dos serviços concomitantes, os contratos devem, usualmente, ter a mesma vigência.

Cabe registrar também que, nas contratações simultâneas, o serviço será prestado conforme se apresente mais vantajoso para a contratante naquele momento, parâmetro nem sempre observado na execução contratual resultante do credenciamento.

Diante do exposto, têm-se evidências quanto à utilização dos procedimentos auxiliares, em específico o credenciamento, enquanto ferramentas para o atendimento do interesse público, atentando-se para que sua utilização não seja feita em situações para as quais gerem prejuízo aos fins legitimamente pretendidos com a pretensão contratual. Ademais, restou claro que, mesmo sem a previsão em norma geral, à época, sobre o credenciamento, foi possível desenhar uma nova formatação de aquisição que, porém, demandou esforço de estudo, discussões junto aos órgãos de controle e ao Judiciário e teve, como fator determinante, sua estruturação por meio de uma unidade centralizadora.

IV Considerações finais

As alterações sofridas pelo Estado ao longo do tempo demonstram que a Administração Pública de antes não pode ser a mesma do presente, assim, para que as demandas sociais, muitas vezes implementadas por meio das políticas públicas, sejam prontamente atendidas e a justiça social seja alcançada, necessário se faz o acompanhamento da evolução processada pelo Estado.

Em harmonia com o que foi até aqui exposto é que a centralização de serviços e compras na Administração Pública passa a ter importância, já que o esforço para alcançar uma Administração Pública verdadeiramente gerencial necessariamente deve levar em consideração a eficiência e uma certa liberdade dos órgãos que dela fazem parte, claro, sem que a legalidade deixe de ser observada, mas, com alguma autonomia para que o espaço para inovação dentro da Administração Pública possa ser fomentado.

De fato, as contratações públicas são realizadas por regra mediante o procedimento de licitação, viabilizando a disputa entre os interessados em fornecer bens e prestar serviços à Administração Pública. Porém, reconhecendo situações em que a realização do certame poderia comprometer o alcance do interesse público (TORRES, 2021), a legislação, constitucional e infraconstitucional, previu exceções, denominadas contratações diretas.

Elas se configuram no ordenamento em duas hipóteses. A primeira trata das dispensas de licitação, em que o legislador enumerou, exaustivamente, situações em que, apesar de possível realizar o certame licitatório, o gestor poderá avaliar a conveniência e oportunidade de executá-lo. A segunda são os casos de inexigibilidade, em que, diante do fato, verifica-se a inviabilidade de competição entre os particulares, seja por conta da singularidade ou exclusividade do objeto ou do fornecedor, respectivamente, seja por conta da necessidade de a Administração estabelecer relação jurídica com a totalidade ou o máximo possível de fornecedores para o atendimento de sua necessidade. Este último caso ficou conhecido na doutrina e na jurisprudência como credenciamento e, recentemente, na Lei nº 14.133/2021 (a Nova Lei de Licitações e Contratos Administrativos), foi alçado à condição de procedimento auxiliar em uma norma geral de contratações públicas.

Segundo a NLLC, existem três hipóteses de contratação para a utilização do credenciamento (art. 79): 1) paralela e não excludente (inciso I); 2) com seleção a critérios de terceiros (inciso II); e 3) em mercados fluidos (inciso III).

No que se refere à *contratação paralela e não excludente*, ela deve ser utilizada quando viável e vantajosa para a Administração a realização de contratações simultâneas em condições padronizadas devendo o valor da contratação ser definido antes, como, por exemplo, para a contratação de serviços de instituições financeiras mandatárias nas obras de convênios federais, serviços de vistoria ou laudos de engenharia.

No primeiro caso (instituições financeiras mandatárias), tem-se a abertura do procedimento de credenciamento, sendo credenciadas todas as instituições financeiras que possam ser mandatárias da União nos contratos de repasse a serem por ela firmados com o órgão ou entidade da Administração Pública direta ou indireta, de qualquer esfera de governo, consórcio público ou entidade privada sem fins lucrativos.

Nesse diapasão, torna-se importante separar as relações resultantes do processo de credenciamento, quais sejam: 1) a relação das instituições financeiras mandatárias credenciadas com o órgão federal credenciante, que é estabelecida por meio do edital de credenciamento; e a 2) a relação do órgão ou entidade da Administração Pública direta ou indireta com a instituição financeira mandatária, por meio do contrato de prestação de serviços na forma de uma contratação direta, a partir da adoção de critérios objetivos para distribuição da demanda, previstos em edital prévio, de forma que a contratação não se concentre apenas em uma credenciada, como, por exemplo, por meio da observância da ordem de inscrição do credenciado.

Na adoção da *contratação com seleção a critério de terceiros* a eleição do contratado está a cargo do beneficiário direto da prestação e o valor da contratação também deve ser definido no instrumento convocatório, podendo ser utilizado como exemplo possível a venda da folha de pagamentos do governo federal, de clínicas credenciadas do DETRAN, de prestadores de serviços médicos ou consórcios de saúde.

No caso de ser escolhida a contratação na forma precitada têm-se as seguintes relações: 1) do órgão público credenciante com as clínicas credenciadas que se estabelecesse de acordo com as normas constantes do edital do credenciamento, podendo ser formalizada por instrumento jurídico específico para tanto; 2) do beneficiário direto quando escolhe a clínica que irá utilizar para prestar o serviço, resultando dessa relação a materialização final da contratação direta.

Relativamente aos *mercados fluidos* a escolha deve ter como fundamento casos em que a flutuação constante do valor da prestação (preços dinâmicos), somada às condições de contratação, inviabiliza a seleção de agente por meio de processo de licitação. Para esses casos o preço não tem como ser previamente definido, como, por exemplo, foi a compra direta de passagens aéreas, que inspira modelos futuros de compras por meio dos *e-marketplaces* públicos.

Considerando a compra direta de passagens, as relações estabelecidas seriam: 1) do órgão público credenciante com as companhias áreas, sendo o instrumento utilizado para firmar a relação jurídica resultante o acordo corporativo; 2) do órgão público beneficiário do credenciamento que irá utilizar o serviço e fará a escolha pela companhia área que forneça o menor preço no momento da compra, sendo nesse momento configurada a contratação direta utilizando o regramento estabelecido no acordo corporativo como fundamento jurídico.

Dada a complexidade dessas relações, bem como dos estudos necessários para a viabilização dos modelos de credenciamento, percebeu-se que um fator crítico de sucesso foi sua operacionalização por meio da estratégia de centralização de compras.

A Lei nº 14.133/2021 trouxe, em seu bojo, menções à centralização, apesar de, na prática e conforme histórico, a realidade já contar com tais arranjos desde a década de 1930 (FERNANDES, 2015; SANTOS, 2019):

> Art. 19. Os órgãos da Administração com competências regulamentares relativas às atividades de administração de materiais, de obras e serviços e de licitações e contratos deverão:
> I - *instituir instrumentos que permitam, preferencialmente, a centralização dos procedimentos de aquisição e contratação de bens e serviços;*
> (...)
> Art. 181. Os entes federativos instituirão *centrais de compras, com o objetivo de realizar compras em grande escala, para atender a diversos órgãos e entidades* sob sua competência e atingir as finalidades desta Lei.
> Parágrafo único. No caso dos Municípios com até 10.000 (dez mil) habitantes, serão preferencialmente constituídos consórcios públicos para a realização das atividades previstas no caput deste artigo, nos termos da Lei nº 11.107, de 6 de abril de 2005. (BRASIL, 2021). [grifos nossos]

Esses dispositivos apresentam formas diferentes de perceber e realizar o movimento de centralização, como abordam Fiuza *et al.*:

> A coordenação ou centralização de compras pode ser observada sob duas dimensões. A primeira delas condiz com o *compartilhamento de compras*, [art. 19, inciso I, da NLLC] que no nosso direito administrativo pode ser materializado no procedimento de SRP, que permite, como mencionado antes, que o órgão gerenciador e responsável pela licitação, assim como os participantes e caronas, usufruam de benefícios como a padronização das especificações, a economia de escala e o diálogo com o mercado fornecedor. A segunda refere-se ao *arranjo administrativo-institucional* [art. 181, da NLLC] que suporta a função compras, a partir da concentração dos esforços para licitar e contratar em uma ou em algumas poucas unidades administrativas, criando-se espaços especializados na temática, com servidores profissionalizados e dedicados e, assim, reduzindo a replicação dessas estruturas nos órgãos e nas entidades. (FIUZA *et al.*, 2020, p. 46).

Trata-se de formatos que podem existir separada ou conjuntamente, sendo a Central de Compras do Governo Federal um exemplo de convivência de ambas as dimensões, assim como outras unidades já existentes em estados e municípios da federação.

Especificamente quanto à dimensão do compartilhamento de compras, há muito ela é associada apenas ao procedimento do Sistema de Registro de Preços, como mencionado por Fiuza *et al.*, que se constitui em um dos procedimentos auxiliares previstos na NLLC no art. 78, IV, e nos arts. 82 a 86. Todavia, há que se considerar que não é o único meio de explorar o potencial da centralização do ponto de vista do compartilhamento, podendo alcançar outros institutos, como o do credenciamento exposto ao longo deste artigo, alinhado à previsão do art. 19, I, da NLLC.

Ainda, restou claro o quanto foi determinante o uso de uma estratégia de centralização na perspectiva administrativo-institucional para a promoção dos modelos de credenciamento, especialmente aquele relativo ao uso em situações de mercados fluidos, sendo a demonstração da oportunidade e conveniência de implantação de centrais de compras nos termos do *caput* do art. 181 da NLLC.

Bem da verdade, não se está afirmando que a centralização, tanto como compartilhamento ou arranjo institucional, seja condição para a prática do credenciamento ou de qualquer outro instituto legal, mas que ela pode elevar os ganhos processuais e econômicos da implementação desses modelos, além de reduzir custos transacionais de replicação de procedimentos.

Ainda, ter ou não a centralização pode ser um ponto influenciador no uso do credenciamento, pois, a depender do volume e custo do objeto em questão, da complexidade do que se está pretendendo tratar, a abrangência territorial das instituições e público beneficiário, bem como a duração necessária da solução pretendida, viabilizar, seja a compra direta de passagens, os serviços laboratoriais, o processamento da folha de pagamentos, a contratação das instituições mandatárias, a contratação de profissionais para treinamento, poderá ter maior eficiência para o erário se feito de forma agregada e por meio da hipótese de inexigibilidade de licitação.

Todavia, há que se reconhecer que esse movimento traz não só vantagens, mas também desafios a serem enfrentados, como: dificuldade em padronizar a solução para atender ao máximo de beneficiários; conhecer as diferentes soluções disponíveis pelo mercado e a forma de viabilizá-las diante dos normativos de licitações e contratações vigentes; a orquestração de esforços para o levantamento de necessidades, o entendimento dos problemas e a definição precisa de qual questão será enfrentada; o empoderamento de unidades que atuarão em favor das demais; movimentos de resistência em função do receio de perda de ingerência e poder pelos órgãos e entidades, bem como pelo mercado, da definição de seus procedimentos; dentre outros.

Sopesando as oportunidades e os desafios, nota-se dos exemplos sobreditos que o uso do procedimento auxiliar do credenciamento demonstra a forte inclinação da Nova Lei de Licitações e Contratos Administrativos em direção ao abandono do engessamento das contratações públicas e consequentemente do rigor formal a ele relacionado.

E que, dos casos expostos, fica-se mais nítido o caminho favorável à implementação de *e-marketplaces públicos*, a partir, especialmente, do formato do credenciamento em mercados fluidos, cuja compra direta de passagem aérea pode ser considerada como uma primeira experiência de um "espaço virtual onde potenciais contratações são oferecidas e pactuadas" (NÓBREGA; TORRES, 2021, p. 9) no Brasil. Estar-se-ia diante de um livre comércio em ambiente virtual que remodela a lógica do *e-commerce*, visto que, em uma única plataforma, é possível reunir compradores e vendedores que fazem negócios, clientes podem também comparar orçamentos e a avaliação de vários profissionais ou produtos, ou seja, têm-se vendedores e prestadores de serviços divulgando seu produto/serviço em uma "vitrine on-line". Como vantagem nesse modelo tem-se a redução de custos, de tempo, de trabalhos repetitivos e a conformação do resultado. Sem falar na ampliação da concorrência, da transparência, do combate à corrupção, do controle de gastos e da sustentabilidade, mas, em contrapartida, deve-se estar atento às possíveis afetações do mercado local, devendo identificar formas de incorporar e promover esses pequenos negócios. E, nisso, o arranjo de uma centralização também pode ser fator de sucesso.

Referências

ADVOCACIA-GERAL DA UNIÃO (AGU). Parecer nº 0605 4.4/2012/MM/CONJUR-MP/CGU/AGU (Processo nº 04300.002676/2012-56). Advogada: Michelle Marry Marques da Silva. 2012.

ADVOCACIA-GERAL DA UNIÃO (AGU). Parecer nº 0003/2017/CNU/CGU/AGU. Advogado: Ronny Charles Lopes de Torres, 2017. Disponível em: https://ementario.info/wp-content/uploads/2019/04/PARECER-n.-0003-2017-CNU-CGU-AGU-Parecer-CNU-sobre-Credenciamento.pdf. Acesso em: 30 abr. 2021.

BAHIA. Lei nº 9.433, de 1º de março de 2005. Dispõe sobre as licitações e contratos administrativos pertinentes a obras, serviços, compras, alienações e locações no âmbito dos Poderes do Estado da Bahia e dá outras providências. Salvador, 2005. Disponível em: http://www.legislabahia.ba.gov.br/documentos/lei-no-9433-de-01-de-marco-de-2005. Acesso em: 11 maio 2021.

BRASIL. Central de Compras e Contratações do Governo Federal. Disponível em: https://repositorio.enap.gov.br/handle/1/2726. Acesso em: 30 ago. 2021.

BRASIL. Constituição da República Federativa do Brasil. Brasília, 1988. Disponível em: http://www.planalto.gov.br/ccivil_03/constituicao/constituicao.htm. Acesso em: 30 ago. 2021.

BRASIL. Decreto nº 9.745, de 8 de abril de 2019. Aprova a Estrutura Regimental e o Quadro Demonstrativo dos Cargos em Comissão e das Funções de Confiança do Ministério da Economia, remaneja cargos em comissão e funções de confiança, transforma cargos em comissão e funções de confiança e substitui cargos em comissão do Grupo-Direção e Assessoramento Superiores – DAS por Funções Comissionadas do Poder Executivo – FCPE. Disponível em: http://www.planalto.gov.br/ccivil_03/_ato2019-2022/2019/decreto/D9745.htm. Acesso em: 30 ago. 2021.

BRASIL. Instrução Normativa nº 7, de 24 de agosto de 2012. Institui o modelo de contratação para prestação de serviços de aquisição de passagens aéreas nacionais e internacionais. Brasília, 2012. Disponível em: https://www.gov.br/compras/pt-br/acesso-a-informacao/legislacao/instrucoes-normativas-revogadas/instrucao-normativa-no-7-de-24-de-agosto-de-2012-revogada-pela-in-no-3-de-2015. Acesso em: 9 nov. 2021.

BRASIL. Instrução Normativa nº 1, de 11 de julho de 2013. Suspende os efeitos da Instrução Normativa nº 7, de 24 de agosto de 2012, que institui o modelo de contratação para prestação de serviços de aquisição de passagens aéreas nacionais e internacionais. Brasília, 2013. Disponível em: https://www.gov.br/compras/pt-br/acesso-a-informacao/legislacao/instrucoes-normativas-revogadas/instrucao-normativa-no-1-de-11-de-julho-de-2013-revogada-pela-in-no-2-de-2013. Acesso em: 9 nov. 2021.

BRASIL. Instrução Normativa nº 5, de 26 de maio de 2017. Dispõe sobre as regras e diretrizes do procedimento de contratação de serviços sob o regime de execução indireta no âmbito da Administração Pública federal direta, autárquica e fundacional. Brasília, 2017. Disponível em: https://www.in.gov.br/materia/-/asset_publisher/Kujrw0TZC2Mb/content/id/20239255/do1-2017-05-26-instrucao-normativa-n-5-de-26-de-maio-de-2017-20237783. Acesso em: 3 maio 2021.

BRASIL. Instrução Normativa nº 2, de 24 de janeiro de 2018. Estabelece regras e diretrizes para a execução de contrato de prestação de serviço a ser celebrado entre a União e instituições financeiras oficiais federais, para atuação como Mandatárias da União, na gestão operacional de contratos de repasse, nos termos do Decreto nº 6.170, de 25 de julho de 2007. Brasília, 2018b. Disponível em: https://www.in.gov.br/materia/-/asset_publisher/Kujrw0TZC2Mb/content/id/2113797/do1-2018-01-25-instrucao-normativa-n-2-de-24-de-janeiro-de-2018-2113793. Acesso em: 29 out. 2021.

BRASIL. Lei nº 7.565, de 19 de dezembro de 1986. Dispõe sobre o Código Brasileiro de Aeronáutica. Brasília, 1986. Disponível em: http://www.planalto.gov.br/ccivil_03/leis/l7565compilado.htm. Acesso em: 30 ago. 2021.

BRASIL. Lei nº 8.666, de 21 de junho de 1993. Regulamenta o art. 37, inciso XXI, da Constituição Federal, institui normas para licitações e contratos da Administração Pública e dá outras providências. Brasília, 1993. Disponível em: http://www.planalto.gov.br/ccivil_03/LEIS/L8666cons.htm. Acesso em: 30 ago. 2021.

BRASIL. Lei nº 12.462, de 4 de agosto de 2011. Institui o Regime Diferenciado de Contratações Públicas – RDC; altera a Lei nº 10.683, de 28 de maio de 2003, que dispõe sobre a organização da Presidência da República e dos Ministérios, a legislação da Agência Nacional de Aviação Civil (Anac) e a legislação da Empresa Brasileira de Infraestrutura Aeroportuária (Infraero); cria a Secretaria de Aviação Civil, cargos de Ministro de Estado, cargos em comissão e cargos de Controlador de Tráfego Aéreo; autoriza a contratação de controladores de tráfego aéreo temporários; altera as Leis nºs 11.182, de 27 de setembro de 2005, 5.862, de 12 de dezembro de 1972, 8.399, de 7 de janeiro de 1992, 11.526, de 4 de outubro de 2007, 11.458, de 19 de março de 2007, e 12.350, de 20 de dezembro de 2010, e a Medida Provisória nº 2.185-35, de 24 de agosto de 2001; e revoga dispositivos da Lei nº 9.649, de 27 de maio de 1998. Brasília, 2011. Disponível em: http://www.planalto.gov.br/ccivil_03/_ato2011-2014/2011/lei/l12462.htm. Acesso em: 30 ago. 2021.

BRASIL. Lei nº 13.303, de 30 de junho de 2016. Dispõe sobre o estatuto jurídico da empresa pública, da sociedade de economia mista e de suas subsidiárias, no âmbito da União, dos Estados, do Distrito Federal e dos Municípios. Brasília, 2016. Disponível em: http://www.planalto.gov.br/ccivil_03/_ato2015-2018/2016/lei/l13303.htm. Acesso em: 30 ago. 2021.

BRASIL. Lei nº 14.133, de 1º de abril de 2021. Lei de Licitações e Contratos Administrativos. Brasília, 2021. Disponível em: https://www.in.gov.br/en/web/dou/-/lei-n-14.133-de-1-de-abril-de-2021-311876884. Acesso em: 30 ago. 2021.

CARVALHO, Raquel. Credenciamento como hipótese de inexigibilidade. *In:* Raquel Carvalho Direito Administrativo, 2018. Disponível em: http://raquelcarvalho.com.br/2018/04/24/credenciamento-como-hipotese-de-inexigibilidade/. Acesso em: 24 mar. 2021.

CENTRAL/MP. Central de Compras do Ministério do Planejamento. Edital de credenciamento nº 01/2014: fornecimento de passagens em linhas aéreas regulares domésticas, sem o intermédio de agências de viagens, para fins de transporte de servidores. Brasília, 2014. Disponível em: https://antigo.comprasgovernamentais.gov.br/images/conteudo/ArquivosCentral/credenciamento/Edital-de-Credenciamento---Republicacao.pdf. Acesso em: 18 jul. 2021.

CENTRAL/MP. Processo eletrônico nº 05110.000407/2018-41: edital de Credenciamento nº 01/2028 para a prestação de serviços pela CONTRATADA à CONTRATANTE abrangendo todas as atividades de gestão operacional para execução dos contratos de repasse firmados no âmbito dos programas e ações geridos pela CONTRATANTE. Brasília, 2021. Disponível em: https://www.gov.br/economia/pt-br/acesso-a-informacao/licitacoes-e-contratos/licitacoes/credenciamentos/credenciamento-no-01-2021-central-de-compras-uasg-201057. Acesso em: 29 out. 2021.

CENTRAL/MP. Processo eletrônico nº 03209.200466/2015-50: Credenciamento de instituições bancárias, autorizadas pelo Banco Central do Brasil com vistas a: 1) prestação de serviços, por 12 (doze) meses, prorrogáveis, de pagamento dos valores líquidos da folha salarial e outras indenizações a servidores; 2) permitir à União a inclusão, no rol dos serviços a serem prestados pelas instituições bancárias credenciadas, o pagamento dos valores líquidos relativos à folha salarial e outras indenizações de servidores militares ativos, da reserva remunerada e pensionistas das Forças Armadas; e 3) disponibilizar aos beneficiários seus contracheques e realizar a atualização cadastral (prova de vida). Brasília, 2015. Disponível em: https://www.gov.br/economia/pt-br/acesso-a-informacao/licitacoes-e-contratos/licitacoes-e-contratos/credenciamento/aviso-de-credenciamento-no-01-2015-1. Acesso em: 18 out. 2021.

FERNANDES, C. *A centralização das compras na administração federal*: lições da história. Congresso CONSAD de Gestão Pública. Brasília, 8, 2015.

FIUZA, Eduardo P. S. *et al*. Compras públicas centralizadas em situações de emergência e calamidade pública. (IPEA. Texto para discussão, 2575). Brasília: Ipea, 2020. Disponível em: https://www.ipea.gov.br/portal/index.php?id=36397&option=com_content&view=article. Acesso em: 9 abr. 2021.

GOIÁS. Lei nº 17.928, de 27 de dezembro de 2012. Dispõe sobre normas suplementares de licitações e contratos pertinentes a obras, compras e serviços, bem como convênios, outros ajustes e demais atos administrativos negociais no âmbito do Estado de Goiás. Goiânia, 2012. Disponível em: https://legisla.casacivil.go.gov.br/pesquisa_legislacao/89895/lei-17928. Acesso em: 11 maio 2021.

GRAU, Eros Roberto. *Licitação e Contrato Administrativo* – estudos sobre a interpretação da lei. São Paulo: Malheiros, 1995.

JACOBY FERNANDES, Jorge Ulisses. *Sistema de Registro de Preços e Pregão Presencial Eletrônico*. 5. ed. Belo Horizonte: Fórum, 2013.

JUSTEN FILHO, Marçal. *Comentários à lei de licitações e contratos administrativos*. 12. ed. São Paulo: Dialética, 2008.

JUSTEN FILHO, Marçal. Procedimentos auxiliares das licitações e a pré-qualificação no Regime Diferenciado de Contratações Públicas. *Revista Brasileira de Direito Público – RBDP*, Belo Horizonte, ano 9, n. 35, p. 61-97, out./dez. 2011.

JUSTEN FILHO, Marçal. *Comentários à lei de licitações e contratações administrativas*: Lei nº 14.133/2021. São Paulo: Thomson Reuters Brasil, 2021. 1823 p.

MIRANDA, Henrique Savonitti. Compra direta de passagens aéreas. Casoteca de Gestão Pública. ENAP: Brasília, 2018. Disponível em: https://repositorio.enap.gov.br/handle/1/123. Acesso em: 5 mar. 2021.

NIEBUHR, Joel de Menezes. *Dispensa e Inexigibilidade de Licitação Pública*. São Paulo: Dialética, 2003.

NÓBREGA, Marcos; TORRES, Ronny Charles L. de. A nova lei de licitações, credenciamento e *e-marketplace*: o *turning point* da inovação nas compras públicas. *In:* Ronny Charles, 2021. Disponível em: https://ronnycharles.com.br/wp-content/uploads/2021/01/A-nova-lei-de-licitacoes-credenciamento-e-e-marketplace-o-turning-point-da-inovacao-nas-compras-publicas.pdf. Acesso em: 28 abr. 2021.

NOGUEIRA, Bruna Taveira. O PROCEDIMENTO AUXILIAR DE CREDENCIAMENTO: uma proposta de análise do instituto para subsidiar sua aplicação pelos gestores públicos, no âmbito da Lei nº 14.133, de 2021, a partir das experiências práticas anteriores à Nova Lei de Licitações e Contratos Administrativos. Monografia. Curso Superior de Administração Pública. Escola de Governo Professor Paulo Neves de Carvalho, da Fundação João Pinheiro, 2021. Disponível em: http://monografias.fjp.mg.gov.br/handle/123456789/2885. Acesso em: 19 jun. 2022.

PARANÁ. Decreto nº 4.507, de 1º de abril de 2009. Dispõe sobre o Regulamento tem por objetivo definir características, condições, normas e competências para o credenciamento de pessoas físicas ou jurídicas, SEAP. Curitiba, 2009. Disponível em: https://www.legislacao.pr.gov.br/legislacao/pesquisarAto.do?action=exibir&codAto=48364&indice=1&totalRegistros=1&dt=22.7.2019.18.25.43.335. Acesso em: 5 maio 2021.

PARANÁ. Lei nº 15.608, de 16 de agosto de 2007. Estabelece normas sobre licitações, contratos administrativos e convênios no âmbito dos Poderes do Estado do Paraná. Curitiba, 2007. Disponível em: https://www.legislacao.pr.gov.br/legislacao/pesquisarAto.do?action=exibir&codAto=5844&indice=1&totalRegistros=1&dt=22.7.2019.18.1.2.54. Acesso em: 11 maio 2021.

SANTOS, F. Centralização de compras públicas: a experiência da Empresa Brasileira de Serviços Hospitalares (EBSERH). Dissertação de Mestrado. Programa de Mestrado em Governança e Desenvolvimento. Escola Nacional de Administração Pública, 2019. Disponível em https://repositorio.enap.gov.br/handle/1/4747. Acesso em 22 ago. 2021.

SARAI, Leandro (org.). *Tratado da Nova Lei de Licitações e Contratos*: lei 14.133/21 comentada por advogados públicos. São Paulo: Juspodivm, 2021. 536 p.

SUNDFELD, Carlos Ari. *Licitação e contrato administrativo*. 2. ed. São Paulo: Malheiros, 1995.

TORRES, Ronny Charles Lopes de. *Leis de licitações públicas comentadas*. 5. ed. Salvador: Juspodivm, 2013.

TORRES, Ronny Charles Lopes de. *Leis de licitações públicas comentadas*. 12. ed. rev., ampl. e atual. São Paulo: Juspodivm, 2021.

TRIBUNAL DE CONTAS DA UNIÃO (TCU). Acórdão nº 351/2010. Plenário. Relator: Ministro Marcos Bemquerer. Sessão de 03.03.2010. Disponível em: https://pesquisa.apps.tcu.gov.br/#/documento/acordao-completo/*/NUMACORDAO%253A351%2520ANOACORDAO%253A2010%2520COLEGIADO%253A%2522Plen%25C3%25A1rio%2522/DTRELEVANCIA%2520desc%252C%2520NUMACORDAOINT%2520desc/0/%2520. Acesso em: 30 ago. 2021.

TRIBUNAL DE CONTAS DA UNIÃO (TCU). Acórdão nº 1973/2013. Plenário. Relator: Ministro Raimundo Carreiro. Sessão de 31.07.2013. Disponível em: https://pesquisa.apps.tcu.gov.br/#/documento/acordao-completo/*/NUMACORDAO%253A1973%2520ANOACORDAO%253A2013%2520COLEGIADO%253A%2522Plen%25C3%25A1rio%2522/DTRELEVANCIA%2520desc%252C%2520NUMACORDAOINT%2520desc/0/%2520. Acesso em: 30 ago. 2021.

Informação bibliográfica deste texto, conforme a NBR 6023:2018 da Associação Brasileira de Normas Técnicas (ABNT):

SILVA, Michelle Marry Marques da; LOPES, Virgínia Bracarense. O procedimento auxiliar do credenciamento: sua relação com a centralização de compras e sua formatação na nova lei de licitações e contratos administrativos. *In*: LOPES, Virgínia Bracarense; SANTOS, Felippe Vilaça Loureiro (coord.). *Compras públicas centralizadas no Brasil*: teoria, prática e perspectivas. Belo Horizonte: Fórum, 2022. p. 283-304. ISBN 978-65-5518-463-1.

A EXPERIÊNCIA DA CENTRAL DE COMPRAS NA GOVERNANÇA DE CONTRATOS CENTRALIZADOS

ISABELA GOMES GEBRIM

LARA BRAINER

1 Introdução

O tema governança não é novo do ponto de vista do governo, mas vem ganhando cada vez mais espaço nas discussões. De acordo com Martins e Marini (2014), "governança pública propõe uma nova síntese, uma tentativa de enxergar o governo como um processo amplo, plural e complexo da sociedade, buscando integrar política e administração, gestão e políticas públicas".

O Instituto Brasileiro de Governança Corporativa (IBCG) define governança corporativa como um sistema que norteia a atuação das organizações, o modo como são dirigidas, monitoradas e incentivadas e como se dá, inclusive, o relacionamento entre os *stakeholders* (BRASIL. IBCG. 2018). Os princípios básicos da governança corporativa, segundo o IBCG, são a transparência, que é a disponibilização de informações que sejam do interesse das partes interessadas; a equidade, sendo entendida como tratamento de mesma isonomia e justo aos *stakeholders;* o *accountability*, que é a prestação de contas, pelos agentes envolvidos no sistema de governança, das suas atuações de modo tempestivo, claro e conciso; e a responsabilidade corporativa, que consiste, em suma, em cuidar da viabilidade econômico-financeira das organizações.

Organizações, pelo IBCG, já era termo que abrangia desde organizações privadas, cooperativas, terceiro setor, até organizações públicas. Porém, a importância do assunto fez com que, ao longo dos anos, a Administração Pública também fosse evoluindo para um olhar mais cauteloso sobre governança e como poderia adaptar aqueles princípios à realidade da máquina governamental.

Um desses estudos merece destaque. Elaborado pelo Tribunal de Contas da União (TCU) em 2014, o Referencial Básico de Governança tem por objetivo reunir e organizar boas práticas de governança pública que podem contribuir para um melhor desempenho dos entes públicos, caso sejam observadas corretamente. Serve também para esclarecer e incentivar os agentes públicos na adoção de boas práticas de governança.

De acordo com o Referencial do TCU, governança no setor público pode ser definida como um conjunto de mecanismos de liderança, estratégia e controle postos em prática para avaliar, direcionar e monitorar a gestão, com vistas à condução de políticas públicas e à prestação de serviços de interesse da sociedade (BRASIL. Tribunal de Contas da União. 2014).

Nesse contexto, a Central de Compras, unidade da Secretaria de Gestão do Ministério da Economia, foi criada em 2014 ainda na estrutura do Ministério do Planejamento, Orçamento e Gestão e atualmente é composta de cinco Coordenações-Gerais, a saber: Estratégia de Aquisição e Contratação; Tecnologia da Informação e Contratação; Licitação; Gestão de Atas e Contratos; e Serviços Compartilhados. Todas essas unidades são responsáveis, dentro das suas competências regimentais, por propor e implementar modelos, mecanismos, processos e procedimentos para aquisição, contratação, alienação e gestão centralizadas de bens e serviços de uso em comum e de tecnologia da informação pelos órgãos e pelas entidades.

A depender da estratégia de contratação definida, a gestão e a fiscalização dos contratos, bem como a gestão orçamentária e financeira, são centralizadas na Central, que passa a ser provedora de serviços aos órgãos e entidades, atuando por meio do seu Centro de Serviços Compartilhados.

A atuação transversal da Central de Compras exige articulação com vários *stakeholders*, desde os próprios órgãos e entidades que serão beneficiados das contratações que serão realizadas, outros entes ou empresas do mercado que contratam ou contrataram objetos similares e que serão parte do *benchmarking* que será feito, órgãos de controle, órgãos centrais de contratações, entre outros inúmeros atores que poderão ser consultados durante a condução dos projetos e processos.

Desse modo, tendo em vista a relevância, a pluralidade de atores envolvidos e a necessidade de se estabelecer mecanismos tanto para melhorar e aperfeiçoar a gestão e governança da Central de Compras quanto das licitações e contratações realizadas, é que vários procedimentos foram elaborados e instituídos por aquela Unidade e serão objeto de detalhamento nas próximas seções.

2 Estabelecimento de mecanismos de governança na Central de Compras

Em 2019 foi instituída, pelo Ministério da Economia, instância de governança das contratações centralizadas que, em suma, decorreu de trabalhos desenvolvidos pela Central de Compras – CENTRAL da Secretaria de Gestão na busca de atendimento à recomendação exarada pelo Tribunal de Contas da União – TCU, no Acórdão nº 2.348/2017 – TCU – Plenário, para que a Secretaria de Gestão do Ministério da Economia avaliasse a conveniência e oportunidade de estabelecer diretrizes para as aquisições realizadas pela CENTRAL. A iniciativa contou ainda com a participação da então Secretaria de Tecnologia da Informação e Comunicação – SETIC, que também realizava aquisições, muitas em parceria com a CENTRAL, e da Assessoria Especial de Controle Interno do extinto Ministério do Planejamento, Orçamento e Gestão – MP, unidade que estudava tema relativo à integridade, governança e gestão de riscos.

A proposta fixou, então, diretrizes para as iniciativas de licitações e contratos centralizados sob responsabilidade da CENTRAL, estabelecendo critérios para a formação do portfólio de projetos da unidade, aspectos a serem avaliados em decisões de definição de modelos de compras e contratos centralizados e orientações de implementação e avaliação de modelos. Desse modo, as iniciativas atribuídas à CENTRAL levarão em consideração a competência da unidade regulamentada pelo Decreto nº 9.745, de 8 de abril de 2019, limitada a bens e serviços de uso em comum, considerados aqueles objetos que poderiam atender a diversos órgãos e entidades da Administração Pública de maneira semelhante e uniforme, permitindo ganhos de escala nas licitações e padronização dos objetos.

Para tanto, a Portaria nº 103, de 21 de março de 2019, do Ministério da Economia, criou o Subcomitê de Compras e Contratos Centralizados – SCCC, previsto no art. 10 do referido instrumento, que estabeleceu a seguinte composição:

> Art. 10 - O SCCC, vinculado ao comitê interno de governança do Ministério da Economia, será composto pelos seguintes membros titulares:
> I - o Secretário Especial de Desburocratização, Gestão e Governo Digital do Ministério da Economia, que o coordenará;
> II - o Secretário de Gestão do Ministério da Economia; e
> III - o Secretário de Governo Digital do Ministério da Economia; e
> IV - o Secretário de Gestão Corporativa do Ministério da Economia.

De acordo com o parágrafo único do art. 10 da Portaria, representantes do órgão ou entidade demandante de eventual compra ou contratação centralizada podem ser convidados a participar das deliberações, mas sem direito a voto. Referida previsão representa maior transparência às ações e análises realizadas pelos membros do Subcomitê e auxiliam na discussão sobre os projetos e tomada de decisão.

As atribuições dos membros do Subcomitê estão estipuladas no art. 11, *in verbis*:

> Art. 11. Ao SCCC compete:
> I - definir procedimentos e rotinas para seu funcionamento;

II - decidir sobre iniciativas de centralização de compras e contratos a cargo do Ministério da Economia;

III - definir a carteira de projetos sob a responsabilidade da Central de Compras da Secretaria de Gestão;

IV - decidir sobre priorização, suspensão e paralisação de projetos em execução na Central de Compras da Secretaria de Gestão;

V - definir diretrizes de atuação à Central de Compras da Secretaria de Gestão para o desenvolvimento de seus projetos, considerando a incidência das normas e políticas públicas que regem os procedimentos de licitação e contratação ou que neles interfiram;

VI - decidir sobre as soluções, estratégias, modelos, mecanismos e procedimentos propostos pela Central de Compras da Secretaria de Gestão;

VII - monitorar a execução dos projetos em curso na Central de Compras da Secretaria de Gestão;

VIII - decidir sobre a manutenção, alteração, revisão ou descontinuação de soluções de centralização de compras ou de contratos já implantadas ou em implantação;

IX - promover iniciativas de avaliação das soluções propostas ou implantadas pela Central de Compras da Secretaria de Gestão; e

X - decidir sobre a aprovação da proposta de realização de licitação para a contratação de bens ou serviços de tecnologia da informação e comunicação – TIC, conforme alçadas de valores definidos pelo Secretário de Governo Digital.

A publicação da Portaria nº 103/2019 foi um importante marco para a Central de Compras, no sentido de ter estabelecidas diretrizes que norteariam as contratações que seriam realizadas, sendo passo relevante ao estabelecimento da governança dessa Unidade, com a submissão dos projetos ao Subcomitê de Compras e Contratos Centralizados. As decisões sobre manutenção, alteração ou descontinuação das soluções centralizadas que já estavam implantadas ou em implantação também eram atribuição daquela instância. Como soluções centralizadas entende-se aquelas disponibilizadas aos órgãos por meio do Centro de Serviços Compartilhados (CSC) da Central de Compras. Ressalta-se que, desde 2017, a CENTRAL já atuava nessa configuração para alguns dos seus serviços, que serão detalhados na seção seguinte, porém, a decisão por mantê-los ou descontinuá-los passou a ser do Subcomitê, no sentido de institucionalizar a governança dessas decisões.

3 A experiência da Central de Compras na gestão de contratos centralizados

O Centro de Serviços Compartilhados é responsável por implantar serviços diretamente aos órgãos da Administração Pública Federal. Nessa configuração, todas as etapas do ciclo da cadeia logística são internalizadas na CENTRAL, que passa a ser a provedora do serviço, realizando desde a etapa de planejamento da licitação, elaboração dos estudos técnicos preliminares, mapa de riscos, Termos de Referência, realização da licitação, gestão e fiscalização dos contratos até o empenho e pagamento dos serviços aos fornecedores. Cabe aos órgãos somente realizar a descentralização orçamentária e financeira dos recursos à CENTRAL e atuar como fiscal operacional dos serviços no seu âmbito de atuação.

O primeiro serviço a ser prestado no âmbito do CSC foi o TáxiGov, serviço de transporte administrativo de servidores e colaboradores da Administração Pública Federal direta no Distrito Federal, por meio do uso de aplicativo e sistema web e viabilizado através da contratação de serviço de agenciamento de táxis de modo centralizado. Sua implantação foi iniciada em 2017 e a prestação do serviço é realizada até hoje aos órgãos, com algumas evoluções no modelo, que passou a permitir que o serviço fosse prestado mediante o uso de qualquer meio regular e legalmente apto, inclusive agenciamento ou intermediação de serviços de táxi ou de serviço de transporte remunerado privado individual de passageiros, ou prestação de serviços de transporte por locação de veículos.

O segundo serviço implantado pela CENTRAL, dentro do CSC, foi o Almoxarifado Virtual, que se trata de contratação de serviços continuados de *outsourcing*, com disponibilização de sistema informatizado, para operação de almoxarifado virtual, visando ao suprimento de materiais de consumo administrativo, ou seja, materiais de expediente (papel, caneta, grampeador) e suprimentos de informática (CD, DVD, pen drive), em uma lógica *just in time*, com períodos predefinidos para a realização de pedidos por parte dos órgãos e para entrega por parte das empresas contratadas. Inicialmente teve sua implantação realizada em 2018, somente aos órgãos da Administração Pública Federal direta localizados no Distrito Federal, e, em um movimento de expansão do CSC, passou a ser prestado, a partir de agosto de 2021, a todos os órgãos da estrutura da Administração direta localizados no país.

Para tanto, duas unidades internas da CENTRAL atuam na gestão dos serviços prestados no âmbito do CSC. A Coordenação-Geral de Serviços Compartilhados (CGSEC) é responsável por acompanhar ou realizar as etapas iniciais de planejamento da licitação, participando como representante técnico da Equipe de Planejamento da Licitação, definindo requisitos como os Índices de Medição de Resultados, obrigações das empresas contratadas, entre outras que impactem na relação com seus clientes, que serão usuários do serviço, até a implantação do serviço propriamente dito. Todas as atividades de fiscalização técnica operacional e de sistema dos contratos centralizados, as ações de comunicação e capacitação dos órgãos parceiros, atividades de relacionamento com os clientes, gestão dos dados e informação e gestão dos projetos de implantação dos serviços são realizadas por essa unidade.

Já os serviços de gestão das Atas de Registro de Preços que culminarão ou não em contratos centralizados, a gestão formal dos contratos e todas as atividades referentes à parte orçamentária e financeira, recebimento dos recursos enviados pelos órgãos, gestão desses recursos, emissão de Notas de Empenho e pagamento às empresas contratadas, são todos realizados dentro da estrutura da Coordenação-Geral de Gestão de Atas e Contratos. A Ordenação de Despesas é feita pela Diretoria da Central de Compras, instância superior às duas unidades citadas anteriormente.

Os órgãos que são usuários dos serviços prestados pela CENTRAL também são atores desse processo. Não há contrato centralizado no CSC sem a participação deles. E é nesse ponto que a governança bem definida e estruturada faz a diferença nos resultados esperados com implantação desses serviços. São mais de 30 órgãos atendidos pelo CSC atualmente somente nos dois serviços atuais. Mais de 24 mil usuários cadastrados e que já utilizaram o TáxiGov somente no Distrito Federal, mais de R$ 16,9 milhões dispendidos com o serviço, aproximadamente 5,5 milhões de quilômetros rodados e uma economia de R$ 30 milhões desde o início da sua implantação em 2017. No Almoxarifado Virtual a economia foi de quase R$ 6 milhões, com a realização de mais de 5.400 pedidos e a aquisição de R$ 5,7 milhões em materiais.

Referidos contratos substituem mais de 200 contratos que seriam geridos e fiscalizados em cada um dos órgãos contratantes. Centralizá-los é um desafio, quer seja pela complexidade na prestação dos serviços, inerentes à centralização de contratos desse porte, quer seja pelo número de *stakeholders* envolvidos. Estabelecer as regras que norteiam a gestão desses serviços é imprescindível à governança dos contratos centralizados e da Central de Compras.

Assim, foi necessário pensar que instrumentos respaldam a prestação dos serviços no CSC e garantem a melhor governança daqueles contratos. O ponto de partida é o próprio Decreto nº 9.745, de 8 de abril de 2019, que estabelece as competências da CENTRAL, *in verbis*:

> Art. 131. À Central de Compras compete, no âmbito do Poder Executivo federal:
> I - desenvolver e gerir sistemas de tecnologia de informação para apoiar os processos de aquisição, contratação, alienação e gestão centralizadas de bens e serviços de uso em comum pelos órgãos e pelas entidades da administração pública federal;
> II - desenvolver, propor e implementar modelos, mecanismos, processos e procedimentos para aquisição, contratação, alienação e gestão centralizadas de bens e serviços de uso em comum pelos órgãos e pelas entidades;
> III - planejar, coordenar, controlar e operacionalizar ações que visem à implementação de estratégias e soluções relativas a licitações, aquisições, contratações, alienações e gestão de bens e serviços de uso em comum;
> IV - planejar, coordenar, supervisionar e executar atividades para realização de procedimentos licitatórios, de contratação direta e de alienação, relativos a bens e serviços de uso em comum;
> V - planejar e executar procedimentos licitatórios e de contratação direta necessários ao desenvolvimento de suas atividades finalísticas;
> VI - planejar, coordenar, supervisionar e executar atividades para realização de aquisições, contratações e gestão de produtos e serviços de tecnologia da informação e comunicação, de uso comum, para atender aos órgãos e às entidades da administração pública federal; e
> VII - firmar e gerenciar as atas de registros de preços e os contratos decorrentes dos procedimentos previstos nos incisos IV, V e VI.
> §1º As licitações para aquisição e contratação de bens e serviços de uso comum pelos órgãos da administração pública federal direta, autárquica e fundacional serão efetuadas prioritariamente por intermédio da Central de Compras.
> §2º As contratações poderão ser executadas e operadas de forma centralizada, em consonância com o disposto nos incisos II, III e VI do caput.
> §3º Ato do Secretário Especial de Desburocratização, Gestão e Governo Digital definirá os bens e os serviços de uso em comum cujas licitações, aquisições, contratações, alienações e gestão serão atribuídas exclusivamente à Central de Compras.
> §4º A centralização das licitações, da instrução dos processos de aquisição, de contratação direta, de alienação e de gestão será implantada de forma gradual.

Observa-se a previsão, na referida norma, da CENTRAL poder firmar e gerir contratos, bem como executar e operacionalizar as contratações de forma centralizada para atendimento aos órgãos e entidades da Administração Pública Federal, em sentido mais amplo. No decreto também foi previsto outro instrumento que garante melhor governança sobre os contratos centralizados prestados no CSC, que é o da implantação gradual dos serviços.

Porém, de forma a garantir com que todos os atores envolvidos na gestão desses contratos atuem com base nas regras definidas pela CENTRAL, somente o decreto não é suficiente. Cada serviço tem uma peculiaridade que envolve desde os perfis que devem existir nos órgãos para atuar nos serviços até as regras gerais de utilização de sistemas de tecnologia disponibilizados nas contratações e formas e periodicidades de atestar a prestação de um serviço.

Para tanto, instrumentos como Instruções Normativas e Portarias de Exclusividade são emitidos com o intuito de estabelecer diretrizes e procedimentos para a utilização dos serviços pelos órgãos e entidades. Para o TáxiGov foram elaboradas a Instrução Normativa nº 2, de 20 de fevereiro de 2017, da Secretaria de Gestão (SEGES) do então Ministério do Planejamento, Orçamento e Gestão – MP, e a Portaria de Exclusividade nº 6, de 15 de janeiro de 2018, também do extinto MP. Quanto ao Almoxarifado Virtual foi emitida a Instrução Normativa nº 8, de 27 de setembro de 2018, da SEGES/MP, revogada, quando da expansão do serviço, pela entrada em vigor da Instrução Normativa SEGES/ME nº 51, de 13 de maio de 2021.

Além de estabelecer disposições gerais sobre os serviços e condições e regras de uso, a forma como se dará o custeio da contratação e o instrumento que será assinado entre as partes para garantir com que as obrigações sejam cumpridas estão dispostos naqueles normativos. Centralizar o contrato em uma única estrutura que atende mais de 30 órgãos da Administração Pública Federal é desafiador do ponto de vista operacional e financeiro.

Pensando nisso, a governança desenhada envolve a assinatura pelos órgãos de um instrumento denominado Termo de Adesão. Por meio dele é que é formalizado o acesso dos órgãos aos serviços e definidas as obrigações e responsabilidades de cada uma das partes e as ações necessárias para implantação dos serviços. Como o contrato é centralizado, a assinatura é realizada pela Central de Compras junto a cada empresa vencedora das licitações, porém a verificação se o serviço foi de fato prestado compete a cada órgão usuário na ponta. Por isso, as contratações envolvem tecnologia embarcada, ou seja, a disponibilização de sistema que suportará a prestação dos serviços.

O ateste se o material foi de fato entregue, se o serviço foi efetivamente prestado ou se houve algum problema que ensejasse contestação é de responsabilidade dos órgãos, por meio dos seus usuários finais ou dos gestores setoriais dos serviços. Ora, quem saberá se a distância efetivamente percorrida no TáxiGov ou se o trajeto está correto se não o usuário que estava no carro? Quem poderá informar que o material foi entregue na quantidade, especificidade e qualidade esperadas que não o recebedor da unidade? Os serviços contratados envolvem uma ideia de autonomia dos usuários finais e, para tanto, o estabelecimento de fluxos de verificação e atestes é imprescindível para embasar e garantir com que os fiscais técnicos e gestores desses contratos possam atestar a prestação final do serviço e emitir documentação hábil para efetuar o pagamento e a liquidação deles.

Outra questão é que os créditos orçamentários e os recursos financeiros que custearão os serviços são oriundos de cada do órgão, que devem providenciar a descentralização para a CENTRAL.

A forma como a descentralização orçamentária e financeira é realizada garante também que haja melhor governança sobre os contratos, tendo em vista que a Central de Compras não possui recursos para custear os serviços que serão prestados a todos os órgãos. Desse modo, a descentralização acontece em uma lógica pré-paga, ou seja, cada órgão somente terá à disposição o montante de recurso que enviar previamente à unidade central. Recebida a descentralização, é realizada a emissão da Nota de Empenho e o referido valor é aportado na solução tecnológica que será utilizada na prestação dos serviços.

A obrigação de descentralização prévia garante com que sempre haja recursos para efetuar o pagamento dos serviços às empresas contratadas, não havendo possibilidade de paralisação por parte dos fornecedores por inadimplência do ente contratante. Como o contrato é centralizado, referida regra é fundamental para que não haja descontinuidade dos serviços prestados, garantindo melhor governança e segurança das contratações realizadas. Do ponto de vista de compartilhamento de responsabilidades, também faz mais sentido que cada órgão tenha a obrigação de acompanhar e prever os recursos que estão sendo dispendidos pelos seus usuários na utilização dos serviços disponibilizados pela CENTRAL.

Assim, em um primeiro momento o instrumento utilizado foi a assinatura de Termo de Execução Descentralizada (TED) entre a unidade central e o órgão usuário do serviço. Porém, de modo a simplificar e dar maior agilidade às atividades, foi dispensada a formalização de TED, conforme inciso III do §3º do art. 3º do Decreto nº 10.426, de 16 de julho de 2020, sendo elaborado somente cronograma de descentralização de créditos orçamentários e recursos financeiros conforme regras e modelos estabelecidos no Termo de Adesão.

Para garantir com que todas as partes envolvidas tenham ciência das suas atribuições, foi estruturada uma unidade de relacionamento com o cliente, responsável por realizar as ações de comunicação e capacitação com os órgãos envolvidos. Esse pilar é essencial para o êxito na implantação dos contratos centralizados, tendo em vista que os serviços são inovadores e representam uma quebra de paradigma junto aos usuários. Resistências aos novos modelos são naturais e ter uma comunicação efetiva entre a CENTRAL, as autoridades responsáveis nos órgãos, os usuários finais dos serviços, órgãos de controle e sociedade é fundamental para garantir com que os contratos sejam prestados e gerenciados da melhor forma.

Realização de reuniões com as equipes envolvidas, elaboração de materiais de comunicação para serem enviados por vários canais, como e-mail, ferramentas de comunicação como whatsapp, *pop-up* em sistemas, divulgação em redes sociais, mídias, impressão de cartazes para ambientes, vídeos de capacitação, arquivos contendo perguntas e respostas e disponibilização de todas as informações em sítio da internet garantem uma transparência maior das ações da CENTRAL e minimizam riscos com ruídos na comunicação.

Outro ponto importante que merece ser ressaltado é quanto à implantação gradual dos serviços prevista no decreto de criação da Central de Compras. Uma vez que os serviços têm caráter maior de inovação e complexidade tanto para os órgãos quanto para as empresas contratadas, definir um cronograma de implantação previamente estabelecido, de modo a realizar a transição gradual e segura dos modelos, é imprescindível do ponto de vista de estratégia e equidade das contratações. Permite também monitorar a prestação dos serviços e ajustar qualquer problema não previsto ou de consequência prejudicial aos órgãos em um ambiente controlado.

Trazer também o usuário para ser visto como cliente das soluções centralizadas é diferencial importante do ponto de vista da governança. O fim das contratações é a prestação do serviço ao usuário final. Se não tivermos instrumentos para ouvi-los e aperfeiçoar as contratações de modo a atender às suas necessidades, não justificaria manter as contratações. Assim, são realizadas pesquisas de satisfação com os usuários e gestores dos serviços para entender suas dificuldades, dores e oportunidades de melhoria dos contratos. A centralização dos contratos, o uso de ferramentas tecnológicas e a análise contínua dos dados coletados e dos resultados dos Índices de Medição de Resultados previstos nas contratações permitem com que se tenha uma visão gerencial dos serviços, sendo instrumentos estratégicos importantes para avaliar, monitorar e direcionar a gestão da CENTRAL.

Por fim, a realização de uma gestão de riscos desde o início da contratação é imprescindível à governança dos contratos centralizados, garantindo e mantendo os requisitos de integridade e confiabilidade da atuação dos gestores e gerando mais resultado e valor às atividades do Governo (SANTOS, 2019).

4 Breve panorama sobre o tema pela Nova Lei de Licitações

Faltava, em nosso entendimento, o legislador incorporar, elevando à condição de Lei Geral, todos os regramentos e orientações que, como vimos anteriormente, já se encontrava em normativos infralegais ou em decretos.

Esse vácuo legislativo *stricto sensu* em relação ao tema da governança tinha um agravamento quando pensávamos em entes federados não nacionais (Estados, Distrito Federal e Municípios).

Nesse espírito, em 1º de abril de 2021 é publicada a Lei nº 14.133/21 – NLL, em que, se a analisarmos de forma estática, encontraremos apenas duas menções ao termo "governança". No entanto, a referida norma possui em seu interior inúmeros mecanismos de liderança, estratégia e controle para avaliação, em especial dedicados ao direcionamento e monitoramento dos processos licitatórios.

Já no parágrafo único do art. 11 temos a previsão de que, *in verbis*:

> *A alta administração do órgão ou entidade é responsável pela governança das contratações e deve implementar processos e estruturas, inclusive de gestão de riscos e controles internos,* para avaliar, direcionar e monitorar os processos licitatórios e os respectivos contratos, com o intuito de alcançar os objetivos (...), *promover um ambiente íntegro e confiável*, assegurar o *alinhamento das contratações ao planejamento estratégico e às leis orçamentárias e promover eficiência, efetividade e eficácia em suas contratações.* (grifos nossos)

Cumpre aqui ressaltar os quatro objetivos dos processos licitatórios trazidos no artigo 11 da nova norma legal:

I – assegurar a seleção da proposta apta a gerar o resultado de contratação mais vantajoso para a Administração Pública, inclusive no que se refere ao ciclo de vida do objeto;
II – assegurar tratamento isonômico entre os licitantes, bem como a justa competição;
III – evitar contratações com sobrepreço ou com preços manifestamente inexequíveis e superfaturamento na execução dos contratos; e
IV – incentivar a inovação e o desenvolvimento nacional sustentável.

Encontraremos a segunda referência no artigo 169. Nesse momento a lei prevê expressamente que as contratações públicas devem se submeter a práticas contínuas e permanentes de gestão de riscos e de controle preventivo, inclusive mediante a adoção de recursos de tecnologia da informação, além de estar subordinadas ao controle social. Nesta seara, ainda estabelece a criação de três linhas de defesa, sendo a primeira delas ligadas diretamente à governança.

No inciso I deste artigo foi estabelecido que a primeira linha de defesa das contratações públicas será "integrada por servidores e empregados públicos, agentes de licitação *e autoridades que atuam na estrutura de governança do órgão ou entidade*".

Cumpre, neste momento, ressaltar que a NLL figura como uma grande norma geral e que, para a sua aplicação plena, ainda necessita de muitos regulamentos. Em especial quando pensamos nos diversos entes federados. A grande realidade é a existência de uma enorme quantidade de órgãos e entidades que ainda não contam com estruturas de governança robustecidas, carecendo de criação ou mesmo de uma grande ação de fortalecimento dessas estruturas de governança em todas as áreas da Administração Pública.

Não menos importante ressaltar aspectos de boas práticas de governança, em especial a exigência de observância ao princípio do planejamento (artigo 5º da NLL) e a necessidade de "elaborar plano de contratações anual, com o objetivo de racionalizar as contratações dos órgãos e entidades sob sua competência, garantir o alinhamento com o seu planejamento estratégico e subsidiar a elaboração das respectivas leis orçamentárias", conforme artigo 12, inciso VII, da referida Lei.

Não poderíamos nos furtar de ressaltar uma inovação importantíssima contida no artigo 25, §4º, da NLL, qual seja, de determinar que "o edital deverá prever a obrigatoriedade de implantação de programa de integridade pelo licitante vencedor, no prazo de 6 (seis) meses, contado da celebração do contrato", nas contratações de obras, serviços e fornecimentos de grande vulto.

Ainda nessa esteira, a NLL também prevê, em seu artigo 60, inciso IV, que, em caso de empate entre duas ou mais propostas, um dos critérios que devem ser utilizados pela Administração Pública para a realização do desempate é o "desenvolvimento pelo licitante de programa de integridade, conforme orientações dos órgãos de controle".

5 Conclusão

Diante de todo o exposto, pode-se afirmar que os instrumentos de governança elaborados e utilizados pela CENTRAL na gestão dos contratos centralizados são fundamentais para a manutenção da operação, da segurança orçamentário-financeira dos modelos e do controle e transparência da utilização dos serviços pelos órgãos. Sem eles seria um risco centralizar as contratações e toda a cadeia logística dentro da Central de Compras, no Centro de Serviços Compartilhados.

Conforme Santos (2019):

> No âmbito da centralização de compras públicas, a governança das aquisições se mostra ainda mais importante, tendo em mente a concentração de poder político e burocrático em unidades centrais, as quais devem receber aporte estrutural e instrumental para garantir a satisfação do interesse público.

Segundo Lopes e Gebrim (2021):

> Esse elemento governança, em quaisquer de suas vertentes, bem como a forma de emprego da inovação e de tecnologias, tem sua aplicação como fator de sucesso para a ampliação dos modelos de centralização de compras, ainda mais quando consideramos que há um cenário de ampliação e fortalecimento das compras centralizadas (...).

Assim, o legislador erige à condição de norma legal um anseio intrínseco à sociedade como um todo, qual seja, a utilização da governança como elemento de fertilização do solo para lisura, integridade e honestidade no cenário das compras públicas nacionais, de forma que seja assegurado que o interesse público primário se sobreponha a interesses particulares, permitindo, enfim a boa execução das políticas públicas em nosso país.

Referências

BRASIL. Tribunal de Contas da União. Referencial básico de governança aplicável a órgãos e entidades da administração pública. Versão 2 – Brasília: TCU, Secretaria de Planejamento, Governança e Gestão, 2014. Disponível em: http://www.tcu.gov.br/governanca. Acesso em: 17 out. 2021.

BRASIL. Decreto nº 9.679, de 2 de janeiro de 2019. Aprova a Estrutura Regimental e o Quadro Demonstrativo dos Cargos em Comissão e das Funções de Confiança do Ministério da Economia [...]. Disponível em: http://www.planalto.gov.br/ccivil_03/_Ato2019-2022/2019/Decreto/D9679.htm#art10. Acesso em: 17 out. 2021.

BRASIL. Lei nº 14.133, de 1º de abril de 2021. Lei de Licitações e Contratos Administrativos. Disponível em: http://www.planalto.gov.br/ccivil_03/_ato2019-2022/2021/lei/L14133.htm. Acesso em: 17 out. 2021.

BRASIL. Tribunal de Contas da União. Acórdão nº 2.348/2017. Plenário. Relator: Ministro Benjamin Zymler. Sessão de 01.08.2007. Disponível em: https://pesquisa.apps.tcu.gov.br/#/documento/acordao-completo/*/NUMACORDAO%253A2348%2520ANOACORDAO%253A2017%2520COLEGIADO%253A%2522Plen%25C3%25A1rio%2522/DTRELEVANCIA%2520desc%252C%2520NUMACORDAOINT%2520desc/0/%2520. Acesso em: 17 out. 2021.

INSTITUTO BRASILEIRO DE GOVERNANÇA CORPORATIVA. *Código das melhores práticas de governança corporativa*. 5. ed. São Paulo: IBGC, 2015.

MINISTÉRIO DA ECONOMIA. Portaria nº 103, de 21 de março de 2019. Institui o Subcomitê de Compras e Contratos Centralizados do Ministério da Economia, estabelece diretrizes para a Central de Compras da Secretaria de Gestão e a Secretaria de Governo Digital e dá outras providências. Disponível em: https://www.in.gov.br/materia/-/asset_publisher/Kujrw0TZC2Mb/content/id/68158237. Acesso em: 17 out. 2021.

MINISTÉRIO DA ECONOMIA. Portaria nº 339, de 8 de outubro de 2020. Institui o Comitê Ministerial de Governança do Ministério da Economia e os Comitês e Subcomitês Temáticos de Apoio à Governança.

Disponível em: https://www.in.gov.br/web/dou/-/portaria-n-339-de-8-de-outubro-de-2020-282069594. Acesso em: 17 out. 2021.

LOPES, V.; GEBRIM, I. A centralização de compras como fator de estímulo à inovação em compras públicas: o caso da Central de Compras do Governo Federal e suas iniciativas da Compra Direta de Passagens Aéreas e do TáxiGov. *In*: PÉRCIO, G.; FORTINI, C. (coord.). *Inteligência e inovação em contração pública*. Belo Horizonte: Fórum, 2021.

MARTINS, H. F.; MARINI, C. Governança Pública Contemporânea: uma tentativa de dissecação conceitual. *Revista do Tribunal de Contas da União*, maio/ago. 2014.

SANTOS, F. *Centralização de compras públicas*: a experiência da Empresa Brasileira de Serviços Hospitalares (EBSERH). Dissertação de Mestrado. Programa de Mestrado em Governança e Desenvolvimento. Escola Nacional de Administração Pública, 2019. Disponível em: https://repositorio.enap.gov.br/handle/1/4747. Acesso em: 17 out. 2021.

Informação bibliográfica deste texto, conforme a NBR 6023:2018 da Associação Brasileira de Normas Técnicas (ABNT):

GEBRIM, Isabela Gomes; BRAINER, Lara. A experiência da central de compras na governança de contratos centralizados. *In*: LOPES, Virgínia Bracarense; SANTOS, Felippe Vilaça Loureiro (coord.). *Compras públicas centralizadas no Brasil*: teoria, prática e perspectivas. Belo Horizonte: Fórum, 2022. p. 305-316. ISBN 978-65-5518-463-1.

A CENTRALIZAÇÃO DAS COMPRAS PÚBLICAS POR MEIO DOS CONSÓRCIOS PÚBLICOS: REGIME JURÍDICO ATUAL E NOVA LEI DE LICITAÇÕES

FELIPE JOSÉ ANSALONI BARBOSA

LEONARDO DE OLIVEIRA THEBIT

1 Introdução

A Lei Federal nº 14.133, de 1º de abril de 2021[1], também conhecida como Nova Lei de Licitações, trouxe uma alteração legislativa de grande impacto e relevância para a gestão de Consórcios Públicos (CPs) no parágrafo único de seu art. 181:

> Art. 181. Os entes federativos instituirão centrais de compras, com o objetivo de realizar compras em grande escala, para atender a diversos órgãos e entidades sob sua competência e atingir as finalidades desta Lei.

---

[1] BRASIL, *Lei nº 14.1333, de 1º de abril de 2021*. Disponível em: http://www.planalto.gov.br/ccivil_03/_ato2019-2022/2021/lei/L14133.htm. Acesso em: 30 dez. 2021.

Parágrafo único. No caso dos Municípios com até 10.000 (dez mil) habitantes, *serão preferencialmente constituídos consórcios públicos para a realização das atividades previstas no caput deste artigo*, nos termos da Lei nº 11.107, de 6 de abril de 2005.

A inovação legislativa é fruto de anos de discussões técnicas do Direito Administrativo. Trata-se da institucionalização por vias legais de recomendações doutrinárias e jurisprudenciais e revela dois direcionamentos importantes da Nova Lei, consagrados e consubstanciados no dispositivo supracitado: 1) a centralização das compras públicas coletivas em centrais de compras, com o objetivo de promover aquisições em larga escala que contemplem diversos órgãos e entidades da Administração Pública; e 2) o fomento à utilização dos consórcios públicos como ferramenta para a efetivação da centralização das compras em municípios de pequeno porte.

A nova lei traz, ainda, outras alterações legislativas com impactos diversos na realidade prática dos CPs, como, por exemplo, o aumento do limite dos valores da dispensa de licitação em razão do valor (art. 75, I e II, §2º). Este quadro de mudanças na legislação aplicável suscita várias perguntas aos gestores de CPs, entre as quais: 1) quais os caminhos a serem percorridos a partir dos novos contornos legais fornecidos pela Lei Federal nº 14.133/21?; 2) quais as contribuições da nova lei para a centralização das compras públicas a partir dos consórcios públicos?

O presente estudo se propõe a discutir o papel dos consórcios públicos intermunicipais na centralização de compras públicas dentro do novo marco legal trazido pela Nova Lei de Licitações, buscando elucidar os direcionamentos futuros ideais trazidos por essa legislação, além de apontar os principais desafios dos gestores públicos para implementar esse novo normativo.

Trata-se de uma pesquisa de vertente jurídico-dogmática,[2] uma vez que possui como instrumental principal os elementos internos e normativos do regime jurídico aplicável aos consórcios públicos. As fontes primárias utilizadas são a Nova Lei de Licitações, a Lei Federal nº 8.666/93 – ainda vigente – e a Lei Federal nº 11.107/05 – Marco Regulatório dos Consórcios Públicos, analisadas a partir de uma investigação de tipo jurídico-comparativo, ou seja, com enfoque na busca entre similitudes, diferenças, compatibilidade ou incompatibilidade entre as normas,[3] com o intuito de clarificar os impactos da supracitada mudança legislativa no regime jurídico das compras públicas realizadas pelos CPs.

Para isso, foram analisados e comparados os dispositivos das Leis Federais nº 8.666/93[4] e nº 14.133/21 que interferem na atuação dos CPs. Ademais, realizou-se um estudo do Marco Regulatório dos Consórcios Públicos e da Nova Lei de Licitações, a fim de avaliar a compatibilidade normativa entre o atual regime jurídico dos CPs e a novel legislação de licitações.

Enfim, os dados comparativos e normativos levantados foram utilizados para avaliar as novas perspectivas legais de contratações públicas trazidas pela Lei Federal nº

---

[2] GUSTIN, Miracy Barbosa de Sousa; DIAS, Maria Tereza Fonseca. *(Re)pensando a pesquisa jurídica*. 1. ed. Belo Horizonte: Del Rey, 2002.
[3] GUSTIN, Miracy Barbosa de Sousa; DIAS, Maria Tereza Fonseca. *(Re)pensando a pesquisa jurídica*. 1. ed. Belo Horizonte: Del Rey, 2002.
[4] BRASIL, *Lei nº 8.666, de 21 de junho de 1993*. Disponível em: http://www.planalto.gov.br/ccivil_03/leis/l8666cons.htm. Acesso em: 30 dez. 2021.

14.133, de 1º de abril de 2021, com foco na centralização das compras públicas por meio dos CPs e com o objetivo de mapear os caminhos a serem percorridos pelos gestores de consórcios e pautar os principais desafios trazidos pela nova legislação nessa temática.

2 Os consórcios públicos

É cediço que os consórcios públicos possuem papel fundamental na Administração Pública Municipal. O emprego de esforços na gestão pública em busca de eficiência e eficácia na alocação de recursos é uma problemática constante na rotina dos gestores. Dentro da lógica dos sistemas federalistas, a relação intergovernamental entre entes da Administração Pública direta ganha particular relevância como contexto e ferramenta para a construção de políticas públicas que melhorem a qualidade de vida das pessoas. Nesse sentido, formas de cooperação horizontal já ocupam uma posição central na literatura a respeito do federalismo e prestação de serviços públicos: tratam-se de estruturas que possuem impacto direto na redução de assimetrias entre entes e otimização das ferramentas de gestão pública.[5]

Nesse sentido, um dos maiores desafios na discussão a respeito de desigualdade e gestão no Brasil se encontra no campo das sub-regiões ou pequenas regiões de municípios. A crescente escassez de recursos causada por políticas de austeridade, mudança nos perfis demográficos regionais, aumento na demanda por serviços públicos, vulnerabilidade socioeconômica e grande dependência de transferências de recursos federais tornam a questão da administração municipal ainda mais complexa.[6]

Uma resposta possível para esse quadro se encontra na formação de consórcios intermunicipais para a centralização e realização de compras coletivas. Sobre as centrais de compras, escreve Fabianne Gusso Mazzaroppi Winkelmann:

> A economia alcançada pelas centrais de compras é reflexo da unificação dos certames que são executados numa visão macro, o que vem se entendendo como compras públicas inteligentes – CPI, que observa o ciclo de gestão dos suprimentos necessários à administração. Diagnosticadas as necessidades dos órgãos e entidades ao invés de se ter fragmentação de contratação, a central de compras privilegia o planejamento gerando ganho de escala. Além disso, a vantajosidade também é sentida institucionalmente, uma vez que a padronização de procedimentos traz mais segurança na gestão dos processos e otimiza as horas dedicadas pelos servidores naquela atividade.[7]

Os benefícios trazidos pela centralização das compras podem ser otimizados e potencializados quando aliados ao papel dos consórcios públicos no contexto do

---

[5] FEIOCK, Richard C.; SCHOLTZ, John T. (ed.). *Self-organizing Federalism*: collaborative mechanisms to mitigate institutional collective action dilemmas. Cambridge: Cambridge University Press, 2009.
[6] GONÇALVES, Lívia Maria Miranda; GUIMARÃES JÚNIOR, Djalma Silva; LIMA, Maria Cristina Sette de. Eficiência na Aquisição de Medicamentos Através de Consórcios Intermunicipais de Saúde. *Revista de Administração Hospitalar e Inovação em Saúde – RAHIS*, Belo Horizonte, vol. 17, n. 2, abr./jun. 2020.
[7] WINKELMANN, Fabianne Gusso Mazzaroppi. Consórcios públicos intermunicipais para instituir centrais de compras: a cautela ao interpretar a nova Lei de Licitações. In: *Revista Brasileira de Direito Municipal – RBDM*, Belo Horizonte, ano 22, n. 80, p. 9-34, abr./jun. 2021, p. 25.

federalismo cooperativo. Sobre isso, em estudo realizado em sede de doutoramento pela Escola de Administração de Empresas de São Paulo a partir de quatro casos de sucesso de consórcios intermunicipais, Patrícia Laczynski concluiu que:

> Somente a partir da cooperação com outros municípios, é que os municípios pequenos conseguem prestar serviços e executar políticas públicas que municípios médios e grandes conseguem de forma individual. Neste sentido, pode-se afirmar que os consórcios são instrumentos que combatem a desigualdade a partir de dentro (a partir dos municípios; a partir do local) e não simplesmente aumentando valores *per capita* do orçamento, que muitas vezes não significam ações práticas.[8]

Atualmente, 62,2% dos municípios brasileiros fazem parte de pelo menos um consórcio público, sendo verificada variação positiva nesse percentual em todas as regiões do país, à exceção da Centro-Oeste.[9] São aproximadamente 491 consórcios públicos no país, e suas principais áreas de atuação são a saúde (55,8%), meio ambiente (35%), resíduos sólidos (28,3%) e infraestrutura (24,2%).[10]

A relevância desses dados é motivo suficiente para justificar os impactos do novo regime jurídico das licitações na realidade dos CPs.

2.1 Nova Lei de Licitações e o papel dos consórcios na centralização das compras

Neste contexto, a Lei Federal nº 14.133, de 1º de abril de 2021, trouxe um novo panorama legislativo para a atuação dos consórcios públicos em solo nacional, com diversas alterações e inovações legislativas que impactam na realidade desses órgãos na centralização das compras governamentais. A tônica dessas mudanças se encontra no seu já citado art. 181, que trata do papel dos CPs como instrumento facilitador das compras de grande escala realizadas pela via das centrais de compras públicas.

Cumpre destacar que, embora o artigo traga a previsão expressa da preferência dos CPs nas compras coletivas de municípios de pequeno porte (abaixo de 10.000 habitantes), seu uso e potencial não se restringem a esse caso, sendo uma alternativa possível para qualquer município no que diz respeito às compras de maior escala previstas no dispositivo supracitado.

A inovação legislativa vai ao encontro das recomendações doutrinárias e jurisprudenciais desenvolvidas nos últimos anos. Em resposta à consulta formulada pelo Consórcio de Desenvolvimento Sustentável do Vale do Jiquiriçá – Convale, o Tribunal de Contas dos Municípios do Estado da Bahia – TCM/BA entendeu que a licitação para

---

[8] LACZYNSKI, Patrícia S. *Políticas redistributivas e a redução da desigualdade*: a contribuição potencial dos consórcios intermunicipais. Tese de doutorado. Escola de Administração de Empresas de São Paulo. 2012.

[9] IBGE, Diretoria de Pesquisas, Coordenação de População e Indicadores Sociais, *Pesquisa de Informações Básicas Municipais, Perfil dos Municípios Brasileiros*, 2019. p. 44-45. Disponível em: https://biblioteca.ibge.gov.br/visualizacao/livros/liv101770.pdf. Acesso em: 26 jul. 2021.

[10] CONFEDERAÇÃO NACIONAL DE MUNICÍPIOS, *Estudo Técnico, Mapeamento dos Consórcios Públicos Brasileiros*. Brasília: 2018. Disponível em: https://www.cnm.org.br/cms/biblioteca/Mapeamento%20dos%20consórcios%20públicos%20brasileiros.pdf. Acesso em: 26 jul. 2021.

compras compartilhadas por meio de CPs promove maior eficiência e a otimização de procedimentos burocráticos, resultando em expressiva economia de recursos para os consorciados.[11]

Isto posto, os impactos do novo marco legal serão analisados sob a ótica da centralização das compras públicas e sua repercussão na prática dos consórcios públicos. A Nova Lei de Licitações reformulou a estrutura de dois institutos de particular relevância para os CPs: 1) as modalidades licitatórias; e 2) as dispensas de licitação.

As modalidades licitatórias foram alteradas, excluindo-se o convite e a tomada de preços e sendo removido o critério escalonado por valores de licitação para a determinação da modalidade aplicável. A escolha da modalidade do certame a ser utilizada no caso concreto é realizada, agora, a partir de critérios específicos de cada figura licitatória previstos nos artigos 29 a 32 da Nova Lei. Essa alteração legislativa deu cabo a uma simplificação dos procedimentos licitatórios, com potencial de gerar impactos expressivos na realidade dos CPs. Uma vez que não é mais necessário que os CPs se preocupem com o limite de valor (ora dobrado, ora triplicado, nos termos do art. 23, §8º, da Lei nº 8.666/93) relativo à modalidade de licitação adotada, a definição da modalidade a ser adotada no certame ficou simplificada para os consórcios públicos.

Isso resulta, primariamente, em uma simplificação no processo de tomada de decisão do gestor quanto à definição da modalidade licitatória, eliminando a necessidade de se avaliar o valor da contratação antes de buscar encaixá-la nas várias possibilidades de modalidades do atual regime licitatório. A partir de agora, pensa-se apenas no tipo de objeto que está sendo licitado e nos critérios objetivos trazidos pela Nova Lei. Ademais, a instituição do pregão como modalidade obrigatória de licitação para a aquisição de bens e serviços comuns (art. 6º, XLI) e a preferência de que as licitações sejam eletrônicas (art. 17, §2º) são outras inovações que vão no sentido da desburocratização, simplificando e conferindo maior transparência ao procedimento licitatório.

Ainda nesse sentido, a realização de licitação presencial acarreta o dever de realizar gravação de áudio e vídeo do certame (art. 17, §5º). Essas são algumas das mudanças gerais da lei que repercutem diretamente na realidade das contratações dos CPs, principalmente no sentido de maior transparência e eficiência dos certames.

Como consequência destas alterações, a estrutura das dispensas de licitação também precisou ser modificada. No regime jurídico da Lei nº 8.666/93, o teto para as dispensas era avaliado segundo os critérios do art. 24, I e II, dobrado para os CPs por força do §1º do mesmo artigo, resultando em um teto de R$66.000,00 para obras e serviços de engenharia e R$35.200,00 para outros serviços e compras. O novo regime jurídico traz como teto os valores previstos nos primeiros incisos do art. 75 da nova lei, dobrados no caso dos CPs (§2º), o que resulta em um teto de R$ 200.000,00 para a dispensa de obras e serviços de engenharia ou de serviços de manutenção de veículos automotores e de R$ 100.000,00 para a dispensa de outros serviços e compras:

> Art. 75. É dispensável a licitação:
> I – para contratação que envolva valores inferiores a R$ 100.000,00 (cem mil reais), no caso de obras e serviços de engenharia ou de serviços de manutenção de veículos automotores;

---

[11] BRASIL, TCM/BA – *Processo 05025e18 (Consulta)* – *Parecer 01042- 18* – Origem – Consórcio de Desenvolvimento Sustentável do Vale do Jiquiriçá (Convale) – Rel. Cons. Antônio Carlos Andrada – Órgão Julg. Tribunal Pleno – Data da sessão: 25.11.2009.

II – para contratação que envolva valores inferiores a R$ 50.000,00 (cinquenta mil reais), no caso de outros serviços e compras;
(...)
§2º Os valores referidos nos incisos I e II do *caput* deste artigo *serão duplicados para compras, obras e serviços contratados por consórcio público* ou por autarquia ou fundação qualificadas como agências executivas na forma da lei.

A alteração resulta em um aumento expressivo no limite das dispensas, favorecendo a contratação direta nos CPs e simplificando seus procedimentos de compras. Ainda no sentido da simplificação, a nova lei prevê a atualização anual de todos os valores nela previstos em seu art. 182[12] por meio de atos do Executivo Federal, não sendo necessária a edição de leis específicas para essa finalidade.

Outra mudança de grande impacto na realidade dos consórcios públicos é a criação do PNCP: o Portal Nacional de Compras Públicas, conforme previsto no art. 174 da Nova Lei de Licitações:

Art. 174. É criado o Portal Nacional de Contratações Públicas (PNCP), sítio eletrônico oficial destinado à:
I – *divulgação centralizada* e obrigatória dos atos exigidos por esta Lei;
II – *realização facultativa das contratações* pelos órgãos e entidades dos Poderes Executivo, Legislativo e Judiciário de todos os entes federativos.
(...)
§2º O PNCP conterá, entre outras, as seguintes informações acerca das contratações:
I – planos de contratação anuais;
II – catálogos eletrônicos de padronização;
III – editais de credenciamento e de pré-qualificação, avisos de contratação direta e editais de licitação e respectivos anexos;
IV – atas de registro de preços;
V – contratos e termos aditivos;
VI – notas fiscais eletrônicas, quando for o caso.
(...)

A criação do PNCP institui um portal unificado que servirá como centro gravitacional para as contratações públicas em todo o território nacional. A medida vai de encontro ao conceito de promoção da centralização das compras públicas pela Nova Lei, reunindo a operacionalização dos procedimentos licitatórios e centralizando a divulgação dos principais atos administrativos exigidos pela nova lei em um único portal de compras.

A inovação, porém, cria uma série de deveres e obrigações para os órgãos licitantes, devendo essas também ser observadas pelos CPs. As informações de divulgação obrigatória no PNCP se encontram no §2º do artigo supracitado, sendo facultado aos CPs licitar por meio deste portal (art. 174, II).

---

[12] Art. 182. O Poder Executivo federal atualizará, a cada dia 1º de janeiro, pelo Índice Nacional de Preços ao Consumidor Amplo Especial (IPCA-E) ou por índice que venha a substituí-lo, os valores fixados por esta Lei, os quais serão divulgados no PNCP.

Importante ressaltar que o atual regime licitatório perderá os seus efeitos a partir de 01.04.2023, constituindo um prazo efetivo de dois anos para que os entes abrangidos pela nova lei se adéquem às novas obrigações por ela instituídas. Em seu artigo 176, porém, a novel legislação estabelece um prazo diferenciado de seis anos para os municípios de pequeno porte, com população inferior a 20.000 habitantes. Entendemos que o prazo aplicável aos CPs é aquele geral, de dois anos, mesmo que participem do consórcio municípios tutelados pelo artigo 176 da nova lei.

2.2 Omissões da nova legislação

Os dispositivos aqui discutidos colaboram, cada um à sua maneira, para a centralização das compras públicas no país por meio dos CPs, criando um quadro legislativo mais simplificado e favorável a essa prática. O legislador, entretanto, perdeu uma oportunidade de abordar alguns temas caros aos CPs na nova lei, persistindo em nosso ordenamento jurídico a ausência de pormenorização normativa dos mecanismos internos de funcionamento dos CPs fora das esparsas definições e disposições relevantes encontradas na Lei nº 11.107/05 – Marco Legal dos Consórcios Públicos.

O Marco Legal dos Consórcios Públicos, embora compatível com a Nova Lei de Licitações, não abarca em sua estrutura interna as novas diretrizes trazidas pela Lei nº 14.133/21. A oportunidade perdida foi de, em primeiro lugar, incluir nas definições trazidas pelo art. 6º da nova lei os conceitos mais importantes para a lógica de funcionamento das aquisições realizadas pelos CPs, tais como: 1) consórcio público; 2) contrato de programa; 3) contrato de rateio, etc. Em segundo lugar, a nova legislação deixou de pormenorizar os mecanismos de funcionamento ideais e específicos aos CPs para efetivar e potencializar seu papel como centralizadores das compras públicas coletivas. Perdeu-se, ainda, a chance de criar novos institutos voltados ao fomento das atividades e contratações dos consórcios, como, por exemplo, a possibilidade de se instituir limites diferenciados para a adesão a atas de registro de preços no caso desses órgãos.

2.3 Caminhos a serem percorridos na Nova Lei de Licitações pelos consórcios públicos

O panorama aqui apresentado diz respeito aos impactos do novo regime jurídico na realidade prática dos consórcios públicos. Feita essa análise, resta a pergunta: quais os caminhos a serem percorridos pelos CPs, em face da Nova Lei de Licitações? Entendemos que os primeiros passos devem ir no sentido de implementar, no curso do período de transição tratado no art. 193, as inovações trazidas pela nova lei, permitindo ao CPs se adaptarem ao novo regime jurídico e agregar à realidade de suas contratações os benefícios trazidos pela desburocratização e maior transparência resultantes das novas práticas de gestão.

Isto feito, a realidade legislativa trazida pela plena produção de efeitos da nova lei, juntamente à revogação das Leis nºs 8.666/93 e 10.520/02, demandará dos gestores de CPs grande preparo e conhecimento para otimizar o desempenho dos consórcios e fazer com que as mudanças trabalhem em favor de uma gestão mais eficaz, eficiente e arrojada. Sugerimos que esse trajeto seja percorrido com o auxílio de algumas ferramentas já existentes na realidade da Administração Pública, cabendo ao gestor do CP bem utilizá-las em prol dos interesses da coletividade e do próprio consórcio, dentro do novo contexto das suas contratações. São elas: 1) o Sistema de Registro de Preços; 2) o credenciamento; 3) a governança das aquisições públicas; 4) a certificação dos compradores; e 5) a elaboração de artefatos da fase preparatória da licitação – Estudo Técnico Preliminar, Matriz de Riscos, Termo de Referência e/ou Projeto Básico.

2.3.1 Sistema de Registro de Preços

O Sistema de Registro de Preços (SRP) está previsto no art. 15 da Lei Federal nº 8.666/93 e art. 81 e seguintes da Nova Lei de Licitações e se trata de um procedimento especial de licitação, ou seja, não se enquadra como exceção ao dever de licitar, como é o caso do credenciamento. Segundo Di Pietro, o SRP foi previsto no art. 15, II, da Lei nº 8.666/93, como "procedimento a ser utilizado preferencialmente para as compras efetuadas pela Administração Pública".[13] Ainda segundo a doutrinadora, seu objetivo é "facilitar as contratações futuras, evitando que, a cada vez, seja realizado novo procedimento de licitação".[14]

Entendemos que sua contribuição para os CPs vai no sentido de conferir economicidade às compras realizadas, uma vez que o SRP é uma importante ferramenta de planejamento e proteção das contratações. O potencial de ganho em economia de escala nas compras coletivas, centralizadas na figura do consórcio público, permite contratações mais vantajosas para os entes consorciados, além de atender diretamente aos direcionamentos promovidos pelo princípio do federalismo cooperativo brasileiro.

Nesse sentido, é de interesse dos consórcios públicos estipular regras e contornos para a prática do SRP em seus regulamentos, inclusive prevendo a possibilidade de criação de intenções de registros de preços e adesão a atas de registros de preços entre diferentes consórcios.

2.3.2 Credenciamento

O credenciamento é um procedimento auxiliar das licitações previsto nos arts. 78 e seguintes da Nova Lei de Licitações por meio do qual se viabiliza a contratação dos interessados em prestar determinados tipos de serviços para a Administração Pública, conforme regra de habilitação e de remuneração previamente definidas em edital. O credenciamento encontra definição legal expressa no art. 6º, XLIII, da nova lei: "processo administrativo de chamamento público em que a Administração Pública convoca

---

[13] DI PIETRO, Maria Sylvia Zanella. *Direito Administrativo*. 30. ed. Rio de Janeiro: Forense, 2017. p. 525.
[14] *Ibid.*, p. 525.

interessados em prestar serviços ou fornecer bens para que, preenchidos os requisitos necessários, credenciem-se no órgão ou na entidade para executar o objeto quando convocados". Pressupõe-se, portanto, uma pluralidade de interessados, a impossibilidade de se definir o número exato de contratados necessários e a contratação de todos aqueles que cumprirem os requisitos para atender ao objeto pretendido na contratação.

Por ser um método de contratação mais flexível, simples e arrojado, o credenciamento vem ocupando um espaço cada vez maior na atuação dos gestores públicos, possibilitando o compartilhamento de riscos com os particulares e a implementação de projetos revolucionários a custos relativamente reduzidos. Entendemos que sua contribuição para os consórcios é a efetivação de maior facilidade, simplicidade e menores custos à celebração de contratos públicos, além de conferir escalabilidade e amplitude de oferta à prestação de serviços públicos essenciais, como, por exemplo, exames médicos de especialistas na área da saúde pública.

Nesse sentido, o Tribunal de Contas do Estado do Paraná – TCE/PR já se manifestou pela possibilidade de contratação, por meio do credenciamento de prestadores de serviços médicos e unidades de saúde, por consórcio que seja o administrador local do SUS, desde que observadas as normas do SUS e a Lei de Licitações, não podendo ser tratado como regra, mas apenas de forma suplementar, após realização de concurso público.[15]

Acreditamos ser importante, ainda, a previsão de um regime próprio de credenciamento no regulamento de cada CP, possibilitando aos gestores adaptar a estrutura do procedimento de credenciamento às especificidades do funcionamento e das demandas de cada consórcio.

2.3.3 Elaboração de artefatos da fase preparatória da licitação

A maior atenção dedicada à elaboração de artefatos da fase preparatória da licitação garante ao gestor um melhor planejamento, segurança jurídica, transparência e eficiência nos procedimentos de contratação pública. Por isso, entendemos que, a depender do objeto licitado, há três instrumentos fundamentais da fase preparatória para os consórcios públicos, adequando-se, assim, suas licitações às melhores práticas de gestão: o Estudo Técnico Preliminar (ETP), a Matriz de Riscos e o Termo de Referência ou Projeto Básico.

O *Estudo Técnico Preliminar (ETP)* é o instrumento apto a determinar a viabilidade de uma contratação pública e é definido legalmente como o "documento constitutivo da primeira etapa do planejamento de uma contratação que caracteriza o interesse público envolvido e a sua melhor solução e dá base ao anteprojeto, ao termo de referência ou ao projeto básico a serem elaborados caso se conclua pela viabilidade da contratação".[16]

Um ETP se presta, portanto, a identificar e analisar os cenários para o atendimento da demanda em questão considerando o problema a ser resolvido sob a ótica do

---

[15] BRASIL, TCE/PR – *Acórdão nº 1.467/2016 – Processo 1124148/2014 (Consulta)* – Origem Consórcio Intermunicipal de Saúde do Vale do Iguaçu de União da Vitória – Rel. Cons. Durval Mattos do Amaral – Órgão Julg. Segunda Câmara – Publicação: 15.04.2016 (Boletim 1340).

[16] BRASIL, Ministério da Economia, *Lei nº 14.133 de 1º de abril de 2021*. Art. 6º, XX. Disponível em: http://www.planalto.gov.br/ccivil_03/_ato2019-2022/2021/lei/L14133.htm. Acesso em: 30 abr. 2021.

interesse público, descrevendo os parâmetros para escolha e implementação da solução e demonstrando a viabilidade e justificativa técnica e econômica da contratação pretendida.[17] Os ETPs devem ser elaborados conjuntamente por servidores da área técnica ou, quando houver, pela equipe de planejamento da contratação, podendo fazer uso do Sistema ETP Digital,[18] para aqueles entes públicos que utilizam o Portal de Compras do Governo Federal.

O *Termo de Referência* (TR), por sua vez, é o instrumento que, elaborado a partir do ETP e apenas após sua aprovação, contém os elementos essenciais para a caracterização do objeto da contratação.

Sua elaboração é, por natureza, multissetorial[19] e trata-se da espinha dorsal de todo o procedimento de contratação servindo de referência tanto para os particulares interessados como para a futura seleção dos participantes. Seus elementos constitutivos se encontram previstos no art. 3º, XI, do Decreto Federal nº 10.024/2019 e, com a plena entrada em vigência da Nova Lei de Licitações, em seu art. 6º, XXIII. São eles: a) definição do objeto, incluídos sua natureza, os quantitativos, o prazo do contrato e, se for o caso, a possibilidade de sua prorrogação; b) fundamentação da contratação; c) descrição da solução como um todo, considerado todo o ciclo de vida do objeto; d) requisitos da contratação; e) modelo de execução do objeto; f) modelo de gestão do contrato; g) critérios de medição e de pagamento; h) forma e critérios de seleção do fornecedor; i) estimativas do valor da contratação, acompanhadas dos preços unitários referenciais, das memórias de cálculo e dos documentos que lhe dão suporte, com os parâmetros utilizados para a obtenção dos preços e para os respectivos cálculos, que devem constar de documento separado e classificado; e j) adequação orçamentária.

Já a *Matriz de Riscos* é, por conceito, uma cláusula contratual para definir os riscos e responsabilidades entre as partes envolvidas e caracterizar o equilíbrio econômico-financeiro inicial do contrato (art. 6º, XXVII, da Lei nº 14.133/21). Seu objeto é a criação, logo no momento da contratação, de um esquema obrigacional relativo a riscos futuros e possíveis eventos supervenientes que possam interferir no equilíbrio econômico-financeiro do contrato, alocando a cada parte suas responsabilidades em termos de ônus financeiros na hipótese de desequilíbrio por fato jurídico futuro. Desta forma, busca-se mitigar, a partir da alocação de riscos *inter partes*, o impacto que eventos prejudiciais à contratação podem ter, deixando ambas as partes em posição de maior segurança e previsibilidade em termos jurídicos e de gestão.

Seus requisitos mínimos, delimitados pela Nova Lei de Licitações, são: a) listagem de possíveis eventos supervenientes à assinatura do contrato que possam causar impacto em seu equilíbrio econômico-financeiro e previsão de eventual necessidade de prolação de termo aditivo por ocasião de sua ocorrência; b) no caso de obrigações de resultado, estabelecimento das frações do objeto com relação às quais haverá liberdade para os contratados inovarem em soluções metodológicas ou tecnológicas, em termos de modificação das soluções previamente delineadas no anteprojeto ou no projeto básico;

---

[17] BRASIL, Tribunal de Contas da União. *Riscos e controles nas aquisições (RCA)*. Brasília: TCU, 2014. Disponível em: http://www.tcu.gov.br/arquivosrca/ManualOnLine.htm. Acesso em: 14 dez. 2020.

[18] Cf. https://www.gov.br/compras/pt-br/centrais-de-conteudo/manuais/manual-etp-digital.

[19] MINAS GERAIS, Tribunal de Contas do Estado. *Como Elaborar Termo de Referência ou Projeto Básico*. 2017. Disponível em: https://www.tce.mg.gov.br/img/2017/Cartilha-Como-Elaborar-Termo-de-Referencia-ou-Projeto-Basico2.pdf. Acesso em: 30 abr. 2021.

e c) no caso de obrigações de meio, estabelecimento preciso das frações do objeto com relação às quais não haverá liberdade para os contratados inovarem em soluções metodológicas ou tecnológicas, devendo haver obrigação de aderência entre a execução e a solução predefinida no anteprojeto ou no projeto básico, consideradas as características do regime de execução no caso de obras e serviços de engenharia.

A adoção dos artefatos supracitados pelos CPs na fase preparatória dos procedimentos licitatórios vai de encontro às melhores práticas de gestão e condução das contratações públicas. Mas entendemos que nem todos os artefatos serão obrigatórios e oportunos, para toda e qualquer contratação realizada pelos CPs. Não há justificativa razoável, por exemplo, para a elaboração de ETPs e da Matriz de Risco, quando a aquisição, por exemplo, for realizada por dispensa em razão do valor, por exemplo (art. 75, I e II, da Nova Lei de Licitações).

Portanto, o planejamento, a economicidade, a eficiência e a razoabilidade são fundamentais para o sucesso nas compras públicas, e entendemos ser de grande valia para que o gestor, ao se utilizar destes instrumentais, consiga minimizar os riscos, garantir maior controle e otimizar o alcance de resultados e objetivos dos CPs.

2.3.4 Governança

No contexto da Administração Pública, a governança pode ser entendida como o conjunto de práticas relacionadas à liderança, estratégia e controle, postas em prática para avaliar, direcionar e monitorar a atuação da gestão,[20] objetivando otimizar as práticas administrativas, superar desafios e alcançar objetivos e metas com maior facilidade. Boas práticas de governança colaboram no sentido de alinhar as políticas de gestão das aquisições aos resultados pretendidos, assegurar o emprego eficiente de recursos, mitigar riscos e conferir transparência e segurança à gestão em suas aquisições.[21]

Segundo a Portaria SEGES/ME nº 8.678, de 19 de julho de 2021, as diretrizes da governança nas contratações públicas são: a) a promoção do desenvolvimento nacional sustentável; b) a promoção de ambiente negocial íntegro e confiável; c) o alinhamento das contratações públicas aos planejamentos estratégicos dos órgãos; d) o fomento à competitividade nos certames; e) o aprimoramento da interação com o mercado fornecedor; f) a desburocratização; g) a transparência processual; e h) a padronização e centralização de procedimentos. A referida portaria lista ainda alguns instrumentos de governança em seu art. 6º [22] que devem estar alinhados entre si. Além disso, é possível

---

[20] BRASIL. Tribunal de Contas da União. *Acórdão* nº 2.622/2015. Plenário. Relator: Ministro Augusto Nardes. Sessão de 21.10.2015.
[21] BRASIL. Tribunal de Contas da União. *Dez passos para a boa governança*. Brasília: TCU, Secretaria de Planejamento, Governança e Gestão, 2014.
[22] Art. 6º São instrumentos de governança nas contratações públicas, dentre outros:
 I – Plano Diretor de Logística Sustentável – PLS;
 II – Plano de Contratações Anual;
 III – Política de gestão de estoques;
 IV – Política de compras compartilhadas;
 V – Gestão por competências;
 VI – Política de interação com o mercado;
 VII – Gestão de riscos e controle preventivo;

dizer que a governança possui como componentes principais três mecanismos: 1) liderança; 2) estratégia; e 3) controle.

A *liderança* diz respeito ao conjunto de práticas relacionadas aos recursos humanos de uma entidade, tratando das pessoas e suas competências, princípios e comportamentos, organização de pessoal e sistema de governança. A liderança deve potencializar, exercitar e aprimorar o potencial dos profissionais e processos envolvidos nas práticas de gestão, gerando foco, estabelecendo prioridades, estimulando o alinhamento e impulsionando mudanças. A boa liderança estabelece as condições básicas para o desenvolvimento de práticas de boa governança.

A *estratégia* abrange o relacionamento com partes interessadas, o desenvolvimento de uma estratégia organizacional e a promoção de alinhamento transorganizacional. A formulação de boas estratégias de gestão passa por estabelecer objetivos, metas e linhas de atuação, além de definir indicadores passíveis de verificação com relação ao êxito das ações promovidas no âmbito da gestão. Ademais, envolve alinhar e coordenar as práticas, planejamentos e projetos nos diferentes âmbitos da entidade administrada, buscando harmonizar suas atividades e garantir que todos os esforços confluam para objetivos comuns.

O *controle*, por sua vez, diz respeito à atribuição de responsabilidades, promoção de transparência, gestão de riscos e acompanhamento interno dos processos e atividades desenvolvidas no âmbito da gestão. Bons mecanismos de controle interno estão intimamente relacionados à redução dos riscos envolvidos nas contratações, redução das incertezas negociais, melhor aproveitamento de oportunidades, mitigação de resultados negativos e otimização de resultados positivos. Outra prática salutar relacionada ao controle na governança é o estabelecimento de função de auditoria interna independente, voltada para a avaliação dos processos e levantamento de informações essenciais para a tomada de decisão do gestor, reduzindo irregularidades e conferindo transparência à gestão.

Nesse sentido, a Nova Lei de Licitações fomenta a adoção de mecanismos de governança nas compras públicas de qualquer órgão público, o que deve ser visto como uma oportunidade para que este tema seja trabalhado e desenvolvido nos órgãos, principalmente aqueles em que o processo decisório é muito pulverizado, como é o caso dos CPs.

Entendemos que boas práticas de governança são essenciais para os consórcios públicos, uma vez que se trata de entidades cuja gestão é complexa e envolve uma quantidade elevada de elementos, fatores e processos internos.

A governança, além de consagrada pela legislação e jurisprudência e recomendada pelo TCU como boa prática de gestão,[23] pode munir o gestor do consórcio público das ferramentas necessárias para otimizar os processos de sua gestão, superar desafios e alcançar maior eficiência e efetividade em seus objetivos.

VIII – Diretrizes para a gestão dos contratos; e
IX – Definição de estrutura da área de contratações públicas.
Parágrafo único. Os instrumentos de governança de que trata este artigo devem estar alinhados entre si.

[23] BRASIL. Tribunal de Contas da União. *FOC 2014: governança e gestão das aquisições* / Tribunal de Contas da União; Relator Ministro Augusto Sherman Cavalcanti. Brasília: TCU, Secretaria de Controle Externo de Aquisições Logísticas, 2016.

2.3.5 Certificação dos compradores

A Nova Lei de Licitações consagrou no ordenamento jurídico a promoção da gestão por competência em relação aos agentes públicos, por meio de seu art. 7º. A gestão por competências é uma metodologia de recursos humanos focada em identificar e gerir os agentes das compras públicas a partir de seus perfis profissionais, seus pontos de excelência e trabalhar as faltas ou deficiências de formação. O objetivo é alocar com a máxima eficiência os recursos humanos, de modo a maximizar e otimizar o potencial de cada profissional em suas atribuições e atividades desenvolvidas.

No contexto das compras públicas, isso significa reconhecer a figura do comprador público como uma carreira, e, a partir disso, buscar estruturas de profissionalização e especialização da contratação pública com o objetivo de alcançar maior qualificação dos profissionais envolvidos nos procedimentos de compras. Para isso, os compradores públicos devem se desenvolver como profissionais, estar em constante processo de atualização e especialização, mediante participação habitual e regular em cursos, treinamentos e desenvolvimento acadêmico.

A certificação dos compradores entra nesse contexto como uma forma de conferir um certificado aos profissionais e servidores qualificados que passarem pelos supracitados processos de formação e profissionalização. A certificação em determinadas categorias serve como uma garantia de especialização e de conhecimento técnico em habilidades e conhecimentos específicos das contratações públicas, chancelando sua capacitação como especialista em determinada temática.

Seu objetivo é valorizar e capacitar profissionais e servidores, criando diferenciais competitivos que os auxiliem a lidar com as responsabilidades e processos de tomada de decisões envolvidos nos procedimentos licitatórios.

Para isso, a Administração deve estruturar programas de formação ou proporcionar a capacitação de seus agentes públicos junto a instituições educacionais e de treinamento especializadas, de acordo com suas necessidades e especificidades. Ademais, é essencial que o gestor promova, em um segundo momento, a multiplicação interna dos conhecimentos, experiências e resultados dessa capacitação, buscando acrescer ao grau de capacidade e conhecimento técnico de todo o quadro de servidores e profissionais envolvidos nas compras públicas.

Trata-se de ferramenta de grande valia para os consórcios públicos, com potencial de garantir que os agentes do consórcio estejam preparados para lidar com a permanente e rotineira atualização das leis e normas aplicáveis às contratações públicas e com a constante evolução das demandas de mercado, além de torná-los mais aptos a reconhecer falhas, limitações e problemas nos procedimentos internos do consórcio. Assim, garante-se maior segurança, transparência, eficiência e economicidade à gestão do CP.

3 Considerações finais

A Nova Lei de Licitações trouxe diversas inovações e mudanças no regime jurídico das compras públicas, criando um quadro legal que favorece a centralização das compras e consagra institutos e estratégias de grande valia para os consórcios públicos.

Nesse contexto, os CPs possuem o potencial de, cada vez mais, promover mudanças expressivas na realidade da gestão pública no Brasil. Ao mesmo tempo, contudo, que o novo regime jurídico trouxe consigo amplas oportunidades, há também a necessidade de adaptação às novas exigências legais e regulamentação de certos sistemas contidos na nova lei.

No que diz respeito à regulamentação, entendemos pela sua necessidade, especialmente no que diz respeito aos CPs. *Disso, surge a pergunta: podem os consórcios públicos regulamentar a Nova Lei de Licitações? Sim, e devem.*

O regulamento interno dos CPs serve, aqui, como ferramenta de pormenorização de certos elementos do novo regime jurídico, assim como oportunidade para a criação de estruturas e mecanismos de funcionamento que favoreçam a lógica interna e operação dos CPs. Nesse sentido, vai de encontro às sugestões deste trabalho a previsão, em regulamento, de intenções de registros de preços e adesão a atas de registros de preços entre diferentes consórcios, além da já mencionada criação de credenciamentos específicos para os CPs e suas demandas.

A previsão em regulamento de intenções de registro de preços e de normas relativas à adesão a atas de SRP entre diferentes consórcios é uma forma de otimizar o potencial desta ferramenta no contexto dos consórcios públicos, facilitando e maximizando o alcance de resultados nas compras realizadas por meio do registro de preços.

O mesmo vale para o credenciamento. Como se trata de um instituto ainda novo, sem regulamentação específica nos termos da Lei nº 14.133/21, entendemos que a criação de um regime especializado de credenciamento para cada consórcio, por meio de regulamentos, poderá disciplinar o rito desse instituto, adaptando-o à lógica das compras coletivas e centralizadas pelos CPs.

Assim, o grande desafio posto aos gestores se encontra na regulamentação e adaptação com relação ao novo regime jurídico.

Todos os municípios terão o desafio de regulamentar a nova lei em seus diversos aspectos, mas a realidade dos consórcios públicos é ainda mais desafiadora. Os CPs terão o desafio de regulamentar o novo quadro legal coletivamente, levando em consideração interesses coletivos, difusos e da gestão conjunta de uma pluralidade de municípios. Ademais, para os municípios, as regulamentações estaduais servirão de *benchmarks* específicos. No caso dos estados, poderão ser usadas as regulamentações federais. No caso dos CPs, contudo, inexiste quadro de *benchmarks* dos ferramentais específicos para consórcios aqui mencionados, impondo ao gestor consorcial um desafio ainda maior de regulamentação das novas disposições legais.

Como forma de auxílio aos gestores públicos nesse processo de adaptação e regulamentação, é importante mencionar o potencial do Portal Nacional de Compras Públicas criado pela Nova Lei. O contexto é de desafios, oportunidades e incertezas, momento em que seria de grande valia *a disponibilização, por meio do PNCP, de espaços, dados, informações, indicadores e publicações específicas setorizadas a respeito das compras públicas dentro do novo regime jurídico trazido pela Lei Federal nº 14.133, de 1º de abril de 2021.*

Nesse diapasão, a publicação de *dados e informações focadas e direcionadas aos CPs* pode colaborar muito para a disseminação de boas práticas de gestão e governança, *benchmarks* e conhecimentos especializados para os gestores dos CPs.

A esses agentes públicos, entendemos ainda ser fundamental a utilização e implementação de ferramentas de gestão e do arcabouço normativo mencionado neste trabalho, qual seja: 1) o Sistema de Registro de Preços; 2) o credenciamento; 3) a governança das aquisições públicas; 4) a certificação dos compradores públicos; e 5) a elaboração de artefatos na fase preparatória da licitação – Estudo Técnico Preliminar, Matriz de Riscos, Termo de Referência e/ou Projeto Básico.

Ademais, é importante ressaltar que, embora inovadora, a nova lei foi parcialmente omissa no que diz respeito aos consórcios públicos. O legislador perdeu a oportunidade de conceituar, na nova lei, alguns dos institutos mais importantes para as aquisições realizadas por CPs, como vimos: 1)o consórcio público; 2) o contrato de programa; e 3) o contrato de rateio. Além disso, muito pouco foi feito na Nova Lei no sentido de dispor a respeito de mecanismos de funcionamento dos CPs, complementando o regime jurídico fornecido pela Lei nº 11.107/05.

Faltam, ainda, mais disposições de ordem programática para direcionar e clarificar o papel dos CPs no federalismo brasileiro e na busca por soluções relacionadas ao desenvolvimento regional. Por fim, perdeu-se também, como vimos, a oportunidade de se criar novos dispositivos voltados à promoção e facilitação das compras dos CPs, como as sugestões aqui presentes relativas ao credenciamento e SRP.

Contudo, apesar dessas omissões, entendemos que há espaço e campo promissores para a evolução das compras públicas dos consórcios. A publicação da Nova Lei de Licitações tem fomentado importantes debates entre acadêmicos, especialistas, servidores, licitantes e sociedade. E a realidade das compras e licitações dos consórcios públicos precisa ser uma pauta de destaque nesses fóruns.

Assim, esperamos deixar aqui alguns pontos de reflexão para atuais e futuras discussões, mas, sobretudo, que possam servir para a construção de soluções em prol do interesse público e melhoria das compras coletivas e de grande escala, realizadas por meio dos CPs.

Entendemos que as sugestões e soluções propostas neste trabalho poderão ajudar os gestores dos consórcios públicos a enfrentarem os desafios presentes de aplicar e regulamentar a Nova Lei de Licitações.

Referências

BRASIL, *Lei nº 8.666, de 21 de junho de 1993*. Disponível em: http://www.planalto.gov.br/ccivil_03/leis/l8666cons.htm. Acesso em: 30 abr. 2021.

BRASIL, *Lei nº 11.107, de 6 de abril de 2005*. Disponível em: http://www.planalto.gov.br/ccivil_03/_ato2004-2006/2005/lei/l11107.htm. Acesso em: 30 abr. 2021.

BRASIL, *Lei nº 14.1333, de 1º de abril de 2021*. Disponível em: http://www.planalto.gov.br/ccivil_03/_ato2019-2022/2021/lei/L14133.htm. Acesso em: 30 dez. 2021.

BRASIL, TCM/BA – *Processo 05025e18 (Consulta)* – *Parecer 01042- 18* – Origem – Consórcio de Desenvolvimento Sustentável do Vale do Jiquiriçá (Convale) – Rel. Cons. Antônio Carlos Andrada – Órgão Julg. Tribunal Pleno – Data da sessão: 25.11.2009.

BRASIL, Tribunal de Contas da União. *Riscos e controles nas aquisições (RCA)*. Brasília: TCU, 2014. Disponível em: http://www.tcu.gov.br/arquivosrca/ManualOnLine.htm. Acesso em: 14 jul. 2021.

BRASIL, Tribunal de Contas da União. *Dez passos para a boa governança*. Brasília: TCU, Secretaria de Planejamento, Governança e Gestão, 2014.

BRASIL, Tribunal de Contas da União. *Acórdão nº 2.622/2015*. Plenário. Relator: Ministro Augusto Nardes. Sessão de 21.10.2015.

BRASIL, Tribunal de Contas da União. *FOC 2014: governança e gestão das aquisições* / Tribunal de Contas da União; Relator Ministro Augusto Sherman Cavalcanti. Brasília: TCU, Secretaria de Controle Externo de Aquisições Logísticas, 2016.

BRASIL, TCE/PR – *Acórdão nº 1.467/2016 – Processo 1124148/2014 (Consulta)* – Origem Consórcio Intermunicipal de Saúde do Vale do Iguaçu de União da Vitória – Rel. Cons. Durval Mattos do Amaral – Órgão Julg. Segunda Câmara – Publicação: 15.04.2016 (Boletim 1340).

BRASIL, *Lei nº 14.133, de 1º de abril de 2021*. Disponível em: http://www.planalto.gov.br/ccivil_03/_ato2019-2022/2021/lei/L14133.htm. Acesso em: 30 abr. 2021.

BRASIL, SEGES/ME. *Portaria SEGES/ME nº 8.678, de 19 de julho de 2021*. Disponível em: https://www.in.gov.br/en/web/dou/-/portaria-seges/me-n-8.678-de-19-de-julho-de-2021-332956169. Acesso em: 10 ago. 2021.

CONFEDERAÇÃO NACIONAL DE MUNICÍPIOS, *Estudo Técnico, Mapeamento dos Consórcios Públicos Brasileiros*. Brasília: 2018. Disponível em: https://www.cnm.org.br/cms/biblioteca/Mapeamento%20dos%20consórcios%20públicos%20brasileiros.pdf. Acesso em: 26 jul. 2021.

DI PIETRO, Maria Sylvia Zanella. *Direito Administrativo*. 30. ed. Rio de Janeiro: Forense, 2017.

FEIOCK, Richard C.; SCHOLTZ, John T. (ed.). *Self-organizing Federalism:* collaborative mechanisms to mitigate institutional collective action dilemmas. Cambridge: Cambridge University Press. 2009.

GONÇALVES, Lívia Maria Miranda; GUIMARÃES JÚNIOR, Djalma Silva; LIMA, Maria Cristina Sette de. Eficiência na Aquisição de Medicamentos Através de Consórcios Intermunicipais de Saúde. *RAHIS – Revista de Administração Hospitalar e Inovação em Saúde*, Belo Horizonte, vol. 17, n. 2, abr./jun. 2020.

GUSTIN, Miracy Barbosa de Sousa; DIAS, Maria Tereza Fonseca. *(Re)pensando a pesquisa jurídica*. 1. ed. Belo Horizonte: Del Rey, 2002.

IBGE, Diretoria de Pesquisas, Coordenação de População e Indicadores Sociais, *Pesquisa de Informações Básicas Municipais, Perfil dos Municípios Brasileiros*, 2019. p. 44-45. Disponível em: https://biblioteca.ibge.gov.br/visualizacao/livros/liv101770.pdf. Acesso em: 26 jul. 2021.

LACZYNSKI, Patrícia S. *Políticas redistributivas e a redução da desigualdade*: a contribuição potencial dos consórcios intermunicipais. Tese de doutorado. Escola de Administração de Empresas de São Paulo. 2012

MINAS GERAIS, Tribunal de Contas do Estado. *Como Elaborar Termo de Referência ou Projeto Básico*. 2017. Disponível em: https://www.tce.mg.gov.br/img/2017/Cartilha-Como-Elaborar-Termo-de-Referencia-ou-Projeto-Basico2.pdf. Acesso em: 30 abr. 2021.

WINKELMANN, Fabianne Gusso Mazzaroppi. Consórcios públicos intermunicipais para instituir centrais de compras: a cautela ao interpretar a nova Lei de Licitações. *In: Revista Brasileira de Direito Municipal – RBDM*, Belo Horizonte, ano 22, n. 80, p. 9-34, abr./jun. 2021.

Informação bibliográfica deste texto, conforme a NBR 6023:2018 da Associação Brasileira de Normas Técnicas (ABNT):

BARBOSA, Felipe José Ansaloni; THEBIT, Leonardo de Oliveira. A centralização das compras públicas por meio dos consórcios públicos: regime jurídico atual e Nova Lei de Licitações. *In*: LOPES, Virgínia. Bracarense; SANTOS, Felippe Vilaça Loureiro (coord.). *Compras públicas centralizadas no Brasil*: teoria, prática e perspectivas. Belo Horizonte: Fórum, 2022. p. 317-332. ISBN 978-65-5518-463-1.

CENTRALIZAÇÃO DE COMPRAS PÚBLICAS E SUSTENTABILIDADE: BENEFÍCIOS E DESAFIOS

TERESA VILLAC

RENATO CADER DA SILVA

1 Introdução

O presente capítulo objetiva apresentar e debater a temática da centralização de compras públicas na perspectiva da sustentabilidade, seus benefícios e desafios, assentado como ponto de partida que os temas implicam significativas mudanças organizacionais e simbólicas na gestão pública brasileira.

Os autores atuam, desde seu início, na implementação das políticas públicas que abordarão e, metodologicamente, podem ser considerados atores-participantes, além de partilharem do entendimento sobre os benefícios da multidisciplinaridade nos estudos de políticas públicas (FARIA, 2013). Por decorrência, no desenvolvimento deste artigo optou-se pela pesquisa-ação por seu objetivo de "superar a lacuna entre teoria e prática. Uma das características deste tipo de pesquisa é que através dela se procura intervir na prática de modo inovador já no decorrer do próprio processo de pesquisa e não apenas como possível consequência de uma recomendação na etapa final do projeto" (ENGEL, 2000).

As relações entre campos interconectados do saber que o tema abarca indicaram o ensaio acadêmico como fluxo metodológico porque possibilita com cientificidade o exercício da criticidade de cunho autoral, com repercussões tanto no conteúdo como na escolha da linguagem a se adotar (PRYOR, 2008). "Na administração em que o imperativo da objetividade domina a produção de conhecimento, o ensaio é importante recurso para ampliar a interdisciplinaridade e promover a construção de saberes por meio da relação intersubjetiva" e "... o ensaio convida também o leitor da área a participar dele" (MENEGHETTI, 2011), o que implica opções semânticas e construtivas do discurso que instiguem o leitor para que seja coautor do conteúdo trazido.

Estruturalmente, o artigo divide-se em tópicos que se inter-relacionam: a contextualização histórica das compras públicas sustentáveis brasileiras, seus ciclos internos e externos com os impactos positivos ao corpo social e meio ambiente; a contextualização das compras compartilhadas sustentáveis, seus desafios e benefícios, concluindo-se que elas contribuem não apenas para maior eficiência nas contratações e o incremento da sustentabilidade nas licitações por processos de construção colaborativa, mas também na concretização da cidadania institucional a ser exercida pelas organizações públicas.

2 Compras públicas sustentáveis: contextualização

Os princípios constitucionais existem para serem efetivados. Não há como avançar democraticamente em qualquer sociedade se as leis não traduzirem para o mundo aquilo que foi debatido, deliberado e aprovado por uma assembleia geral constituinte. E o que nos diz a Constituição Federal de 1988? Que o meio ambiente é um direito de todos e sua preservação um dever estatal para a presente e as futuras gerações.

E o que é o meio ambiente? Flora? Sim, mas não apenas. O conceito de meio ambiente é mais amplo e a Política Nacional do Meio Ambiente o define como "um patrimônio público a ser necessariamente assegurado e protegido, tendo em vista o uso coletivo" (artigo 2º, I, Lei nº 6.938/81). Assim, aqui se inclui flora, fauna, recursos naturais, além do meio ambiente urbano, patrimônio histórico, meio ambiente do trabalho, meio ambiente cultural, etc. (MACHADO, 2009).

Por sua vez, o dever do Poder Público viabilizar esta preservação, bem como impedir ações que destruam o meio ambiente ou o coloquem em risco, efetiva-se de diversas maneiras, como atividade regulatória, fiscalizatória, uso do poder de polícia do direito administrativo, comando e controle, sanções penais, instrumentos econômicos, incentivos tributários "verdes", políticas públicas preservacionistas e também, no que nos interessa desenvolver neste artigo, contratações públicas.

Percebe-se que o tema das compras públicas sustentáveis não é uma "invenção" do legislador, que, em 2010, alterou a Lei nº 8.666/93 para introduzir a promoção do desenvolvimento nacional sustentável em seu artigo 3º e a previsão na lei de licitações inseriu-se em um contexto mais amplo, relacionado ao bem-estar social e dos ecossistemas, a fim de que haja uma sadia qualidade de vida tanto no presente como no futuro, considerando que, a depender das maneiras como o ser humano se relaciona, administra e organiza suas atividades individuais e organizacionais, haverá maior ou menor impacto sobre as águas, solos, ar, biodiversidade, clima, bem como a qualidade de vida (ou falta dela) de outros seres humanos. Quanto mais resíduos são gerados, mais aterros serão necessários, quanto mais água desperdiçar-se, mais ações serão necessárias para o enfrentamento de crises hídricas (como racionamento de uso), quanto mais resíduos perigosos, pilhas, baterias, óleos lubrificantes usados forem descartados incorretamente, mais contaminação será gerada.

As consequências destas ações serão, em sua grande maioria, duradouras, algumas de décadas ou mais, considerando o tempo necessário para a decomposição de um resíduo plástico, por exemplo, com efeitos nem sempre passíveis de serem equacionados para que a situação anterior ao dano ambiental seja reconstituída.

A partir deste ponto, é possível compreender o sentido da previsão constitucional de que há o dever estatal em preservar o meio ambiente para a presente e futuras gerações. Se o Estado é responsável pela formulação e implementação de políticas públicas, não é muito esperar, como cidadãos, que sejam elas elaboradas com esta perspectiva, qual seja, a de que a geração futura de indivíduos não arque com as consequências do não controle das ações individuais, privadas e públicas da geração atual.

Nesse contexto, uma das perspectivas de atuação em prol da efetivação do artigo 225 da Constituição (direito de todos ao meio ambiente e dever do Estado em preservá-lo) é o consumo sustentável, público e privado. Consumo ético, responsável e que atribuía ao uso do poder de compra um fator de impacto positivo à sociedade. Assim, o que se pode concluir, a partir desta primeira parte do raciocínio, é que o dever de zelo para com o meio ambiente não é uma pauta ideológica ou modismo passageiro, mas relaciona-se com ética (VILLAC, 2020) e política pública.

A inserção da sustentabilidade nas contratações públicas não é uma exclusividade da realidade brasileira. Reino Unido, Canadá, Estados Unidos, Países Baixos, Noruega, África do Sul, Japão, Suécia, Áustria, Coréia do Sul e Suíça são alguns dos países que adotaram normas sobre licitações sustentáveis (BIDERMAN *et al.*, 2006). Na América do Sul, além do Brasil, a Argentina tem regramentos no tema (COMOTTO, 2014).

Na esfera internacional, em 1992, a Organização das Nações Unidas (ONU) já apresentava diretriz sobre o consumo e contratações públicas sustentáveis, tanto na Declaração do Rio (ONU, 1992) como na Agenda 21 Global (ONUa, 1992):

> Para atingir o desenvolvimento sustentável e mais alta qualidade de vida para todos, os Estados devem reduzir e eliminar padrões insustentáveis de produção e consumo e promover políticas demográficas adequadas. (Declaração do Rio de Janeiro, Conferência das Nações Unidas sobre meio ambiente e desenvolvimento)

> 4.22. Além disso, os Governos também devem estimular o surgimento de um público consumidor informado e auxiliar indivíduos e famílias a fazer opções ambientalmente informadas das seguintes maneiras:
> (a) Com a oferta de informações sobre as consequências das opções e comportamentos de consumo, de modo a estimular a demanda e o uso de produtos ambientalmente saudáveis;
> (b) Com a conscientização dos consumidores acerca do impacto dos produtos sobre a saúde e o meio ambiente por meio de uma legislação que proteja o consumidor e de uma rotulagem com indicações ecológicas;
> (c) Com o estímulo a determinados programas expressamente voltados para os interesses do consumidor, como a reciclagem e sistemas de depósito/restituição.

(d) Exercício da liderança por meio das aquisições pelos Governos

4.23. Os próprios Governos também desempenham um papel no consumo, especialmente nos países onde o setor público ocupa uma posição preponderante na economia, podendo exercer considerável influência tanto sobre as decisões empresariais como sobre as opiniões do público. Consequentemente, esses Governos devem examinar as políticas de aquisição de suas agências e departamentos de modo a aperfeiçoar, sempre que possível, o aspecto ecológico de suas políticas de aquisição, sem prejuízo dos princípios do comércio internacional. (Agenda 21)

No mesmo sentido, o estudo percursor de Biderman *et al.* (2006) já identificara no âmbito da Organização para a Cooperação e o Desenvolvimento Econômico (OCDE) Recomendação do Conselho, de 31 de janeiro de 2002, expressa sobre as licitações sustentáveis:

> Os países membros da OCDE deveriam levar mais em conta as considerações ambientais na licitação pública de produtos e serviços (incluindo, mas não se limitando a, materiais de consumo, bens de capital, infraestrutura, construção e trabalhos públicos). (Recomendação do Conselho OCDE, 31 de janeiro de 2002)

Acerca da adaptação do mercado fornecedor brasileiro às compras sustentáveis, destacamos a atuação do Conselho Empresarial Brasileiro para o Desenvolvimento Sustentável (CEBDS), que elaborou o Manual de Compras Sustentáveis (2014), com orientações sobre a inclusão de critérios de sustentabilidade nos procedimentos de compras privadas, além da ISO 20.400 de Compras Sustentáveis e o ESG (Environmental, Social and Governance), que vem se difundindo e fortalecendo mundialmente no setor empresarial.

2.1 Compras sustentáveis: direito, gestão pública e sociedade

Os marcos institucionais brasileiros sobre contratações sustentáveis são extensos, iniciando-se em 2010 com a alteração empreendida na lei geral de licitações e contratos administrativos, estabelecendo a promoção do desenvolvimento sustentável como um objetivo a ser atingido, em idêntico patamar com os demais objetivos e princípios. De se registrar, contudo, que anteriormente à previsão expressa na Lei nº 8.666/93, não havia ilegalidade na consideração da sustentabilidade nas contratações públicas, desde que respeitados os princípios licitatórios e da administração pública, além da motivação administrativa na fase interna do procedimento. Tanto é assim que alguns Estados e Municípios brasileiros a empreendiam sem questionamentos de licitantes, consultoria jurídica ou órgãos de controle.

Além da previsão na Lei Geral de Licitações, o Regime Diferenciado de Contratações (Lei nº 12.462/11) e a Lei das Estatais (Lei nº 13.303/16) disciplinaram a temática, versada também em decreto exarado às vésperas da Rio + 20 (Decreto nº 7.746/12) e no decreto do pregão eletrônico (Decreto nº 10.024/19). Recentemente, a nova Lei de Licitações (Lei nº 14.133/21) reforçou a necessidade das contratações sustentáveis.

A referência ao desenvolvimento nacional sustentável como princípio das contratações públicas tem quais efeitos práticos para o gestor público brasileiro?

O primeiro deles é a obrigatoriedade de na fase de planejamento da contratação serem observadas as dimensões da sustentabilidade que possam incidir naquele caso concreto. No tocante às dimensões da sustentabilidade, a amplitude do conceito de meio ambiente, como apresentado antes, não permite mais a subsistência de um flagrante equívoco de considerar que as contratações sustentáveis referem-se apenas a critérios ambientais.

Assim, é inegável que a comprovação da origem regular da madeira, pelo Documento de Origem Florestal (DOF), decorrente de previsão normativa do IBAMA, deve ser exigida em obras públicas, assim como a destinação ambiental adequada dos resíduos deve observar a Política Nacional de Resíduos Sólidos (Lei nº 12.305/10). São exemplos da dimensão ambiental da sustentabilidade. A par deles, há exigências de cunho social da maior relevância, como a comprovação da regularidade trabalhista, recolhimentos previdenciários, uso de equipamentos de proteção individual e coletiva, licitações exclusivas a micro e pequenas empresas, que há anos constam das contratações públicas nacionais. Trata-se da dimensão social da sustentabilidade.

A dimensão econômica refere-se também ao incentivo às micro e pequenas empresas como fornecedoras estatais e o desenvolvimento local mediante o emprego de mão de obra e materiais de origem local, bem como a adequação orçamentária e a observância da Lei de Responsabilidade Fiscal (Lei nº 101/2000). Por sua vez, a dimensão cultural abarca a preservação do patrimônio cultural e histórico, proteção de bens e valores culturais imateriais de um país como o Brasil, de extenso território, biomas e clima que influem inclusive no design construtivo, além da consideração às artes locais e respeito à culinária regional.

Verifica-se que há um conteúdo multidimensional da sustentabilidade (FREITAS, 2019) a ser observado pelas contratações públicas e de acordo com cada objeto contratual. O consumo estatal sustentável, além das diversas previsões normativas, tem um fundamento ético (FREITAS, 2019; VILLAC, 2020) e que é ação governamental que efetiva os princípios constitucionais.

O vasto quadro legal é inconteste a que todas as contratações públicas brasileiras deverão obrigatoriamente avaliar a incidência da sustentabilidade e, neste tocante, destacamos o Parecer nº 01/2021/CNS/CGU/AGU, exarado pela Câmara Nacional de Sustentabilidade – Consultoria-Geral da União, com a seguinte ementa:

> I. Os órgãos e entidades que compõem a administração pública são obrigados a adotar critérios e práticas de sustentabilidade socioambiental e de acessibilidade nas contratações públicas, nas fases de planejamento, seleção de fornecedor, execução contratual, fiscalização e na gestão dos resíduos sólidos;
> II. A impossibilidade de adoção de tais critérios e práticas de sustentabilidade nas contratações públicas deverá ser justificada pelo gestor competente nos autos do processo administrativo, com a indicação das pertinentes razões de fato e/ou direito;
> III. Recomenda-se aos agentes da administração pública federal encarregados de realizar contratações públicas, que, no exercício de suas atribuições funcionais, consultem o Guia Nacional de Contratações Sustentáveis da Advocacia-Geral da União.

A Câmara Nacional de Sustentabilidade tem como uma de suas atribuições "propor a uniformização de questões afetas à prestação de consultoria e assessoramento mediante elaboração de pareceres jurídicos, em tese, enunciados e orientações normativas" (artigo 3º, I, do Ato Regimental 1/2019 – Advogado-Geral da União). O Parecer nº 01/2021, aprovado pelo Subconsultor-Geral da União, é de extrema relevância, considerando que:

> Art. 18. As manifestações jurídicas, as orientações normativas, os manuais, os enunciados, os atos normativos, os modelos e listas de verificação e demais trabalhos elaborados pelas Câmaras Nacionais, quando aprovados pelo órgão supervisor e pelo Consultor-Geral da União, *devem ser observadas pela CGU e seus* órgãos *de execução*. (Portaria CGU 3/2019)

No Parecer foram abordados os temas: meio ambiente na Constituição: direito fundamental, bem jurídico *per se* e objeto de tutela estatal; a acessibilidade como exigência constitucional; a sustentabilidade como norte do desenvolvimento nacional e princípio vinculante da atuação estatal com vistas a promover o bem-estar das presentes e futuras gerações; a conformação do poder de compra do Estado pela sustentabilidade: a necessidade de contratações sustentáveis e a função regulatória das licitações; as contratações públicas sustentáveis como mandamento do legislador; inserção de práticas e critérios de sustentabilidade e acessibilidade nas contratações públicas pelo poder regulamentar, da obrigatoriedade de adoção de critérios e práticas sustentáveis nas contratações públicas e o Guia Nacional de Contratações Sustentáveis da AGU como instrumento facilitador da implementação de contratações sustentáveis e promotor de segurança jurídica.

Trata-se de posicionamento jurídico que afasta dúvidas que eventualmente ainda poderiam subsistir acerca da obrigatoriedade de a sustentabilidade ser considerada nas contratações públicas. A sustentabilidade, em sua consideração multidimensional, não é facultativa, não é irrelevante nas contratações e possui fundamento constitucional e em farta legislação nacional. É, como conclui o parecer, obrigatória, devendo ser expressamente justificada no processo administrativo a impossibilidade de sua adoção, com as pertinentes razões de fato e de direito.

Afastou-se também a equivocada visão de que as licitações sustentáveis referem-se apenas à inserção de aspectos ambientais nos editais, assentado que critérios sociais e previsões de acessibilidade deverão ser considerados pelos gestores públicos, sendo que em relação ao pregão eletrônico a dimensão cultural também foi expressamente prevista por decreto de 2019.

A doutrina nacional foi referenciada no parecer, destacando-se os estudos de Freitas (2019) e a concepção multidimensional conferida ao tema. Destacou-se também a Nova Lei de Licitações, Lei nº 14.133/21, que consagra o princípio e o objetivo do desenvolvimento sustentável. Assentado, ainda, que a sustentabilidade deve ser considerada nas diversas fases de uma contratação pública, do planejamento até a gestão dos resíduos.

Para a operacionalização, subsídios não faltam e foi recomendada a utilização do Guia Nacional de Contratações Sustentáveis, que orienta juridicamente o gestor público sobre normas e a redação sugerida para inserção nas minutas de edital, termo de referência ou contrato. Trata-se de publicação orientadora da Advocacia-Geral da

União, por intermédio da Consultoria-Geral e sua Câmara Nacional de Sustentabilidade, reconhecida positivamente pelo Tribunal de Contas da União (Acórdãos nº 1.056/2017 e nº 2.661/2017, ambos do Plenário).

Há uma relação entre o tema das contratações sustentáveis e um modelo de gestão pública que também o seja, na medida em que novos ciclos se iniciam a partir de uma compra ter se realizado com critérios de sustentabilidade. Comprar sustentável e usar insustentavelmente é desperdício do erário e interrompe o ciclo de vida de uma contratação pública que impacte positivamente a sociedade e o meio ambiente.

A execução contratual amplia a consideração da compra pública como um instrumento de gestão pública sustentável, com potencial de imprimir novas rotinas e comportamentos internamente nos órgãos públicos e nas relações destes externamente para que se tornem contributivas ao corpo social, com práticas discursivas que se tornem reais. O Plano de Gestão de Logística Sustentável (PGLS) é uma das linguagens e procura, ainda que com necessidade de melhorias em suas previsões normativas, sinalizar este percurso aos gestores públicos brasileiros.

À fase de execução agrega-se a destinação ambiental adequada dos resíduos, que deve ser planejada na primeira fase de uma compra, fechando o ciclo de uma contratação pública sustentável.

FIGURA 1
Ciclo de vida de uma compra pública sustentável: perspectiva interna

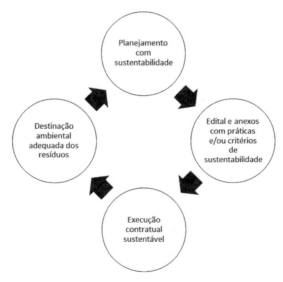

Fonte: elaboração própria

A *vivificação de uma política pública*, expressão relacionada à consideração da compaixão como um valor social e constitucional e à ampliação ontológica da efetividade (VILLAC, 2020a), não pode restringir-se a um edital sustentável ou à edição de normas infralegais com seus monitoramentos porque as instituições públicas são feitas de pessoas e serão estas que conferirão um dos avanços ainda almejados na gestão pública brasileira, qual seja, de uma cidadania ativa no cotidiano administrativo, em muito alcançada pela educação para a sustentabilidade, ainda incipiente em órgãos públicos ou, muitas vezes, restrita a campanhas, cartazes e eventos comemorativos ao dia do meio ambiente. Normas pró-sustentabilidade desacompanhadas da educação ambiental crítica reduzem o alcance do que, como atores participantes desta política pública, denominamos e apresentamos como necessidade de fortalecimento da cidadania institucional.

A cidadania institucional para comportamentos pró-sustentabilidade no âmbito dos órgãos públicos é componente que se relaciona com a ruptura de um simbolismo organizacional ainda prevalecente em contratações públicas que enfatizam excessivamente o conteúdo operacional, mecanicista e pouco reflexivo na aplicação das normas e na pouca ênfase à construção coletiva e dialogada de soluções inovadoras. Leis, decretos, instruções normativas e outras normas serão insuficientes se as capacitações, processos formativos e a gestão pública não se constituírem por ações e iniciativas que concretizem sua responsabilidade de impactar positivamente a sociedade em um novo ciclo da contratação sustentável, que se expande ao meio ambiente e corpo social.

FIGURA 1
Ciclo de vida de uma compra pública sustentável: perspectiva externa

Fonte: elaboração própria

A potencialização dos benefícios ambientais, econômicos e sociais, além da maior integração ética entre as organizações estatais e a sociedade brasileira e a vivificação dos princípios constitucionais e da legislação de sustentabilidade, ocorrerá pelas compras compartilhadas sustentáveis.

3 Compras compartilhadas sustentáveis: contextualização, benefícios e desafios

As transformações sociais e ambientais das últimas décadas têm exigido cada vez mais ações efetivas das organizações públicas no sentido de fomentar um mercado socialmente justo, economicamente eficiente e ambientalmente responsável. Essa perspectiva exige do Estado mudanças estruturais e culturais de suas instituições, o que requer dos gestores públicos o alinhamento aos novos paradigmas e aos rumos que a Administração Pública brasileira deve tomar para o enfrentamento dos desafios globais, regionais e locais.

Nesse sentido, é fundamental o desenvolvimento organizacional das unidades que lidam com as atividades relacionadas às contratações, de modo que os gestores tenham uma visão mais estratégica, com pano de fundo multidisciplinar, em um ambiente de diálogo entre as ciências jurídica, administrativa, econômica, ambiental e social, entre outras (SILVA, 2016). A questão das contratações públicas tem como um dos seus pontos fulcrais o problema do gasto público, que tem sido alvo de debate e de críticas nos diversos círculos profissionais e acadêmicos.

Nesse contexto, observa-se que é um desafio para gestores, burocratas e tomadores de decisão responderem a questões, como: o que contratar este ano? Como contratar de forma mais vantajosa? Por que contratar essa quantidade? Qual o orçamento necessário para essa contratação? As respostas para essas perguntas certamente teriam ganhos de qualidade se as instituições avançassem mais no sentido de adotar ações de fortalecimento da governança.

É válido frisar que a construção e o fortalecimento de um modelo de governança em compras públicas incluem a proposição de arranjos institucionais, políticas, diretrizes e instrumentos de gestão utilizados para as contratações públicas de órgãos e de entidades de todas as unidades da federação. Tais unidades, de uma forma geral, realizam compras individualizadas para as mesmas categorias de bens e serviços com preços e qualidades diversos. Esse cenário traz à tona a seguinte pergunta: Se as instituições comprarem em conjunto não haveria ganhos de escala, processuais, mais troca de conhecimento, mais chances de contratar com mais qualidade?

Nessa perspectiva, as compras compartilhadas podem ser consideradas como um instrumento de governança em compras públicas capaz de gerar diversos benefícios para a Administração Pública. Tal modelo tem, inclusive, sido cobrado pela Corte de Contas, o que pode ser demonstrado por meio do Acórdão TCU nº 1524/2019- TCU- Plenário, o qual recomenda ao Ministério da Economia que realize estudos para avaliar o grau de fragmentação das compras públicas, seus potenciais efeitos negativos e positivos, assim como as diferentes estratégias de ação para melhor gerenciá-los, considerando uma visão completa do governo (EMENTÁRIO DE GESTÃO PÚBLICA, 2019).

Observa-se que é preciso pensar em novos modelos e promover inovações organizacionais que otimizem o processo de contratação pública como um todo. Um sistema de contratação pública bem concebido contribui significativamente para o alcance dos objetivos das políticas públicas, para o estabelecimento da eficácia do setor público e o estabelecimento da confiança dos cidadãos, o que se torna mais relevante quando se analisa o volume de despesa que as contratações públicas representam (OCDE, 2019).

É oportuno salientar que as contratações públicas, ao visarem alcançar os objetivos das políticas públicas, devem ter como pano de fundo o princípio da sustentabilidade. No contexto vigente, não há como falar em qualidade do gasto público se não incluir a aplicação do conceito de sustentabilidade. As compras públicas são um meio para fomentar o desenvolvimento nacional sustentável, com mudanças de padrão de produção e consumo, fortalecendo a imagem do Poder Público brasileiro nas esferas nacional e internacional. No Brasil, as compras governamentais equivalem a uma média de 12,5% do produto interno bruto (PIB). No mundo, chegam a corresponder a 17,9% do PIB (IPEA, 2018).

Nesse quadro, as compras compartilhadas sustentáveis podem ser consideradas um meio poderoso para o estabelecimento de um novo modelo de governança em compras, agregando a noção aplicável do conceito de sustentabilidade em todo o ciclo de vida das contratações. Para fins deste artigo, a compra compartilhada sustentável é a aquisição conjunta de bens e serviços que geram menos impacto ambiental, mais justiça social e eficiência econômica, com ganhos de escala, realizada por organizações públicas de diferentes setores ou entre unidades de uma mesma organização pública, visando fomentar a produção e o consumo sustentável no país (SILVA, 2014). Esse modelo é uma espécie de bússola para que servidores e unidades envolvidas nas contratações atuem de forma sistêmica e integrada, com vistas à otimização de recursos humanos, logísticos e orçamentários, entre outros (SILVA et al., 2018).

É importante avultar as diversas perspectivas e termos atribuídos, na literatura e na prática, às compras e contratações que podem ser realizadas entre diversos órgãos e entidades e, também, dentro de um único órgão com suas diversas unidades. O termo "compra centralizada" tem sido, na maioria das vezes, adotado para compras realizada por uma unidade central de um determinado órgão para outras unidades do mesmo órgão, ou até de outros órgãos e entidades, desde que haja o necessário repasse orçamentário e financeiro.

Ainda há o termo "compra nacional", inserido pelo Decreto nº 8.250/2014, o qual considera "a compra ou contratação de bens e serviços em que o órgão gerenciador conduz os procedimentos para registro de preços destinado à execução descentralizada de programa ou projeto federal, mediante prévia indicação da demanda pelos entes federativos beneficiados" (BRASIL, 2014). Já a compra ou contratação compartilhada faz o uso mais amplo da configuração determinada pelo Decreto nº 7.892/13, alterado pelo Decreto nº 8.250/2014, que regulamenta o chamado Sistema de Registro de Preços. Nessa configuração, inclui o órgão gerenciador, órgãos participantes e não participantes com suas atribuições específicas. Nesse desenho, o órgão participante define o que quer comprar, ordena a despesa, paga, aplica penalidades de forma independente do órgão gerenciador. É um modelo que otimiza o gerenciamento da contratação, confere maior autonomia aos órgãos que participam da compra, tem potencial para fomentar com mais vigor o desenvolvimento sustentável e conta com diversos benefícios, conforme descritos no item a seguir.

3.1 Benefícios das compras compartilhadas sustentáveis

Há diversas experiências bem-sucedidas no setor público brasileiro que demonstram que é possível realizar compras compartilhadas e acarretar ganhos ambientais, sociais e econômicos concomitantemente (SILVA; BARKI, 2012, BETIOL, 2012; SILVA et al., 2018). Tais experiências precisam ser fortalecidas, sistematizadas e disseminadas. Por outro lado, é importante ponderar que há um debate sobre os benefícios, as limitações e os desafios desse modelo. Logo, este estudo é um esforço de apresentar esses elementos com o objetivo de contribuir para a teoria e para a prática das compras públicas no Brasil.

É relevante destacar que as compras compartilhadas sustentáveis são realizadas tendo como pano de fundo o pacto federativo. O princípio federativo adotado pelo Brasil pressupõe a repartição de competências entre União e Estados-membros, o que significa que elas podem alcançar a composição com órgãos e entidades de todos os entes federativos. Ademais, as compras compartilhadas, com todos os seus benefícios, podem contribuir com mais qualidade para o processo de elaboração, de implementação e, inclusive, de descentralização das políticas públicas. Dessa forma, a figura 1 apresenta um modelo que destaca alguns benefícios que ganham relevo nas compras compartilhadas sustentáveis.

FIGURA 4
Benefícios das compras compartilhadas sustentáveis

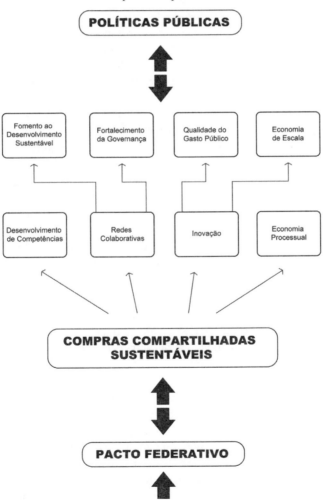

Fonte: elaboração própria

A partir da análise da figura, convém explicar, em linhas gerais, cada benefício identificado como decorrente do processo de realização das compras compartilhadas sustentáveis. O primeiro deles é o "Fomento ao Desenvolvimento Sustentável". A aplicação de critérios de sustentabilidade nas contratações se torna mais robusta com o aumento do volume de compras, sem prejuízo das medidas de redução e consumo consciente por parte do administrador público.

Observa-se claramente o avanço do tema "compras públicas sustentáveis" no Brasil e no mundo nos últimos anos. Faz-se necessária a disseminação desse tema nas diversas organizações dos níveis federal, estadual e municipal. As compras compartilhadas sustentáveis são uma forma de multiplicar as compras sustentáveis com maiores ganhos econômicos, sociais e ambientais, dando um rumo mais adequado para o poder de compra do Estado. Nessa esteira, vê-se que as compras compartilhadas sustentáveis cumprem um papel importante no fomento à produção e ao consumo sustentável, e, por conseguinte, no desenvolvimento sustentável do país.

O outro benefício a ser considerado é o "Fortalecimento da Governança". Governança tem sido um tema cada vez mais caro no setor público. Na visão do Banco Mundial, a perspectiva da governança visa à busca de maior efetividade, transparência e economicidade das ações com a função de definir o direcionamento estratégico, supervisionar a gestão, envolver as partes interessadas, gerenciar riscos e conflitos, avaliar os sistemas de gestão e controle, promover mais transparência aos processos (WORLD BANK, 1994). Nota-se, a partir desse prisma, que há diversos elementos no processo de compra compartilhada que favorecem a boa governança. Uma boa governança significa a boa capacidade de definição do direcionamento estratégico. Isso se faz por meio de planos e políticas.

No caso em questão, comprar em conjunto com outras instituições exige maior planejamento das ações e dos processos de aquisição, que podem e devem, na medida do possível, ser incluídos nos Planos Anuais de Compras e Contratações, nas Políticas e Estratégias Gerais, nos Planos Estratégicos e Diretores de Compras e Contratações. Ademias, é mister pontuar que o modelo de compras compartilhadas favorece um melhor ambiente de avaliação, direção, controle e transparência dos sistemas e processos, visto que são diversas instituições que atuam baseadas em uma construção coletiva.

É oportuno sublinhar que o processo de construção coletiva de uma compra compartilhada acaba contribuindo para a melhoria da "Qualidade do Gasto Público", uma vez que as diversas instituições participantes podem favorecer, com suas experiências e *expertise*, o aperfeiçoamento das especificações e critérios dos bens e serviços a serem contratados. Esse processo como um todo impacta positivamente na geração de dois outros benefícios considerados para o modelo de compras compartilhadas: o "Desenvolvimento de Competências" e a participação e formação de "Redes Colaborativas".

No que tange ao "Desenvolvimento de Competências", verifica-se que a contratação conjunta exige dos envolvidos a busca de mais conhecimento, do desenvolvimento de mais habilidade e de atitudes que contribuam para a melhoria dos processos de compras. De outro lado, vê-se a troca de experiências e o *benchmarking* natural que decorre desse processo. Isso contribui para a formação, maior participação e formação de "Redes Colaborativas". Sendo assim, é natural e recomendável que, nesse modelo, as unidades da federação estejam conectadas no conhecimento e na prática das contratações, formando, na medida do possível, redes colaborativas entre as instituições públicas.

É valido frisar a relevância das compras compartilhadas sustentáveis para a "Padronização", considerando a necessidade clara de melhoria da qualidade das aquisições dos bens e produtos licitados no país. Para Marçal Justen Filho (2004), trata-se de um instrumento que racionaliza a atividade administrativa, permitindo a redução de custos e otimizando a aplicação de recursos. Em outras palavras, a padronização elimina variações referentes tanto à seleção de produtos, no momento da contratação, como na sua utilização e conservação, entre outros aspectos.

É imprescindível falar do peso "Economia de Escala" nos processos de compras compartilhadas. A economia de escala, presente nos estudos das ciências econômicas, indica que a produção em larga escala reduz os custos de matéria-prima e de produção, além de ter forte correlação com a concorrência. De acordo com Kotler (2000), o preço é um elemento flexível que pode ser alterado com rapidez, sendo a concorrência de preços o maior problema com o qual as empresas se deparam. Na abordagem do *marketing*, a precificação mais simples pode ser feita pelos preços praticados pela concorrência. Kotler (2000) entende que, quando isso acontece, a política da organização é orientada para a concorrência e dependente do comportamento do consumidor. No caso em tela, o setor público, ao comprar em conjunto, compra mais, estimula a concorrência e incita a redução dos preços.

Além da economia de escala, a "Economia Processual" é sem dúvidas uma das grandes vantagens das compras compartilhadas, no que diz respeito à eficiência do gasto público (SILVA, 2014, SILVA; BARKI, 2012, SILVA *et al.*, 2018). Cada licitação tem um custo administrativo e processual, e comprar em conjunto é uma forma de eliminar tais custos com economias de recursos humanos, processuais, logísticos, dentre outros.

Por fim, a "Inovação" pode também ser considerada como um benefício potencial decorrente da realização das compras compartilhadas sustentáveis. Uma das inovações mais importantes ocorre no nível da inovação organizacional. Ela pode ser entendida como a implementação de um novo método organizacional na prática de negócios da instituição, no ambiente de trabalho da organização e nas relações externas. A inovação organizacional pode ser desenhada para melhorar a performance organizacional em função da redução dos custos administrativos e de transação, da melhoria da satisfação no ambiente do trabalho e, consequentemente, da produtividade, pela redução dos custos dos insumos (OECD, 2005).

A literatura sobre inovação organizacional tem encontrado relações entre inovação e performance organizacional, bem como identificado a importância de se aplicar inovações na estratégia, nos processos produtivos e ou de trabalho, introduzindo novas práticas no ambiente do trabalho (CAMISÓN, C.; VILLAR-LÓPEZ, 2014). No caso das compras compartilhadas sustentáveis, a inovação deve ser relacionada com a performance organizacional sob o ponto de vista das performances ambiental, social e econômica, sob a ótica da sustentabilidade, com base no *Triple Bottom Line* – TBL.

A transformação do processo de compra pública convencional em uma compra compartilhada sustentável pode ser considerada um modelo inovador na medida em que são incluídos critérios de sustentabilidade e que são gerados novos padrões de articulação e de transferência de conhecimento entre os diversos órgãos e fornecedores. Esse processo contribui para agregação de valor no que diz respeito a conhecimento organizacional.

Nota-se, portanto, que as compras compartilhadas sustentáveis apresentam diversos benefícios para o país, gerando ganhos ambientais, sociais, econômicos, entre outros. Todavia, convém analisar os desafios desse modelo, para melhor compreensão do tema e de seu ingresso no setor público brasileiro.

3.2 Desafios das compras compartilhadas sustentáveis

O futuro próximo é desafiador, tendo em vista que os processos de compras compartilhadas sustentáveis estão em fase de maturação, o que exige de servidores e gestores a canalização de esforços para que se possa promover melhorias contínuas a partir da experiência de cada compra compartilhada. A despeito de ter havido nos últimos anos um considerável avanço no arcabouço jurídico brasileiro no tema licitações sustentáveis, é evidente a necessidade de as instituições adquirirem maturidade técnica para lidar com o referido tema.

A profissionalização dos gestores e a capacitação são molas propulsoras no processo de aplicação do conceito de sustentabilidade na gestão pública e do processo de realização de compras compartilhadas. O grande desafio encontra-se no tabuleiro da gestão. É preciso conhecer e aplicar.

Nesse contexto, observa-se um conjunto de fatores organizacionais e comportamentais que impactam na realização das compras compartilhadas sustentáveis. Sob a ótica dos fatores organizacionais, vê-se a influência de questões como orçamento adequado, patrocínio da alta administração, otimização da capacidade de planejamento de algumas instituições, melhoria da capacitação, aperfeiçoamento da qualidade das informações, insegurança jurídica, cultura organizacional, entre outras. Já os fatores comportamentais incluem questões como resistência à mudança, vieses comportamentais, intuição nas decisões de compras.

Diante do exposto, é possível considerar que há um conjunto de desafios a serem enfrentados. Fazer compras compartilhadas sustentáveis, adotar o planejamento adequado das compras, capacitar e disseminar o conhecimento e as experiências adquiridas, desburocratizar/otimizar os processos das contratações compartilhadas sustentáveis e romper resistências são elementos relevantes para a efetivação desse modelo capaz de construir novos paradigmas de compras públicas no Brasil.

Os temas compras compartilhadas/centralizadas, compras públicas sustentáveis, qualidade do gasto, governança e sustentabilidade têm ganhado mais relevo nos últimos anos e a prática de articulação entre as referidas áreas é um meio de contribuição para o estabelecimento de maior sinergia entre as políticas públicas e a gestão governamental.

4 Considerações finais

A sustentabilidade nas compras públicas é obrigatória, em suas dimensões ambiental, social, econômica, além da obrigatoriedade da dimensão cultural na aquisição dos bens comuns e da articulação com o plano de gestão de logística sustentável.

A consideração da sustentabilidade não se restringe à inserção de previsões nos editais, mas se inicia nos estudos técnicos preliminares e prossegue até a adequada gestão dos resíduos, o que requer atuação sistêmica nos órgãos públicos, na governança das contratações e na sensibilização crítica do corpo funcional sobre a relevância das ações articuladas e também individuais para o êxito das iniciativas.

No processo de centralização de compras públicas, a sustentabilidade deverá ser inserida e há tanto potenciais benefícios a serem implementados como desafios a serem considerados e suplantados a fim de que o simbolismo organizacional estagnante e reducionista seja memória e a gestão pública sustentável seja em muito fortalecida pelos processos colaborativos de construção de compras compartilhadas sustentáveis que, respeitando o pacto e autonomia federativa, as realidades locais e regionais, impactam positivamente as rotinas e fluxos internos estanques, mas também o meio ambiente e a coletividade, tornando real a cidadania institucional a ser exercida pelas organizações públicas.

Referências

BETIOL, L. S. *et al. Compra Sustentável*: a força do consumo público e empresarial para uma economia verde e inclusiva. 1. ed. Centro de Estudos e Sustentabilidade – GVces da Escola de Administração de São Paulo da Fundação Getúlio Vargas, 2012.

BIDERMAN, Rachel; MACEDO, Laura Silvia Valente de; MONZONI, Mario; MAZON, Rubens. *Guia de compras públicas sustentáveis*: uso do poder de compra do governo para a promoção do desenvolvimento sustentável. 1. ed. Rio de Janeiro: Editora FGV, 2006.

BRASIL. *Constituição da República Federativa do Brasil*: promulgada em 5 de outubro de 1988. Brasília: Congresso Nacional, 1988. Disponível em: http://www.planalto.gov.br/ccivil_03/constituicao/constituicaocompilado.htm. Acesso em: 28 dez. 2021.

BRASIL. *Lei Complementar nº 101, de 4 de maio de 2000*. Estabelece normas de finanças públicas voltadas para a responsabilidade na gestão fiscal e dá outras providências. Brasília: Congresso Nacional: 2000. Disponível em: http://www.planalto.gov.br/ccivil_03/leis/lcp/lcp101.htm. Acesso em: 28 dez. 2021.

BRASIL. *Lei nº 6.938, de 31 de agosto de 1981*. Dispõe sobre a Política Nacional do Meio Ambiente, seus fins e mecanismos de formulação e aplicação, e dá outras providências. Brasília: Congresso Nacional, 1981. Disponível em: http://www.planalto.gov.br/ccivil_03/leis/l6938.htm. Acesso em: 28 dez. 2021.

BRASIL. *Lei nº 8.666, de 21 de junho de 1993*. Regulamenta o art. 37, inciso XXI, da Constituição Federal, institui normas para licitações e contratos da Administração Pública e dá outras providências. Brasília: Congresso Nacional, 1993. Disponível em: http://www.planalto.gov.br/ccivil_03/leis/l8666cons.htm. Acesso em: 28 dez. 2021.

BRASIL. *Lei nº 12.305, de 2 de agosto de 2010*. Institui a Política Nacional de Resíduos Sólidos; altera a Lei nº 9.605, de 12 de fevereiro de 1998; e dá outras providências. Brasília: Congresso Nacional, 2010. Disponível em: http://www.planalto.gov.br/ccivil_03/_ato2007-2010/2010/lei/l12305.htm. Acesso em: 28 dez. 2021.

BRASIL. *Lei nº 12.462, de 4 de agosto de 2011*. Institui o Regime Diferenciado de Contratações Públicas. Brasília: Congresso Nacional, 2011. Disponível em: http://www.planalto.gov.br/ccivil_03/_ato2011-2014/2011/lei/l12462.htm. Acesso em: 28 dez. 2021.

BRASIL. *Lei nº 13.303, de 30 de junho de 2016*. Dispõe sobre o estatuto jurídico da empresa pública, da sociedade de economia mista e de suas subsidiárias, no âmbito da União, dos Estados, do Distrito Federal e dos Municípios. Brasília: Congresso Nacional, 2016. Disponível em: http://www.planalto.gov.br/ccivil_03/_ato2015-2018/2016/lei/l13303.htm. Acesso em: 28 dez. 2021.

BRASIL. *Lei nº 14.133, de 1º de abril de 2021*. Lei de Licitações e Contratos Administrativos. Brasília: Congresso Nacional, 2021. Disponível em: http://www.planalto.gov.br/ccivil_03/_ato2019-2022/2021/lei/L14133.htm. Acesso em: 28 dez. 2021.

BRASIL. *Decreto nº 7.746, de 5 de junho de 2012*. Regulamenta o art. 3º da Lei nº 8.666, de 21 de junho de 1993, para estabelecer critérios e práticas para a promoção do desenvolvimento nacional sustentável nas contratações realizadas pela administração pública federal direta, autárquica e fundacional e pelas empresas estatais dependentes, e institui a Comissão Interministerial de Sustentabilidade na Administração Pública – CISAP. Brasília: Presidência da República, 2012. Disponível em: http://www.planalto.gov.br/ccivil_03/_ato2011-2014/2012/decreto/d7746.htm. Acesso em: 28 dez. 2021.

BRASIL. *Decreto nº 10.024, de 20 de setembro de 2019*. Regulamenta a licitação, na modalidade pregão, na forma eletrônica, para a aquisição de bens e a contratação de serviços comuns, incluídos os serviços comuns de engenharia, e dispõe sobre o uso da dispensa eletrônica, no âmbito da administração pública federal. Brasília: Presidência da República, 2019. Disponível em: http://www.planalto.gov.br/ccivil_03/_ato2019-2022/2019/decreto/D10024.htm. Acesso em: 28 dez. 2021.

CAMISÓN, C.; VILLAR-LÓPEZ, A. Organizational innovation as an enabler of technological innovation capabilities and firm performance. *Journal of Business Research*, v. 67, n. 1, p. 2891-2902, 2014.

CEBDS. Manual de Compras Sustentáveis. Rio de Janeiro, 2014.

COMOTTO, Sabrina. Contratações públicas sustentáveis na República Argentina. *In:* VILLAC, T.; BLIACHERIS, M. W.; SOUZA, L. C. de (coord.). *Panorama de licitações sustentáveis:* direito e gestão pública. Belo Horizonte: Fórum, 2014, p. 255-271.

EMENTÁRIO DE GESTÃO PÚBLICA, Nº 2300. Disponível em: http://ementario.info/2019/07/30/ementario-de-gestao-publica-no-2-300.hrm. Acesso em: 10 de ago. 2021.

ENGEL, Guido Irineu. Pesquisa-ação. *Educar em Revista*, p. 181-191, 2000.

FARIA, Carlos Aurélio Pimenta de. A muldisciplinaridade no estudo de políticas públicas. MARQUES, Eduardo; FARIA, Carlos Aurélio Pimenta de (org.). *A Política Pública como campo multidisciplinar*. São Paulo: Editora Unesp; Rio de Janeiro: Editora Fiocruz, 2013.

FREITAS, Juarez. *Sustentabilidade* – Direito ao futuro. Belo Horizonte: Fórum, 2919.

INSTITUTO DE PESQUISAS ECONÔMICA E APLICADA – IPEA, 2018. Análise Comparada sobre Medidas de Favorecimento de Micro e Pequenas Empresas (MPEs) em Compras Públicas com Avaliação de Eficácia e Identificação de Melhores Práticas. Disponível em: http://www.ipea.gov.br/portal/images/stories/PDFs/TDs/td_2422.pdf. Acesso em: 9 ago. 2021.

JUSTEN FILHO, Marçal. *Comentários à Lei das Licitações e Contratos Administrativos*. 10. ed. São Paulo: Dialética, 2004.

KOTLER, P. *Administração de marketing*. São Paulo: Prentice Hall, 2000.

MACHADO, Paulo A. L. *Direito Ambiental Brasileiro*. 17. ed. São Paulo: Malheiros, 2009.

MENEGHETTI, F. K. O que é um Ensaio-Teórico? *Revista de Administração Contemporânea*, v. 15, n. 2, p. 320-332, 2011.

OCDE. Recomendação do Conselho em Matéria de Contratos Públicos. Disponível em: https://www.oecd.org/gov/ethics/Recomenda%C3%A7%C3%A3o-conselho-contratos.pdf. Acesso em: 10 ago. 2019.

OECD. *Oslo Manual-Guidelines for Collecting and Interpreting Innovation Data*. OECD, 2005.

ONU. Declaração do Rio de Janeiro, Conferência das Nações Unidas sobre meio ambiente e desenvolvimento. 1992. Disponível em: https://www.scielo.br/j/ea/a/szzGBPjxPqnTsHsnMSxFWPL/?format=pdf&lang=pt. Acesso em: 5 ago. 2021.

ONU. Agenda 21. 1992ª. Disponível em:https://antigo.mma.gov.br/responsabilidade-socioambiental/agenda-21/agenda-21-global.html. Acesso em: 5 ago. 2021.

PRYOR, Jim. A brief guide to writing the philosophy paper. *Harvard College Writing Center*, 2008.

SILVA, R.C; BARKI, T. V. P. *Compras públicas compartilhadas*: a prática das licitações sustentáveis. *Revista do Serviço Público*, Brasília, v. 63, n. 2, p. 157-169, abr./jun. 2012.

SILVA, R. C. *Compras compartilhadas sustentáveis*: uma experiência compartilhada. Prêmio Ministro Gama Filho do Tribunal de Contas do Estado do Rio de Janeiro, 2016. Disponível em: https://www.tce.rj.gov.br/web/ecg/premio-ministro-gama-filho-20161. Acesso em: 13 set. 2019.

SILVA, R. C. Compras compartilhadas sustentáveis: construindo um novo paradigma. Revista do 5º Congresso Brasileiro de Gestão do Ministério Público, p. 75-84, 2014. Disponível em: http://www.cnmp.mp.br/portal/images/Revista_5_congresso_CNMP_2.PDF. Acesso em: 29 jul. 2021.

SILVA, Renato Cader.; BETIOL, L.; VILLAC, T.; NONATO, R. Sustainable public procurement: the Federal Public Institution's shared system. *REGE Revista de Gestão*, 25(1), 09-24, 2018. Retrieved from http://www.revistas.usp.br/rege/article/view/144404.htm. Acesso em: 10 ago. 2021.

VILLAC, Teresa. *Licitações Sustentáveis no Brasil*. 2. ed. Belo Horizonte: Fórum, 2020.

VILLAC, Teresa. Advocacia pública consultiva: reflexões à luz do pensamento de Martha Nussbaum e Amartya Sen. *In*: MENDONÇA, André Luiz de Almeida; BATISTA JR., Onofre Alves; RIBEIRO, Rodrigo Araújo; CASTRO, Rodrigo Pessoa de Paula (org.). *O novo papel da advocacia pública consultiva no século XXI*. Belo Horizonte: Editora D'Plácido, 2020a.

WORLD BANK. Governance: the World Bank Experience, 1994. Disponível em: http://documents.worldbank.org/curated/pt/711471468765285964/Governance-the-World-Banks-experience. Acesso em: 1º ago. 2021.

Informação bibliográfica deste texto, conforme a NBR 6023:2018 da Associação Brasileira de Normas Técnicas (ABNT):

VILLAC, Teresa; SILVA, Renato Cader da. Centralização de compras públicas e sustentabilidade: benefícios e desafios. *In*: LOPES, Virgínia Bracarense; SANTOS, Felippe Vilaça Loureiro (coord.). *Compras públicas centralizadas no Brasil*: teoria, prática e perspectivas. Belo Horizonte: Fórum, 2022. p. 333-349. ISBN 978-65-5518-463-1.

GOVERNANÇA DE AQUISIÇÕES E MODELOS DE CENTRALIZAÇÃO DE COMPRAS

TATIANA MARTINS DA COSTA CAMARÃO

I *Mens legis* da Lei nº 14.133/21: governança das aquisições

O novo marco regulatório das licitações e contratos, Lei nº 14.133/21, traz como propósito ingênito das contratações públicas a governança e, para além, estabelece que é dever da alta administração do órgão ou entidade pública a responsabilidade pela implementação de processos, estruturas, gestão de riscos e controles, para que se tenha contratações eficientes, efetivas, eficazes e alinhadas com o planejamento estratégico.

> Art. 11, parágrafo único. A alta administração do órgão ou entidade é responsável pela governança das contratações e deve implementar processos e estruturas, inclusive de gestão de riscos e controles internos, para avaliar, direcionar e monitorar os processos licitatórios e os respectivos contratos, com o intuito de alcançar os objetivos estabelecidos no caput deste artigo, promover um ambiente íntegro e confiável, assegurar o alinhamento das contratações ao planejamento estratégico e às leis orçamentárias e promover eficiência, efetividade e eficácia em suas contratações.

O Tribunal de Contas da União[1] – TCU há tempos vem recomendando que os órgãos e entidades públicas dispensem atenção ciosa às contratações e que adotem a governança, o que citam como medida inadiável. A propósito, o Acórdão nº 2.622/2015 é um marco sobre o tema e prevê várias medidas necessárias à implementação da governança e pontos vulneráveis decorrentes de sua ausência.

Vale registrar que essa diretriz tem razão de ser, pois a governança transmite, por meio dos seus mecanismos da liderança, estratégia e controle, a realização de ações e atividades voltadas a avaliar, direcionar e monitorar a atuação da gestão das contratações públicas, objetivando que as aquisições agreguem valor ao negócio fim de cada órgão e entidade pública, com riscos aceitáveis.[2][3]

> 24. Ante o exposto, a importância da adoção das boas práticas de governança pública está em guiar a atuação da gestão das organizações governamentais, possibilitando assim o alinhamento dos objetivos organizacionais ao interesse da população, a otimização na produção de resultados, a melhoria na eficiência da aplicação dos recursos públicos e, consequentemente, a oferta de mais e melhores serviços públicos à sociedade[4] (Acórdão nº 1.273/2015 – Plenário).

Nestes termos, escudada no propósito de incrementar a gestão das contratações nas organizações, a governança é premissa essencial que oferece os principais contornos de atingimento dos objetivos previstos no art. 11 da Lei nº 14.133/21:

> a) assegurar a seleção da proposta apta a gerar o resultado de contratação mais vantajoso para a Administração Pública, inclusive no que se refere ao ciclo de vida do objeto;
> b) assegurar tratamento isonômico entre os licitantes, bem como a justa competição;
> c) evitar contratações com sobrepreço ou com preços manifestamente inexequíveis e superfaturamento na execução dos contratos;
> d) incentivar a inovação e o desenvolvimento nacional sustentável;
> e) promover um ambiente íntegro e confiável;
> f) assegurar o alinhamento das contratações ao seu planejamento estratégico e às leis orçamentárias;
> g) promover eficiência, efetividade e eficácia em suas contratações.

Enfim, esse comando do novel diploma de implementar a governança das contratações propõe evitar o desperdício passivo e ativo decorrente da corrupção e ineficiência. Além disso, a implantação de mecanismos de governança assegura a prestação de serviços adequados, o que vem sendo demandado pela sociedade e é fim último de qualquer organização pública.

---

[1] Cite-se, a propósito, o Acórdão TCU nº 1.524/2019 – Plenário.

[2] Governança e gestão não se confundem. O TCU, no processo TC-023.202/2014-9, aponta a distinção desses dois institutos esclarecendo que a governança refere-se à definição do que deve ser executado (direção), e gestão refere-se à forma como as executa. Por exemplo, diversas organizações (e.g., IBGC, GAO e OCDE) preconizam que uma boa prática de governança é estabelecer política (diretrizes) para gestão de riscos (inclusive das aquisições). Entretanto, a implementação dessa política não é função da governança, e sim da gestão. Já o controle da gestão é função da governança, ou seja, a gestão deve ser monitorada quanto ao cumprimento das diretrizes estabelecidas e quanto aos resultados obtidos.

[3] Recomendamos a leitura da Resolução nº 347, de 13 de outubro de 2020.

[4] TCU, Acórdão nº 1.273/2015 – Plenário.

II Mecanismos da governança das contratações

Os mecanismos da governança – liderança, estratégia e controle – são um conjunto de práticas que visam incrementar o desempenho das organizações e encontram-se impressos em diferentes partes no texto da nova Lei.[5]

O mecanismo da liderança implica o conjunto de condições mínimas para o exercício da governança, a partir da premissa de que, para o alcance dos resultados esperados pela organização, os responsáveis pela alta administração nos órgãos e entidades públicas, assim como os profissionais que ocupam as principais posições da área de contratação, sejam probos, capacitados, competentes, responsáveis, motivados e familiarizados com as contratações públicas.[6]

Nesse sentido, o texto da Lei enfatiza pontos importantes aos quais a liderança deve se ater quando do exercício de seu papel, como as medidas de integridade voltadas aos agentes públicos (art. 7º, III e §1º; art. 9º); a gestão por competência (art. 7º, I e II)[7] e a matriz de responsabilidade (art. 8º); a segregação de funções (art. 7º, §1º); o plano de capacitação (art. 18, §1º, X; art. 169, §3º, I; art. 173); e a definição de funções (art. 8º, §3º e 4º).

Por seu turno, o mecanismo da estratégia, dentro da mesma ótica de obtenção dos resultados das contratações, compreende ter uma definição clara de diretrizes, objetivos, planos e ações com critérios de priorização que respeitem o alinhamento entre os interesses das organizações e os das partes interessadas.[8]

Um planejamento estratégico bem estruturado, exequível e de fácil monitoramento e controle é de extrema importância no tratamento do mecanismo "estratégia", sob a ótica da boa governança. Nesse sentido, a Lei orienta, por meio do art. 19, as estruturas e processos com foco na contratação pública e que devem ser considerados no planejamento estratégico das organizações:

> Art. 19. Os órgãos da Administração com competências regulamentares relativas às atividades de administração de materiais, de obras e serviços e de licitações e contratos deverão:
> I – instituir instrumentos que permitam, preferencialmente, a centralização dos procedimentos de aquisição e contratação de bens e serviços;
> II – criar catálogo eletrônico de padronização de compras, serviços e obras, sendo admitido a adoção do catálogo do Poder Executivo Federal por todos os entes federativos;
> III – instituir sistema informatizado de acompanhamento de obras, inclusive com recursos de imagem e vídeo;
> IV – instituir, com auxílio dos órgãos de assessoramento jurídico e de controle interno, modelos de minutas de editais, de termos de referência, de contratos padronizados e de outros documentos, admitida a adoção das minutas do Poder Executivo Federal por todos os entes federativos;

---

[5] Governança em Contratações Públicas: A transformação passa pelos meios. Isabella Brito. Disponível em: http://www.licitacaoecontrato.com.br/assets/artigos/artigo_download_62.pdf.
[6] Ver conceito em: https://portal.tcu.gov.br/governanca/governanca-no-tcu/mecanismos-de-governanca/#:~:text=Mecanismos%20de%20Governan%C3%A7a%20do%20TCU,objetivos%20da%20organiza%C3%A7%C3%A3o%20sejam%20alcan%C3%A7ados. Disponível em: 2 abr. 2021.
[7] TCU, Acórdão nº 1.612/2013-Plenário.
[8] Art. 5º do Decreto nº 9.203, de 2017.

V – promover a adoção gradativa de tecnologias e processos integrados que permitam a criação, a utilização e a atualização de modelos digitais de obras e serviços de engenharia.

Para além da estrutura descrita, ainda devem ser consideradas como estratégicas nas organizações outras ações com fins de aprimoramento dos processos de contratações públicas: o Programa de Integridade e o Plano de Logística Sustentável – PLS, pois vários dispositivos espelham seus parâmetros e diretrizes. O Programa de Integridade pode ser encontrado no art. 25, §4º; art. 60, IV; art. 156, §1º, V; e art. 163, parágrafo único. Já o Plano de Logística Sustentável – PLS se encontra descrito no art. 4º; art. 11, IV; art. 18, §1º, XII; art. 25, §2º; art. 34; art. 42, inciso III; art. 45; art. 60; art. 63, IV; e art. 75, IV, letra "j" e inciso XIV.

Outro plano importante que deve ser considerado no planejamento estratégico diz respeito à edição de políticas e diretrizes para o aperfeiçoamento da relação do órgão público com o mercado. Essa interação se propõe a reduzir as assimetrias informacionais, entender o papel dos fornecedores, facilitar a participação por meio dos canais de comunicação e consultas públicas[9] e promover ações que permitam a compreensão das peculiaridades normativas que regem o negócio. Registra-se que o fornecedor deve ser tratado como aliado estratégico na relação negocial e poderá contribuir para a melhoria da performance das contratações.

Vale lembrar que o planejamento estratégico deve ser considerado na etapa de elaboração do Plano Anual das Contratações – PAC, como dispõe o artigo 12, inciso VII, da Lei nº 14.133/21. A ausência de conexão e alinhamento entre o que é considerado estratégico para a organização e o que se contrata efetivamente no decorrer do exercício acaba levando ao desperdício passivo e ao não alcance dos objetivos da organização.[10]

Resta evidente, portanto, que as estruturas e processos implantados auxiliarão na direção, administração e monitoramento das ações e atividades das contratações, facilitando o alcance dos objetivos das organizações.

Terceiro e último mecanismo da governança, o controle trata das estruturas que possibilitam o acompanhamento das ações, a transparência, a *accountability*, o monitoramento dos resultados e a tempestiva correção dos caminhos, quando necessário.[11]

III A centralização dos procedimentos de aquisição como estratégia de aperfeiçoamento da gestão das contratações

Dentre as estruturas definidas como estratégicas para a boa gestão das organizações públicas temos a recomendação de adoção das compras centralizadas, conforme se

---

[9] Art. 21 da Lei nº 14.133/21.
[10] O Acórdão nº 588/2018 – Plenário do TCU demonstra de forma cabal a preocupação que as organizações devem ter com a efetividade do planejamento estratégico. Aliás, falta de alinhamento das contratações com o planejamento estratégico foi o diagnóstico do levantamento feito pelas Cortes de Contas, que concluiu, conforme avaliação final, que: "144. (...) grande parte das organizações não consegue fazer com que a gestão estratégia redunde em instrumento efetivo para geração de resultados". Daí decorre o alerta do TCU de que "tem-se o risco de que a estratégia não passe de pedaços de papel".
[11] TCU – Referencial Básico de Governança, 2ª Versão, 2014.

depreende do art. 19, inciso II: "instituir instrumentos que permitam, preferencialmente, a centralização dos procedimentos de aquisição e contratação de bens e serviços".

Uma das formas de atender esse comando da Lei é a implementação da central de compras.

Nesse contexto, o artigo 181 da nova Lei trata da constituição de centrais de compra, inclusive para pequenos municípios de até 10 mil habitantes.

> Art. 181. Os entes federativos instituirão centrais de compras, com o objetivo de realizar compras em grande escala para atender a diversos órgãos e entidades sob sua competência e atingir as finalidades desta Lei.
> Parágrafo único. No caso dos municípios com até 10.000 (dez mil) habitantes, serão preferencialmente constituídos consórcios públicos para a realização das atividades previstas no caput deste artigo, nos termos da Lei nº 11.107, de 6 de abril de 2005.

Como se observa, a nova Lei estabelece que os órgãos e entidades públicas regulamentem e implementem estruturas e processos voltados à central de compras e prevê, no art. 193, inciso II, o prazo de até dois anos como período de adequação.

São inúmeras as vantagens que decorrem da implantação da compra centralizada, comparado ao modelo de contratação tradicional. Cita-se, a propósito, a redução de número de processos licitatórios custosos aos cofres públicos, especialização dos agentes públicos, planejamento das demandas, interação entre as áreas demandantes, agilidade da contratação, melhores preços, dentre outras.

Sobre o tema, estudo da Enap, aponta:

> As compras compartilhadas e as centrais de compras de entes federados proporcionam uma economia de esforços e recursos por meio da diminuição de processos iguais, uma redução de valores contratados em virtude do ganho de economia de escala com compras de maior volume, um melhor planejamento das compras rotineiras e ganhos na gestão patrimonial, com redução de custos de manutenção.[12]

Nessa linha de intelecção, destaco o Acórdão nº 2.569/2018, de Relatoria do Ministro Aroldo Cedraz:

> 351. De maneira geral, as organizações reconhecem que as compras centralizadas economizam tempo e dinheiro (peça 66, p. 10, questão 10), (peça 57, p. 11, parágrafo 12) e (peça 77, p. 4, questão 9). A Setic/MPDG informa que, no âmbito das compras conjuntas realizadas pelo Ministério do Planejamento Desenvolvimento e Gestão, obteve-se, em média, cerca de 53% de desconto em valores sobre estimativas feitas por organizações que compram produtos similares de forma isolada (peça 59, p. 12, parágrafo 54). Além destas vantagens econômicas, padronizam-se os preços praticados na Administração Pública, de forma que os valores pagos por produtos idênticos em organizações semelhantes não sejam discrepantes (peça 69, p. 6, questão 9).
> 352. Outro aspecto positivo das compras centralizadas diz respeito às questões técnicas envolvidas no processo de contratação. A partir da centralização e consequente padronização das aquisições, é possível promover a diminuição da heterogeneidade de tecnologias utilizadas pelas organizações públicas (peça 77, p. 4, questão 9), uma vez que as

---

[12] Disponível em: http://repositorio.enap.gov.br/handle/1/6040.

organizações têm problemas comuns que podem ser resolvidos com as mesmas tecnologias. Adicionalmente, tem-se o efeito de evolução incremental e concentração da maturidade em especificações técnicas das soluções (peça 59, p. 12, parágrafo 52), além de permitir a tomada de decisões técnicas globais em relação a toda a Administração (peça 59, p. 12, parágrafo 48) e (peça 58, p. 5, questão 9).

404. (...) Ademais, os órgãos centrais, exercendo o papel de OGS, têm melhores condições de fazer frente ao poder dos grandes fabricantes do que os órgãos individualmente e, assim, atuar para mudar práticas que não sejam vantajosas para a Administração Pública como um todo.

Aliás, o TCU tem recomendado que se adotem as compras centralizadas para aumentar o poder de negociação dos órgãos públicos e ganhar na economia de escalar. Vejamos.

55. Uma das questões de auditoria formuladas foi: "de que forma práticas de coordenação de compras governamentais podem promover a eficiência, a economicidade e a transparência no gasto público?". Nesse caso, o relatório concluiu que as dificuldades encontradas poderiam ser mitigadas se a Administração Pública ampliasse a adoção de modelos de contratação que favorecessem o poder de compra do Estado, como as compras centralizadas e os acordos diretos com os grandes fabricantes de software, de forma a equilibrar a relação com esses fabricantes e obter ganhos econômicos para todas as organizações.[13]

Ante essas manifestações da Corte de Contas, resta evidente que a existência de uma central de compras melhora os resultados das contratações das organizações e a qualidade dos serviços prestados à sociedade. Nestes termos, é a conclusão do Tribunal de Contas da União – TCU no Acórdão nº 2.577/2014 – Plenário: "56.2. A iniciativa de compra centralizada de medicamentos de alto custo permite a aquisição com economia de escala e consequente aumento de sua disponibilização à população que deles necessita".

Por tudo e em tudo, claro está que a central de compras permite, por meio da contratação compartilhada, o alcance de melhores resultados, se apresentando como excelente instrumento de gestão que busca alcançar a tão almejada eficiência, eficácia e efetividade, premissas basilares da boa governança das contratações.

IV Central de compras como instrumento de gestão

O Decreto Federal nº 9.679/19 estabelece as competências da central de compras do Poder Executivo Federal:

Art. 125. A Central de Compras compete, no âmbito do Poder Executivo federal:
I – desenvolver e gerir sistemas de tecnologia de informação para apoiar os processos de aquisição, contratação, alienação e gestão centralizadas de bens e serviços de uso comum pelos órgãos e pelas entidades da administração pública federal;

---

[13] Acórdão TCU nº 1.524/2019 – Plenário. Relator Ministro Vital do Rêgo.

II – desenvolver, propor e implementar modelos, mecanismos, processos e procedimentos para aquisição, contratação, alienação e gestão centralizadas de bens e serviços de uso em comum pelos órgãos e pelas entidades;

III – planejar, coordenar, controlar e operacionalizar ações que visem à implementação de estratégias e soluções relativas às licitações, aquisições, contratações, alienações e gestão de bens e serviços de uso em comum;

IV – planejar, coordenar, supervisionar e executar atividades para realização de procedimentos licitatórios, de contratação direta e de alienação, relativos a bens e serviços de uso em comum; (grifo nosso)

Importante tornar evidente que a central de compras é uma forma de gerenciamento das contratações com o objetivo de fortalecer as estruturas de governança e não tem competência para ditar diretrizes, tampouco orientar a atuação das organizações. Desse modo, não se pode confundir governança com gestão. O TCU, no processo TC-023.202/2014-9, aponta a distinção desses dois institutos, esclarecendo que a governança se refere à definição do que deve ser executado (direção), e a gestão refere-se à forma como se executa. Por exemplo, diversas organizações (*e.g.*, IBGC, GAO e OCDE) preconizam que uma boa prática de governança é estabelecer política (diretrizes) para a gestão de riscos (inclusive das aquisições). Entretanto, a implementação dessa política não é função da governança, e sim da gestão. Já o controle da gestão é função da governança, ou seja, a gestão deve ser monitorada quanto ao cumprimento das diretrizes estabelecidas e quanto aos resultados obtidos.

O fato é que a governança é um sistema que necessita de uma gestão de excelência e, por isso, os dois institutos devem se apresentar ajustados.

Nessa linha, menciona-se Cláudio Sarian Altounian, Daniel Luiz de Souza e Leonardo Guimarães Lapa, que, no artigo "Governança: uma nova diretriz na Administração Pública", reconhecem a importância de uma gestão de qualidade para o alcance da boa governança:

> A governança na Administração Pública diz respeito a um conjunto de mecanismos que buscam avaliar, direcionar e monitorar a atuação do administrador, com a finalidade de garantir a prestação de serviços públicos de melhor qualidade e de interesse da sociedade. Para tanto, apoia-se em um conjunto de regras e princípios para estabelecer uma melhor gestão e facilitar o alcance dos melhores resultados organizacionais, entendidos aqui como os melhores resultados do ponto de vista da sociedade. Dificilmente será encontrada uma organização com boa governança que tenha gestão de má qualidade. Isso porque as regras estabelecidas permitem a identificação e eventual substituição daqueles gestores que não apresentam desempenhos favoráveis.[14]

Assim, a central de compras é ferramenta voltada à atuação concentrada de contratações e não tem como finalidade a formulação de políticas ou diretrizes.

Andrea Soares, citando a dissertação de Felippe Vilaça,[15] apresenta três formas de centralização de compras adotadas pelos órgãos e entidade públicas. A primeira é a

---

[14] ALTOUNIAN, Cláudio Sarian; SOUZA, Daniel Luiz de; LAPA, Leonard Renne Guimarães. *Gestão e governança pública para resultados*: uma visão prática. Belo Horizonte: Fórum, 2017.

[15] SANTOS, Felippe Vilaça Loureiro. Centralização de Compras Públicas: A Experiência da Empresa Brasileira de Serviços Hospitalares (EBSERH). Disponível em: https://repositorio.enap.gov.br/bitstream/1/4747/1/Enap%20 Disserta%c3%a7%c3%a3o%20Felippe%20Vila%c3%a7a%20vFinal.pdf. Acesso em: 2 abr. 2021.

centralização em sentido estrito, que tem caráter compulsório que ocorre, por exemplo, quando um ente retira dos órgãos e entidades o poder de compra de todos ou alguns bens e delega a uma central de compra que coordena todo o processo. A segunda é a compra conjunta interorganizacional, que é voluntária, uma vez que envolve organizações que não pertencem à mesma estrutura e cuja base é a cooperação. Um exemplo seriam os consórcios intermunicipais de compra de medicamento. Por fim, a compra conjunta intraorganizacional, caso tratado na dissertação do mestre supracitado, acontece quando uma organização agrega compras dentro de uma mesma estrutura, mas cuja participação das demais organizações é voluntária.

Chama-se atenção para alguns órgãos que têm determinado de forma compulsória a utilização da central, na contramão da liberdade que as organizações têm de elegerem as diretrizes relacionadas às suas contratações que devem adotar.

O TCU, inclusive, alerta, no Acórdão nº 1.524/2019 – Plenário, que a central de compras tem função estratégica na engrenagem das contratações, mas não pode ser utilizada como instrumento de formulação de políticas e linhas de atuação.

> 186. A Central de Compras e Contratações, que atua em área de relevância estratégica, foi estruturada com características próprias para a execução de licitações centralizadas. Nesse sentido, não compete à unidade a formulação de políticas ou a definição de linhas estratégicas de atuação.

Nota-se, portanto, que a central pode ser uma ferramenta colocada à disposição dos órgãos públicos para realizar as contratações das demandas que se apresentam. Com efeito, não pode ser imposto aos órgãos públicos que adotem as contratações por meio dessa estrutura, pois essa avaliação dos riscos envolvidos, vantagens e desvantagens, deverá ser feita pelas unidades administrativas, as quais podem entender que a melhor estratégia é a condução da aquisição separada, ou até mesmo por meio de um modal híbrido.

Assim, torna-se importante assimilar, para a perfeita aplicação do modelo da central, que a definição da diretriz deve ser dada por cada órgão, de acordo com sua realidade, e não é universal.

V A central de compras e suas modulagens

A realização das compras colaborativas, por meio da central de compras, é diretriz essencial para dar fluidez às contratações nos órgãos e entidades públicas e pode-se citar, a título de referência, algumas formas de implementar esse modal.

De início, é relevante destacar que é possível constituir centrais de compras temáticas ou gerais; federais, estaduais ou municipais. E todas essas modulagens de contratações integradas são benéficas para o interesse público.

Bom exemplo vem do governo federal quando da realização de um trabalho de envergadura como a implantação de central de compras do Ministério da Economia,[16]

---

[16] Disponível em: https://www.gov.br/economia/pt-br/assuntos/gestao/central-de-compras.

a qual trouxe grandes inovações em termos de compras compartilhadas e de presteza de serviço com qualidade de processos e economia.

Tecendo considerações acerca do tema, Virgínia Bracarense Lopes e Isabela Gomes Gebrim esclarecem:

> Nesse contexto, em janeiro de 2014, o governo federal criou a Central de Compras (CENTRAL) que, além de ter como missão concentrar funções de apoio voltadas ao processamento de atividades comuns de compras dos órgãos da Administração Pública Federal (APF), passou a funcionar como um "filtro qualificado" da necessidade da administração na interação com o mercado, considerando os normativos, métodos e orientações vigentes sobre compras públicas, somados à orientação de seus processos de trabalho pela metodologia *strategic sourcing* ou abastecimento estratégico. Trata-se de uma boa prática em compras para se obter redução do custo total de aquisição, melhorar a qualidade dos produtos e serviços comprados e garantir a sustentabilidade dos ganhos. Destina-se ao gerenciamento, ao desenvolvimento e à integração das competências e capacidades dos fornecedores no sentido de serem obtidas vantagens competitivas para o cliente que, nesse caso, seria a própria administração pública. Essas vantagens podem estar relacionadas com a redução de custos, desenvolvimento de tecnologia, aprimoramento de qualidade e redução do tempo para atendimento dos pedidos colocados pelos clientes.
>
> A partir desse referencial é que a Central de Compras, a cada objeto a ser trabalhado, realiza estudos de inteligência interna e externa junto ao mercado fornecedor e consumidor a fim de avaliar as oportunidades de novas sistemáticas de aquisição que, coerentes com a legislação vigente, sejam capazes de tornar o processo aquisitivo mais transparente, ágil, eficiente, econômico e sustentável; permitam que a administração utilize seu poder de compra para ganhos qualitativos ou quantitativos; viabilizem a execução de políticas que fortaleçam o desenvolvimento regional e as microempresas e empresas de pequeno porte; e contribuam para uma melhor qualidade do gasto.[17]

Há Estados que se utilizam do modal de compras centralizadas para parte de suas aquisições, como é o caso de Minas Gerais, que alcançou resultado expressivo de economia e, desde então, declarou intenção por parte do Poder Executivo estadual de implementar um Centro de Compras Compartilhadas.[18]

Outros Estados o fizeram como medida estratégica para melhores contratações públicas, como o Rio Grande do Sul, Pernambuco, Paraíba, Mato Grosso do Sul, Tocantins. Essa dinâmica também foi abraçada por alguns municípios, como Macapá, Caxias do Sul e Montes Claros.

Disso, temos certo que a central de compras é uma medida estratégica, a qual merece ser analisada para adoção por diversas organizações, desde que aptas a tal.

Sobre a aptidão ou adequação para implementação de centrais de compras, é preciso alertar que os órgãos e entidades públicas devem ter grau de maturidade avançado de planejamento para que se alcance o propósito desse procedimento concentrado de contratações. Na pesquisa realizada por Jairo Alano de Bittencourt, Carlos André

---

[17] A centralização de compras como fator de estímulo à inovação em compras públicas: o caso da central de compras do governo federal e suas iniciativas da compra direta de passagens aéreas e do TáxiGov. Inteligência e Inovação e Contratação Pública. Disponível em: https://digital.editoraforum.com.br/livro/inteligencia-e-inovacao-em-contratacao-publica-4127/1.

[18] Disponível em: http://www.planejamento.mg.gov.br/sites/default/files/documentos/logistica-e-patrimonio/projetoccc_noticia_revistaconsad28_pg72.pdf, acesso em 05/03/2021.

Veloso, Geraldo Sardinha Almeida e Renato Cesar Santezo Baptista, constante do artigo "Governança das Aquisições Públicas: o caso da central de compras do Governo Federal",[19] a qual teve o objetivo de avaliar a percepção dos servidores da central de compras do governo federal quanto à aplicação das práticas e mecanismos de governança pública, verificou-se que os gestores entrevistados entendem que a falta de planejamento de longo prazo é uma das principais deficiências da central de compras.

Por isso, antes da implementação da central de compras, há que se tomar uma série de medidas, inclusive voltadas à fase preparatória da licitação, para que o propósito dessa ferramenta gerencial seja exitoso.

VI A centralização das compras pelos Municípios e os modais a serem adotados

De acordo com o artigo 181 da nova Lei, nos municípios com até 10.000 (dez mil) habitantes, as centrais de compras serão, preferencialmente, constituídas por meio de consórcios públicos.

A questão que se coloca é saber se a criação de consórcio para esta finalidade específica é vantajosa, visto que demanda estrutura física, pessoal, investimentos, custos fixos, entre outras despesas. Há que sopesar o valor dispendido versus a mantença de entidade com a finalidade exclusiva de comprar no formato centralizado.

É possível, com efeito, que se oportunizem os consórcios já constituídos para finalidades específicas, como, por exemplo, saúde e coleta de lixo, ampliando o seu escopo de atuação para atender outras demandas, como ser a central de compras, dentre outras.

Vale destacar que há outras formas de contratação conjunta que podem ser adotadas pelos entes municipais, como o registro de preços, ou adesão a centrais de compras já existentes.

A contratação centralizada de municípios por meio de registro de preços pressupõe que as demandas serão agregadas para posterior processo licitatório. Neste caso, teremos um município que assumirá o gerenciamento do processo licitatório e os demais entes interessados que participarão da demanda que será apresentada ao mercado.

Esse procedimento não exige criação de pessoa jurídica distinta, tampouco adesão depois de consolidada a contratação, permitindo que cada unidade administrativa receba a solução que lhe cabe, ficando responsável, exclusivamente, pela montagem do próprio processo de contratação e gestão contratual.

Já para a adesão às centrais de compras existentes, necessita-se de estruturas implementadas em órgãos de elevado grau de maturidade de governança e que tenhaM conseguido avançar nessa modulagem a ponto de oferecer esse serviço a outros órgãos e entidades públicas. Essa é a realidade da central de compras do governo federal e de alguns Estados.

Ainda assim é importante registrar que até mesmo essas estruturas mais avançadas na implementação da central carecem de melhorias, notadamente, no que diz respeito aos mecanismos da governança. Esse foi o diagnóstico de pesquisa desenvolvida

---

[19] Disponível em: https://www.aedb.br/seget/arquivos/artigos18/21826250.pdf.

por especialistas acerca da central do governo federal: "Como resultado, os dados mostraram que a equipe da CENTRAL, assim como seus gestores, entende que a unidade, em geral, aplica apenas parcialmente as práticas de governança, apresentando significativos espaços para melhoria em todos os mecanismos".[20]

VII Mecanismos da governança são vitais para excelência da central de compras

Se retomamos a orientação de se alcançar o melhor e mais vantajoso resultado para a Administração Pública por meio da central de compras, devemos enfatizar que a compra por meio de centrais requer excelente programação por parte dos órgãos e entidades públicas. A implementação dessa modulagem colaborativa depende de inúmeras medidas prévias, como: a capacitação do pessoal que assumirá as atividades da central, a comunicação entre entes e a central, a padronização de documentos, o planejamento dos órgãos envolvidos e a adoção de sistemas operacionais, gestão de riscos, plano de interação com o mercado e plano de logística sustentável.

Em apoio a essa posição, Virgínia Bracarense Lopes esclarece:

> Assim, vejo que a nova Lei reforça a necessidade e importância desse movimento, mas que não basta estar no normativo para acontecerem. Demandam muito mais elementos, como: patrocínio institucional; análise de modelos aderentes à necessidade de cada agente; desconstrução de mitos sobre a centralização (um dos mais comuns é que ela, por exemplo, impede a realização de políticas de desenvolvimento local, de pequenos produtores etc.); construção colaborativa das centrais pelos agentes, em especial os órgãos e entidades que serão seus beneficiários diretos; e, não sendo aqui uma lista exaustiva, a atuação em rede entre centrais de compras, unidades individuais compradoras, órgãos de controle, jurídico, academia, mercado, terceiro setor, para que realmente os esforços e experiências sejam compartilhados e o crescimento do ecossistema de compras seja no coletivo.[21]

Diante do exposto, toma-se como imperativo que a organização tenha, antes mesmo de iniciar a implementação de um modal colaborativo de compras, uma estratégia de inovação para agregar valor para o seu negócio fim. Como cita Edmo Colnaghi Neves, governança e cultura são os primeiros caminhos a serem considerados, antes mesmo da "estratégia" (...). Criar uma estratégia para alcançar e otimizar os resultados sem considerar a cultura e a governança, na maioria das vezes, mostra-se uma iniciativa infrutífera, como revela a frase contundente de Peter Drucker, o guru da administração moderna: "a cultura devora a estratégia no café da manhã".[22]

Sobre a necessidade de uma estratégia e planificação para a adoção de ações e modelos relacionados às compras públicas, Jair Santana explica:

---

[20] Disponível em: https://www.aedb.br/seget/arquivos/artigos18/21826250.pdf.
[21] Disponível em: https://ementario.info/2021/06/28/egp-entrevista-virginia-bracarense-lopes/.
[22] DAL POZZO, Augusto Neves; MARTINS, Ricado Marcondes (coord.). *Compliance* no direito administrativo. São Paulo: Thomson Reuters, 2020. Coleção Compliance. Vol. 1. p. 97.

De regra, não temos indicadores para os Suprimentos, raramente falamos em metas, desempenho, avaliação dos riscos, de performance e assuntos tais inerentes ao Setor.

Dentre nós, raramente se vê algo sistêmico, consistente e de resultados efetivos. É que para levar adiante um simples plano, dezenas, centenas ou talvez milhares de ações sejam necessárias; e devem ser coordenadas entre os diversos atores que integram o processo.

Enfim, às vezes me deparo com pessoas bem intencionadas e cheias de ótimas ideias em torno das compras públicas. Por vezes, medidas tópicas fantásticas são postas em discussão. Porém – no geral – estão acompanhadas da linearidade comum ao pensamento cartesiano. E não se chega a ótimos resultados exatamente pela falta de planificação.

E quando me vejo obrigado a lembrar que um punhado de boas ideias não é necessariamente um plano. Aliás, "um plano bem detalhado pode ser até animador, mas não é uma estratégia.[23]

Tão importante quanto os demais pontos citados é a realidade da governança entre os entes públicos. A grande maioria deles tem-lhes atribuído um grau de governança incipiente, resultado da avaliação feita pelo Tribunal de Contas da União – TCU, constante do Acórdão nº 1.273/2015 – Plenário, sob a relatoria do ministro Augusto Nardes.

Resta claro que a central de compras como ferramenta de gestão, por seu turno, colabora para a estruturação da governança das organizações, contudo a sua concretização ainda depende de medidas preparatórias para que o resultado a ser atingido seja como o pretendido, quer seja, o melhor e mais vantajoso para a Administração Pública.

VIII Central de compras, sustentabilidade e governança das organizações

Grande destaque também é dado na nova Lei para a questão da consideração das premissas de sustentabilidade nas aquisições e contratações públicas. Neste quesito, as contratações por meio de centrais de compras tendem a ser benéficas, visto que, em tese, geram maior eficiência econômica com o ganho de escala, fomentando, assim, a produção e o consumo sustentáveis no país.[24]

Como um dos pilares da governança é a própria sustentabilidade em todos os seus eixos – econômico, social e ambiental, realizar contratações de forma agregada, concentrando esforços, diminuindo o custo transacional, mitigando riscos e prevendo itens ambientalmente corretos, viabiliza esse preceito na Administração Pública.

Renato Cader da Silva e Teresa Villac Pinheiro Bark, analisando a contratação compartilhada de itens de material de expediente, mostram que essa ação coordenada torna efetiva e concreta a aplicação do conceito de sustentabilidade. Sobre o tema os autores registram:

> As compras públicas sustentáveis efetuadas de forma compartilhada acarretam ganho de escala e reduzem o valor dos produtos? O resultado acima demonstra que foi possível

---

[23] Controle em foco. O controle dos suprimentos governamentais pelo Tribunal de Contas: uma análise da Denúncia nº 1.066.6, do TCE/MG. *Revista do MPC-MG*, Belo Horizonte, v.1, n. 1, p. 70, jan./jun. 2021.
[24] Resolução nº 400 do CNJ. Disponível em: https://atos.cnj.jus.br/files/original123554202106 1860cc932a97838.pdf.

realizar uma compra ambientalmente correta e economicamente eficiente – uma iniciativa reveladora da implantação do consagrado preceito da sustentabilidade nas compras públicas.[25]

É certo, portanto, que a adoção das centrais de compras é uma medida que vai ao encontro da sustentabilidade das contratações públicas e, consequentemente, do que dita o novo marco regulatório.

IX Conclusão

Um dos principais objetivos da governança na Administração Pública é a melhoria dos processos e gestão das suas contratações. Nesse sentido, seu papel é alinhar as políticas e as estratégias de gestão das aquisições às prioridades do negócio da organização em prol da excelência e de resultados positivos aos cofres públicos. Por outro lado, a boa governança também assegura a utilização eficiente de recursos, otimiza a disponibilidade e o desempenho dos objetos adquiridos, mitiga riscos nas aquisições, auxilia a tomada de decisão nessa matéria e busca garantir o cumprimento dos papéis e das responsabilidades dos envolvidos, gerando transparência ao processo das aquisições.[26]

Contudo, e não menos importante, é preciso lembrar que a fragilidade da governança nas contratações ainda é fato. Tanto que a nova Lei orienta quais medidas devem ser tomadas para efeito de melhoria e aperfeiçoamento das estruturas, processos de trabalho e controle, e enfatiza a centralização das contratações como um dos possíveis instrumentos indicados para viabilizar um avanço no grau de maturidade da governança das organizações públicas.

Não há dúvidas de que as compras por meio de centrais trazem inúmeros benefícios para as organizações e podem contribuir para que os seus objetivos sejam alcançados com contratações mais vantajosas em função da economia de escala, aumento do poder de barganha do comprador e eliminação de compras duplicadas.[27]

No entanto, em vista do pouco grau de maturidade de governança da maioria das organizações públicas é indicado que se tenha uma planificação e avaliação da criticidade das contratações, pois uma medida tomada sem uma programação e análise de evidências e riscos apresentará lacunas de processo que podem torná-la não exitosa quanto é esperado.

Enfim, se a governança é a bússola que guia a atuação da gestão para entrega de melhores resultados, e evitar a ocorrência de desperdício de recursos públicos e promover a prestação de serviços adequados ao cidadão-usuário deve ser o objetivo de todas as organizações públicas, a adoção de centrais de compras pode sim ser um dos caminhos para conseguir a prestação de serviço com melhores resultados à sociedade.

---

[25] Disponível em: https://revista.enap.gov.br/index.php/RSP/article/view/93/89.
[26] Acórdão TCU nº 2.622/2015 – Plenário.
[27] Acórdão TCU nº 1.612/2013 – Plenário.

Referências

ALTOUNIAN, Cláudio Sarian; SOUZA, Daniel Luiz de; LAPA, Leonard Renne Guimarães. *Gestão e governança pública para resultados*: uma visão prática. Belo Horizonte: Fórum, 2017.

BRASIL. Tribunal de Contas da União. Acórdão nº 1.524/2019. Plenário. Relator: Vital do Rêgo. Sessão de 03/07/2019. Disponível em: https://pesquisa.apps.tcu.gov.br/#/documento/acordao-completo/1524%252F2019/%2520/score%2520desc/0/%2520. Acesso em: 2 abr. 2021.

BRASIL. Tribunal de Contas da União. Processo nº TC-023.202/2014-9. Relator: Augusto Sherman. Ano de atuação 2014. Disponível em: https://pesquisa.apps.tcu.gov.br/#/documento/processo/*/NUMEROSOMENTENUMEROS%253A2320220149/DTAUTUACAOORDENACAO%2520desc%252C%2520NUMEROCOMZEROS%2520desc/0/%2520. Acesso em: 2 abr. 2021.

BRASIL. Resolução nº 347, de 13 de outubro de 2020. Dispõe sobre a Política de Governança das Contratações Públicas no Poder Judiciário. Brasília: Supremo Tribunal Federal, 2020. Disponível em: https://atos.cnj.jus.br/files/original170811202010155f8881fb44760.pdf. Acesso em: 2 abr. 2021.

BRASIL. Tribunal de Contas da União. Acórdão nº 1.273/2015. Plenário. Relator: Augusto Nardes. Sessão de 27.05.2015. Disponível em: https://pesquisa.apps.tcu.gov.br/#/documento/acordao-completo/1273%252F2015/%2520/score%2520desc/0/%2520. Acesso em: 2 abr. 2021.

BRASIL. Mecanismos de Governança do TCU. Disponível em: https://portal.tcu.gov.br/governanca/governanca-no-tcu/mecanismos-de-governanca/#:~:text=Mecanismos%20de%20Governan%C3%A7a%20do%20TCU,objetivos%20da%20organiza%C3%A7%C3%A3o%20sejam%20alcan%C3%A7ados. Disponível em: 2 abr. 2021.

BRASIL. Tribunal de Contas da União. Acórdão nº 1.273/2015. Plenário. Relator: Augusto Nardes. Sessão de 27.05.2015. Disponível em: https://pesquisa.apps.tcu.gov.br/#/documento/acordao-completo/1273%252F2015/%2520/score%2520desc/0/%2520. Acesso em: 2 abr. 2021.

BRASIL. Tribunal de Contas da União. Acórdão nº 1.612/2013. Plenário. Relator: José Jorge. Sessão de 26/06/2013. Disponível em: https://pesquisa.apps.tcu.gov.br/#/documento/acordao-completo/1612%252F2013/%2520/score%2520desc/0/%2520. Acesso em: 2 abr. 2021.

BRASIL. Decreto nº 9.203, de 22 de novembro de 2017. Dispõe sobre a política de governança da administração pública federal direta, autárquica e fundacional. Brasília: Presidência da República, 2017. Disponível em: http://www.planalto.gov.br/ccivil_03/_ato2015-2018/2017/decreto/d9203.htm. Acesso em: 2 abr. 2021.

BRASIL. Lei nº 14.133, de 1º de abril de 2021. Lei de Licitações e Contratos Administrativos. Brasília: Presidência da República, 2021. Disponível em: http://www.planalto.gov.br/ccivil_03/_ato2019-2022/2021/lei/L14133.htm. Acesso em: 2 abr. 2021.

BRASIL. Tribunal de Contas da União. Acórdão nº 588/2018. Plenário. Relator: Bruno Dantas. Sessão de 21.03.2018. Disponível em: https://pesquisa.apps.tcu.gov.br/#/documento/acordao-completo/588%252F2018/%2520/score%2520desc/0/%2520. Acesso em: 2 abr. 2021.

BRASIL. Referencial Básico de Governança, Tribunal de Contas da União. 2ª Versão, 2014.

BRASIL. Disponível em: http://repositorio.enap.gov.br/handle/1/6040. Acesso em: 2 abr. 2021.

BRASIL. Governança das Aquisições Públicas: O Caso da Central de Compras do Governo Federal. Disponível em: https://www.aedb.br/seget/arquivos/artigos18/21826250.pdf. Acesso em: 5 mar. 2021.

BRASIL. EGP Entrevista: Virginia Bracarense Lopes. Ementário de Gestão Pública. Disponível em: https://ementario.info/2021/06/28/egp-entrevista-virginia-bracarense-lopes/. Acesso em: 5 mar. 2021.

BRASIL. Central de Compras. Ministério da Economia. Disponível em: https://www.gov.br/economia/pt-br/assuntos/gestao/central-de-compras. Acesso em: 2 abr. 2021.

BRASIL. Resolução nº 400, de 16 de junho de 2021. Dispõe sobre a política de sustentabilidade no âmbito do Poder Judiciário. Brasília: Supremo Tribunal Federal, 2020. Disponível em: https://atos.cnj.jus.br/files/original1235542021061860cc932a97838.pdf. Acesso em: 2 abr. 2021.

BRASIL. Tribunal de Contas da União. Acórdão nº 2.622/2015. Plenário. Relator: Augusto Nardes. Sessão de 21.10.2015. Disponível em: https://pesquisa.apps.tcu.gov.br/#/documento/acordao-completo/2.622%25 2F2015%2520/%2520/score%2520desc/0/%2520. Acesso em: 2 abr. 2021.

BRITO, Isabella. Governança em Contratações Públicas: A transformação passa pelos meios. Disponível em: http://www.licitacaoecontrato.com.br/assets/artigos/artigo_download_62.pdf.

CONTROLE EM FOCO. O controle dos suprimentos governamentais pelo Tribunal de Contas: Uma análise da Denúncia nº 1.066.6, do TCE/MG. *Revista do MPC-MG*, Belo Horizonte v.1, n. 1, p. 70, jan./jun. 2021.

DAL POZZO, Augusto Neves; MARTINS, Ricado Marcondes (coord.). *Compliance* no direito administrativo. São Paulo: Thomson Reuters, 2020.

MINAS GERAIS. Governança & Desenvolvimento. Revista do Conselho Nacional de Secretários de Estado da Administração (CONSAD). Disponível em: http://www.planejamento.mg.gov.br/sites/default/files/documentos/logistica-e-patrimonio/projetoccc_noticia_revistaconsad28_pg72.pdf. Acesso em: 5 mar. 2021.

PÉRCIO, Gabriela Verona; FORTINI, Cristiana (coord.). *Inteligência e inovação em contratação pública*. Belo Horizonte: Fórum, 2021.

SILVA, Renato Cader da; BARKI, Teresa Villac Pinheiro. Compras Públicas Compartilhadas: a prática das licitações sustentáveis. *Revista do Serviço Público*, Brasília, abr./jun. 2012. Disponível em: https://revista.enap.gov.br/index.php/RSP/article/view/93/89. Acesso em: 2 abr. 2021.

Informação bibliográfica deste texto, conforme a NBR 6023:2018 da Associação Brasileira de Normas Técnicas (ABNT):

CAMARÃO, Tatiana Martins da Costa. Governança de aquisições e modelos de centralização de compras. *In*: LOPES, Virgínia Bracarense; SANTOS, Felippe Vilaça Loureiro (coord.). *Compras públicas centralizadas no Brasil*: teoria, prática e perspectivas. Belo Horizonte: Fórum, 2022. p. 351-365. ISBN 978-65-5518-463-1.

A CENTRALIZAÇÃO DE COMPRAS NA PERSPECTIVA DOS ÓRGÃOS DE CONTROLE

TÂNIA LOPES PIMENTA CHIOATO

CAROLINE VIEIRA BARROSO SULZ GONSALVES

1 Introdução

O aprimoramento das organizações públicas por meio da avaliação de suas estruturas de governança é, há muito, tema defendido entre os órgãos de controle.[1] A lógica dessa linha de atuação é a de que organizações mais bem preparadas e estruturadas possuem melhores condições de entregar serviços de qualidade à sociedade, agregando maior valor às suas atividades, devendo os órgãos de controle se concentrar na avaliação desses aspectos.

Dentre as diretrizes para a boa governança (TCU, 2021) estão o desenvolvimento contínuo da capacidade da organização, assegurando a eficácia e eficiência da gestão dos

---

[1] A primeira edição do Referencial Básico de Governança do TCU data de 2013. A 3ª edição, revista e atualizada da publicação é de 2020 e pode ser obtida no seguinte endereço: https://portal.tcu.gov.br/governanca/governancapublica/organizacional/levantamento-de-governanca/levantamento-de-governanca.htm, acesso em: 11 out. 2021.

recursos organizacionais, como a gestão e a sustentabilidade do orçamento, das pessoas, das contratações e da tecnologia e segurança da informação; o apoio e a viabilização da inovação para o desenvolvimento do setor produtivo nacional, para lidar com as limitações de recursos, enfrentando novas ameaças e aproveitando oportunidades; e a promoção da simplificação administrativa, da modernização da gestão pública e da integração dos serviços públicos, especialmente aqueles prestados por meio eletrônico.

Como é possível perceber, trata-se de diretrizes levadas a efeito, em grande medida, por meio das contratações públicas, que vêm ganhando cada vez mais importância estratégica para o alcance das metas e o atendimento das políticas públicas governamentais. Afinal, a eficiência e a efetividade nas aquisições de bens e serviços são vitais para o alcance dos principais objetivos governamentais, incluindo investimentos em infraestrutura e a prestação de serviços essenciais aos cidadãos (OCDE, 2015).

Além de as contratações representarem significativa participação na economia, 12% do PIB nacional (IPEA, 2021), impactando expressivamente diversos mercados, representam o meio mais direto de se alavancar políticas de sustentabilidade e inovação. Por isso, demandam a adoção de cuidados e controles equilibrados, a fim de garantir a utilização eficiente dos recursos e a prestação de serviços públicos de qualidade, sem impor ônus demasiado aos agentes públicos ou inibi-los de iniciativas inovadoras.

Percebendo esse movimento e reconhecendo a importância estratégica das contratações públicas no bom desempenho das organizações, o TCU criou a Secretaria de Controle Externo de Aquisições Logísticas (Selog) em 2013, unidade temática com a missão de exercer o controle das aquisições públicas em benefício da sociedade (referencial estratégico da Selog, 2013) e concentrar o tratamento e avaliação de contratações públicas com a utilização de recursos federais, exceto as relacionadas a tecnologia da informação (TI) e obras, tratadas por outras unidades temáticas. Essa especialização foi crucial para a evolução da Corte de Contas na agenda de contratações.

Um dos primeiros trabalhos levados a efeito pela Selog foi a avaliação dos aspectos fundamentais à garantia da boa governança das estruturas e dos mecanismos de contratações das organizações, materializada no Acórdão nº 2.622/2015-TCU-Plenário. Buscou-se induzir um novo olhar dos gestores públicos para o setor de compras, a fim de que o percebessem como essencial ao bom desempenho de toda a instituição e procurassem muni-lo de ferramentas mínimas que ampliassem as chances de realizarem boas contratações.

Dentre os aspectos avaliados nesse e em outros trabalhos com similar intuito, destaca-se a preocupação com o estabelecimento de diretrizes para as compras compartilhadas, a elaboração de planos anuais de aquisições que permitam a visão de conjunto e a adoção de estratégias de contratações centralizadas para o melhor aproveitamento de ganhos de escala (subitens 9.2.1.2, 9.2.1.12.1, 9.2.2 do Acórdão nº 2.622/2015-Plenário).

Essa é também uma preocupação das entidades superiores de controle pelo mundo, a exemplo do *U.S. Government Accountability Office* (GAO), que elabora anualmente relatório com as oportunidades vislumbradas para que o governo americano reduza a fragmentação, duplicação e sobreposição em suas atividades, reduzindo custos e incrementando receita (GAO, 2015). Ainda no cenário internacional, destaca-se recomendação do *Council on Public Procurement* da OCDE para que países membros e não membros busquem uma maior integração de seus contratos públicos e desenvolvam uma maior compreensão da totalidade das despesas envolvidas em suas contratações, incluindo custos administrativos, de modo a racionalizar gastos (OCDE, 2015).

O documento elaborado pela OCDE expõe estratégia holística dos contratos públicos, a ser observada por gestores e órgãos de controle, em todos os níveis governamentais, com vistas à modernização dos sistemas de aquisição, ao seu reconhecimento como ferramenta estratégica de governo, à minimização de riscos de ineficiência e corrupção e, consequentemente, aos ganhos de economia e melhor atendimento à sociedade.

Sobressai, para o presente contexto, recomendação para que os controles internos (incluindo financeiros, auditoria interna e controles de gestão) e os controles externos se deem de maneira coordenada e com condições suficientes para garantir: i) o monitoramento do desempenho do sistema de contratações públicas; ii) a conformidade com leis e regulamentos, bem como a existência de canais ao cidadão para o relato de violações a esses dispositivos; iii) redução de duplicações na atuação do controle e supervisão adequada do processo de contratação; e iv) avaliações *ex-post*, independentes e apropriadas.

Há, portanto, um movimento que vem ganhando força no Brasil e no mundo, no sentido de reconhecer que a atividade de controle tem potencial para induzir o melhor aproveitamento dos recursos públicos empregados em contratações, e que a agenda da centralização, compartilhamento, diagnósticos sobre possíveis desperdícios e avaliações sobre modelagens inovadoras para a melhor conjugação de demandas comuns a diversos entes governamentais é parte fundamental nesse processo.

Passemos então a uma exposição sobre como a atuação dos órgãos e mecanismos de controle vêm influenciando o cenário das contratações públicas compartilhadas, os principais trabalhos e posicionamentos das entidades fiscalizadoras superiores (EFS) mundiais, especialmente o TCU, sobre esse tema e os possíveis caminhos a serem trilhados com vistas à racionalização das contratações, com a utilização de recursos públicos sob o enfoque do controle.

2 Um novo olhar dos órgãos de controle para as contratações

A partir de 2010 teve início o fortalecimento do exercício da atividade de controle nas contratações públicas nacionais, em muito impulsionado pelo novo olhar lançado a essa temática pelos órgãos que compõem a rede de controle nacional. Além da especialização do TCU, com a criação da Selog em 2013, foi esse também o ano de criação da Câmara Permanente de Licitações e Contratos Administrativos (CPLC) da Advocacia-Geral da União (AGU).[2]

---

[2] Conforme disposições da Portaria-AGU nº 98/2013 e a da Ordem de Serviço nº 1/2013, disponível em: https://www.gov.br/agu/pt-br/composicao/procuradoria-geral-federal-1/consultoria-juridica/CamaraPermanentedeLicitacoeseContratosAdminstrativos.

Do lado dos gestores públicos, contemporaneamente, mudanças relevantes também ocorriam. Por meio do Decreto nº 8.189/2014, a Central de Compras do Governo Federal (Central) foi concebida formalmente na estrutura do então Ministério do Planejamento, Orçamento e Gestão (MP), com o intuito de repensar os modelos de contratações com foco na melhoraria da eficiência do gasto público.

Alguns anos antes, a Lei nº 12.550/2011 instituía a Empresa Brasileira de Serviços Hospitalares (Ebserh), que posteriormente viria a conduzir diversas contratações conjuntas de insumos médico-hospitalares.

Os novos arranjos da Administração Pública impulsionaram modificações em toda a rede de controle, cujos integrantes passaram a acompanhar a condução de modelos inovadores de contratações. Os órgãos de controle, em muito influenciados pelos referenciais de governança nacionais e internacionais, experimentavam seu desenvolvimento endógeno, com revisões internas na forma de acompanhar e exercer a fiscalização em contratações centralizadas ou compartilhadas.

Até então, a jurisprudência do TCU era bastante vasta no que se referia a compras conjuntas de bens e serviços não especializados mediante o instituto do registro de preços, mas pouco tinha se debruçado sobre o potencial das contratações pela união de demandas de um conjunto muito mais significativo de objetos e organizações públicas, conduzidas de forma centralizada por entidades criadas para esse intento, de forma menos casuística e mais consistente.

Foi nesse contexto que os primeiros referenciais para o exercício do controle em compras conjuntas de forma ampla (não setoriais, como TI e obras) começaram a ser construídos no TCU. O levantamento de riscos e controles nas aquisições (RCA), com vistas a mapear normativos, estudos e pesquisas relacionadas aos riscos considerados mais elevados no processo de aquisição, foi um dos primeiros trabalhos realizados pelo controle externo federal, já sob a nova configuração interna.

O documento (disponível em: http://www.tcu.gov.br/arquivosrca/ManualOnLine.htm, acesso em: 6 set. 2021), aprovado pelo Acórdão nº 1.321/2014-TCU-Plenário, apresenta um desses riscos relevantes:

> Organizações realizam contratações sem atentar ao princípio da padronização, levando a multiplicidade de esforços para realizar contratações semelhantes, com consequente esforço desnecessário para elaborar especificações da contratação (e.g., dificuldade de obtenção de preços de referência ante a singularidade das especificações), repetição de erros (e.g., ante o "reaproveitamento de especificações e de editais") e perda de economia de escala (ante a impossibilidade de contratação conjunta via SRP).

Naquela oportunidade, em que pese o enfoque na ausência de padronização dos artefatos processuais e de procedimentos, já se vislumbravam possíveis consequências de contratações isoladas e descoordenadas para objetos semelhantes nas organizações públicas. A padronização é um dos fatores que conduzem à opção pela compra centralizada, razão pela qual os objetos usualmente contratados conjuntamente são aqueles mais corriqueiros às organizações e, portanto, que guardam mais semelhanças entre as demandas dos diversos contratantes.

Na sequência de trabalhos do TCU, foi realizado levantamento com 12.259 organizações das esferas federal, estadual e municipal, com o objetivo de sistematizar informações sobre a situação da governança pública em âmbito nacional, permitindo uma análise sistêmica de oportunidades de melhoria afetas à estratégia, ao gerenciamento de risco, à atuação das unidades de auditoria interna, à aprovação formal de planos pelo dirigente máximo, ao direcionamento estratégico e à supervisão de resultados.

O resultado desse levantamento está materializado no Acórdão nº 1.273/2015-TCU-Plenário, que, por meio de relatórios individualizados da situação dos entes participantes, contribui para disseminar temas de governança pública e de governança e gestão das aquisições, incentivando a mudança de comportamento na Administração Pública em todo o país.

Partiu-se da premissa, no mencionado trabalho, de que "a atuação eficaz das instâncias internas de governança é fator crítico de sucesso para que as organizações administrem, de maneira eficiente, os recursos a sua disposição".

Os questionários aplicados às organizações que participaram do levantamento foram validados por diversos órgãos e entidades públicas por meio de dois painéis de referência organizados pelo TCU. Após o recebimento das respostas, foram realizadas análises e calculados os índices de governança pública e de gestão das aquisições (IGG). Esse índice é uma referência para a autoavaliação de cada organização quanto à sua capacidade em cada uma das áreas avaliadas e vem sendo atualizado ao longo dos anos, tendo seu último ciclo ocorrido em 2021 e sido julgado por meio do Acórdão nº 2.164/2021-TCU-Plenário.

Dentre as dimensões agrupadoras do IGG2021 destaca-se a "Gestão de Contratações", cujo índice é o iGestContrat (índice de gestão das contratações). Compõem o índice questões que envolvem a capacidade de: i) promover a integridade nas contratações (agregador IntegrContrat); ii) gestão de pessoas nas contratações (agregador Pessoas); iii) processos de contratações (agregador Processos); iv) gestão de riscos das contratações (agregador RiscosContrat); v) contratar e gerir com base em desempenho (agregador GestContrat); e vi) realizar licitações sustentáveis (agregador ContratSustent).

O relatório apontou melhora no índice de capacidade em processos de contratações se comparado a 2018, data da avaliação anterior, sendo em muito alavancado pela elaboração do Plano Anual de Contratações (PAC), regulamentado pela Instrução Normativa nº 1/2019 da Secretaria de Gestão do Ministério da Economia (IN-Seges nº 1/2019), aspecto que apresentou variação de 52% de organizações em estágio inicial de implementação em 2018 para apenas 30% em 2021. Além disso, pela primeira vez o relatório do IGG trouxe o aspecto da sustentabilidade, dimensão que se propõe a avaliar, dentre outras, práticas de racionalização de gastos e de processos.

FIGURA 1
Processo comparativo do IGG entre 2018 e 2021

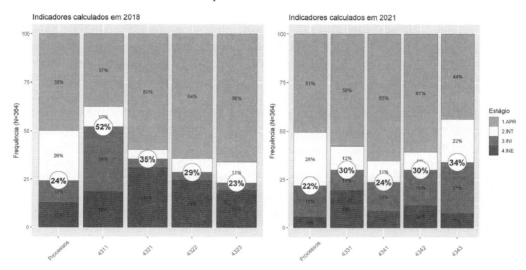

Estágios de capacidade: aprimorado - 70,01 a 100% (APR); intermediário - 40 a 70% (INT); iniciando - 15 a 39,99% (INI); inexpressivo - 0 a 14,99% (INE).

Agregadores: 4331 - elaboração do PAC; 4321 - gestão de pessoas em contratações; 4322 - processo de trabalho para seleção de fornecedores; 4323 - processo de trabalho para gestão de contratos.

Fonte: relatório de auditoria do IGG-2021 (processo TC 011.574/2021-6), que fundamentou o Acórdão 2.164/2021-TCU-Plenário.

Sabe-se que a gestão eficiente de contratações conjuntas demanda o pleno conhecimento do perfil de aquisições dos órgãos e entidades aderentes ao modelo centralizado. Vislumbra-se que essa informação pode ser obtida mediante sistemas informatizados que congreguem expectativas futuras de contratação, permitindo uma visão ampla e *ex-ante* das necessidades dos entes públicos. No âmbito da Administração Pública federal direta, autárquica e fundacional, o PAC e o Sistema de Planejamento e Gerenciamento de Contratações (PGC) são importantes ferramentas para esse fim.

O plano de contratações vem, há muito, sendo defendido pelo TCU como ferramenta gerencial relevante, especialmente em contextos de aquisições conjuntas. Um dos trabalhos mais emblemáticos conduzidos pelo órgão de controle externo federal, em que esse tópico foi amplamente abordado, foi o relatório de levantamento que culminou no Acórdão nº 2.622/2015-TCU-Plenário.

O objetivo do levantamento foi, em sintonia com o IGG, sistematizar informações para identificar pontos vulneráveis e induzir melhorias na governança e na gestão das aquisições públicas. Evidenciou-se, por exemplo, a falta de visão estratégica de agentes que operacionalizam individualmente cada processo de aquisição. Dentre as recomendações dirigidas ao então Ministério do Planejamento, destacam-se (grifado):

> 9.2.1.2. estabelecer diretrizes para as suas aquisições, incluindo as referentes a terceirização (execução de serviços de forma generalizada, com ou sem cessão de mão-de-obra), compras, estoques, sustentabilidade e *compras conjuntas*;
> (...)
> 9.2.1.12. executar processo de planejamento das aquisições, contemplando, pelo menos:

9.2.1.12.1. elaboração, com participação de representantes dos diversos setores da organização, de um documento que materialize *o plano de aquisições*, contemplando, para cada contratação pretendida, informações como: descrição do objeto, quantidade estimada para a contratação, valor estimado, identificação do requisitante, justificativa da necessidade, período estimado para executar a aquisição (e.g., mês), programa/ação suportado(a) pela aquisição, e objetivo(s) estratégico(s) apoiado(s) pela aquisição;
9.2.1.12.2. aprovação, pela mais alta autoridade da organização, do plano de aquisições;
9.2.1.12.3. divulgação do plano de aquisições na internet;
9.2.1.12.4. acompanhamento periódico da execução do plano, para correção de desvios;

As recomendações supra foram propostas tendo como premissa que a ampliação das contratações conjuntas deveria ser a diretriz nas organizações públicas, em atenção ao princípio da padronização e à adoção do registro de preços, sempre que possível, previstos nos incisos I e II do art. 15 da Lei nº 8.666/1993. A nova lei de licitações (Lei nº 14.133/2021), em que pese ter mantido a necessidade de observância da padronização como princípio, elenca a adoção do registro de preços, quando pertinente, apenas como um dos itens a serem considerados no planejamento das contratações e não mais como princípio.

O parcelamento continua sendo um dos princípios das contratações, com vistas ao aproveitamento das peculiaridades do mercado, desde que seja técnica e economicamente vantajoso, não sendo recomendado quando a economia de escala, a redução de custos de gestão de contratos e/ou a maior vantagem na contratação conduzirem à compra de um mesmo fornecedor, nos termos do art. 40 da Lei nº 14.133/2021. O art. 19 do mesmo diploma legal dispõe que os órgãos da Administração deverão elaborar instrumentos que permitam, preferencialmente, a centralização de procedimentos de aquisição e contratação de bens e serviços. Pode-se, ainda, invocar a racionalidade administrativa e a economicidade como outros princípios que sustentam a lógica da centralização de compras.

Rememorou-se, ainda, no relatório de levantamento, consideração feita pela OCDE no sentido de que a prática de elaboração dos planos de aquisição facilitaria às organizações executarem compras conjuntas com maior eficiência, pois haveria possibilidade de se confrontar, com antecedência, o que cada organização pretendesse adquirir no decorrer do ano.

Entre 2018 e 2019, o TCU realizou levantamento de auditoria que teve por escopo avaliar as compras governamentais sob a perspectiva da fragmentação e suas consequências para a Administração. Para tanto, o órgão de controle coletou e sintetizou informações sobre as aquisições, buscando identificar possível fragmentação, sobreposição ou duplicidade da atuação governamental nessa área.

O levantamento se espelhou em trabalho realizado periodicamente pelo U.S. Government Accountability Office (GAO), segundo o qual, quando há o envolvimento de mais de uma agência governamental na mesma área de necessidades, está configurada a fragmentação. A sobreposição ocorre quando múltiplas agências têm objetivos similares, direcionam sua estratégia e alocam seus esforços para proporcionar benefícios a público-alvo semelhante. Quando absolutamente coincidentes os objetivos, as estratégias e a parcela da população atendida, trata-se de duplicidade. Em quaisquer das situações há relevantes oportunidades de racionalização da ação governamental (GAO, 2015).

FIGURA 2
Fragmentação, sobreposição e duplicidade, respectivamente

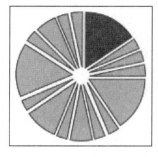 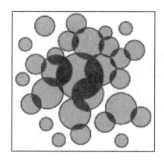 

Fonte: Fragmentation, Overlap, and Duplication: An Evaluation and Management Guide. GAO-15-49SP.

Transportando essa lógica para a área de contratações, é possível afirmar que a fragmentação ocorre quando várias organizações adquirem produtos similares de forma dispersa, a sobreposição quando um ou mais órgãos governamentais alocam esforços para contratação de itens similares visando ao atingimento de objetivos parcialmente coincidentes, e a duplicação quando contratações de mesmo objeto, com a mesma finalidade, são conduzidas por organizações diferentes, sem comunicação ou compartilhamento de recursos.

No trabalho do TCU ressaltou-se que, "somente em 2018, ocorreu a autuação de 102.635 processos por 187 diferentes organizações da administração direta, autárquica e fundacional, no valor equivalente a R$ 47,7 bilhões". Em linha similar, com escopo ampliado a partir de dados do Painel de Compras do Ministério da Economia (http://paineldecompras.economia.gov.br/), a Controladoria-Geral da União (CGU) apontou que, no mesmo ano, foram homologados 145.564 processos de compras, correspondentes a R$ 60,3 bilhões (CGU, 2019).

Diante da percepção de que diversas organizações adquirem itens similares, com finalidades análogas, o TCU recomendou ao Ministério da Economia, por meio do Acórdão nº 1.524/2019-TCU-Plenário, a realização de estudos para avaliar o grau de fragmentação nas contratações do Poder Executivo federal, seus potenciais efeitos e as possíveis estratégias para gerenciá-los, considerando uma visão completa de governo, ou seja, uma abordagem ampla das contratações isoladas e os riscos e oportunidades envolvidos em possíveis aquisições conjuntas.

Na contínua missão dos órgãos de controle de induzir a melhoria da governança das contratações públicas no País, menciona-se, por pertinência com o tema de contratações conjuntas ou compartilhadas, auditoria realizada pelo TCU com vistas a avaliar em que medida o plano anual de contratações e o sistema PGC, instituídos pela IN-Seges nº 1/2019, efetivamente contribuíam para o planejamento das contratações.

De acordo com a avaliação do órgão de controle externo, é possível perceber a indução do desenvolvimento da governança das contratações ocorrida após a edição da IN-Seges nº 1/2019, que estabelece as diretrizes para a elaboração dos planos. Dentre os órgãos avaliados e que, por força da instrução normativa, já elaboravam seus planos anuais, apenas 15,3% afirmaram ter realizador planejamento das contratações antes da norma.

Por outro lado, como é de se esperar em toda ruptura com o *status quo*, mapearam-se fragilidades na aplicação da ferramenta por parte dos órgãos que elaboravam seus planos de contratações e que compuseram a amostra avaliada. Foram, ainda, verificadas oportunidades de melhorias do sistema PGC e na instrução normativa.

Mediante o Acórdão nº 1.637/2021-TCU-Plenário, o TCU fez uma série de recomendações ao Ministério da Economia e autorizou o encaminhamento, para as organizações avaliadas, dos relatórios individualizados que mapearam sua situação quanto à elaboração dos planos anuais de contratações. Merece destaque o apontamento quanto à:

> ausência de módulos, no sistema PGC, para a etapa de gestão do PAC, que permitam aos órgãos, inclusive aqueles com mais de uma Uasg, usufruírem efetivamente dos benefícios oriundos do planejamento por meio do referido sistema, a exemplo da visualização das aquisições planejadas, da emissão de relatórios completos e específicos ou da geração de um calendário anual de compras contendo todas as contratações previstas para determinado período.

Ou seja, concluiu-se que a potencialidade da ferramenta para fomentar contratações conjuntas, reduzir fragmentação, sobreposição e duplicidade nas contratações e, consequentemente, ampliar a racionalização das compras públicas, não está sendo aproveitada em sua plenitude. De outro giro, por meio da referida recomendação, reconhece-se que há inegáveis benefícios possíveis de serem alcançados com o uso do PAC e do PGC. Há um caminho longo e promissor a ser percorrido e é papel dos órgãos de controle apoiar e fornecer balizas com vistas ao alcance dos objetivos.

É de se reconhecer, ainda, o protagonismo dos órgãos de controle, notadamente do Tribunal de Contas da União, na condução das mudanças em prol da otimização das contratações, e a pronta resposta do governo federal às recomendações e determinações exaradas por meio dos acórdãos, com a edição de normas e orientações, a exemplo do recente Decreto nº 10.947/2022, que regulamentou o PAC e o PGC à luz da nova lei de licitações e incorporou apontamentos do Acórdão nº 1.637/2021-TCU-Plenário.

Esse breve histórico evidencia um movimento uniforme de diversos órgãos da Administração Pública federal no sentido de se repensar a forma de contratar e de fiscalizar contratações públicas, tendo em vista o grau de importância estratégica que passou a ser atribuído à temática. O enfoque na eficiência, na redução de processos, na desoneração de unidades de compras e no potencial de alcance de resultados do conjunto de compras governamentais em comparação a contratações isoladas passou a ser a tônica buscada pelas organizações compradoras e pelos órgãos de controle.

Coincidentemente ou não, os diversos trabalhos realizados pelos órgãos de controle no âmbito da governança das contratações públicas federais foram seguidos de relevantes alterações normativas no que tange às bases para as aquisições compartilhadas, como o Decreto nº 9.203/2017, que trata da política de governança da Administração Pública federal direta, autárquica e fundacional, a IN-Seges nº 1/2019, que dispõe sobre o plano anual de contratações e, finalmente, a nova lei de licitações, Lei nº 14.133/2021, que incorporou diversas das recomendações recorrentes da entidade de controle externo federal.

FIGURA 3
Evolução jurisprudencial e normativa acerca do planejamento das contratações

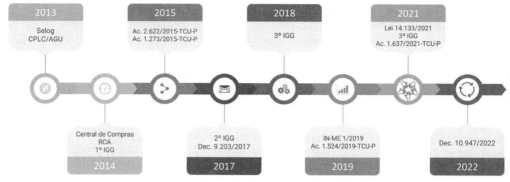

Fonte: Elaboração própria.

No cenário internacional, as contratações conjuntas por meio de estruturas criadas com a finalidade de agregar demandas de diversas agências governamentais são igualmente objeto de constantes acompanhamentos e avaliações dos órgãos de controle. De acordo com o *National Audit Office* (*Improving Government Procurement*, NAO, 2013), desde 2010 o Reino Unido vem conduzindo uma série de importantes mudanças em suas estruturas de contratações e desenvolvendo uma estratégia de reforma do processo de aquisições, com a liderança do *Cabinet Office*[3] a ser implementada em colaboração com os diversos departamentos governamentais por meio do *Government Procurement Service* (GPS), serviço de compras governamentais centralizadas.

A atuação do NAO foi fundamental para a revisão da estratégia de compras do Reino Unido, tendo apontado, em trabalhos anteriores a 2010 acerca das aquisições conjuntas do setor público, grande número de acordos-quadro centrais com sobreposição de objeto, falta de padronização nas especificações e aproveitamento inadequado do potencial de escala das aquisições, por agregação de volume, com vistas a obter melhores preços. Apontou, ainda, a inexistência de mandato obrigando os diversos departamentos do governo a aderirem aos contratos centralizados, o que enfraqueceria o programa (NAO, 2010).

Por outro lado, a estratégia iniciada em 2010, de acordo com o referido órgão de controle, se mostrou mais coerente, tendo sido estabelecidas responsabilidades claras e um mandato para que os departamentos do governo central passassem a adotar, como regra, os contratos centralizados. A economia relatada pelo GPS em 2013, ano da avaliação da nova estratégia pelo NAO, foi de £ 426 milhões em 2011 e 2012, em decorrência de reduções de preços médios em seus contratos, e de £ 1.810 milhões, por reduções nas quantidades adquiridas, como resultado de melhorias no gerenciamento de demandas (NAO, 2013).

---

[3] Trata-se de departamento ministerial que apoia o Primeiro-ministro e o gabinete do Reino Unido. Trabalha para garantir o sucesso e a eficiência da agenda do governo e apoiar os departamentos governamentais para alcançarem seus objetivos, assumindo a liderança em áreas consideradas críticas (https://www.gov.uk/government/organisations/cabinet-office, acesso em: 11 out. 2021).

O relatório do NAO avaliou a estratégia de aquisições, revisou os arranjos de governança e *accountability* estabelecidos e examinou o progresso da implementação da estratégia de 2010 a 2012. Destacaram-se positivamente, além dos ganhos em economia de recursos, os planos de aumento da capacitação do corpo técnico dedicado ao programa, apesar da redução do número total de colaboradores, com especial ênfase para a implementação de ferramentas on-line integradas com a finalidade de dar mais agilidade aos procedimentos (*e-enablement tools*) e a preocupação com a necessidade de aumento da participação de pequenas e médias empresas nas contratações centralizadas do governo.

Em suas conclusões, o NAO apontou a necessidade de o *Cabinet Office* exercer forte liderança com vistas a promover significativa mudança cultural em todo o governo, de modo a incentivar a adesão ao GPS e ampliar as chances de alcance dos objetivos do programa. Apesar do mandato para a adesão aos contratos centralizados, o órgão de controle apontou prática muito diversa, já que os departamentos que decidiram não aderir à compra centralizada não haviam sofrido qualquer sanção até o momento do diagnóstico. Além disso, apontaram-se ineficiências nas estruturas de governança do *Cabinet Office* e do GPS, metas muito ousadas, não realistas, dados incompletos e fragilidades na administração dos contratos centralizados.

Nos anos que se seguiram, o órgão de controle britânico realizou acompanhamentos e fez uma série de apontamentos ao governo do Reino Unido com vistas a auxiliar na melhoria de suas contratações centralizadas (The Performance of the Cabinet Office, NAO, 2015). Em 2014, estabeleceu-se o *Crown Comercial Service* (CCS), centro de contratações de bens e serviços comuns a partir de acordos comerciais (acordos-quadro de compras) firmados junto a fornecedores dos mais variados setores (https://www.crowncommercial.gov.uk/, acesso em: 6 set. 2021), como parte da nova estratégia.

Conforme relatório do NAO (Crown Commercial Service, 2017), foram gastos £ 12,8 bilhões pelo setor público em bens e serviços com o auxílio do CCS em 2015-2016, sendo que dessa quantia £ 2,5 bilhões foram despendidos diretamente pelo CCS em compras realizadas pelo governo central, gerando uma economia de £ 521 milhões para os usuários da ferramenta, seja diretamente, pela redução dos custos com os objetos contratos, ou indiretamente, pelos ganhos de gestão administrativa.

Além disso, de acordo com o mesmo documento, 60% dos clientes se disseram satisfeitos ou muito satisfeitos com os serviços do CCS e 54% dos acordos-quadro a expirar nos anos avaliados foram prorrogados. A adesão dos departamentos governamentais, contudo, ficou aquém das expectativas, com apenas sete organizações tendo seus gastos com contratações gerenciados diretamente pelo CCS, dez a menos que a previsão original.

Ao longo da avaliação, o órgão de controle apontou uma série de fragilidades e oportunidades de melhoria a serem observadas pelo *Cabinet Office* na gestão do CCS, como o fato de o governo não deter informações consistentes sobre os gastos de seus departamentos, sobre o que estava apto a ser centralizado ou o que deveria ser adquirido localmente, a morosidade na adesão das agências governamentais ao modelo centralizado e os impactos do modelo híbrido adotado por algumas agências, que, embora aderindo aos acordos-quadro do CCS, mantiveram o gerenciamento de suas aquisições, notadamente nos custos com pessoal.

A baixa qualidade dos itens adquiridos também foi relatada por alguns dos clientes, além de comunicação deficiente, de serviços não confiáveis e de fragilidades na gestão dos acordos-quadro pelo CCS. A entrega dos serviços nem sempre ocorreu de acordo com os termos contratuais, mas os fornecedores e departamentos, em sua maioria, reconhecem que a CCS agrega valor às compras governamentais.

A demonstração da economicidade obtida com os acordos-quadro foi considerada falha, uma vez que adotava como referência apenas *benchmarking* com os atuais fornecedores e os acordos-quadro não estavam sendo corretamente geridos. Apontou-se que 21 dos 39 acordos que estavam prestes a expirar foram prorrogados sem nova rodada de competição ou reabertura ao mercado, muitos dos quais já tendo atingido o limite permitido de prorrogações.

Os controles internos do CCS também apresentaram fragilidades, em função da carência de ferramentas e regras para o gerenciamento de fluxo de processos, o que permitiu, por exemplo, que contratos fossem firmados com base em acordos-quadro expirados.

Fez parte do relatório uma análise dos planos futuros da CCS, dentre os quais se destaca a concentração na melhoria da qualidade de suas operações internas, a exemplo da gestão de processos, da padronização e integração dos serviços que oferece e da priorização de investimentos que pudessem fortalecer seus controles internos. Curiosamente, em 2016, o CCS planejava transferir algumas funções e pessoas de volta aos departamentos, reduzindo o número de serviços exclusivos sob sua responsabilidade, além de mudanças na forma de cobrança pelos serviços prestados pelo CCS, transferindo-os das agências aderentes ao modelo para os fornecedores.

Em resumo, o NAO concluiu que o governo ainda não demonstrara uma adequada relação custo-benefício obtida com a central de contratações, tendo em vista a inexistência de um plano de transição detalhado, o que levou a dificuldades na adesão dos diferentes departamentos governamentais às compras conjuntas e à necessidade de redefinição de planos. Mostrou-se frágil também a demonstração dos custos e benefícios líquidos, de modo a permitir adequada comparação entre os resultados obtidos com o CCS e as contratações individuais de bens e serviços.

Partindo da premissa de que o sucesso das contratações compartilhadas está na adesão dos órgãos parceiros ao modelo, o órgão de controle recomendou o estabelecimento de um mandato claro e a melhoria das operações internas e da qualidade dos serviços prestados pelo CCS. Dentre as medidas sugeridas destacam-se: i) a criação de um canal de suporte aos departamentos, com o apoio destes; ii) a definição de prioridades de atendimento entre departamentos do centro de governo e demais órgãos e entidades; iii) a revisão das responsabilidades e estruturas de governança, com definição clara das funções do CCS, que, de acordo com o relatório, deveriam se concentrar na aquisição de bens e serviços comuns; e iv) a definição de metas claras para melhoria nas operações internas e comunicação dos progressos aos departamentos governamentais.

Em 2019 o centro de contratações reportou £ 15,7 bilhões gastos com a utilização dos acordos-quadro que gerencia, o que representou pouca evolução em relação ao observado em 2017. Ainda assim, faz parte dos planos do CCS para 2021 o aumento para £ 22,6 bilhões desse montante. Foram estabelecidas metas como: i) maior quantidade e qualidade no atendimento de clientes; ii) economia de £ 890 a £ 930 milhões em 2019-2020 e de £ 1.100 a £ 1.160 milhões em 2020-2021; iii) simplificação do processo de contratação, implementação de "valor social" às contratações, mais oportunidades a micro e pequenas empresas; iv) gerenciamento de portfólio com foco nas necessidades do cliente; e v) desenvolvimento de serviço de acesso aos acordos por meio de solução escalável e digital (CCS Business Plan 2020-2021, 2019).

O acompanhamento do órgão de controle externo britânico consistiu em um diagnóstico detalhado dos planos governamentais para a centralização de contratações e do andamento do projeto, com identificação de fragilidades e oportunidades a serem observadas pelo CCS para seu aprimoramento contínuo. Nesse ponto, reforça-se o papel dos órgãos de controle como impulsionador de relevantes aprimoramentos em projetos governamentais.

Destaca-se ainda, no cenário internacional, estrutura desenvolvida pela entidade de fiscalização superior norte-americana (GAO), que permite realizar avaliações qualitativas da função de aquisições em órgãos federais e que serviu como referência ao trabalho do IGG. De acordo com o *Framework for Assessing the Acquisition Function at Federal Agencies*, cada órgão deve organizar seu setor de contratações para que opere estrategicamente apoiando sua missão institucional. Para o GAO, as contratações são consideradas estratégicas e o modelo centralizado tem potencial transformador nos resultados das organizações:

> Traditionally, the acquisition function has been fragmented among business units, as each was responsible for its own acquisition activities. We found that leading organizations transformed the acquisition function from one focused on supporting various business units to one that is strategically important to the bottom line of the whole company. (GAO, 2005)

Assim como fazem parte das avaliações de fragmentação, sobreposição e duplicidade, as contratações públicas costumam permear a lista de alto risco (*High Risk List*) do GAO, que há 15 anos elenca o rol de programas e funções públicos com alto risco de fraude, desperdício, abusos e má-gestão, ou que necessitam de significativa transformação. A lista, que atualmente possui 36 áreas consideradas de alto risco, é publicada a cada dois anos e orienta ações de gestores públicos e iniciativas do Congresso americano, sendo responsável por economias de recursos públicos na monta de U$ 575 bilhões desde que foi inaugurada (https://www.gao.gov/high-risk-list, acesso em: 29 set. 2021).

São exemplos de áreas de contratações que constam da lista de alto risco o *Department of Defense* (DOD) com o seu *Weapon Systems Acquisition* e as aquisições de TI (tópico *Improving the Management of IT Acquisitions and Operations*). O relatório mais recente que aborda a lista de alto risco destaca, por exemplo, a necessidade de as agências adotarem medidas para reduzir duplicações com seus gastos de TI (GAO, 2021, p. 32).

Em 2013 os progressos verificados na área de contratos compartilhados, até então monitorados pelo GAO, justificaram sua exclusão da lista de alto risco em que figurava desde 2005. De acordo com o órgão de controle americano, o uso de contratos interagências, em que organizações compartilham contratações para a obtenção de bens e serviços, poderia otimizar o processo de aquisição, alavancando o poder de compra coletiva do governo (GAO, 2013, p. 1).

Em resposta às recomendações realizadas pelo GAO, cita-se informação apresentada pela *U.S. General Services Administration* (GSA), agência responsável por gerenciar políticas administrativas do governo norte-americano, no sentido de que estaria, em 2013, melhorando a disponibilidade e uso de seu programa *Multiple Award Schedules*

(MAS), que atualmente congrega contratos governamentais de longo prazo, com acesso a mais de onze milhões de bens e serviços, e significativos descontos por volume de contratação (https://www.gsa.gov/buying-selling/purchasing-programs/gsa-schedule, acesso em: 8 out. 2021).

Desde então, sucessivos aprimoramentos têm sido implementados no *Federal Marketplace Strategy* (FMP), canal adotado amplamente entre as agências federais americanas como *marketplace* para suas contratações, sob a coordenação do GSA.

Outros órgãos de controle internacionais também manifestam especial interesse no tema das contratações conjuntas. A Controladoria do Chile, por exemplo, órgão máximo de controle externo daquele país, emitiu parecer recentemente reiterando a necessidade de adoção, pelas agências estaduais, da plataforma www.mercadopublico.cl para contratações de baixo valor (Controladoría General de la República de Chile, 2021).

Um ano após a implantação da plataforma de contratações, as transações somam US$ 147 milhões, sendo que 80% dos valores foram negociados junto a empresas de pequeno e médio porte de todo o país. A plataforma possibilitou a abertura de mercado e significativa ampliação da concorrência, transparência e agilidade, com consequente redução de custos (www.chilecompra.cl/2021/06/controladoria-general-de-la-republica-refuerza-uso-de-compra-agil-para-montos-menores-a-30-utm/, acesso em: 11 out. 2021).

As orientações da *International Organization of Supreme Audit Institutions* (Intosai) para a realização de auditoria em contratações públicas também colocam como uma das abordagens possíveis a serem adotadas pelas entidades fiscalizadoras superiores (EFS):

> Studying the way procurement is planned and organized at the government level or at certain groups of entities as to conclude on improvements that can be introduced (ex: centralized purchasing).

O uso de contratações compartilhadas para a obtenção de condições mais vantajosas é adotado como critério de verificação de eficiência em auditorias conduzidas, por exemplo, pelos órgãos máximos de controle externo de Portugal e da Bielorrússia (Intosai, 2016).

Todos os casos mencionados de atuação de órgãos de controle nacionais e internacionais têm em comum o reconhecimento de que as contratações conjuntas devem ser consideradas como uma forte alternativa na estratégia dos governos centrais, tendo em vista o seu potencial de induzir maior eficiência e economicidade nas compras públicas.

Por outro lado, a atuação das centrais de compras ou a formação de conglomerados de entidades que administrem acordos-quadro, gerenciem contratos compartilhados ou implementem *marketplaces* necessita de robustas estruturas de governança, adequada gestão de necessidades, avaliação de riscos e permanente monitoramento e avaliação de resultados, o que demanda acompanhamento pelos órgãos de controle, que possuem o papel de apontar as fragilidades e oportunidades de melhoria, induzindo o constante aprimoramento de todo o processo por parte das entidades gestoras.

3 Casos emblemáticos

A avaliação sistêmica e ampla das estratégias de compras compartilhadas e o potencial da atuação dos órgãos de controle na indução de melhorias em todo esse processo podem ser mais bem compreendidos mediante o estudo das especificidades de casos concretos. Alguns desses casos emblemáticos e a respectiva atuação do órgão de controle externo federal são a seguir descritos.

Aquisição de passagens aéreas

A partir de representação formulada pela Associação Brasileira de Agências de Viagens do Distrito Federal (Abav-DF) quanto a alegadas irregularidades no Credenciamento 1/2014, conduzido pela Central de Compras para a aquisição de passagens aéreas nacionais sem intermédio de agências de viagem, a Selog/TCU debruçou-se, entre outros aspectos, sobre o tema referente a compras centralizadas.

Cabe relembrar que em decisão anterior (Acórdão nº 1.973/2013-TCU-Plenário), o TCU já havia determinado à Secretaria de Logística e Tecnologia da Informação (SLTI/MP) que estudasse as possíveis vantagens do modelo de contratação direta das companhias aéreas para o fornecimento de passagens nacionais e internacionais para a Administração Pública, visto que o sistema até então utilizado (compras intermediadas por agência de viagens) não se mostrava transparente quanto aos reais gastos com as passagens emitidas.

O novo modelo, delineado para funcionar em caráter experimental durante os dois primeiros meses – apenas no âmbito do Ministério do Planejamento – seria estendido gradualmente a toda a Administração Pública, à medida que expirassem as vigências dos contratos dos órgãos públicos com as agências de viagem. Além disso, para viabilizar o processo de aquisição direta de passagens junto às companhias aéreas, foram implantadas funcionalidades no Sistema de Concessão de Diárias e Passagens do Governo Federal (SCDP).

Superados os questionamentos referentes à legalidade do instituto do credenciamento para o objeto em questão e à possibilidade de se adquirir passagens diretamente das companhias aéreas sem intermediação de agências, entendeu-se que o modelo delineado somente teria se tornado possível e viável com a criação da Central de Compras, órgão com competência normativa para realizar o credenciamento e racionalizar as aquisições.

Além disso, o TCU apontou, em análise preliminar, que o credenciamento teria o potencial de conferir maior agilidade e eficiência no processo de emissão de bilhetes, além de economia no preço pago pelas passagens e redução dos custos gerenciais e administrativos de se contratar agências de viagens para essa intermediação, a exemplo dos gastos com a realização de licitações e a fiscalização dos contratos. Também, como principal vantagem, estaria a transparência do modelo, considerando que os valores pagos pelas passagens seriam efetivamente aqueles praticados pelas companhias aéreas, mitigando-se, inclusive, riscos de fraudes no serviço de agenciamento.

No decorrer da instrução dos autos e da juntada de novos elementos, por outro lado, levantaram-se diversas dúvidas mais específicas quanto à forma de operacionalização do novo modelo e quanto à efetiva demonstração da economicidade pretendida.

Dentre os aspectos questionados pelo TCU estavam os mecanismos de fiscalização do processo de emissão de passagens, a fim de averiguar a responsabilidade por eventuais escolhas de tarifas mais onerosas; os custos com cancelamentos e reembolsos de voos, considerando não ser possível a remarcação de bilhetes, como acontecia no modelo de agenciamento; os controles para se garantir a realização das reservas com antecedência, de maneira a se obter as menores tarifas, evitando-se gastos desnecessários por falta de planejamento; a falta de contabilização de custos com a postergação na retenção dos tributos e com os "custos sombra" (implícitos); a ausência de análises comparativas entre ambos os modelos de aquisição; e, por fim, aspectos sobre a própria legalidade da contratação, envolvendo a responsabilidade governamental com o trinômio isonomia, proposta mais vantajosa e promoção do desenvolvimento nacional sustentável.

O processo culminou com o Acórdão nº 1.545/2017-TCU-Plenário, de 19.07.2017, em cujo voto o relator teceu comentários sobre os desafios e possíveis vantagens do novo modelo:

> 33. Portanto, ao mesmo tempo que reconhecemos as dificuldades e o custo adicional de se implementar um modelo inovador, identificamos diversos indícios de vantajosidade do novo modelo, não só sob o ponto de vista financeiro, mas também em relação ao ganho de transparência e de racionalização do processo de gestão dos contratos para aquisição de passagens aéreas, razão pela qual afasto, neste momento, o exame da economicidade como fator preponderante da análise da legalidade do Credenciamento 1/2014. Afinal, em termos de gestão pública, substituir um modelo obscuro por um transparente, por si só, já justificaria a opção do administrador estatal, ainda que isso não representasse nenhuma economia financeira.

Além disso, afastando a hipótese de ilegalidade, irregularidade ou desrespeito a princípios constitucionais, julgou a representação como improcedente, sem prejuízo da adoção de medidas a fim de verificar e acompanhar as adaptações e melhorias a serem promovidas no modelo, de forma a atestar a efetividade dos seus controles e a economicidade.

Assim, na referida decisão determinou-se ao Ministério do Planejamento que promovesse a divulgação mensal, no Portal da Transparência, das informações sobre os descontos resultantes dos acordos firmados com as companhias aéreas obtidos em cada bilhete, assim como os valores desembolsados a título de taxas de remarcação e cancelamento, taxas de *no-show*, taxas de reembolso, valores reembolsados e classes tarifárias dos bilhetes. Foi ainda recomendado, dentre outras ações, que o Ministério estudasse medidas mais eficazes para que os servidores observassem os prazos de antecedência para emissões de passagens, além da viabilidade de se implementar ferramenta de consulta de voos internacionais por meio do SCDP.

Por fim, foi determinada a abertura de processo específico de acompanhamento, no âmbito do TCU, a fim de verificar eventual risco de dano ao Erário decorrente das funcionalidades do SCDP, em especial quanto à necessidade de implementação de módulos de alteração e remarcação de bilhetes e emissão *rond trip* (bilhetes ida e volta), e de estudos de alternativas à liquidação e recolhimento automático de tributos na fonte para aquisição dos bilhetes aéreos utilizando o Cartão de Pagamento do Governo Federal (CPGF).

Em acompanhamento posterior, verificou-se que a utilização do novo modelo havia sido suspensa ao final de 2017, em função do decurso de prazo previsto na Lei nº 13.043/2014, que permitia, até então, a dispensa da retenção de tributos na fonte sobre os pagamentos efetuados pela Administração Pública federal mediante utilização do CPGF, para compra de passagens aéreas diretamente das companhias aéreas. Com o advento da Medida Provisória nº 822, de 1º.3.2018, que restabeleceu a dispensa conferida pela Lei nº 13.043/2014 até o prazo de 31.12.2022, a funcionalidade foi retomada.

Verificou-se, no referido processo de acompanhamento, a implementação do módulo de alteração e remarcação de bilhetes, ainda que com algumas limitações que seriam saneadas com a evolução do sistema. Já com relação à emissão de bilhetes do tipo *round trip*, constatou-se a implantação, no SCDP, de módulo que possibilitava o comparativo com bilhetes de trecho único e bilhetes adquiridos por meio de agenciamento.

Demonstrou-se, assim, que a Central de Compras vem envidando esforços no sentido de promover evoluções na sistemática, de forma a incrementar a racionalização do processo de aquisição de passagens aéreas pela Administração Pública federal, promover a transparência em relação aos valores pagos e corroborar os aspectos relativos à economicidade do modelo, em relação às compras fragmentadas realizadas por intermédio das agências de viagem.

Destaca-se que em nova representação relativa ao Credenciamento nº 1/2020 conduzido pela Central de Compras e concluído em 31.12.2020, foram trazidos à baila questionamentos similares àqueles já tratados no âmbito do processo anterior. O TCU entendeu que o interesse defendido pela representante era essencialmente privado, já que não trazia qualquer comprovação de que o modelo de agenciamento seria mais vantajoso para a Administração Pública. A representação foi julgada improcedente (Acórdão nº 1.094/2021-TCU-Plenário).

TáxiGov

Em 2016, como uma primeira tentativa de centralizar a aquisição de serviços de agenciamento de transporte terrestre de servidores, empregados e colaboradores da Administração Pública federal direta, a Central de Compras lançou o edital do Pregão Eletrônico para Registro de Preços nº 3/2016. O objeto do certame previa que o serviço seria prestado por meio de táxi e por demanda, no âmbito do Distrito Federal e entorno, pelo período de doze meses.

Em representação conduzida pelo TCU discutiu-se acerca de restrição indevida à competitividade daquele certame, considerando que o edital estabelecia a contratação do serviço por meio exclusivo de táxi e por demanda. Entendeu-se que o objeto poderia ser também atendido por meio de Serviços de Transporte Individual Privado de Passageiros Baseado em Tecnologia da Comunicação em Rede (STIP), com preços até mesmo mais competitivos que aqueles oferecidos pelo táxi.

O relator do processo apontou que o modelo de contratação adotado no PE-SRP 3/2016 já representaria inegável mudança para melhor no paradigma dominante para serviços de transporte de passageiros, que, até então, era predominantemente realizado por meio de frota própria ou por locação de veículos com motoristas, a custos consideravelmente maiores.

Contudo, considerando a magnitude da contratação, que abrangeria todos os órgãos da Administração Pública Federal durante o período de doze meses, determinou, em um primeiro momento, a adoção de medida cautelar para suspender o certame, a fim de que a possível restrição indevida ocasionada pela definição do objeto pudesse ser analisada.

Posteriormente, o relatou reviu a sua medida para revogar parcialmente a cautelar deferida sob o argumento de que havia que se considerar, naquele momento, o ineditismo do assunto e o tempo necessário para tratá-lo, que poderia extrapolar a própria vigência inicial do contrato (doze meses) até um deslinde de mérito. Além disso, não havia dúvidas acerca da vantajosidade econômica do novo modelo em relação ao praticado até então, ainda que necessitasse de ajustes em sua configuração. Decidiu-se, então, pela adoção de cautelar apenas para proibir a prorrogação dos contratos que viessem a ser celebrados.

Por meio do Acórdão nº 1.223/2017-TCU-Plenário foi julgado o mérito da representação como parcialmente procedente, corroborando os fundamentos da medida cautelar deferida. Determinou-se à Central de Compras que se abstivesse de prorrogar os contratos decorrentes do PE-SRP nº 3/2016 e que considerasse, nos estudos preliminares para próxima licitação, os STIP que estivessem em operação no Distrito Federal (Uber, Cabify etc.), além da avaliação dos riscos decorrentes da centralização dos serviços em um único fornecedor, considerando, por exemplo, as possíveis vantagens no parcelamento do objeto e a possibilidade de credenciamento de empresas agenciadoras de transporte individual de passageiros. Após embargos de declaração opostos pelo Ministério do Planejamento, a decisão foi reformulada, em aspectos formais, pelo Acórdão nº 771/2018-TCU-Plenário.

O Ministério do Planejamento promoveu, então, estudos referentes ao "Projeto TáxiGov 2.0", por meio do qual concluiu pela necessidade de se permitir a participação de agenciadoras de STIP, pelo estabelecimento de critério de julgamento baseado na melhor oferta para o quilômetro rodado, pela inviabilidade do modelo de credenciamento e pela ausência de vantagem no parcelamento do objeto.

Em seguida, a Central de Compras lançou o edital do Pregão Eletrônico nº 4/2018, com o mesmo objeto do PE-SRP nº 3/2016, porém prevendo, como evolução do modelo, que os serviços pudessem ser prestados por meio de agenciamento de STIP no Distrito Federal.

Representações foram formuladas junto ao TCU questionando o certame, sob o argumento de que o edital conteria restrições indevidas à competitividade, tanto para a participação de empresas que prestavam serviços por meio de aplicativos (STIP) como para aquelas que ofereciam serviços de táxi comum.

No caso das prestadoras de STIP, as representantes argumentaram haver possível inviabilidade do estabelecimento de um mesmo valor máximo por quilômetro rodado para cada viagem. Segundo as empresas, a prática desse mercado era o modelo de preço variável, conforme a oferta e a demanda no momento da prestação do serviço. Por fim, aventaram a possibilidade de o serviço ser contratado por meio de credenciamento, de forma similar ao modelo estabelecido para a aquisição de passagens aéreas pelo Governo Federal.

O argumento acerca da possibilidade de contratação dos serviços por meio de credenciamento foi refutado tanto nos estudos promovidos pelo Ministério quanto pelo Relator, Ministro Vital do Rêgo, tendo em vista que, de forma distinta ao modelo delineado para passagens aéreas (em que as empresas fornecedoras do serviço eram apenas cinco), o serviço de transporte terrestre envolve inúmeros fornecedores, o que inviabilizaria o gerenciamento de um credenciamento, além de impossibilitar a obtenção de preços mais vantajosos pela competitividade do setor, já que no credenciamento os preços são fixados pela própria Administração.

No que tange ao critério de julgamento pelo menor valor do quilômetro rodado, a unidade técnica instrutora do processo (Selog/TCU) entendeu que o argumento das representantes era plausível e que poderia ser adotada a solução de preço médio máximo por quilômetro, facultando-se outras composições de preços (bandeirada, tarifa horária, tarifa fixa por corrida etc.), desde que o valor total dos serviços, ao final do mês, fosse igual ou inferior ao equivalente à cobrança de cada corrida pelo preço médio por quilômetro definido na proposta.

O Relator entendeu, no entanto, que o assunto demandaria maiores estudos por parte do Ministério, considerando as possíveis desvantagens da adoção desses critérios, dada a possível incerteza nos valores a serem efetivamente desembolsados pela Administração. A decisão culminou com a prolação do Acórdão nº 1.873/2018-TCU-Plenário, por meio do qual se recomendou ao então Ministério do Planejamento que contemplasse, nos estudos preliminares de licitações futuras para o mesmo objeto, a avaliação de critérios alternativos para o julgamento das propostas, como o preço médio fixo por quilômetro rodado ou a prática de tarifas variáveis para as corridas, limitadas a um valor de referência máximo por quilômetro, informado na proposta de preços.

Há que se ressaltar, conforme informações extraídas do Voto proferido pelo Ministro Vital do Rêgo no Acórdão nº 1.873/2018-TCU-Plenário, as vantagens econômicas obtidas com a implantação do TáxiGov, que, ainda na sua primeira versão, proporcionou redução de aproximadamente 60% nos custos do valor médio do quilômetro rodado em relação ao modelo de frotas próprias de veículos, conforme informações do Ministério. Com a evolução do TáxiGov para a sua "versão 2.0" no âmbito do PE-SRP nº 4/2018 obteve-se ainda maior vantagem econômica, considerando que a melhor proposta foi 47% inferior ao valor até então praticado, denotando a evolução da sistemática da compra compartilhada e os benefícios advindos da atuação do Controle Externo, no sentido de aprimorá-la em prol do interesse público.

Em 2019, a Central de Compras lançou novo certame para o mesmo objeto (PE-SRP nº 1/2019), em virtude de problemas ocorridos na qualidade da prestação do serviço pela vencedora do PE-SRP nº 4/2018. O novo Termo de Referência compreendeu algumas alterações, como o estabelecimento do pagamento no valor de duas vezes o quilômetro rodado contratado para o caso das corridas realizadas até dois quilômetros e a admissão de tarifa dinâmica, bem como de quaisquer outras formas de composição do preço, inclusive com bandeirada, tarifa horária, tarifa quilométrica, tarifa fixa por corrida etc.

Portanto, em atendimento à recomendação do Acórdão nº 1.873/2018-TCU-Plenário, a Central de Compras estruturou o novo processo de contratação, de forma a tornar mais justas e atrativas as tarifas para viagens de curta duração, evitando-se assim os cancelamentos de viagens observados na contratação anterior, e possibilitar, com a admissão da prática do preço dinâmico, a redução do valor do quilômetro rodado a ser pago (em relação à proposta de preços), em decorrência de tarifas promocionais e de outros descontos. Adicionalmente, foram simplificados requisitos de funcionalidades do aplicativo *web* e *mobile*, a fim de se adaptarem aos diversos modelos existentes no mercado. O certame contou com a participação de oito empresas e obteve aproximadamente 10% de desconto em relação ao valor estimado (fonte: Comprasnet).

Conforme dados extraídos da página da Central de Compras na internet (https://www.gov.br/economia/pt-br/assuntos/gestao/central-de-compras/taxigov, consulta em 11.10.2021), a implantação do TáxiGov gerou, até julho de 2021, economia de R$ 30,3 milhões aos cofres públicos, com redução de 237 contratos. Os serviços se encontram implantados, até o momento, nos estados do Mato Grosso, Minas Gerais, Rio Grande do Sul, Santa Catarina e Paraná, além do próprio Distrito Federal. Para os órgãos e entidades situados fora do Distrito Federal, a Central administra o sistema e os contratos são feitos diretamente entre esses entes e as empresas contratadas. Há previsão de que o TáxiGov esteja implantado em todas as capitais do País até o final de 2022.

Também está em andamento a contratação do TáxiGov Sistema, que constitui solução tecnológica única, com aplicativos para Android iOS e plataforma *web*, e servirá tanto como integrador de fornecedores de transporte, por meio de APIs, quanto como ferramenta de gestão de transportes de frotas próprias e locadas. A previsão para início de utilização do serviço é janeiro de 2022 (fonte: https://www.gov.br/economia/pt-br/assuntos/gestao/central-de-compras/taxigov-sistema, consulta em: outubro de 2021).

Grandes fornecedores de *softwares*

A aquisição de licenças de *softwares* no âmbito dos órgãos da Administração Pública federal vem sendo debatida no TCU há quase duas décadas, dada a relevância do tema e a materialidade envolvida nessas contratações.

Sabe-se que os *softwares* em uso pelas organizações públicas representam grande parcela de criticidade aos serviços públicos envolvidos, considerando a sua essencialidade para as organizações e a dependência de licenças fornecidas pelos grandes fabricantes do setor, a exemplo da Microsoft, Oracle SAP e IBM. Os custos com as aquisições dessas licenças também se mostram bastante significativos, o que coloca a Administração Pública em posição de destaque como cliente consumidor, constituindo um nicho de mercado potencialmente atrativo para os fornecedores, da ordem de bilhões de reais.

Em decorrência disso, foi realizada, em 2017, auditoria pela Secretaria de Fiscalização de Tecnologia da Informação (Sefti) em parceria com a Selog, ambas unidades técnicas do TCU, com o objetivo de avaliar as práticas comerciais adotadas pelos grandes fabricantes do ramo de tecnologia da informação junto à Administração Pública, no que tange ao fornecimento de licenças de *softwares* e de seus serviços agregados. Além dos riscos decorrentes de contratações com condições desfavoráveis às organizações públicas, foram identificadas oportunidades de melhorias na forma de aquisição desse objeto, considerando a necessidade de se centralizar as demandas e estabelecer acordos prévios junto aos fabricantes.

Identificou-se que as compras de *softwares* eram realizadas até então de maneira fragmentada, sem coordenação entre os órgãos e entidades da Administração, o que levava a um enfraquecimento na possibilidade de negociações junto aos fornecedores, conduzindo a contratações antieconômicas e à submissão das organizações públicas a qualquer regra imposta pelas empresas, dada a dependência das licenças para a consecução de serviços essenciais à sociedade. Trata-se de um exemplo claro em que a fragmentação das compras ocasionou efeitos desfavoráveis e dispêndio desnecessário de quantias significativas ao longo dos anos.

Dentre os problemas verificados destacam-se a celebração de contratos de adesão, com imposição de cláusulas abusivas à Administração, e a dificuldade em se definir o valor justo a ser pago pelo fornecimento, provocada pelas limitações vivenciadas à época para a realização da pesquisa de preços, a exemplo da falta de padronização na descrição do objeto contratado. Por vezes, a licença de um mesmo *software* era vendida por valores díspares a órgãos e entidades distintos, dado o desencontro de informações disponíveis sobre as contratações já realizadas. Há que se considerar ainda os riscos advindos da exigência de carta de exclusividade, que propiciava o direcionamento da contratação a determinados fornecedores, escolhidos ao alvitre dos grandes fabricantes.

Outro ponto de destaque refere-se a modelo de pagamento à vista, considerando que a liquidação da despesa era realizada quando da entrega das licenças e não quando da sua ativação, o que não se coaduna com as normas de licitações e contratos públicos, particularmente aquelas definidas na Lei nº 4.320/1964. Tendo em vista o histórico de que muitos órgãos superdimensionavam o quantitativo dessas licenças com previsões acima do efetivamente utilizado ou adquiriam licenças de *softwares* que não atendiam as suas reais necessidades, a situação em si já conduzia a prejuízos incalculáveis. Somam-se a isso as dificuldades enfrentadas para a suspensão de contratos firmados mediante o pagamento à vista.

Adicionalmente, verificou-se a má qualidade na prestação dos chamados serviços agregados (suporte técnico, correção de erros e atualização de versões), visto que a definição dos níveis de serviços era feita de acordo com cláusulas padrão impostas pelos fabricantes. Como agravante, tais serviços eram prestados efetivamente pelos fabricantes, e não por seus revendedores, o que levava, por vezes, ao descumprimento de prazos definidos no contato celebrado, comprometendo a execução de serviços públicos dependentes da solução de tecnologia adquirida.

Ainda sobre os serviços agregados, foram detectadas obscuridades na cobrança pela atualização de versões dos *softwares*. Considerou-se também que a obrigatoriedade da contratação de suporte técnico juntamente com a atualização das versões constituía "venda casada", e que era imprópria a cobrança por versões intermediárias dos *softwares* de forma retroativa, sem que a Administração tivesse se beneficiado delas.

Logicamente, a crescente dependência tecnológica dos grandes fabricantes atuantes na área de tecnologia da informação, aliada à falta de organização estratégica observada nas aquisições de *softwares*, levou as organizações públicas a se colocarem em uma posição de submissão às regras impostas pelo setor, e, consequentemente, aos valores estipulados arbitrariamente por esse mercado, tanto para os preços das licenças quanto para os dos serviços agregados. Ainda que a Administração Pública representasse uma grande fatia no rol de consumidores desses produtos, a ausência de uma política integrada de aquisições entre órgãos e entidades conduzia ao enfraquecimento do seu poder de barganha e de definição de regras mais favoráveis.

No âmbito do Acórdão nº 2.569/2018-TCU-Plenário, proferido em decorrência do relatório da mencionada auditoria, o relator assim se pronunciou, em seu voto, quanto à questão:

81. Esse cenário se torna agudo quando se confronta com um mercado em que há grande concentração das soluções em poucos fabricantes de software, bem como elevada dependência desses sistemas para o núcleo do próprio negócio das organizações públicas. A assimetria econômica e informacional entre os órgãos da Administração Pública e os grandes fabricantes de software subverte a lógica da supremacia do interesse público, pois os órgãos públicos são forçadamente levados a aderir a termos de licenças preestabelecidos com cláusulas não previstas em contrato, muitas delas contrárias à legislação pátria.

Portanto, a situação ora delineada demandava a atuação conjunta dos órgãos superiores de tecnologia da informação, no sentido de se definir a estratégia de aquisição de *softwares*, com foco em um planejamento centralizado e que considerasse uma adequada especificação dos produtos e pesquisa de preços, além do estabelecimento de regras de contratação mais favoráveis à Administração. A centralização possibilitaria a maior especialização dos agentes públicos envolvidos, a economia de esforços e a padronização de itens utilizáveis por várias organizações, por meio da definição de um padrão de qualidade único a ser seguido, o que levaria, por consequência, a uma maior eficiência administrativa, bem como à obtenção de preços mais vantajosos em um cenário dominado por poucos atores.

Do ponto de vista do controle externo, verifica-se que o modelo centralizado de aquisições tende a facilitar o acompanhamento das contratações, já que confere maior transparência a todo o processo. Já no âmbito das organizações públicas, a centralização permite que se negociem preços máximos com os fabricantes e se defina uma lista de preços aceitáveis como parâmetro para as licitações a serem realizadas, reduzindo os riscos de sobrepreço e de superfaturamento e equilibrando os valores obtidos em contratações similares.

Por meio do Acórdão nº 2.569/2018-TCU-Plenário, o TCU realizou diversas determinações à Secretaria de Tecnologia da Informação e Comunicação do extinto Ministério do Planejamento, Desenvolvimento e Gestão no sentido de que estabelecesse orientação normativa a fim de definir regramentos para as contratações firmadas com grandes fornecedores de *software*, dentre os quais: a necessidade de se definir adequadamente o quantitativo de licenças, vedando-se o pagamento antecipado; o impedimento do pagamento de valores retroativos referentes a serviços de suporte técnico e atualizações de versões; a proibição de cobrança de valores relativos a correção de erros dos *softwares* licenciados; a vedação à contratação "casada" de serviços de suporte técnico e de atualização de versões e a exigência de cartas de exclusividade emitidas pelos fabricantes; e a necessidade de compatibilização dos prazos e níveis de serviços assumidos pelos revendedores com as condições ofertadas pelo fabricante do produto.

Além disso, a decisão veio a impulsionar as ações com vistas à desfragmentação das aquisições, por meio de determinações relacionadas à gestão estratégica das contratações, com destaque para a forma de execução baseada em contratações realizadas por centrais de compras ou em acordos firmados entre os órgãos superiores e os grandes fabricantes de *softwares* e considerando a escala de compras do governo como um todo, bem como a especificação de lista de preços máximos aceitáveis, com respectivas taxas de desconto, com base nos referidos acordos ou em análises de mercado.

Também foram realizadas determinações quanto à necessidade de definição de soluções padronizadas de *softwares*, de forma a desonerar as organizações públicas dessa incumbência, e de parâmetros adequados para a estimativa dos preços dos produtos, além da disponibilização de ferramentas de pesquisa e de orientações quanto aos riscos de se realizar a cotação de preços junto a fornecedores.

A Secretaria de Governo Digital (SGD), a Central de Compras e o Departamento de Normas e Sistemas de Logística (DELOG), os quais fazem parte da Secretaria Especial de Desburocratização, Gestão e Governo Digital do Ministério da Economia (SEDGG-ME), vêm envidando esforços, desde então, para dar cumprimento às deliberações do TCU consubstanciadas no Acórdão nº 2.569/2018-TCU-Plenário.

Conforme 5º Relatório de Acompanhamento e Monitoramento elaborado pelas referidas unidades em 15.3.2021, constante do processo de auditoria do TCU, diversas determinações já foram consideradas atendidas até o momento, sendo as seguintes ações já implantadas no âmbito do ME:

a) instauração de processo formal de licitações centralizadas;

b) expedição de instruções normativas no sentido de vincular as compras descentralizadas aos acordos realizados pelo órgão central, de orientar as organizações sobre os riscos da cotação de preços junto a fornecedores e de definir soluções alternativas de forma a reduzir a dependência entre o serviço público e as soluções contratadas;

c) realização de acordos corporativos junto aos grandes fabricantes, que levem em consideração a escala de compra do governo como um todo, incluindo licenças e serviços agregados e indicação dos valores mínimos de desconto;

d) publicação de Catálogos de Solução de TIC com condições padronizadas; especificação de lista de preços máximos aceitáveis e respectivas taxas de desconto, com base nos acordos com os fabricantes;

e) definição de soluções padronizadas baseadas em *softwares* e serviços agregados; e

f) adoção de medidas para conferir a devida transparência e controles para gerenciar os riscos do processo de centralização.

Cabe destacar as tratativas de negociação realizadas junto aos grandes fabricantes. No caso da Microsoft, houve, de início, resistência da empresa à publicação do catálogo de condições padronizadas, sendo que, apenas no início de 2020, retomou as negociações junto à SGD, resultando em descontos da ordem de 21,96% para produtos *on-premises* e 23,44% para serviços *on-line*, concedidos para todos os três poderes e esferas de governo.

Quanto à Oracle, foi firmado acordo corporativo ao final de 2019. No entanto, em junho de 2020, a empresa solicitou atualização dos preços do catálogo em 30,42%, dada a expressiva alta do dólar no período. Contudo, a Procuradoria-Geral da Fazenda Nacional concluiu pela inviabilidade de atualização dos itens sem que houvesse demonstração, pela fabricante, da onerosidade decorrente da variação cambial. A atualização dos preços não chegou a ser realizada, visto que a Oracle não logrou comprovar o impacto da variação cambial no preço dos itens do catálogo. O acordo de 2019 não chegou a ser renovado, e a fabricante e a SGD estão atualmente em fase de tratativas para a realização de novo acordo e atualização do catálogo.

Foram firmados também acordos junto à IBM, VMware, Red hat e QlikTech, sem intercorrências. No caso da Boadcom (Symantec) e da Adobe, não houve êxito nas negociações, tendo sido publicados catálogos de forma unilateral pela SGD. Conforme informações do relatório, a média de descontos obtidos nas negociações juto aos fabricantes girou em torno de 24,13%, o que já demonstra a vantajosidade econômica na adoção do modelo de gestão centralizada das aquisições de *softwares*.

Em que pese algumas ações voltadas ao integral cumprimento do Acórdão nº 2.569/2018-TCU-Plenário ainda estarem em andamento, verifica-se que a implementação de um modelo centralizado e coordenado para definição de padrões de especificações e de limites para os preços dos produtos a serem adquiridos tende a trazer ganhos às organizações públicas, não só em termos econômicos, mas também quanto à eficiência administrativa na gestão dos contratos para compra, junto aos grandes fabricantes, de licenças de *softwares* e serviços associados.

Conforme mencionado anteriormente, trata-se de um mercado com pouca ou quase nenhuma concorrência, o que leva ao entendimento de que a descentralização das compras, sem uma coordenação articulada dos órgãos centrais, conduz a contratações desvantajosas e que, por vezes, não atendem às reais necessidades das organizações públicas envolvidas.

Por fim, há que se considerar ainda o papel relevante do Poder Público nesse mercado, tendo em vista a representatividade de suas demandas e a relevância do objeto para a consecução de suas missões institucionais. Desse modo, a convergência de informações e o conhecimento técnico sobre o que se deseja adquirir, além da definição de regras de contratos padronizadas e limites para o valor que se pretende pagar, tende a retirar a Administração Pública da posição de dependência irrestrita das vontades dos grandes fornecedores desses produtos e colocá-la como consumidor com grande poder de barganha dentro desse mercado.

Aquisições de insumos hospitalares – a experiência do DGH-RJ

Em 2017, o TCU iniciou, por meio da então Secretaria de Controle Externo no Estado do Rio de Janeiro (Secex-RJ), acompanhamento de aquisições de insumos hospitalares e contratação de serviços na região Sudeste, realizadas por meio do Siasg/Comprasnet. Os trabalhos abrangeram procedimentos de compras de 56 unidades federais de saúde da região Sudeste, durante o período compreendido entre 2014 e 2016.

Dentre outros achados, foram identificadas compras de insumos hospitalares com preços acima da média apurada, além de diversas aquisições com códigos do Catálogo de Materiais (Catmat) de natureza genérica, somando valores expressivos. Verificou-se, por outro lado, iniciativa por parte do Departamento de Gestão Hospitalar (DGH-RJ), incentivado pela Secretaria de Assistência à Saúde do Ministério da Saúde (SAS/MS), no sentido de instituir grades de insumos padronizadas para atendimento da demanda de hospitais e institutos do estado do Rio de Janeiro, por meio de licitações centralizadas.

Conforme o relatório produzido, o DGH-RJ, por meio de suas Câmaras de Padronização, promovia a elaboração de grades de material médico-hospitalar, de medicamentos e laboratoriais, possibilitando a realização de certames centralizados, mais eficientes e consequentemente mais sustentáveis. Em que pese a identificação de falhas nas especificações de alguns itens, que não correspondiam à descrição complementar do respectivo código Catmat (o que ensejou determinação ao órgão para que solucionasse a questão), considerou-se a iniciativa do DGH-RJ como uma boa prática a ser estendida a demais órgãos responsáveis pelo gerenciamento de unidades de saúde no âmbito da Administração Pública federal.

Foram expedidas, portanto, recomendações, por meio do Acórdão nº 2.128/2018-TCU-Plenário, à Secretaria-Geral do Ministério da Defesa, à Secretaria-Executiva do Ministério da Educação e à Secretaria-Executiva do Ministério da Saúde, para avaliarem a conveniência e oportunidade de implementarem sistemática de padronização de grades de insumos hospitalares e de serviços, nos moldes da iniciativa do DGH-RJ, de forma a orientar as aquisições realizadas pelas unidades hospitalares a elas vinculadas, com vistas a assegurar a homogeneidade nas características dos insumos adquiridos e o registro de preços fidedignos e, consequentemente, a redução dos custos.

Após a prolação do Acórdão, a Câmara de Padronização de Produtos e Tecnologias para Saúde (CPPTS) do DGH-RJ informou ao TCU sobre a elaboração de um Procedimento Operacional Padrão (POP) – Grades Unificadas, com vistas a uniformizar o fluxo de processos de trabalho voltados para a aquisição de produtos de saúde, outra boa prática possível de ser adotada por outros entes.

Em 2018, por iniciativa da então Secex-RJ, foi formulada representação a fim de apurar as práticas de contratações diretas no âmbito de hospitais e institutos federais vinculados ao Ministério da Saúde no estado do Rio de Janeiro, o que ia de encontro à política de governança para gestão de contratações centralizadas instaurada pelo DGH-RJ.

Em que pese as irregularidades verificadas na condução de diversas contratações não precedidas de licitação, frisou-se a importância na atuação coordenada do DGH-RJ no intuito de uniformizar os procedimentos de aquisição de insumos de saúde, por meio da unificação de códigos Catmat e padronização de editais, termos de referência, bem como das regras de gestão e fiscalização dos contratos celebrados pelas unidades de saúde.

Foi então prolatado o Acórdão nº 5.125/2018-TCU-2ª Câmara, o qual determinou o acompanhamento do desenvolvimento dos procedimentos adotados no âmbito do DGH-RJ e dos hospitais e institutos federais vinculados ao Ministério da Saúde localizados no estado do Rio de Janeiro, considerando a obrigatoriedade de subordinação dessas unidades de saúde à realização de procedimentos de licitação unificada coordenada por aquele Departamento, dado o disposto na Portaria Conjunta DGH-RJ/Institutos Federais/MS/RJ 5, de 21.3.2017.

Conforme apurado pela unidade técnica, os processos de trabalho unificados definidos pelo DGH-RJ possibilitavam, de forma indireta, o controle de estoques e maior eficiência na gestão, fiscalização e execução dos contratos celebrados. No entanto, o acompanhamento realizado pelo TCU evidenciou a prática reiterada, nos hospitais federais, de permitir a continuidade dos serviços após o término das vigências contratuais, o que caracterizava a realização de contratos verbais e fuga ao dever de licitar, e, consequentemente, conduzia a processos de reconhecimento de dívida e indenizações devidas a fornecedores.

Verificou-se ainda que a situação decorria, dentre outros fatores, da falta de planejamento, por parte do DGH-RJ, que sincronizasse a vigência dos contratos em andamento e a adjudicação dos objetos das licitações unificadas.

No intuito de promover o aprimoramento da atuação do DGH-RJ como agente centralizador das demandas das unidades de saúde do estado do Rio de Janeiro, foi prolatada recomendação àquele órgão, por meio do Acórdão nº 13.053/2019-TCU-2ª Câmara, para que avaliasse a conveniência e oportunidade de:

> 9.6.1. publicar periodicamente, em seu portal na internet, resumo do acompanhamento dos contratos de prestações de serviços em curso no âmbito dos hospitais federais, contendo, de forma suficiente e objetiva, com atalhos eletrônicos, quando possível, para o Portal de Compras Governamentais, as seguintes informações, dentre outras: empresa contratada, objeto, indicação do certame ou modalidade de contratação, indicação do contrato e publicação, vigência do contrato, valor mensal e global e licitação unificada em curso para o mesmo objeto;
>
> 9.6.2. obter, previamente, as informações/demandas junto aos hospitais federais, concomitante às licitações unificadas em curso, a partir do estabelecido nos itens 1-3 e subitens da Portaria Conjunta DGH-RJ/Institutos Federais/MS/RJ 5, de 21/3/2017, com vistas a realizar planejamento antecipado de licitações unificadas pontuais, a fim de possibilitar a adesão às Atas de Registro de Preços pelas demais unidades, evitando a renovação anual dos contratos em curso derivados de licitações próprias;

Além disso, foi reiterada recomendação à Secretaria-Executiva do Ministério da Saúde, feita no Acórdão nº 2.128/2018-TCU-Plenário, para que adotasse "a sistemática de padronização de grades de insumos hospitalares e de serviços capitaneada pelo Departamento de Gestão Hospitalar como boa prática de governança e ampliasse sua abrangência, de forma a incorporá-la às demais unidades hospitalares e institutos vinculados ao Ministério da Saúde".

Ainda em 2019 foi realizado acompanhamento conjunto pela Selog e a Secretaria responsável pela fiscalização de políticas públicas em saúde (SecexSaúde) do TCU, com o objetivo de verificar a regularidade das contratações, aditamentos e fiscalização dos serviços terceirizados de natureza contínua nas unidades hospitalares federais no estado do Rio de Janeiro.

Em seu relatório a equipe técnica destacou a realização de licitação centralizada para contratação de serviços de apoio administrativos para as referidas unidades de saúde, com base nas demandas por elas informadas ao DGH-RJ, que definiu as funções e os quantitativos de terceirizados a serem contratados. O edital Pregão Eletrônico SRP nº 46/2017 foi publicado em junho de 2017, e o processamento do certame ficou sob a responsabilidade do Instituto Nacional de Traumatologia e Ortopedia (Into).

Com duração de mais de aproximadamente dois anos, o pregão enfrentou uma série de obstáculos em seu andamento, como: cancelamento de item por falta de interesse das empresas remanescentes em assinar a ata nas mesmas condições do primeiro classificado; solicitação de cancelamento de ata por parte da empresa vencedora; dificuldades no retorno de fase na licitação; e morosidade na elaboração de pareceres técnicos pelas unidades participantes.

Ainda assim, dos nove itens previstos (cada um correspondendo a uma unidade de saúde), foram adjudicados oito, o que denota certo êxito na formatação proposta, em que pese o tempo decorrido desde o início do certame. Há que se destacar, no entanto, a necessidade de aprimoramento dos procedimentos de compra centralizada, de forma a evitar ocorrências como a do pregão em questão.

Contudo, verificou-se que, por meio do Decreto nº 9.795/2019, que aprovou a nova estrutura regimental do Ministério da Saúde, restou extinto o DGH-RJ. Além disso, a

Portaria nº 769/2019 da Secretaria de Atenção Especializada à Saúde delegou ao Diretor de Programa do Gabinete do Ministro as atribuições antes de responsabilidade do DGH-RJ relativas à centralização das aquisições, consubstanciadas em seu art. 1º, inciso IV.

Constatou-se, portanto, o risco de descontinuidade das ações empreendidas até então pelo DGH-RJ no sentido de promover a unificação das aquisições de bens e serviços para as unidades de saúde do estado do Rio de Janeiro a ele vinculadas, considerando a inviabilidade de se atribuir a uma única pessoa toda a responsabilidade sobre as atividades de gestão necessárias, dada a violação ao princípio da segregação das funções. A situação foi objeto de alerta à Secretaria de Atenção Especializada à Saúde do Ministério da Saúde, por meio do Acórdão nº 389/2020-TCU-Plenário.

A experiência do DGH-RJ e respectivos hospitais federais e unidades de saúde a ele vinculados denota que o modelo de centralização de aquisições de insumos e serviços demanda um aprimoramento constante da sistemática de atuação. A iniciativa de se padronizar o objeto das aquisições e de se definir um procedimento adequado e unificado para essas compras acarreta impactos significativos na governança das organizações governamentais envolvidas e a gestão do modelo deve ser realizada de forma coordenada e com o real intuito de se obter economicidade, eficácia e efetividade nessas contratações.

Além disso, fazem-se necessários o engajamento e o interesse dos órgãos superiores envolvidos, no sentido de promover a continuidade da gestão unificada, por meio de estruturação das unidades responsáveis com os recursos técnicos e logísticos necessários à sua atuação. Igualmente relevante é o acompanhamento promovido pelos órgãos de controle, no sentido de apontar as falhas e os riscos eventualmente verificados no modelo e de expedir orientações acerca das melhorias que poderão ser adotadas pelos gestores na condução da política de centralização dessas aquisições.

Equipamentos de tecnologia educacional

Em 2019, o FNDE deu início ao Pregão Eletrônico nº 13/2019, que visava ao registro de preços de equipamentos de tecnologia educacional, para atendimento do Programa Educação Conectada. Os equipamentos seriam destinados às escolas da rede pública de ensino nos Estados, Distrito Federal e Municípios. Com alta materialidade (valor estimado em aproximadamente R$ 3 bilhões), o certame foi objeto de questionamentos junto ao TCU.

Conforme o termo de referência do edital do pregão, os itens destinados para cada região do país eram compostos por *notebook*, computador interativo, estação de recarga móvel, e *laptop* educacional tipos 1 e 2.

O representante apontou que haveria exigência excessivamente restritiva com relação ao prazo para apresentação das amostras, considerando que os equipamentos constituiriam produto customizado e de alta complexidade. Além disso, alegou que apenas duas empresas do mercado teriam condições de atender o referido prazo, já que fabricariam equipamentos com as exatas especificações e certificações exigidas, considerando que já teriam fornecido ao FNDE o mesmo produto.

De fato, o prazo fixado nos Cadernos de Informações Técnicas (CIT) do FNDE para apresentação das amostras e documentos de certificação era de apenas sete dias úteis, o que foi considerado, na análise da Selog/TCU, restritivo à competitividade, tendo sido inclusive objeto de impugnações ao edital, visto que os equipamentos necessitariam ser desenvolvidos especialmente para o certame em questão.

Todavia, antes mesmo da decisão de mérito do referido processo, o FNDE informou ao Tribunal sobre a decisão pela revogação do PE nº 13/2019, considerando a vultuosidade dos valores envolvidos e o fato de que o certame estava sendo questionado tanto pela Controladoria-Geral da União (CGU) quanto pelo TCU, "havendo, inclusive, identificação de supostas falhas na fase interna da licitação, decorrentes principalmente da etapa de planejamento da contratação". Segundo o FNDE, os questionamentos tratariam de inconsistências entre a demanda prevista e os quantitativos licitados, bem como de falta de motivação para as especificações tecnológicas.

Considerando a situação então delineada, foi prolatado o Acórdão nº 4.776/2020-TCU-2ª Câmara, por meio do qual foi determinado ao FNDE que, em novo procedimento licitatório que viesse a substituir o PE nº 13/2019, se abstivesse de prever prazo inexequível para a apresentação das amostras.

Concomitantemente, outra representação a respeito do aludido PE nº 13/2019, desta vez impetrada pelo Ministério Público junto ao TCU (MPTCU), foi encaminhada à Selog/TCU, por meio da qual foram trazidas diversas irregularidades detectadas em relatório de auditoria realizada pela CGU. As irregularidades apontadas no referido relatório [Auditoria de Análise Preventiva sobre o Pregão Eletrônico nº 13/2019 do Fundo Nacional de Desenvolvimento da Educação – FNDE] foram, em suma:

a) inconsistências entre a demanda prevista e os quantitativos dos equipamentos licitados;

b) ausência de ampla pesquisa de preços;

c) indícios de planejamento "meramente formal" da contratação, podendo ocasionar restrição de competitividade;

d) ausência de autorização da Secretaria de Gestão e Desburocratização do Ministério da Economia – SGD/ME para o devido prosseguimento da licitação nos termos da IN – SGD/ME 2/2019; e

e) elaboração da cotação de preços com empresas de porte incompatível com a contratação e indícios de vínculo societários entre elas.

Sobre a estimativa da quantidade de equipamentos a serem adquiridos, cabe destacar observação feita em instrução da Selog no aludido processo: "A estimativa de quantidade de bens a serem comprados também tem sua relevância nas contratações futuras, pois, em concordância com a análise da CGU, em um contexto de compras centralizadas, é um elemento indutor de definições de quantitativos a serem efetivamente adquiridos, elevando o risco de desperdício de recursos financeiros decorrentes de aquisição de equipamentos acima do necessário por parte dos órgãos partícipes".

Verificou-se ainda, quanto a esse ponto, que "nem mesmo um cálculo simples, como o de número de *laptops* educacionais por aluno, foi realizado". Em derradeiro, conforme apontado pela CGU, havia sido adotado, de forma aleatória e discricionária, fator multiplicador de "3x", ou seja, três computadores interativos por escola, sem correlação com o porte e a necessidade de cada uma.

No que tange à pesquisa de mercado para a obtenção do preço de referência, o relatório da CGU demonstrou diversas falhas, quais sejam: cotação direta somente junto a fornecedores; pesquisa de preço baseada em apenas cinco cotações para *notebooks* e *tablets*, sem considerar o caráter comum desses itens no mercado; e preço do computador interativo e carrinho de descarga baseado apenas em duas cotações válidas, sem justificativa.

O órgão de controle alertou ainda sobre o potencial ganho de escala em uma licitação de tal porte, o que demandaria a necessidade de maior rigor e maior amplitude na pesquisa de preços que define o valor estimado da contratação.

Quanto às deficiências no planejamento da contratação, o relatório da CGU apontou essencialmente a ausência de motivação para a inclusão de diversas exigências técnicas para os equipamentos e ausência de análise de projetos similares realizados por outros órgãos e entidades da Administração Pública. Em suma, o órgão entendeu não ter sido demonstrado no processo de contratação que o tal "computador interativo" especificado seria a solução que melhor atenderia as necessidades educacionais dos entes que iriam aderir ao registro de preços decorrente da licitação, o que seria agravado pelos indícios de que haveria apenas uma única fornecedora do mencionado equipamento na forma como especificado.

Os responsáveis pelo certame informaram ao TCU que as recomendações realizadas pela CGU se encontravam em implementação, para correção do estudo técnico preliminar da contratação, ao que foram surpreendidos pela decisão do então presidente do FNDE quanto à revogação da licitação. Especificamente sobre a pesquisa de preços, demonstraram que, apesar de ter sido realizada somente junto a fornecedores, foram consultadas 36 empresas (tendo obtido apenas duas cotações válidas para o computador interativo, por exemplo) e, além disso, o preço orçado teria sido inferior aos valores praticados em ouras licitações.

Há que se considerar a problemática na obtenção de preços para estimar o valor da contratação, tendo em vista que o porte da aquisição prevista pelo FNDE em nada se assemelhava às licitações trazidas pelo FNDE como comparação, não refletindo, portanto, o ganho de escala que poderia ser obtido. Tal fator constitui um risco a ser observado em uma possível nova contratação mediante compra centralizada, na medida em que, de fato, faltam parâmetros adequados para fins de cotejamento com o caso em análise, o que demanda metodologia diferenciada que possibilite a adequada precificação do objeto.

Quanto ao quantitativo superestimado, a fixação de três computadores interativos por escola, de fato, não restou justificada. No entanto, com relação aos *notebooks*, esclareceu-se que as quantidades tiveram como base levantamento realizado no Sistema Integrado de monitoramento, Execução e Controle e Módulo Plano de Ações Articuladas (SIMEC/PAR), cuja finalidade é auxiliar o planejamento estratégico das políticas de educação, com base em dados informados pelos demais entes da federação.

Nesse sentido, pontua-se o risco de informações acostadas no referido sistema de forma equivocada (sub ou superestimadas), o que pode, em parte, ser mitigado com o emprego de maiores controles quando da efetiva contratação. Por outro lado, a ausência de informações confiáveis pode comprometer os ganhos, por exemplo, com economia de escala ou mesmo levar à formulação de propostas pelos licitantes com base em expectativas de quantitativos que posteriormente não serão adquiridos.

O processo de representação, até o presente momento, está em discussão no TCU, não tendo sido proferida decisão de mérito nos autos.

Conclusões quanto aos casos emblemáticos

A ideia de centralização das compras públicas vem se consolidando cada vez mais como essencial para a concretização de determinadas políticas públicas e para a economicidade nas contratações que abrangem toda ou grande parte da Administração Pública e que possuem impacto significativo nos gastos do governo.

A aquisição centralizada tende a gerar maior economia de escala, ocasionada pelo grande volume de contratações decorrentes da licitação realizada, além de possibilitar a negociação de condições prévias com grandes fornecedores, o que se mostra quase inviável quando se trata de certames de menor porte e realizados por entes isolados.

Para além de uma forma mais estruturada de contratação, as compras centralizadas também representam, em regra, um valioso ganho em termos de eficiência e eficácia, na medida em que consolidam e padronizam demandas das organizações públicas e especificações dos insumos e serviços, além de reduzirem os custos com a realização de licitações esparsas para o mesmo objeto.

Nada obstante, é fundamental a realização do planejamento adequado dessas aquisições pelo órgão centralizador, o que inclui a estimativa da demanda necessária (com impacto significativo no preço a ser obtido), a pesquisa de preços e de potenciais fornecedores que reflita o real comportamento do mercado quanto ao objeto pretendido, além da definição de regras claras e objetivas nos editais, de forma a orientar a compra quanto às características e a qualidade necessárias do bem ou serviço, sem, contudo, restringir indevidamente a competitividade. Também é importante destacar o papel fundamental dos órgãos de controle na evolução dos modelos, impulsionando mudanças e adequações necessárias para a concretização dos benefícios pretendidos com essa sistemática de aquisições.

Considerações finais

Em evento sobre governança pública realizado em 2015, Gavin Morisson Ugale, representante da OCDE, destacou que "um dos papéis fundamentais das instituições fiscalizadoras das contas públicas é garantir que os cidadãos mantenham seu nível de confiança nas autoridades". Segundo ele, se a boa governança pode ser resumida como a otimização do uso dos recursos dos órgãos e instituições, com transparência e bom nível de retorno para a sociedade, a ação das entidades fiscalizadoras é essencial, pois a governança é, também, uma questão de confiabilidade (https://www.tce.ba.gov.br/controle-externo/contas-de-governo?catid=0&id=2787, acesso em: 28 set. 2021).

A otimização na gestão do recurso público é, em última instância, o que perseguem as entidades fiscalizadoras de controle, interno ou externo, considerando a ligação direta entre essa competência e a qualidade e quantidade de serviços públicos prestados à população. Essa função é robustecida pelo exercício do controle social, na medida em que se cria um ambiente favorável às denúncias de ilícitos cometidos por gestores do erário.

Por não estarem inseridos na estrutura de unidades gestoras de recursos públicos, os órgãos de controle detêm a isenção e a independência necessárias ao exercício de avaliações quanto à eficiência, eficácia e economicidade das contratações levadas a efeito pelos diversos órgãos e entidades. A função jurisdicional dos órgãos de controle externo também contribui para a correção de rumos em casos concretos eivados de ilegalidades.

Também é diretriz para a Administração Pública federal o disposto no art. 14 do Decreto-lei nº 200/1967, segundo o qual a racionalização administrativa passa pela simplificação de processos e pela supressão de controles puramente formais ou cujo custo seja evidentemente superior ao risco. Daí a atuação dos órgãos de controle direcionar-se pela análise de risco, relevância e materialidade do objeto auditado.

Quando da avaliação das contratações públicas, diversos órgãos de controle, organizações nacionais e internacionais, estudiosos e gestores reconhecem o potencial de ganhos em eficiência e economicidade com a centralização de compras. Tanto que esse é um movimento que vem ocorrendo de forma globalizada.

Por outro lado, a agregação eleva a materialidade das contratações, assim como sua relevância e risco, considerando o impacto que uma única licitação passa a oferecer ao mercado e aos órgãos aderentes ao modelo. Não há como prescindir, em um cenário como esse, do acompanhamento atento dos órgãos de controle, dado o grau de confiabilidade, segurança jurídica e legitimidade que esses atores trazem para o processo de centralização.

No Brasil, as orientações para a melhoria da governança dos órgãos e entidades públicos e os diversos casos concretos que foram objeto de fiscalização e acompanhamento por órgãos de controle, internos e externos, como TáxiGov, passagens aéreas e grandes fornecedores de *softwares*, evidenciam a valiosa contribuição que as entidades de fiscalização trazem para a construção de instituições públicas mais fortes e confiáveis. Denotam também um importante papel de transformação com segurança jurídica, ao orientarem as instituições a conjugar iniciativas inovadoras com as normas e princípios que regem as contratações públicas.

O acompanhamento dos órgãos de controle, especialmente no que se refere a aquisições conjuntas ou centralizadas, pode levar a construções muito interessantes, ampliando a potencialidade do modelo em trazer ganhos de escala e eficiência às contratações.

Em todos os casos avaliados e exemplificados ao longo deste artigo, compreendeu-se que as inovações propostas poderiam significar um importante avanço nas contratações públicas de serviços e que caberia aos órgãos de controle apoiar a iniciativa, de maneira a fomentar essa construção de maneira diligente e alinhada às normas e melhores práticas em contratações, contribuir para o aprimoramento do modelo, ampliar o alcance de resultados e trazer maior segurança jurídica aos gestores públicos, em benefício da sociedade.

É papel das entidades fiscalizadoras superiores, além da função tradicional de fiscalização, promover a coerência dos mecanismos institucionais e a compreensão das interações e efeitos das políticas e ações levadas a efeito pelas organizações públicas. Para tanto, aplicam-se os princípios da boa governança em áreas-chave, busca-se induzir a que as políticas e programas sejam prospectivos e baseados em evidências e a redução de desperdícios e ineficiências em todo o Governo (OCDE, 2017).

O compartilhamento de estruturas e recursos administrativos com vistas a reduzir custos de transação e tornar mais atrativos os contratos públicos, ampliando a competitividade e, consequentemente, reduzindo o valor dos bens e serviços adquiridos, não pode deixar de ser considerado nesse cenário de redução de desperdícios e ineficiências. Por outro lado, as aquisições conjuntas não serão sempre adequadas para todo tipo de circunstância ou objeto.

Compete, portanto, aos órgãos de controle verificar se a opção pela centralização de contratações foi avaliada em seus múltiplos aspectos, que podem influenciar para o sucesso (oportunidades) ou fracasso (riscos) da iniciativa. A vantagem que sempre se sobressai na decisão pela aquisição centralizada diz respeito à expectativa de obtenção de significativa economia, seja diretamente, pelos ganhos de escala e melhor uso do poder de compra governamental, seja pela redução de custos administrativos e especialização concentrada dos profissionais envolvidos nas aquisições.

A ampla visualização dos possíveis gargalos, sobreposições, fragmentações e duplicidades permitidos pelos sistemas centralizadores de demandas, a uniformização de processos, de especificações técnicas e de faixas de preços aceitáveis são também pontos positivos a serem considerados. Colher esses benefícios, contudo, pode exigir sacrifícios que devem ser cuidadosamente avaliados, notadamente, em uma sociedade com características regionais e necessidades tão díspares como a nossa.

A padronização possui uma série de vantagens e é um objetivo que, como regra, deve ser buscado nas contratações públicas. Por outro lado, diminui a flexibilidade e a possibilidade de personalização de processos e serviços, ou seja, não servirá para todo e qualquer objeto, em qualquer situação. Além disso, para que o modelo funcione bem, há que se estabelecer uma sinergia entre as instituições parceiras nas aquisições conjuntas, seja na facilidade de troca de experiências e necessidades e de comunicação, seja em perfis de demandas com características similares, compatibilidade de infraestruturas e afinidade de estratégias institucionais, de maneira a garantir que as premissas das contratações atendam, de forma satisfatória, a todas as organizações beneficiadas.

Liderança clara, responsabilidades bem definidas e governança de toda a estrutura construída para viabilizar as contratações conjuntas são essenciais ao sucesso da missão. Além disso, a economia de escala somente se materializará com a união de diversas organizações com poder de compra suficiente para garantir que haja um diferencial relevante em relação às contratações pulverizadas junto aos fornecedores.

Aspectos como fomento aos pequenos negócios, geração de emprego e renda, concentração de mercado, dependência de fornecedores, incentivo à inovação, razoabilidade nas exigências de qualificações técnicas e econômico-financeiras, dadas as maiores materialidades que as compras tendem, individualmente, a representar, são também elementos fundamentais nessa equação.

Diante desse cenário, é essencial que a estratégia de contratações conjuntas seja precedida de estudos técnicos e de viabilidade robustos, de adequada fundamentação com base em análise de riscos e oportunidades, e de plano de monitoramento e avaliação de resultados.

As ações de controle devem ser entendidas como insumo a todo esse processo, tendo em vista o risco inerente a qualquer empreendimento patrocinado pelo poder público. A atuação dos órgãos de controle apenas depois de consumados os atos e com vistas a responsabilizações é uma disfunção. A contribuição efetiva dessas instâncias para o êxito das contratações se dá pelo acompanhamento, detecção de desvios e indicação de oportunidades de aperfeiçoamento de forma tempestiva (ROCHA, 2002).

Fica claro, por meio dos trabalhos realizados pelos órgãos de controle ao redor do mundo, que tanto as ações que orientam a melhoria da governança para implementar modelos de contratações conjuntas eficientes como a análise de casos concretos resultam em impulso ao aprimoramento da capacidade de contratação das organizações públicas.

Para tanto, é fundamental o estabelecimento de uma atuação conjunta e parceira entre as instâncias de controle e os gestores públicos, visando ao constante aprimoramento e evolução dos modelos de compras compartilhadas, seja por meio do apontamento e da implantação de melhorias nos procedimentos já instaurados, seja por meio da adoção de práticas inovadoras que contribuam para a obtenção de maior eficiência e economicidade nas contratações públicas e, consequentemente, melhor atendimento às demandas da sociedade.

Referências

ADVOCACIA-GERAL DA UNIÃO. *Portaria nº 98*, de 26 de fevereiro de 2013. Cria Câmaras Permanentes no âmbito do Departamento de Consultoria da Procuradoria-Geral Federal para tratar de assuntos relacionados a convênios e demais ajustes congêneres e licitações e contratos administrativos. Brasília, DF, 2013.

BRASIL. Decreto nº 8.189, de 21 de janeiro de 2014. *Diário Oficial da União*, Brasília, DF, 2014. Disponível em: http://www.planalto.gov.br/ccivil_03/_ato2011-2014/2014/decreto/d8189.htm. Acesso em: 11 out. 2021.

BRASIL. Decreto nº 9.203, de 22 de novembro de 2017. *Diário Oficial da União*, Brasília, DF, 23 nov. 2017. Disponível em: http://www.planalto.gov.br/ccivil_03/_ato2015-2018/2017/decreto/d9203.htm. Acesso em: 11 out. 2021.

BRASIL. Decreto nº 9.795, de 17 de maio de 2019. *Diário Oficial da União*, Brasília, DF, 2019. Disponível em: http://www.planalto.gov.br/ccivil_03/_ato2019-2022/2019/decreto/D9795.htm. Acesso em: 11 out. 2021.

BRASIL. Lei nº 12.550, de 15 de dezembro de 2011. *Diário Oficial da União*, Brasília, DF, 2011. Disponível em: http://www.planalto.gov.br/ccivil_03/_ato2011-2014/2011/lei/l12550.htm. Acesso em: 11 out. 2021.

BRASIL. Lei nº 14.133, de 1º de abril de 2021. *Diário Oficial da União*, Brasília, DF, 2021. Disponível em: http://www.planalto.gov.br/ccivil_03/_ato2019-2022/2021/lei/L14133.htm. Acesso em: 11 out. 2021.

BRASIL. Lei nº 8.666, de 21 de junho de 1993. *Diário Oficial da União*, Brasília, DF, 1993. Disponível em: http://www.planalto.gov.br/ccivil_03/leis/l8666cons.htm. Acesso em: 11 out. 2021.

Controladoría General de la República de Chile, División Jurídica. *Parecer nº 821.023/20*, 2021. Disponível em: https://www.chilecompra.cl/wp-content/uploads/2021/06/Oficio-N-E108767-CGR.pdf. Acesso em: 11 out. 2021.

CONTROLADORIA-GERAL DA UNIÃO (CGU). *Auditoria de Análise Preventiva sobre o Pregão Eletrônico nº 13/2019 do Fundo Nacional de Desenvolvimento da Educação – FNDE*, 2019.

CONTROLADORIA-GERAL DA UNIÃO (CGU). *Relatório de Avaliação da Secretaria de Gestão do Ministério da Economia*, junho/2020.

Crown Commercial Service (CCS). *Business Plan 2020/2021*, 2019. Disponível em: https://www.crowncommercial.gov.uk/news/business-plan-2019-20-to-2020-21-published. Acesso em: 11 out. 2021.

INSTITUTO DE PESQUISA ECONÔMICA APLICADA (IPEA). *Cadernos: Brasil na OCDE*, 2021. Disponível em: https://www.ipea.gov.br/portal/index.php?option=com_content&view=article&id=38248&Itemid=432. Acesso em: 11 out. 2021.

International Organization of Supreme Audit Institutions (Intosai). *Public Procurement Audit Practical Guide*, 2016. Disponível em: https://www.intosaicommunity.net/document/8th/AI21-%20Public%20 Procurement%20Audit%20Practical%20Guide_corr_2016_08_15.doc. Acesso em: 11 out. 2021.

MINISTÉRIO DA ECONOMIA, Secretaria de Gestão. *Instrução Normativa nº 1/2019*, de 10 de janeiro de 2019. Brasília, DF, 2019. Disponível em: https://www.in.gov.br/materia/-/asset_publisher/Kujrw0TZC2Mb/content/id/59109742/do1e-2019-01-11-instrucao-normativa-n-1-de-10-de-janeiro-de-2019-59109733. Acesso em: 11 out. 2021.

NATIONAL AUDIT OFFICE (NAO). *A review of collaborative procurement across the public sector*, 2010. Disponível em: https://www.nao.org.uk/wp-content/uploads/2010/05/A_review_of_collaborative_procurement_across_the_public_sector.pdf. Acesso em: 11 out. 2021.

NATIONAL AUDIT OFFICE (NAO). *Crown Commercial Service*, 2017. Disponível em: https://www.nao.org.uk/wp-content/uploads/2016/12/Crown-Commercial-Service.pdf. Acesso em: 11 out. 2021.

NATIONAL AUDIT OFFICE (NAO). *Improving Government Procurement*, 2013. Disponível em: https://www.nao.org.uk/report/improving-government-procurement/. Acesso em: 11 out. 2021.

NATIONAL AUDIT OFFICE (NAO). *The Performance of the Cabinet Office 2013-2014*, 2014. Disponível em: https://www.nao.org.uk/wp-content/uploads/2014/12/The-performance-of-the-Cabinet-Office-2013-14.pdf. Acesso em: 11 out. 2021.

ORGANISATION FOR ECONOMIC CO-OPERATION AND DEVELOPMENT (OECD/OCDE). *Brazil's Federal Court of Accounts: Insight and Foresight for Better Governance, OECD Public Governance* Reviews, OECD Publishing, Paris, 2017. Disponível em: https://doi.org/10.1787/9789264279247-en. Acesso em: 11 out. 2021.

ORGANISATION FOR ECONOMIC CO-OPERATION AND DEVELOPMENT (OECD/OCDE). *Recommendation of the Council on Public Procurement*, 2015. Disponível em: https://www.oecd.org/gov/public-procurement/recommendation/. Acesso em: 11 out. 2021.

ROCHA, Alexandre Amorim. *O Modelo de Controle Externo Exercido pelos Tribunais de Contas e as Proposições Legislativas sobre o Tema*. Consultoria Legislativa, Brasília, 2002.

TRIBUNAL DE CONTAS DA UNIÃO (TCU). *10 Passos para a Boa Governança*. 2. ed. Brasília: TCU, 2021. Disponível em: https://portal.tcu.gov.br/10-passos-para-a-boa-governanca.htm. Acesso em: 11 out. 2021.

TRIBUNAL DE CONTAS DA UNIÃO (TCU). *Acórdão nº 1.094/2021 -TCU-Plenário*, relator Ministro Weder de Oliveira. Brasília, 2021. Disponível em: https://pesquisa.apps.tcu.gov.br/#/redireciona/acordao-completo/%22ACORDAO-COMPLETO-2479174%22. Acesso em: 11 out. 2021.

TRIBUNAL DE CONTAS DA UNIÃO (TCU). *Acórdão nº 1.094/2021 -TCU-Plenário*, relator Ministro Weder de Oliveira. Brasília, 2021. Disponível em: https://pesquisa.apps.tcu.gov.br/#/redireciona/acordao-completo/%22ACORDAO-COMPLETO-2479174%22. Acesso em: 11 out. 2021.

TRIBUNAL DE CONTAS DA UNIÃO (TCU). *Acórdão nº 1.223/2017 -TCU-Plenário*, relator Ministro Benjamin Zymler. Brasília, 2017. Disponível em: https://pesquisa.apps.tcu.gov.br/#/redireciona/acordao-completo/%22ACORDAO-COMPLETO-2260224%22. Acesso em: 11 out. 2021.

TRIBUNAL DE CONTAS DA UNIÃO (TCU). *Acórdão nº 1.273/2015 -TCU-Plenário*, relator Ministro Augusto Nardes. Brasília, 2015, Índice Geral de Governança (IGG). Disponível em: https://pesquisa.apps.tcu.gov.br/#/redireciona/acordao-completo/%22ACORDAO-COMPLETO-1431678%22. Acesso em: 11 out. 2021.

TRIBUNAL DE CONTAS DA UNIÃO (TCU). *Acórdão nº 1.321/2014 -TCU-Plenário*, relatora Ministra Ana Arraes. Brasília, 2014, Riscos e Controles nas Aquisições (RCA). Disponível em: https://pesquisa.apps.tcu.gov.br/#/redireciona/acordao-completo/%22ACORDAO-COMPLETO-1311764%22. Acesso em: 11 out. 2021.

TRIBUNAL DE CONTAS DA UNIÃO (TCU). *Acórdão nº 1.524/2019 -TCU-Plenário*, relator Ministro Vital do Rêgo. Brasília, 2019, Fragmentação nas Compras Públicas. Disponível em: https://pesquisa.apps.tcu.gov.br/#/redireciona/acordao-completo/%22ACORDAO-COMPLETO-2350708%22. Acesso em: 11 out. 2021.

TRIBUNAL DE CONTAS DA UNIÃO (TCU). *Acórdão nº 1.545/2017 -TCU-Plenário*, relator Ministro Aroldo Cedraz. Brasília, 2013. Disponível em: https://pesquisa.apps.tcu.gov.br/#/redireciona/acordao-completo/%22ACORDAO-COMPLETO-2265537%22. Acesso em: 11 out. 2021.

TRIBUNAL DE CONTAS DA UNIÃO (TCU). *Acórdão nº 1.545/2017 -TCU-Plenário*, relator Ministro Aroldo Cedraz. Brasília, 2017. Disponível em: https://pesquisa.apps.tcu.gov.br/#/redireciona/acordao-completo/%22ACORDAO-COMPLETO-2265537%22. Acesso em: 11 out. 2021.

TRIBUNAL DE CONTAS DA UNIÃO (TCU). *Acórdão nº 1.637/2021 -TCU-Plenário*, relator Ministro Augusto Sherman. Brasília, 2021, Avaliação do Plano Anual de Contratações e PGC. Disponível em: https://pesquisa.apps.tcu.gov.br/#/redireciona/acordao-completo/%22ACORDAO-COMPLETO-2482629%22. Acesso em: 11 out. 2021.

TRIBUNAL DE CONTAS DA UNIÃO (TCU). *Acórdão nº 1.873/2018 -TCU-Plenário*, relator Ministro Vital do Rêgo. Brasília, 2018. Disponível em: https://pesquisa.apps.tcu.gov.br/#/redireciona/acordao-completo/%22ACORDAO-COMPLETO-2321247%22. Acesso em: 11 out. 2021.

TRIBUNAL DE CONTAS DA UNIÃO (TCU). *Acórdão nº 1.973/2013 -TCU-Plenário*, relator Ministro Raimundo Carreiro. Brasília, 2013. Disponível em: https://pesquisa.apps.tcu.gov.br/#/redireciona/acordao-completo/%22ACORDAO-COMPLETO-1282767%22. Acesso em: 11 out. 2021.

TRIBUNAL DE CONTAS DA UNIÃO (TCU). *Acórdão nº 13.053/2019 -TCU-Segunda Câmara*, relator Ministro Augusto Nardes. Brasília, 2019. Disponível em: https://pesquisa.apps.tcu.gov.br/#/redireciona/acordao-completo/%22ACORDAO-COMPLETO-2350657%22. Acesso em: 11 out. 2021.

TRIBUNAL DE CONTAS DA UNIÃO (TCU). *Acórdão nº 2.128/2018 -TCU-Plenário*, relator Ministro Walton Alencar. Brasília, 2018. Disponível em: https://pesquisa.apps.tcu.gov.br/#/redireciona/acordao-completo/%22ACORDAO-COMPLETO-2303579%22. Acesso em: 11 out. 2021.

TRIBUNAL DE CONTAS DA UNIÃO (TCU). *Acórdão nº 2.164/2021 -TCU-Plenário*, relator Ministro Bruno Dantas. Brasília, 2021, Índice Geral de Governança (IGG). Disponível em: https://pesquisa.apps.tcu.gov.br/#/redireciona/acordao-completo/%22ACORDAO-COMPLETO-2499065%22. Acesso em: 11 out. 2021.

TRIBUNAL DE CONTAS DA UNIÃO (TCU). *Acórdão nº 2.569/2018 -TCU-Plenário*, relator Ministro Aroldo Cedraz. Brasília, 2018. Disponível em: https://pesquisa.apps.tcu.gov.br/#/redireciona/acordao-completo/%22ACORDAO-COMPLETO-2285163%22. Acesso em: 11 out. 2021.

TRIBUNAL DE CONTAS DA UNIÃO (TCU). *Acórdão nº 2.622/2015 -TCU-Plenário*, relator Ministro Augusto Nardes. Brasília, 2015. Disponível em: https://pesquisa.apps.tcu.gov.br/#/redireciona/acordao-completo/%22ACORDAO-COMPLETO-1539501%22. Acesso em: 11 out. 2021.

TRIBUNAL DE CONTAS DA UNIÃO (TCU). *Acórdão nº 389/2020-TCU-Plenário*, relator Ministro Augusto Nardes. Brasília, 2020. Disponível em: https://pesquisa.apps.tcu.gov.br/#/redireciona/acordao-completo/%22ACORDAO-COMPLETO-2397100%22. Acesso em: 11 out. 2021.

TRIBUNAL DE CONTAS DA UNIÃO (TCU). *Acórdão nº 4.776/202020-TCU-Segunda Câmara*, relator Ministro André Luis de Carvalho. Brasília, 2020. Disponível em: https://pesquisa.apps.tcu.gov.br/#/redireciona/acordao-completo/%22ACORDAO-COMPLETO-2378867%22. Acesso em: 11 out. 2021.

TRIBUNAL DE CONTAS DA UNIÃO (TCU). *Acórdão nº 5.125/2018 -TCU-Segunda Câmara*, relator Ministro Augusto Nardes. Brasília, 2018. Disponível em: https://pesquisa.apps.tcu.gov.br/#/redireciona/acordao-completo/%22ACORDAO-COMPLETO-2315971%22. Acesso em: 11 out. 2021.

TRIBUNAL DE CONTAS DA UNIÃO (TCU). *Acórdão nº 771/2018 -TCU-Plenário*, relator Ministro Benjamin Zymler. Brasília, 2018. Disponível em: https://pesquisa.apps.tcu.gov.br/#/redireciona/acordao-completo/%22ACORDAO-COMPLETO-2302229%22. Acesso em: 11 out. 2021.

TRIBUNAL DE CONTAS DA UNIÃO (TCU). *Acórdão nº 771/2018 -TCU-Plenário*, relator Ministro Benjamin Zymler. Brasília, 2018. Disponível em: https://pesquisa.apps.tcu.gov.br/#/redireciona/acordao-completo/%22ACORDAO-COMPLETO-2302229%22. Acesso em: 11 out. 2021.

TRIBUNAL DE CONTAS DA UNIÃO (TCU). *Referencial Básico de Governança Organizacional*. 3. ed. Brasília: TCU, 2020c. Disponível em: https://portal.tcu.gov.br/governanca/governancapublica/organizacional/levantamento-de-governanca/. Acesso em: 11 out. 2021.

U.S. Government Accountability Office (GAO). *Fragmentation, Overlap and Duplication: an evaluation and management guide*, 2015. Disponível em: https://www.gao.gov/products/gao-15-49sp. Acesso em: 11 out. 2021.

U.S. Government Accountability Office (GAO). *Framework for Assessing the Acquisition Function at Federal Agencies*, 2005. Disponível em: https://www.gao.gov/assets/gao-05-218g.pdf. Acesso em: 11 out. 2021.

U.S. Government Accountability Office (GAO). *High Risk List*, 2021. Disponível em: https://www.gao.gov/assets/gao-21-119sp.pdf. Acesso em: 11 out. 2021.

U.S. Government Accountability Office (GAO). *Interagency Contracting*, 2013. Disponível em: https://www.gao.gov/assets/gao-13-133r.pdf. Acesso em: 11 out. 2021.

Informação bibliográfica deste texto, conforme a NBR 6023:2018 da Associação Brasileira de Normas Técnicas (ABNT):

CHIOATO, Tânia Lopes Pimenta; GONSALVES, Caroline Vieira Barroso Sulz. A centralização de compras na perspectiva dos órgãos de controle. *In*: LOPES, Virgínia Bracarense; SANTOS, Felippe Vilaça Loureiro (coord.). *Compras públicas centralizadas no Brasil*: teoria, prática e perspectivas. Belo Horizonte: Fórum, 2022. p. 367-402. ISBN 978-65-5518-463-1.

PARTE IV

HORIZONTES A SEREM DESBRAVADOS

O "NOVO SEMPRE VEM"? ACORDOS-QUADRO E SISTEMA DE AQUISIÇÃO DINÂMICO: CARACTERÍSTICAS E DIÁLOGO COM A LEGISLAÇÃO BRASILEIRA

BERNARDO ABREU DE MEDEIROS

LUCAS MONTENEGRO

THIAGO C. ARAÚJO

Introdução

Ao pensarmos em compras públicas, pode vir à mente, em uma associação quase caricata, a realidade de uma pequena – e sucateada – repartição pública que precisa adquirir canetas e carimbos para desempenhar suas atividades burocráticas. Por certo, essa associação, embora não seja propriamente incorreta, é ao menos incompleta. Um mero exercício de observação da realidade comprova o fato de que o Estado adquire a mais variada sorte de bens – dos mais simples, como o exemplo anedótico sugere, aos mais complexos. Dentro da seara dos bens (e serviços, inclua-se) complexos, podemos incluir, por exemplo, a aquisição de um caça de 5ª geração ou insumos médicos para o desenvolvimento de vacinas.

O caso das vacinas não foi citado por acaso. O mundo vivenciou uma gravíssima crise sanitária: a pandemia de covid-19. A disseminação, que se deu de forma rápida e prontamente alcançou escala global, levou diferentes países a se depararem com situações emergenciais de aquisições de bem em um cenário de escassez mundial – um verdadeiro desafio ao *status quo* de suas capacidades institucionais. O caso da pandemia traz cores especiais a um dilema que é – em muito – anterior: a necessidade de criação de mecanismos eficientes de compras públicas.

Como dito anteriormente, o Estado adquire bens e serviços situados em um amplo espectro de complexidade. Sejam simples, banais, usuais ou complexas, o fato é que as contratações realizadas pelo setor público correspondem a uma parcela significativa do Produto Interno Bruto – PIB brasileiro.[1] O Estado é, portanto, um poderoso comprador, de modo que a forma com que exerça seu poder de compra trará relevantes repercussões no cenário econômico brasileiro. O impressionante volume de recursos envolvidos não implica, no entanto, eficiência, podendo inclusive miná-la. Outro fator relevante é que o Estado não é um bloco monolítico: tanto as demandas por aquisição de bens e serviços como as capacidades institucionais de prové-las variam substancialmente entre as esferas de governo e mesmo dentre órgãos de uma mesma esfera. Há, todavia, um conjunto de bens e serviços comuns que são demandados por todos esses órgãos e esferas. A questão que se coloca é: quais os arranjos possíveis para as compras públicas que dessem conta desse cenário que conjuga heterogeneidades e similitudes dos atores envolvidos? Noutras palavras, quais seriam então os mecanismos à disposição da Administração Pública para perseguir a almejada eficiência nas contratações?

Um dos caminhos passa, necessariamente, pela discussão de instrumentos que viabilizem centralização e coordenação das aquisições públicas que propiciem compras mais eficientes. No Brasil, esforços para a centralização das aquisições públicas são dispensados desde a Era Vargas, com a criação da Comissão Central de Compras, em 1931, chegando, em tempos atuais, a instrumentos como o Sistema de Registro de Preços – SRP e a iniciativas como a Central de Compras do Governo Federal.[2]

Uma forma de enfrentar esse dilema – de que já se valem diferentes países, sendo de aplicação rotineira no âmbito da União Europeia – é a utilização de acordos-quadro. Em uma breve conceituação, o procedimento de acordo-quadro pode ser entendido como – e recorremos à definição dada pela Lei Uniforme da UNCITRAL para Aquisições Públicas – um procedimento conduzido em duas etapas, sendo a primeira correspondente à seleção de um ou mais contratantes para serem partes de um acordo a ser celebrado perante uma entidade de aquisições; e a segunda etapa a adjudicação de

---

[1] Segundo dados extraídos de fontes governamentais, no ano de 2017 a fatia do PIB brasileiro ocupada pelas compras públicas é de 10% a 15%, o que corresponde a uma cifra de aproximadamente 500 bilhões de reais (SEBRAE. *Compras Públicas*: um bom negócio para sua empresa. Brasília: SEBRAE, 2017).

[2] FIUZA, Eduardo P. S.; SANTOS, Felippe; LOPES, Virgínia; MEDEIROS, Bernardo; SANTOS, Franklin. *Compras públicas centralizadas em situações de emergência e calamidade pública*. Texto para discussão / Instituto de Pesquisa Econômica Aplicada. Brasília/Rio de Janeiro: Ipea, 1990, agosto de 2020, p. 50.

um contrato propriamente dito para um desses fornecedores, perante um contratante que faça parte do acordo.[3]

Há duas formas de aquisição por acordos-quadro: *estática* e *dinâmica*. Pela forma estática de aquisição, uma vez encerrado o procedimento do acordo-quadro, não há janela para nova competição – estando o Estado adquirente subordinado às condições estabelecidas. A modalidade dinâmica de aquisição permite, a seu turno, que novos entrantes participem do acordo-quadro, em um processo de competição continuada.

Trata-se portanto de ajustes a partir dos quais os compradores estabelecem requisitos de qualidade e – eventualmente – de quantidade a serem adquiridos, de modo que os fornecedores se qualifiquem a contratar com os adquirentes, à medida de sua necessidade. A Administração, na medida em que adquire uma série de itens de forma habitual, tem muito a ganhar com a utilização de acordos-quadro, que afastam a necessidade de realização de diferentes procedimentos de compras públicas para itens que sejam periodicamente adquiridos.[4]

O presente capítulo buscará apresentar a mecânica dos acordos-quadro e explorar suas potencialidades diante da realidade brasileira de compras públicas. Para tanto ele é composto de três seções além desta introdução. Na seção 1 serão discutidas as características centrais dos acordos-quadro, incluindo seus principais elementos e fundamentos normativos dentro do contexto europeu de sua criação. A seção 2 tratará dos possíveis percursos de uma transposição do instituto para o Direito brasileiro, em especial diante da edição da nova Lei de Licitações e Contratos de 2021. A seção final trará as conclusões e prognósticos para um futuro próximo.

1 Acordos-quadro : elementos, classificações e possibilidades

O instrumento "acordos-quadro" está inserido dentro do contexto dos esforços de coordenação e centralização de compras públicas. A coordenação pode ser compreendida como uma situação intermediária à centralização, situada dentro de um gradiente em que a centralização total seria um ponto limite e a pulverização total das compras o outro.[5] Uma forma de centralização total das aquisições públicas seria aquela em que todas as etapas do processo de compra são delegadas a uma entidade, que determina, por exemplo, as quantidades, quando e aquilo a ser adquirido.

Predominam, por certo, modelos intermediários, que contemplam a centralização de algumas atribuições nas mãos de uma ou outra entidade sem, contudo, alienar totalmente dos órgãos locais o poder de escolha em relação a uma ou outra etapa da aquisição. Trabalharemos, de forma um pouco mais detalhada, o que são os acordos-quadro e como funcionam.

---

[3] UNCITRAL – UNITED NATIONS COMMISSION ON INTERNATIONAL TRADE LAW. Model Law of Public Procurement. 2011. Disponível em: uncitral.un.org/sites/uncitral.un.org/files/media-documents/uncitral/en/2011-model-law-on-public-procurement-e.pdf. Acesso em: 17 out. 2021.

[4] ALBANO, Gian Luigi; NICHOLAS, Caroline. *The Law and Economics of Framework Agreements:* Designing Flexible Solutions for Public Procurement, i-ii. Cambridge: Cambridge University Press, 2016, p. 325.

[5] DIMITRI, Nicola; PIGA, Gustavo; SPAGNOLO, Giancarlo. *Handbook of procurement*. Cambridge: Cambridge University Press, 2006, p. 50.

Classificação útil a sua compreensão é oferecida por Marco Caldeira, para quem os acordos-quadro podem ser incialmente distinguidos segundo dois critérios: (i) em relação a seu conteúdo; e (ii) em relação ao número de cocontratantes.[6] Em relação ao conteúdo, a variável a ser analisada seria o fato de a totalidade dos termos do contrato a serem assinados estar ou não previamente fixada; quanto ao número de cocontratantes, a análise se dá sobre o quantitativo: um ou vários. A classificação de Caldeira nos serve para termos em mente uma primeira grande característica: os acordos-quadro não correspondem aos contratos de fornecimento de bens e serviços entre o Estado e o contratante.

Os acordos-quadro correspondem assim a um ajuste prévio, em que o Estado firma perante um ou mais contratantes que, havendo a necessidade, irá adquirir bens ou serviços por este ofertados, nas condições e termos fixados no ajuste – isto é, no acordo-quadro. Surgindo a necessidade, o ente público celebrará com o particular um contrato e procederá à compra – uma aquisição *on demand*.

Cuida-se, em suma, de um acordo a disciplinar aquisições futuras. A operacionalização de um acordo-quadro se dá, de acordo com a OCDE, da seguinte forma: uma autoridade sinaliza a intenção de celebrar um acordo-quadro, dando publicidade e convidando operadores econômicos a serem participantes do quadro. A autoridade contratante, após, observa algum dos procedimentos padronizados de compras públicas para seleção e avaliação dos participantes. Findas essas etapas, a autoridade contratante firma um acordo-quadro com um ou mais operadores econômicos, acordo-quadro esse que governará afora com que os contratos serão adjudicados aos membros do "quadro" e os termos a que estarão sujeitos.[7]

Pelas características dos acordos-quadro, podemos observar que sua utilização não parece se coadunar com os casos em que a solução a ser buscada pela Administração não seja recorrente e habitual. É de se pensar, por exemplo, que a compra de um item específico ou inovador – um caça de 5ª geração, por exemplo, para citarmos um exemplo limite – não deve se operar através de um acordo-quadro.[8]

A utilização de acordos-quadro está relacionada ao suprimento de necessidades habituais da Administração, que envolvam compras repetidas, de forma que a economia de tempo (cada órgão não terá, por exemplo, que desenhar todo um processo de aquisição pública, com definição do objeto, estudos prévios, pesquisa de mercado etc.) compense a menor competição para adjudicação do contrato.

O desenho do acordo-quadro deverá ser feito por entidade competente, dotada de expertise técnica em relação às compras públicas, de forma a mitigar problemas de inexperiência e assimetria informacional existentes em casos de aquisições públicas pulverizadas. O ganho de tempo torna os acordos-quadro atraentes, também, para situações emergenciais, em que a morosidade de um processo de aquisição pública com

---

[6] CALDEIRA, Marco. Os Acordos-Quadro nas Directivas de 2014 sobre contratação pública. *Revista de Contratos Públicos*, n. 13, p. 143-168, jul. 2018, p. 144.

[7] UNIÃO EUROPEIA, SIGMA – Support for Improvement in Governance and Management. Brief 19, Public Procurement. Agosto de 2011.

[8] Para uma discussão sobre compras públicas e inovação no Brasil, com destaque aos instrumentos adequados, cf. RAUEN, Andre; PAIVA, Bianca. Impacts of Public Procurement on Business R&d Efforts: The Brazilian Case. Discussion Paper 246. Ipea: Brasília, 2019.

ampla competição não se coaduna com a necessidade de o Estado enfrentar a situação de forma rápida e eficaz.[9]

Os acordos-quadro são definidos, em termos de normativos de *hard law*, pela Diretiva nº 2014/24 da União Europeia como sendo um acordo entre uma ou mais autoridades contratantes e um ou mais operadores econômicos. Tal acordo teria o propósito de estabelecer os termos a que estarão sujeitos os contratos eventualmente adjudicados durante um determinado período temporal – especialmente em relação ao *preço* e, quando apropriado, à *quantidade*.[10]

Trata-se, portanto, de um procedimento bifásico, em que a primeira etapa corresponde à seleção de um ou mais contratantes – a depender do tipo do acordo-quadro, com a fixação das condições de aquisição, em geral preço e, eventualmente, quantidade. A segunda etapa, por sua vez, consiste na adjudicação de um contrato administrativo para com o particular participante do acordo-quadro, nos termos e condições prefixados neste.

Com base nos elementos apresentados, pode-se trabalhar, como fazem Fiuza *et al.*, com uma classificação ampliada dos acordos-quadro,[11] a partir das variáveis que podem influenciar no seu desenho:

(i) em relação ao número de fornecedores incluído até ou após a conclusão do acordo, pode ser *aberto* ou *fechado*;

(ii) em relação ao grau de completude das previsões contratuais – se a totalidade do tratamento do ajuste é dada ou não pelo acordo –, o acordo poderá ser *completo* ou *incompleto*;

(iii) quanto à sua obrigatoriedade, poderá ser *opcional* ou *obrigatório* para os órgãos compradores participantes;

(iv) quanto à existência de compromisso em relação a quantidades mínimas, poderá ser *compromissado* ou *descompromissado*;

(v) quanto à obrigação dos fornecedores em fornecer quantidades até um limite previamente estabelecido, poderá ser *obrigado* ou *desobrigado*;

(vi) quanto à quantidade de fornecedores admitida, poderá ser *unifornecedor* ou *multifornecedor*.

A OCDE sugere o seguinte procedimento para desenho de um acordo-quadro: em primeiro lugar, é necessária a realização de uma pesquisa de mercado e análise da demanda, seguida da determinação do objeto a ser adquirido; definição de principais características; delimitação da qualidade – isto é, da qualificação técnica mínima; divisão de lotes; definição dos critérios de qualificação e de adjudicação; e definição dos termos contratuais, inclusive em relação aos procedimentos de monitoramento do cumprimento do contrato a ser firmado.[12]

---

[9] ALBANO, Gian Luigi; NICHOLAS, Caroline. *The Law and Economics of Framework Agreements:* Designing Flexible Solutions for Public Procurement, i-ii. Cambridge: Cambridge University Press, 2016, p. 5.

[10] UNIÃO EUROPEIA, SIGMA – Support for Improvement in Governance and Management. Brief 19, Public Procurement. Agosto de 2011, p. 3. Tradução e paráfrase do original: (...) *an agreement between one or more contracting authorities and one or more economic operators, the purpose of which is to establish the terms governing contracts to be awarded during a given time limit, in particular with regard to price and, where appropriate, the quantity envisaged.*

[11] FIUZA, Eduardo P. S.; SANTOS, Felippe; LOPES, Virgínia; MEDEIROS, Bernardo; SANTOS, Franklin. *Compras públicas centralizadas em situações de emergência e calamidade pública*. Texto para discussão / Instituto de Pesquisa Econômica Aplicada. Brasília/Rio de Janeiro: Ipea, 1990, agosto de 2020, p. 50.

[12] OECD. *Manual for Framework Agreements*, 2014, p. 30

Como dito na introdução, os acordos-quadro podem ser de dois tipos: acordos-quadro de aquisição estática e acordos-quadro de aquisição dinâmica. O acordo-quadro estático é aquele em que, encerrado o procedimento, fecha-se o panorama competitivo. Os preços, quantidade e qualidade serão aqueles fixados por meio da disputa realizada, que, uma vez encerrada, não será repetida, restando tão somente a sucessiva adjudicação dos contratos aos fornecedores habilitados.

A modalidade de aquisição dinâmica, a seu turno, é similar aos acordos-quadros habituais, com a diferença de permitir a participação de novos entrantes que satisfaçam os critérios de seleção, o que aumenta a variação de itens disponíveis e dinamiza a competição.[13]

A Diretiva nº 2014/24 da União Europeia define o sistema de aquisição dinâmica como:

> (...) um processo inteiramente eletrónico e estar aberto, durante o período de vigência do sistema de aquisição, a qualquer operador económico que satisfaça os critérios de seleção. Pode ser dividido em categorias de produtos, obras ou serviços objetivamente definidas com base em características do concurso a lançar na categoria em causa. Essas características podem incluir uma referência à dimensão máxima autorizada dos contratos específicos a adjudicar ou a uma área geográfica específica na qual os contratos específicos a adjudicar serão executados.[14]

O art. 34 da referida Diretiva traz por características do sistema de aquisição dinâmico a possibilidade de renovação das propostas apresentadas, desde que se mantenham em conformidade com as exigências previamente estipuladas. Há, assim, um mecanismo de renovação da competição, na medida em que, a cada novo entrante, que traga um novo preço, os participantes anteriores poderão atualizar as suas propostas,[15] de modo a manterem-se competitivos durante a vigência temporal do acordo. O acordo-quadro dinâmico deverá ser realizado exclusivamente por meio eletrônico e deverá ter prazo lapso temporal de vigência previamente estabelecido.

A utilização de acordo-quadro com um sistema dinâmico de aquisição cria, assim, um estado de competição permanente, remediando problemas referentes a uma eventual baixa qualidade ou pouca variedade de produtos, criando, assim, mecanismos para otimização do cenário das aquisições públicas, seja por permitir que novos entrantes ofertem preços mais baixos, seja por forçar os participantes já estabelecidos a diminuírem seus preços para fazer frente à nova competição.

Para além do que pode ser considerado uma preferência apriorística pela modalidade dinâmica dos acordos-quadro em detrimento da modalidade estática, Albano pontua aspectos relevantes referentes à competitividade e à transparência. Para o autor,

---

[13] OZBILGIN, Izzet; IMAMOGLU, Meltem. The impact of dynamic purchasing systems in the electronic public procurement processes. *Procedia Computer Science*, v. 3, 2011, p. 1571-1575. Disponível em: https://doi.org/10.1016/j.procs.2011.01.051. Acesso em: 23 out. 2021.

[14] A menção à norma revogada justifica-se pelo fato de a nova diretiva não definir.

[15] Cf. item nº 6 do art. 34: "6. As autoridades adjudicantes convidam todos os participantes admitidos a apresentar uma proposta para cada concurso específico no âmbito do sistema de aquisição dinâmico, em conformidade com o artigo 54. Se o sistema de aquisição dinâmico tiver sido dividido em categorias de obras, produtos ou serviços, as autoridades adjudicantes convidam todos os participantes admitidos na categoria correspondente ao concurso específico em causa a apresentar uma proposta".

haveria poucos mecanismos de controle a precisar a forma com que todos os operadores econômicos capazes de participar do procedimento seriam instados a participar, bem como não haveria critérios de exigência em relação à fixação, *ex ante*, da possibilidade de uma convocatória pública para novos entrantes.[16]

Pelas informações trazidas, vemos que há uma série de variáveis a serem contempladas e combinadas quando do desenho de um eventual acordo-quadro e uma especialmente relevante diz respeito ao número de fornecedores envolvidos. Por essa razão, como destacam Fiuza *et al.*, os acordos-quadro fechados podem ser de único ou múltiplos fornecedores. Se de único fornecedor, não haverá competição; se de múltiplos fornecedores, poderá ou não haver competição. Já os abertos serão de múltiplos fornecedores e haverá competição, correspondendo ao sistema dinâmico de aquisição.[17]

Pela multiplicidade de variáveis incidentes, parece imperiosa a questão da especialização. A entidade a que compete elaborar o mecanismo do acordo-quadro deverá ser aquela dotada – a partir do desenho institucional do país – de maior capacidade técnico-institucional em relação às aquisições públicas.

A adequada padronização dos desenhos de acordo-quadro pode permitir que um órgão local, por exemplo, possa valer-se de tal instrumento para suas aquisições públicas. A variável institucional demanda, ainda, algumas respostas legislativas a serem contempladas, mormente em relação à obrigatoriedade ou não de adesão ao modelo de acordo-quadro. Na União Europeia, novamente, podemos observar que a Diretiva nº 2013/24/EU afirma a obrigatoriedade de *incorporação*, por parte dos Estados-Membros, de mecanismos legislativos a prever os acordos-quadro. O Direito Comunitário Europeu aposta nos acordos-quadro como vetores de eficiência: o Estado-Membro que não os adote estará em desacordo com as diretrizes do ente supranacional.

2 Transposições dos acordos-quadro para a realidade brasileira

Estudar os acordos-quadro e seu tratamento no âmbito da União Europeia nos leva, eventualmente, a perguntarmo-nos se haveria institutos similares para as aquisições públicas brasileiras. Analisando o quadro normativo brasileiro vigente, o Sistema de Registro de Preços e o Credenciamento chamam atenção por uma possível similaridade em comparação aos acordos-quadro.

Vimos que a utilização de acordos-quadro é a solução preferencial na União Europeia para os problemas típicos das contratações públicas. Será, contudo, o caso para o Brasil? De que forma esse instituto, tão característico da experiência comunitária do velho-continente, pode repercutir no Brasil?

O Sistema de Registro de Preços (SRP) – é verdade – possui algumas características similares aos acordos-quadro, na medida em que permite à Administração estabelecer um escalonamento prévio de preços e condições para futuros contratos

---

[16] ALBANO, Gian Luigi; NICHOLAS, Caroline. *The Law and Economics of Framework Agreements*: Designing Flexible Solutions for Public Procurement, i-ii. Cambridge: Cambridge University Press, 2016, p. 98.

[17] FIUZA, Eduardo P. S.; SANTOS, Felippe; LOPES, Virgínia; MEDEIROS, Bernardo; SANTOS, Franklin. *Compras públicas centralizadas em situações de emergência e calamidade pública*. Texto para discussão / Instituto de Pesquisa Econômica Aplicada. Brasília/Rio de Janeiro: Ipea, 1990, agosto de 2020, p. 51.

administrativos a serem celebrados – notadamente em relação aos bens de aquisição contínua. A Lei nº 8.666/93 remete à regulamentação infralegal o tratamento sobre o Sistema de Registro de Preços,[18] desde que se observem três condições mínimas: (i) que a seleção seja feita mediante concorrência (ou pregão); (ii) que haja estipulação prévia do sistema de controle e atualização dos preços registrados; e (iii) que a validade do registro não seja superior a um ano.

A referida regulamentação se dá por meio do Decreto Federal nº 7.892/2013, que define as figuras centrais do Sistema: (i) o Sistema de Registro de Preços; (ii) a Ata de Registro de Preços; (iii) o Órgão Gerenciador; (iv) o Órgão Participante; (v) o Órgão não Participante; (vi) a Compra Nacional; e (vii) o Órgão Participante de Compra Nacional.

O Sistema de Registro de Preços é definido pelo decreto como um "conjunto de procedimentos para registro formal de preços relativos à prestação de serviços e aquisição de bens, para contratações futuras".[19] Disso extraímos duas características importantes: (i) trata-se de instituto orientado para contratações futuras, ou seja, não está relacionado à satisfação de necessidades imediatas da Administração; e (ii) não se trata de instituto contratual, mas sim mero registro de preços, através de Ata – que terá caráter apenas compromissório.

Os principais atores do Sistema são o Órgão Gerenciador; o Órgão Participante; e o Órgão não Participante. O Órgão Gerenciador é aquele que conduzirá todo o procedimento para a formação da Ata de Registro; o Órgão Participante é aquele que participa de todo o procedimento, desde o início, e integra a Ata de Registro de Preços. O Órgão não Participante, por fim, é aquele que, "não tendo participado dos procedimentos iniciais da licitação, atendidos os requisitos desta norma, faz adesão à ata de registro de preços".

O SRP talvez fosse a ponte mais evidente, se não a única, entre o instituto europeu e o contexto brasileiro. Mas o cenário normativo das compras públicas no Brasil passou por uma redefinição em 2021: a edição da Lei nº 14.133, a nova Lei de Licitações e Contratos Administrativos (NLLC). Será que o novo regramento abre espaço para a implementação de acordos-quadro no Brasil?

Além do Sistema de Registro de Preços, outro instituto que poderia abrir caminho para a formação de um acordo-quadro no Brasil é o credenciamento, que, embora não seja verdadeiramente novo, ganha proeminência com a NLCC. Ele é definido pelo art. 6º, XLIII, da nova lei como o:

> processo administrativo de chamamento público em que a Administração Pública convoca interessados em prestar serviços ou fornecer bens para que, preenchidos os requisitos necessários, se credenciem no órgão ou na entidade para executar o objeto quando convocados.

---

[18] Art. 15. As compras, sempre que possível, deverão:
§3º O sistema de registro de preços será regulamentado por decreto, atendidas as peculiaridades regionais, observadas as seguintes condições:
I - seleção feita mediante concorrência;
II - estipulação prévia do sistema de controle e atualização dos preços registrados;
III - validade do registro não superior a um ano.

[19] Cf. art. 2º, I.

O art. 79 da NLLC restringe o credenciamento a hipóteses de não competição, onde a Administração pretenda fazer aquisições paralelas e simultâneas; a casos em que a seleção seja feita a partir de critérios de terceiros, onde o contratado será selecionado pelo beneficiário direto da prestação; e em casos de mercados fluidos.

O Sistema de Registro de Preços, comparado aos acordos-quadro, diferiria por estar mais relacionado à formação de uma ata – a Ata de Registro de Preços –, em que os preços e os fornecedores são elencados, do que a um ajuste prévio propriamente dito entre contratante e contratado, como é o caso dos acordos-quadro. Não parece equivocado afirmarmos, por outro lado, que existe uma semelhança entre o desenho do Sistema de Registro de Preços e o acordo-quadro do tipo estático, em que se encerra a competição depois de findo o certame.

Findo o procedimento de registro de preços e formada a Ata, esta farias as vezes de uma espécie de acordo-quadro que, como dito, seria da modalidade estática – não aberta a novos entrantes.

O Credenciamento, a seu turno, diverge do acordo-quadro por não permitir a contratação exclusiva de um ou mais fornecedores, em caráter disjuntivo, obrigando a Administração a proceder a aquisições paralelas. Não se olvida, por certo, que exista a possibilidade de definição de alguns critérios a restringir o universo de credenciados – um critério geográfico seria um bom exemplo.

O fato de essa modalidade de contratação estar, contudo, intimamente relacionada a uma hipótese em que não haveria competição – a justificar a ausência de um procedimento licitatório – parece dificultar a possibilidade de manejo do credenciamento como sucedâneo dos acordos-quadro.

A NLLC, em seu art. 40, II, uma preferência à utilização do sistema de registro de preços,[20] preferência essa inserida dentro de um vetor de "planejamento de compras", conforme expressa o *caput* do art. 40. O sistema de registro de preços, de forma propriamente dita, é previsto pelos artigos 82 a 86. Interessante observarmos que – diferentemente do que ocorria com a Lei nº 8.666/93, onde era delegada ao regulamento a função de estabelecer os procedimentos do sistema de registro de preços, cf. art. 15, parágrafo terceiro – a nova lei dispõe diretamente sobre os procedimentos do SRP, ainda que mantenha espaço para delegar à regulamentação infralegal.[21]

O legislador perdeu, contudo, uma oportunidade. Diferentemente do que uma expectativa modernizadora poderia levar a crer, poucas alterações ocorreram, na prática. Se o SRP poderia possuir aptidão para tornar-se algo similar aos acordos-quadro, a nova lei, contudo, não trouxe maiores alterações em relação ao que já era disposto anteriormente pelo Decreto nº 7.892/2013. A lógica permanece sendo a de formação da Ata de Registro de Preços, com formação de lista escalonada de fornecedores – cabendo àquele que encabeça a lista o direito de, eventualmente, contratar com a Administração.

---

[20] Art. 40. O planejamento de compras deverá considerar a expectativa de consumo anual e observar o seguinte: II - processamento por meio de sistema de registro de preços, quando pertinente;

[21] A exemplo do art. 82, §5º, II: "seleção de acordo com os procedimentos previstos em regulamento;"; e do §6º: "O sistema de registro de preços poderá, na forma de regulamento, ser utilizado nas hipóteses de inexigibilidade e de dispensa de licitação para a aquisição de bens ou para a contratação de serviços por mais de um órgão ou entidade".

Essa eventualidade, isto é, a falta de certeza em relação à contratação pode ser um fator apto a tornar a participação nesse tipo de certame pouco atrativa para aqueles particulares desejosos de serem contratados pela Administração. O art. 83,[22] por exemplo, não endereça satisfatoriamente essa situação, na medida em que abre a possibilidade, inclusive, para a realização de licitação específica para a aquisição pretendida – ainda que tenha corrido todo o procedimento de formação da ata de registro de preços.

Merece observação, ainda, a manutenção do caráter estático em relação à formação de preço: o art. 82, VII, embora permita o registro de mais de um fornecedor ou prestador, determina que esses deverão cotar o preço em valor igual ao do licitante vencedor – afastando a possibilidade de formação de uma ata de registro de preços *dinâmica*. O regulamento poderia alterar esse quadro, porém o parágrafo único do art. 79 engessa as opções criativas infralegais.[23]

Pensando em um transplante para o Brasil do modelo de acordos-quadro, a variável *competição* parece ser a maior preocupação. Sem mecanismos adequados de controle e supervisão dos acordos-quadro, e sem robusta previsão normativa referente ao que e ao como se contratar através de tal modalidade de acordo, o risco que se corre é de que os acordos-quadro venham a se tornar uma nova roupagem para velhos ajustes – muitas vezes pouco republicanos.

Um ponto a se ter em mente é sabermos localizar adequadamente a vocação dos acordos-quadro. Em um primeiro lugar, os acordos-quadro possuem uma vocação relacionada à aquisição de bens de uso hodierno por parte da Administração.

Além dessa necessidade de adequada identificação da vocação dos acordos-quadro, há alguns riscos a serem contemplados. Se o acordo-quadro for do tipo fechado, em que novos entrantes não são permitidos, é preciso que se criem mecanismos institucionais aptos a permitir a adequada variabilidade de fornecedores a serem contemplados com a adjudicação de contratos administrativos, caso contrário parece surgir um certo risco de cartelização. A possível ausência de competitividade, dessa forma, parece ser um vetor de risco a ser contemplado para o caso de opção por uso de um acordo-quadro.

O manejo de um sistema dinâmico de aquisições parece remediar esse problema, pois fomenta a participação de novos entrantes ao procedimento de compra, o que atende tanto ao imperativo de competitividade, inerente às aquisições públicas, quanto ao imperativo de eficiência, na medida em que permite o alcance de preços mais baixos para a contratação.

---

[22] Art. 83. A existência de preços registrados implicará compromisso de fornecimento nas condições estabelecidas, mas não obrigará a Administração a contratar, facultada a realização de licitação específica para a aquisição pretendida, desde que devidamente motivada.

[23] Parágrafo único. Os procedimentos de credenciamento serão definidos em regulamento, observadas as seguintes regras:
I - a Administração deverá divulgar e manter à disposição do público, em sítio eletrônico oficial, edital de chamamento de interessados, de modo a permitir o cadastramento permanente de novos interessados;
II - na hipótese do inciso I do *caput* deste artigo, quando o objeto não permitir a contratação imediata e simultânea de todos os credenciados, deverão ser adotados critérios objetivos de distribuição da demanda;
III - o edital de chamamento de interessados deverá prever as condições padronizadas de contratação e, nas hipóteses dos incisos I e II do *caput* deste artigo, deverá definir o valor da contratação;
IV - na hipótese do inciso III do *caput* deste artigo, a Administração deverá registrar as cotações de mercado vigentes no momento da contratação;
V - não será permitido o cometimento a terceiros do objeto contratado sem autorização expressa da Administração;
VI - será admitida a denúncia por qualquer das partes nos prazos fixados no edital.

O dinamismo inerente a esse sistema de aquisições bem parece se adequar com a ideia de um *marketplace*. *Marketplace* nada mais é do que uma plataforma digital que aproxima compradores de vendedores. Aqueles desejosos de adquirir um determinado bem (ou serviço) realizam uma pesquisa na plataforma, que enumera os resultados a partir de diferentes critérios, como valor ou alguma outra especificação.

Os *marketplaces*, assim, funcionam de maneira a buscar remediar alguns problemas de agência (*agency problem*[24]) com que se deparam compradores, notadamente questões ligadas à assimetria informacional.[25]

Exemplos de *marketplaces* são as plataformas disponibilizadas pela *Amazon*; *Jet.com*; e *Shopify*. Em geral, os *marketplaces* são remunerados em razão das transações que intermedeiam. É de interesse, assim, da plataforma que haja o maior número possível de transações.

Os vendedores disponibilizam em tais plataformas seus bens e serviços, trazendo preferencialmente informações suficientes para torná-los atraentes a potenciais consumidores. A plataforma pode disponibilizar alguma ferramenta de avaliação, em que os fornecedores são avaliados, diminuindo os custos de informação envolvidos na transação. Os pagamentos realizados através do *marketplace* são instantâneos, efetuados através de cartões de crédito, boletos bancários ou instrumentalizados por meio de utilidades como o *PayPal*[26] ou ainda, mais recentemente, o pix, no contexto brasileiro. Se, como dito, a plataforma é remunerada pelas transações, de modo a ser de seu interesse fomentar o maior número possível delas, o dinamismo parece ser uma das suas características inerentes. Um *marketplace* é um mercado dinâmico, em que potenciais vendedores ou prestadores são atraídos a, continuamente, oferecer seus bens ou produtos na plataforma, criando um estado de competição permanente – uma das características de um acordo-quadro *dinâmico*.

Essa breve caracterização dos *marketplaces* parece-nos permitir que tais plataformas possam ser de grande valia para a Administração. Uma plataforma digital de compras públicas, a viabilizar um estado permanente de competição, pode vir a tornar – em uma visão entusiasmada, por certo – os acordos-quadro dinâmicos obsoletos, ao menos para alguns bens ou serviços de menor complexidade.

---

[24] Em termos sucintos, esse problema parte do pressuposto de que, racionalmente, ambas as partes de uma relação principal-agente (ex. de contratantes e contratados) agem de forma a maximizar a sua utilidade, nem sempre o agente agirá de forma que melhor se coadune com o interesse do principal. Problemas de domínio de informações agravam esse quadro, pois inibem a fiscalização, por parte do principal, em relação às ações de seu agente (OLIVEIRA, Clara Brando; FONTES FILHO, Joaquim Rubens. Agency problems in the public sector: the role of mediators between central administration of city hall and executive bodies. *Revista de Administração Pública*, Rio de Janeiro, v. 51, n. 4, jul./ago. 2017. Disponível em: https://doi.org/10.1590/0034-7612171397. Acesso em: 28 nov. 2020.

[25] Assimetria informacional é um dos exemplos de falha de mercado. Pressuposto de que uma das partes da relação dispõe de muito mais informações do que a outra, gerando um desequilíbrio demasiado na relação. Para assimetria informacional como falha de mercado, v. BALDWIN, Robert; CAVE, Martin; LODGE, Martin. *Understanding Regulation*: theory, strategy and practice. Oxford: Oxford University Press, 2012, p. 359.

[26] Tanto o sistema de cartões de crédito quanto facilitadores de pagamentos (como o *PayPal*) podem ser considerados mercados de dois lados. Nessa linha: PAIXÃO, Ricardo F.; D'ALVARENGA, Marcelo C. R. Deschamps; SILVA, José Augusto G. da. Mercados de dois lados. *GV EXECUTIVO*, [S.l.], v. 5, n. 1, p. 25-29, out. 2006. ISSN 1806-8979. Disponível em: http://bibliotecadigital.fgv.br/ojs/index.php/gvexecutivo/article/view/34365. Acesso em: 29 jan. 2022.

Diferentes países trabalham com *marketplaces*, e o Brasil parece desejoso de caminhar nesse sentido.[27] A introdução desse tipo de plataforma, de maneira plena, pode carecer da necessidade de uma reforma normativa mais ou menos robusta, o que não é algo propriamente simples. Há, ainda, uma possível – e provavelmente polêmica – alternativa de contratar com um particular a implementação e a gestão completa da plataforma. O recurso à tecnologia digital seria preferível a uma aposta em uma novidade talvez datada – o acordo-quadro?

Alguns desafios podem ser contemplados em relação à implementação de um *marketplace* eficiente: problemas de dependência tecnológica; questões ligadas à defesa e segurança, notadamente em relação à proteção contra ataques cibernéticos; bem como questões ligadas à gestão de dados de particulares. Recorrer à inovação tecnológica de maneira acrítica, sem ponderar os problemas e obstáculos envolvidos, pode levar a um estado de disfunção tecnológica, que parece tão problemático quanto um procedimento licitatório vetusto e burocrático.

Se a instituição de um *marketplace* plenamente funcional pode ser vista com um certo ceticismo, uma solução tecnologicamente menos eficiente – a introdução dos acordos-quadro dinâmicos – já seria um avanço frente às possibilidades hoje disponibilizadas ao gestor. Possibilitar que particulares, desejosos de contratarem com o Estado, se coloquem em um estado permanente de competição parece capaz de tornar as compras públicas brasileiras mais eficientes. É preciso, aqui, trabalharmos com a ideia de um "avanço possível": se o recurso à tecnologia da informação, um novo giro da Revolução Industrial, parece difícil, permaneçamos em um instrumento talvez não, haja a prática consolidada na Europa, menos "disruptivo": a introdução de um acordo-quadro dinâmico. Trabalhar com o tema "acordos-quadro" nos remete a um passado-presente em que a prática consiste na pulverização de compras,[28] com a consequente perda de economia de escala e baixo compartilhamento de informações e acúmulo de experiências, a demandar do ente-comprador um contínuo ciclo de reaprendizado. A situação emergencial provocada pela pandemia de covid-19 serviu para acelerar os debates acerca da necessidade de criação de mecanismos mais eficientes de aquisições públicas.[29]

---

[27] O Governo Federal manifestou intenção de implementar um *marketplace* próprio, ainda no ano de 2020 (https://www.gov.br/economia/pt-br/assuntos/noticias/2020/julho/governo-debate-com-sociedade-implantacao-de-marketplace-para-compras-publicas). Estados como Amazonas e Rio Grande do Sul possuem seus próprios portais de compras (https://www.e-compras.am.gov.br/publico/; https://www.compras.rs.gov.br/.).

[28] Sobre a pulverização das compras públicas, no Brasil, vale rememorarmos que o próprio desenho federativo não contribui para o cenário: o Brasil, como se sabe, é uma república federativa. É, ainda, um tipo especial de república federativa, pois contempla um terceiro nível de descentralização: o município. Temos, assim, a União, ente central, com maior orçamento; os Estados (e Distrito Federal), entes federados de nível regional; e os municípios, igualmente entes federados, por força do tratamento dado pela Constituição de 1988, a nível local.
Cada ente federado é dotado de sua própria estrutura administrativa, que contempla tanto uma Administração Direta quanto uma Administração Indireta. A quantidade de entes federados a realizarem compras públicas é elevada, ainda, exponencialmente pelo fato de haver, no Brasil, 5.570 municípios. Além do elemento quantitativo extremo, há de se observar que, qualitativamente, há grandes entes com os mais variados níveis socioeconômicos possíveis – com as mais variadas capacidades técnicas e institucionais possíveis, acrescente-se.

[29] Na União Europeia, por exemplo, a solução para emergências sanitárias é a centrada na utilização de formas coordenadas de aquisição para insumos médicos. Tais países, antes da covid-19 e à época de outra pandemia – H1N1 – firmaram o *JPA – Joint Procurement Agreement for the procurement of medical countermeasures (JPA)*, que tem como objetivo primordial a coordenação internacional dos esforços no contexto da pandemia, destinando-se especificamente à aquisição de insumos médicos em geral – não apenas medicamentos. A aquisição centralizada evita, por exemplo, competição entre compradores e preços para muito além dos praticados no mercado.

A racionalização de compras públicas passa pela utilização de instrumentos de centralização e de coordenação de compras. A utilização de acordos-quadro, a seu turno, mais parece estar relacionada à padronização de procedimentos e ao acúmulo de informações para casos de contratações reiteradas do que a esforços genuínos de centralização de compras públicas.

A menção que foi feita ao Sistema de Registro de Preços acaba por nos levar a uma certa provocação: em estudo publicado pela CGU, constatou-se que o custo de uma adesão a uma ata de registro de preços supera, em média, o custo de uma contratação por dispensa de licitação, para contratações de Tecnologia da Informação.[30] Muitas vezes, a causa suficiente e necessária para um resultado ineficiente pode residir menos no instituto, considerado esse em termos abstratos e mais em outros fatores relacionados à sua aplicação prática. Considerada essa afirmação, a importação do acordo-quadro, desconsiderados outros fatores inerentes à realidade brasileira, pode corresponder a um depósito de expectativas fadado à frustração.

É preciso, pois, olhar para nossas instituições – consideradas em toda a sua acepção conceitual. Haverá ocasiões em que a autocrítica institucional talvez mais tenha a contribuir para o aprimoramento do desempenho da burocracia estatal. A solução para as mazelas das compras públicas brasileiras pode não se encerrar na importação de um novo instrumento de compras – seja o acordo-quadro, seja qualquer outro tipo de mecanismo.

3 Considerações para um futuro próximo

A prognose de que a via para incrementarmos a eficiência em aquisições públicas através da importação dos acordos-quadro corresponda a uma espécie de futuro brilhante deve ser, por certo, vista com ressalvas.

Tais ressalvas podem se dar por uma perspectiva de análise do quadro-normativo atual. A nova lei de licitações não traz previsão legislativa para a implementação dos acordos-quadro. Institutos que poderiam, eventualmente, fazer as vezes do acordo-quadro, como o sistema de registro de preços ou o credenciamento, possuem entraves normativos que, no mínimo, dificultam tal possibilidade.

Trazer a sistemática dos acordos-quadro parece depender, assim, de novas reformas normativas – o que não é animador, seja em razão da conhecida mora do processo legislativo; seja pelos limites impostos ao caráter eventualmente criativo imposto ao Poder Regulamentar.

Superados esses entraves, é preciso ainda situar a capacidade de previsão de acordos-quadro inovarem positivamente. Nem sempre a previsão de um novo instituto se mostra apta a sanear mazelas que – muitas vezes – não ocorrem em razão da

---

Sobre competição de compradores e formação de mecanismos de disputa de leilão entre eles, ver: DIMITRI, Nicola; PIGA, Gustavo; SPAGNOLO, Giancarlo. *Handbook of procurement*. Cambridge: Cambridge University Press, 2006, p. 47 e ss.

[30] CGU. *Relatório de Avaliação do uso do SRP nas contratações de TIC*. Ministério da Economia, 27 de jun. de 2019.

qualidade (ou má qualidade) de um determinado texto legal, mas sim de sua aplicação e da cultura institucional em que o Administrador do dia a dia esteja inserido.

Ao olhar para os horizontes – o que nos aguarda nos mares das compras públicas – é preciso cautela. Olhar para o Velho Continente com anseios de quem aguarda um futuro promissor nos remete a todo um processo histórico de dependência da Metrópole, onde cabia à elite coimbrã a tarefa de modernizar o Brasil.

Se é fato que – por vezes – nossa História institucional acaba por nos levar a assumir um papel de Narciso às Avessas;[31] tal complexo pode, contudo, nos ser útil, criando filtro de autocrítica de que devemos nos valer diante da importação de institutos estrangeiros e *modernos*. É confrontar o entusiasmo do novo com a experiência não tão digna de ufanismo do passado. O resultante desse embate futuro x passado há de nos levar – para além da dor – a cruzar o Bojador.

Referências

ALBANO, Gian Luigi; NICHOLAS, Caroline. *The Law and Economics of Framework Agreements*: Designing Flexible Solutions for Public Procurement, i-ii. Cambridge: Cambridge University Press, 2016.

BALDWIN, Robert; CAVE, Martin; LODGE, Martin. *Understanding Regulation*: theory, strategy and practice. Oxford: Oxford University Press, 2012.

BRASIL. Decreto nº 7.892, de 23 de janeiro de 2013. Regulamenta o Sistema de Registro de Preços previsto no art. 15 da Lei nº 8.666, de 21 de junho de 1993. Diário Oficial da União, Brasília, DF, 23 jan. 2013. Disponível em: http://www.planalto.gov.br/ccivil_03/_ato2011-2014/2013/decreto/d7892.htm. Acesso em: 1º dez. 2021.

BRASIL. Lei nº 14.133, de 1º de abril de 2021. Lei de Licitações e Contratos Administrativos. Diário Oficial da União, Brasília, DF, 1º abr. 2021. Disponível em: http://www.planalto.gov.br/ccivil_03/_ato2019-2022/2021/lei/L14133.htm. Acesso em: 1º dez. 2021.

CALDEIRA, Marco. Os Acordos-Quadro nas Directivas de 2014 sobre contratação pública. *Revista de Contratos Públicos*, n. 13, p. 143-168, jul. 2018, p. 144.

CGU. Relatório de Avaliação do uso do SRP nas contratações de TIC. Ministério da Economia, 27 de jun. de 2019.

DIMITRI, Nicola; PIGA, Gustavo; SPAGNOLO, Giancarlo. *Handbook of procurement*. Cambridge: Cambridge University Press, 2006.

FIUZA, Eduardo P. S.; SANTOS, Felippe; LOPES, Virgínia; MEDEIROS, Bernardo; SANTOS, Franklin. Compras Públicas Centralizadas em Situações de Emergência e Calamidade Pública. Texto para discussão / Instituto de Pesquisa Econômica Aplicada. Brasília /Rio de Janeiro: Ipea, 1990, agosto de 2020.

OECD. Manual for Framework Agreements, 2014, p. 30.

OLIVEIRA, Clara Brando; FONTES FILHO, Joaquim Rubens. Agency problems in the public sector: the role of mediators between central administration of city hall and executive bodies. *Revista de Administração Pública*, Rio de Janeiro, v. 51, n. 4, jul./ago. 2017. Disponível em: https://doi.org/10.1590/0034-7612171397. Acesso em: 29 jan. 2022.

OZBILGIN, Izzet; IMAMOGLU, Meltem. The impact of dynamic purchasing systems in the electronic public procurement processes. *Procedia Computer Science*, v. 3, 2011, p. 1571-1575. Disponível em: https://doi.org/10.1016/j.procs.2011.01.051. Acesso em: 23 out. 2021.

---

[31] RODRIGUES, Nelson. Complexo de vira-lata. In: *À sombra das chuteiras imortais*: crônicas de futebol. São Paulo: Companhia das Letras, 1993, p. 51.

PAIXÃO, Ricardo F.; D'ALVARENGA, Marcelo C. R. Deschamps; SILVA, José Augusto G. da. Mercados de dois lados. GV EXECUTIVO, [S.l.], v. 5, n. 1, p. 25-29, out. 2006. ISSN 1806-8979. Disponível em: http://bibliotecadigital.fgv.br/ojs/index.php/gvexecutivo/article/view/34365. Acesso em: 29 jan. 2022.

RAUEN, Andre; PAIVA, Bianca. Impacts of Public Procurement on Business R&d Efforts: The Brazilian Case. Discussion Paper nº 246. Brasília: IPEA, 2019.

RODRIGUES, Nelson. Complexo de vira-lata. *In: À sombra das chuteiras imortais*: crônicas de futebol. São Paulo: Companhia das Letras, 1993.

SEBRAE. *Compras Públicas*: um bom negócio para sua empresa. Brasília: SEBRAE, 2017.

UNCITRAL – UNITED NATIONS COMMISSION ON INTERNATIONAL TRADE LAW. Model Law of Public Procurement. 2011. Disponível em: uncitral.un.org/sites/uncitral.un.org/files/media-documents/uncitral/en/2011-model-law-on-public-procurement-e.pdf. Acesso em: 17 out. 2021.

UNIÃO EUROPEIA, SIGMA – Support for Improvement in Governance and Management. Brief 19, Public Procurement. Agosto de 2011.

Informação bibliográfica deste texto, conforme a NBR 6023:2018 da Associação Brasileira de Normas Técnicas (ABNT):

MEDEIROS, Bernardo Abreu de; MONTENEGRO, Lucas; ARAÚJO, Thiago C. O "novo sempre vem"? Acordos-quadro e sistema de aquisição dinâmico: características e diálogo com a legislação brasileira. *In*: LOPES, Virgínia Bracarense; SANTOS, Felippe Vilaça Loureiro (coord.). *Compras públicas centralizadas no Brasil*: teoria, prática e perspectivas. Belo Horizonte: Fórum, 2022. p. 405-419. ISBN 978-65-5518-463-1.

CONTRATAÇÕES PÚBLICAS ATRAVÉS DE *E-MARKETPLACE*[1]

BRADSON CAMELO

MARCOS NÓBREGA

RONNY CHARLES L. DE TORRES

O presente artigo analisará as mudanças fáticas e jurídicas que implicaram uma alteração na lógica de contratação pública e como o Brasil está inserido nesse novo paradigma das aquisições públicas. Além de mostrarmos as questões econômicas, vamos passar pelo arcabouço legislativo de outros países e pelos aspectos que envolvem essa questão. Por fim, mostraremos a viabilidade jurídica, as vantagens e os riscos de realização de licitações através de *e-marketplace* público no Brasil.

1 Introdução

A centralização das compras públicas é um fenômeno natural diante da crescente necessidade de ampliação na eficiência das contratações públicas. Além de ganhos de

---

[1] Este artigo foi escrito com base em um dos capítulos do livro: Análise Econômica das Licitações e Contratos (CAMELO, Bradson; NÓBREGA, Marcos; TORRES, Ronny Charles Lopes de. *Análise Econômica das Licitações e Contratos*. Belo Horizonte: Fórum, 2022).

escala e melhor aproveitamento de quadros qualificados, a centralização se apresenta como um instrumento para evitar desperdícios e melhor diagnosticar as necessidades dos vários órgãos envolvidos.

É fundamental superar a defasada lógica binária entre o órgão licitante e o fornecedor, como já vem sendo feito em diversos países e, de forma ainda em desenvolvimento, no Brasil. A modelagem de "compras centralizadas" é uma medida muito utilizada, por exemplo, pelos Estados-Membros da UE. Lá, as "centrais de compras" são encarregadas das aquisições, da gestão dos sistemas de aquisição dinâmicos ou da adjudicação de contratos/celebração de acordos-quadro por conta de outras autoridades adjudicantes, a título oneroso ou não. Segundo a Diretiva 2014/24, os Estados-Membros podem admitir a licitação até de obras, através das centrais de compras.

Temos avanços, no Brasil, em relação à centralização de compras, que podem ser identificados fortemente em algumas unidades federativas, e que há anos vem sendo adotada paulatinamente também pelo Governo Federal.

Diante do avanço da centralização, outro desafio a ser implementado envolve as modelagens de seleção dos fornecedores. A centralização de compras e o melhor aproveitamento dos escassos recursos humanos devidamente qualificados para atuar no âmbito das contratações públicas permitem o forjar de novos modelos, mas eficientes para o atendimento das necessidades administrativas.

Com o uso generalizado da Internet e o surgimento associado do comércio eletrônico, podem ser identificadas mudanças significativas na vida social e empresarial, com enormes impactos na economia. O crescente aumento do uso da Internet para transações comerciais desnudou mercados nos quais os custos de informação e de transação foram reduzidos drasticamente. Como acontece com qualquer rede (como o sistema de telefonia), quanto maior o número de pessoas que usam a Internet, mais útil ela é para seus usuários; assim, com a expectativa de explosão no número de usuários em um futuro próximo, os benefícios do uso da Internet e do *e-commerce* continuarão a aumentar dramaticamente, e isso, sem dúvida, deve se refletir nas contratações públicas?

Como no comércio eletrônico, na divisão do trabalho na economia, os custos de transação e os efeitos de rede também desempenham papéis importantes. Por um lado, a divisão do trabalho permite que cada indivíduo se especialize mais, aproveitando as economias da especialização. Uma rede maior de divisão de trabalho permite que mais dessas economias sejam desfrutadas. Por outro lado, a especialização exige mais comércio, o que envolve custos de transação. Na verdade, o *tradeoff* ideal entre as economias de especialização através da rede de divisão do trabalho e os custos de transação das trocas necessárias é um aspecto central. Como o comércio eletrônico e a organização econômica estão intimamente associados aos custos de transação e aos efeitos de rede, é natural que ambos possam ser submetidos à mesma estrutura de análise. Assim, como solução de mercado, surgiram os *e-marketplaces* para reduzir esses custos de transação ainda mais, facilitando trocas entre aqueles que pretendem oferecer bens ou serviços e aqueles que necessitam deles.

Com as mudanças tecnológicas que foram implementadas ao longo das últimas décadas, os mercados se modificaram de modo muito brusco. Assim, atualmente, a maior parte das transações é realizada de modo virtual, seja em lojas específicas ou em mercados virtuais (*e-marketplaces*).

Nesses mercados, podemos ter a possibilidade de competição de modo muito mais célere, gerando ganhos para ambas as partes. E a questão que aguça a inquietude daqueles que militam com a Administração Pública e não se contentam com velhos modelos é: por que não adotar essa modelagem de *e-marketplaces* nas contratações realizadas pelo Poder Público?

O uso do *e-marketplace* para aquisições públicas triviais (não aquelas contratações de bens ou serviços mais complexos) se tornou um arranjo proeminente em alguns países, como os Estados Unidos. E isso se apresenta como um avanço evidente e até necessário, pois a melhoria da transmissão de dados está ocorrendo atualmente em um ritmo tão rápido, que o Estado pode e deve considerar o uso de plataformas eletrônicas para suas aquisições.

Antes de entrarmos no assunto propriamente, precisamos deixar claro *que e-marketplace* é diferente de licitação eletrônica (*e-procurement*), por mais que tenham muito em comum, em especial o meio virtual.

A licitação eletrônica é definida como uma compra B2G (*Business to Government*) por meio da tecnologia da Internet. Esse procedimento é aplicado para ganhar eficiência e agilizar os processos de aquisição e pode envolver muitas partes externas, como fornecedores, distribuidores, prestadores de serviços financeiros, seguradoras e vários tipos de intermediários.

Um *e-marketplace* para licitação é um sistema que permite que organizações de compras e seus fornecedores mantenham, de modo eficiente, um resumo das mercadorias e empresas contratadas e facilita aos entes públicos organizarem rapidamente as mercadorias e empreendimentos de que necessitam. É um portal onde, mesmo sem procedimento específico aberto, os ofertantes podem apresentar seus produtos e os interessados podem adquiri-los.

Neste artigo, examinaremos as peculiaridades jurídicas e econômicas de o ente público criar ou utilizar um mercado específico (*marketplace*) para suas negociações contínuas, em vez de usar o modelo tradicional de licitação.

É oportuna a reflexão de que estas ressalvas legais ou regimes excepcionais indicam que o legislador, embora optando genericamente pelo viés mais burocrático ou formalista, tem compreensão de que suas rotinas de controle impõem custos e, de certa forma, podem prejudicar a eficiência do processo de contratação pública.

2 As contratações públicas

A Constituição Federal brasileira estabelece que, ressalvados os casos especificados na legislação, as obras, serviços, compras e alienações serão contratados mediante processo de licitação pública; assim, quando um órgão ou entidade pública adquire bens, contrata serviços, a realização de obras ou a alienação de bens, a Administração Pública necessita realizar processos seletivos, os quais denominamos licitações, para a escolha do agente privado que será contratado com o objetivo de atendimento dessas pretensões contratuais.

O montante de recursos públicos despendido com licitações é enorme, representando relevante parcela do PIB. Segundo a Organização para a Cooperação e

Desenvolvimento Econômico (OCDE), este montante representa 13% do PIB nacional[2] em relação a seus países membros. Cada país consome grande parte de seu orçamento com contratações públicas, instrumentalizando suas ações administrativas e executando suas políticas públicas, entre elas proteção ao meio ambiente e medidas de impacto social,[3] motivo pelo qual a busca de eficiência das contratações públicas representa grande desafio a ser superado.

Mas os resultados das contratações não representam ganhos na mesma ordem para a sociedade, pois a eficácia dos procedimentos é prejudicada por atos de fraude ou corrupção e pela ineficiência dos modelos de seleção e de contratação.[4] O modelo burocrata tradicionalmente estabelecido para a seleção de fornecedores é exageradamente formalista e amplia os custos transacionais do processo de contratação. Preocupações formais como: quantidades de fontes para a estimativa de custos; publicação do edital em jornal de grande circulação e diários oficiais; requisitos de habilitação estranhos à estrita função de garantia do cumprimento das obrigações; extensos instrumentos contratuais, entre outros, constam em todos os procedimentos licitatórios, sem uma avaliação de suas consequências para a distante busca por uma proposta mais vantajosa.

A modelagem licitatória brasileira prestigia uma visão formalista e dogmática, em detrimento de uma leitura econômica, ignorando a necessidade de se estabelecer um padrão normativo útil para avaliar o Direito e as políticas públicas, pela compreensão de que as leis devem ser instrumentos para atingir importantes objetivos sociais.[5] O resultado fático é que os "processos adjudicatórios brasileiros tendem a gerar custos de transação extraordinários e a inibir a competição".[6]

Em uma perspectiva econômica, devemos lembrar que as licitações são um tipo de leilão, um jogo que ocorre quando há apenas um comprador ou vendedor e muitos possíveis interessados na transação, tentando simular as relações de um mercado tradicional. Assim, é importante entender minimamente as relações do mercado para que sejamos capazes de aplicar as ferramentas eficientes para que a Administração alcance a melhor contratação possível.

A economia conduz a maioria das decisões na cadeia de suprimentos, inclusive quando o adquirente é o ente público. Assim, os responsáveis pela cadeia de suprimentos precisam estar totalmente cientes das condições econômicas que impulsionam seus negócios, seus fornecedores e seus clientes. Nesta era da informação (*Big Data*), não se pode ignorar o conjunto informacional e análises disponíveis hoje para auxiliar na tomada de decisões adequadas sobre a cadeia de suprimentos.

---

[2] OECD (2011), *Government at a Glance 2011*, OECD Publishing, Paris. Page 147. DOI: http://dx.doi.org/10.1787/gov_glance-2011-en. Acesso em: 28 mar. 2019.

[3] RODRIGUES, Carlos Sérgio. A evolução da contratação pública electrónica no ordenamento jurídico português: um olhar pelo regime das plataformas electrónicas. *Revista Jurídica da Procuradoria-Geral do Distrito Federal*, Brasília, v. 41, n. 1, p. 202-221, jan./jun. 2016.

[4] NÓBREGA, Marcos. *Direito e economia da infraestrutura*. Belo Horizonte: Fórum, 2020. p. 26.

[5] COOTER, Robert; ULEN, Thomas. *Direito & Economia*. Porto Alegre: Bookman, 2010. p. 26.

[6] GARCIA, Flávio Amaral; MOREIRA, Egon Bockmann. A futura nova lei de licitações brasileira: seus principais desafios, analisados individualmente. *R. de Dir. Público da Economia – RDPE*, Belo Horizonte, ano 18, n. 69, p. 39-73, jan./mar. 2020. Publicação original na Revista de Contratos Públicos do CEDIPRE (Universidade de Coimbra).

Assim, o desenho da licitação deve ser feito para atrair o maior número possível de licitantes, "engrossando" o mercado, reduzindo o poder de monopólio (e de barganha) dos proponentes, o que é benéfico para a Administração Pública.

3 *E-marketplace* público: Administração Pública e a seleção de fornecedores

Tradicionalmente, em nossa legislação licitatória, notadamente desde o Decreto-Lei nº 2.300/86, posteriormente seguido pela Lei nº 8.666/93, e, de certa forma, também agora com a Lei nº 14.133/21, a legislação brasileira vem estabelecendo ritos procedimentais repletos de controles para a seleção do fornecedor apto ao atendimento da pretensão contratual,[7] sem uma preocupação mais acentuada com os custos transacionais advindos de tais procedimentos e a baixa eficiência e disfuncionalidade dos ritos definidos e das exigências impostas à contratação.

Há anos, as mudanças no mercado e na tecnologia vinham gerando uma paulatina alteração da legislação, seja por via de modificações da Lei nº 8.666/93, seja pela edição de diplomas normativos secundários ou complementares, como a Lei nº 10.520/2002 (Lei do Pregão), a Lei nº 12.462/2011 (Regime Diferenciado de Contratações) e a Lei nº 13.303/2016 (Lei das Estatais), além de incontáveis regulamentações infralegais. Contudo, embora existam louváveis exceções, tais normatizações foram lastreadas ainda no "míope receituário clássico de que temos informação simétrica, ausência de custos de transação e simetria informacional", reunindo "parâmetros arcaicos sob o manto do fetiche do menor preço e com grandes doses de burocracia e irracionalidade", sendo "incapaz de observar os incentivos reais dos agentes em determinada transação".[8]

Fiúza[9] indica diversos custos de transação pertinentes ao tradicional procedimento licitatório, entre eles: todos os custos econômicos (incluindo custos de oportunidade) diretos e indiretos, custos de recursos materiais (papel, computadores, meios de comunicação, serviços gráficos) e de recursos humanos (pessoa-hora) envolvidos nos trâmites burocráticos, incorridos pela própria Administração.

Não é exagero diagnosticar que, por vezes, este "custo transacional burocrático" consome recursos superiores aos dispendidos para a futura contratação. Em trabalho elogiável, inclusive, a Controladoria-Geral da União (CGU) já apontou que, em um passado recente, 85% dos pregões eletrônicos em órgãos federais seriam "deficitários",

---

[7] Pretensão contratual é a formalização da solução necessária ao atendimento da necessidade administrativa a ser suprida, através de atividade a ser realizada por terceiro (ou terceiros). Vide TORRES, Ronny Charles Lopes de. *Leis de licitações comentadas*. 11. ed. Salvador: Juspodivm, 2020. p. 47.
[8] NÓBREGA, Marcos; CAMELO, Bradson. O que o prêmio Nobel de Economia de 2020 tem a ensinar a Hely Lopes Meirelles? O modelo de licitações que temos no Brasil é eficiente? Disponível em: https://www.jota.info/opiniao-e-analise/colunas/coluna-da-abde/premio-nobel-economia-2020-ensinar-hely-lopes-meirelles-15102020. Acesso em: 24 dez. 2020.
[9] FIÚZA, Eduardo P. S. Licitações e governança de contratos: a visão dos economistas. Disponível em: https://www.ipea.gov.br/agencia/images/stories/q12_capt08_Fiuza.pdf.

tendo em vista que o dispêndio administrativo para a realização superava a economia proporcionada pela concorrência, em relação ao preço de referência do edital.[10]

É necessário compreender que um modelo burocrata e maximalista não amplia os custos transacionais apenas sob a perspectiva do órgão licitante, mas também do fornecedor interessado, o que implica um aumento dos custos e seus reflexos no preço apresentado na licitação. A análise escorreita de longos e complexos editais, a busca dos documentos de habilitação, deslocamento para a participação em sessões presenciais, o risco de uso pela Administração de suas prerrogativas contratuais extraordinárias, entre outras peculiaridades, ampliam o custo e o risco da disputa pelo fornecimento ao Poder Público.

Diante das mudanças geradas pela revolução tecnológica e potencialidades da comunicação em rede, bem como pelos novos formatos de contratação e novas tecnologias surgidas, fica cada vez mais patente a necessidade de mudança da mentalidade dos operadores da licitação, ainda muito conformados com a modelagem cristalizada pelo Decreto-Lei nº 2.300/1986 e pela Lei nº 8.666/1993.

A Lei nº 14.133/2021, embora possua diversos avanços em relação à Lei nº 8.666/93, repete um pouco da velha fórmula de realização da licitação, como um procedimento repleto de *steps* de controle que inicia sua fase externa com a publicação de um edital, para conhecimento dos potenciais interessados. Muito provavelmente, o Congresso Nacional cometeu o mesmo erro de outrora, quando da aprovação da Lei nº 8.666/93, qual seja, legislar "olhando para trás" e não para frente, ao conceber o modelo legal de contratações públicas.

No mundo real, as contratações rotineiras hoje são realizadas com poucos cliques, através do computador ou mesmo *smartphone*. A estimativa de custos é feita de forma automática e é estabelecido um "*ranking*" de fornecedores, o que gera incentivos para que estes executem bem suas obrigações. Enquanto isso, é quase distópico que as licitações ainda persistam, mesmo para a aquisição de bens simples, com um modelo claudicante, custoso e ineficiente.

Enquanto no mundo real as corporações e os governos debatem a evolução de *smart contracts*, com execução através de *blockchain*[11] e redução de custos transacionais que facilitem as trocas, nosso regime contratual exige um instrumento formal, assinado, com cláusulas necessárias e prerrogativas "extraordinárias", mesmo quando se quer contratar o "ordinário".[12]

É necessário refletir sobre o modelo estabelecido. É fundamental promover o amadurecimento e a capacitação dos agentes públicos que atuam com licitações, bem como integrar a normatização estabelecida com a experiência daqueles que militam com contratações públicas na prática, para que se possa desenhar o melhor mecanismo de seleção e contratação possível.

---

[10] Disponível em: https://www.gov.br/cgu/pt-br/assuntos/noticias/2018/04/cgu-propoe-mudancas-para-melhorar--eficiencia-das-compras-governamentais. Acesso em: 12 abr. 2020.
[11] CAVALCANTI, Mariana Oliveira de Melo; NÓBREGA, Marcos. *Smart contracts* ou "contratos inteligentes": o direito na era da *blockchain*. Disponível em: https://ronnycharles.com.br/smart-contracts-ou-contratos-inteligentes-o-direito-na-era-da-blockchain/. Acesso em: 13 dez. 2020.
[12] NOBREGA, Marcos; TORRES, Ronny Charles L. de. A nova lei de licitações, credenciamento e *e-marketplace* o *turning point* da inovação nas compras públicas. 2020. Disponível em: https://www.olicitante.com.br/e-marketplace-turning-point-inovacao-compras-publicas.

Para que possamos ter avanços significativos na modelagem licitatória e contratual, precisaremos de uma compreensão jurídica diferente, inovadora, menos preocupada com os ritos e mais preocupada com a eficiência. Nesse intuito, plataformas eletrônicas podem facilitar a comunicação entre os órgãos públicos e também a comunicação com as empresas, criando um mercado aberto e uma economia mais forte.[13]

Há ganhos evidentes na adoção de *e-marketplaces*. Eles se apresentam como plataformas de mercados multilaterais que possibilitam uma maior e mais eficiente interação entre fornecedor e comprador, com uma atuação dinâmica e facilitadora da troca.[14] Melhorias nos custos do processo e potencial redução do preço de compra, tendo em vista que há significativa diminuição dos custos associados ao processo e uma maior conformidade com o processo e os contratos aprovados.[15] Engström, Wallstrom e Salehi-Sangari corroboram a existência de benefícios, como: economia de custos, aumento da conformidade dos contratos e aperfeiçoamento do controle de gastos, além da vantagem ambiental.[16]

Por outro lado, em localidades nas quais a inserção da internet ainda é insípida ou está em desenvolvimento, pode haver impacto negativo na competitividade e efeitos indesejáveis no mercado local ou regional.

Em síntese, podem ser indicadas vantagens como: redução dos custos de transação, maior celeridade no atendimento da demanda administrativa, ampla competitividade, melhor conformidade e padronização das compras, maior controle sobre os gastos, menor burocracia e redução de custos processuais repetitivos. Por outro lado, a conversão irrefletida, embora permita a redução de custos transacionais, pode não gerar a esperada ampliação da competitividade se o mercado fornecedor não estiver apto a atuar neste novo ambiente. Tal problema pode ser acentuado em pequenas localidades, onde o "comércio local" não está preparado para esta praça de disputa.[17]

Vale ressaltar que a importância da reputação para os procedimentos de leilão também se aplica aos *e-marketplaces*. Tanto compradores quanto vendedores são frequentemente solicitados a julgar a execução contratual da contraparte, por exemplo como ocorre com o aplicativo Uber, com pontuação (as estrelas) para os motoristas e passageiros, dando alguns privilégios para os mais bem estrelados e excluindo os piores. A ideia é reproduzir, no mundo virtual, os mecanismos reputacionais que tipicamente surgem em pequenos grupos sociais.

---

[13] RAO, Krishna Prasada. A study on e-governance in India: problems, and prospectus. *International Journal of Management, IT & Engineering*, vol. 8, issue 6, June 2018. Disponível em: http://www.ijmra.us. Acesso em: 24 fev. 2020.

[14] MEDEIROS, Bernardo Abreu; ARAÚJO, Thiago C.; OLIVEIRA, Rafael Sérgio de. *Marketplace* à brasileira: entre o R$ 1,99 e 'Adeus, Lênin'? Disponível em: https://www.jota.info/opiniao-e-analise/artigos/marketplace-a-brasileira-entre-o-199-e-adeus-lenin-24112020. Acesso em: 24 dez. 2020.

[15] CROOM, Simon; BRANDON-JONES, Alistair. Impact of e-procurement: Experiences from implementation in the UK public sector. *Journal of Purchasing and Supply Management*, v. 13, n. 4, p. 294-303, 1 dez. 2007.

[16] ENGSTRÖM, A.; WALLSTROM, Å.; SALEHI-SANGARI, E. Implementation of public e-procurement in Swedish government entities. 2009 International Multiconference on Computer Science and Information Technology. Anais... *In*: 2009 INTERNATIONAL MULTICONFERENCE ON COMPUTER SCIENCE AND INFORMATION TECHNOLOGY, out. 2009.

[17] NOBREGA, Marcos; TORRES, Ronny Charles L. de. A nova lei de licitações, credenciamento e *e-marketplace*: o *turning point* da inovação nas compras públicas, 2020. Disponível em: https://www.olicitante.com.br/e-marketplace-turning-point-inovacao-compras-publicas.

Inicialmente, para que uma ferramenta destinada a sinalizar a reputação seja eficaz, é necessário que a boa imagem esteja associada a um benefício positivo. Isso cria, segundo Mori e Doni,[18] uma forma de diferenciação do serviço que pode ser apta a criar um poder de mercado para os detentores da distinção. Se a concorrência for muito acirrada, pode não permitir a diferenciação, pois, quando as margens de lucro são baixas, não há incentivo para a obtenção de um contrato.

Um problema é que a avaliação do desempenho passado, segundo Mori e Doni, deve inevitavelmente ser baseada em avaliações discricionárias. Obviamente, o poder discricionário sempre corre o risco de ser abusado por agentes públicos que podem objetivar um conluio com empresas. Qualquer mecanismo de reputação é, sem dúvida, vulnerável à manipulação, mas, pela lei dos grandes números, esse problema é reduzido quando o número de observações aumenta, fazendo com que a pontuação convirja para o real valor do serviço. Assim, o segredo, mais uma vez, é ter uma plataforma com o maior número possível de agentes e de transações.

Outro problema é que, em um *e-marketplace*, as empresas e seus produtos aparecem com destaque em função do *rating* de contratações elaboradas anteriormente, o que pode prejudicar a entrada de outros *players*, nesta condição, já que elas estão na frente porque exatamente já estavam na frente, o que induz o efeito *looping*, prejudicando as demais empresas.

A teoria econômica recomenda a adoção, nos *e-marketplace* públicos, de mecanismos que recompensem as empresas com um bom histórico de transações e punam aquelas que apresentarem um histórico ruim, enquanto os novos participantes não devem receber prêmios nem punições.

4 O Direito Comparado do *e-marketplace* para a contratação pública

Embora possam ser indicadas vantagens, este modelo pode ser objeto de severas objeções. Conforme publicação do "Institute for Local Self-Reliance",[19] a Amazon é alvo de críticas em seu recente movimento para atuar junto ao setor público. A empresa tem sido contratada para fornecer a órgãos públicos diversos tipos de materiais (escritório, educação, eletrônicos, entre outros).[20] A contratação envolve a utilização de específica plataforma *on line* da Amazon, para que a contratação seja feita diretamente pelo órgão público.

Como grande parte dos bens oferecidos na plataforma não é diretamente vendida pela Amazon, mas pelos fornecedores parceiros, isto amplia a posição dominante da empresa, notadamente enquanto *e-marketplace*. Tal posição pode afetar o acesso dos

---

[18] MORI, Pier A.; DONI, Nicola. The economics of procurement contract awarding: problems and solutions in theory and practice. *Journal of Public Procurement*, vol. 10, issue: 1, 2010

[19] Segundo consta em seu site (www.ilsr.org.) o "Institute for Local Self-Reliance" (ILSR) é uma organização nacional de pesquisa e educação sem fins lucrativos, com 44 anos de atuação, cuja missão é fornecer estratégias inovadoras, modelos de trabalho e informações oportunas para apoiar economias locais.

[20] Amazon's Next Frontier: Your City's Purchasing. Disponível em: https://ilsr.org/amazon-and-local-government-purchasing/. Acesso em: 28 fev. 2020.

fornecedores à plataforma (que pagam a ela, segundo a publicação, 15% dos valores recebidos), afetando os preços oferecidos ao setor público contratante.[21]

Por outro lado, a Amazon defende que a adoção de seu preço dinâmico é mais vantajosa que a tradicional opção de preços fixos, uma vez que o "mercado" decorrente da multiplicidade de fornecedores existentes na plataforma produz, naturalmente, preços mais baixos. Os autores da publicação lançam dúvidas sobre esse argumento, em razão da existência de certo controle da Amazon sobre a plataforma e das taxas cobradas dos vendedores. Há ainda, segundo a publicação, desconfiança de que a seleção que resultou na contratação da Amazon tenha sido formatada de maneira que apenas ela tivesse condições de realmente competir.[22]

Mesmo com um *e-marketplace* próprio do órgão público, pragmaticamente falando, parece também relevante o impacto das compras eletrônicas nas relações comprador-vendedor, uma vez que o uso da tecnologia da informação não melhora por si só os níveis de confiança entre essas partes[23] nem afasta os riscos decorrentes da assimetria informacional ou de comportamentos oportunistas, podendo repercutir em inexecuções contratuais, problema acentuado pela baixa funcionalidade efetiva do filtro habilitatório estabelecido no regime de licitações da Lei nº 8.666/93. Se, no âmbito privado, o particular, ao iniciar suas compras eletrônicas, pode subjetivamente selecionar apenas fornecedores de notável credibilidade, no atual regime legal das licitações públicas tradicionais, as restrições à participação (habilitação) são estabelecidas de maneira formalista e pouco funcional, prestigiando a ampla participação nas licitações.

Em relação às vantagens, Simon Croom e Alistair Brandon-Jones analisam a experiência da implementação do *e-procurement* no setor público do Reino Unido. Eles ponderam que há duas áreas principais de benefícios: melhorias nos custos do processo e redução do preço de compra. Os pesquisadores ressaltam que há significativa diminuição dos custos associados ao processo de compras, em parte como resultado da especificação do sistema (por exemplo, erros de transmissão reduzidos, redesenho do processo), mas também por meio de maior conformidade com o processo e os contratos aprovados. Ademais, acrescentam que as informações aprimoradas de gerenciamento fornecidas pelas várias formas de sistemas de compras eletrônicas foram capazes de consolidar requisitos e melhorar as negociações de preços com fornecedores.[24]

O Governo das Filipinas vem apostando no uso da tecnologia da informação para seus procedimentos de compras. Segundo a Resolução nº 23-2013, que aprovou e definiu as diretrizes para a licitação eletrônica (*Guidelines for electronic bidding - E-BIDDING*), as Filipinas utilizam a tecnologia da informação para promover a transparência e a eficiência nos procedimentos de compras. Neste prumo, o Sistema de Compras Eletrônicas do Governo das Filipinas (PhilGEPS) apoia a implementação da licitação eletrônica, incluindo a criação de formulários de oferta eletrônica, criação de caixa de oferta, entrega

---

[21] Amazon's Next Frontier: Your City's Purchasing. Disponível em: https://ilsr.org/amazon-and-local-government-purchasing/. Acesso em: 28 fev. 2020.
[22] Amazon's Next Frontier: Your City's Purchasing. Disponível em: https://ilsr.org/amazon-and-local-government-purchasing/. Acesso em: 28 fev. 2020.
[23] CROOM, S.; BRANDON-JONES, A. Impact of e-procurement: Experiences from implementation in the UK public sector. *Journal of Purchasing and Supply Management*, v. 13, n. 4, p. 294-303, 1 dez. 2007.
[24] CROOM, Simon; BRANDON-JONES, Alistair. Impact of e-procurement: Experiences from implementation in the UK public sector. *Journal of Purchasing and Supply Management*, v. 13, n. 4, p. 294-303, 1 dez. 2007.

de envio de propostas, notificação ao fornecedor do recebimento de ofertas, recebimento de ofertas e avaliação eletrônica de ofertas, abrangendo, quando compatível, todos os tipos de compras de bens, projetos de infraestrutura e serviços de consultoria.[25]

Na mesma toada, a legislação europeia e espanhola vem exigindo maior transparência e digitalização das administrações públicas e, particularmente, dos contratos públicos. Na Espanha, o processo de publicação de concursos públicos (como são chamadas as licitações por lá), originalmente em publicação oficial (formato em papel), evoluiu para redes de Plataformas Contratantes (formato eletrônico) que possibilitam uma extração massiva de dados, que podem ser coletados, o que permite maior transparência.[26] Em Portugal, as Diretivas da União Europeia 2004/17/CE e 2004/18/CE influenciaram o regime jurídico nacional, induzindo mudanças amplas e profundas no Código de Contratos Públicos, com a adoção obrigatória de meios eletrônicos, o que tornou Portugal um país pioneiro no tema, entre os integrantes da União Europeia.[27] Na Turquia, a Plataforma Eletrônica de Compras Públicas entrou em operação ainda em 2010, embora Gurakar e Tas defendam que os leilões de compras públicas turcos ainda forneçam resultados controversos.[28]

De qualquer forma, entre experiências positivas ou não tão positivas, os membros da União Europeia usam avisos eletrônicos em pelo menos 85% dos contratos, com muitos estados empregando notificação eletrônica mais de 95% do tempo.[29]

A Índia também tem avançado na utilização de *e-marketplace* público, adaptando-se às mudanças tecnológicas e à facilidade com que o ambiente virtual permite as trocas, pela redução de custos transacionais. Buscando melhorar a transparência da tomada de decisões no processo de compras públicas e reduzir as más práticas, o Governo da Índia, através de seu Ministério do Comércio e Indústrias, decidiu criar seu *e-marketplace* para compras públicas, permitindo uma estrutura de preços competitiva, para contratações mais econômicas.[30]

O governo indiano introduziu seu E-Marketplace (GeM)[31] em agosto de 2016, como um mercado eletrônico completo para facilitar a compra *on-line* de bens e serviços de uso comum, pelo setor público, de maneira transparente e eficiente,[32] que em menos

---

[25] Vide E-bidding Guidelines, disponível em: http://ps-philgeps.gov.ph/home/index.php/downloads. Acesso em: 24 fev. 2020.

[26] GARCÍA RODRÍGUEZ, M. J. et al. Spanish Public Procurement: legislation, open data source and extracting valuable information of procurement announcements. Procedia Computer Science, CENTERIS 2019 – International Conference on ENTERprise Information Systems / ProjMAN 2019 – International Conference on Project MANagement / HCist 2019 – International Conference on Health and Social Care Information Systems and Technologies, CENTERIS/ProjMAN/HCist 2019. v. 164, p. 441-448, 1 jan. 2019.

[27] FERNANDES, Teresa; VIEIRA, Vítor. Public e-procurement impacts in small-and medium-enterprises. *Int. J. Procurement Management*, vol. 8, n. 5, 2015. p. 587-607.

[28] GURAKAR, Esra Ceviker; TAS, Bedri Kamil Onur. Does Public E-Procurement Deliver What it Promises? Empirical Evidence from Turkey. *Emerging Markets Finance and Trade*, v. 52, n. 11, p. 2669-2684, nov. 2016. DOI: 10.1080/1540496X.2015.1105603.

[29] FERNANDES, Teresa; VIEIRA, Vítor. Public e-procurement impacts in small-and medium-enterprises. *Int. J. Procurement Management*, vol. 8, n. 5, 2015. p. 587-607

[30] Disponível em: https://www.centreforpublicimpact.org/case-study/indian-governments-e-marketplace-gem/.

[31] GEM – Government E-Marketplace.

[32] Disponível em: https://www.indiatoday.in/pti-feed/story/spv-to-operate-government-e-marketplace-portal-for-purchases-907356-2017-04-12.

de três meses já contou com a inscrição de cerca de 290.000 vendedores e prestadores de serviços na plataforma.[33]

De acordo com o "Manual de compras do *E-marketplace* governamental", publicado em fevereiro de 2019, o *e-marketplace* governamental indiano visa aumentar a transparência, eficiência e velocidade nas compras públicas. O referido manual indica, por exemplo, que a plataforma fornece ferramentas de licitação eletrônica e leilão eletrônico reverso, admitindo também a adoção de preços dinâmicos.[34] Além disso, o uso da plataforma eletrônica eliminou a necessidade de vários níveis de verificação manual (*"steps"* de controle), reduzindo drasticamente o tempo de conclusão nas compras governamentais.[35]

O Brasil não está alheio a esta mudança ou, ao menos, não deveria estar.

5 Benefícios econômicos de *e-marketplace*

Quando analisamos a questão do uso de plataformas de *e-marketplace*, temos que considerar o potencial dessa estrutura em mitigar os liames da competição nos mercados, infringindo as regras de defesa da concorrência.

Isso é relevante porque a instalação de um *e-marketplace* público, considerando o tamanho do mercado de compras públicas no Brasil (16% do PIB) e heterogeneidade do mercado de bens, trará impactos consideráveis no tamanho das empresas e na competição entre elas. Para ilustrar esse ponto, pensemos em um *e-marketplace* tradicional (como a Amazon): há concorrência dentro dos limites permitidos pela plataforma, mas pouca concorrência entre as ferramentas (outros *e-marketplaces*).

Em termos de concentração de mercado, um primeiro argumento é que essas plataformas possuem poder de monopólio, mas sendo público, presume-se que o uso desse poder seria benéfico. Isso parece razoável supor porque um *e-marketplace* público criado e gerido, por exemplo, pelo Governo Federal teria o condão de envolver as compras de todos os entes federados e milhares de ofertantes de bens. Em relação ao poder de monopólio, devem ser considerados os seguintes aspectos:

a) Possuem relevante parcela do mercado de bens e serviços: essa plataforma seria criada e gerida pelo Governo Federal e teria, inicialmente, uma grande importância nas compras diretas, pela consubstanciação das regras de dispensa eletrônica. O mercado para esse tipo de compras é vultoso, representando mais de 50% de todas as compras efetuadas pela União, Estados e Municípios.

b) Elevadas barreiras à entrada. Nesse tipo de mercado, as barreiras à entrada são referentes aos vultosos investimentos em tecnologia para elaborar uma plataforma confiável e eficiente. No caso de *e-marketplace* público, a plataforma elaborada pelo Governo Federal atenderia todas as compras efetuadas por essa esfera de Governo e seria disponibilizada aos demais entes federados para também utilizá-la. Não haveria,

---

[33] Disponível em: https://www.centreforpublicimpact.org/case-study/indian-governments-e-marketplace-gem/.
[34] Government e-Marketplace (GeM) – Procurement Manual. Disponível em: https://www.balmerlawrie.com/img/uploads/1552538028gem_procurement_manual_19_02_19.pdf.
[35] Disponível em: https://www.centreforpublicimpact.org/case-study/indian-governments-e-marketplace-gem/.

no entanto, impedimento legal que os outros federados elaborem suas próprias plataformas de *e-marketplace*. Parece pouco provável que os demais entes federados o façam, sobretudo pelas grandes barreiras tecnológicas para a elaboração de ferramenta e o poder de escala e operacionalidade da plataforma federal.

c) Integração lateral. É possível que essa plataforma de *e-marketplace*, considerando a imensa estrutura de dados que irá processar, seja utilizada para outros fins, desde pesquisas e estudos sobre as reais condições do mercado de bens e serviços, até atividades como microcrédito ou plataforma de educação.

d) Forte efeito *network*. Nesse caso, uma plataforma somente será atraente se houver uma quantidade elevada de participantes e essa quantidade ganhar escala com relativa velocidade. Isso não deverá ser um problema para uma plataforma de *e-marketplace* estabelecida pelo Governo Federal, porque rapidamente boa parte das transações, sobretudo de contratações diretas, poderão ser processadas nesse instrumento.

Esse poder de monopólio induz a algumas questões interessantes. Qual o critério para elaboração do algoritmo de busca? Terá o licitante participante direito de ter acesso às regras de elaboração desses sistemas de busca? Todas essas questões são importantes, pois ressabido que as empresas que aparecem logo no começo das listas de busca possuem chance muito maior de terem seus bens vendidos no *e-marketplace*.

Desde 2005, com a regulamentação do pregão eletrônico pelo Decreto nº 5.450/2005, já temos licitações eletrônicas (*e-procurement*) no Brasil. Este modelo, no âmbito federal, foi recentemente alterado pela Nova Lei de Licitações e Contratos Administrativos (Lei nº 14.133/21 – NLLCA), com relevantes modificações.

Embora a NLLCA tenha sido configurada numa plataforma similar à da Lei nº 8.666/93, podemos visualizar possibilidades para a adoção de modelos de *e-marketplace* governamental, mesmo que de maneira apenas segmentada.

Uma primeira envolve a denominada "dispensa eletrônica". O sistema de dispensa eletrônica foi recentemente regulamentado pela Instrução Normativa nº 67/2021, já dispondo sobre esse modelo, no regime da Lei nº 14.133/2021 (NLLCA).

Segundo o referido normativo, o Sistema de Dispensa Eletrônica constitui ferramenta informatizada integrante do Sistema de Compras do Governo Federal – Comprasnet 4.0, disponibilizada pela Secretaria de Gestão da Secretaria Especial de Desburocratização, Gestão e Governo Digital do Ministério da Economia, para a realização dos procedimentos de contratação direta de obras, bens e serviços, incluídos os serviços de engenharia.

Embora a ferramenta seja instituída no âmbito da Administração Pública Federal direta, autárquica e fundacional, o normativo estabelece que os órgãos e entidades não integrantes do Sistema de Serviços Gerais – Sisg, no âmbito da União, Estados, Distrito Federal e Municípios, interessados em utilizar o Sistema Dispensa Eletrônica de que trata esta Instrução Normativa, poderão celebrar Termo de Acesso ao Comprasnet 4.0. Outrossim, o artigo 2º da Instrução Normativa impõe que órgãos e entidades da Administração Pública estadual, distrital ou municipal, direta ou indireta, quando executarem recursos da União decorrentes de transferências voluntárias, observem suas regras, para adoção da dispensa eletrônica.

A dispensa eletrônica se apresenta como a expansão da antiga "cotação eletrônica", prevista anteriormente no Decreto Federal nº 5.450/2005 e regulamentada pelas regras da Portaria nº 306/2001 do MPOG, como uma infraestrutura informatizada que permite a apuração do melhor preço de bens e serviços adquiridos pelo setor público, nas contratações de pequeno valor.

Vale ressaltar que a "dispensa eletrônica" foi além do que preconizava a conhecida "cotação eletrônica", permitindo que o sistema seja também utilizado para a contratação de aquisições e serviços comuns, não apenas nas dispensas de pequeno valor, mas também nas demais hipóteses de dispensa, quando cabível, e no registro de preços para a contratação de bens e serviços por mais de um órgão ou entidade, nos termos do §6º do art. 82 da Lei nº 14.133, de 2021 (registro de preços para dispensa ou inexigibilidade).

É claramente um balão de ensaio projetado para a construção de um *e-marketplace público*, embora restrito às contratações diretas por dispensa.

Além disso, a Lei nº 14.133, de 2021, tratou o credenciamento como um procedimento auxiliar, distinguindo-o da compreensão que o equiparava a uma hipótese de inexigibilidade. Na linha traçada pela NLLCA, o credenciamento não é uma hipótese de inexigibilidade, mas um procedimento auxiliar necessário para ulteriores contratações diretas. Conforme definido pelo legislador, no inciso XLIII de seu artigo 6º, o credenciamento é um "processo administrativo de chamamento público em que a Administração Pública convoca interessados em prestar serviços ou fornecer bens para que, preenchidos os requisitos necessários, credenciem-se no órgão ou na entidade para executar o objeto quando convocados".[36]

Essa intelecção do credenciamento como um procedimento auxiliar permite certa flexibilidade, admitindo que a ele não sejam impostos os rigores previstos para o contrato administrativo propriamente dito[37] e já era defendida pela AGU.[38] Nesta senda, os contornos definidos ao credenciamento pela NLLCA avançam, e muito, permitindo que este procedimento auxiliar amplie sua utilidade no âmbito das contratações públicas.

Se outrora a adoção do credenciamento estava adstrita à contratação de todos os prestadores aptos e interessados em realizar determinados serviços, quando o interesse público fosse mais bem atendido com a contratação do maior número possível de prestadores simultâneos,[39] segundo o texto da Lei nº 14.133/21, admite-se que ele seja adotado não apenas para a ulterior contratação da prestação de serviços, mas também para o fornecimento de bens. Além disso, o legislador não fez referência a uma necessária contratação direta por inexigibilidade, embora indique que ele, o credenciamento, é um procedimento prévio à execução do objeto (contratação). Por fim, convém destacar que, se as hipóteses de contratação "paralela e não excludente" e "com seleção a critério de terceiros" já eram comumente identificadas em credenciamentos de serviços, a hipótese justificadora de sua adoção para "mercados fluidos" é uma interessante novidade, pouco experimentada antes da nova Lei.

---

[36] Art. 6º. (...)
(...)
XLIII – credenciamento: processo administrativo de chamamento público em que a Administração Pública convoca interessados em prestar serviços ou fornecer bens para que, preenchidos os requisitos necessários, credenciem-se no órgão ou na entidade para executar o objeto quando convocados;

[37] TORRES, Ronny Charles Lopes de. *Leis de licitações comentadas*. 11. ed. Salvador: Juspodivm, 2020. p. 440-441.

[38] PARECER nº 0003/2017/CNU/CGU/AGU.

[39] RIBEIRO, Juliana Almeida. Inexigibilidade de licitação e o credenciamento de serviços. *Jus Navigandi*, Teresina, ano 16, n. 2809, 11 mar. 2011. Disponível em: http://jus.com.br/revista/texto/18683. Acesso em: 20 maio 2012.

Vale frisar, a utilização do credenciamento para "mercados fluidos" permite que a contratação decorrente deste procedimento auxiliar se dê sem a prévia definição de preços, o que induz a aceitação de "preços dinâmicos" pela Administração. Esses preços dinâmicos, também chamados de preços em tempo real ou preços algorítmicos, são flexíveis e variáveis com base na demanda, oferta, preço da concorrência, preços de produtos substitutos ou complementares, o que impõe um grande desafio para a formatação de sistemas de compras públicas.[40]

6 Conclusões

A centralização das contratações públicas gera um ambiente propício para o desenvolvimento de novas modelagens, mais eficientes, para o atendimento das demandas administrativas.

Vários países no mundo já vêm adotando *e-marketplace* para suas contratações públicas. Sem descuidar de uma necessária preocupação com as nuances brasileiras, através das experiências internacionais podemos avaliar as potencialidades e os riscos de desenvolvimento desta modelagem para nossas contratações públicas.

A recente Lei nº 14.133/2021 foi construída a partir da plataforma desenhada pelo Decreto-Lei nº 12.300/1986 e pela Lei nº 14.133/2021, o que, *a priori*, é pouco compatível com o desenvolvimento de uma modelagem moderna de *e-marketplace* nas contratações públicas brasileiras.

Nada obstante, é possível identificar campos em que a nova legislação, de acordo com a regulamentação proposta, pode avançar para criar alguns balões de ensaio para a execução desta modelagem. Contudo, para que as licitações públicas brasileiras possam avançar no caminho de construção de uma modelagem eficiente de *e-marketplace* público, é necessário o enfrentamento de questões relevantes.

O presente artigo buscou provocar algumas dessas questões, almejando contribuir para o necessário debate de desenvolvimento do modelo de seleção de fornecedores nas contratações públicas brasileiras, a partir de uma centralização administrativa que deve primar por uma leitura mais econômica das contratações públicas, avaliando elementos como custos transacionais, assimetrias de informação e os incentivos produzidos.

Informação bibliográfica deste texto, conforme a NBR 6023:2018 da Associação Brasileira de Normas Técnicas (ABNT):

CAMELO, Bradson; NÓBREGA, Marcos; TORRES, Ronny Charles L. de. Contratações públicas através de *e-marketplace*. In: LOPES, Virgínia Bracarense; SANTOS, Felippe Vilaça Loureiro (coord.). *Compras públicas centralizadas no Brasil*: teoria, prática e perspectivas. Belo Horizonte: Fórum, 2022. p. 421-434. ISBN 978-65-5518-463-1.

---

[40] NOBREGA, Marcos; TORRES, Ronny Charles L. de. A nova lei de licitações, credenciamento e *e-marketplace*: o *turning point* da inovação nas compras públicas, 2020. Disponível em: https://www.olicitante.com.br/e-marketplace-turning-point-inovacao-compras-publicas.

EMPRESA BRASILEIRA DE COMPRAS PÚBLICAS: UM CAMINHO POSSÍVEL?

FELIPPE VILAÇA LOUREIRO SANTOS

DANIEL MOL MARCOLINO

VIRGÍNIA BRACARENSE LOPES

1 Introdução

A centralização de compras públicas, caracterizada pela concentração do poder de decisão sobre as aquisições de bens e serviços em determinadas unidades da Administração Pública, vem se tornando tema frequente nos debates acadêmicos, na prática da gestão pública e nas legislações de contratações públicas (DIMITRI et al., 2006).

O uso das compras como instrumento de políticas públicas, por meio especialmente do fomento ao desenvolvimento sustentável, incluindo requisitos ambientais, econômicos e sociais nos procedimentos, tem permitido um posicionamento mais estratégico da função de compras no contexto das atividades administrativas fundamentado na experimentação de modos de gestão inovadores na realidade brasileira, como a centralização das compras.

Nesse sentido, a relevância do tema de centralização tem crescido em decorrência do reconhecimento do impacto das compras na implementação de políticas públicas, acompanhando o aprimoramento da governança nas máquinas estatais (VAZ; LOTTA, 2011).

É importante destacar que o debate sobre a centralização ou descentralização das compras não é novo, nem está encerrado. Centralizar (ou não) é uma questão de medida, até por se saber, há tempos, que o grau de centralização de uma função administrativa deverá variar conforme as necessidades e trajetórias institucionais de cada caso (FAYOL, 1916/1990).

Thomas (1919) argumentou que haveria três estágios evolutivos na centralização das compras. No primeiro estágio, a máquina pública possuía corpo reduzido e atuava centralizando as aquisições em benefício das poucas organizações públicas existentes. No segundo estágio, motivado pela ampliação dos braços do Estado e com a criação de organizações, departamentos e diversas estruturas voltadas ao atendimento dos objetivos estatais, a descentralização seria a tônica. Por fim, um terceiro estágio se vislumbraria com o retorno da centralização das compras diante de uma maior maturidade na gestão pública, capaz de identificar os benefícios desse modo de organização e seu potencial transformador.

No entanto, a prática das compras públicas demonstrou que não há rotina pré-estabelecida para o amadurecimento dessa função administrativa, nem modelos ideais, mas sim práticas híbridas e um pêndulo que se movimenta entre um maior grau de centralização ou um maior grau de descentralização, a depender da agenda governamental (McCUE; PITZER, 2000). De qualquer forma, mesmo diante desse pêndulo, as compras públicas centralizadas se consolidaram como uma realidade e uma prática comum no cenário internacional, ainda que com graus diferenciados (THAI, 2001), abrindo a oportunidade de intensificar a sua prática no cenário brasileiro.

É importante destacar que, no Brasil, o pêndulo está aparentemente em direção novamente à centralização de compras públicas: é o que indicam a Nova Lei de Licitações e Contratos Administrativos (BRASIL, 2021) e a prática de experiências exitosas como as apresentadas nesta obra.

Com isso, estão sendo estruturados conceitos, socializadas boas práticas e desvendadas as alavancas e os desafios da centralização de compras, contribuindo com o tema nas perspectivas teórica e prática, em uma troca de conhecimentos multidisciplinares, a exemplo deste livro.

E abre-se a oportunidade para passos maiores, aproveitando o movimento pendular favorável, a exemplo do resultante da seguinte questão: como implantar uma estrutura centralizadora de compras públicas no governo federal brasileiro, perene, com papéis de execução, apoio à regulação e inspiração, atuando ainda como gestora da rede de unidades centralizadoras de compras no país?

A bem da verdade, essa questão não é um privilégio de discussão apenas no contexto ampliado nacional. Analisar estruturas jurídicas disponíveis no ordenamento jurídico brasileiro, associando-as a modelos de gestão de diferentes paradigmas da administração, incorporando práticas inovadoras (como equipes matriciais, métodos ágeis, flexibilidade, digitalização de procedimentos, etc.) e, ainda, alinhando essa organização a uma perspectiva de desenho de processos orientada ao valor ao usuário (ou beneficiário), é um desafio de toda a Administração Pública.

Este ensaio exploratório, olhando um recorte dessa discussão estruturante no que tange às compras públicas, busca retomar o debate já iniciado quando a Central de Compras do Governo Federal foi criada[1] como um departamento e poderia ser precursora de uma organização mais robusta (FIUZA et al., 2015), amplificando seus resultados já impactantes se fosse mais bem estruturada, a exemplo de uma empresa pública. Assim, o objetivo deste capítulo é apresentar um caminho possível para a estruturação de uma unidade federal centralizadora de compras públicas, partindo de opções jurídicas do ordenamento brasileiro e de algumas experiências internacionais, bem como da necessidade de adaptar o leque existente à necessidade de construir a função de compras como uma forte alavanca na implementação de políticas públicas.

Essa questão será debatida nas seguintes seções: na seção 2, serão abordados os principais modelos jurídicos brasileiros possíveis para implementar uma estrutura com essa finalidade, com a indicação de um modelo preferencial; na seção 3, algumas experiências internacionais baseadas no modelo preferencial indicado serão exploradas, em busca de lições aprendidas; na seção 4, será exposto um esboço de como poderia ser estruturada uma organização pública voltada para a centralização de compras nos termos propostos. Por fim, a última seção trará a conclusão deste ensaio, pretendendo acender as luzes sobre um caminho virtuoso na centralização de compras públicas no Brasil.

2 Modelos jurídico-administrativos brasileiros para estruturação de órgãos e entidades e suas potencialidades

O Estado brasileiro vale-se da Administração Pública como meio ou instrumento para alcançar e realizar os objetivos previstos constitucionalmente, focando-se nas necessidades e interesses públicos (BALTAR NETO, 2021). Ciente da multiplicidade de funções e responsabilidades envolvidas para esse fim, desde o Decreto-Lei nº 200, de 25 de fevereiro de 1967, tem-se que a Administração poderá se organizar em diferentes figuras administrativas, optando-se "(...) pela adoção da técnica da descentralização administrativa, criando outras pessoas jurídicas com autonomia, mas submetidas ao controle pelo ente político com a finalidade de desempenhar uma determinada atividade pública" (idem, p. 77).

Nesse sentido, o Decreto-Lei nº 200/67 dispôs que a Administração Pública poderia compreender um formato direto ou indireto de atuação. A Administração Direta compreende os casos em que o Estado executa suas tarefas de forma centralizada, por intermédio de estruturas que compõem sua estrutura funcional, seus órgãos e agentes. A Administração Indireta contempla situações em que o Estado atua de forma descentralizada, por intermédio de organizações a ele vinculadas, como as autarquias, fundações públicas, empresas públicas e sociedades de economia mista (BRASIL, 1967).

---

[1] Debate esse que possivelmente ocorreu na estruturação de cada uma das experiências de centralização abordadas ao longo dessa obra, tanto nacionais quanto internacionais, considerando as modelagens teóricas apresentadas, bem como o contexto político, econômico e social pelo qual passava a administração.

Além disso, o Estado pode atuar por intermédio da delegação de atividades a particulares e por entidades paraestatais, estas compondo uma cooperação governamental, como no caso dos Serviços Sociais Autônomos, organizações privadas prestadoras de serviços de utilidade pública, como apoio a grupos sociais ou profissionais. Para fins de estruturação de uma organização centralizadora de compras em âmbito federal, entende-se que o modelo de delegação de atividades a particulares ou de cooperação governamental com organizações privadas não é inicialmente adequado, por retirar da figura própria do Estado a representatividade, governança e o protagonismo em temas sensíveis, e que, no caso da centralização de compras, envolve especialmente elevado volume de recursos públicos.

Retomando então as categorias direta e indireta, cada uma das figuras por elas contempladas possui características próprias (CARVALHO FILHO, 2010), que as diferenciam entre si e que podem ser sistematizadas nas seguintes dimensões:

a) Criação: forma pela qual a organização é positivada no ordenamento jurídico;

b) Personalidade jurídica: indicação se a organização integra a pessoa jurídica do Estado, com a União representando o nível federal, ou se possui personalidade jurídica apartada;

c) Autonomia: liberdade de atuação administrativa, orçamentária e financeira;

d) Receitas: formas de ingresso de recursos financeiros;

e) Patrimônio: caracterização dos bens da organização como públicos ou privados, considerando haver proteções sobre os bens públicos, como impenhorabilidade;

f) Equipe de governança: estrutura de supervisão e direcionamento da organização;

g) Pessoal: orienta a incorporação e manutenção de profissionais, contemplando o tipo de vínculo com a Administração (comissionado ou do quadro permanente) e o regime jurídico tanto dos cargos comissionados quantos dos permanentes e, neste segundo caso, quanto ao regime jurídico que disciplina a relação (estatutário próprio, no caso dos servidores, ou celetista, no caso dos empregados);

h) Controle: instâncias de monitoramento e avaliação de sua atuação.

O quadro 1 organiza as dimensões descritas por tipo de modelo organizacional, incluindo os principais tipos,[2] de forma a facilitar a identificação de suas similaridades e diferenças:

---

[2] Não foram contempladas as agências executivas, que são um tipo de autarquia, optando-se por trabalhar a natureza geral (autarquia). E as fundações públicas de direito público possuem características semelhantes às autarquias no que tange às dimensões analisadas, equiparando-se (podem ser denominadas "fundações autárquicas"); portanto, estariam ali contempladas. As fundações públicas de direito privado estão representadas na coluna Fundação Pública.

QUADRO 1
Características dos modelos organizacionais da administração direta e indireta

Dimensão	Adm. Direta	Administração Indireta			
	Órgão	Autarquia	Fundação pública	Empresa pública	Sociedade de Economia Mista
a) Criação	Decreto	Lei específica e decreto	Autorização legal específica, decreto e registro do estatuto no Registro Civil Pessoas Jurídicas	Autorização legal específica, decreto e registro do estatuto no Registro Civil Pessoas Jurídicas	Autorização legal específica, decreto e registro do estatuto no Registro Civil Pessoas Jurídicas
b) Personalidade jurídica	Direito público	Direito público	Direito privado	Direito privado	Direito privado
c) Autonomia	Sem autonomia	Administrativa e financeira	Administrativa, orçamentária (mediante contrato) e financeira	Administrativa, orçamentária e financeira, desde que não dependente do Tesouro Nacional	Administrativa, orçamentária e financeira, desde que não dependente do Tesouro Nacional
d) Receitas	Orçamento Geral	Orçamento Geral	Orçamento Geral e receitas próprias	Receitas próprias, desde que não dependente do Tesouro Nacional. Deve ser autossustentável	Receitas próprias, desde que não dependente do Tesouro Nacional. Deve ser autossustentável
e) Patrimônio	100% público	100% público	100% público	100% público	Público e privado
f) Governança	Singular, 100% pública	Singular, 100% pública	Colegiada, 100% pública com participação social	Colegiada, 100% pública, podendo ser prevista a participação social	Colegiado por acionistas, Poder Público deve deter no mínimo 50% das ações
g) Pessoal	Regime jurídico único (estatutário)	Regime jurídico único (estatutário)	Regime celetista	Regime celetista	Regime celetista
h) Controle	Órgãos de controle interno e externo	Ministério supervisor, órgãos de controle interno e externo	Ministério supervisor, colegiados de administração, órgãos de controle interno e externo	Ministério supervisor, Ministério gerenciador das empresas estatais, colegiados de administração, auditoria independente, órgãos de controle interno e externo	Ministério supervisor, Ministério gerenciador das empresas estatais, colegiados de administração, auditoria independente, órgãos de controle interno e externo

Fonte: adaptado de BRASIL, 2012.

A escolha de um desses modelos jurídicos, além de observar as características, possibilidades e limitações previstas no ordenamento jurídico, deve considerar, também, questões relacionadas à governança e gestão públicas, ambas influenciadas pelo valor público que se pretende alcançar e que está previsto na Carta Constitucional (CHAVES *et al.*, 2022):

> O princípio primário de governança trata do propósito da organização, do "por que". Os princípios fundamentais de governança estão representados pela: (i) geração de valor; (ii) estratégia; (iii) supervisão; e (iv) prestação de contas. A habilitação dos princípios de governança requer: (i) o envolvimento da liderança; (ii) o engajamento das partes interessadas; (iii) a tomada de decisões baseada em informações (dados); (iv) a gestão de riscos; (v) a responsabilidade social; e (vi) a viabilidade do desempenho. Por fim, os resultados da governança devem alcançar uma administração responsável, o desempenho eficaz e o comportamento ético nas organizações.
> (...)
> Os fundamentos da gestão pública estão representados pelo: (i) pensamento sistêmico; (ii) geração de valor; (iii) foco do usuário/cidadão; (iv) orientação por processos e informações; (v) comprometimento centrado nas pessoas; (vi) cultura de inovação; (vii) aprendizado organizacional; (viii) visão de futuro; (ix) desenvolvimento de parcerias; (x) responsabilidade social; (xi) controle social; (xii) liderança e constância de propósitos; e (xiii) gestão participativa. (CHAVES, 2022, p. 3-5).

As perspectivas da governança e da gestão públicas trazem requisitos fundamentais que orientam a Administração Pública no alcance dos objetivos, sendo os modelos organizacionais previstos no ordenamento jurídico alguns dos meios e instrumentos a partir dos quais os objetivos serão alcançados.

Percebe-se que são vários os elementos, tanto da governança quanto da gestão públicas, que o gestor e agente públicos devem observar e que, por consequência, irão determinar qual a estrutura organizacional mais eficiente para o alcance dos resultados. Destacamos dentre eles a geração de valor, estratégia, pensamento sistêmico, orientação por processos, cultura de inovação, aprendizado organizacional e visão de futuro como aqueles que têm o condão de determinar diretamente o modelo organizacional que melhor pode atender ao fim pretendido. Não na qualificação de mais importantes que os demais, mas como aqueles que coadunam com a relevância e importância da temática das contratações públicas em foco nesta obra. Trazer para o centro da discussão a temática e abordar a instituição de unidades centralizadoras dedicadas à questão é dar maior peso a essas variáveis e, ao discutir o modelo organizacional mais adequado, é considerar aquele que terá maior aderência aos paradigmas do presente e do futuro aos quais se busca alinhamento.

Nesse contexto, cabe destacar então que, antes de selecionar um modelo jurídico, deve-se definir o modelo de negócio, conforme a cadeia de valor pretendida, que depois será refletido em uma estrutura organizacional. Nas palavras de Nicir Chaves, temos:

> A relevância da cadeia de valor integrada está relacionado com os elementos essenciais da governança e gestão pública, consequentemente, com a reforma administrativa, considerando que a cadeia de valor integrada é base para: (i) criação de valor público; (ii) estrutura organizacional orientada a processos; (iii) estruturação dos mecanismos de governança; (iii) referencial do planejamento estratégico; (iv) avaliação de riscos; (v) análise de custos;

(vi) estruturação dos relatórios legais; (vii) elaboração de manuais de processos; (viii) elaboração de indicadores de desempenho; (ix) elaboração do código de classificação da informação e documentação; (x) perfil de competências e planos de carreira; (xi) controles de gestão; (xii) regras de negócio, requisitos; e outras elementos que são refletidos pela cadeia de valor integrada, ou seja, a partir da decomposição dos macroprocessos e processos, utilizando-se dos conceitos de arquitetura de negócio e de processos.
No contexto da Administração Pública, declarada pela Constituição Federal de 1988 e toda legislação que a sustenta, a definição da cadeia de valor integrada, referente aos processos gerenciais e de suporte, estão associados aos sistemas estruturadores, de acordo com o Decreto-Lei nº 200/1967, comuns à Administração. Os órgãos centrais são responsáveis pelos seus respectivos processos do sistema estruturador, que tem a competência de estabelecer as políticas e diretrizes, a transformação, modelagem e melhoria contínua desses processos, para todos os setoriais e seccionais da administração pública (CHAVES, 2022, p. 15-16).

No que tange às contratações públicas, a cadeia de valor irá se referir e precisará estar atenta aos requisitos do sistema estruturador de Serviços Gerais – SISG, instituído por intermédio do Decreto nº 1.094, de 23 de março de 1994 (BRASIL, 1994), o qual, pela época de sua edição, já carece de atualizações. Tal normativo previu, em seu art. 5º, as matérias de competência do SISG, dentre elas, compras e contratos administrativos; e, em seu art. 2º, que o sistema é composto por um órgão central e órgãos setoriais e seccionais (unidades executoras localizadas nas estruturas organizacionais dos órgãos da administração direta e entidades da administração indireta). Ainda, previu no art. 5º, §3º, a possibilidade de execução de tarefas comuns aos diversos órgãos e entidades pelo órgão central, inclusive por meio de rateamento de despesas. Todavia, o normativo não trouxe mais detalhes quanto aos objetivos a serem buscados, nem ao formato de cadeia de valor, nem de estrutura organizacional, o que passou alguns anos a ser definido em sede de normas de estrutura e competência dos órgãos e entidades da Administração Pública.

Resta claro haver, atualmente, respostas em termos de estrutura organizacional às necessidades de distribuição de competências e atribuições das contratações públicas entre os órgãos e entidades; todavia, como exposto ao longo da presente obra, há tentativas recorrentes de busca de formatos mais eficientes. Tentativas essas que se devem em função tanto do contexto no qual o Estado brasileiro se encontra, de demandas por mais eficiência, efetividade, simplificação e desburocratização, quanto em função da importância e necessidade de reconhecimento e reposicionamento do tema de compras públicas em lugar de destaque. Por isso, tem-se janela de oportunidade (e necessidade) de revisão de formatos jurídico-organizacionais vigentes na gestão das compras, o que, como bem pontua Osterwalder, citado por Chaves, pode ser motivado por:

> (1) uma crise com o modelo de negócios existente (em alguns casos uma experiência de "quase morte"), (2) ajustar, aprimorar, ou defender o modelo existente para adaptá-lo a um ambiente em mutação, (3) levar novas tecnologias, novos produtos ou serviços ao mercado, ou (4) preparar a organização para o futuro, explorando e testando modelo de negócios completamente novos que poderão vir a substituir os existentes (OSTERWALDER *apud* CHAVES, 2022, p. 15).

Ainda citando Chaves (2022), é necessário considerar, em um movimento de revisão organizacional, que a estrutura escolhida pode gerar resultados distintos, podendo promover (ou não):

a) integração dos colaboradores para a entrega de valor público, aumentando o engajamento e a motivação;
b) processos mais fáceis, otimizando os indicadores de desempenho;
c) desenvolvimento de indicadores individuais de desempenho, para implantação de bonificações de incentivo;
d) análise do excesso ou falta de recursos;
e) ter mais assertividade no controle de resultados do negócio;
f) enxergar com mais rapidez os riscos caso os valores públicos não estejam sendo entregues;
g) melhorar a comunicação com a sociedade e internamente; (CHAVES, 2022, p. 20).

Levando todos esses pontos em consideração, além dos conteúdos apresentados na presente obra (modelos teóricos trazidos na parte 1; experiências práticas registradas na parte 2; oportunidades de aplicação de institutos e mecanismos em prol da centralização de compras e do ganho de eficiência e efetividade abordados na parte 3 e demais capítulos inspiradores da parte 4), tem-se nítida tanto a importância do tema das contratações, de seu posicionamento estratégico enquanto política pública e das limitações que vem enfrentando, como a mudança de paradigma de atividade meramente meio ou suporte das funções administrativas para uma perspectiva de prestação de serviços (modelos de centros de serviços compartilhados) para as próprias unidades da Administração Pública.

Associando esse ponto às dimensões trazidas no quadro 1, pode-se considerar que o modelo tradicional de administração direta, apesar de mais simples e convencional de se viabilizar, impede, em boa medida, tanto o tratamento das necessidades atuais quanto o aproveitamento das oportunidades disponíveis.

No que tange aos modelos de administração indireta, há que se considerar, inicialmente, que o formato de fundação pública é de pronto descartado, pois mantém maior afinidade com temáticas sociais, como é o caso de serviços de saúde, educação, cultura, esportes, dentre outros, especialmente pela constituição de seu patrimônio requerer a destinação a um fim social (MELO, 2009).

Quanto ao formato empresarial de sociedade de economia mista, este também acaba por se afastar da temática de compras públicas por duas questões em especial: a primeira delas é que se trata de estrutura típica de exploração de atividade econômica, nos termos do art. 5º, II, do Decreto-Lei nº 200/67 (BRASIL, 1967), o que não é o caso da temática em discussão; a segunda, por ter patrimônio privado em sua estrutura; em se tratando de contratações, em que o mercado é parte envolvida nas transações, estar-se-ia diante de potenciais conflitos de interesse entre a instituição contratante e parceiros privados.

Restam, ainda, os formatos de autarquia e de empresa pública. Dentre os pontos que as diferenciam, retomando o quadro 1, chamamos atenção para:

a) a possibilidade de a empresa pública gerar receitas próprias, que podem fazer frente às suas despesas, o que coaduna com a lógica de prestação de serviços em um formato de serviços compartilhados (*shared services*), desonerando o orçamento geral;

b) o sistema de governança mais complexo, a exemplo de sua estrutura colegiada, podendo ser prevista participação social, o que confere maior representatividade, transparência e alinhamento com as melhores práticas do tema e com a maior evidência que o tema vem adquirindo nas contratações públicas;

c) o controle a ser exercido por múltiplas instâncias, como o ministério superior ao qual a empresa se vincula, o ministério supervisor das empresas estatais, a auditoria externa independente (exigência legal) e os órgãos de controle interno e externo, além dos colegiados e subcomitês (Conselho de Administração, Conselho Fiscal, Comitê de Auditoria etc.) decorrentes da governança mais robusta típica dessa figura jurídica.

Para além desses pontos, extrapolando o quadro 1, ainda é oportuno mencionar que:

a) sendo uma empresa pública, a instituição estará diante do marco regulatório da Lei nº 13.303, de 30 de junho de 2016 (BRASIL, 2016), que dispõe sobre o estatuto jurídico da empresa pública, apresentando diretrizes e obrigações tanto no que tange às contratações públicas quanto ao funcionamento e comportamento da instituição, sendo uma moldura que impede excessos quando da instituição dessa figura jurídica;

b) no que tange especificamente ao regime de contratações, a Lei nº 13.303/2016 atribui competência à estatal para a criação de seu Regulamento Interno de Licitações e Contratos (RILC), cujas linhas gerais impostas pela referida lei guardam coerência com a Lei nº 14.133/2021, a Nova Lei de Licitações (BRASIL, 2021), e, ainda, dá maior dinamicidade para a empresa ajustar suas regras de contratação à evolução de procedimento e à maturidade do mercado;

c) quanto à composição da empresa, o Decreto-Lei nº 900, de 29 de setembro de 1969, previu, em seu art. 5º, a possibilidade de "(...) participação de outras pessoas jurídicas de direito público interno bem como de entidades da Administração Indireta da União, dos Estados, Distrito Federal e Municípios" (BRASIL, 1969), o que amplia os ganhos na formatação de uma empresa que possa atender não só a União, mas os demais entes federados, maximizando a lógica de prestação de serviços transacionais de contratações públicas e, ainda, contando com participação num sentido de maior representatividade.

Diante do exposto e dos modelos existentes, aponta-se como um modelo preferível (ainda em linhas de ideal), o de empresa pública, cabendo, antes de discorrer sobre seu desdobramento, conhecer organizações próximas advindas da experiência internacional, que refletem diferentes graus de complexidade (SERRÃO, 2019).

3 Experiências internacionais de centralização de compras por meio de empresa pública

No âmbito internacional, encontra-se uma grande variedade de modelos de centralização de compras. Os modelos que preconizam a centralização de compras públicas na figura de uma pessoa jurídica de natureza empresarial não constituem novidade institucional alguma. Nesse sentido, a Finlândia, por exemplo, estabeleceu um sistema centralizado de compras para o governo central em 1941 por meio da criação de uma agência, que em 1995 foi transformada em uma empresa pública – a Hansel (OCDE, 2011).

A OCDE conduziu uma série de estudos que compararam os diferentes formatos institucionais adotados por seus países membros que tiveram como objetivo principal a centralização das compras públicas. Nesses diferentes formatos, foi observado que: as chamadas unidades de centralização de compras (citadas como *central purchasing bodies* – CPB) possuíam diferentes *status* legais. Em relação ao *status* legal, a OCDE (2015) agrupou as unidades de centralização de compras em três categorias: (a) agência governamental (entidade vinculada ao governo, mas que goza de relativa autonomia); (b) órgão governamental subordinado a um ministério (órgão que faz parte de ministério e detém limitada ou nenhuma autonomia); e (c) empresa estatal (que pode ser com ou sem fins lucrativos e pode ser controlada parcial ou totalmente pelo ministério da economia ou finanças de cada país).

No estudo da OCDE (2015), foram levantados alguns parâmetros de análise para a comparação dos distintos modelos adotados. Neste capítulo, será dado destaque a três critérios: (1) as chamadas unidades de centralização assumem funções diversificadas; (2) tais unidades possuem diferentes formas de custear suas atividades; e (3) elas dispõem de prerrogativas distintas em relação ao exercício da centralização das compras, podendo determinar a obrigatoriedade ou não do uso de seus serviços.

Ao analisar o modelo institucional de centralização de cada país, faz-se relevante destacar que as unidades de centralização de compras acabam por assumir diferentes funções. Todas as unidades consultadas pela OCDE exercem pelo menos uma das seguintes funções: ou exercem o papel de autoridade responsável por agregar a demanda do governo e executar o procedimento de compras ou são responsáveis por gerenciar um sistema nacional de acordos-quadro.[3]

Outras funções relevantes não se mostraram tão prevalentes nas unidades de centralização de compras consultadas. Entre essas funções, destacam-se duas: a de coordenar a capacitação em compras públicas aos servidores públicos e a de caráter normativo, que estabelece regras complementares a serem observadas pelos demais órgãos públicos contratantes.

Assim, neste capítulo, ao fazer referência às possíveis funções das unidades centralizadoras, está-se a referir a quatro funções a serem analisadas: (1) autoridade responsável por agregar a demanda do governo e executar o procedimento de compras; (2) responsável por gerenciar um sistema nacional de acordos-quadro; (3) responsável por coordenar a capacitação em compras públicas; e (4) a função de caráter normativo.

Quanto à forma de financiamento ou custeio dessas unidades, foi possível mapear duas modalidades básicas: ou recebem recursos diretamente do orçamento governamental ou geram um caixa próprio a partir de taxas de serviços, geralmente

---

[3] Segundo a OCDE (2014), acordo-quadro é um procedimento de contratação em que são estabelecidos os termos para a contratação de uma ou mais empresas, em um mesmo processo licitatório, para o fornecimento de bens, serviços e obras, e que pode ser adjudicado por uma ou mais autoridades contratantes simultaneamente, por um determinado período, observadas as definições de preço máximo, quantidades e especificações técnicas mínimas.

cobradas dos fornecedores participantes dos certames licitatórios. Muitas unidades de centralização também acabam por adotar modelos mistos, ou seja, obtêm uma parte de recursos via orçamento do governo e outra parte via receita obtida das taxas cobradas por seus serviços.

Sobre as distintas prerrogativas que as unidades de centralização de compras dispõem, destacam-se dois aspectos: a diversidade de serviços e produtos que foram objeto de contratação centralizada por essas unidades[4] e a cobertura dessa contratação ser obrigatória (exclusivamente por meio da unidade de centralização) ou facultativa aos demais órgãos do governo. Há países que adotaram um modelo misto, como o caso da Suécia, em que há a possibilidade de não contratação via a unidade de compras centralizadas caso seja demonstrado que condições melhores foram encontradas pelo órgão contratante.

Com o intuito de subsidiar a discussão sobre um possível formato de empresa estatal de compras públicas para o governo brasileiro, será feita a descrição dos casos de alguns países estudados pela OCDE que optaram por construir unidades de centralização de compras com o *status* legal de empresa estatal: Portugal, Finlândia, Itália, Dinamarca e França. Para essa finalidade, será dado foco aos três critérios brevemente explicados anteriormente, utilizando-se os trabalhos da OCDE (2011; 2015) e informações públicas sobre as organizações.

3.1 Portugal – eSPap

A Entidade de Serviços Partilhados da Administração Pública (eSPap) foi criada em 2012, por meio do Decreto-Lei nº 117-A, de 14 de junho de 2012, o qual extinguiu a Empresa de Gestão Partilhada de Recursos da Administração Pública (Gerap) e a Agência Nacional de Compras Públicas (PORTUGAL, 2012). A partir do referido diploma legal, a eSPap sucedeu essas entidades na totalidade de suas atribuições, competências e relações jurídicas contratuais.

A natureza empresarial da eSPap está claramente exposta no artigo 1º, 3, do mencionado Decreto-Lei nº 117-A/2012

> A eSPap, I. P., é *equiparada a entidade pública empresarial* para efeitos de conceção e desenvolvimento de soluções, aplicações, plataformas, projetos e execução de atividades conducentes ou necessárias à prestação de serviços partilhados, compras públicas, gestão do parque de veículos do Estado (PVE) e às respetivas atividades de suporte e, em geral, à promoção da utilização de recursos comuns na Administração Pública. (grifo nosso)

A entidade de compras centralizadas do governo português assume tanto o papel de autoridade contratante para agregar a demanda do governo e executar o procedimento de compras como também é responsável por gerenciar o sistema nacional de acordos-quadro. Assim, a eSPap lança e gerencia as adesões aos acordos-quadro celebrados por

---

[4] Nesse estudo da OCDE (2015), foram mapeados como objeto de centralização: serviços e produtos de TI (computadores, *softwares*, servidores, impressoras etc.), telefonia móvel, mobiliário de escritório, serviços de viagem e transporte, combustíveis, alimentação e serviços de desenvolvimento e capacitação de pessoas.

ela. Ademais, a eSPap fornece, por meio do Catálogo Nacional de Compras Públicas (CNCP), a lista de bens e serviços comuns disponíveis para contratação, informações sobre os fornecedores de bens e prestadores de serviços qualificados, bem como as condições e requisitos mínimos definidos para cada acordo-quadro.[5]

Quanto à função de coordenação da capacitação em compras públicas aos servidores públicos, não foi possível verificar se a eSPap fornece tal serviço de forma ampla às demais unidades do governo. Já quanto à função de caráter normativo, o artigo 3º, 4, do Decreto-Lei nº 117-A/2012 enumera algumas atribuições relacionadas a essa função, no entanto, não se pode dizer que a eSPap assume um amplo papel normatizador como autoridade central de compras. A seguir, os dispositivos que dizem respeito à função normativa, a qual, pode-se perceber, conta com um envolvimento de natureza indireta da eSPap:

> Artigo 3.º Missão e atribuições
> (...)
> 4 - São atribuições da eSPap, I. P., no âmbito das compras públicas:
> (...)
> e) Elaborar propostas de legislação, de procedimentos e de adoção de sistemas de informação de suporte relacionados com as compras públicas;
> f) Apoiar o membro do Governo da tutela na definição de políticas e linhas de orientação para as compras públicas;
> g) Coordenar e apoiar os serviços, organismos e entidades públicas e seus fornecedores na adoção das normas e procedimentos definidos para o aprovisionamento público;
> h) Promover a adoção de procedimentos de natureza normativa relativos à aquisição e utilização de sistemas informáticos de suporte ao aprovisionamento público.

Sobre a forma de financiamento, a eSPap conta com recursos transferidos pelo orçamento do Estado Português, bem como com uma receita formada a partir dos recursos provenientes de seus serviços prestados aos demais órgãos e entidades do governo.[6]

Acerca do caráter mandatório, as chamadas entidades vinculadas do Sistema Nacional de Compras Públicas (SNCP) estão obrigadas à utilização dos serviços partilhados de compras providos pela eSPap. No entanto, as demais entidades podem contratar ou não os serviços da eSPap. Segundo o site da empresa estatal, em abril de 2022 havia cerca de 700 entidades voluntárias no SNCP com algum tipo de serviço provido pela eSPap.[7]

3.2 Finlândia – Hansel Ltd

Como já enunciado no início desta seção sobre experiências internacionais, o governo finlandês conta com sua empresa estatal de centralização de compras públicas –

---

[5] Disponível em: https://www.espap.gov.pt/spcp/Paginas/spcp.aspx.
[6] Disponível em: https://www.espap.gov.pt/Documents/quem_somos/instrumentos_gestao/2020_Relatorio_Gestao.pdf.
[7] Disponível em: https://www.espap.gov.pt/spcp/Paginas/spcp.aspx.

a Hansel – desde 1995. Na verdade, a Hansel conta com seu atual formato desde 2003, já que suas operações anteriores foram encerradas em 2004, quando as novas atividades da empresa foram direcionadas para cumprir o papel de unidade de compras centralizadas de acordo com as diretivas da União Europeia sobre compras públicas.

A Hansel foi constituída como uma companhia limitada sob o regime de direito privado, uma vez que, segundo eles, isso permitiria uma maior flexibilidade nas atividades de rotina para garantir independência financeira.[8] A Hansel é considerada uma empresa sem fins lucrativos, cujo capital pertence à Associação das Autoridades Locais e Regionais Finlandesas (acionista da Hansel com uma participação de 35%) e ao Governo Central finlandês (com 65% das ações). Ela é vinculada ao Ministério das Finanças e administrada por um conselho de diretores composto por representantes da Associação das Autoridades Locais e Regionais e por agentes públicos do alto escalão do governo finlandês.[9]

Passando à análise dos critérios propostos acerca das quatro possíveis funções, a Hansel exerce tanto o papel de autoridade contratante, que agrega a demanda para a realização das compras públicas por meio dos acordos-quadro, quanto também é responsável por gerenciar o sistema nacional de acordos-quadro. Tal papel, no caso da empresa finlandesa, compreende todos os níveis de governo, bem como as entidades controladas pelo Estado finlandês. Dessa forma, ela não exerce papéis relacionados à coordenação da capacitação, à execução direta da contratação ou a uma função normatizadora.

Quanto à forma de financiamento, a Hansel obtém seus recursos por meio de uma taxa de serviço paga por seus fornecedores. A taxa de serviço é estabelecida a um máximo de 1,5% (um vírgula cinco por cento) sobre o total do faturamento obtido pelo fornecedor, conforme o total faturado no acordo-quadro a que ele provê seus produtos ou serviços. Assim, a taxa de serviço é registrada como faturamento da Hansel.[10]

Quanto à obrigatoriedade da adesão aos serviços, tem-se que há uma predominância pelo caráter voluntário. Assim, o uso de acordos-quadros é majoritariamente voluntário para os clientes da Hansel. O objetivo é garantir que a qualidade do produto ou serviço e os preços obtidos por meio dos acordos-quadro sejam competitivos com os preços e a qualidade fornecidos pelos próprios contratos que poderiam ser firmados por seus clientes (demais órgãos e entidades públicas). No entanto, há uma exceção à regra da obrigatoriedade: o Ministério das Finanças estipulou que 15 (quinze) dos 70 (setenta) acordos-quadro de Hansel são obrigatórios para entidades do governo central finlandês. De todo modo, a estratégia de aquisições do Estado finlandês tem como diretriz o incentivo aos órgãos e entidades estatais usarem aquisições conjuntas sempre que possível.

---

[8] *Ibidem.*
[9] Disponível em: https://www.hansel.fi/en/about-us/hansel-brief/.
[10] Disponível em: https://www.hansel.fi/en/about-us/hansel-brief/.

3.3 Itália – Consip

A Consip S.p.A. – cuja denominação original era CON.S.I.P., acrônimo para *Concessionaria Servizi Informativi Pubblici* – opera exclusivamente em nome do Estado italiano, com o objetivo de liderar as contratações de tecnologia da informação e prover serviços de consultoria e apoio a atividades da Administração Pública. A Consip é, segundo a legislação italiana, uma empresa pública, detida 100% pelo Ministério da Economia e Finanças, e, assim, opera de acordo com as linhas estratégicas definidas por seu acionista – o próprio Ministério. Sua missão corporativa é tornar a utilização dos recursos públicos mais eficiente e transparente, dotando as administrações de ferramentas e competências para gerir as suas compras e estimulando as empresas a competir com o sistema público.[11]

A estatal italiana foi criada em 1997 como um instrumento arquitetado para mudar radicalmente a forma como era feita a gestão da tecnologia da informação pelo governo italiano. Por meio do Decreto Legislativo nº 414, de novembro de 1997, a Consip foi formalmente encarregada da atividade de tecnologia da informação da administração nas áreas de finanças e contabilidade. Posteriormente, a empresa passou a ter as funções de gerir e desenvolver os serviços de informática do Ministério do Tesouro. Seguindo a lógica de um esforço contínuo de utilização das tecnologias de informação no apoio à mudança, a Lei Orçamentária de 2000 do Estado italiano identificou a Consip como a estrutura responsável pela provisão de serviços e bens comuns em nome da administração pública italiana. As Leis Orçamentárias dos anos seguintes, consolidando esse papel da Consip, definiram os regulamentos a serem observados pela empresa na implementação do que se tornou o Programa de Racionalização da Despesa Pública em Bens e Serviços ("Programa").

A Consip, assim como a estatal finlandesa, exerce as funções de autoridade responsável por agregar a demanda para a realização das compras centralizadas e por gerenciar o sistema nacional de acordos-quadro. Antes de lançar qualquer licitação e, de forma mais geral, antes de iniciar qualquer processo de compra centralizada, a Consip realiza análises aprofundadas de oferta e demanda. A análise da demanda é feita, realizando-se a coleta de informações de órgãos públicos por meio de entrevistas, ligações, questionários e outros meios. A análise do mercado fornecedor tem como base reuniões regulares e estruturadas com fornecedores individuais e com associações de fornecedores.

O custeio das operações da Consip é garantido pelo orçamento estatal, o qual é operacionalizado por meio de um acordo de três anos de duração com o Ministério da Economia e Finanças. O Ministério fornece os recursos financeiros necessários para as atividades da estatal em duas partes: (i) um montante fixo; e (ii) um montante variável, que está vinculado ao cumprimento dos objetivos do "Programa". Assim, é possível observar que o modelo de financiamento da Consip possui elementos da gestão por resultados.

Quanto à obrigatoriedade do uso dos serviços da Consip, todo governo central italiano está obrigado a usar os acordos-quadro da Consip. As chamadas agências

---

[11] Disponível em: https://www.consip.it/azienda/chi-siamo.

independentes e os entes subnacionais são livres para usá-los ou não. Uma lista é elaborada anualmente pelo Ministério da Economia e Finanças, determinando quais acordos-quadro serão de uso obrigatório. Os órgãos e entidades do governo central também estão vinculados à utilização do *e-marketplace* (*marketplace* eletrônico fornecido pela Consip) para compras cujo valor esteja abaixo do limite definido pela União Europeia. Para as entidades cujo uso é facultativo, caso elas não optem por fazê-lo, elas estarão obrigadas a atingir ou superar a meta de *value for money* obtida por meio dos acordos-quadro da Consip.

Um aspecto interessante da Consip destacado pelo estudo da OCDE merece menção: sua estratégia de comunicação e interação com os clientes, a qual é implementada por meio de um representante profissional denominado gerente de contas. As tarefas do gerente de contas consistem em: estabelecer troca contínua de informações com os usuários, identificando requisitos e necessidades especiais; promover os serviços da Consip: contratos derivados dos acordos-quadro, *e-marketplace* e projetos; aconselhar e apoiar os usuários no processo de gerenciamento de mudanças; identificar novas iniciativas e oportunidades de desenvolvimento; e monitorar a percepção dos usuários dos serviços da Consip.

3.4 Dinamarca – SKI

A *Staten og Kommunernes Indkøbsservice A/S* – SKI – foi criada em 1994 como uma empresa pública de responsabilidade limitada. A SKI, assim como a Hansel, possui mais de um acionista: o Estado Dinamarquês (via Ministério das Finanças) detém 55% (cinquenta e cinco por cento) das ações, enquanto a Associação de Governos Locais da Dinamarca (KL) e a organização dos Municípios Dinamarqueses possuem 45% (quarenta e cinco por cento) das ações. A SKI é uma organização sem fins lucrativos. Isso significa que qualquer lucro é usado para desenvolver e implementar melhores acordos-quadro.[12]

Outra peculiaridade em relação à SKI é que ela é a única unidade de compras centralizadas dentre as analisadas pela OCDE cuja criação não foi instituída formalmente por um instrumento legal. Sua criação, suas competências e suas atribuições são regidas pelo acordo de acionistas que instituiu a empresa.

A SKI exerce as funções de autoridade responsável por agregar a demanda para a realização das compras centralizadas e por gerenciar o sistema nacional de acordos-quadro. Na condução dos certames licitatórios dos acordos-quadro, a SKI visa oferecer um serviço de forma que cada organização pública dinamarquesa possa evitar arcar com esse processo. Ao utilizar um acordo-quadro da SKI, os funcionários responsáveis pelas compras nas organizações públicas da Dinamarca podem solicitar bens e serviços com a segurança de que eles estão em conformidade com as regras vigentes. A SKI cuida do gerenciamento do contrato durante toda a duração do acordo-quadro (normalmente quatro anos).

A estatal dinamarquesa é quase exclusivamente financiada por meio de uma taxa aplicada ao faturamento (normalmente 1%, mas em média em torno de 0,82%) nos

---

[12] Disponível em: https://www.ski.dk/videnssider/facts-about-ski/.

contratos com seus fornecedores. Assim, cada fornecedor paga uma pequena quantia à empresa, correspondente ao volume do acordo-quadro que o fornecedor gerou por meio de seu contrato com a SKI. Os recursos advindos dessas taxas representam 98% do total de sua receita. A maior parte dos 2% restantes da receita é gerada por uma pequena taxa anual que as organizações públicas pagam à SKI para poder usar os acordos-quadro geridos por ela.

Na Dinamarca, nenhuma entidade do setor público, seja no âmbito do governo central ou local, é forçada a usar os acordos-quadro da SKI: o seu uso é totalmente voluntário. Para usar os acordos-quadro da SKI, entretanto, as entidades devem ser membros da SKI. A razão que embasa essa regra da voluntariedade é a decisão política de que a existência da SKI deve compensar em termos comerciais para que ela possa estabelecer acordos-quadro que sejam competitivos e considerados pelas organizações públicas como melhores do que os acordos que elas próprias poderiam ter estabelecido. A SKI já teve alguns acordos-quadro de natureza obrigatória, os quais foram determinados pelo Ministério das Finanças e foram obrigatórios apenas para o governo central. No entanto, atualmente o modelo adotado pelo governo dinamarquês é totalmente voluntário.

Interessante observar que a SKI desenvolveu e implementou um modelo de maturidade para compras públicas na Dinamarca. Com o modelo, espera-se que seja disseminada a consistência da prática da maturidade em compras dentro das organizações de compras públicas dinamarquesas e aumente a transparência quanto às melhores práticas. Além disso, espera-se que o modelo seja usado como referência e como ferramenta de comunicação para fornecer uma imagem clara dos pontos fortes e desafios de cada unidade de compras, bem como nas compras públicas *per se* na Dinamarca.

3.5 França – UGAP

A UGAP (*Union des Groupements d'Achats Publics*) foi criada em 1949 pelo Ministério da Educação francês com o objetivo de centralizar a aquisição de mobiliário e materiais escolares. Em 1985, a UGAP adquiriu sua natureza empresarial ao se tornar um estabelecimento público industrial e comercial (Établissement *Public Industriel et Comercial – EPIC*), vinculado aos Ministérios do Orçamento e da Educação, submetida ao regime jurídico de direito público da França.[13]

Para melhor entender o arranjo de centralização das compras públicas na administração pública nacional francesa, além da UGAP, há que se mencionar o importante papel do Departamento de Compras do Estado (*Direction des Achats de l'Etat – DAE*). O Ministério da Economia e Finanças, por meio do DAE, possui competência normativa infralegal para definir orientações e condições gerais do sistema de contratação pública do governo francês. O DAE pode celebrar contratos públicos interministeriais e acordos-quadros ou determinar que a celebração seja realizada pela UGAP ou outra entidade pública. Assim, as funções de caráter normativo e de coordenação da capacitação dos servidores públicos ficam a cargo do DAE.[14]

---

[13] Disponível em: www.marche-public.fr/Marches-publics/Definitions/Entrees/UGAP.htm.

[14] Disponível em: https://www.economie.gouv.fr/dae/presentation.

Dessa forma, a UGAP exerce apenas a função de entidade executora das compras públicas. Ela tem o papel de adquirir os produtos ou serviços, geralmente por meio de acordos-quadro ou pelos contratos subsequentes, a fim disponibilizar os bens e serviços aos demais órgãos e entidades da administração pública francesa. Algumas vezes ela atua como revendedora, comprando e revendendo os bens e serviços para os demais órgãos. Ela não atua como um centro de referência responsável pela coordenação e celebração dos acordos-quadros. Tais funções também são de responsabilidade do DAE. Assim, a UGAP exerce apenas uma das quatro funções analisadas nesta seção.

O financiamento da UGAP provém exclusivamente da receita resultante das vendas realizadas a órgãos públicos. A UGAP não recebe nenhum subsídio e não tem atividades adicionais. Vê-se que, se por um lado, com tal modelo a estatal francesa tem incentivos fortes para lograr resultados altamente eficientes em suas aquisições, por outro lado, o preço da revenda não pode estrangular a manutenção de suas atividades em qualquer hipótese.

Enquanto a utilização dos serviços da UGAP não é obrigatória, a utilização dos serviços do DAE é obrigatória para os órgãos do governo francês, mas apenas para os bens e serviços comuns, conforme definido em regulamento emitido pelo Ministro da Economia. O uso é voluntário para agências ou entidades de direito público sob a supervisão do Estado.

3.6 Síntese das experiências internacionais

Com o objetivo de sumarizar os critérios analisados nesta seção e facilitar a comparação entre os diferentes casos, é compartilhado o Quadro 2, um quadro-síntese das experiências internacionais analisadas:

QUADRO 2
Síntese das experiências internacionais

		Espap (POR)	Hansel (FIN)	Consip (ITA)	SKI (DIN)	Ugap (FRA)
Funções	Agrega demanda e executa as compras	Sim	Sim	Sim	Sim	Sim
	Coordena sistema nacional de acordos-quadro	Sim	Sim	Sim	Sim	Não
	Coordena a capacitação nacional em compras	Não	Não	Não	Não	Não
	Papel normativo	Não	Não	Não	Não	Não
Forma de financiamento		Parte orçamento estatal, parte taxas	Receita via taxa paga por fornecedores	Orçamento estatal	Receita via taxa paga por fornece-dores	Receita da revenda de bens e serviços
Uso obrigatório ou voluntário		Majoritariamente obrigatório	Majoritaria-mente voluntário	Obrigatório	Voluntário	Voluntário

Fonte: elaboração própria

4 Uma Empresa Brasileira de Compras Públicas

Em razão da indicação de um potencial transformador no uso de uma configuração de empresa pública para estruturar uma organização federal dedicada à centralização das compras públicas no Brasil (seção 2), e das lições aprendidas com as exitosas experiências internacionais em configuração semelhante (seção 3), passa-se a apresentar um esboço sobre como uma organização pública dessa natureza e com essa finalidade poderia ser implementada.

As ideias sobre essa empresa – a Empresa Brasileira de Compras Públicas (ECompras) – partem da premissa de que um projeto de lei seria debatido no Congresso Nacional e levaria à autorização para o Poder Executivo criar a empresa pública. Esse movimento, *per se*, representaria um avanço na maturidade das compras públicas brasileiras, pela relevância a ser dada ao tema e pelo entendimento de seu impacto na implementação de políticas públicas, ecoando movimentos internacionais no mesmo sentido.

Há sempre o risco de existirem movimentos contrários à estruturação de uma empresa com essa finalidade, em razão tanto do receio de insulamento burocrático da estatal (reduto de técnicos sem controle político e social, risco tratado nesta seção) quanto pela perda cada vez maior de espaço para práticas corruptas e lesivas ao Estado (para centenas de exemplos de captura das compras públicas por práticas não republicanas, motivadas ou não por interesses político-partidários, veja: SANTOS; SOUZA, 2020). Sobre esse último ponto, acredita-se que os Poderes Legislativo e Executivo podem reconhecer a oportunidade de uma empresa dessa natureza disseminar boas práticas em compras por todo o território nacional, como se verá a seguir, e apostem em sua implementação justamente como forma de reduzir os casos de malversação e de má gestão de recursos públicos, ambos danosos aos cidadãos.

Dessa forma, considerando uma possível entrada da criação da ECompras na agenda governamental brasileira, serão apresentados alguns pontos relevantes a serem levados em consideração durante a sua estruturação, com base nas seguintes dimensões: (1) temas abrangidos (dos quais decorre um esboço de estrutura organizacional); (2) conselhos e estrutura de governança; (3) política de pessoal; (4) regulamento de contratações; e (5) receitas e despesas. Salienta-se que parte das reflexões desta seção ecoa o debate iniciado por Fiuza *et al.* (2015), em sua proposta de criação de uma agência nacional para dar suporte à temática das compras públicas no governo federal brasileiro.

4.1 Temas e estrutura organizacional

Para o funcionamento adequado da empresa, sua estrutura deveria ser capaz de envolver sete eixos temáticos, cujo detalhamento será apresentado em seguida: 1) estratégia e planejamento de contratações; 2) procedimentos de contratação; 3) contratações sustentáveis; 4) governança das contratações; 5) normas e ferramentas de contratações, no que tange aos procedimentos e temas sob sua responsabilidade; 6) monitoramento e estudos sobre contratações e 7) relacionamento com a sociedade.

Com isso, além da presidência da empresa, poderiam ser criadas sete diretorias finalísticas, refletindo os eixos temáticos propostos. Além disso, uma diretoria responsável pela gestão interna da estatal seria fundamental para tratar temas acessórios e evitar a concorrência de atenção sobre assuntos finalísticos, desde que não haja replicação de atividades transacionais realizadas por áreas finalísticas, como condução administrativa de processos de contratação.

Para ilustrar essa dinâmica, um mapa das diretorias pode ser apresentado na Figura 1, com a presidência atuando como elo estratégico entre as diretorias, bem como as áreas de suporte, procedimentos e estudos prestando apoio às áreas com maior inter-relação com o mercado, a sociedade e as políticas públicas:

FIGURA 1
Mapa das diretorias da Empresa Brasileira de Compras Públicas, com suas principais inter-relações e papéis institucionais

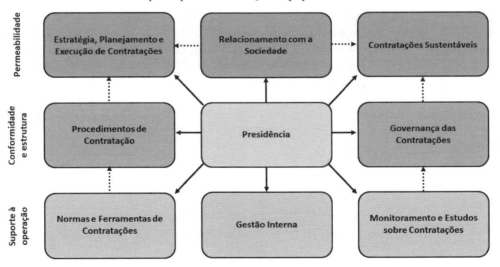

Fonte: elaboração própria.

Nesse contexto, a diretoria de estratégia, planejamento e execução de contratações (1) seria responsável por desenvolver as estratégias de aquisição e soluções inovadoras, atuar tecnicamente no planejamento de contratações, gerir as categorias de compras e executar as contratações centralizadas firmadas pela estatal. A diretoria de procedimentos de contratação (2) atuaria na parte administrativa dos processos de contratação, como uma central de serviços compartilhados, atendendo às demandas da diretoria de estratégia e planejamento de contratações, da diretoria de gestão interna e de outros órgãos públicos.

A diretoria de contratações sustentáveis (3) somaria esforços com as diretorias de estratégia e planejamento de contratações e de procedimentos de contratações para garantir a execução das políticas de desenvolvimento sustentável por intermédio das contratações da ECompras. A diretoria de governança das contratações (4) seria responsável por desenvolver e disseminar padrões de atuação e comportamento capazes de estimular o amadurecimento da função de compras em toda a rede de centrais de compras, bem como gerir essa rede a ser criada para trocar experiências em todos os níveis da federação. Também poderia ser o espaço que, em se optando por ter participação do capital de outros entes na ECompras, como permitido pelo Decreto-Lei nº 900/69, poderia potencializar as discussões acerca do tema, mas não ocupando espaço no que tange à governança da estatal, o que estaria no nível da presidência e dos conselhos.

A diretoria de normas e ferramentas de contratações (5) atuaria no suporte à instância da Administração Direta responsável por esses temas, produzindo minutas de normativos e orientações, bem como apoiando a gestão dos sistemas informatizados de compras. Aqui cabe destaque para o fato de a ECompras poder ter competência normativa para as matérias sob sua responsabilidade, mas aquelas de caráter geral, bem como a avaliação de suas propostas, seriam submetidas a uma unidade (órgão central) localizada na Administração Direta (atualmente localizada no Ministério da Economia), respeitando o princípio da segregação de funções (e também segregando responsabilidades).

A diretoria de monitoramento e estudos sobre contratações (6) seria o pilar de gestão de dados e produção de conteúdo acadêmico da ECompras. Por fim, a diretoria de relacionamento com a sociedade (7) atuaria na aproximação das compras públicas com o mercado e com a sociedade, desenvolvendo capacidades internas e externas por intermédio de relações estruturadas e colaboração entre interessados.

Assim, uma descrição mais detalhada de possíveis assuntos e responsabilidades das diretorias finalísticas sugeridas para a ECompras pode ser indicada no Quadro 3, consolidando o potencial de atuação da estatal:

QUADRO 3
Assuntos e responsabilidades das diretorias finalísticas
da Empresa Brasileira de Compras Públicas

(continua)

Diretoria	Assunto	Responsabilidades
Estratégia, Planejamento e Execução de Contratações	Estratégia de Compras	Desenvolver estratégias de compras centralizadas, por categoria de compra.
	Gestão de Categorias e Padronização	Gerir as categorias de compras centralizadas, fundamentando as rotinas de *strategic sourcing* e atuando na padronização de especificações técnicas.
	Planejamento de Contratações (1)	Atuar no planejamento de contratações como responsável por formalizar as demandas e desempenhar papel técnico durante o processo de contratação.
	Execução de Contratos	Atuar na execução de contratos e demais instrumentos obrigacionais, desempenhando papel técnico.
Procedimentos de Contratação	Planejamento de Contratações (2)	Desempenhar papel administrativo durante o processo de planejamento de contratações, monitorando as equipes de planejamento de contratação existentes e garantindo a conformidade dos ritos conduzidos nas etapas iniciais de cada contratação.
	Seleção de Fornecedores	Conduzir os processos de seleção de fornecedores.
	Gestão de Contratos	Atuar na gestão de contratos e demais instrumentos obrigacionais, desempenhando papel administrativo.

(conclusão)

Diretoria	Assunto	Responsabilidades
Contratações Sustentáveis	Planejamento Sustentável	Garantir a padronização e o uso de especificações técnicas e requisitos de sustentabilidade voltados às dimensões ambientais, econômicas e sociais, sempre em uma perspectiva intergeracional (dimensão temporal).
	Gestão Contratual Sustentável	Apoiar o monitoramento das práticas sustentáveis contratadas, de forma a garantir a execução dos requisitos pactuados e gerar evidências sobre o seu impacto.
	Impacto das Compras Sustentáveis	Desenvolver continuamente os métodos de avaliação do impacto das compras sustentáveis e disseminar as boas práticas para ampliar o seu alcance.
Governança das Contratações	Gestão de Rede	Gerir a rede das centrais de compras (estaduais, consórcios, temáticas etc.) e contato com unidades de compras que eventualmente não sejam atendidas por centrais de compras.
	Maturidade de Governança das Contratações	Desenvolver, aplicar e monitorar a metodologia de avaliação da governança das contratações.
	Gestão de Riscos	Desenvolver e monitorar políticas de gestão de riscos nas contratações públicas, podendo apoiar a atuação da Controladoria-Geral da União nesse sentido.
	Profissionalização	Gerir a política de pessoal da estatal e as ações de profissionalização das compras públicas.
Normas e Ferramentas de Contratações	Proposição de Normas	Propor instrumentos legais sobre contratações públicas, a serem submetidos à instância da Administração Direta responsável pelas normas de contratações.
	Gestão de ferramentas informatizadas	Gerir ferramentas informatizadas sobre contratações públicas, podendo apoiar a gestão de sistemas de uso amplo, como o ComprasNet, sob demanda da instância da Administração Direta responsável pelas normas de contratações.
Monitoramento e Estudos sobre Contratações	Monitoramento	Monitorar as compras realizadas pelas unidades descentralizadas e pela estatal, de forma a gerar relatórios gerenciais e dados para subsidiar as tomadas de decisão.
	Avaliação	Conduzir estudos para avaliar o impacto das compras centralizadas na execução das políticas públicas.
	Pesquisa	Desenvolver, em parceria com escolas de governo, universidades e institutos de pesquisa, centros de pesquisa em compras públicas.
Relacionamento com a Sociedade	Colaboração com a Sociedade	Desenvolver e monitorar modelos de colaboração com a sociedade para o alcance dos objetivos das contratações.
	Gestão de Relacionamento com Fornecedores	Desenvolver e aplicar métodos de gestão de relacionamento com fornecedores.
	Capacitação do Mercado	Articulação para ofertar treinamentos direcionados ao mercado das compras públicas, certificando profissionais do setor privado.
	Internacionalização	Relacionamento com centrais de compras, universidades e centros de pesquisa internacionais para a criação de políticas de intercâmbio e trocas de conhecimento e experiências.

Fonte: elaboração própria.

Salienta-se que grande parte das atividades conduzidas pela estatal deve se valer de uma abordagem multidisciplinar e holística, utilizando expertise interna, participação externa (de representantes órgãos públicos reconhecidamente especialistas na categoria) ou consultorias especializadas. Dessa forma, e ainda contando com a colaboração com o setor privado e com as organizações não governamentais, a estatal seria capaz de ampliar o seu alcance e não ficar limitada somente aos recursos profissionais internos.

4.2 Conselhos e estrutura de governança

A composição dos conselhos e da estrutura de governança da ECompras pode ser baseada na oportunidade de desenvolver instâncias de gestão e controle efetivos sobre a atuação da estatal. Sugere-se uma composição multidisciplinar de conselhos, em especial do Conselho de Administração, com participação de representantes de ministérios de áreas temáticas abrangidas pelas compras centralizadas (como saúde), com alta relevância no impacto das compras (meio ambiente, direitos humanos, desenvolvimento local) e com gestão sobre as políticas de orçamento e compras públicas.

Os conselhos também poderiam contar com a participação de outros entes caso estes tenham participação no capital da estatal nos termos do art. 5º do Decreto-Lei nº 900/69. Os demais entes também poderiam ter representação por meio de organismos como a Confederação Nacional de Municípios (CNM) e o Conselho Nacional de Secretários de Estado da Administração (CONSAD), facilitando a representatividade dos 27 estados e Distrito Federal e dos mais de 5.500 municípios, tornando mais administrável um formato de conselho.

A representação da sociedade, do mundo acadêmico, do setor privado e terceiro setor, e ainda organismos internacionais (a exemplo do Banco Mundial e do Banco Interamericano de Desenvolvimento – BID), também deveria ser assegurada, em especial em um conselho consultivo, que possa avaliar as boas práticas de compras centralizadas e os planos estabelecidos pela estatal, trazendo reflexões sobre possíveis inovações não captadas pela gestão da empresa e apoiando o direcionamento da estatal.

Há diversas decisões basilares a serem tomadas pela estrutura de governança da ECompras, como sua política de compras centralizadas, políticas de colaboração com a sociedade, política de compras sustentáveis e política de gestão de suprimentos – neste último caso, considerando a hipótese de abertura de centros de distribuição pela estatal, que poderia eventualmente estocar alguns produtos críticos para sua posterior distribuição às unidades descentralizadas, sob repasse financeiro.

Assim, é relevante salientar a importância das decisões colegiadas nas deliberações da estatal, razão pela qual uma diretoria executiva contendo nove integrantes se faz importante, bem como uma composição de conselhos com número significativo de integrantes. O volume de recursos a ser influenciado pela ação da ECompras pretende ser elevado, devendo haver estrutura de governança capaz de apoiar o direcionamento das ações da empresa em prol do interesse público e das políticas públicas. A criação de conselhos estruturados, bem como a de comissões para apoiar as decisões dos conselhos e da diretoria executiva, é fundamental nesse sentido.

4.3 Política de pessoal

A política de pessoal da empresa estaria baseada na premissa de uma inexistência inicial de carreira própria/permanente.[15] Assim, a lotação na empresa seria realizada por intermédio da assunção de funções gratificadas (limitadas a servidores ou empregados públicos) ou cargos em comissão (incluindo profissionais sem vínculo com o serviço público).

Preferencialmente, a lei de criação da ECompras poderia contar com um dispositivo específico assegurando a oportunidade de cessão de servidores e empregados públicos, independentemente de quais sejam suas carreiras ou da posição a ser assumida, desde que, no caso de carreiras com vedações originárias, haja uma prestação de contas ao menos anual, garantindo-se a avaliação periódica da oportunidade de cessão pelo órgão de origem desses profissionais.

Há diversos objetivos nessa política, como: (1) captar a experiência prática de profissionais do serviço público, que somente atuariam na empresa após terem experiência em órgãos e unidades descentralizados; (2) permitir um encarreiramento adequado, com diversos níveis de atribuições e remunerações, tanto para as funções quanto para os cargos em comissão; (3) permitir a oxigenação dos times pela substituição de profissionais por procedimento simplificado de exoneração de cargo ou função, contribuindo inclusive para uma almejada rotatividade: (4) reduzir o impacto orçamentário da folha de pessoal do órgão, facilitando sua gestão e evolução.

É importante que, nesse modelo de gestão, haja funções de caráter técnico, de assessoria e gerenciais, para alocar adequadamente os profissionais conforme os seus perfis e evitar o movimento, por vezes desnecessário, de alçar excelentes técnicos a postos gerenciais como forma de promoção. Assim, haveria trilhas de encarreiramento diferenciadas, com remunerações equivalentes e voltadas para o melhor aproveitamento das competências de cada profissional.

Haveria incentivos para os demais órgãos e entidades da Administração Pública cederem seus profissionais para atuarem na ECompras, como reconhecimento de sua expertise em compras, ampliação dos canais de interlocução informais e, em especial, a oportunidade de capacitar os colaboradores pela atuação temporária em uma unidade centralizadora de alta performance.

Nesse ponto, destaca-se a relevância do investimento em profissionalização, necessário para desenvolver os servidores e empregados públicos da empresa e alcançar uma elevada expertise técnica e gerencial. Além de acesso aos cursos de caráter técnico ministrados por entidades públicas e privadas, a ECompras poderia investir na criação de cursos específicos via parcerias com escolas de governo, inclusive em nível de mestrado.[16] Licenças para realização de mestrado e doutorado deveriam ser incentivadas, com a necessidade de os profissionais retornarem à empresa o investimento realizado,

---

[15] A proposta em questão vislumbra o curto e médio prazos de instituição da estatal, o que não significa que, futuramente, em um cenário de maior maturidade, não seja razoável pensar e discutir um caminho de carreira específica.

[16] O *Master in Public Procurement Management* da Universidade de Roma "Tor Vergata" é um exemplo de mestrado voltado para a área de compras públicas, com formação em alto nível de técnicos e pesquisadores e produção de conteúdo especializado.

permanecendo à disposição da estatal durante um determinado período após a conclusão dos estudos.

Uma certificação específica poderia ser idealizada, bem como a utilização de certificações já existentes (como a IPSCMI e a CIPP[17]), baseada em gestão por competências e trilhas de aprendizagem típicas da centralização de compras, podendo ser incluída como requisito para assunção de certas funções comissionadas ou cargos em comissão. Dessa forma, um alinhamento de conceitos seria obtido como premissa para atuar na empresa, acelerando a curva de aprendizagem dos profissionais em sua integração.

A realização de parcerias internacionais para ampliar a profissionalização dos colaboradores também seria um passo relevante. Seja na forma de cursos acadêmicos ou de estágios profissionais, haveria espaço para a troca de experiências internacionais e o desenvolvimento da ECompras como um ator relevante nas compras públicas globais, especialmente diante do potencial de participação do Brasil em acordos internacionais envolvendo o tema.

Por fim, retoma-se a questão dos cargos em comissão para destacar sua necessidade e os riscos envolvidos em sua existência na ECompras. A necessidade se dá pela oportunidade de captar profissionais sem vínculo com o serviço público, mas com reconhecida atuação nas áreas técnicas ou administrativas relacionadas com as compras públicas. A incorporação de visões externas à Administração Pública tem potencial para ampliar o alcance das decisões tomadas, desde que mantendo-se requisitos de indicação, elegibilidade e rotatividade – que devem ser institucionalizados e valer tanto para os cargos em comissão quanto para as funções gratificadas.

Os riscos percebidos ao manter cargos em comissão na ECompras envolveriam, em uma análise superficial, a captura de parte da empresa por profissionais sem experiência em compras públicas ou com intenções não republicanas, indicados por atores políticos desconectados com as premissas da estatal. No entanto, a questão da não experiência é mitigada pela política de requisitos para indicações e elegibilidade, enquanto as intenções não republicanas não estão, de forma alguma, restritas a cargos em comissão. Afinal, empregados e servidores públicos também podem atuar em nome de atores políticos com forte influência na máquina pública, trazendo por vezes interesses contrários aos preconizados pelo Poder Público, vide escândalos de corrupção pretéritos envolvendo profissionais vinculados ao serviço público.

De fato, devem ser desenvolvidas formas de mitigar a captura da empresa por atores políticos representantes de interesses privados não republicanos, tanto na política de requisitos e elegibilidade para atuar na empresa quanto pela atuação das instâncias de governança e controle. Também se deve estar atento a mecanismos que reforcem o *compliance* e a integridade, passando, inclusive, por questões como aplicação de quarentena para alguns cargos, bem como análise de conflito de interesses mais rigorosa. Isso, contudo, não deve levar à criminalização das indicações políticas, visto que a simbiose entre o poder político e o poder burocrático é saudável e essencial para a manutenção das instituições democráticas – em um mundo ideal, os indicados políticos traduzem

---

[17] Certified International Purchasing/Procurement Professional (https://www.ipscmi.org/Purchasing/CIPP/) e Certified International Purchasing Professional- (https://certifind.com/en/certificates/1152/certified-international-procurement-professional-cipp).

da melhor forma os rumos e direcionam as organizações públicas conforme a vontade representada nas urnas.

Assim, a intenção da fundação da ECompras não deveria ser a criação de uma organização técnica insulada, afastada de forma não saudável do controle político e social, mas sim manter um nível adequado de tecnicidade e evitar a sua captura por agentes políticos mal-intencionados. A política de pessoal da estatal deveria ser, além de garantir o recrutamento, a formação e o desenvolvimento de um corpo técnico e gerencial de alto nível, a incorporação de lideranças capazes de diálogo permanente com a sociedade e com os atores políticos que compartilhem as premissas da empresa, sempre mantendo elevados padrões de ética e integridade nas condutas e interações.

4.4 Regulamento de contratações

Um fator importante no sucesso das compras centralizadas conduzidas pela ECompras é a oportunidade de criar seu regulamento interno de licitações e contratos, experimentando inovações normativas com base na relativa liberdade concedida pela Lei das Estatais, de nº 13.303/2016 (BRASIL, 2016).

Instrumentos consagrados internacionalmente nas compras públicas centralizadas, como acordos-quadro e sistemas de aquisição dinâmicos, podem ser regulamentados internamente e desenvolvidos, com adaptação ao cenário brasileiro, diante da faculdade de tratar internamente temas não tratados pela legislação (FIUZA *et al.*, 2020).

Há, atualmente, discussões acerca do uso de procedimentos das estatais por órgãos e entidades da Administração Pública direta, autárquica e fundacional, bem como o sentido contrário. Ao pensar uma estatal dedicada a realizar compras e contratações às instituições públicas, há duas abordagens importantes para considerar para esse ponto.

A primeira delas é destacar que a estatal não estaria usando os benefícios da flexibilidade da Lei das Estatais para ganhar mais competitividade no mercado ou melhores condições econômico-financeiras frente aos pares privados, até porque a atividade que ela exercerá não possui paralelo no segundo setor. Seus procedimentos são estruturados para atender aos órgãos e entidades públicos, sendo, portanto, reduzida a distância entre os regimes, em função dos objetivos pretendidos.

Em segundo lugar, tendo liberdade para a criação de seu RILC, ela poderá modelar os institutos necessários, ganhando mais agilidade na introdução de novas práticas, que tragam mais eficiência, modernização e efetividade às compras. Prova disso foi o grau de aproximação que a Lei nº 14.133/2021 trouxe em relação à Lei nº 13.303/1996, evidenciando o quanto o ambiente das estatais evolui e possui espaço e aderência ao contexto da administração direta, autárquica e fundacional.

De qualquer forma, na lei de criação da ECompras poderia estar previsto o usufruto de seus procedimentos e serviços pelos órgãos e entidades da Administração Pública, independentemente de sua natureza jurídica, extinguindo o espaço para dúvidas acerca desse ponto e, consequentemente, permitindo o aproveitamento completo das potencialidades da estatal.

4.5 Receitas e despesas

Por fim, um ponto de atenção na ECompras está em suas fontes de receitas, da qual segue suas possíveis formas de executar despesas. Inicialmente, a empresa poderá ser concebida como dependente do Tesouro Nacional, recebendo recursos da União para custear as suas despesas.

Ocorre que, a depender do modelo e da política de compras centralizadas adotada, é possível iniciar uma venda de serviços, tanto para entes públicos quanto privados. A venda de serviços para entes públicos é um modelo utilizado em empresas públicas internacionais com essa finalidade para garantir a participação dos entes nas compras centralizadas – após se comprometerem com a cessão de recursos, o risco de frustrar os projetos centralizados por compras locais se reduz. A venda de serviços para entes privados estaria representada no desenvolvimento de capacidades nas empresas privadas, dentro da área de compras públicas, a exemplo de treinamentos e certificações direcionadas a licitantes.

Esse debate pode ocorrer como forma de viabilizar, algum tempo após a implementação da ECompras, a sua sustentabilidade financeira. No entanto, o ponto mais relevante decorre da maior liberdade de execução de despesas no caso de sua independência do Tesouro Nacional, a exemplo de gestão de contas bancárias apartadas da Conta Única, liberdade em relação ao ciclo orçamentário anual e possibilidade de investir recursos a médio e longo prazos.

5 Conclusão

O Estado, na realização de suas competências para alcance e realização do interesse público e dos direitos contemplados no ordenamento jurídico brasileiro, organiza-se por meio da Administração Pública direta e indireta para estruturar, de forma eficiente, sua atuação.

Conhecendo os modelos jurídicos existentes no Direito Administrativo, bem como os referencias da governança e da gestão públicas, é possível elencar as estratégias, prioridades e objetivos que serão refletidos nas estruturas organizacionais, processos de trabalho, sistemas, corpo técnico envolvido, recursos materiais, orçamentários e financeiros, entre outros.

No caso das compras públicas, a temática ficou, durante anos, reduzida às unidades administrativas das áreas-meio, representando os processos de suporte, no contexto dos planejamentos estratégicos e cadeias de valor, estando aquém em termos tanto da capacidade operacional quanto da maturidade de discussão do tema em nível estratégico compatível com o volume de recursos envolvidos, bem como do potencial e impacto de suas ações.

Ao longo dos anos, um maior entendimento da complexidade e oportunidades associadas às compras públicas, bem como o contexto de necessidade de busca e implementação de modelos de gestão que promovessem mais eficiência, agilidade, economicidade e, obviamente, alcance de resultados, trouxe espaços de discussão e janelas de oportunidade de inclusão, na estrutura pública, de formatos como os de centralização de compras.

Apesar de a história demonstrar momentos pendulares acerca da centralização e descentralização das contratações públicas entre os entes federados, a literatura, bem como experiências nacionais e internacionais, apresenta diversos formatos de evolução e promoção da centralização, bem como, num contexto de um novo marco legal das contratações nacionais (a Lei nº 14.133/2021), o debate deixa de ser quanto ao fazer ou não fazer, passando ao ponto do como fazer.

Percebe-se que em vez de pendular há um verdadeiro movimento evolutivo em relação aos formatos de gestão para as compras públicas. Se se considera centralização e descentralização como direções opostas, vê-se que os modelos de centralização que vêm surgindo não apenas retornam a uma posição pendular anterior, mas incorporam importantes aprendizados e novas dimensões não contempladas nos modelos anteriores. Tem-se, assim, um movimento dialético e evolutivo em torno das ideias de centralização e descentralização.

Por mais que as experiências, especialmente as nacionais, apresentadas ao longo desta obra mostrem resultados positivos, fato é que ainda são significativos os desafios enfrentados, bem como pouco explorados alguns espaços, como a introjeção de um modelo de prestação de serviços que possa gerar não só economia, como geração de receitas ao Estado e, em especial, contratações sustentáveis.

Nesse sentido, é importante, antes de simplesmente olhar para o quadro de modelos jurídicos disponíveis, definir qual o grau estratégico que o Estado pretende atribuir ao tema das contratações, bem como quanto de seu potencial pretende-se exercitar, sem perder de vista, obviamente, todos os princípios e objetivos postos no ordenamento quanto às compras públicas. Realmente é o Estado fazer uma avaliação do modelo de negócio que se busca, a partir de uma perspectiva de cadeia de valor integrada, para, então, definir qual o formato jurídico aplicável.

O capítulo em questão pretendeu, a partir dessas reflexões e de todos os trabalhos que formam a presente obra, trazer reflexões, provocações e propostas quanto a esse formato, mirando em um futuro possível, que seria a criação de uma Empresa Brasileira de Compras Públicas, valendo-se tanto do ferramental disponível no ordenamento jurídico e nos referenciais nacionais quanto em experiências internacionais.

É fundamental salientar que a proposta de criação de uma empresa para centralizar as compras públicas não implica a adoção de um modelo ultracentralizado de compras, no qual a estatal concentraria todo o volume possível de compras federais. É importante que haja atuação central no desenvolvimento de estratégias de compras, análise das melhores formas de adquirir cada bem ou serviço, e que sejam conduzidos procedimentos centrais ou locais conforme as estratégias definidas.

Dessa forma, o impacto dessa estatal não é o de impedir o desenvolvimento do mercado local ou regional, mas sim estruturar a melhor forma de garantir esse desenvolvimento por intermédio das compras públicas. Da mesma forma, quando a estratégia adequada indicar uma centralização mais volumosa, deve haver estudos sobre como mitigar riscos de concentração de mercados ou cartelização, quais seriam as formas de desenvolver lotes regionais para estimular a produção e a arrecadação mais uniforme no território nacional etc.

Nesse sentido, trouxemos, além do formato jurídico, propostas quanto à organização da unidade, bem como competências e questões relacionadas à governança, formação do corpo funcional, instituição do regulamento de contratações e forma de financiamento (receitas e despesas) da instituição.

Trata-se de sugestões que consideram tanto os referenciais trazidos no capítulo quanto a experiência acumulada dos autores, e que não pretendem ser exaustivas, mas fomentar e iniciar o debate sobre esse passo necessário e que apresenta grande espaço de evolução e impacto positivo ao Estado brasileiro.

Acredita-se, assim, que este capítulo propositivo encerra a jornada percorrida nesta obra, mas, principalmente, inaugura a jornada que se inicia depois dela: a intensificação das buscas por formas de organizar as compras públicas no cenário brasileiro, levando em consideração os modelos de centralização e seus benefícios, como o desenvolvimento de estruturas capazes de efetivar contratações mais econômicas e com maior impacto nas políticas públicas, considerando questões de desenvolvimento sustentável (dimensões ambiental, econômica, social e temporal, em uma perspectiva intergeracional).

Referências

BALTAR NETO, Fernando Ferreira. Organização da Administração Pública. *In:* BALTAR NETO, Fernando Ferreira; TORRES, Ronny Charles Lopes de. *Direito Administrativo*. 11. ed. Salvador: Juspodivm, 2021. p. 77-114.

BRASIL. *Decreto-Lei nº 200, de 25 de fevereiro de 1967*. Dispõe sôbre a organização da Administração Federal, estabelece diretrizes para a Reforma Administrativa e dá outras providências. Disponível em: http://www.planalto.gov.br/ccivil_03/decreto-lei/del0200.htm. Acesso em: 15 abr. 2022.

BRASIL. *Decreto-Lei nº 900, de 29 de setembro de 1969*. Altera disposições do Decreto-lei nº 200, de 25 de fevereiro de 1967, e dá outras providências. Disponível em: http://www.planalto.gov.br/ccivil_03/decreto-lei/del0900.htm. Acesso em: 15 abr. 2022.

BRASIL. *Decreto nº 1.094, de 23 de março de 1994*. Dispõe sobre o Sistema de Serviços Gerais (SISG) dos órgãos civis da Administração Federal direta, das autarquias federais e fundações públicas, e dá outras providências. Disponível em: http://www.planalto.gov.br/ccivil_03/decreto/antigos/d1094.htm. Acesso em: 15 abr. 2022.

BRASIL. Ministério do Planejamento, Orçamento e Gestão. *Modelo jurídico-institucional da Central de Aquisições e Contratações Públicas da Administração Pública Federal*. 2012. [S.l.: s.n.].

BRASIL. *Lei nº 13.303, de 30 de junho de 2016*. Dispõe sobre o estatuto jurídico da empresa pública, da sociedade de economia mista e de suas subsidiárias, no âmbito da União, dos Estados, do Distrito Federal e dos Municípios. Brasília: Congresso Nacional, 2016. Disponível em: http://www.planalto.gov.br/ccivil_03/_ato2015-2018/2016/lei/l13303.htm. Acesso em: 15 abr. 2022.

BRASIL. *Lei nº 14.133, de 1º de abril de 2021*. Lei de Licitações e Contratos Administrativos. Brasília: Congresso Nacional, 2021. Disponível em: http://www.planalto.gov.br/ccivil_03/_ato2019-2022/2021/lei/L14133.htm. Acesso em: 15 abr. 2022.

CARVALHO FILHO, J. *Manual de Direito Administrativo*. 23. ed. Rio de Janeiro: Lumen Juris, 2010.

CHAVES, Nicir; BAREICHA, Vânia; LIMA, Marcelo; TAQUARY, Denise. *Reforma Administrativa à luz da cadeia de valor integrada do Estado*. [2022]. [S.l.: s.n.].

DIMITRI, N.; DINI, F.; PIGA, G. When should procurement be centralized? *In:* DIMITRI, N.; PIGA, G.; SPAGNOLO, G. (ed.). *Handbook of Procurement*. Cambridge: Cambridge University Press, 2006.

FAYOL, H. *Administração Industrial e Geral*: previsão, organização, comando, coordenação, controle. 10. ed. São Paulo: Atlas, 1990.

FIUZA, E.; BARBOSA, K.; ARANTES, R. Painel: desenho institucional em compras públicas. *In: Marcos regulatórios no Brasil*: aperfeiçoando a qualidade regulatória. Brasília, Instituto de Pesquisa Econômica Aplicada, 2015.

FIUZA, E.; SANTOS, F. V.; LOPES, V.; MEDEIROS, B.; SANTOS, F. B. Compras públicas centralizadas em situações de emergência e calamidade pública. *Texto para discussão n. 2.575*. Rio de Janeiro: Instituto de Pesquisa Econômica Aplicada, ago. 2020.

McCUE, C.; PITZER, J. Centralized vs. decentralized purchasing: current trends in governmental procurement practices. *Journal of Public Budgeting, Accounting & Financial Management*. Emerald Publishing, vol. 12, issue 3, p. 400-420, 2000.

MELO, Celso Antônio Bandeira de. *Curso de Direito Administrativo*. 26. ed. São Paulo: Malheiros, 2009.

OCDE. *Centralised Purchasing Systems in the European Union*. SIGMA Papers, No. 47, OECD Publishing, Paris, 2011.

OCDE. *Manual for Framework Agreements*. OECD Publishing, Paris, 2014.

OCDE. *Government at a Glance 2015*. OECD Publishing, Paris, 2015.

OLLAIK, L.; MEDEIROS, J. Instrumentos governamentais: reflexões para uma agenda de pesquisas sobre implementação de políticas públicas no Brasil. *In: Revista de Administração Pública*. Rio de Janeiro, v. 45, n. 6, p. 1943-1967, nov./dez. 2011.

PORTUGAL. *Decreto-Lei nº 117-A/2012*, de 14 de junho de 2012. Disponível em: https://www.dre.pt/application/dir/pdf1s/2012/06/11401/0000300009.pdf. Acesso em: 4 abr. 2022.

SANTOS, F.; SOUZA, K. *Como combater a corrupção em licitações*: detecção e prevenção de fraudes. 3. ed. Belo Horizonte: Fórum, 2020.

SERRÃO, Tiago. Centrais de Compras: algumas questões sobre organização administrativa. *In:* RAIMUNDO, Miguel Assis (coord.). *Centralização e Agregação de Compras Públicas*: Reflexões sobre uma tendência actual da contratação pública. Coimbra: Almedina, 2019.

THAI, K. Public Procurement Re-Examined. *Journal of Public Procurement*. Boca Raton, v. 1, n. 1, p. 9-50, 2001.

THOMAS, A. *Principles of Government Purchasing*. New York: D. Appleton and Company, 1919.

UK DEPARTMENT OF ENVIRONMENT, FOOD AND RURAL AFFAIRS. *Procuring the Future*: Sustainable Procurement National Action Plan, Recommendations from the Sustainable Procurement Task Force. London: Crown, 2006.

VAZ, J.; LOTTA, G. A contribuição da logística integrada às decisões de gestão das políticas públicas no Brasil. *Revista de Administração Pública*, Rio de Janeiro, v. 45, n. 1, p. 107-139, jan./fev. 2011.

Informação bibliográfica deste texto, conforme a NBR 6023:2018 da Associação Brasileira de Normas Técnicas (ABNT):

SANTOS, Felippe Vilaça Loureiro; MARCOLINO, Daniel Mol; LOPES, Virgínia Bracarense. Empresa Brasileira de Compras Públicas: um caminho possível? *In:* LOPES, Virgínia Bracarense; SANTOS, Felippe Vilaça Loureiro (coord.). *Compras públicas centralizadas no Brasil*: teoria, prática e perspectivas. Belo Horizonte: Fórum, 2022. p. 435-463. ISBN 978-65-5518-463-1.

SOBRE OS COORDENADORES

Felippe Vilaça Loureiro Santos
PhD Scholar in Industrial Engineering and Management pela Faculty of Engineering and Sustainable Development da University of Gävle, na Suécia. *Early Stage Researcher* na SAPIENS Network. Marie Sklodowska-Curie Fellow. Cientista político pela Universidade de Brasília, especialista em Gestão Pública pela Escola Nacional de Administração Pública (Enap). Mestre em Governança e Desenvolvimento pela Enap. Servidor público desde 2005, com atuação no Ministério da Educação, no Tribunal Regional do Trabalho da 10ª Região, na Defensoria Pública da União e na Empresa Brasileira de Serviços Hospitalares. Pesquisador e instrutor em logística e compras públicas, área na qual atua desde 2005.

Virgínia Bracarense Lopes
Especialista em Direito Público (IEC/PUC-Minas), bacharel em Direito (UFMG) e Administração Pública (FJP/MG). Pós-graduanda em Liderança de Gestão Pública pelo MLG/CLP. Especialista em Políticas Públicas e Gestão Governamental do Governo Federal. Gestora na Secretaria de Estado de Planejamento e Gestão de Minas Gerais (2019-atual). Atuou na Central de Compras do Governo Federal como diretora (2015-2019); coordenadora-geral de licitações (2014-2015); e gestora do projeto de concepção e implantação (2012-2014). Ganhadora do Prêmio Espírito Público 2019, categoria GGFP. Professora na Escola de Governo da Fundação João Pinheiro. Membra efetiva do Instituto Nacional da Contratação Pública (INCP). Palestrante e autora de artigos.

SOBRE OS AUTORES E COAUTORES

Adriana Sodré Dória
Mestra em Gestão Pública (UFRN). Especialista em Licitações e Contratações Públicas (CERS). Graduada e especialista em Gestão Pública. Servidora pública federal, atualmente Coordenadora de Contratos no Instituto Federal de Sergipe/Campus Aracaju. No IFS, foi Gerente de Administração do campus Propriá e atuou como pregoeira (2011 a 2019). Colunista do Portal Sollicita. Palestrante e coautora de artigos. Coautora do livro *Compras na Administração Pública*, Editora Edufrn, volumes I e II. Professora credenciada na Escola de Governo do Maranhão. Supervisora do Subcomitê de Execução Contratual, vinculado ao Comitê de Governança das Contratações da RGB (Rede Governança Brasil).

Alexandre Ferreira da Silva Paiva
Advogado. Administrador Público e pós-graduando em Licitações, Contratos Administrativos e Orçamento Público pela Universidade de São Paulo (USP). Assessor jurídico do Consórcio Público Intermunicipal de Saúde do Triângulo Mineiro (CISTM) e ex-assessor jurídico dos Consórcios Públicos Intermunicipais de Saúde da Rede de Urgência e Emergência da Macrorregião do Triângulo do Norte (CISTRI) e de Desenvolvimento Sustentável do Triângulo Mineiro e Alto Paranaíba (CIDES).

Alexandro de Souza Paiva
Advogado, contador, pós-graduado em Gestão de Contas Públicas, Fiscalização, Controle Interno e Externo pela Universidade do Estado de Minas Gerais (UEMG). Assessor jurídico no Consórcio Público Intermunicipal de Saúde do Triângulo Mineiro (CISTM). Foi assessor jurídico dos Consórcios Públicos de Saúde da Rede de Urgência e Emergência da Macrorregião do Triângulo do Norte (CISTRI) e de Desenvolvimento Sustentável do Triângulo Mineiro e Alto Paranaíba (CIDES).

Ana Lúcia Paiva Dezolt
Economista graduada pela Universidade de Brasília (UnB), pós-graduada em Psicologia pela Universidade do Centro de Estudos Universitários de Brasília (UNICEUB), com especialização em avaliação e gestão de projetos (BID) e certificada CP3P. Foi professora de Relações Econômicas Internacionais no Instituto Rio Branco/Ministério das Relações Exteriores e consultora para a Série de Política Fiscal da Comissão Econômica para América Latina e Caribe/CEPAL. Especialista sênior em Gestão Fiscal do Banco Interamericano de Desenvolvimento (BID). Com atuação transversal nos temas fiscais e governança e gestão de compras. Trabalhos publicados em finanças, compras públicas e gestão por resultados.

Andréa Heloisa da Silva Soares
Especialista em Direito Público e Direito Processual Civil. Bacharel em Administração e em Direito pela UFMG. Atuação há 27 anos na Administração direta e indireta (Bhtrans, Prodemge, Codemig e Seplag/MG), sendo 18 anos como analista, pregoeira, presidente de comissão de licitação, diretora de central de compras, superintendente de compras, contratos e logística. Atuação também em treinamento em licitações e contratos, auditoria, LGPD, integridade, processos e controle interno. Certificada como gestora de privacidade de implantação de proteção de dados. Atualmente cursa Formação de Líderes de Cibersegurança pela FIA e é gerente administrativo e financeiro da Conexis Brasil Digital.

Bernardo Abreu de Medeiros
Doutor em Políticas Públicas, Estratégias e Desenvolvimento pelo IE/UFRJ. Mestre em Teoria do Estado e Direito Constitucional pela Pontifícia Universidade Católica do Rio de Janeiro. Pesquisador do IPEA. E-mail: bernardo.medeiros@ipea.gov.br.

Bradson Camelo
Procurador-Geral do Ministério Público de Contas da PB. Cientista de Dados pela Universidade de Chicago e mestre em Políticas Públicas pela Universidade de Chicago. Economista.

Bruno Rosceli Oliveira dos Santos
Bacharel em Direito pela Universidade Tiradentes, pós-graduado em Direito Público pela Universidade Anhanguera e discente no mestrado em Propriedade Intelectual pela Universidade Federal de Sergipe. Há mais de cinco anos exerce a função de Assessor Chefe da Superintendência Geral de Compras da Secretaria de Estado da Administração em Sergipe, atuando também junto à Comissão de Processos Sancionatórios da citada Secretaria. Além disso, é advogado junto à Ordem dos Advogados do Brasil – Seccional de Sergipe e assessor jurídico voluntário da ONG Casa de Sossego Vó Tereza.

Camila Madeiro Frota
Graduada em Direito pela Universidade Federal do Ceará, 2001. Advogada Administrativista, atuante na área de Licitações e Contratos há mais de 20 anos. Assessora jurídica na Prefeitura Municipal de Fortaleza. Pós-graduada em Direito Administrativo e especialista em Direito Empresarial. Pós-graduada em Licitações Públicas e Contratos Administrativos, Licitações Nacionais e Internacionais. Professora de pós-graduação. Membro do Subcomitê de Execução de Contratos da Rede de Governança do Brasil. Palestrante na área de Licitações para Empresas Públicas e Privadas.

Caroline Vieira Barroso Sulz Gonsalves
Graduada em Arquitetura e Urbanismo pela Universidade de Brasília (UnB). Ingressou no serviço público em 2002, como Analista de Finanças e Controle da Controladoria-Geral da União (CGU), onde permaneceu até 2005, quando ingressou no Tribunal de Contas da União (TCU) como Auditora de Controle Externo. Atualmente exerce função de assessoramento na Secretaria de Controle Externo de Aquisições Logísticas (Selog).

Ciro Campos Christo Fernandes

Bacharel em Economia pela Universidade Federal de Minas Gerais, mestre em Gestão e doutor em Administração pela Escola Brasileira de Administração Pública e de Empresas da Fundação Getulio Vargas. Servidor público federal da carreira Especialista em Políticas Públicas e Gestão Governamental. Professor dos mestrados em Governança e Desenvolvimento (MPGD) e em Avaliação e Monitoramento (MPAM) da Escola Nacional de Administração Pública. Foi assessor na Secretaria de Logística e Tecnologia da Informação (SLTI) e diretor na Secretaria de Gestão Pública (SEGES) e no Ministério da Administração Federal e Reforma do Estado (MARE).

Daniel Mol Marcolino

Especialista em Políticas Públicas e Gestão Governamental (EPPGG) do governo federal desde 2012. Tem graduação em Administração Pública (Escola de Governo da Fundação João Pinheiro – 2006) e em Direito (UFMG – 2008), e mestrado em Políticas Públicas (Harvard Kennedy School – 2019), com ênfase em Desenvolvimento Político e Econômico. Atualmente em exercício na Superintendência-Geral do CADE (desde 2020), sua atuação profissional é em assessoria governamental e formulação e implementação de políticas públicas, especialmente nas áreas de finanças públicas, compras públicas, inovação na gestão, defesa da concorrência e melhorias regulatórias.

Eduardo Grossi Franco Neto

Procurador do Estado de Minas Gerais. Professor MBA PUC Minas em Infraestrutura, Concessões e PPPs. Mestrando em Direito Administrativo na UFMG. Pós-Graduado, em grau de especialização lato sensu, pela Fundação Escola Superior do Ministério Público do Distrito Federal e Territórios (FESMPDFT). Especialista em Advocacia Pública pelo Instituto para o Desenvolvimento Democrático (IDDE –MG). Autor de livros e artigos jurídicos, com destaque para o livro "70 Grandes Erros em Licitações e Contratos" – Ed. Letramento, Casa do Direito, 2019. Advogado. Assessor jurídico chefe do Centro de Serviços Compartilhados do CSC/Seplag-MG.

Eduardo Pedral Sampaio Fiuza

Técnico de Planejamento e Pesquisa do Ipea desde 1996, com breve passagem (2003-2006) pela Secretaria de Direito Econômico como economista chefe. Tem graduação (USP 1990), mestrados (PUC-Rio 1992 e Yale University 1995) e doutorado (EPGE-FGV 2001) em Economia, com ênfase em Organização Industrial Empírica, Regulação Econômica e Microeconometria. Sua atuação profissional é em assessoria governamental e formulação e avaliação de políticas públicas, especialmente em compras públicas, políticas de assistência farmacêutica, análise de produtividade, métodos quantitativos e ciência de dados.

Erika Monteiro Mesquita de Almeida

Mestranda em Gestão Pública pela Universidade Federal do Piauí. Especialista em Auditoria e Gestão Fiscal e em Licitações e Contratos. Graduada em Ciências Contábeis pela Universidade Federal do Piauí. Servidora de carreira em autarquia federal. Autora de diversos artigos na área de Licitações, Contratos e Gestão Pública.

Felipe José Ansaloni Barbosa
Mestre em Administração pelo Centro Universitário Unihorizontes. Especialista em Direito Público pela Faculdade Milton Campos. Especialista em Gestão Pública pelo SENAC-MG. Graduado em Direito pela UFMG. Graduado em Administração pela Fundação João Pinheiro. Diretor da 11E Licitações. Diretor do Ansaloni Advogados.

Franklin Brasil Santos
Doutorando em Engenharia e Gestão. Mestre em Controladoria e Contabilidade. Auditor de Controle Interno da CGU desde 1998. Coordenador do NELCA, comunidade de prática de compradores públicos. Pesquisador em compras públicas. Coautor de diversos livros, entre eles *Como combater a corrupção em licitações* e *Como combater o desperdício no setor público*.

Gabriela Pércio
Advogada, professora e consultora em Licitações e Contratos Administrativos. Graduada em Direito. Especialista em Direito Administrativo. Mestre em Gestão de Políticas Públicas. Servidora do Tribunal de Contas do Estado do Paraná de 2004 a 2006. Atual vice-presidente do Instituto Nacional da Contratação Pública (INCP). Sócia na GVP Parcerias Governamentais. Autora do livro *Contratos Administrativos – Manual para Gestores e Fiscais*. Autora de diversos artigos sobre o tema Licitações e Contratos.

Gilberto Porto
Mestre em Administração pela Fundação Getúlio Vargas e graduado em Administração pela Universidade de Brasília (UnB). É professor convidado da Fundação Dom Cabral, Fundação Getulio Vargas e de escolas de governo como a ENAP. Já desenvolveu projetos em gestão para resultados e compras para organizações públicas como governos federal, estaduais e municipais, bem como para organismos internacionais. É autor de diversos artigos sobre governança para resultados e compras públicas. É diretor do Instituto Publix.

Gisella Maria Quaresma Leitão
Mestranda em Direito na Universidade Católica de Petrópolis. Advogada, especialista em Licitações Públicas e Contratos Administrativos (AVM). Professora, palestrante e assessora em Licitações e Contratos. É coautora do livro *A Nova Lei de Licitações e Contratos: Onde estamos? E para onde vamos?* E também é autora de artigos na área de contratações públicas. Atualmente é supervisora de licitação e pregoeira na FeSaúde de Niterói, Membro da Comissão de Direito Administrativo (ABA/RJ) e Membro do Subcomitê de seleção do fornecedor da Rede de Governança do Brasil.

Giuliano Antonio da Silva
Advogado, pós-graduado em Direito Público pela Faculdade de Direito do Oeste de Minas (FADOM), pós-graduado em Planejamento Orçamentário e Financeiro do SUS Municipal pela PUC-Minas. Procurador do Consórcio Público Intermunicipal de Saúde da Região do Vale do Itapecerica (CISVI).

Isabela Gomes Gebrim
Graduada em Administração (UnB), pós-graduada em Gestão Pública (UPIS) e cursando MBA Executivo em Economia e Gestão: Planejamento, Financiamento e Governança Pública (FGV). Ganhadora do prêmio Mérito Acadêmico em Administração (CRA/DF). Premiada no 22º Concurso de Inovação (ENAP). Atualmente ocupa o cargo de Subsecretária de Orçamento e Administração do Ministério das Comunicações. Atuou como Coordenadora-Geral de Serviços Compartilhados da Central de Compras do Governo Federal entre 2017 e 2022. Possui mais de 15 anos de experiência nas áreas de logística e compras públicas. Atuou como professora colaboradora na Universidade de Brasília, ministra cursos na ENAP e palestras e eventos de capacitação e possui artigos publicados nos livros *Inteligência e Inovação em Contratação Pública* e *Terceirização na Administração Pública*, da Editora Fórum. Foi finalista no prêmio Desafios da ENAP e participou como palestrante na Semana de Inovação (ENAP) em 2020 e 2021.

Jéssyka Pereira de Lima
Servidora Pública Federal. Mestra em Gestão Pública. Graduada em Administração e especialista em Gestão Pública. Atualmente é coordenadora de Compras e Licitações do Instituto Federal da Paraíba/Campus Patos e pregoeira na instituição. Membro do Subcomitê de Execução Contratual, vinculado ao Comitê de Governança das Contratações da RGB (Rede Governança Brasil). Coautora de artigos científicos.

Lara Brainer
Formada em Direito pela Universidade Candido Mendes, pós-graduanda em Direito do Trabalho, com ênfase em terceirização no serviço público. Atual diretora da Central de Compras e consultora do Banco Mundial. Servidora da Agência Nacional de Saúde Suplementar, onde foi gerente de Contratos e Licitações, atuando em licitações por mais de 16 anos. Procuradora Chefe (cível e pessoal) da Procuradoria de Nova Iguaçu e chefe da Comissão Permanente de Inquérito Administrativo, Secretária Adjunta de Governo, Subsecretária Municipal de Educação e Assessora Legislativa na Câmara de Vereadores. Palestrante, mediadora e professora de Direito Administrativo, em especial, sobre o tema de contratações públicas.

Leonardo de Oliveira Thebit
Mestrando e bacharel em Direito pela Universidade Federal de Minas Gerais (UFMG). Consultor jurídico na 11E Licitações.

Lucas dos Reis Montenegro
Mestre em Direito da Regulação pela Fundação Getulio Vargas (FGV Direito Rio). Especialista em Direito Administrativo pela UCAM. Advogado. E-mail: lucasr.montenegro@gmail.com.

Marcos Antonio Santana dos Santos
Formado em Química Industrial pela Universidade Federal de Sergipe, possui pós-graduação em Ciência da Computação pela Universidade Tiradentes e em Gerenciamento de Projetos em Tecnologia da Informação pela Universidade Federal de Sergipe. Funcionário há mais de 28 anos da Empresa Sergipana de Tecnologia da Informação e

há 11 anos prestando serviços na Superintendência Geral de Compras Centralizadas da Secretaria de Estado da Administração em Sergipe, atualmente exerce a função de Diretor Geral de Suprimentos e Logística, da citada Secretaria.

Marcos Nóbrega
Conselheiro Substituto do TCE-PE, Professor Adjunto IV da Faculdade de Direito do Recife (UFPE). *Visiting Scholar* na Harvard Law School. *Senior fellow* na Harvard Kennedy School of Government. *Visiting Scholar* no Massachusets Institute of Technology (MIT).

Marina Fassini Dacroce
Advogada. Especialista em Direito Administrativo. Analista de Projetos e Políticas Públicas do Poder Executivo Estadual do Estado do Rio Grande do Sul. Servidora pública desde 2010, atuando junto à Subsecretaria da Administração Central de Licitações (CELIC), pertencente à Secretaria de Planejamento Governança e Gestão (SPGG). Nesse tempo exercendo funções de coordenação de departamento, direção de departamento, assessoria especializada e subsecretária. Desde março de 2022 exercendo a função de assessoria junto à SPGG.

Mario Tinoco da Silva Filho
Mestre em Administração e bacharel em Relações Internacionais pelo IBMEC. Especialista em Políticas Públicas e Gestão Governamental do Estado do Rio de Janeiro desde 2012.

Marta Sampaio de Freitas
Pós-doutorado em Farmacologia Bioquímica e Molecular pela University of California San Diego. Doutorado em Bioquímica pela Universidade Federal do Rio Grande do Sul. Especialista em Administração Pública pela Escola de Gestão e Políticas Públicas da Fundação CEPERJ. Professora da EGPP/CEPERJ. É da carreira de Analista Executivo desde 2015. Exerce o cargo de Superintendente de Contratações Centralizadas na Subsecretaria de Logística da Secretaria de Planejamento e Gestão do Estado do Rio de Janeiro, com ênfase em processos licitatórios das compras centralizadas estabelecidas pela Política Estadual de Gestão Estratégica de Suprimentos do ERJ, monitoramento e avaliação de atividades que integram a gestão logística.

Michele Mie Rocha Kinoshita
Especialista em Gestão de Processos de Negócios (IEC/PUC-Minas), bacharel em Ciências Contábeis (UFMG) e Administração Pública (FJP/MG). Especialista em Políticas Públicas e Gestão Governamental do Estado de Minas Gerais. Atualmente, Diretora Central de Projetos em Logística e Patrimônio da Secretaria de Estado de Planejamento e Gestão de Minas Gerais. Atuação na área de logística da Seplag desde 2011, principalmente com projetos de inovação em processos e nos sistemas corporativos relacionados a logística e patrimônio do Estado.

Michelle Marry Marques da Silva

Advogada da União. Coordenadora-Geral de Análise Jurídica de Licitação e Contratos no Ministério da Justiça e Segurança Pública. Pós-graduada em direito público (UNB e Instituto Brasiliense de Direito Público – IDP). Mestre em Direito Constitucional (IDP). Coautora do livro *RDC – Regime Diferenciado de Contratações* e do *Tratado da Nova Lei de Licitações e Contratos Administrativos: Lei nº 14.133/21 Comentada por Advogados Públicos*. Membra da Câmara Nacional de Licitação e Contratos (CGU/AGU). Estudou Fundamentos do Direito Americano na Thomas Jefferson School of Law 2011 (EUA – 2011); Mecanismos de Controle e Combate à Corrupção na Contratação Pública (Portugal – 2012). Membra efetiva do Instituto Nacional da Contratação Pública (INCP). Professora, palestrante e autora de artigos.

Mohana Rangel dos Santos Reis

Mestranda em Ciência Política pela Universidade Federal do Estado do Rio de Janeiro (Unirio), especialista em Gestão Estratégica em Comércio Exterior pela Universidade Cândido Mendes e em Gestão Pública e Controle Externo pela ECG-TCE/RJ, formada em Relações Internacionais com bacharelado em Comércio Exterior pela Universidade Estácio de Sá. É da carreira de Analista Executivo desde 2013. Em 2020 assumiu a Coordenadoria de Compras e Licitações Centralizadas da Subsecretaria de Logística da SEPLAG/RJ. Professora da CEPERJ para assuntos relacionados a compras públicas. Atualmente exerce funções de assessoria do Tribunal de Contas do Estado do Rio de Janeiro.

Nathalia Rodrigues Cordeiro

Doutorado em Políticas Públicas, Estratégias e Desenvolvimento pela Universidade Federal do Rio de Janeiro e mestrado em Ciência Política pela Universidade Federal do Rio de Janeiro. Bacharel em Ciência Política pela Universidade de Brasília. Professora da EGPP/CEPERJ. É da carreira de Especialista em Políticas Públicas e Gestão Governamental desde 2012. Exerce o cargo de Coordenadora de Planejamento Estratégico de Suprimentos na Subsecretaria de Logística da Secretaria de Planejamento e Gestão do Estado do Rio de Janeiro, com ênfase em fase preparatória das compras centralizadas estabelecidas pela Política Estadual de Gestão Estratégica de Suprimentos do Estado do Rio de Janeiro.

Nina Gonçalves

Especialista em Políticas Públicas e Gestão Governamental (EPPGG), desde 2004, atuou nas áreas operacionais de compras e contratações públicas, bem como na elaboração de normas e na gestão financeira. Graduada em Direito (IESB/DF) e em Filosofia (PUC/DF). Foi Coordenadora-Geral de Licitações e também de Gestão de Atas e Contratos na Central de Compras de 2015 a 2020.

Renato Cader da Silva
Especialista em Políticas Públicas e Gestão Governamental do Ministério da Economia. Doutor em Ambiente e Sociedade pela Unicamp, Mestre em Administração Pública pela FGV e em Administração pela PUC Rio. Graduado em Administração pela UERJ. Professor da ENAP. Autor do livro *Governança e Sustentabilidade: um elo necessário no Brasil* (2022). Liderou projetos inovadores na área de compras compartilhadas, recebendo os seguintes prêmios: "Prêmio Inovação na Gestão Pública Federal" da ENAP e o "Prêmio Sustentabilidade na Administração Pública" do Instituto Negócios Públicos em parceria com a PUCPR. No Ministério Público Federal, como Secretário de Administração, foi um dos premiados do "Prêmio CNMP 2015". Vencedor do Prêmio Monografia Ministro Gama filho 2016 do Tribunal de Contas do Estado – TCE com o tema: "Gestão Pública e Meio ambiente".

Renila Lacerda Bragagnoli
Mestranda em Direito Administrativo e Administração Pública pela Universidade de Buenos Aires (UBA), especialização em Políticas Públicas, Gestão e Controle da Administração pelo Instituto Brasiliense de Direito Público (IDP/DF). Advogada de carreira da Companhia de Desenvolvimento dos Vales do São Francisco e Parnaíba – Codevasf desde 2009. Professora de cursos de pós-graduação na temática Lei das Estatais e palestrante na área de contratações públicas.

Ronny Charles L. de Torres
Advogado da União. Doutorando em Direito do Estado pela UFPE. Mestre em Direito Econômico pela UFPB. Pós-graduado em Direito Tributário (IDP). Pós-graduado em Ciências Jurídicas (UNP). Membro da Câmara Nacional de Licitações e Contratos da Consultoria Geral da União. Autor de diversos livros jurídicos, entre eles: *Leis de licitações públicas comentadas* (10ª edição. Ed. Juspodivm).

Silvio Lima
Graduado em Engenharia Elétrica pela UnB e Administração pelo UniCEUB, pós-graduado em Gestão Pública pela Metropolitana de Belo-Horizonte. Há 23 anos atua nos mercados de TIC e Contratações Públicas. Servidor público federal desde 2009 como Analista em Tecnologia da Informação (ATI). Atuou na implantação da rede de comunicação do Governo Federal INFOVIA Brasília, nas contratações e contratos de TIC por mais 18 anos em diversas posições, como diretor do departamento de serviços de rede, coordenador-geral de infraestrutura, coordenador-geral de contratos de TIC e, atualmente, coordenador-geral de contratações TIC na Central de Compras. Palestrante, mediador e professor em várias instituições sobre o tema de contratações públicas.

Tânia Lopes Pimenta Chioato
Graduada em Matemática e Engenharia Civil pela Universidade de Brasília (UnB). Atuou nas áreas de contratações públicas da Agência Nacional de Aviação Civil (Anac) e da Procuradoria-Geral da República do Ministério Público Federal (PGR-MPF). Auditora de Controle Externo do Tribunal de Contas da União (TCU) desde 2008, instituição em que exerceu diversas funções de assessoramento e direção. Atualmente é titular da

Secretaria de Controle Externo de Aquisições Logísticas (Selog), unidade especializada na fiscalização de licitações e contratos públicos.

Tatiana Martins da Costa Camarão
Graduada (1993) e mestre em Direito (1997) pela Universidade Federal de Minas Gerais (UFMG), vice-presidente do Instituto Mineiro de Direito Administrativo (IMDA), professora da pós-graduação da PUC-Minas. Palestrante e instrutora de cursos de capacitação.

Teresa Villac
Doutora em Ciência Ambiental (USP). Filósofa (USP). Advogada (USP). Educadora Ambiental. Advogada da União. Coordena a Câmara Nacional de Sustentabilidade da Consultoria-Geral da União. Autora de *Licitações Sustentáveis no Brasil* (2020); coautora com Renato Cader de *Governança e Sustentabilidade: um elo necessário no Brasil* (2022), coordenou os livros: *Licitações e Contratações Públicas Sustentáveis* (2011), *Panorama de Licitações Sustentáveis: Direito e Gestão Pública* (2014), *Gestão Pública Brasileira: inovação sustentável em rede* (2020), todos pela editora Fórum. Autora de capítulos em livros nacionais e internacionais. Conferencista. Integra a Comissão Meio Ambiente OAB/SP e o Instituto Direito por um Planeta Verde (Diretora Consumo Sustentável).

Thiago C. Araújo
Doutor e mestre em Direito pela UERJ. Professor de pós-graduação em Direito do Rio de Janeiro da Fundação Getulio Vargas (FGV Direito Rio). Professor da Escola Brasileira de Economia e Finanças (EPGE/FGV Rio de Janeiro). Procurador do Estado do Rio de Janeiro. Advogado. E-mail: thiago.araujo@fgv.br.

Valdemar Alves da Costa Neto
Mestre em Administração Pública pela Universidade Federal de Sergipe (UFS). Especialista em Gestão Pública pela Universidade Cândido Mendes. Graduado em Direito pela Universidade Federal de Sergipe e em Administração pela Estácio de Sá – Sergipe. Servidor público federal. Atualmente é Diretor de Licitações do Instituto Federal de Sergipe.

Valnei Batista Alves
Formado em Economia (AEUDF) e com especialização em Administração de Material (FGV). Foi empregado do Banco Central do Brasil (BACEN), Banco Regional de Brasília (BRB) e Caixa Econômica Federal, onde atuou por 38 anos, ocupando cargos de Chefe de Divisão, Assessor, Gerente Nacional de Licitações, GN de Infraestrutura, GN de Gestão de Patrimônio de Terceiros, GN de Contratos e Consultor de Vice-Presidente. Na Central de Compras/ME foi Diretor Adjunto e Coordenador-Geral de Licitações.

Viviane Mafissoni
Advogada – OAB/RS 67.017. Membra do Instituto Nacional da Contratação Pública. Pós-graduada em Direito Público. Analista de Políticas Públicas e Projetos do Poder Executivo Estadual. Servidora pública desde 2010, atuando como assessora jurídica, diretora geral substituta, membra da Comissão Permanente de Licitações, pregoeira, coordenadora de equipe, diretora de departamento, assessora superior e subsecretária

substituta da Central de Licitações do RS. Atualmente chefe do Serviço de Compras Centralizadas da Empresa Brasileira de Serviços Hospitalares (EBSERH/MEC). Palestrante e autora de artigos na área de compras públicas.

Wolmar Vieira de Aguiar
Engenheiro agrônomo (UFMS), especialista em Ciências da Computação (PUC Goiás), mestre em Gestão Empresarial (FGV/RJ) e master em Marketing (ESPM/SP). Funcionário da Caixa Econômica Federal, onde atuou nas áreas de tecnologia, logística e marketing. Professor de cursos de pós-graduação em instituições de Goiás e do Distrito Federal. Desempenhou a função de coordenador-geral de estratégias de compras e contratações da Central de Compras do Governo de 2014 a 2019.

Esta obra foi composta em fonte Palatino Linotype, corpo 10 e
impressa em papel Offset 75g (miolo) e Supremo 250g (capa)
pela Gráfica Impress em Belo Horizonte/MG.